天津市志

爱国卫生运动志

天津市地方志编修委员会办公室
天津市市容和园林管理委员会
编著

方志出版社
Publishing House of Local Records

图书在版编目（CIP）数据

天津市志. 爱国卫生运动志 / 天津市地方志编修委员会办公室，天津市市容和园林管理委员会编著 . -- 北京：方志出版社，2017.10

ISBN 978-7-5144-2594-9

Ⅰ. ①天… Ⅱ. ①天… ②天… Ⅲ. ①天津 – 地方志 ②爱国卫生运动 – 概况 – 天津 Ⅳ. ① K292.1

中国版本图书馆 CIP 数据核字（2017）第 256938 号

天津市志·爱国卫生运动志

编　　者：天津市地方志编修委员会办公室
天津市市容和园林管理委员会

责任编辑：张　昊

封面设计：战盈彤

出 版 人：冀祥德

出 版 者：方志出版社

地址　北京市朝阳区潘家园东里 9 号（国家方志馆 4 层）

邮编　100021

网址　http://www.fzph.org

发　　行：方志出版社图书经销中心

电话（010）67110500

经　　销：各地新华书店

排　　版：北京中文天地文化艺术有限公司

印　　刷：北京中科印刷有限公司

开　　本：889 × 1194　　1/16

印　　张：28.75 印张

字　　数：650 千字

版　　次：2017 年 10 月第 1 版　　2017 年 10 月第 1 次印刷

印　　数：0001 ~ 1200 册

ISBN 978-7-5144-2594-9　　**定价**：280.00 元

動員起來
講究衛生
減少疾病
提高健康水平
粉碎敵人的
細菌戰爭

毛澤東

防治地方病
为人民造福

邓小平 一九八四年十月

天津市爱国卫生工作条例培训

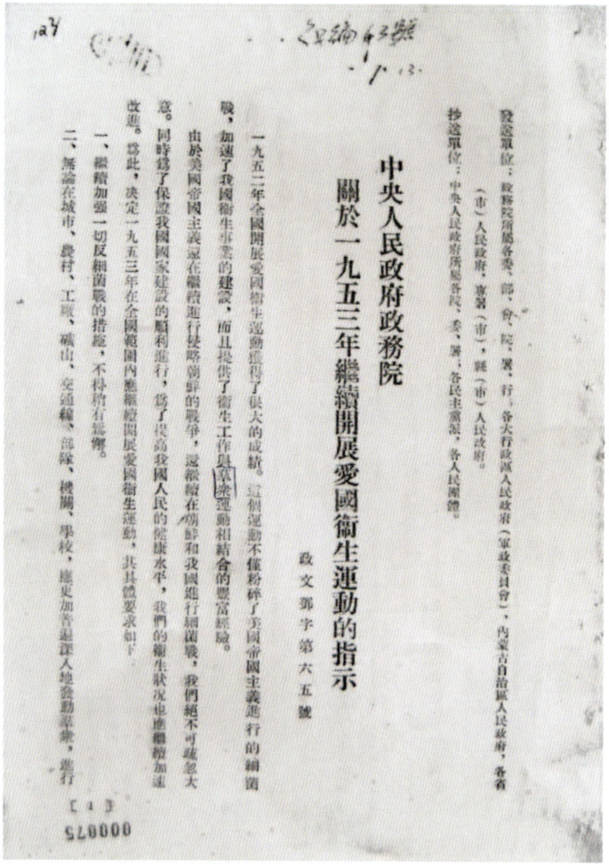

發送單位：政務院所屬各委、部、會、院、署、行，各大行政區人民政府（軍政委員會），內蒙古自治區人民政府，各省（市）人民政府，專署（市），縣（市）人民政府。

抄送單位：中央人民政府所屬各院、委、署，各民主黨派，各人民團體。

中央人民政府政務院
關於一九五三年繼續開展愛國衛生運動的指示

政文鄧字第六五號

一九五二年全國開展愛國衛生運動獲得了很大的成績。這個運動不僅粉碎了美國帝國主義進行的細菌戰，加速了我國衛生事業的建設，而且提供了衛生工作與群衆運動相結合的豐富經驗。

由於美國帝國主義還在繼續進行侵略朝鮮的戰爭，還繼續在朝鮮和我國進行細菌戰，我們絕不可疏忽大意。同時爲了保證我國國家建設的順利進行，爲了提高我國人民的健康水平，我們的衛生狀況也應繼續加速改進。爲此，決定一九五三年在全國範圍內應繼續開展愛國衛生運動，其具體要求如下：

一、繼續加强一切反細菌戰的措施，不得稍有鬆懈。

二、無論在城市、農村、工廠、礦山、交通線、部隊、機關、學校，應更加普遍深入地發動羣衆，進行

〔1〕

1952 年全国开展爱国卫生运动获得了很大的成绩。这个运动不仅粉碎了美国帝国主义进行的细菌战，加速了中国卫生事业的建设，而且提供了卫生工作与群众运动相结合的丰富经验。图为中央人民政府政务院关于 1953 年继续开展爱国卫生运动的指示

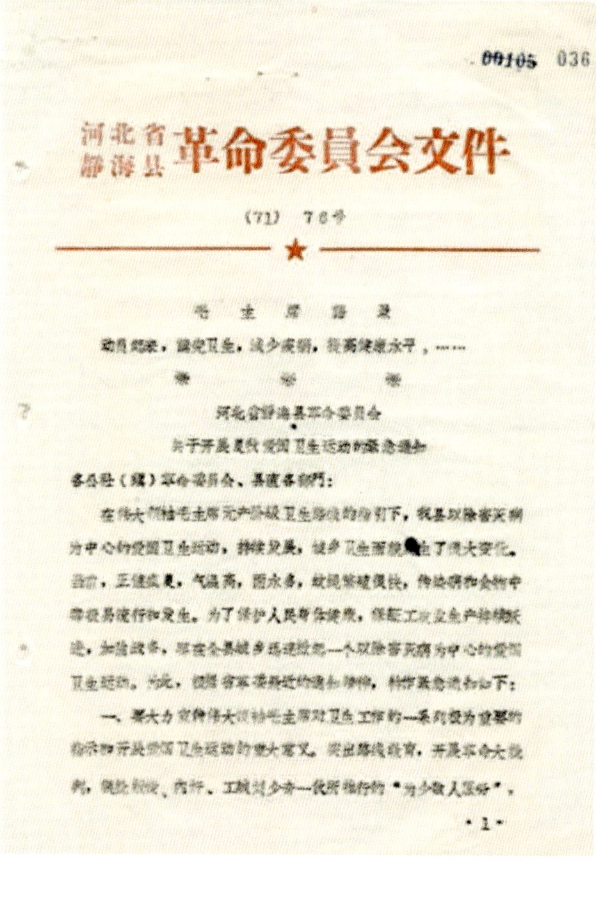

河北省
静海县
革命委员会文件

（71） 76号

毛主席语录

动员起来，讲究卫生，减少疾病，提高健康水平，……

河北省静海县革命委员会
关于开展夏秋爱国卫生运动的紧急通知

各公社（镇）革命委员会、县直各部门：

·1·

1971 年静海县革命委员会发出的《关于开展夏秋爱国卫生运动的紧急通知》，其中包含了当年静海县开展爱国卫生运动一些做法。在该文件中，静海县革命委员会要求全县城乡迅速掀起一个以除害灭病为中心的爱国卫生运动

市容环境专项治
广播宣传周

国家卫生区

西青区大寺镇别墅区

西青区大寺镇平改工作照

①市爱卫办对西青区创建国家卫生区（镇）调研通报会
②西青区举办创建国家卫生区活动大型宣传日活动
③④西青区杨柳青镇御河景区绿化工程

和平区房管局消杀员对卫生间喷药

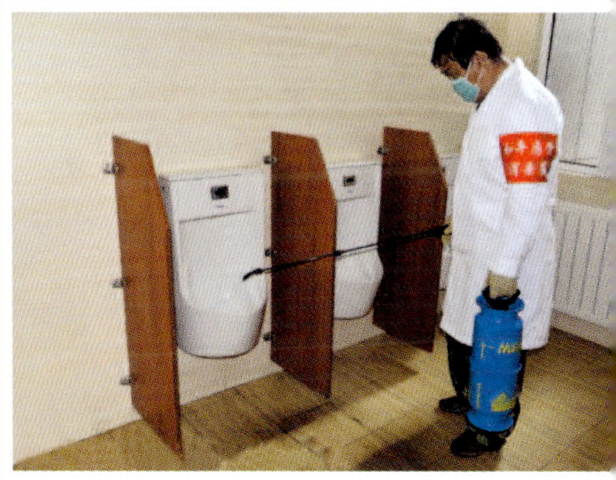

和平区房管局消杀员向下水井喷药

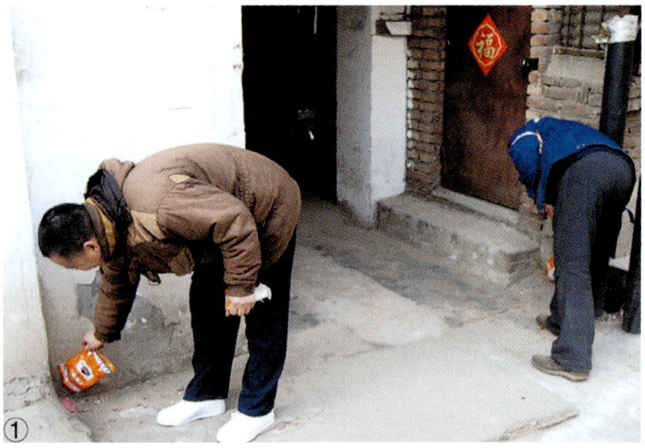
①

②

③

④

①东丽区社区灭鼠工作骨干开展灭鼠投药工作中

② 2011 年 5 ~ 10 月在全区开展夏秋灭蚊灭蝇活动，每天有专门人员对垃圾箱、垃圾转运站、公厕等公共场所进行蚊蝇消杀

③④西青区在各个场所投放鼠药

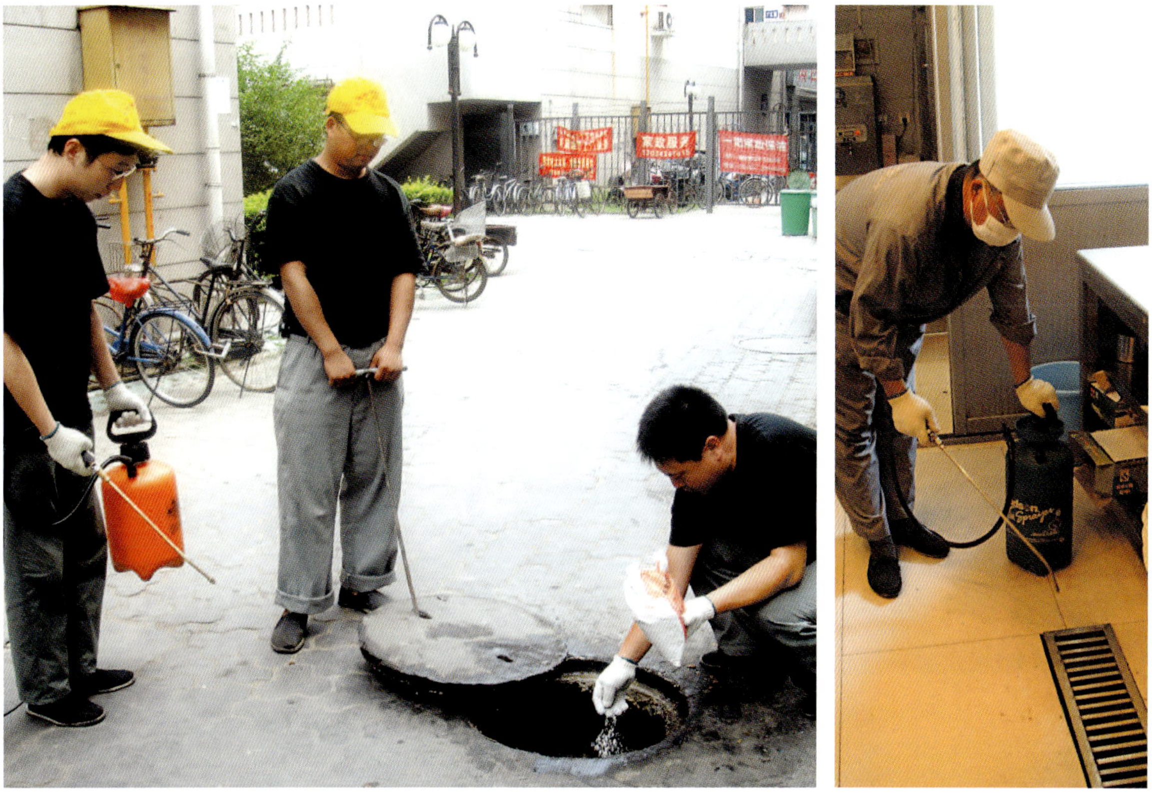

向下水道等设施投放病媒生物防制药品

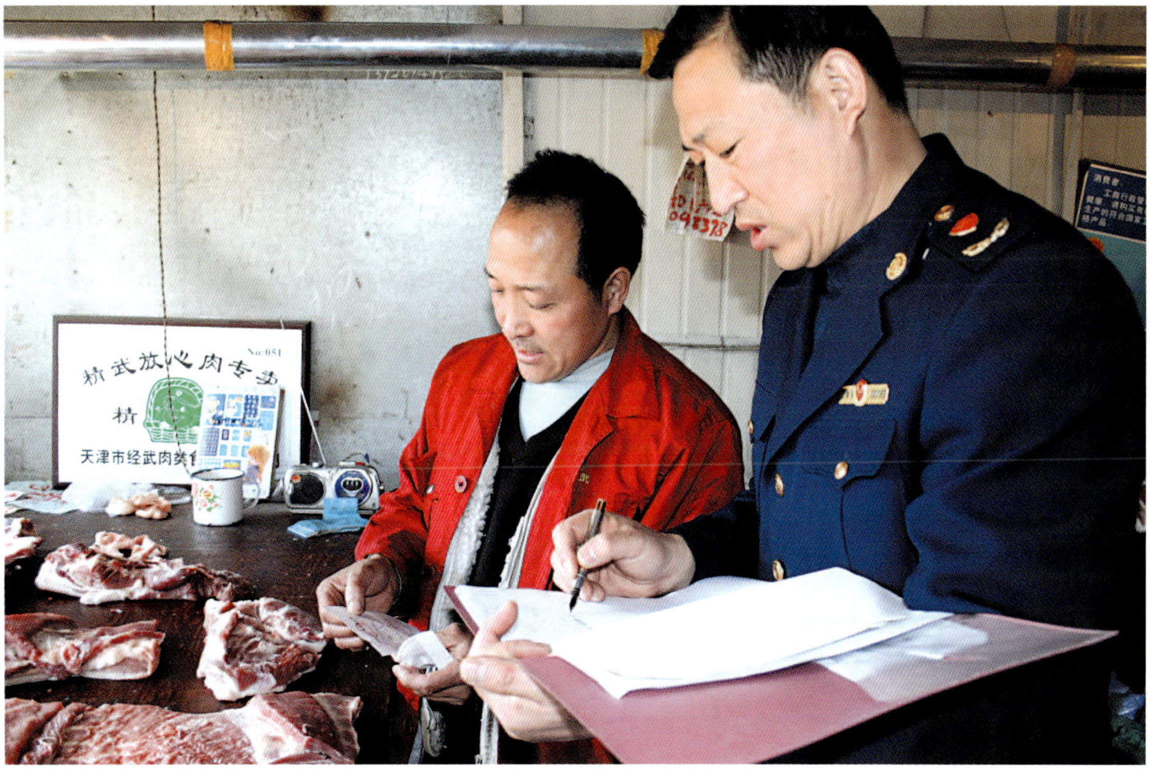

①

②

③

①市爱卫办到蓟检查指导农村户厕改造，为群众讲解技术规范

②改造后农村卫生户厕厕屋

③改造后蹲便、坐便两用卫生户厕

④改造后农村卫生户厕三格化粪池

④

集中供水厂除氟（降盐）设备

宝坻区农村户厕改造工作
座谈会

静海县水务局王口供水厂

①县市容园林委、综合执法局开展卫生大清整活动现场
②“集中清整日”城关小学学生捡拾绿地垃圾现场
③2009年4月6日“宣传日”活动现场
④“集中清整日”居民群众参与街道卫生清整现场

2010 年 10 月 15 日，宝坻区爱卫办组织教育局、团委等部门在全区 1.5 万名中小学中开展以“正确洗手，‘手’筑健康”为主题的全球洗手日活动。通过“全球洗手日”的宣传活动，学习正确洗手方法，促进少年儿童养成洗手习惯

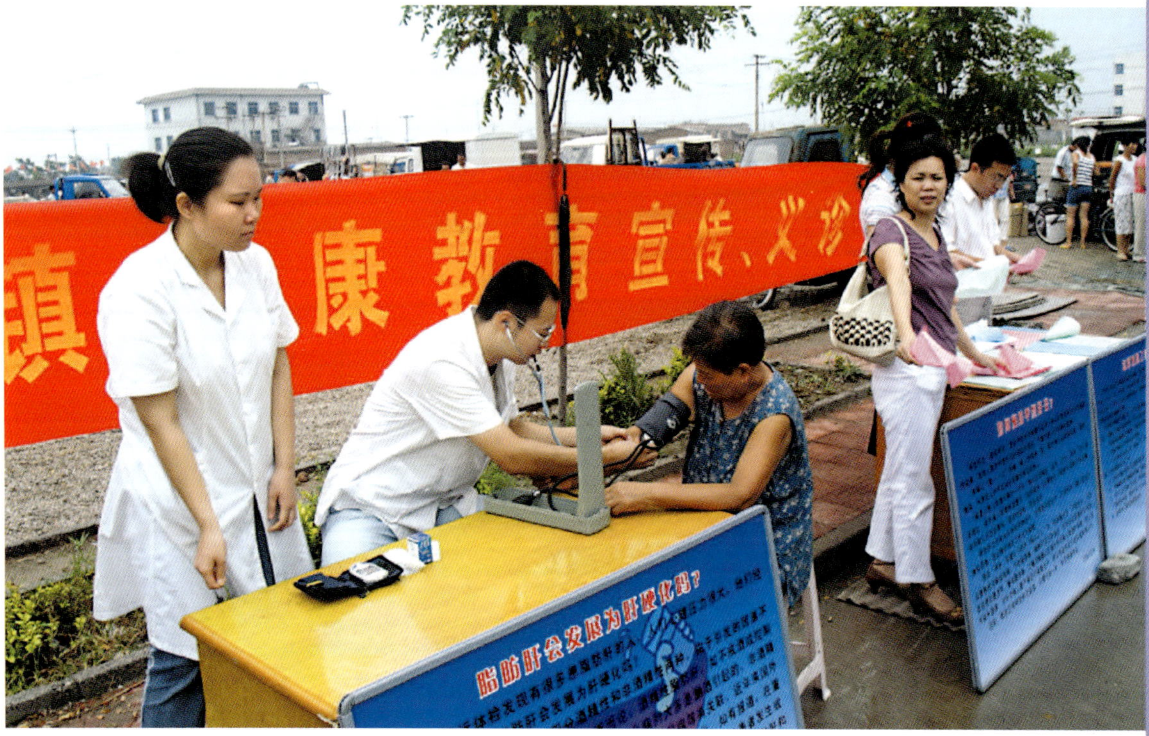

西青区开展健康教育宣传和义诊活动，受到群众欢迎

儿童参与宝坻区全球洗手日活动

防非典送香皂活动

天津市地方志编修委员会组成人员

主　　任　王东峰

副 主 任　段春华　李　毅　杨福刚　高玉葆　于秋军

委　　员　阎　峰　杨绍启　李嘉和　刘树增　王宝强

刘小芃　史瑞杰　王　平　宋岗新　谷云彪

刘东水　徐广宇　齐中波　董玉文　王通海

宋称意　刘基智　李伟桥　于瑞均　霍　兵

路　红　王红梅　苗加兴　魏　侠　毛科军

张文波　游庆波　韩晓芬　王志楠　梁益铭

李国民　刘　鉴　张　强　马庆余　侯晓韧

王　洪　戴文萃　李建华　蓝兆琪　盖　军

房靖彪　张　莉　李梦林　陈　宇　王云齐

舒令嘉　于学蕴　何本华　郝树龙　韩庆祥

朱　辉　陈　强　郭振影　毛汉发　戴　蕴

钟海澄　张再生

秘 书 长　关树锋

《天津市志·爱国卫生运动志》总编审人员

总　　编　关树锋

助理总编　张月光

分志主编　宋铭月

分志编辑　沙　洵　郭天天

评审人员（以姓氏笔画为序）

于永浩　王美娟　关树锋　刘　拓　刘克清　许　朝

宋铭月　张　范　张月光　杨　静　沙　洵　罗澍伟

高建静　梁丽君　谭汝为

《天津市志·爱国卫生运动志》编修委员会

（2008 ~ 2009 年）

主　　任　王敬威

名誉主任　史晓成　李占东　张常山

副 主 任　王宗涌　徐　欣　潘志忠

委　　员（以姓氏笔画为序）

于永浩　王宗涌　王春霞　王敬威　史晓成
刘　拓　李大雄　李占东　李向勤　李　齐
宋毓德　张彦明　张常山　邵泽泉　赵久江
徐　欣　徐富瑞　潘志忠　冀秀蔷

执行主编　赵久江

执行副主编　张　艺　刘　拓

责任编辑　腾占久　韩　星

《天津市志·爱国卫生运动志》编修委员会

（2009 ~ 2010 年）

主　　任　李福海

名誉主任　王敬威　史晓成　李占东　张常山

副 主 任　孙玉萍　李爱国　王宗涌　徐欣　潘治忠

委　　员（以姓氏笔画为序）

于永浩　王忠奎　王宗涌　王春霞　王敬威

史晓成　刘　拓　李占东　李向勤　李　齐

李福海　杨振慧　宋毓德　张　范　张彦明

张常山　邵泽泉　赵久江　柳宪布　徐　欣

潘志忠　冀秀蔷

《天津市志·爱国卫生运动志》编修委员会办公室

主　　任　赵久江

副 主 任　刘　拓

编辑部主任　张　艺

《天津市志·爱国卫生运动志》编修委员会

（2010～2012年）

主　　任　李福海

副 主 任　刘鸿尧

成　　员（以姓氏笔画为序）

于永浩　王和祥　王春霞　王洪成　朱文忠

李玉军　李永华　李向勤　李　齐　李冠玉

李　强　杨振慧　杨莉娅　宋毓德　张文生

张秀军　张建军　张彦明　张悦奎　陈俊吉

邵泽泉　林万里　赵久江　柳宪布　徐泽光

海兴禄　崔　敏　梁冀斌　隋家祝　蒋万和

霍永晟　魏　侠　魏定起

顾　　问　王敬威　史晓成　左子敬　李占东　张常山

马连勇　吴春秋

《天津市志·爱国卫生运动志》
编修委员会办公室

主　　任　赵久江

副 主 任　张耀堂　邹　峰

编审组组长　张　艺

编修组组长　梁丽君

《天津市志·爱国卫生运动志》编修委员会

（2012 ~ 2016 年）

《天津市志·爱国卫生运动志》编修委员会

（2016 ~ 2017 年）

主　　任　杜　翔

副 主 任　刘　祺　刘　峰　魏　侠　霍永晟　赵　健
王春霞　翟千德

委　　员　赵勇（办公室）　王庆贺　许　朝　赵勇（计划处）
韩全兰　解增熙　李奇杰　张　林　王和祥
尹爱国　徐泽光　付　鹏　梁冀斌　张　力
张俐文　张双来　李永华　李培升　刘　敏
宋永斌　王　滨　朱文忠　孙永军　崔　敏

编修组组长　梁丽君

《天津市志·爱国卫生运动志》编修委员会

（2017～　）

主　　任　薛新立

副 主 任　刘　祺　李志琦　魏　侠　霍永晟　赵　健
　　　　　王春霞　翟千德

委　　员　陈永清　王庆贺　许　朝　赵　勇（计划处）
　　　　　韩全兰　解增熙　李奇杰　张　林　王和祥
　　　　　尹爱国　徐泽光　付　鹏　梁冀斌　赵　勇（科教处）
　　　　　张俐文　张双来　刘　敏　李培升　李永华
　　　　　宋永斌　王冬肃　朱文忠　孙永军　崔　敏

编修组组长　梁丽君

《天津市志·爱国卫生运动志》序

1949年新中国成立后，天津作为直辖市，经济建设和社会事业全面发展，进一步巩固了中国重要的综合性工业基地、北方经济中心、现代化港口城市和商贸中心的地位。1978年改革开放以来，天津作为沿海港口城市的优势不断增强，对外交流日益广泛，各项事业蓬勃发展。随着滨海新区被列入国家总体发展战略布局，天津又迎来了重大的历史性发展机遇，这颗渤海明珠必将更加璀璨。

与天津政治、经济、文化发展相伴随，天津的爱国卫生事业博采众长、不断创新，在中国的爱国卫生事业发展史上占有不可或缺的一席之地。1952年毛泽东主席等老一辈无产阶级革命家倡导开展了爱国卫生运动，60年多来，天津市爱国卫生工作从无到有、从小到大，一路走来，充满艰辛，写满精彩，取得的每一项成绩和进步，都凝缩着党和国家领导人的亲切关怀，凝聚着市委、市政府的关心和支持。编纂《天津市志·爱国卫生运动志》正是对这段历史追本溯源，寻找其兴衰起伏的轨迹，对于存史、资政、教化，推动天津市爱国卫生事业的发展有着十分重要的意义。

可喜可贺的是，这部历时七载、几易其稿、跨度60多年、篇幅65万字的《天津市志·爱国卫生运动志》终于面世了。众所周知，编写志书是一项十分艰苦复杂的工作，它要求系统、全面、准确、真实地反映历史和现状，要求编写人员既要有一丝不苟的科学态度，又要有吃苦耐劳的工作作风和无私奉献的精神。七年来，编写人员正是以这种精神，日复一日、年复一年地辛勤劳作，使这项卷帙浩繁的巨大工程得以圆满完成。本志书结构合理，内容丰富，资料翔实，文字流畅，是一部统合古今，纵览兴衰，并具有鲜明时代特征、专业特点、地方特色的好志书。

光阴荏苒，沧桑流变。我们回首昨日的辉煌，直面明天的挑战，任重而道远。我们相信，《天津市志·爱国卫生运动志》的出版，一定会在天津市爱国卫生事业的发展中发挥她预期的作用，天津市的爱国卫生事业也定会在新的历史起点上，续写更新更灿烂的篇章。

此序。

《天津市志·爱国卫生运动志》编修委员会

2017 年 7 月

凡 例

一、本志以马克思列宁主义、毛泽东思想、邓小平理论、“三个代表”重要思想、科学发展观、习近平新时代中国特色社会主义思想为指导，坚持辩证唯物主义和历史唯物主义的立场、观点和方法。坚持实事求是的原则，立足当代，详近略远，详独略同，突出区域特色，体现行业特点，全面真实地反映爱国卫生工作的历史和现状，力求思想性、科学性、资料性和可读性的统一，力求全面、准确地记述天津市爱国卫生运动事业发展的历史与现状。

二、本志结构为篇章节目体。横分门类，纵述历史。

三、本志采用述、记、传、志、图、表、录等体裁，综合运用。人物篇坚持生不立传的原则。收录对天津爱国卫生运动有影响或担任过重要领导职务的人物。均以生年为序，严格收入标准。

四、本志采用现代语体文。大事记以编年体为主，辅以纪事本末体。志文记述文字表述严谨准确、朴实规范、简明流畅。反映天津爱国卫生运动工作特色。坚持述而不论，客观真实地反映事物的本来面目。寓观点于记述之中。

五、本志使用的语言文字、标点符号、数字，均按照国家有关部门的规定执行。志书的称谓，一律使用第三人称。

六、机构、部门、社会团体、会议等名称和专用名词的书写，首次出现用全称，括注简称，再次出现时用简称。

七、人物直书其名。不加“同志”“先生”等称呼，首次出现时在姓名前冠以职务、职称等身份。

八、本志资料来源于天津档案馆、有关部门档案馆（室），以及历史文献、部门提供的基础稿和社会调查，经考证核实后载入，一般不注明出处。

目 录

第四篇 病媒生物防治

第五篇 创建国家卫生城

第六篇 农村改水改厕

第七篇 爱国卫生法制建设

第八篇 中心城区爱国卫生工作

第九篇　环城四区和远郊区爱国卫生工作

第十篇 人 物

综　述

综 述

史料记载对居民的卫生宣传始于清光绪二十八年（1902）6月3日。当时天津时疫流行，英领事对其租界内居民提出11条卫生规定，交工部局宣传执行。

1930年9月，医学界有识之士，怀着科学救国的愿望，投身医疗保健教育事业，创办了《中国卫生杂志》，杨济时、朱宪彝、朱季青等知名医学专家撰写的《建设时代之公众卫生》《空气与卫生》等文章在该杂志上发表，当时该杂志是融医学知识与卫生保健为一体的卫生科普读物。

中华人民共和国成立后，天津市政府重视卫生宣传教育事业，于1951年成立了卫生宣传教育所，但是由于历史原因，天津市的卫生教育事业经过了一段曲折的发展过程。直至党的十一届三中全会以后，卫生教育事业才得以恢复，并从“卫生宣传”向“健康教育”转变，使健康教育这一事业得以长足发展，已成为预防医学的重要组成部分。同时，也成为爱国卫生运动的重要工作内容。

（一）

1949年4月27日，察北地区鼠疫流行，政务院决定成立“中央防疫委员会”，由董必武同志任主任委员，领导组织防疫工作。为了领导和加强全国的防疫工作，中央防疫委员会保留下来。

1950年7月天津市发生真性霍乱，中央卫生部要求天津迅速组成防疫委员会并开展工作。防疫委员会是各级政府的职能部门，下设办公室、疫情、防疫、药品检疫、卫生宣传部门，运用专业队伍和群众运动相结合的方式，广泛开展了卫生防疫工作。

1950年在开展防疫工作的基础上，从1952年起全面开展了环境卫生、食品卫生、卫生防疫等群众性的爱国卫生工作，与除“四害”的同时，先后多次掀起治理环境卫生的高潮。

1952年春，美帝国主义在侵朝战争中，对朝鲜和中国发动了细菌战争。中华人民共和国人民政府主席毛泽东号召：“动员起来，讲究卫生，减少疾病，提高健康水平，粉碎敌人的细菌战争。”在保家卫国的浪潮中，推动了群众性卫生防疫运动的深入发展。人民群众把这项伟大的运动称之为“爱国卫生运动”。党中央肯定了这个名称并指示在各级领导机构中设置“爱国卫生运动委员会”。与此同时，把“卫生工作与群众性卫生运动相结合”定为卫生工作的一项原则。爱国卫生运动不仅受到全国上下的一致拥护和参与，而且受到国际上的赞誉。在社会主义革命和社会主义建设的各个历史时期，有着不同的工作重点，充分显示出它的“移风易俗，改造国家”的伟大作用，取得了丰硕的成果。爱国卫生运动是中国特有的一种卫生工作形式，是由各级人民政府组织，全社会共同参与，改善社会卫生状况和提高人民健康水平的群众活动。

（二）

从20世纪50年代到1965年，全市大搞爱国卫生运动，贯彻以预防为主的方针，开展了环境卫生、食品卫生、除害防疫和卫生保健等活动。“文化大革命”期间爱国卫生组织瘫痪，环境卫生情况恶化。1970年天津市爱卫会组织恢复，同年5月17日召开天津市爱国卫生会议，会议决定开展夏季爱国卫生运动。以除四害为中心，预防肠道传染病为重点，抓好消灭蚊蝇滋生地；抓好农村粪便管理，饮水卫生；抓好饮食、副食及集体食堂卫生，预防各种传染病，严防食物中毒；积极改善工人劳动条件，减少工人职业病，适应战备和工农业生产新跃进的新形势。会议表扬了一批卫生先进单位。同年12月9日，召开天津市爱国卫生运动委员会扩大会议，制定《天津市爱国卫生公约》，并决定每年春、夏季召开以治理环境卫生和除四害为主要内容的爱国卫生运动大会。

1976年，唐山大地震波及天津，致使70%的房屋遭到不同程度的破坏，百万户居民住在街头里巷，搭建临建棚23万多间，卫生垃圾，污水严重影响了城市卫生。面对如此脏乱环境，发动群众大搞环境卫生，多项治理，突击清理脏乱死角，清运垃圾废土上万吨。直至1981年底，马路上的临建棚全部拆除，市容卫生面貌得到改善。

1983年9月，引滦入津工程竣工，解决了天津市人民长期以来饮用苦咸水的问题，保障了人民饮水卫生，使饮水不洁造成的疾病明显下降。

结合开展全国第一个“爱国卫生月活动”和天津市治理“十乱”活动，天津市先后出动宣传人员1万多人次，设宣传咨询点258处，设宣传广告站267个，发放宣传资料58万余份，掀起了多次清脏治乱高潮，一年中全市有40万余人参加清脏治乱活动，消除卫生死角，清运垃圾土，治理市郊结合部脏乱问题，使市内楼群里巷和边缘地区的环境卫生面貌大为改观，并维护经常整洁。

1984～1985年，市政府提出提高环境质量的要求，市区主要马路和重点地区，基本上做到路见本色，车过无尘。至1986年，全市建设收集装密封式垃圾转运站92座，初步解决了垃圾装卸，运输造成的环境污染问题。全市新建改建公厕2046座，其中水冲放流式公厕568座，从此天津市平房历来一直使用的灰桶厕所全部清除，使居民住房厕所卫生大为改善，天津市的爱国卫生工作逐步向加强基础设施建设，提高人民生活质量树立全社会大卫生观念的新阶段。

（三）

从1952年爱国卫生运动开始，大搞环境卫生和预防传染病，其中包括扑灭蚊蝇、捕鼠、消灭蚊蝇滋生地、堵鼠洞。在除害活动中，群众采取了户户包干，人人动手的办法，扑打蚊蝇，消灭老鼠和臭虫。在冬季发动群众消灭越冬蚊蝇，开春组织力量挖蛹。在蚊蝇较多的夏秋季，进行全市性的烟熏灭蚊蝇，飞机撒药灭蚊蝇等。1956 年《全国农业发展纲要》中，将苍蝇、蚊子、老鼠、麻雀列为四害。1958 年 1 月 8 日中共中央发布了《关于开展以除四害为中心的爱国卫生运动的通知》，同年 2 月 12 日中共中央和国务院发出了《关于开展除四害，讲卫生》的指示，提出除四害为苍蝇、蚊子、老鼠、臭虫。自此四害不包括麻雀。

1963 年天津市遭受了历史罕见的洪水，为了预防、控制传染病的流行，在大搞环境卫生、食品卫生、医疗卫生的同时，进行了药物消毒、灭蚊、蝇、鼠、虱。当时，曾一度把“灭虱”列入“除四害”的内容。

1979 年在市革委会批转市爱卫会《关于天津市 1979—1984 年卫生工作上纲要的规划》中提出，各区县、各部门、各单位都要在 1979 年消灭臭虫，1980 年基本实现无蚊、无蝇、无鼠。1980 年市爱卫会提出大搞环境卫生，做到“四无”“五洁”的奋斗目标。其中“四无”即无蝇、无蚊、无鼠、无臭虫。

1986 年，天津市爱国卫生运动以除害灭病为中心，开展消毒灭蝇、灭鼠和贯彻食品安全法，改善企事业单位容貌卫生等活动。一年共对 38 万余处蚊、蝇滋生地进行了反复消毒，使用菊酯杀虫剂、敌敌畏等药物 77 吨，消毒 359 万次处，消毒面积达 1525 万平方米，承包了 2076 个单位内部消毒灭蝇工作，实施室内消毒 596 万平方米，通过除害防治，1986 年蝇密度比 1985 年下降 6.76%。

灭鼠工作取得一定成效。天津港被评为无鼠害港。塘沽区成为天津市第一个无鼠害区。同时，民航天津机场、一商局唐口仓库、南开区的东北角、东南角、西南角、西北角街，红桥区西沽街、北郊区宜兴阜镇等都达到了无鼠害标准。

农村继续开展以“两管五改”为中心的爱国卫生运动。经过评比，全市涌现出 2190 个市级容貌卫生先进单位。

1987 年，天津市已达到中央爱卫会规定的无鼠害城市的密度标准。为了巩固成果，1988 年，各区、县继续保留灭鼠指挥组织和办事机构。形成了专群结合的“三条线”监测网络。根据鼠情变化，进行分类指导，采取不同方法灭鼠、防鼠，使灭鼠工作走向经常化、制度化的轨道。11 月初，全国爱卫会派“无鼠害市考核鉴定专家组”在天津进行了为期一周的考核鉴定，先后对 16 个区、县的 21 个街、乡、镇，225 个单位进行考核，确认天津市鼠害标准，12 月 17 日，全国爱卫会正式命名天津市为“无鼠害市”。

1988 年 10 月 6 日中央爱卫会办公室印发《灭蚊、蝇、臭虫、蟑螂考核标准及办法》的通知，1989 年 8 月 2 日全国爱卫会办公室印发《除“四害”管理暂行规定（征求意见稿）》的通知中提到，“四害”为鼠、蝇、蚊、臭虫或蟑螂。此时，蟑螂也属于“四害”之列。随之，天津市开展了以街为单位的群众性的灭蟑达标活动。

1988 年 10 月 19 日，全国爱卫办下发《关于开展创建国家卫生城市的通知及检查考核标准》。

市政府成立了创建国家卫生城市领导小组。副市长、市爱卫会主任钱其璈任组长，下设办公室负责具体工作。制定了《天津市创建国家卫生城市五年规划》，并将创建国家卫生城市标准中的各项任务，分别落实到各有关部门和单位，争取尽快达到国家卫生城市标准。

1990 年全国第一次卫生城市检查，天津市取得了突出成绩，被全国爱卫会授予“十佳卫生城市”。1991 年进行了复查。之后又有三次迎接全国卫生城市检查，均取得良好成绩。

（四）

20 世纪 50 年代初，在全市开展爱国卫生工作的同时，农村也大搞环境卫生、粪便和饮食卫生、饮水卫生。1962年中央爱卫会副主任、卫生部长钱信忠向毛泽东主席当面汇报爱国卫生工作，提出农村爱国卫生工作的中心是抓好管水管粪，当时毛泽东说：“这个想法好，我赞成。”从那时起，两管工作一直成为农村爱国卫生的中心工作。

1964 年，全国城乡爱国卫生运动有很大发展。在农村爱国卫生工作中，提出了管水管粪，改水、改厕、改畜圈，改炉灶，改造环境，搞卫生要结合生产、结合生活、结合防病治病工作。天津市各郊区、县农村开展了以“两管五改”为重点的爱国卫生工作，涌现出一批先进村。1974 年 6 月 24 日—28 日，天津市召开郊县“两管五改”学习班，学习班提出，农村“两管五改”是一场移风易俗、改造世界的革命，要把“两管五改”工作迅速开展起来，深入下去，开花结果。1974 年 12 月 17 日在天津市“农业学大寨”经验交流会上，指出要进一步搞好防病灭病工作，搞好以“两管五改”为重点的爱国卫生运动。1978 年市政府召开会议，推广全国爱卫会在烟台地区召开现场会的经验，1982 年 11 月 8 日，市政府在武清县召开天津市农村爱国卫生工作会议，强调农村开展以改水、粪管、除害、防病为中心的爱国卫生工作。

1980 年中国政府决定参加联合国第 35 届大会发起的《国际改水供应和环境卫生十年》活动。从 1981 年起，市政府每年把改水列入“市政府改善农村人民生活十项工作”中，1983 年 11 月 4 日，在蓟县召开天津市改水工作会议，总结了几年改水工作的成绩，制定了天津市改水工作规划草案，提出了从 1984 年起，每年改水进度按人口 10%—15% 递增，到 1990 年达到农村人口 95% 改用安全卫生水。并成立了天津市改水领导小组。“六五”期末共计完成自来水供水到户 2524 个村，66 万多农户，分别占总村数、总户数的 65% 和 70.26%。

1986 年中央在浙江省宁波市召开全国农村改水工作会议，天津市政府贯彻会议精神，安排部署了在“七五”期间农村改水任务，采用打井机、建水塔、修建压力罐等多种形式，还重点抓了自来水入户普及工作，截至 1990 年底，全市农村改水受益率为 98%，自来水普及率 85.4%。针对蓟县山区还有 96 个自然村，3 万余人饮水问题尚未解决，市政府于 1989 年 4 月 4 日在蓟县召开了解决山区人畜饮水问题现场办公会，决定根据水利局、爱卫办调查材料提出的规划方案，确保三年力争两年解决蓟县山区人畜饮水问题，此项工作如期完成。

20 世纪 50 年代初期，农村大搞环境卫生，其内容就有迁移粪场和拆除改建简陋厕所。60 年代初期，农村拆除了大部分不合格厕所，改建和新建了合乎卫生要求的厕所，粪便统一管理，建立了常年清洁积肥队，实行高温堆肥和泥封堆肥。

“文化大革命”后期至 1981 年，全市农村新建、改建公厕 6165 座，大队统一管理堆肥的有 411 个，占大队总数的 33%，由小队统一管理的有 2692 个，占小队总数的 26%；有积肥场 9214 处，积肥队 6479 个。截止到 1982 年上半年，已有 151 个生产水建沼气池 305 个，受益人口 2.8 万多人。1982 年底，市政府召开农村爱国卫生工作会议，决定各郊区、县要本着因地制宜、综合治理、以治为本的原则，搞好“两管五改”，把农村爱国卫生运动推向一个新水平。

20 世纪 80 年代农村改厕工作中，根据具体情况，除改建、新建公厕，又重点抓了户厕改造，以蓟县为典型，搞了单坑式，双坑式，双缸式等各种形式的户厕改造，取得了一定成绩。1990 年 3 月，卫生部等联合下发了关于《中国农村年暨 2000 年人人享有卫生厕所的规划目标》的通知，对农村改厕的标准和进度有了进一步明确要求。天津市加快了农村改厕步伐，截止到 1990 年底，全市农村公厕改造 2771 座，占公厕总数的 21.55%，户厕改造 23560 座，占全部户厕的 4.08%。市政府提出要求，1991 年农村改厕率要达到 20%。

随着天津市小城镇建设的不断发展，农村改厕工作也有长足的进展。从 1991 年至 1998 年的 8 年间，农村公厕由 10074 座增至 15196 座，其中卫生公厕由 2772 座增至 3163 座，占总数的 20.82%，农村户厕由 577500 增至 670998 户，卫生户厕由 23560 座增至 140032 座，占总数的 20.87%。粪便无害化处理率达 50% 以上。

从 2003 年开始，为了大力改善农村卫生环境，解决农村群众最现实的生活问题，天津市实施了大规模的农村卫生户厕改造。2003 年，完成了 10.34 万座户厕改造任务；2004 年，完成了 30 万座；2005 年完成了 31.83 万座；2006 年完成了 21.6 万座，四年共计改造农村卫生户厕 93.7 万座，工作取得显著成绩，实现了市政府确定的普及率达到 92.6% 的目标。

在 2007—2009 度中央补助地方农村改厕项目工作中，天津市按照财政部、卫生部、农村改水改厕项目管理方案的要求，3 年间共改造农村卫生户厕 5.44 万座，截止到 2010 年 9 月底，圆满完成了农村改厕项目任务，农村卫生户厕普及率达到 96.14%。

（五）

1970 年 4 月 16 日天津市革命委员会发出通知，决定成立天津市爱国卫生运动委员会。根据市爱卫会第二次全体会议决定，爱卫会办公室于 12 月 25 日草拟《爱国卫生公约》讨论稿，并送委员单位征求意见。经过第一轮的征求意见，于 1971 年 2 月 28 日再一次印发，要求各区、局爱卫会，组织基层单位群众座谈讨论，提出补充及修改意见。经过两次征求意见，并进行修改，于 1971 年 7 月，正式制订下发《天津市爱国卫生公约（试行）》。

1971 年 8 月，天津市革命委员会决定成立“天津市革命委员会三整顿领导小组办公室”，下设三个组，即整顿交通秩序组、整顿市容组和整顿环境卫生组，并启用公章。

1972 年，为进一步搞好城市管理工作，拟定了《关于加强市容管理的办法》。

1977 年 5 月，天津市爱卫会为了加强城市环境卫生管理，进一步搞好环境卫生，对 1973 年 6 月爱卫会颁发的《天津市环境卫生管理暂行规定》进行重新修改，并颁发了修改之后的《天津市环境卫生管理规定》。

1980 年天津市爱卫办、环卫局联合制订《城乡结合部积肥场的卫生管理试行办法》。并以〔1980〕爱卫办字第 14 号、〔1980〕环卫卫字第 102 号联合下发文件。

按照中央爱卫会第四次全委会议的意见，不断提高农村卫生工作水平，并作到经常化、制度化、标准化。如进一步加强党对卫生工作的领导，保证广大社员的身体健康，制订了《天津市农村爱国卫生运动卫生标准》，其中包括：一、人民公社卫生标准；二、生产队卫生标准；三、社员家庭卫生标准；四、城镇街道居民委员会卫生标准；五、城镇居民住户卫生标准。

1982 年 5 月，为了巩固“全民文明礼貌月”活动成果，进一步动员全市人民自觉的讲究卫生，美化环境，把清洁工作做到制度化、经常化、持之以恒，根据天津市委、市政府指示精神，天津市爱卫会拟定《天津市爱国卫生共约》，并予以公布执行。

1988 年 5 月，为贯彻中央爱卫会，卫生部〔1986〕中爱卫字第 37 号文件精神，杜绝一些不符合卫生要求的劣质、掺假、冒牌蚊香充斥市场，威胁人民身体健康，天津市爱卫会、卫生局联合制订《天津市蚊香卫生许可证签发办法及监督管理实施细则》，要求各区、县爱卫办、卫生局、市防疫中心、有关局、公司遵照执行。

1989 年 11 月，天津市爱卫会根据国务院《关于加强爱国卫生工作的决定》精神，结合天津市的具体情况，草拟了《关于加强爱国卫生工作的决定》，多次召开区、县爱卫会和委员部门负责人会议，反复讨论研究修改，并召开委员扩大会议征求意见，组织班子进行修订，报请天津市市政府，以政府名义下发《天津市人民政府关于加强爱国卫生工作的决定》。

1992 年 6 月天津市爱卫办根据本市人大十一届六次会议 21 号议案，建议制定《天津市除四害工作管理有关规定》，及钱其璈副市长对此作出的批示，草拟了《天津市消灭卫生害虫管理暂行规定》，此暂行规定分为五章。第一章总则；第二章措施与要求；第三章管理与监督；第四章奖惩；第五章附则。

1997 年下半年，天津市爱卫会与天津市法制办沟通，草拟《除四害管理办法（草案）》，并根据（草案）起草对天津市法制办做了三个说明：一是起草办法（草案）的必要性；二是起草过程；三是关于执法主体的说明。

1998 年，根据全国爱委会的要求和第四次全国城市卫生检查的标准，为加强天津市爱国卫生工作的法制化管理，天津市爱卫办参考了有关省市爱国卫生法规，并结合天津市的实际情况，制定了《天津市爱国卫生工作管理办法（草案）》，并报请天津市市政府以政府令的形式发布。

1998年7月，天津市市长李盛霖签发天津市人民政府第2号令,《天津市除四害管理办法》，已经市人民政府批准，并予以公布实施。

2005年5月为贯彻落实《全国爱卫会关于进一步开展创建国家卫生镇活动的通知》（全爱卫发〔2003〕3号精神），推动天津市创建卫生镇活动的深入开展，提高农村卫生环境的整体水平，根据《国家卫生镇标准》，结合天津是的实际状况，制订《天津市市级卫生镇标准》，和《市级卫生区标准》。2007年天津市人民代表大会常务委员会发布第93号公告,《天津市爱国卫生工作条例》于5月23日由天津市第十四届人民代表大会常务委员会第三十七次会议通过，予以公布，兹2007年9月1日起实施。2009年制定《市级卫生村标准》。2010年制定《天津市单位卫生标准》。

大事记

清　代

光绪二十八年（1902）

6月3日　当时天津时疫流行，英领事对其租界内居民提出11条卫生规定，交工部局宣传执行。

中华民国

1924年

9月　北洋医学堂毕业生卓景榕、梁宝鉴、翁文润、武尽伟、许起尘、李少峰、黄实际、孙明文等人集资创办了《中国卫生杂志》月刊，其任务以普及医药卫生保健知识兼报道学术动态为主，宣传讲究环境、空气、水源等公共卫生的重要性，提出《个人卫生十二要》和《学校卫生十二要》（文略）及其他建设性意见。社址在河北六马路，该刊一度发行甚广，各地设分馆，成为历史上著名的期刊之一。

1929年

9月　《天津特别市卫生局月刊》第2卷第4号载《函街村管理处，宣传花柳病之危害》，20年代创刊的还有《每月科学》《津津月刊》和《国民防疫》等都刊载了大量普及医药卫生和保健养生的文章。

南开学校提出学校“卫生八要”。内容是：1. 使用公共筷子、匙子取菜；2. 每周一资助消毒灭虱、蚤、臭虫；3. 捕蝇，厨房发现苍蝇受处罚；4. 晒被褥；5. 禁止吐痰；6. 严格检查身体；7. 学校设师生浴室；8. 坚持童子军训、教兵戎操、武术、柔软操等，着眼学生全面发展。

卫生局联合教育局主办“天津特别市中小学寒假卫生训练班”。对象为中小学校长、体育教员及中等学校的斋务管理员，地址在西马路市立第二讲习所。培训内容：1. 畸形矫正；2. 一般卫生；3. 传染病预防；4. 急救法；5. 种痘法大意等。

1930年

9月　医学界有识之士，怀着科学救国的愿望，投身医疗保健教育事业，创办了《中国卫生杂志》，杨济时、朱宪彝、朱季青等知名医学专家撰写的《建设时代之公众卫生》《空气与卫生》等文章在该杂志上发表，当时该杂志是融医学知识与卫生保健为一体的卫生科普读物。

1931年

天津的报纸主编《中国卫生丛刊》，其内容与《中国卫生杂志》相应。

1934年

5月　《国医医言》月刊创刊，主办人陈曾源，该刊系津门早期颇具影响的中医医刊，其“社会服务栏”专门刊登以普通民众为对象的文章，如“滥服西药的弊害”“淋浊之认识与自疗法”等。30年代的科普出版物还有《健康生活》《卫生月刊》等杂志。另外，有些报纸如《益世报》《大公报》《天津市警察三日刊》等都刊载一些普及医药卫生知识的文章。

天津市卫生事务室组织全市卫生宣传活动，有春季卫生运动、夏季卫生演讲、冬季卫生演讲、儿童幸福运动和灭蝇运动。在学校卫生方面，举办中小学暑期卫生讲演会。

开业医生沈其霞自办《医学知识》半月刊，相继又有《性科学》月刊、《齿科》月刊等问世，多属发刊不久因经济拮据而停刊。

1935年

天津市国民政府卫生局、卫生事务会组织全市卫生宣传活动，在学校卫生方面举办中小学暑期卫生讲习会及寒假卫生训练班。

1936年

天津流行霍乱，卫生局组织防疫宣传班分往娱乐场所演讲，并散发各种防疫宣传品。

1937年

7月 谭路瑞（美籍）创办华北卫生工会公共卫生总处、该公会的工作注重女幼家庭诊视、预防与学校卫生等。

1946年

4月 天津市国民政府卫生局卫生教育股与联合国善后救济总署及基督教青年会合作，放映卫生教育电影6场，内容有“消化器”“传染病”“斑疹伤寒”“鼠疫”“DDT之效能”等，观众约2300余人。此时的戒毒、戒烟的宣传也较多. 在广播电台轮流讲演戒烟戒毒的重要性等，并绘制成幻灯片，分发到各电影院放映。

7月 天津市国民政府卫生局举办卫生展览会，内容有统计报表、图像照片、标本模型及婴儿衣服为展品，共有近7000人观看展览。

是年 卫生宣传工作分学生和市民两个方面，学生方面的工作除召开卫生座谈会、卫生演讲、家长谈活动，还利用学校预防接种期间，发行卫生图画标语等。对市民方面则利用广播讲演、绘制各种幻灯片由电影院放映。1946年，学校卫生工作中卫生宣传内容有：矫正不良习惯；指导早起刷牙、漱口、剪指甲、勤沐浴；举办卫生常识演讲；举行校长、家长座谈会等。

1947年

9月8日 天津市政府第98次会议通过并公布《天津市国民学校卫生室组织规程》，规定了健康教育等15项工作。

中华人民共和国

1949年

10月8日 天津市人民政府卫生局举办卫生展览会，参观人数约6000余人，印发防疫小册子6000余册，饮水消毒手册1000余册，预防鼠疫宣传1000多人次。

1950 年

7 月 天津市发生真性霍乱，卫生部要求天津迅速组成防疫委员会并开展工作。

1951 年

成立了卫生宣传教育所。

1952 年

3 月 14 日 中央人民政府发布命令，决定成立中央爱国卫生运动委员会，周恩来总理任主任委员。同时要求各省市建立相应组织，推动爱国卫生各项工作。

抗美援朝期间，开展反对美帝国主义细菌战的宣传，天津市防疫委员会宣传组绘制了幻灯片、宣传画、标语等向市民宣传。

毛泽东主席为第二届全国卫生工作会议题词：“动员起来，讲究卫生，减少疾病，提高健康水平，粉碎敌人的细菌战争。”

1953 年

3 月 成立天津市首届爱国卫生运动委员会。这是按照中央人民政府命令，在原防疫委员会和 1952 年 3 月组建的天津市卫生委员会的基础上建立的，是天津市开展群众性卫生活动的领导机构，负责统一领导、统筹协调全市各系统、各区县爱国卫生和防治疾病工作。

本月 全国爱国卫生运动展览在天津市大沽路副食中心展出。

是年 天津市工矿企业普遍开展安全卫生活动，有 1300 多名工矿企业卫生员、1000 多名急救员、1000 多名炊事员接受卫生教育培训。

天津市爱卫会根据市民反映，针对天津市各郊区，工人新村附近存在无人处理的暴露坟墓很多，不仅招蝇生蛆散发臭味妨碍环境，还严重影响了人民群众的生活和身体健康的情况，提出：①请天津市政府加强督促主管部门，将处理办法拟定并早日公布实施；②在正式办法未公布实施前请天津市政府通知各区在尽可能的原则下，发动群众力量暂作深埋（在深埋前可做好标识，以便万一有人寻找）。

1953 ~ 1956 年 天津《新晚报》开辟“讲卫生”专栏，为半月刊，其中有“医生的话”、“疾病防治”和“就医指导”等内容。1953 ~ 1956 年期间，各种报刊宣传卫生知识所占篇幅较大，水平较高，许多医务界知名人士为报刊撰稿，常见报端的有屈鸿钧、吴宗磷、赵鸣之、曹鼎镌、袁庆栾、刘庆山、于长水等。小学设卫生导师负责学生保健。在爱国卫生运动和除害灭病的宣传工作中，健康教育工作人员深入学校，宣传卫生知识，学校出板报配合宣传。

1954 年

《中华人民共和国宪法》实施，其中第 21 条规定：“开展群众卫生活动，保护人民健康”。

1955 年

4 月 天津市发生了流行性感冒，在一些工厂迅速传播，并且影响到生产和生活，针对此情况天津市爱卫会发出关于预防流行性感冒的紧急通报，对一些传染严重的工厂进行了隔离治疗。

1956年

中央强调，爱国卫生运动的任务和目的是“除四害”、讲卫生、消灭疾病，振奋精神，移风易俗，改造国家。据此，天津市先后开展了健康教育、病媒生物防制、食品卫生、防疫工作。农村进行两管五改（管水、管粪、改水井、改厕所、改畜圈、改炉灶，改造环境）和创建卫生城市的群众性讲卫生活动。

大搞普及除害灭病和防病保健卫生知识，天津市卫生局会同天津市文化局、天津市教育局、天津市总工会、天津市妇联、天津市青年团、天津市红十字会、天津市科协、天津日报社、天津市电台等联合发起大搞卫生宣传活动，声势大，效果显著。是年12月4日科普协会召开的第二届会员代表大会，对此工作进行了总结和表彰。

天津市爱卫会根据历年来腐烂水果在市面销售，疾病多有发生，市民反映强烈的问题进行调查，发现大量腐烂水果流入市场，市面出售烂苹果的情况加重，影响了市民健康。

在大搞环境卫生中主要是三项重点工作：一是填垫污水坑、沟及修建下水道工程；二是垃圾、粪便、公厕的管理工作；三是迁移乱葬坟墓。

《全国农业发展纲要》中，将苍蝇、蚊子、老鼠、麻雀列为“四害”。

天津市爱卫会组织了几十万群众，开展了几次声势浩大的“扑打麻雀”大战，当时，房上、树上、地下皆是人群，一起鸣锣击鼓，惊的麻雀满天乱飞，无停息之地，直至疲累坠地被扑杀。据当时不完全统计，扑杀麻雀31万只，宣传扑雀的目的是消除小雀与人争粮，毁粮之害。

在大搞环境卫生、除四害活动中，掀起了扑灭蚊蝇的高潮。发动中小学生和广大职工群众开展挖蛹活动，以“灭小、灭早”来消灭蚊蝇滋生地。据统计当年挖蛹地177亩，在蚊蝇生长期实行“人手一拍”进行捕杀。

1958年

1月8日 中共中央发布了《关于开展以除四害为中心的爱国卫生运动的通知》，同年2月12日中共中央和国务院发出了《关于开展除四害，讲卫生的指标》，提出除四害为苍蝇、蚊子、老鼠、臭虫。自此“四害”不包括麻雀。

7月27日 再次掀起灭蚊、灭蝇高潮，全市出动百万群众，开展“烟熏灭蚊”大战，蚊蝇大减。

1959年

天津市卫生局卫生宣传科与天津人民广播电台合办专题节目“李大夫的话”，主要宣传防病知识，颇有影响，一直坚持办到1966年。

1960年

天津市爱国卫生运动委员会与环境卫生处、红十字会合署办公，对内一套班子，对外三块牌子，三个单位密切配合，统一使用力量推动卫生运动的开展。

1963 年

天津市遭受了历史罕见的洪水，为了预防、控制传染病的流行，在大搞环境卫生、食品卫生、医疗卫生的同时，进行了药物消毒、灭蚊、蝇、鼠、虱。当时，曾一度把“灭虱”列入“除四害”的内容。

1964 年

2 月 21 日 天津市政府决定成立天津市环境卫生局，天津市爱卫会建制保留。

天津市发生霍乱，市政府决定成立卫生指挥部，市长任总指挥。指挥部下设办公室及疫情、检疫、卫生等组织。并组建了 400 人的防疫大队。下郊区村入户开展卫生防疫工作。由此推动了城乡爱国卫生运动的深入开展。

1965 年

3 月上旬 天津爱卫会召开“02”（即霍乱）防治工作会议。会议传达了周恩来对城市预防“02”的重要指示，“城市不发生，农村不流行，基本消灭‘02’，保卫首都是一个重要的政治任务，必须完成。”

9 月 天津市人民委员会以〔1965〕号秘字 162 号文件转发《市卫生指挥部关于进一步加强“02”防治工作意见的紧急报告》。

1966 年

根据“02”疫情在部分地区发生与流行，并在继续蔓延的情况，天津市爱国卫生运动指挥部于 6 月 26 日提出《关于“02”疫情和坚决彻底消灭“02”的意见》。意见分析了疫情形势，主要是发病早，来势猛；疫点多，疫源分散；河流污染的可能加大；多数病人病情轻，症状不典型，漏诊的可能性增大。针对这些特点，提出防治意见。

天津市爱国卫生指挥部根据“02”防治工作计划要求和疫情情况，提出做好饮水消毒和大搞环境卫生是十分重要的防疫措施

1967 年

3 月 天津市爱国卫生运动指挥部办公室，针对食堂卫生工作与食物中毒预防工作，制定《食堂工作人员卫生工作六项要点》。

1967 年 南部地区发生霍乱，除天津市卫生指挥部领导小组办公室组织防疫队，市属各医院的医疗队到各郊区村镇开展防疫工作外，其他正常卫生活动秩序被打乱。

1969 年

7 月 8 日 周恩来总理重申开展爱国卫生运动，全国城乡各地要年年在春初夏中搞一、两次卫生清整活动，并定为常例，不再废除。

1970 年

4 月 26 日 天津市革命委员会决定成立天津市爱国卫生运动委员会（津革〔1970〕24 号），由 15 人组成，解学恭任主任。

5 月 28 日起 启用“天津市爱国卫生运动委员会”、“天津市爱国卫生运动委员会办公室”公章（天津市爱国卫生运动委员会津爱〔1970〕第 1 号）。同意天津市爱卫会办公室下设改水除四害技术指导站，为事业单位，由市拨事业编制 5 名。

冬季全国爆发流行性感冒，特点是来势猛，发病突然，症状病程长，为“甲型病毒”，卫生部军管会业务组对此相当重视，向全国发出“情况反映”。天津市爱卫会根据天津市流行情况，以〔1970〕爱字第 7 号文件形式发出《立即行动起来，防治流行性感冒》的通知。

70 年代后 天津市教育局编写健康教育课本，学校开设健康教育课，学生系统地接受健康教育。

1971 年

6 月 针对天津市六月份后连续发生食物中毒事故，要求要加强对卫生工作的领导，加强宣传教育，使“预防为主”的方针和预防疾病的方法家喻户晓，自觉搞好食品卫生，把住病从口入关。

夏季 全国流行性急性眼结膜炎病，在天津市也有局部流行，卫生局做出了《关于天津市传染病情况和防治意见的报告》，市爱卫会根据疫情开办“预防传染性急性眼结膜炎学习班”，介绍讲解红眼病临床特点，诊断标准治疗方法及流行特点和预防措施。

7 月 正式制订下发《天津市爱国卫生公约（试行）》。

8 月 天津市革命委员会决定成立“天津市革命委员会三整顿领导小组办公室”下设三个组，即整顿交通秩序组、整顿市容组和整顿环境卫生组，并启用公章。

9 月 为加强天津市市食品卫生管理，根据食品卫生存在的问题，天津市爱国卫生运动委员会办公室拟定《天津市食品卫生暂行规定》，多次召开各区和基层单位会议征求意见，反复修改，并以天津市爱卫会的名义颁发。

1972 年

7 月 为贯彻商业部、卫生部《关于加强饮食卫生管理的通知》，针对天津市食品卫生中存在的问题，搞好食品卫生工作，召开了食品卫生工作会议，会议期间对部分单位和食品卫生情况进行了检查。

夏季 痢疾、伤寒、传染病急性眼结膜炎等在天津市开始蔓延，甚至已经开始流行。天津市爱卫办及时以〔1972〕爱办字 14 号发出《关于当前天津市传染病情况和防治意见》要求立即行动，搞大规模的爱国卫生运动，开展群防群治，迅速控制传染病，保障群众健康。

根据毛主席提出的“动员起来，讲究卫生，减少疾病，提高健康水平”的方针，天津市爱卫办召开天津市积肥经验交流会，主要是加强粪便管理，预防疾病，提高肥效，推动农村秋季爱国卫生运动的深入开展。

为进一步搞好城市管理工作，天津市爱卫办拟定了《关于加强市容管理的办法》。

1973 年

2 月 天津市爱卫会以〔1973〕爱卫字第 2 号文，发出《关于评选一九七二年天津市爱国卫

生运动先进单位的通知》

5 月 针对饮食及集体食堂等单位广泛使用洗衣粉做食具消毒不能起到灭菌的目的，反而增加细菌传播的问题，天津市爱卫办提出“关于加强食具消毒的通知”，要求各饮食行业、集体食堂等单位，要认真执行中华人民共和国卫生部、商业部〔1960〕卫防字第 113 号、〔1960〕商卫联字第 159 号《关于食品加工、销售、饮食卫生“五四”制》第三条规定的使用蒸汽或煮沸方法进行食具消毒。冷食行业的食具不适宜煮沸的，应采用药物消毒，原使用洗衣粉消毒应予以停止。

5 月 制定《天津市熟肉制售卫生要求》。

6 月 天津市爱国卫生运动委员会，为搞好天津市环境卫生工作，进一步加强对城市环境卫生管理，制定《天津市环境卫生管理暂行规定》。

1974 年

为认真贯彻落实国务院〔1974〕第 76 号文件“关于坚持开展爱国卫生运动大力加强防疫工作的通知”精神，推动天津市以除害防病为中心的爱国卫生运动深入开展，切实搞好食品卫生，保障人民群众身体健康，天津市爱卫会分别召开了《肉食品卫生经验交流会》《工地食堂卫生经验交流会》和《关于积极做好水果售卖卫生工作的通知》。

中央三部委统发《工业“三废”排放试行标准》，国务院转发了全国环境保护会议情况的报告，国家计划委员会制定了《关于保护和改善环境的若干规定》，市爱卫会遵照国务院发〔1973〕158 号文件精神和市革委会第 36 次办公会议《关于建立〈天津市环境保护监测站〉的决定》市爱卫办负责筹建工作。

天津市爱卫办召开粪管水改工作会议，会议主要研究如何搞好粪管税改的工作。进一步推动粪管水改工作，讲解农村粪管水改的意义和技术措施，促进天津市农业大干快上。

1976 年

10 月 天津市爱卫办向市委请示，不再每年进行评选卫生先进单位。

是年 为尽快完成《全国农业发展纲要》规定的卫生工作任务，郊县农村广泛开展了以“两管五改”为重点的农村爱国卫生运动，许多社队把“两管五改”纳入发展农业生产和建设社会主义新农村的规划。

1977 年

5 月 天津市爱卫会为了加强城市环境卫生管理，进一步搞好环境卫生，对 1973 年 6 月天津市爱卫会颁发的《天津市环境卫生管理暂行规定》进行重新修改，并颁发了修改之后的《天津市环境卫生管理规定》。

1978 年

4 月 21 日 为了加强环境卫生管理工作，天津市委〔1978〕津党发 51 号文件决定建立天津市环境卫生局，与天津市爱国卫生运动委员会办公室合署办公。定编 45 人（含爱卫会办公室的编制和工勤人员）。

1979 年

天津人民广播电台重设卫生科普专题节目“为听众服务”。随后又开辟“健康之友”“千家万户”“海河夜话”等专题节目，每周播出2—3次，由健康教育所和卫生科普宣传积极参与者提供稿件。

天津市爱卫会、天津市教育局、天津市文化局、天津市卫生局、天津市广播事业局、天津市总工会、天津市共青团市委、天津市市妇联发出关于贯彻中央爱卫会等八部门“关于进一步加强爱国卫生运动宣传工作”的联合通知。

3 月下旬　天津市爱卫会办公室、天津市教育局组织中小学生开展大规模的挖蛹、扑蝇活动。

1980 年

1 月　天津电视台先后播放《科技长河》《观众之友》《五彩贝》《晚霞金辉》《祝您健康》宣传卫生知识的节目，每周播出6次，每次10分钟。

天津市爱卫办根据当时农村卫生情况，制定了《天津市农村爱国卫生运动卫生标准》，把人民公社标准生产队卫生标准、社员家庭卫生标准，城镇街道居委会卫生标准、城镇居民住户卫生标准进行细化。

7 月　天津市爱卫办和市环境卫生局以爱卫办字第14号和环卫字第102号文件下发《关于制定城乡结合部积肥场的卫生管理试行办法》

1981 年

天津市爱卫办、天津市红十字会、天津卫生局联合召开了天津市卫生宣传教育工作会议。这次会议主要是解决好组织保障问题，建立健全卫生宣传组织机构，充实专业人员和骨干力量。

6 月　天津市爱卫会、天津市红十字会、天津市卫生局组织卫生宣传工作交互检查。检查的方法采取领导抽查和各区、县交互检查相结合的方法。检查的内容主要是：宣传人员的配备情况；工作计划的制定情况；宣传经费的落实情况；在培养典型、提高宣传工作质量方面做了哪些工作；组织放映卫生科教电影情况以及贯彻落实会议要求、制定措施情况。

10 月　天津市爱卫办联合天津市容办、天津公安局、天津卫生局、天津环卫局发出《关于限期处理家禽、家畜的通知》。

年底　天津市共有农村公厕288355座，其中新建改造61653座，拆除不合格厕所7492座。有大队统一管理封肥的411个，占大队总数的33%；由小队统一管理封肥的2692个，占小队总数的26%。有固定积肥场9214处，积肥队6479个，积肥队员21889名。

天津市爱卫办共举办两期沼气技术培训班，培训农民技术员和沼气干部60余名。他们在推广技术、发展沼气起了很好的作用。

1982 年

4 月 6 日　天津市爱卫办与天津电台合作开辟了以创建国家卫生城市、爱国卫生、除害防病及告诫全市人民努力提高卫生意识和自我保健能力为主的“爱国卫生专题节目”共42期，这个节目每天播放一次，每次 10 分钟。

5 月 天津市爱卫会发布《天津市爱国卫生公约》。

6 月 天津市爱卫办举办了食品卫生知识学习班，目的是认真贯彻国务院颁发的《食品卫生管理条例》和各项卫生标准，提高饮食、食品行业领导人员的食品卫生知识水平，增强搞好食品卫生工作的自觉性，进一步推动天津市食品卫生工作的开展。

9 月 5 日 天津市爱卫会与天津红十字会联合召开市区边缘街消毒灭蚊蝇现场交流会，重点提出了城郊结合部灭蚊蝇问题。

是年 天津市团市委、天津市爱卫会、天津市教育局组织命名、表彰“红领巾模范号”活动。

1983 年

天津市爱卫办、天津市卫生局组织征集卫生美术、摄影作品参加全国和北方十三省、区、市卫生美术、摄影展览。主旨是：繁荣卫生美术、摄影创作，更好地运用艺术手段进行卫生宣传和科普教育，扩大宣传效果。

3 月 天津市人民政府办公厅以津政办〔1983〕34 号文件形式转发天津市市容管理办公室拟定的《天津市各行各业容貌标准（试行）》，文件发至各区、县人民政府，各委办局，各直属各单位。内容有：工厂厂容标准，商店店容标准，学校校容标准，医院院容标准，施工现场场容标准，文化娱乐场所容貌标准，车站、机场、码头容貌标准，公园园容标准，农贸市场场容标准，机关容貌标准。

11 月 4 日 在天津市召开改水工作会议，总结几年的改水成绩，制定了《1984—1990 年天津市改水工作规划草案》，并成立了由姚峻副市长任组长，天津市爱卫会、天津市建委、天津市教委、天津市计委、天津市农委任副组长；天津市卫生局、天津市财政局、天津市物资局、天津市公用局、天津市水利局、天津市环保局、天津市地方病办公室为成员的改水领导小组。

是年 为解决和缓解群众上厕所难的问题，推动建厕工作，在天津市环卫局及各区区政府的努力下，新建公厕 344 座，接近 14 年来全市新建公厕总和的 1.5 倍，消灭了群众使用户厕灰桶 3600 多个，结束了天津市人民使用不卫生灰桶的问题。

1984 年

天津市市政府将加快农村自来水建设作为做好改善农村人民生活十项工作决定之一，天津市爱卫办和农业食品委员会联合做好“集体操办，群众集资加快农村自来水建设工作。”

1 月 天津市委决定调整天津市爱国卫生运动委员会成员，建立党组、独立办公（津党〔1984〕16 号）。

5 月 10 日 正式启用“中国共产党天津市爱国卫生运动委员会党组”印章。

5 月 26 日 市编委下发津编字〔1984〕49 号文件《关于市爱国卫生运动委员会办公室人员编制的通知》。通知同意天津市爱卫会办公室和天津市环境卫生局双方商定的一致意见，将原设在市环境卫生局的爱卫会办公室的八个行政编制划出，单独列编。市环境卫生局保留行政编制

58名。同意天津市爱卫会办公室下设改水除四害技术指导站为事业单位，由市拨事业编制5名。至此改变了天津市爱卫会办公室合署办公的体制。

8月25日 根据天津市领导的指示，对在津外国人集中住宿的宾馆等处食品卫生进行了检查，并写出报告。

1985年

3月7日 天津市委组织部批复（津党组〔1985〕16号），同意天津市爱卫办机关党组织归属市直机关党委领导。

6月 天津市爱卫会起草《关于开展“树新风，讲卫生，建设文明新天津”活动的号召书》。

6月10日 天津市人民政府发布《关于禁止随地吐痰乱扔乱倒的通告》。

1986年

4月 天津市爱卫办党的关系划归市教育卫生工作委员会。

天津市爱卫会、天津市卫生局联合开展吸烟危害健康的宣传和戒烟活动，在与市人大科教文卫委员会、天津市教委、天津市体委、天津市妇联、天津总工会、天津团市委、中华医学会天津分会、天津市红十字会、天津市科协、天津日报社、今晚报社、天津市高教局、天津市教育局、天津市第一教育局、天津市文化局、天津市广播电视局共同协商、拟定了天津市《关于开展吸烟危害健康的宣传和戒烟活动的通知》。

天津市政府下发109号《天津市犬类管理暂行办法》，对犬类管理提出具体办法。9月15日组成天津市犬类管理办公会。

5月2日 天津市爱卫办〔1986〕津爱卫办第10号文件，发出关于废止《天津市熟肉制品制售卫生要求》的通知。主要是鉴于《中华人民共和国食品卫生法》于1983年7月1日开始试行，并要求过去颁布的食品卫生法规与本法有抵触的，以该法为准。《天津市熟肉制售卫生要求》废止。

1987年

天津市选送4部电影电视片参加全国卫生电影电视片“白鹤奖”评选活动，均被评为三等奖。

2月21日 正式启用“天津市犬类管理办公会”公章。

3月5日 天津市犬类管理办公会制定《天津市犬类管理暂行办法实施细则》。

8月31日 天津市市容委和天津市农村工作委员会联合发文，“关于抓紧落实企事业单位灭犬工作的紧急通知”。

1988年

3月 为落实市委、天津市政府防病会议的要求，开展以预防甲型肝炎为重点的春季爱国卫生工作，天津市爱卫会组织以预防甲型肝炎为重点的春季爱国卫生检查活动。

5月 天津市爱卫会、天津市卫生局联合制订《天津市蚊香卫生许可证签发办法及监督管理实施细则》。

9月5日 中央爱国卫生运动委员会、卫生部、交通部以〔1988〕交劳字540号文件，授予天津港“国家卫生港”称号。

1989 年

是年 国务院针对爱国卫生面临的许多新的课题，提出：全国和各级爱国卫生运动委员会是国务院和各级人民政府的非常机构，负责统一领导，统筹协调全国和各地爱国卫生和防治疾病工作。

3 月 天津市爱国卫生运动委员会、天津市计生委、天津市卫生局、天津市共青团市委、天津市妇联、天津市高教局、天津市科协、天津市电影发行放映公司发出《关于组织观看科教影片〈艾滋病〉和故事影片〈艾滋病患者〉的联合通知》。

7 月 31 日 天津市人民政府《关于调整加强天津市各级爱卫会办事机构的通知》(津政发〔1989〕87 号)。

5 月 31 日 天津市爱卫会、天津市卫生局、天津市总工会、共青团市委、天津市妇联联合发出《关于开展第二个“世界无烟日”活动的通知》。

6 月 6 ~ 8 日 “国家卫生港”现场会在天津港召开。

11 月 草拟了《关于加强爱国卫生工作的决定》，多次召开区、县爱卫会和委员部门负责人会议，反复讨论研究修改，并召开委员扩大会议征求意见，组织班子进行修订，报请天津市政府，以政府名义下发《天津市人民政府关于加强爱国卫生工作的决定》。

12 月 16 日 天津市人民政府发布政府第 18 号令，批准实施《天津市犬类管理办法》。

全国爱卫会办公室，卫生部卫生检疫总所、交通部人事劳动司以〔1989〕人劳卫字 159 号文通知，召开“国家卫生港”现场经验交流会。交流创建卫生港的先进经验，参观学习天津港。

1990 年

3 月 天津市爱卫会、天津市教育局、天津市卫生局、天津市红十字会、天津市环卫局联合发出《关于开展爱国卫生小卫士试点活动的通知》。

6 月 天津市爱卫会，天津市教育局、天津市红十字会、天津市环卫局组成联合检查组，对河北区、和平区开展“爱国卫生小卫士”试点活动情况进行检查。

7 月 24 日 天津市编制委员会下发津编字〔1990〕250 号文件，同意天津市爱卫会办公室下设犬类管理站，列为事业单位，规格级别定为科级，由市核拨事业编制十名，所需人员经费从天津市爱卫会办公室卫生事业经费中列支，劳动工资计划归口市编委管理。天津市编办同意市爱卫会办公室下设犬类管理站，列为事业单位，规格分别定为区科级，劳动工资计划市编委管理，至此改变了天津市的犬类管理有临时机构负责的情况，有专门的机构负责此项工作。

10 月 9 日—12 日 全国城市卫生检查团对天津市的城市卫生进行了检查，荣获全国“十佳卫生城市”称号。

1991 年

3 月 1 日 天津市政府在干部俱乐部大剧场召开“天津市巩固十佳卫生城市成果，创建国家卫生城市表彰动员大会”。会议主要内容是表彰在迎接全国城市卫生检查工作中的先进单位和先进个人；同时就深入开展爱国卫生运动，巩固十佳卫生成果，创建国家卫生城市工作进行大会动员。这次大会共表彰先进个人1950名。

10月14～17日 全国城市卫生检查团第二检查团对天津市进行卫生复查。

是年 “爱国卫生小卫士”活动在全市铺开，天津市爱国卫生委员会等部门在下达通知的同时，制定出检查评比的条件和方法。

1992年

6月 天津市爱卫办根据本市人大十一届六次会议21号议案，建议制定《天津市除四害工作管理有关规定》，及钱其璈副市长对此作出的批示，草拟了《天津市消灭卫生害虫管理暂行规定》。

8月28～31日 全国城市卫生检查团对天津市的城市卫生进行检查。

9月18日 中国医学科学院生物工程研究所与天津市市、区有关部门联合成立犬类饲养管理中心，并向天津市犬办提出关于成立“津美养犬管理中心”的请示。

12月 在庆祝爱国卫生运动40年之际，中央领导为爱国卫生运动题词。江泽民同志题词：“开展爱国卫生运动，提高全民族的卫生素质，促进两个文明的建设”。李鹏同志题词：“移风易俗、改造家园，除害灭病、健康幸福”。李铁映同志题词：“深入持久地开展爱国卫生工作，不断提高人民健康水平”。陈慕华同志题词：“开展爱国卫生运动，保护人民身体健康”。廖汉生同志题词：“创举，辉煌的成就”。

是年 天津市政府把农村改厕工作作为农村人民办的10件好事之一，列入政府行为。

1993年

9月11日 发出关于饲养严格审批观赏犬的通知，通知要求：“为了控制天津市饲养观赏犬的数量，必须采取限制饲养严格审批的措施。”

11月17日 创建国家卫生城领导小组办公室发出通知，对城市达标区（街）进行考核检查，达标检查分为五个组进行，即：市容环境组；环卫组、食品和公共场所卫生组；防疫健康教育组；除害组。制定了检查考核方法和检查内容。

1994年

3月 天津市召开“创建国家卫生城，迎接43届世乒赛动员大会”，王德惠副市长宣读了《关于1993年度创建国家卫生城市达标区、街及灭蝇、灭蟑达标区、街的命名决定》。

9月 津犬管办发出了《关于统一发放观赏犬临时饲养证的通知》。

1995年

9月25日 天津市委、天津市政府以津党〔1995〕23号下发文件，批准天津市爱国卫生运动委员会办公室挂靠在市卫生局，规格为副局级，党的工作由天津市委教育卫生委员会管理。内设机构为两个处，即秘书处。业务处。规格为区处级。机关行政编制13名，其中，主任1名，副主任2名，正副处长4名，工勤人员1名。天津市爱卫会办公室下属的事业单位：犬类管理站，加挂卫生除害管理站的牌子，规格为正处级，至此关于犬类管理工作由天津市公安局负责。原事业编制不变，改水除四害技术指导站撤销。

10月 天津市爱卫办组织了“天津市爱国卫生书法、绘画、摄影评比大赛展览”主要是通过书法、绘画、摄影广泛宣传爱国卫生各项工作的开展情况，包括环境卫生、容貌卫生、环境保护、除害防病、食品卫生、公共场所卫生、健康教育、单位卫生等。

是月 为配合“爱国卫生月”活动，按照全国爱卫办的要求，组织市民收听中央人民广播电台“健康百话”节目。

4月27日 第三次全国城市卫生检查中，在直辖市、省会市、计划单列市中排名第二。天津市以市政府名义表彰先进集体80个，先进个人4000名。同时表彰了检查评比达标单位180个。并将表彰决定及名单刊登在《天津日报》。

是年 天津全市农村公厕改造率达85%以上，户厕改造率达20%以上，由于有相当一部分农村以发展公厕为主，所以按人口统计，使用卫生厕所率达40%。

1996年

5月 天津市爱卫办以津爱卫办字〔1996〕第12号文件，印发《天津市单位和居民区卫生标准（试行）》，其中包括《机关卫生标准》《学校卫生标准》《企业卫生标准》《宾馆饭店卫生标准》《医院卫生标准》《旅游景点卫生标准》《公共场所窗口单位卫生标准》《居民区卫生标准》《村卫生标准》。在标准下发的同时，对有关问题提出要求。

1997年

天津市爱卫会与天津市法制办沟通，草拟《除四害管理办法（草案）》，并根据草案起草向市法制办做了三点说明：一是起草本《办法（草案）》的必要性；二是起草过程；三是关于执法主体的说明。

1998年

根据全国爱卫会的要求和第四次全国城市卫生检查的标准，为加强天津市爱国卫生工作的法制化管理，市爱卫办参考了有关省市爱国卫生法规，并结合天津市的实际情况，制定了《天津市爱国卫生工作管理办法（草案）》，并报请市政府以政府令的形式发布。

7月 天津市市长李盛霖签发天津市人民政府第2号令，《天津市除四害管理办法》，已经市人民政府批准，现予以公布实施。

1999年

9月11～14日 检查团第七团对天津市作了为期四天的检查。检查团对天津市迎检的十一项工作进行了评价。

2000年

10月24日 中共天津市委办公厅下发津党办发〔2000〕31号文件，天津市市容办、天津环卫局、天津爱卫办合并为天津市市容环境管理委员会，同时挂天津市爱国卫生运动委员会办公室的牌子，下设爱国卫生处。市市容环境管理委员会是主管全市市容环境卫生和爱国卫生工作的市政府组成部门。

2005年

5月 制订《天津市市级卫生镇标准》和《市级卫生区标准》。

2007年

5月16日 天津市人民代表大会常务委员会发布第93号公告，《天津市爱国卫生工作条例》于5月23日由天津市第十四届人民代表大会常务委员会第三十七次会议通过，2007年9月1日起实施。

8月23日 制定并印发《天津市从事病媒生物防治专业经营服务行政许可实施办法》。

是年 补助地方农村改厕项目计划中要求共改造农村卫生户厕54404座，确定天津市到2010年末农村户厕普及率要达到96.14%。

2008年

2～9月 《天津市农村饮用水安全工程卫生学评价技术细则（试行）》实施后，对天津市“农村饮用水安全工程十一五规划”的工程及部分年份建成的工程开展卫生监督

9月 制定《天津市创建卫生镇工作导则》和《天津市创建卫生村工作导则》。

2009年

8月24日 中共天津市委办公厅下发津党办发〔2009〕18号文件，设立天津市市容和园林管理委员会。天津市市容和园林管理委员会为负责全市市容市貌、环境卫生、城市园林绿化、爱国卫生和城市管理综合执法工作的市政府组成部门。

12月25日 制定并印发《市级卫生村标准》。

2010年

7月26日 制定并印发《天津市单位卫生标准》。

第一篇

爱国卫生组织机构

1952 年春，美国在朝鲜战争中，对朝鲜和中国发动了细菌战争。毛泽东号召："动员起来，讲究卫生，减少疾病，提高健康水平，粉碎敌人的细菌战争"。在保家卫国的浪潮中，号召推动了群众性卫生防疫运动的深入发展。人民群众把这项伟大的运动称之为"爱国卫生运动"。党中央肯定了这个名称并指示在各级领导机构中设置"爱国卫生运动委员会"。与此同时，把"卫生工作与群众性卫生运动相结合"定为卫生工作的一项原则。爱国卫生运动不仅受到全国上下的一致拥护和参与，而且受到国际上的赞誉。在社会主义革命和社会主义建设的各个历史时期，有着不同的工作重点，充分显示出它的"移风易俗，改造国家"的伟大作用，取得了丰硕的成果。爱国卫生运动是中国特有的一种卫生工作形式，是由各级人民政府组织，全社会共同参与，改善社会卫生状况和提高人民健康水平的群众活动。

第一章　历史沿革

第一节　防疫委员会

1949 年 4 月 27 日，察北地区鼠疫流行，政务院决定成立"中央防疫委员会"，由董必武同志任主任委员，领导组织防疫工作。中央防疫委员会负责统一安排防疫工作，对人、财、物进行统一调配。采取了治疗、免疫、灭鼠、封锁交通、宣传教育等措施迅速控制疫情。为了领导和加强全国的防疫工作，中央防疫委员会保留下来。

1950 年 7 月天津市发生真性霍乱，中央卫生部要求天津迅速组成防疫委员会并开展工作。防疫委员会是各级政府的职能部门，下设办公室、疫情、防疫、药品检疫、卫生宣传部门，运用专业队伍和群众运动相结合的方式，广泛开展了卫生防疫工作。

第二节　爱国卫生运动委员会

1951 年由于美国在朝鲜战争中进行细菌战，波及中国沿海城市和乡村，中央人民政府于 1952 年 3 月 14 日发布命令，决定成立中央爱国卫生运动委员会，周恩来总理任主任委员，同时要求各省市建立相应组织，推动爱国卫生各项工作。

天津市首届爱国卫生运动委员会于 1953 年 3 月建立，是按照中央人民政府命令，在原防疫委员会和 1952 年 3 月组建的天津市卫生委员会的基础上建立的，是天津市开展群众性卫生活动的领导机构，负责统一领导、统筹协调全市各系统、各区县爱国卫生和防治疾病工作。

天津市爱国卫生运动委员会由市长或副市长任主任委员，由政府办公厅、农委、商委（财委）、教卫委（文委）、经委、建委、文委、外经贸委、科委、警备区、卫生、环卫、环保、公安、教育、体育、财政、文化、宣传及工会、共青团、妇工委、红十字会等部门领导组成。天津市首届爱国卫生运动委员会，由黄敬市长亲自主持工作。下设办公室、防治、环卫、宣传、人事、财务组。办公地点设在营口道（滨江医院住院部）。由各部门抽调干部、车辆，财政部门拨专款，开展了全市性的大搞环境卫生及防疫工作。随后，各区、街成立爱国卫生运动委员会或小组全面开展工作。卫生工作出现了“户户动员、人人动手”的局面。

1952 年底毛泽东主席为第二届全国卫生工作会议题词：“动员起来，讲究卫生，减少疾病，提高健康水平，粉碎敌人的细菌战争。”1954 年《中华人民共和国宪法》中第 21 条规定。“开展群众卫生活动，保护人民健康”。1956 年中央强调，爱国卫生运动的任务和目的是除四害、讲卫生、消灭疾病。振奋精神，移风易俗，改造国家，据此，天津市先后开展了健康教育，病媒生物防制，食品卫生，防疫工作。农村“两管五改”（管水、管粪、改水井、改厕所、改畜圈、改炉灶，改造环境）和创建卫生城市的群众性讲卫生活动。

1960 天津年市爱国卫生运动委员会与天津市卫生局环境卫生处、天津红十字会合署办公，对内一套班子，对外三块牌子，三个单位密切配合，统一使用力量推动卫生运动的开展。

1964 年 2 月 21 日，天津市政府决定成立天津市环境卫生局，天津市爱卫会建制保留。同年天津市发生霍乱，天津市政府决定成立卫生指挥部，市长任总指挥。指挥部下设办公室及疫情、检疫、卫生等组织。并组建了 400 人的防疫大队。下郊区村入户开展卫生防疫工作。由此推动了城乡爱国卫生运动的深入开展。

1966 年“文化大革命”开始，1967 年南部地区发生霍乱，除市卫生指挥部领导小组办公室组织防疫队，市属各医院的医疗队到各郊区村镇开展防疫工作外，其他正常卫生活动秩序被打乱。

1969 年 7 月 8 日，周恩来总理重申开展爱国卫生运动，全国城乡各地要年年在春初夏中搞一、二次卫生清整活动，并定为常例，不再废除。

1970 年 4 月 26 日，天津市革命委员会决定成立天津市爱国卫生运动委员会（津革〔1970〕24 号），由 15 人组成，解学恭任主任，并于同年 5 月 28 日起，启用“天津市爱国卫生运动委员会”“天津市爱国卫生运动委员会办公室”公章（天津市爱国卫生运动委员会津爱〔1970〕第 1 号）。同意天津市爱卫会办公室下设改水除四害技术指导站，为事业单位，由市拨事业编制 5 名。

1984 年 1 月天津市委决定调整爱国卫生运动委员会成员，建立党组、独立办公（津党

〔1984〕16号）。并于1984年5月10日正式启用“中国共产党天津市爱国卫生运动委员会党组”印章。

1970～2004年天津市爱卫会先后经过10次调整。

1953～2010年天津市历届爱国卫生运动委员会负责人名录

表1-1-2-1

年份	成　员	主任委员	副主任委员	办公室主任
1953	27	黄　敬	李允恪　万晓塘　朱宪彝　王培仁	蔡公琪
1957	17	李耕涛	娄凝先　杨振亚　潘长有	—
1959	31	李耕涛	娄凝先　王金鼎　杨振亚　杨春林　刘　金	—
1960	—	—	（增补）吴士法	—
1962	—	—	（增补）张兆铭　郭林业	—
1970	15	谢学恭	王元和	—
1971	15	谢学恭	王曼恬　毕建章　马　丁	—
1972	28	谢学恭	黄志刚　白　桦　李中垣　路　达　赵　平　张兆铭	张兆铭
1974	29	谢学恭	王曼恬　王珍堂　李荣贵　张迈君　张继尧　赵　平	姬化中
1979	21	黄志刚	刘　刚　白　桦　曹西康　李士曾　乔国铨　张兆铭	张兆铭
1981	28	胡启立	吴　振　白　桦　李　明　张建新　张兆铭　李　志	张兆铭
1982			（增补）虞福京　李金声	
1984	31	姚　峻	李　明（常务）　王嘉祥　李金声　周延昌　陈钟槐　李　志	
1988	37	钱其璈	赵宝安（常务）　毕福春　朱连康　胡德坤　周延昌　杨志华　赵宝元　甄国才	赵宝安
1994	55	庄公惠	张桂馨（常务）　陈钟槐　蒋继盛　牟怀善　张胜利　周连有　陈质枫　李建群　张永全　赵克正　张常山　刘金生　周成科　郭景春	张桂馨
1997	55	庄公惠	吴春秋　陈钟槐　蒋继盛　牟怀善　张胜利　周连有　陈质枫　李建群　张永全　赵克正　张常山　刘金生　周成科　郭景春	吴春秋
1998	67	俞海潮	周思纯　吴春秋　周成科　叶厚荣　殷淑严　吴　初　马连勇　李柮茂　张胜利　宋鸿奎　王福山　崔士光　李金亮　张　愈　邢振刚　王宗涌　周喜来	吴春秋
2000	67	俞海潮	周思纯　吴春秋　周成科　叶厚荣　殷淑严　吴　初　马连勇　李柮茂　张胜利　宋鸿奎　王福山　崔士光　李金亮　张　愈　邢振刚　王宗涌　周喜来	史晓成
2003	69	陈质枫	李占东　王维基　张常山　张秉诚　许富宽　郝晓远　狄俊霞　赵建中　卡瑞明　王　璟　黄　侃　姚　学　蒋凡凡　张柏捷　崔玉成　何理明	李占东

第三节 爱国卫生运动委员会办公室

爱国卫生运动委员会办公室（简称爱卫办）是爱卫会的常设办事机构。

1978年4月21日为了加强环境卫生管理工作，天津市委〔1978〕津党发51号文件决定建立天津市环境卫生局，与天津市爱国卫生运动委员会办公室合署办公。定编45人，含爱卫会办公室的编制和工勤人员。

1984年5月26日天津市编委下发津编字〔1984〕49号文件《关于市爱国卫生运动委员会办公室人员编制的通知》。通知同意天津市爱卫会办公室和天津市环境卫生局双方商定的一致意见，将原设在天津市环境卫生局的天津市爱卫会办公室的八个行政编制划出，单独列编。天津市环境卫生局保留行政编制58名。

同意天津市爱卫会办公室下设改水除四害技术指导站，为事业单位，由市拨事业编制5名。

至此改变了天津市爱卫会办公室合署办公的体制，天津市爱卫办成立党组织。天津市委组织部于1985年3月7日批复（津党组〔1985〕16号），同意天津市爱卫办机关党组织归属天津市直机关党委领导。

1986年4月天津市爱卫办党的关系划归天津市教育卫生工作委员会。

1989年7月31日天津市人民政府《关于调整加强天津市各级爱卫会办事机构的通知》（津政发〔1989〕87号）中决定：“一、在不增加机构和编制的前提下，从1989年8月份起，将爱卫会办公室连同原编制从市容卫生管理委员会划出，在市爱卫会的直接领导下工作，行政关系挂靠市教育卫生委员会，党的关系隶属教卫工委。市爱卫会办公室办公用房及固定资产等，仍按1986年与市容卫生管理委员会合并前的情况划分。二、各区、县的爱卫会办公室原则上设在各区、县人民政府。根据各区、县的实际情况，也可以采取挂靠形式。三、市及区县爱卫会办公室的人员编制，仍按津革发〔1979〕22号文件执行。随着各级爱卫会办公室任务的加重和职能的转变再逐步调整充实力量。各级爱卫会办公室要在人、财、物方面保持相对独立。四、各区、县所属的街、乡、镇，各委、局及基层单位，都要加强爱卫会的组织建设，配备相应力量。改变目前组织机构不健全的状况。”

1995年9月25日天津市委、天津市政府以津党〔1995〕23号下发文件，批准天津市爱国卫生运动委员会办公室挂靠在市卫生局，规格为副局级，党的工作由天津市委教育卫生委员会管理。内设机构为两个处，即：秘书处。业务处。规格为正处级。

机关行政编制13各，其中，主任1名，副主任2名，正副处长4名，工勤人员1名。

天津市爱卫会办公室下属的事业单位：犬类管理站，加挂卫生除害管理站的牌子，规格为正处级，原事业编制不变，改水除四害技术指导站撤销。

2000年10月24日，中共天津市委办公厅下发津党办发〔2000〕31号文件，天津市市容办、天津环卫局、天津爱卫办合并为天津市市容环境管理委员会，同时挂天津市爱国卫生运动委员会办公室的牌子，下设爱国卫生处。市市容环境管理委员会是主管，全市市容环境卫生和爱国卫生工作的市政府组成部门。

2009年8月24日，中共天津市委办公厅下发津党办发〔2009〕18号文件，设立天津市市容和园林管理委员会。天津市市容和园林管理委员会为负责全市市容市貌、环境卫生、城市园林绿化、爱国卫生和城市管理综合执法工作的市政府组成部门。

第四节 爱卫会办公室内设机构

1984年5月26日，天津市编办同意天津市爱卫会办公室下另设改水除害技术指导站，为事业单位，由市核拨事业编五名。

1995年9月25日天津市委下发津党〔1995〕23号文件，规定天津市爱卫办内设机构根据职责设两个处室规格为正处级。

一、秘书处

负责办公室主任会议的组织安排和决定事项的催办，负责宣传和新闻发布的具体工作；负责文稿起草、公文管理、机要、组织、人事、保密、信访、信息、财务等机关日常行政事务工作。

二、业务处

负责创建国家卫生城市工作的组织、推动、检查评比和迎检等具体工作，组织全市单位内部卫生的检查及卫生先进单位、卫生红旗单位的评比；研究拟订各种卫生评比检查的标准，办法；组织协调各类卫生检查工作；拟订除害工作和农村改水改厕工作规划及农村环境卫生的治理；组织进行全民健康教育等。

天津市爱卫会办公室原下属的事业单位：犬类管理站加挂卫生除害管理站的牌子，规格为正处级，原事业编制不变；改水除四害技术指导撤销。

2000天津年市市容办、天津环卫局、天津爱卫办合并组建天津市市容环境管理委员会，加挂天津市爱国卫生运动委员会办公室牌子，下设爱国卫生处。

第二章　主要职责

第一节　爱卫会职责

1989年国务院针对爱国卫生面临的许多新的课题，便于更好地适应新形势的需要，在总结经验的基础上，提出全国和各级爱国卫生运动委员会是国务院和各级人民政府的非常设置机构，负责统一领导，统筹协调全国和各地爱国卫生和防治疾病工作。它的主要任务是：拟定组织贯彻国家和地方爱国卫生和防治疾病的方针、政策和措施；统筹协调国务院和各级人民政府的有关部门及社会各团体，发动广大群众，开展除四害，讲卫生，防疾病活动；广泛进行健康教育，普及卫生知识，提高人口卫生素质；开展群众性卫生监督，不断改善城乡生产，生活环境的卫生质量；检查和进行卫生效果评价，提高人民健康水平。主要任务是：

（1）坚持用科学方法，继续组织领导除四害活动。制定以灭鼠为中心的除四害规划，督促检查年度目标的实现，组织考核、评比、验收；在巩固成效的基础上，扩大成果，有计划，有步骤地把四害的危害降到最低限度。

（2）全国城乡，特别是大中城市、开放旅游区，要组织社会力量和有关部门统一部署，有重点、有步骤地治理内外环境，增添卫生基础设施，加强卫生监督，进一步改善环境卫生面貌，为群众的生产、工作、生活、学习提供卫生整洁、优美舒适的环境。

（3）协调有关部门，落实“七五”计划规定的农村改水任务，到1990年使80%的农村人口饮用安全卫生水，以期从根本上控制水传疾病的发生和流行。

（4）大力发展全民的健康教育事业，普及卫生科学知识，提高群众的自我保健能力。各级爱卫会和卫生部门要有计划地建设健康教育的专业网络，宣传、文化、教育、广播电视，新闻出版和工青妇等有关部门及团体，都应紧密配合，认真做好这项工作，在全国城乡形成“以卫生为光荣，不卫生为耻辱”的社会新风尚。

（5）组织协调有关部门制定重大疫情，中毒事故等突发事件的防范措施和应急对策，做好人力、物力准备、控制此类突发事件的发生和减轻其危害。

评比竞赛是激励群众的有效方法，应当采用。以精神鼓励为主，适当给予必要的物质奖励。通过检查评比竞赛活动，推动卫生预防工作的深入发展。

建立爱国卫生月制度，在开展经常性卫生活动的同时，每年根据不同情况，提出不同要求。

在爱国卫生月活动中，有计划地办几件有利于群众的实事，强化群众和社会各部门的大卫生观念。加强卫生法制观念，制订爱国卫生工作条例和法规，把爱国卫生工作纳入法制管理轨道。组织群众参与卫生法制监督活动，作为专业、专职卫生执法监督队伍的强大后盾。

1998 年天津市人民政府发布《天津市爱国卫生工作管理办法》，办法中提出：市、区（县）、街道（乡镇）的爱国卫生运动委员会，是同级人民政府的议事协调机构，负责部署和协调本行政区域内的爱国卫生工作。

其主要职责是：

（1）组织贯彻实施有关爱国卫生工作的法律、法规、规章和方针、政策；

（2）统一规划、部署和协调本行政区域内的爱国卫生工作；

（3）指导、检查、督促本行政区域内各单位履行其承担的爱国卫生工作；

（4）组织动员社会团体参加爱国卫生活动；

（5）进行社会卫生状况监督，检查和效果评价；

（6）表彰、奖励爱国卫生先进单位和个人；

（7）完成各级人民政府交办的其他卫生工作。

2000 年，天津市委办公厅下发《天津市市容环境管理委员会职能配置、内设机构和人员编制规定》的通知，组建天津市市容环境管理委员会，同时挂天津市爱国卫生运动委员会办公室的牌子。天津市市容环境管理委员会是主管全市市容环境卫生和爱国卫生工作的市政府组成部门。其中爱国卫生工作包括：组织开展创建国家卫生城市活动，组织、指导全市开展爱国卫生运动和经常性的除四害活动，并对除害消毒药械进行管理。

2009 年，市委办公厅下发《天津市市容和园林管理委员会主要职责内设机构和人员编制》的通知，关于爱国卫生工作的主要职责是：组织开展创建国家卫生城市活动；组织指导全市开展爱国卫生运动，负责对防治病媒生物药剂和器械经营、使用的监督管理，组织专家对防治病媒生物药剂的实际应用效果进行评估。

第二节　爱卫会办公室编制及职责

1995 年 9 月 25 日，天津市委印发《天津市爱国卫生运动委员会办公室职能配置、内设机构和人员编制方案》规定：天津市爱卫会办公室机关行政编制 13 名，其中主任 1 名，副主任 2 名，正副处长 4 名，工勤人员 1 名。

其主要职责是：

1. 贯彻国家爱国卫生工作的方针、政策和法规；拟定全市爱国卫生工作的地方性法规和有关规章制度，并组织实施；

2. 研究拟定全市爱国卫生事业的发展规划和目标；

3. 负责组织全市城乡除四害活动。制定除四害规划，督促、检查年度目标和落实、组织考核、评比、验收；做好除害、消毒药械的管理；

4. 组织实施全市农村改水改厕规划，做好以改水为重点的农村爱国卫生工作；

5. 组织协调区县有关部门和团体的爱国卫生工作；检查全市爱国卫生工作开展情况，进行卫生效果的评价；

6. 开展爱国卫生和健康教育活动，动员全社会参与，开展群众性卫生监督；

7. 组织协调有关部门制订重大疫情中毒事故等突发事件的防范措施和应急对策；

8. 组织协调开展创建国家卫生城市活动；

9. 完成市政府、全国爱卫会和市爱卫会交办的其他事项。

1990 年 7 月 24 日，天津市编制委员会下发津编字〔1990〕250 号文件：同意天津市爱卫会办公室下设犬类管理站，列为事业单位，规格级别定为科级，由天津市核拨事业编制十名，所需人员经费从天津市爱卫会办公室卫生事业经费中列支，劳动工资计划归口市编委管理。

2002 年拟订爱国卫生处的职责是：

1. 负责拟订爱国卫生运动活动计划并组织实施。

2. 负责组织开展创建国家卫生城市（城区、县、镇）活动；

3. 负责组织、指导开展爱国卫生运动和经常性的除四害活动；

4. 负责对除害消毒药械的管理工作；

5. 负责组织、推动单位卫生工作，并组织检查评比；

6. 负责指导市卫生除害管理站的业务工作；

7. 完成委领导交办的事项。

2004 年的天津市市容委津（党人 105 号）文件正式确定爱国卫生处的工作职责：

1. 负责制定爱国卫生运动的活动计划并组织实施；

2. 负责组织开展创建国家卫生城区和卫生镇、村活动；

3. 负责组织、指导、推动全市开展爱国卫生运动和经常性的除四害活动，负责对除四害消毒药械的管理工作；

4. 负责组织推动农村改水改厕工作；

5. 负责组织推动单位卫生工作，并组织检查评比；

6. 指导市卫生除害管理站的业务工作；

7. 完成委领导交办的事项。

2009 天津年市市容委、天津园林局，合并组建天津市市容和园林管理委员会，加挂天津市爱国卫生运动委员会办公室的牌子，下设爱国卫生管理处，其主要职责是：

1. 负责制定爱国卫生工作规划，计划并组织实施；

2. 负责推动指导各区县开展创建国家卫生区和卫生镇、卫生村活动；

3. 负责组织推动全市开展爱国卫生运动和经常性的病媒生物防治工作；

4. 负责病媒生物防治行政许可初审和灭鼠与消杀药械的管理工作；

5. 负责农村改水改厕工作；

6. 负责组织推动单位卫生工作；

7. 负责爱卫行业行政许可的初审工作；

8. 负责爱卫相关信息的统计工作；

9. 承办委领导交办的其他事项。

第二篇

健康教育与健康促进

史料记载，对居民的卫生宣传始于清光绪二十八年（1902）6月3日，当时天津时疫流行，英领事对其租界内居民提出11条卫生规定，交工部局宣传执行。

1930年9月，医学界有识之士怀着科学救国的愿望，投身医疗保健教育事业，创办了《中国卫生杂志》，杨济时、朱宪彝、朱季青等知名医学专家撰写的《建设时代之公众卫生》、《空气与卫生》等文章在该杂志上发表，当时该杂志是融医学知识与卫生保健为一体的卫生科普读物。

中华人民共和国成立后，天津市政府重视卫生宣传教育事业，于1951年成立了卫生宣传教育所。但是由于历史原因，天津市的卫生教育事业经过了一段曲折的发展过程，直至党的十一届三中全会以后，卫生教育事业才得以恢复，并从“卫生宣传”向“健康教育”转变，使健康教育这一事业得以长足发展，已成为预防医学的重要组成部分。同时，也成为爱国卫生运动的重要工作内容。

第一章　健康教育主要内容

第一节　社会宣传教育

一、举办展览会

1946年7月，天津市国民政府卫生局举办卫生展览会，内容有统计报表、图像照片、标本模型及婴儿衣服为展品，共有近7000人观看展览。

1949年1月15日天津解放后，于10月8日市人民政府卫生局举办卫生展览会，参观人数约6000余人，印发防疫小册子6000余册，饮水消毒手册1000余册，预防鼠疫宣传1000多人次。

1953年3月，全国爱国卫生运动展览在天津（原大沽路副食中心）展出。

1983年，天津市爱卫办、天津市卫生局组织征集卫生美术、摄影作品参加全国和北方十三省、区、市卫生美术、摄影展览。主旨是繁荣卫生美术、摄影创作，更好地运用艺术手段进行卫生宣传和科普教育，扩大宣传效果，主要题材是：

1. 党的十一届三中全会以来，医疗卫生战线在爱国卫生、防病治病、妇幼保健、计划生育以及教育科研等方面的新气象、新成就、新进度；

2. 在建设社会主义精神文明和医疗战线改革中的新人新事、新风貌；

3. 以宣传科学知识为内容的科普作品。

1987年天津市爱卫办、天津市卫生局、天津摄影家协会三个单位联合组织30幅作品参加

“中国健康为人人、人人要健康”的全国摄影大奖赛。

1995年10月天津市爱卫办组织了“天津市爱国卫生书法、绘画、摄影评比大赛展览”，主要是通过书法、绘画、摄影广泛宣传爱国卫生各项工作的开展情况，包括环境卫生、容貌卫生、环境保护、除害防病、食品卫生、公共场所卫生、健康教育、单位卫生等，主题体现了活泼、高雅、进取的特点，通过艺术形式展示了城市各项爱国卫生工作的成就与爱国卫生意识，鼓舞了士气、陶冶了情操，展览会在全国城市卫生检查评比揭晓时展出，展览结束后将评出一、二、三等奖，并对参赛作者颁发“参展证书”和纪念奖，展览地点在和平区文化馆（新华路177号）。

二、影视声像播放

1946年4月，天津市国民政府卫生局卫生教育股与联合国善后救济总署及基督教青年会合作，放映卫生教育电影6场，内容有“消化器”“传染病”“斑疹伤寒”“鼠疫”“DDT之效能”等，观众约2300余人。此时的戒毒、戒烟的宣传也较多。在市广播电台轮流讲演戒烟、戒毒的重要性等，并绘制成幻灯片，分发到各电影院放映。

1949年4月29日，新华电台（今天津人民广播电台）播放了以除害灭病为中心的卫生运动的内容和要求。1952年抗美援朝期间，开展反对美帝国主义细菌战的宣传，天津市防疫委员会宣传组绘制了幻灯片、宣传画、标语等向市民宣传。

1959年，天津市卫生局卫生宣传科与天津人民广播电台合办专题节目“李大夫的话”，主要宣传防病知识，颇有影响，一直坚持办到1966年。1979年，天津人民广播电台重设卫生科普专题节目“为听众服务”。随后又开辟“健康之友”“千家万户”“海河夜话”等专题节目，每周播出2—3次，由天津市健康教育所和卫生科普宣传积极参与者提供稿件。

1980年，天津电视台先后播放“科技长河”“观众之友”“五彩贝”“晚霞金辉”“祝您健康”宣传卫生知识的节目，每周播出6次，每次10分钟。1985年起，天津市卫生宣传教育所与天津电视台合作，共同录制了《食品卫生》《妇幼卫生知识》《疾病防治》等150余部电影电视片，50余种幻灯片。其中《王七买瓜》一摺小品获文化部、卫生部、广播电视电影部三等奖，健康教育专题片《向砂糖挑战》和《揭开猴人之谜》分别获天津市科技二等奖。

1982年4月6日开始，天津市爱卫办与天津电台合作开辟了以创建国家卫生城市、爱国卫生、除害防病及告诫全市人民努力提高卫生意识和自我保健能力为主的“爱国卫生专题节目”共42期。这个节目每天播放一次，每次10分钟，主要内容是：怎样搞好创建国家卫生城市；怎样认识“繁荣与卫生”的关系；卫生习惯要从小抓起；烟民要从烟雾中走出来；艾（爱）先生卫生知识问答；记者采访纪实；不卫生行为跟踪采访等栏目进行广播宣传。内容再三更新，先后有18个区县、17个委局参加了播出活动。组织播出了灭蝇、灭鼠、灭蟑、灭犬、环境卫生、食品卫生、防病知识、自我保健等内容的讲稿共计147篇，全市有800万人口进行了收听，收听率达34%。

1987年天津市选送4部电影电视片参加全国卫生电影电视片“白鹤奖”评选活动，均被评为三等奖。为了更好地运用电影和电视片手段普及卫生科学知识，增进人的健康意识，天津市爱卫会、天津市卫生局、天津广播电视局、天津文化局、天津市科协联合召开了天津市“白鹤奖”发奖大会，推动了天津市卫生科普宣传工作的深入开展。

1989年3月，天津市爱卫会、天津市计生委、天津市卫生局、共青团天津市委、天津市妇联、天津市高教局、天津市科协、天津市电影发行放映公司发出《关于组织观看科教影片〈艾滋病〉和故事影片〈艾滋病患者〉的联合通知》。通知要求，为保障中国和全市人民的健康以及各项事业发展，各有关部门必须对艾滋病贯彻预防为主的方针，尽力对全市每一个公民进行预防艾滋病的科普、道德以及净化社会的道德教育。各单位要根据实际情况，制定组织观看的措施，涉外单位要结合观看影片，加强对干部职工的教育，新闻单位要做好两部影片的宣传报道工作，积极引导观众看好影片。

1992年12月，在庆祝爱国卫生运动40年之际，中央领导为爱国卫生运动题词。江泽民同志题词：“开展爱国卫生运动，提高全民族的卫生素质，促进两个文明的建设”。李鹏同志题词：“移风易俗、改造家园，除害灭病、健康幸福”。李铁映同志题词：“深入持久地开展爱国卫生工作，不断提高人民健康水平”。陈慕华同志题词：“开展爱国卫生运动，保护人民身体健康”。廖汉生同志题词：“创举，辉煌的成就”。按中央爱卫办的要求，天津市爱卫办认真组织学习广泛宣传中央领导同志的题词，弘扬老一辈无产阶级革命家倡导的爱国卫生运动重要意义，加强对爱国卫生工作的科学管理和技术指导。

为配合1995年“爱国卫生月”活动，按照全国爱卫办的要求，天津市爱卫办组织市民收听中央人民广播电台“健康百话”节目。“健康百话”节目是向全社会宣传卫生保健知识，宣传卫生观念，配合爱国卫生运动深入发展的一个阵地。主要有饮水与健康、个人卫生与环境卫生、城市卫生、除害灭病和人人参与爱国卫生等内容。另外还根据群众的需求和工作的需要，组织有关专家撰写广播稿件。

三、开展多种形式的卫生宣传

1934年，天津市卫生事务室组织全市卫生宣传活动，有春季卫生运动、夏季卫生演讲、冬季卫生演讲、儿童幸福运动和灭蝇运动；在学校卫生方面，举办中小学暑期卫生讲演会。1936年天津流行霍乱，天津市卫生局组织防疫宣传班分往娱乐场所演讲，并散发各种防疫宣传品。1946年卫生宣传工作分学生和市民两个方面，学生方面的工作除召开卫生座谈会、卫生演讲、家长谈活动，还利用学校预防接种期间，发行卫生图画标语等；对市民方面则利用广播讲演、绘制各种幻灯片由电影院放映。1947年9月8日，公布《天津市国民学校卫生室组织规程》，规定了健康教育等15项工作。

1952年，抗美援朝期间，天津市人民政府开展反对美帝国主义发动细菌战的宣传，天津市卫生防疫委员会宣传组的美术、电工人员绘制印发了宣传画、标语，组织各行各业人员上街游行，医务人员入户宣传。防疫人员以文艺形式乘大卡车在市区和郊区进行宣传。至1953年全市居民和职工的卫生宣传工作已形成由系统领导的组织形式，所印发的宣传品也有针对性，如《工人宣传手册》、宣传单，以及对卫生典型的培养，都是按照条条块块进行。1956年，大搞普及除害灭病和防病保健卫生知识，天津市卫生局会同天津市文化局、天津市教育局、天津市总工会、天津市妇联、天津市青年团、天津市红十字会、天津市科协、报社、电台等联合发起大搞卫生宣传活动，声势大，效果显著。是年12月4日市科普协会召开的第二届会员代表大会，对此工作进行了总结和表彰。1957年天津市爱国卫生运动委员会又进一步推动了城市卫生运动宣传工作。

1977年4月天津市爱卫会组织召开了“天津市卫生宣传教育工作座谈会”会上提出卫生宣传的基本任务是：一是要以推动爱国卫生运动的深入发展为重点，广泛深入宣传开展爱国卫生运动的意义、任务、要求和经验以及各项卫生制度。宣传群众、发动群众，积极除四害、讲卫生，破除不卫生的旧思想、旧习惯，努力实现移风易俗、改造国家的目的。二是要宣传季节性传染病和其他各种疾病的预防知识，宣传计划生育，提高广大群众卫生科学知识水平。三是要深入宣传卫生与体育相结合的重要意义和体育与卫生相结合的方法与经验，普及体育卫生科学知识。同时要搞好各部门的大协作，建立健全卫生宣传教育网。

1. 要同教育部门协作，编写中小学卫生课教材；组织发动学生进行社会卫生宣传；组织校医、卫生老师编写卫生宣传材料，搞好校内的卫生宣传；

2. 要同体育部门协作，共同总结体育与卫生相结合的经验，组织编写体育与卫生相结合的宣传材料；组织开展体育与卫生相结合的宣传活动；

3. 要同报社、电台、电视台协作，定期研究报道计划，组织卫生专题节目；

4. 要同文艺部门协作，组织创作卫生文艺节目；组织卫生文艺演出，卫生电影、幻灯的放映；

5. 要同出版、美术设计、制作部门协作，研究和组织卫生宣传品的绘画、设计、制作、出版等工作；

6. 要同电视台、科技局摄影组等单位协作，组织卫生电影脚本的创作、拍摄、洗印等工作；

7. 要同农业技术推广等部门协作，研究农业技术中有关卫生宣传问题，总结推广卫生与农业技术相结合的经验，编写宣传材料。

建立健全市、区（县）、街（公社）、基层四级卫生宣传教育网，各级卫生行政部门把此项工作列入议事日程，各级医疗卫生单位都把卫生宣传教育工作列入工作计划，指定一定的领导人员和干部分管和专管这项工作，组织医务卫生人员带动广大群众开展经常的和突击的卫生宣传教育活动。

1979年天津市爱卫会、天津市教育局、天津市文化局、天津市卫生局、天津市广播事业局、天津市总工会、共青团天津市委、天津市妇联发出关于贯彻中央爱卫会等八部门《关于进一步加强爱国卫生运动宣传工作的联合通知》。通知要求宣传的重点是：宣传卫生法规《关于城市卫生管理的试行规范》《食品卫生十项要求》等，提倡有法必依；宣传除害灭病、讲究卫生的具体要求和方法以及“三废”噪音对人体和环境的危害及防治的办法，宣传普及医药卫生科学知识和体育锻炼及计划生育的重要性。要求在宣传工作中《天津日报》每月要有卫生宣传报道，卫生突击活动中，每月要有卫生专版；电台、电视台要加强卫生宣传,《天津新闻》节目中要有卫生新闻报道，电视台每两周组织一次卫生专题节目，经常播放有关卫生宣传的影片、幻灯等；组织专业和业余艺术团体，编排宣传卫生和计划生育的专场进行演出，分期分批组织中小学生进行卫生宣传，扑打蚊蝇，对乱扔果皮纸屑、随地吐痰进行劝阻。

1981 年天津市爱卫办、天津市红十字会、天津市卫生局联合召开了天津市卫生宣传教育工作会议”。这次会议主要是解决好组织保障问题。建立健全卫生宣传组织机构，充实专业人员和骨干力量，市卫生宣传教育所成立卫生宣传推动组，各区县卫生部门要有人分管卫生宣传工作。区县卫生防疫站要成立卫生宣传科（组），市区 3—5 人，郊县 2—3 人；各医疗卫生单位、各预防保健科要有专人或兼职人员负责卫生宣传工作，鉴于卫生宣传教育工作涉及医学、教育学、心理学和文学艺术等多种知识，业务性很强，需要采取多种形式和途径，积极做好专业人员的培训，有计划有组织地培养一批卫生宣传和卫生科普的创作人才。

1983 年全国爱卫办提出《关于进一步加强卫生宣传教育工作的意见》。天津市爱卫办转发了《意见》，要求在工作中落实意见要求进一步搞好天津市的卫生宣传教育工作，根据全国爱卫办的要求做好十个方面的卫生宣传工作。一是宣传卫生工作在开展“五讲四美”努力建设高度的社会主义精神文明中的重要作用，提倡信科学、用科学，破除封建迷信，宣传在社会主义精神文明中的先进人物和先进事迹。二是宣传各种卫生法规、条例，当前要把《食品卫生法（试行）》的宣传作为重点，提高贯彻实施卫生法规、条例的自觉性。三是宣传除四害、讲卫生和在新形势下深入开展爱国卫生运动的意义和要求，普及个人卫生、环境卫生和学校卫生知识，改变随地吐痰、乱弃污物等陋习，树立讲卫生、爱清洁的文明风气。四是介绍各种传染病、寄生虫病、地方病和癌症、心血管病、肺结核等常见病与多发病的发病原因、危害和进行防治的卫生科学知识。五是宣传饮食食品卫生知识，在饮食服务与食品加工和发生霍乱的地区，要加强针对性的宣传。六是宣传美化、绿化和保护环境，防止污染的重要意义，进行有毒有害物质的污染对人的健康和子孙后代的危害及由此引起的中毒与职业病等防治知识的宣传教育。七是重点宣传实行计划生育是中国一项基本国策的重大意义，宣传提倡一对夫妇只生一个孩子，普及优生优育知识和各种节育知识，宣传新接生法、产期保健、妇女劳动保护和妇女、婴幼儿常见病防治等妇幼卫生知识，在农村和托幼机构要把这项工作作为重点抓好。八是宣传合理用药知识。九是宣传吸烟的危害，大力提倡戒烟。十是宣传介绍国内外医药卫生方面的新技术、新进展。

自 1989 年全国第一个“爱国卫生月”开始至今，始终在活动期间将健康教育宣传放在首位。以第三个“爱国卫生月”为例，1991 年的宣传重点是：抓好健康教育，提高全民的文明卫生意识。在宣传中注重声势、内容与效果的统一，注重健康教育与提高全民文明卫生观念的统一，收到了很好的宣传效果，主要表现为：一是声势浩大，卫生系统数千名医疗保健人员和各类城市管理人员一起走上街头，设立咨询站，开展咨询宣传服务；卫生宣教所认真组织安排了基层卫生院深入居民区开展初级医疗保健宣传，印制数万份各类卫生宣传材料向过往行人发放；中、小学生和离退休义务宣传员，身披彩带，载歌载舞；天津市委、天津市人大、天津市政府、天津市政协以及天津警备区的领导同志与天津市人大代表、天津政协委员一起走上街头参加并检查宣传活动。二是综合宣传体现了“大卫生”观念，在开展宣传活动中融卫生咨询、医疗保健、门前三包、市民守则、食品卫生、除害防病等多项内容为一体，各有关部门联合组织，体现了社会大卫生的综合宣传。三是宣传与服务并举，扩大宣传感召力。在宣传除害防病的同时，向过往群众廉价出售灭蚊蝇、灭蟑、灭鼠药物，既宣传了除害知识，又推动了除害工作。仅一天时间就销售各类除害药物1500多公斤，提高了宣传效果，受到了群众的欢迎。四是宣传活动既通俗易懂，又富有趣味性，宣传中运用各种民俗艺术形式，有效地吸引了过往群众。各类文艺演出队、执法队、宣传队和卫生突击队联合行动，活泼且富有教育意义的宣传活动引起了群众的极大兴趣，受到群众的普遍欢迎，留下了深刻的印象，为巩固“十佳城市”、创建国家卫生城市奠定了基础。

四、创办报纸杂志

1924年9月，北洋医学堂毕业生卓景榕、梁宝鉴、翁文润、武尽伟、许起尘、李少峰、黄实际、孙明文等人集资创办了《中国卫生杂志》月刊，其任务以普及医药卫生保健知识兼报道学术动态为主，宣传保护环境、空气、水源等公共卫生的重要性，提出《个人卫生十二要》和《学校卫生十二要》（文略）及其他建设性意见。社址在河北六马路，该刊一度发行甚广，各地设分馆，成为历史上著名的期刊之一。

1929年，《天津特别市卫生局月刊》第2卷第4号载《函街村管理处，宣传花柳病之危害》，20年代创刊的还有《每月科学》、《津津月刊》和《国民防疫》等都刊载了大量普及医药卫生和保健养生的文章。1931年，天津的报纸主编《中国卫生丛刊》，其内容与《中国卫生杂志》相应。1934年，开业医生沈其霞自办《医学知识》半月刊，相继又有《性科学》月刊、《齿科》月刊等问世，多属发刊不久因经济拮据而停刊。1934年5月《国医医言》月刊创刊，主办人陈曾源，该刊系津门早期颇具影响的中医医刊，其“社会服务栏”专门刊登以普通民众为对象的文章，如“滥服西药的弊害”“淋浊之认识与自疗法”等。30年代的科普出版物还有《健康生活》《卫生月刊》等杂志。另外，有些报纸如《益世报》《大公报》《天津市警察三日刊》等都刊载一些普及医药卫生知识的文章。

20世纪50年代初，天津《新晚报》开辟“讲卫生”专栏，半月刊，其中有“医生的话”“疾病防治”和“就医指导”等内容。1953—1956年期间，各种报刊宣传卫生知识所占篇幅较大，水平较高，许多医务界知名人士为报刊撰稿，常见报端的有屈鸿钧、吴宗磷、赵鸣之、曹鼎镌、袁庆栾、刘庆山、于长水等。他们写的科普文章贴近生活，通俗易懂，针对性强，给人们留下很深的印象。

1971 年 2 月，天津市卫生防疫站宣传科创办《卫生宣传》小报，月刊内部发行。至 1980 年共发行 117 期，700 多万份。1980 年 4 月将《卫生宣传》移交天津市卫生宣教所，改名为《卫生科普报》，半月刊公开发行，每期 10 万份，1986 年改为旬报。至 1990 年共发行出版 144 期，年发行量 100 万份。

1985 年 2 月，卫生宣传教育所创办《健康文择》杂志，16 开本，双月刊，公开发行。至 1990 年出版 32 期，发行量 24 万册。

1989 年，天津市健康教育所与 14 个沿海省市联合，主办了《健康教育研究》。1990 年创办《天津健康教育》。

第二节　中小学健康教育

一、民国时期健康教育

1929 年，南开学校提出“学校卫生八要”。内容是：1. 使用公共筷子、匙子取菜；2. 每周一资助消毒灭虱、蚤、臭虫；3. 捕蝇，厨房发现苍蝇受处罚；4. 晒被褥；5. 禁止吐痰；6. 严格检查身体；7. 学校设师生浴室；8. 坚持童子军训、教兵戎操、武术、柔软操等，着眼学生全面发展。

1934 年天津市国民政府卫生局、卫生事务会组织全市卫生宣传活动，在学校卫生方面举办中小学暑期卫生讲习会及寒假卫生训练班。

1937 年 7 月，谭路瑞（美籍）创办华北卫生工会公共卫生总处。该工会的工作注重家庭诊视、学校卫生与预防等。

1946 年，学校卫生工作中卫生宣传内容有：矫正不良习惯；指导早起刷牙、漱口、剪指甲、勤沐浴；举办卫生常识演讲；举行校长、家长座谈会等。

二、中华人民共和国成立后健康教育

20 世纪 50 年代，小学设卫生导师负责学生保健。

20 世纪 60 年代，在爱国卫生运动和除害灭病的宣传工作中，健康教育工作人员深入学校，宣传卫生知识，学校出板报配合宣传。

20 世纪 70 年代后，天津市教育局编写健康教育课本，学校开设健康教育课，学生系统地接受健康教育。

1974天津年市教育局、天津市爱国卫生运动委员会组织中小学生在暑期参加卫生活动，活动的内容是：1. 积极搞好本学校的卫生，填平洼地、拔除杂草、控制蚊蝇滋生；2. 搞好学校周围的环境卫生，消除蚊蝇滋生地；3. 组织宣传队走上街头，大张旗鼓地宣传毛泽东对卫生工作的一系列指示，宣传开展爱国卫生运动的重要意义，做到家喻户晓，人人皆知，发动群众搞好卫生；4. 组织扑蝇队，手执蝇拍到校外扑打蚊蝇；5. 参加区、街组织的对环境卫生乱堆乱倒垃圾、饮食副食、冷食行业和出售瓜果的行业的卫生检查工作。

1979 年，天津市爱卫会办公室、天津市教育局组织中小学生从 3 月下旬开始开展大规模的挖蛹、扑蝇活动。要求：1. 各区县教育局在领导学校开展爱国卫生运动中，要注意组织中小学校学生利用必要的业余时间参加挖蛹、扑蝇活动；2. 要在做好调查的基础上，按年级把学生组成若干挖蛹、扑蝇小队，在保证正常教学秩序的原则下，深入校内各处及附近有蛹的地方，如垃圾堆、粪堆、厕所、养猪场、污水池等处进行挖蛹并扑打第一代苍蝇；3. 防疫组织要做好技术培训和指导，做好传授挖蛹灭蝇方法和挖蛹灭蝇的卫生知识，对挖出的蛹、蛆要集中销毁并做好消毒、投放除害药物的工作；4. 做好宣传、鼓励工作，发动学生做好春季爱国卫生运动的宣传，使得家喻户晓，人人行动起来，树立讲卫生光荣、不讲卫生可耻，并提倡人手一拍，是蝇就打，在挖蛹、扑蝇中，表现突出，做出成绩的学校、年级和个人要予以表扬、通报和必要的奖励。

1981 年，天津市爱卫办、天津市教育局、天津市团市委、天津市卫生局、天津市红十字会联合发出组织中小学生开展灭蝇活动的通知。随着气候转热，蚊蝇大量滋生繁殖，为降低密度、控制传染病的发生和流行，组织中小学生开展灭蝇活动，要求：1. 各学校可利用课余时间按班级把学生组成扑蝇队，红十字青少年应成为扑蝇活动中的骨干，有组织地扑打蚊蝇；2. 充分利用群众喜闻乐见的方法，搞好宣传工作，各区县医院、卫生院要负责对管界内的中小学生进行除害知识教育，扑蝇时要注意个人卫生；3. 卫生防疫部门要抓好蚊蝇密度调查，有效进行外环境的消毒，控制蚊蝇滋生，要选派有经验的防疫人员到中、小学做好技术指导。

1982 年，天津市团市委、天津市爱卫会、天津市教育局组织命名、表彰“红领巾模范号”活动，要求广大少先队员和各校少先队组织：1. 要协助街道做好环境卫生净化、绿化、美化；2. 坚持学雷锋送温暖，关心孤老、病、残、军烈属，为人民做好事；3. 开展创红领巾街活动，利用“红领巾一条街”开展社会调查、访问、座谈活动，对少先队员进行“双爱”教育。通过这项活动的开展，红领巾街在短短几个月蓬勃兴起，取得了一定成果。

1983 年 5 月，天津市爱卫办、天津市教育局、共青团天津市委员会、天津市卫生局、天津市红十字会联合组织小学生扑蝇活动和评选“扑蝇小能手”活动。要求：一是扑蝇活动由各区、县爱卫会组织领导，教育局、团委配合开展。学校利用课余时间（也可适当占用劳动课时间），按照学习小组、少先队小队分散或集中地方式进行；卫生防疫部门和各卫生院要安排好培训，宣传教育学生注意扑蝇卫生；各级红十字会要组织发动红十字青少年带头扑蝇；各街爱卫会也要做好宣传发动，监督检查。二是为调动小学生的扑蝇积极性，表扬先进，树立典型，在全市小学生中开展评选“扑蝇小能手”和“扑蝇先进集体”活动。评选时间从发文起到9月30日止。评选活动以区、县为单位进行。各区、县爱卫会、教育局、区团委、卫生局、红十字会组成评选活动推动小组，共同抓好评选工作。

1989年天津市爱卫会、天津市教育局、天津市托幼工作领导小组联合发出《关于在教育、托幼系统开展爱国卫生运动的通知》。动员广大师生广泛深入地开展一次防病灭病为中心，以环境卫生、饮食卫生为重点的爱国卫生运动。要求：一是各级领导要充分认识在学校、托幼园所开展爱国卫生运动的重要性，这是防止传染病的发生与流行，使青少年保持一个健康体魄，积极投入紧张的学习中去的需要；是建设文明、整洁、优美的校园，创造良好的教学与学习环境的需要。二是要抓好文明卫生教育，使学生懂得讲究卫生是预防疾病的根本措施，是树立公共道德、热爱集体、建设社会主义精神文明的主要内容。要使学生懂得搞好卫生、预防传染病的科学知识，预防传染病的发生。三是要清除校内卫生死角，根除蚊蝇滋生地，搞好公厕的消毒灭蝇，教室、办公室、实验室窗明几净，凡有宿舍食堂的学校要重点抓好校舍和食堂卫生。四是把住食品卫生和饮水卫生两个重要环节，把住病从口入关，教育学生不买、不吃不洁食物，不吃生冷变质食物。五是开展卫生许可检查，开展学校卫生“小卫士”活动，利用课余时间，发动学生做有益卫生的各项活动，相互劝说或监督不卫生的行为。

1990年3月，天津市爱卫会、天津市教育局、天津市卫生局、天津市红十字会、天津市环卫局联合发出《关于开展爱国卫生小卫士试点活动的通知》。宗旨是大力开展健康教育、普及卫生科普知识，预防疾病，不断提高自我保健能力，本着从小抓起的精神，在青少年学生中增强卫生意识，树立爱清洁讲卫生的良好习惯，培养卫生道德观念，学习雷锋助人为乐。

“爱国卫生小卫士”活动的内容与形式是：定期清扫校内及门前环境卫生，同时结合各校劳动实践基地，参加清扫环境卫生，卫生宣传、扑打蚊蝇和卫生监督检查活动，活动要求在课余和节假日进行，不能占用上课时间。

活动的范围和标准要求：在环境卫生方面，一是每个“爱国卫生小卫士”要养成遵守公共卫生的美德。做到不随地吐痰，不乱扔果皮纸屑，不随地大小便，不饲养家禽家畜。二是参加校门前卫生监督，做到“八无”，即：校门前无垃圾堆、无果皮纸屑、无砖头瓦块、无痰迹、无乱贴乱画、无乱泼乱倒、无乱堆乱放、无不卫生死角；两净是：花坛绿地门前花盆内干净无杂物；沿街门面、墙壁干净无乱画；三是协助环卫工人把校门前的马路创建成红领巾卫生达标路。在除四害方面，每个“爱国卫生小卫士”都要积极参加除四害、灭蚊、灭蝇、灭鼠、灭蟑活动，为达标做贡献。在个人卫生方面，“爱国卫生小卫士”要坚持每天刷牙、勤洗澡洗发、勤换洗衣服，勤剪指甲、饭前便后洗手、不喝生水、不吃不洁食品，积极锻炼身体。

1991年5月，继1990年天津市爱卫会等5个部门联合发出《开展“爱国卫生小卫士”试点活动的通知》，通过一年的实践，对于培养少年儿童的卫生道德观念发挥了积极作用。因此决定从1991年开始，在市区各小学全面开展“爱国卫生小卫士”活动，在试点活动的基础上，活动的内容除原有的环境卫生、除四害和个人卫生外，又增加了健康教育和预防疾病，要求学校把健康教育课纳入教学计划，开设健康教育课，利用各种宣传形式，对学生进行课外健康教育，使学生懂得初级卫生保健知识，养成良好的卫生习惯。在预防疾病方面，要以预防近视为重点，做好肝炎、龋齿、蛔虫等传染病的预防和控制管理工作。

1992年在爱国卫生月活动中，要求中小学要狠抓健康教育普及率，教育部门抓好学校健康教育的开课率并在4月份对健康教育开课率进行一次检查，天津市教育局在市卫生部门的配合下，在学校开设了以防近视、防龋齿、防蛔虫、防肝炎及心理卫生为主要内容的健康教育课。全市18个区县绝大多数学校设有卫生课，基本上达到了有课本、有教师、有教案、有课表、有成绩，其中第四十一、四十五中学和嵩山道、鞍山道、马场道小学成为水平较高的健康教育示范学校。

1995年第三次城市卫生检查评比中，检查团通过对1所中学，2所小学健康教育抽查，对天津市中小学健康教育给予了很高的评价，认为健康教育有一定基础，扎实、细致，资料齐全、规范，开课率达100%。在对82中学的问卷调查中，卫生知识及格率95%；卫生知识知晓率93%；卫生行为形成率92%以上。昆明路小学学生卫生知识及格率70%，学生知识知晓率73%，卫生行为形成率90%。同时检查团对健康教育也提出了2点希望：一是进一步加强健康教育基础建设；二是中小学生健康知识水平低与居民健康知识水平有一定关系。比较起来，与其他项目取得的成绩、与全国的状况相比，还有待于各个有关部门的竭诚努力。

第二章　健康教育培训

第一节　民国时期健康教育培训

1929年天津市卫生局联合教育局主办“天津特别市中小学寒假卫生训练班”，对象为中小学校长、体育教员及中等学校的斋务管理员，地址在西马路市立第二讲习所。培训内容：1.畸形矫正。2.一般卫生。3.传染病预防。4.急救法。5.种痘法大意等。

第二节 新中国成立后健康教育培训

1953年天津市工矿企业普遍开展安全卫生活动，有1300多名工矿企业卫生员、1000多名急救员、1000多名炊事员接受卫生教育培训。

1984年天津市健康教育所与天津市卫生局“四病”办公室共同开展以“四病”（高血压、冠心病、恶性肿瘤、脑卒中）为主的慢性病预防与控制，通过数年探索，选择了以健康教育为主导的综合干预模式。全市社区示范点共13个，遍布市区，每个点约2.3万人，总人口约40万。社会健康教育的形式是：科普资料、读物入户，制作展牌，举办展览，组织讲座，观看录像。在此基础上，健康教育人员入户辅导、咨询，提供行为技巧（如盐勺、乳腺自查方法、血压测量方法、戒烟方法等）并开展问卷调查，以观察卫生知识的普及程度和行为改变的效果。在社区示范点内，接受健康教育的覆盖率达85%以上。对慢性病健康教育“干预”工作，在全国领先，亦为国外所瞩目。

1984年4月，由天津市委老干部局、天津市科协普及部、天津市医学会、天津市红十字会、电台、《长寿》杂志6个单位联合，每周举办一次保健知识讲座，由知名专家授课，参加者多为离退休干部，也有少数职工听课，课中宣传烟草对人体健康的损害，日益受到人们关注。

1988年，天津市开展大规模“文明礼貌月”和“计划生育”宣传活动，在车站、街头、农贸市场、医院门诊部设立咨询站、宣传站110个，有1100多名医务人员参加，受益者近10万人。

1989年天津市卫生宣教所更名为天津市健康教育所，从单纯的信息传递向传播与教育并重，从“单纯普及”向“行为干预”转变，自此，以心理咨询、建立正确生活方式为主要内容的健康教育活动在天津开始。是年春，南郊区卫生防病站健康教育在原有的橱窗、展牌宣传的基础上，又在农贸市场充实增设了近百块展牌，从而建成一条健康教育街。随后，红桥区、河东区、河北区、河西区也在本管界内的公共场所或人群密集处建展牌、设橱窗，相继建成了健康教育一条街。

第三章 健康教育检查

为落实天津市卫生宣传工作会议精神，1981年6月，天津市爱卫会、天津市红十字会、天津市卫生局组织卫生宣传工作交互检查。检查的方法采取领导抽查和各区、县交互检查相结合的方法，检查的内容主要是：宣传人员的配备情况；工作计划的制定情况；宣传经费的落实情况；在培养典型、提高宣传工作质量方面工作情况；组织放映卫生科教电影情况以及贯彻落实会议要求、制定措施情况。

1983年天津市爱国卫生运动委员会全委会纪要提出了进一步加强卫生宣传教育工作。宣传教育的重点是：

1. 宣传卫生工作，在开展“五讲四美三热爱”建设社会主义精神文明中的重要作用。

2. 宣传各项卫生法规、条例，把全国人大常委会通过的《食品卫生法（试行）》和市政府颁布的《天津市城市街道清洁卫生管理暂行办法》、市爱卫会颁布的《爱国卫生公约》作为宣传重点，提高贯彻实施卫生法规、条例的自觉性。

3. 宣传除四害、讲卫生和在新形势下深入开展爱国卫生运动的意义和要求、普及个人卫生、环境卫生和学校卫生知识，改变随地吐痰、乱弃污物等陋习，树立讲卫生、爱清洁的文明风气。

4. 宣传多种传染病、寄生虫病、地方病和癌症、心血管疾病、肺结核等常见病与多发病的发病病因、危害和进行防治的卫生科学知识。

5. 宣传饮食食品卫生知识，在饮食服务与食品加工业要广泛进行防止“病从口入”、爱护群众身体健康的教育，提高防病的科学知识水平。

6. 宣传美化市容、绿化和保护环境，防止污染的重要意义。

同年11月，天津市卫生局、天津市爱卫会共同组织对卫生宣传工作进行检查，检查的方法主要以汇报与重点参观相结合的方法，检查内容主要是在爱国卫生、防病治病的宣传中开展了哪些工作，培养了哪些典型单位；卫生宣传工作是否有专人负责，防疫站是否建立了卫生宣传科（组），配备专职干部，购置宣传器材；经费落实情况等。

1990年6月，天津市爱卫会，天津市教育局、天津市红十字会、天津市环卫局组成联合检查组，对河北区、和平区开展“爱国卫生小卫士”试点活动情况进行检查。通过检查，共同特点是：纳入德育教育系列，做到“四个结合”，即与德智体教育相结合；与学雷锋活动相结合；与落实小学生行为规范相结合；与迎亚运、做贡献相结合。河北区每学期安排5—10次卫生教育课，本着从小抓起，预防疾病，树立爱清洁讲卫生的良好习惯，同时不进校内卫生做到洁、净、美，还走出校门，参加社会卫生活动，与街道、工厂挂钩，开展实践活动。

继1990年“爱国卫生小卫士”试点活动取得的成绩，1991年“爱国卫生小卫士”活动在全市铺开，天津市爱卫办等部门在下达通知的同时，制定出检查评比的条件和方法，先进集体要做到：1. 领导重视，把开展这项活动纳入学校卫生工作日程，做好有组织、有计划、有措施、有检查、有各项活动的记录；2. 各项活动成绩突出，效果明显；3. 健康教育课落实100%的小卫士养成良好的用眼卫生习惯，懂的预防龋齿的知识及个人卫生要求，养成良好的卫生习惯，常见病发病率明显下降，蛔虫感染率降低到10%以下，无传染病流行；4. 积极参加社会公益活动，在爱国卫生活动中，服从地区安排，除害工作校内达标，认真组织捕蝇活动并列入暑假活动内容。

爱国卫生小卫士先进个人要做到：1. 对卫生工作有正确的认识，积极参加爱国卫生各项活动；2. 模范执行各项卫生法规，在学校能发挥表率作用；3. 全面掌握初级卫生保健知识并在日常学习、生活中做到身体健康体质好。

第四章　吸烟干预

国务院办公厅早在1979年就批转了卫生部、财政部、农业部和轻工业部联合发出的《关于宣传吸烟有害与控制吸烟的通知》。中央爱卫会、卫生部两次发出关于宣传吸烟有害和控制吸烟的通知，天津市在开展吸烟有害健康的宣传方面做了一些工作，但是效果不明显，吸烟的危害还没有被广大群众所认识。从调查结果看，工作市人群的吸烟率比较高，平均为38.54%，其中男性为58.23%，女性为19.05%，烟草的产量逐年增加。卷烟含焦油量比较高，尽管高档的过滤嘴卷烟逐渐增多，但并不能减轻吸烟对人体的危害。随着医学科学的发展，吸烟的危害越来越多的为科学实验所证实，努力减少吸烟引起的各种疾病，已成为当今世界各国共同关心的一个重要问题。

第一节　戒烟宣传活动与劝阻吸烟宣传日

1984年，天津市健康教育所对全市大、中学生近千人进行吸烟调查，为在学校中劝阻吸烟提供了依据。

1986年天津市爱卫会、天津市卫生局联合开展吸烟危害健康的宣传和戒烟活动，在与天津市人大科教文卫委员会、天津市教委、天津市体委、天津市妇联、天津总工会、天津团市委、中华医学会天津分会、天津市红十字会、天津市科协、天津日报、今晚报、天津市高教局、天津市教育局、天津市第一教育局、天津市文化局、天津市广播电视局共同协商、下发了天津市《关于开展吸烟危害健康的宣传和戒烟活动的通知》，通知要求如下。

一、努力扩大吸烟有害健康的宣传

一是充分利用报刊、广播、电视等宣传工具，向群众宣传吸烟对人体的危害。日报、晚报及有关刊物要经常刊登吸烟有害健康的科学知识。电台、电视台要充分利用专题节目采取多种形式播放吸烟有害健康的科学知识。二是各企事业单位的工会、共青团组织要积极配合本单位卫生所（会），充分利用广播、黑板报等形式开展宣传并可定期举办各种形式的专题讲座。三是各中小学的“红领巾”、红十字会青少年要积极向自己家长、亲友及全社会宣传吸烟的危害。四是街道居委会及各社会团体也应把此项工作纳入议事日程，广为宣传，使吸烟有害健康的科学知识家喻户晓，人人皆知。五是医学专家要和各有关部门通力协作，搞好吸烟有害健康的宣传活动。六是市卫生宣传教育所要编印制作更多的宣传品，为开展吸烟有害健康的宣传提供生动、形象、知识性强、内容丰富的宣传材料。

二、努力降低医务人员和教师的吸烟率

医务人员和教师的人数在总人口中所占的比例虽然不大，但在控制吸烟问题上表率作用却十分重要。医务人员在戒烟问题上应该走在前面，做出表率。各医院、卫生院要制定具体措施，积极开展无吸烟门诊，在医院内应努力杜绝吸烟的现象，要把吸烟率的高低作为卫生部门精神文明的具体表现。教师不仅要向学生宣传吸烟的危害，自己首先要不吸烟，至少在工作时间不吸烟。全市大、中、小学及幼儿园教工吸烟率的高低作为评比先进的条件之一。

三、在青少年中积极开展不吸烟教育

这是降低吸烟率的一个重要环节，教育部门要与卫生部门密切配合，有计划地在大中小学学生中掀起一个吸烟有害健康的宣传活动。在中小学要禁止吸烟饼子中学生理卫生课和小学的卫生常识课里加一章《吸烟的危害》，并要求落实在教学大纲中。

四、把宣传工作和限制性措施结合起来

在宣传教育的基础上，根据实际情况制定限制性措施，保护不吸烟者免受被动吸烟的危害。在公共车辆、医疗单位、会场、影剧院、体育馆、候车室等公共场所和通风不好的集体作业场所以及办公室、教室、会议室等处，要实施不准吸烟的规定。民航客机、客运车船应设立不吸烟机舱、船舱和车厢。尤其要努力保护儿童、孕妇不受烟雾的侵害，要严禁在幼儿园、托儿所内吸烟。

五、采用多种方法帮助吸烟者戒烟

报纸、书刊、广播、电视在戒烟宣传中要注意多介绍戒烟的方法和戒烟成功的经验。各企事业单位举办戒烟学习班，医学专家应加强对吸烟与疾病及戒烟方法的研究工作并积极开展好如何戒烟和戒烟后出现不适为主题的咨询活动，针对不同的情况，采取不同的措施，力求做出好的效果。

1987 年 9 月 5 日天津市成立吸烟与健康协会，并向全市发出控制吸烟的倡议，将每年 4 月 20 日定为全市“劝阻吸烟宣传日”转年 4 月 4 日为天津市第二个“劝阻吸烟宣传日”，市政府副秘书长毕福春上街参加戒烟宣传活动。

第二节　开展“世界无烟日”活动

一、世界无烟日宣传活动

自 1988 年起每年的 5 月 31 日定为“世界无烟日”。

1989 年 5 月 31 日天津市爱卫会、天津市卫生局、天津市总工会、共青团天津市委、天津市妇联联合发出《关于开展第二个“世界无烟日”活动的通知》。世界卫生组织决定活动的主题为“妇女与烟草”各部门围绕主题积极开展了各种形式、群众喜闻乐见的宣传活动。报纸、电台、电视台利用有关专栏或专题节目进行宣传，提高全社会对烟草危害的认识。各级工会、共青团、妇联及医疗卫生、健康教育、妇幼保健部门以举办讲座、咨询、放映有关科教电影、录像等形式，深入向群众宣传和普及吸烟危害的科学知识，让群众，特别是妇女认识到无论是主动吸烟还是被动吸烟都有害健康，尤其是有害于下一代儿童的身心健康，特别是有关部门进一步采取有效措施。在会议室、影剧院、医院的门诊病房、学校的教室、图书馆、阅览室等公共场所，特别是妇女儿童活动场所禁止吸烟，以保护不吸烟者的利益。并呼吁全市吸烟者在 5 月 31 日主动停止或放弃吸烟，呼吁全市各国营商业系统及个体商业者不卖烟草制品一天。

二、世界无烟日宣传主题

1990 年第三个“世界无烟日”的主题为：“青少年不要吸烟”，组织各医院、卫生院、防病站等专业人员和部分中小学生上街、公园等繁华地区开展多种形式的宣传、咨询活动，提高广大市民，特别是青少年对吸烟有害健康的认识。市领导张再旺（吸烟有害健康协会名誉主席）以及天津市教卫委、天津市爱卫会、天津市团市委、天津市卫生局、天津市教育局等同志检查各区宣传活动落实情况。

1992年“世界无烟日”的主题是:“工作场所不吸烟”。团市委、教育局特别抓好学校的控烟工作。校园内严禁学生吸烟并劝阻老师不吸烟,有条件的要为吸烟教师设吸烟室。5月31日工作场所停止吸烟一天。1993年“世界无烟日”的主题是:“卫生部门包括卫生工作者反对吸烟”。1994年的主题是:“大众传播媒介宣传反对吸烟”。1995年的主题是:“烟草与经济”。1996年的主题是:“无烟的文体活动”。1997年的主题是:“联合国有关机构反对吸烟”。

三、吸烟率调查

根据2006年的一次有关调查显示,天津市15岁及以上人群吸烟率为31.3%,其中15岁以上男生吸烟率为6.0%,由此可见,天津市的控烟形势依然严峻,尤其是青少年的吸烟率逐年增长,危害了青少年的健康。此外教师的吸烟问题,既给儿童、青少年造成了不良影响,又为学校控烟工作增加了难度。2005年5月31日第21个世界无烟日的主题是:“无烟青少年”,口号是:“禁止烟草广告和促销,确保无烟青春好年华”。天津市卫生局、天津市教委、天津市工商行政管理局、天津市爱卫办联合发出《关于开展第21个世界无烟日活动及相关控烟履约工作的通知》。通知要求,一是要结合世界无烟日主题和控烟工作的形势,积极开展控烟履约工作。结合“创卫”加强控烟工作网络与能力建设,积极开展无烟医疗卫生机构等无烟单位的创建活动,支持戒烟门诊试点建设,鼓励当地医疗卫生机构提供的戒烟服务。二是各区县教育局要组织中小学校、托儿机构积极开展创建“无烟校园”活动,学校要将控烟纳入工作计划,制定控烟规章制度,教学区域内不得设吸烟室、吸烟区,要利用多种宣传形式,积极开展“吸烟和被动吸烟有害健康”等内容的教育,积极倡导吸烟的教职工戒烟。三是各区县工商管理部门要认真贯彻执行《中华人民共和国广告法》《烟草广告管理暂行办法》等法律、法规、规章和有关规定,加强对烟草广告发布的监督检查。依法严厉查处违法发布的烟草广告,特别是利用法律明令禁止发布烟草广告的媒介和场所发布烟草广告以及含有未成年人形象,鼓励吸烟内容的违法烟草广告。四是天津市作为2008年北京奥运会协办城市之一,在开展“无烟奥运”相关活动的基础上,狠抓工作落实,确保实现“无烟奥运”目标。

第三篇

社会卫生

在1950年开展防疫工作的基础上，从1952年起全面开展了环境卫生、食品卫生、卫生防疫等群众性的爱国卫生工作，与除四害同时，先后多次掀起治理环境卫生的高潮。

从20世纪50年代到1965年，大搞爱国卫生运动，贯彻以预防为主的方针，开展了环境卫生、食品卫生、除害防疫和卫生保健等活动。“文化大革命”期间爱国卫生组织瘫痪，环境卫生情况恶化，1970年天津市爱卫会组织恢复，同年5月17日召开天津市爱国卫生会议，会议决定开展夏季爱国卫生运动。以除四害为中心，预防肠道传染病为重点，抓好消灭蚊蝇滋生地；抓好农村粪便管理，饮水卫生；抓好饮食、副食及集体食堂卫生，预防各种传染病，严防食物中毒；积极改善工人劳动条件，减少工人职业病，适应战备和工农业生产新跃进的新形势。会议表扬了一批卫生先进单位，同年12月9日，召开天津市爱国卫生运动委员会重要扩大会议，制定《天津市爱国卫生公约》，并决定每年春、夏季召开以治理环境卫生和除四害为主要内容的爱国卫生运动大会。

1976年唐山大地震波及天津，致使70%的房屋遭到不同程度的破坏，百万户居民住在街头里巷，搭建临建棚23万多间，卫生垃圾，污水严重影响了城市卫生。因此发动群众大搞环境卫生，多项治理突击脏乱死角，清运垃圾废土上万吨，直至1981年底，马路上的临建棚全部拆除，市容卫生面貌得到改善。

1983年9月引滦入津工程竣工，解决了天津市人民长期以来饮用苦咸水的问题，保障了人民饮水卫生，使饮水不洁造成的疾病明显下降。

结合开展全国第一个“爱国卫生月活动”和天津市治理“十乱”活动，天津市先后出动宣传人员1万多人次，设宣传咨询点258处，设宣传广告站267个，发放宣传资料58万余份，掀起了多次清脏治乱高潮，一年中全市有40万余人参加清脏治乱活动，消除卫生死角，清运垃圾土，治理市郊结合部脏乱问题，使市内楼群里巷和边缘地区的环境卫生面貌大为改观，并维护经常整洁。

1984—1985年天津市政府提出提高环境质量的要求，市区主要马路和重点地区，基本上做到路见本色，车过无尘。至1986年，全市建收集装密封式垃圾转运站92座，初步解决了垃圾装卸，运输造成的环境污染问题；全市新建改建公厕2046座，其中水冲放流式公厕568座，从此天津市住房历来一直适用的灰桶厕所全部清除，使居民住房厕所卫生大为改善，从此使天津市的爱国卫生工作逐步向加强基础设施建设，提高人民生活质量树立全社会大卫生观念的新阶段。

第一章　卫生防疫和食品卫生

在20世纪50年代初开展防疫工作的基础上贯彻预防为主的方针，开展了治理环境卫生饮食卫生和除害防病的爱国卫生运动。

第一节 防疫工作

1953年天津市爱卫会根据市民反映，天津市各郊区、工人新村附近存在有无人处理的暴露坟墓很多，不仅招蝇生蛆散发臭味妨碍环境、严重影响了人民群众的生活和身体健康，而且于预防各种传染疾病的发生极为不利，提出：1. 请天津市政府督促主管部门，将处理办法，早日拟定公布实施；2. 在正式办法未公布实施前请市政府通知各区在尽可能的原则下发动群众力量，暂作深埋（在深埋前可做好标识，以便万一有人寻找）。

为了预防脑炎的发生，天津市爱国卫生运动委员会发文，要求注意在迁坟区填平坟坑，以防止积水生蚊传染疾病。并提出，对全市尚未填垫的坟坑进行一次全面检查，制定具体的填埋计划迅予以埋平；今后迁移坟墓时，应随起坟随填垫，如旧土不够填垫时，应事先准备土源即可防止积水生蚊，而且有利于市容的整洁。

1955年4月天津市发生了流行性感冒，在一些工厂迅速传播，并且影响到生产和生活，针对此情况天津市爱卫会发出关于预防流行性感冒的紧急通报，对一些传染严重的工厂进行了隔离治疗。抽调35名医务人员，大力开展医疗预防工作。为了防止流行性感冒的播散，各单位主要采取以下措施：要抓紧防治流行性感冒的宣传，减少大型集会，教育职工随天气冷暖增减衣服，多喝水戴口罩，向家属宣传不要串门，加强预防，控制蔓延，加强护理减少死亡。为了动员一切力量做好麻疹防治工作，保护祖国儿童的健康和生命，要求如下。

1. 各地区、各单位的领导在麻疹流行期间应定期听取汇报，把各项预防措施认真贯彻到底；对于基层医疗预防机构的具体困难应大力支持协助解决；对于死亡较多的地区和单位应进行深入检查，找出原因及时解决。

2. 各医疗单位（包括各医院、保健站、门诊部、联诊所及开业医师）应向有关医务人员进行一次教育，使他们切实担负起协助政府做好防治工作，保护儿童生命这一神圣与光荣的责任。要求他们对患者要认真医治，向患者家属耐心解释护理方法，该收容的患者收容急救，该转诊的要负责联系介绍情况，坚决纠正一切草率从事，对病人不负责任的态度简单生硬的作风。

3. 各宣传部门（包括各报纸、电台、工会、妇联、红十字会宣传组织和文化馆等）要向市民、妇女、工人、干部比较集中地进行一次麻疹、猩红热流行情况及防治方法的宣传，并广泛介绍各地区、各单位在防治工作上的好经验。

4. 农村由于人口密集较少，居住较城市分散，大流行尚未开始。天气渐暖后，儿童接触机会日益增加，如不注意预防，流行势必影响春耕。要求各郊区对这项工作予以安排布置。建议在春耕正式开始前以乡或村为单位组织基层干部人员（如卫生员、接生员、生产队长、妇女主任和其他基层干部）在医务人员的帮助下进行一次学习，使他们掌握预防护理知识，以便通过他们开展防治的宣传。

第二节 食品卫生

1956年天津市爱卫会根据历年来腐烂水果在市面销售，疾病多有发生，市民反映强烈的问题进行调查，发现大量腐烂水果流入市场，市面出售烂苹果的情况加重，影响了市民健康。为保障市民健康，尽量使企业部门少受损失，对腐烂水果提出处理意见：①到副食经营处所提出对水果腐烂程度，里外不超过三分之一，采取“削烂存优”和小贩在售卖时削去腐烂部分的办法，对消费者健康仍然存在着极大危险，三分之一腐烂面积，如将其腐烂部分彻底削去，其可食部分将不多，削开出售，不但易于污染招蝇，而且小贩刀具及手皆不清洁，不能达到卫生要求。②根据天津市1953年7月20日人民政府批准施行《天津市饮食行业卫生管理暂行办法》第四条第一项规定“陈腐变质、污秽不洁或染有毒质者一律禁止制售”三原则：

1. 各水果批发单位及摊贩，在出售水果前必须加以选择，苹果、梨、桃、柚、橘子、菠萝等水果，腐烂部分不超过原有面积的五分之一者，（约200克重的梨腐烂面积在二个拇指大小）可以出售，超过以上腐烂面积者不可出售。柿子、樱桃、杨梅、枇杷、海棠、山里红、杏、李子、葡萄、西瓜、甜瓜等水果，凡有腐烂出水者均不可出售。

2. 水果表皮有干疤（黑斑俗称荞麦皮）、虫眼、凡未腐烂者可以出售。

3. 建议凡腐烂水果，可将腐烂部分削去，制酒作果脯、果酱及化学等食品，以免经济损失。

4. 各水果销售单位，应对所属门市部、摊贩做好宣传教育工作，各区爱国卫生运动委员会加强检查，防止腐烂水果危害人民身体健康。

第三节 商业卫生

1957年为了进一步改善商业卫生面貌，大搞食品卫生，消灭蚊蝇，控制疾病，每年7月份利用三天时间对工商系统食品加工，饮食、副食、糕点、服务行业进行一次卫生大检查。检查的内容是：①有无苍蝇；②有无腐烂变质食品出售；③个人、环境卫生如何；④卫生组织、制度、发动群众宣传如何。通过检查，汇总检查情况找出问题，制定整改措施并监督实施。

一、食品卫生管理

夏季是瓜果梨桃、冰棍的上市季节，针对商业门市部、摊点、批管单位常常不择地点，堆积大量瓜皮、瓜子、冰棍筷子、冰棍纸等，不仅容易招蝇生蛆而且严重影响市容及环境卫生。改善食品卫生及环境卫生，提出四项具体措施：

1. 卖西瓜、甜瓜、西红柿的摊贩尽量不占用便道，更不容许阻塞交通，各单位必须准备足够的筐、篓、木箱收纳瓜皮、瓜子，每满一筐或一箱、一篓要加盖防蝇集中运出。

2. 腐烂的西瓜、甜瓜、西红柿坚决停止销售，西瓜烂、酸、馊的必须给消费者更换，出售商贩必须有防尘防蝇设施及专用的刀案等以保持清洁。

3. 卖冰棍的门市部必须有专用的装冰棍木箱及冰棍纸的篓箱。门前、室内地面不准有冰棍纸及冰棍筷子。卖冰棍的小贩必须有备用的小篓、小兜等收纳冰棍筷子和冰棍纸，对大量收回废纸废料的小贩要给予表扬鼓励，并应按废品回收牌价付给现款。

4. 各门市部、摊贩应向顾客进行宣传主意环境卫生，共同保持清洁。请顾客把冰棍纸、瓜皮、瓜瓤、瓜子等扔到箱篓中，不要随地乱扔。

二、基层单位卫生管理

1963年，天津市爱卫会根据天气炎热、食物容易腐败变质、食品卫生不慎即可能引起食物中毒发生，影响群众身体健康的情况，以〔1963〕爱卫字第18号文发出《关于加强预防食物中毒的通报》。食物中毒事故，不仅使群众身体健康受到严重损害，而且给生产和生活、工作带来很大损失，因此应引起各部门的高度警惕和密切注意，认真采取措施。要求：

1. 饮食、副食行业，应进一步加强食品验收、保管、食品消毒等卫生制度，保证食品新鲜、干净，坚决不卖腐败变质食品。特别是经营熟肉类食品的门市部和摊贩，必需按照卫生部门的要求，增添卫生、防蝇设备，保证容器、用具清洁和售卖人员个人卫生，做到制造、售卖、运输、保藏各个环节都符合卫生。

2. 各区卫生部门与工商、公安及市场管理部门密切结合，严格检查和取缔黑市小贩出售熟海蟹、熟虾皮及其他不洁食品。

3. 各街办事处、各公社生产队要组织发动卫生院、红十字卫生站、卫生所、保健站向居民群众进行注意饮食卫生的宣传，教育群众不买、不吃腐败变质食品，和黑市小贩售卖的虾皮、海蟹等不洁食品；隔夜的剩饭剩菜一定要加热后再吃。

4. 各工厂、企业、机关、学校等单位的领导要关心职工群众的生活和身体健康，指定专人负责搞好集体食堂卫生工作。对食堂炊事员、管理员要经常进行思想教育认真贯彻《天津市食堂卫生管理办法》，建立健全各项卫生制度，保证食品干净卫生，防止发生食物中毒。

三、卫生宣传

在《进一步深入开展夏季爱国卫生运动方案》中对食品卫生专门提出要求：

8月上旬开展以改进饮食卫生为中心内容的群众卫生活动，其基本任务是：向群众进行一次深入的饮食卫生宣传教育，切实改善饮食行业和公共食堂的卫生工作。

1. 饮食卫生宣传活动，要做到普及深入，家喻户晓。首先，各工厂、企业、机关、团体、学校要针对本系统，单位的特点和具体情况向职工、干部、学生进行一次讲究饮食卫生的教育，使职工、干部在日常生活中随时注意卫生，并认真做到：不吃腐败变质和不洁的食品，不喝未经消毒的生水，饭前便后洗手。在街道要组织基层卫生人员向居民进行宣传，并教育儿童不买、不吃、不洁的儿童食品。其次各饮食行业和设有公共食堂额单位，要有领导干部出面对饮食行业从业人员和炊事员进行一次搞好食品卫生、保护职工市民健康、支援社会主义建设的思想教育，以提高其觉悟，自觉地开展检查，改进食品卫生，提高食品质量，坚决不买变质食品。

2. 在饮食行业必须认真做到“关于开展爱国卫生运动的指示”中提出的各项要求，特别是提高冷食熟肉食品的卫生质量，加强食品消毒，大力推行工具拿取直接入口食品的做法和增添防蝇防尘设备等方面，应作为重点，加以认真解决。

3. 认真搞好食堂卫生，积极贯彻“天津市食堂卫生管理办法”，严格执行食品三级验收和食具消毒制度，努力做到厨房食堂经常干净、整齐无蝇。

1965年3月上旬天津市爱卫会召开“02”防治工作会议。会议传达了周总理对城市预防“02”的重要指示，城市不发生，农村不流行，基本消灭“02”，保卫首都是一个重要的政治任务，必须完成。天津市在1964年的防治“02”工作中做出了一定成绩，但流行以后产生了麻痹思想，实际上天津市的疫情始终是不稳定的，许多水源被污染，带菌者也陆续出现。所以，必须抓紧落实各项预防措施。消灭“02”以保障人民群众身体健康。（目前国家甲类传染病有两种：一号病鼠疫；二号病霍乱）。

四、预防措施

市区与郊区应根据不同情况各有所侧重。具体要求如下：

1. 加强饮食卫生、加强工业卫生。这是杜绝“02”的发生和促进生产的两个重要方面。首先城市和郊区社镇要突出抓好饮副食行业、食堂的卫生，防止病从口入，要教育职工提高认识，增强群众观点、阶级观点和生产观点。明确认识卫生工作就是这些行业的业务工作，提高卫生水平就是提高业务水平。必须保证食品干净卫生，首先保护广大人民群众的身体健康，其次搞好工业卫生，目的在于保证生产，促进生产，卫生工作对生产应当其“保驾”的作用。工厂生产的主要因素是人和设备，搞好人的卫生，会提高设备的使用率和精密度，保证安全运转。因此在工厂中，卫生工作要贯彻带生产的各个环节中去，成为提高劳动效率，保证产品质量，生产安全的重要措施之一。

在加强饮食卫生和工业卫生的同时，要继续发动与组织群众一起动手，大搞环境卫生，开展宣传教育，培养群众的卫生习惯。

2. 落实农村饮水卫生建设规划，大力搞好粪便管理。这是农村开展卫生运动，防治“02”的两个重要环节。管好粪便，即可使其不污染水源，有利于卫生；又可增加肥源，有利于生产。生产队要根据需要积极修建厕所、垃圾池，设置污水缸，防治肥源流失，建立常年积肥队，积肥场，实行人畜粪水统一管理，妥善解决社员投肥报酬和自留地用费问题。并积极实行高温封肥、泥封堆肥，积极实现粪便无害化处理。同时，搞好农村饮水卫生建设时切断粪便污染是根除“02”流行的另一种根本措施，也是对建设社会主义新农村有重大意义的工作。和郊区公社、生产大队、生产队都要认真抓好这一工作。尚未进行规划的地区，要本着因地制宜、自力更生、经济便民、依靠群众的原则，采取适宜的给水形式，立即着手安排；已有规划的地区，要积极施工，如期落实。市物资、公用、水电等部门在物资和技术方面应给以支持。

3. 进一步开展查源灭源工作，严密侦查疫情动态。根据总理指示精神，首先在曾经发现过病人或带病菌者的地区及其临近地区进行普查，必须做到家家查，一户不漏，提高查源质量，力争把一切潜伏疫源搜索出来。过去未发现过疫情，也未进行查源的地方，根据条件争取逐步查源一遍。同时，根据疫情发展及工作需要，建立和恢复各级医疗机构的肠道门诊。加强农村巡回医疗，健全疫情报告网，一旦发现疫情，采取断然措施，就地扑灭。

在查源灭源的同时，开展预防注射，增强人群免疫能力。全民性的预防注射，拟进行两次。港口、渔民、重点疫区及重点人群应提前进行。

4. 加强基层卫生医疗机构卫生队伍建设，是打好1965年卫生防疫歼灭战的重要措施。城市和郊区都要加强对红十字基层组织和卫生员的领导，积极开展卫生防疫工作。农村红十字医士是不脱离生产的，亦农亦医的初级卫生人员。公社、生产大队要加强领导，积极创造必要条件，建立大量红十字卫生站，开展卫生预防、初级医疗工作。市区各基层单位尚未建立起红十字卫生站和未培训红十字卫生员的，也要根据生产和防病需要，有计划地积极进行。这是卫生防疫工作中的民兵组织建设工作。

与此同时，要继续组织城市医务人员分期分批轮流下乡，开展防病治病工作，帮助基层培训干部，并将防疫医疗队和红十字医士、卫生员组成一个卫生防疫医疗网。

天津市爱卫会对1965年春季卫生防疫工作做了具体的安排。在总结经验和取得成绩的基础上，要求有重点地开展防疫工作，大规模检查疫源，普遍增强人群的免疫，大大减少“02”流行的可能性。

根据中央对天津市所提“城市不发生，郊区不流行”的要求，5—6月份的战斗任务是：一方面继续大搞爱国卫生运动，进一步改善郊区和城市卫生面貌，特别是把好“病从口入”关，切断和减少“02”及其他传染病的传播条件；另一方面要狠抓防疫措施，早期发现病人，早期隔离治疗，早期控制，就地扑灭。在狠抓“02”防治的同时，积极抓好流脑等呼吸道传染病的防治工作。

充分发动群众，更广泛，更深入地开展以搞好饮食卫生、饮水卫生、和环境卫生为中心内容的夏季爱国卫生运动，把住“病从口入”关，切断肠道传染病的传播途径。

1. 把住饮食卫生“病从口入”关

认真贯彻天津市人委4月26日批转的《关于加强饮副食卫生工作的十项要求》。有关系统和各区要组织饮副食行业职工群众认真学习讨论，发动职工找出差距，研究解决办法，积极加以改进。5—6月份，在全国贯彻十项要求的基础上，重点抓好：防蝇防尘设备，手的卫生，工具售货，食具消毒以及冷食、熟肉和水果管理等关键措施，定出计划，逐项落实。

进一步提高工厂、企业、机关、学校的食堂卫生，加强工厂清凉饮料的卫生管理。要求工厂、企业、学校、机关的医务人员深入食堂进行指导，组织炊管人员学习卫生知识，按照《天津市食堂卫生管理暂行办法》和《炊管人员卫生工作五项要点》认真搞好食堂卫生和车间食堂卫生，严防食物中毒。工厂制作清凉饮料，也要按照冷食卫生要求办事，指定专人负责配置、管理、定期送样化验，保证卫生质量。

发动居民区开展以搞好家庭饮食卫生为中心内容的“卫生之家”竞赛活动。做到厨房、炊具干净，碗筷洗烫清洁，生菜消毒后再吃，剩菜回锅后再吃，不吃腐败变质食品，饭前便后洗手。

2. 全面做好饮水卫生

积极进行饮水卫生基本建设。计划兴建的农村水厂，要集中人力、物力，调动一切积极因素，突击完成。在建设中，要注意工程质量，做好收尾工程，做到建一处，成一处，使用一处。正在筹建的水厂，可考虑采用水泥管装配式水厂，既可缩短施工时间，又可降低造价。已经使用的水厂，要加强运转管理，有专人负责，建立管理制度，注意水源保护和消毒，保证水质清澈，余氯稳定，同时注意安全防护。深水井要在没有地面水源而有人口集中的村庄兴建。同时一定要备好管材再开工。在千层土垠透水性较好、盐碱化程度较轻的地区，特别是居住分散的村庄可在河旁、坑旁修建渗透性浅井。建井地点及挖井深度要充分征求当地老农的意见，井的结构最好密闭并用水车或压把筒提水。力争5—6月内把建水厂、打井的工程全部落实。

发动群众落实临时性的饮水卫生措施。凡没有或尚未完成饮水卫生基本建设计划的生产队，要发动群众挖临时土井，全面开展饮水消毒，推广设立开水站，大力提倡喝开水。

不论采用长远措施或临时措施，要求5月份内各生产队一律把饮水卫生切实落实。

3. 进一步改善郊区和城市环境卫生

与农业生产部门配合抓紧粪肥管理工作，力争在5—6月份各郊区普遍实行粪肥统一管理和无害化处理。粪肥统一管理，必须做到建立常年积肥队；固定积肥场；垃圾污水粪便统一收集处理；妥善解决好集体与社员用肥分配问题。粪肥无害化处理的方法，要因地制宜采取高温封肥、泥封堆肥或。各郊区要认真总结推广粪肥管理经验，订出规划，采取积极措施，争取如期实现。同时，发动生产队在雨季到来以前，再修一批厕所，便利群众，便于积肥，搞好卫生。市区农业生产队和积肥场，要开展好流动红旗竞赛，不断提高封肥质量。

第四节 霍乱防控

开展群众性灭蚊灭蝇活动，发动群众大力扑打蚊蝇。组织饮副食、糕点和水产等行业开展敌敌畏灭蝇，发动学生和儿童开展扑蝇活动。霍乱当时被称作“02”。

全面狠抓防疫措施，争取“02”防治工作主动权，打主动仗；把“02”消灭在萌芽期间。

一、检索疫源，管好疫源，做好扑灭疫情应急准备

开展肠道门诊及巡回医疗，早期发现“02”患者，尤其是轻型患者。市区和郊区集镇的各级医疗机构，包括工厂保健站，要把肠道门诊普遍建立健全起来。本着因地制宜的原则，要求做到有登记制度、有消毒隔离制度、有检便制度及疫情报告制度。中心要求是凡是腹泻病人一律要进行粪检。在郊区，要组织卫生工作队、红十字医士和当地医疗机构开展巡回医疗，定期入户访视，发现腹泻病人，立即进行粪检。

加强外环境检验。各地区根据过去疫情分布情况，对水源及公厕粪便实行定期定点取样检查，争取早期发现传染源线索，以便及时采取灭源措施。

1965 年 9 月天津市人民委员会以〔1965〕号秘字 162 号文件转发《市卫生指挥部关于进一步加强“02”防治工作意见的紧急报告》。

天津市防治“02”的工作基本上做到了“城市不发生，郊区不流行”。但是必须看到各单位的卫生防疫工作开展得还不够平衡，少数单位的环境卫生状况极不能令人满意，仍然是卫生防疫工作的“死角”；特别是最近出现的一些新情况，值得引起各方面的严重注意，不能因为取得了一定成绩而产生松懈麻痹情绪。天津市卫生指挥部在紧急报告中，提几点意见是适当的，请各单位立即行动起来，结合国庆节期间大搞卫生、整顿市容的工作针对本系统、本地区、本单位存在的问题，采取有效措施，以便把天津市的卫生状况，特别是环境卫生、饮食卫生状况在现有基础上大大提高一步。截至 9 月 18 日，全市发现的病人与去年同期相比下降了 97.8%，带菌者下降了 98.2%。

由于疫情出现了新的情况，9 月 10 日北郊区合成纤维厂职工张某敏（家住南开区）经化验证实为“02”转型病人；继之于 9 月 15 日南开又发现玻璃纤维厂工人张某仁、张某琴 2 人为“02”患者。8 月份即已发现 144 处，9 月 1 日至 18 日 149 处。同时，鱼、蟹等水产品正在大量上市，8 月以来已从鱼类检出“02”99 次，螃蟹 6 次。疫情已从郊区进入市区。

报告中要求，从市到各基层单位，都要加强防疫工作的指挥。区、街、公社卫生指挥部要保留。各基层单位有一名领导干部负责防疫和卫生工作。哪里发现疫情，哪里就地组织指挥机构，由领导同志亲自挂帅，集中力量打歼灭战，就地扑灭疫情，不使疫情扩散。

第一，抓好防疫的思想动员工作，要突出政治，抓活的思想，进一步抓好防疫的思想动员工作。首要的是坚决克服干部当中的麻痹思想和松劲情绪。流行季节还没有过去，疫情隐患还很大，必须保持高度警惕。同时，由于天津处于对外是国际贸易港口，开放城市；对内是工商业大城市，水陆交通枢纽，是首都门户，如果疫情蔓延起来，就会影响首都的安全，影响即将到来的国庆节活动，也要影响对外贸易来往。要向干部强调指出，坚决消灭“02”，是中央和省、市委一再向我们提出的要求，每个干部必须采取严肃认真的态度来贯彻执行这一指示，坚决实现这一要求。各级医务部门正在实行“分工防治，分区负责”，教育医务人员认真贯彻预防为主的方针，积极进行肠道传染病的防治工作，搞好肠道门诊，搞好卫生宣传，搞好防疫技术指导。郊区卫生工作队还要大力开展巡逻医疗访视，争取做到及时发现疫情，及时报告，及时隔离控制，及时治疗。要集中力量打歼灭战，发现一个，消灭一个，不使疫情扩散。

第二，大力开展爱国卫生运动。广泛深入地动员群众开展卫生突击运动，迎接国庆；重点搞好室内外环境卫生、饮食卫生，消灭蚊蝇。特别要注意那些卫生薄弱环节和死角，区、街（社、队）和系统单位要组织力量，反复检查，反复突击，帮助那些薄弱环节和死角切实转变过来。水产品（如鱼、蟹、藕等）的卫生管理和消毒措施，要抓紧抓狠，切实落实，同时加强饮食卫生宣传，防止“病从口入”。郊区要继续抓紧饮水卫生、粪肥管理和红十字医师、卫生员培训三项基本建设工作，争取按照既定的计划完成任务。

第三，管好疫区，排除疫点。发生疫点的地方，要立即就地组织指挥机构，由领导同志坐镇指挥，组织足够的专业力量，充分发动群众，彻底搜索传染源，搞好卫生，消灭蚊蝇，开展重点人群的预防注射，限期扑灭疫情，拔除疫点，保证全市安全欢度国庆。

1966年根据“02”疫情在部分地区发生与流行，并在继续蔓延的情况，天津市爱国卫生运动指挥部1966年6月26日提出《关于“02”疫情和坚决彻底消灭“02”的意见》，意见分析了疫情形势，主要是发病早，来势猛；疫点多，疫源分散；河流污染的可能加大；多数病人病情轻，症状不典型，漏诊的可能性增大。针对这些特点，提出防治意见。

当前防治“02”的总任务是：立即紧急动员起来，大干半个月，抓紧落实天津市人委6月3日紧急通知的要求，凡有疫情的区和单位要坚决彻底干净地扑灭“02”，没有疫情的区和单位要切实搞好卫生预防工作，坚决防止“02”发生。具体要求是：

二、尽快完成预防注射

这是提高人群免疫力，防止“02”扩散流行的有效措施。个别郊区注射效率低，要抓紧进行。市区注射大约才完成三分之二的任务，要采取加强技术力量，加强思想教育等必要的措施，在保证质量和安全的前提下，尽快完成任务。

三、积极地组织检验力量有重点的进行疫源搜索

病人症状一般很轻，要通过粪便检验才能发现；带菌者往往是在旧有病人或带菌者周围检查

出来的。因此，城市各级医疗的肠道门诊和郊区卫生所、红十字卫生站都要落实腹泻病人的粪便检验。同时加强巡回医疗和疫情报告，力争使腹泻病人都做粪检。要搞好新老疫点的疫源检索。

四、切实组织好下乡参加劳动的卫生工作

要求各机关、学校在组织职工、学生参加农村劳动时，要做好三件事:（1）对参加劳动的人在下去之前要进行一次防“02”及其他肠道传染病的卫生教育，号召人人自觉注意卫生，做到“四不一要”（不喝生水、不下河游泳、不吃没洗净的瓜果和变质食物、不随地大小便；发生泻肚要报告）。（2）劳动队伍要设一定数量的专职卫生员，主要做好：组织开水供应，搞好饮食卫生，开展卫生宣传，负责疫情报告。（3）参加劳动的人要做过预防注射。

五、对游泳要做好宣传教育和组织工作

目前因很多河流坑塘发现“02”菌，不宜游泳，各机关、学校、工厂要向职工做好思想教育工作，动员他们到指定开放游泳水域游泳，凡未经指定开放的水域不要去，以防传染“02”病。

六、对“02”病人或带菌者要严格管理，杜绝传播

一旦发现“02”病人或带菌者要严格进行管理，对病人、带菌者、密切接触者都要严加隔离，疫点进行封锁，对周围人群要进行粪便检验，大搞疫区卫生，坚决做到就地扑灭，不便蔓延。对老疫区还要有计划地进行搜索。

七、充分发动群众开展一次卫生突击运动

时间安排在7月上、中旬，由各区自定。市区主要是：搞好饮食行业 和食堂卫生，记住病从口入关，突击环境卫生，消灭落后死角，消灭蚊蝇。郊区要狠抓饮水卫生和粪肥管理。饮副食行业要狠抓熟肉、水产、冷食、水果等项食品卫生，检查防蝇防尘、食品冷藏、食具消毒、工具售货等落实情况，千方百计防止“02”及其他肠道传染病传播，杜绝食物中毒。

第一、各区、系统、单位近期内对“02”防治工作讨论一次，纳入议事日程，按照上述要求，结合本区或本部门情况进行具体安排。在贯彻执行中，一面要狠抓活思想，及时讲清防治“02”的重要意义，进行思想工作，充分调动起广大干部群众和“02”斗争的积极性；一面要狠抓实际问题，帮助基层加以解决。

第二、各区要立即加强各级防疫指挥机构。要有一位区长或副区长负责抓防“02”工作；区指挥部的领导班子要健全充实起来；区卫生局（科）长和卫生干部要集中力量抓“02”防治工作，调去搞其他工作的要立即调回；郊区卫生工作队要在区指挥部领导下，和区指挥部拧成一股绳，统一指挥，统一行动。

第三、要大力加强宣传教育工作。各区、各系统都要发动医务人员，组织有关的宣传力量，向干部和群众进行广泛宣传，说明预防肠道传染病，搞好夏季卫生，克服麻痹情绪。同时，要讲解预防知识，例如搞好饮水、饮食卫生防治病从口入，注意游泳卫生防止感染等，动员群众自觉的、主动地参加防疫和夏季卫生的各项活动。

八、制定《1966年防治“02”工作安排意见》

天津市爱卫会制定了《1966年防治“02”工作安排意见》，要把搞好卫生，彻底消灭“02”作为贯彻执行“备战、备荒、为人民”的一项必不可少的内容，列入各级领导议事日程，切实组织推动。其次，对1996年疫情必须从严重方面估计，从最坏处着想，用最大的努力，争取最好的结果，坚决克服麻痹厌战思想。要教育干部和群众，消灭“02”具有长期性、反复性的特点，是一场艰巨复杂的战斗任务，稍有疏忽，就有可能前功尽弃。防治“02”安组织三个战役，彻底消灭“02”，坚决消灭伤寒，大力防治脑炎，全面推动城乡卫生工作。在三个战役中，关键是打好第一战役，为下两个战役打好基础。

第一战役，在2月至4月间进行。深入开展春季爱国卫生运动，在郊区集中力量狠抓粪管、水改和基层组织三大基本建设。结合大搞积肥，全面实现粪肥统一管理和无害化处理。首先，贯彻执行积肥政策，落实社员投肥报酬和自留地用肥分配办法，做到公私兼顾，办法合理。其次，实行“四固定”，固定积肥员，固定积肥场，固定积肥工具（包括车辆），固定积肥任务，做到积肥工作经常化。第三，统一收集粪肥，统一进行无害化，要求达到五十度以上。第四，继续改造厕所、猪圈、牲畜棚等积肥设施。第五，城肥下乡也要进行无害化处理。

水改工作，要从加强思想工作入手，教育干部和群众认识当前缺水，一些给水设施被迫停用，是一暂时性的困难，克服灰心丧气情绪，继续搞好饮水卫生。要管理好现有给水设施，能使用者尽量使用，目前由于缺水不能使用的也要维护好。同时积极完成深井工程计划，千方百计地挖掘水源，有计划有领导地多打些浅井，根据水源情况进行自来水厂建设，力争基本完成第二期饮水建设计划。同时，积极开展饮水消毒和组织供应开水，保证做到饮水条件再坏，也要杜绝肠道传染病借水传播。

继续抓好红十字医师训练班，提高培训质量；同时采取短期集中的办法，为每个生产队培训卫生员2—3人，要求达到会处理小伤小病，简易急救，会水、粪卫生管理预防工作，会简易针灸疗法。进一步建立健全大队红十字卫生站，已训练红医但尚未建站的大队，要求全部建立起来。红十字卫生站要在大队辅导下，把红医和红十字卫生员组织起来，积极开展工作，做到政治落实，组织落实，工分补贴落实，技术指导落实。开展“五好红医”“五好卫生员”活动，市准备在4—5月间召开一次“五好红医”“五好卫生员”代表会议，表扬先进，树标兵，进一步开展比学赶帮超。

在市区，要求突出抓好饮副食行业卫生、公共食堂卫生，切实贯彻落实有关卫生管理条例提高卫生质量，大力改进环境卫生消灭蚊蝇滋生地扑灭蝇蚊，积极开展以“五好一整齐”为内容的“卫生之家”活动等三项工作。在此基础上，开展居民区“卫生一片红”活动，条件是：

1. 领导重视，基层卫生组织健全，卫生工作制度健全。

2. 卫生宣传经常化。经常开展卫生知识宣传，人人懂得除四害、讲卫生、预防肠道传染病知识。

3. 环境卫生好。室内无蚊蝇，院落、胡同整齐清洁，无蚊蝇滋生地或有控制措施。

4. 饮食卫生好。家庭厨房干净卫生，人人养成饮食卫生习惯，能做到饭前便后洗手，不吃腐败变质食物。

5. 疫情管理好。疫情报告制度健全，传染病能及时处理控制。此外，工厂、学校、机关卫生也要积极搞好，消灭落后死角。

第二战役，在5—6月进行。突击完成一次“02”预防注射在保证安全、质量前提下，注射率要求达到全市人口85%以上。突击查源，大力加强肠道门诊及巡回医疗，早期发现和管理隐藏的疫情。

第三战役，在7—9月进行。这一战役要做两手准备。如果前一阶段工作抓得紧，效果好，未出现疫情，就集中力量大力推广郊区、城市“卫生一片红”，改变卫生面貌；同时大抓灭蝇灭蚊及相应防疫措施，以消灭伤寒，预防脑炎。如果发生了“02”疫情并有流行趋势，则集中力量扑灭疫情，做到就地扑灭，不使蔓延。

九、做好肠道传染病防治

1967年天津市爱国卫生运动指挥部做出《关于开展以防治肠道传染病为中心，以消灭“02”为重点的卫生工作安排意见》。为搞好天津市的夏季防疫工作，必须做好肠道传染病的防治，消灭“02”严防疾病流行。把住“病从口入”关，重点放在加强饮食，饮水卫生，粪便管理和搞好环境卫生。

1. 加强饮食卫生，切实抓好食品加工、制造运输、售卖等环节的卫生。坚持防尘防蝇、工具售货、食品消毒等行之有效的卫生制度，特别注意熟肉、水产、茶鸡蛋、冷食的卫生管理。一切腐败变质食物严禁制售，防止食品中毒事故。

2. 巩固和推广粪管工作。从生产出发，从卫生防病着眼，实行群众与专业队伍相结合。各社队应加强领导，建立健全积肥组织，固定基本的积肥人员和适当的积肥场，做到粪便统一收集、统一处理。为了搞好集体积肥，结合利用农村肥源提高肥效，应继续实行封堆肥。但根据不同地区也可因地制宜采取不同的粪便发酵方法，积极开展粪管工作。同时，要积极总结群众的积肥经验，培养典型，以点带面。市区内的专业积肥对应继续搞好泥封堆肥。郊区社队入市收集垃圾粪便，农业和卫生部门应加强管理，有安排有计划地进行，做到积肥与卫生相结合，维护城市环境卫生。

3. 进一步搞好郊区饮水卫生。本着因地制宜的原则，充分发挥群众的智慧和力量，继续搞好饮水改良工作。对现有给水设施的维修、建水厂、打深井、连接管道以及配套工程等都要注意调查研究，广泛听取贫下中农意见。开展保护水源，爱护给水设施的宣传教育，同时还要注意落实其他的饮水措施，对吃水、土井水的要搞好饮水消毒，设置开水站等，农村给水建设中，对已有的给水设施进行认真的加强维修管理，同时对饮水源特别困难而又防疫的重点地区，进行必要的基本建设，有条件的也可适当搞些配套工程。凡是大的工程，应和农村社会主义建设远景相结合，并注意水源水质的调查，重视选址工作，为今后农村给谁卫生建设的发展，摸索些经验。

4. 坚决消灭“02”大力控制各种肠道传染病。一是加强疫情报告，做好病人、带菌人和疫点的管理。突出抓好“02”、痢疾、伤寒、食物中毒脑炎等病的报告工作。在“02”防治工作上要突出上吐下泻的典型重症病人的发现、抢救及疫点的消毒处理，同时要管理好粪便。对疫情处理参考前发的通知，结合具体情况进行管理，严防疫情蔓延。其他传染病，按既有办法结合具体情况处理。

二是“02”预防注射是综合性防治措施之一。对重点地区、重点人群进行一次注射，如有流行苗头或特殊情况，再进行加强注射。重点地区和重点人群由各区根据自行情况安排。注射时间，郊区自 5 月上旬开始，全部注射工作与 6 月底前完成。

三是加强“02”疫情侦查，做好疫源检索工作。疫源检索，以人群查源为主，重点落实到肠道门诊及巡回医疗发现的腹泻病人，特别是对发现典型“02”病人地区的腹泻病人，一定要落实粪检工作。对外环境“02”菌检查工作，各区可根据实际情况安排。应根据疫情搜索的需要，对本区重点水体污染情况以及一些饮用水源、游泳池、养鱼池等地方哟啊经常观察，除发现疫情根据流行病学指征进行搜索外，一般不进行大面积的查源工作。一旦发现“02”菌污染的水源包括游泳场合水产品，凡与典型病人无联系者，一般不采取影响正常生产、生活的管理措施。人工游泳池的卫生管理员另行规定。郊区要根据化验室地点结合交通实际情况安排检验送便网，市区防疫站及各医院化验室地点结合交通实际情况安排检验送便网，以便落实粪检工作。

5. 大搞环境卫生，积极开展除四害的群众运动。1967 年 7 月针对天津市南郊、东郊等地出现“02”疑似病人，天津市爱国卫生指挥部以〔1967〕卫指字第 026 号文,《关于加强天津市“02”防治工作的紧急报告》。建议：1. 充实与加强市区卫生指挥部的领导力量，除市区抓革命促生产指挥部加强对卫生指挥部工作的领导外，建议向市区卫生指挥部派驻解放军主持工作。以便把爱国卫生运动和“02”防治工作认真开展起来，坚决消灭“02”确保首都安全，保卫无产阶级“文化大革命”和工农业生产的顺利进行。

十、大力宣传通知

1. 认真贯彻国务院、中央军委 6 月 6 日《关于开展夏季爱国卫生运动的通知》，要大搞宣传。大力宣传通知，贯彻通知，执行通知，积极开展卫生运动。建议全市规定自，7 月 20 日至月底为卫生突击周，并请各群众组织大力支持协助、动员，要求各单位各部门做一次彻底卫生大突击，并在月底组织一次大检查，以资推动。同时恢复每周卫生日的规定，建议由五代会倡议恢复每周四干部劳动制度。干部劳动项目主要是大搞室内外环境卫生。要求报纸、电台给予鼓励、宣传。

2.抓革命促生产指挥部召集各区抓革命促生产指挥部和卫生指挥部，开一次负责干部会议，对当前卫生防疫工作进行一次部署，把防治“02”和卫生工作纳入各区议事日程。同时积极组织市、区有关卫生部门的干部，深入基层，深入群众，开展调查研究协助基层解决一些实际问题。

十一、防治流行性乙型脑炎

1967年8月以来，天津市流行性乙型脑炎发病较严重，发病人数猛增，患者多为13—14岁的少年儿童。针对乙脑防治工作提出意见：

1.大力开展宣传活动。宣传预防乙脑和灭蚊的卫生防病知识，使群众了解当前预防乙脑的流行，对保证人民生命健康的重要意义，从而调动广大革命人民的积极性，自觉改掉不卫生的习惯。

2.开展群众性卫生突击活动。突击活动以灭蚊为主。第一，检查处理积水坑洼、自来水井、消防水缸等蚊虫滋生处所，翻盆倒罐，清除院内杂草，消灭蚊子幼虫。同时要发动群众利用各种办法扑打成蚊。尤应抓好工厂、居民区、托幼单位的防蚊灭蚊措施。第二，大搞环境卫生。组织发动职工干部和群众突出清除积存的垃圾秽物，填垫坑洼，教育群众不乱泼乱倒，搞好室内外环境。在突击的基础上，建立健全切实可行的卫生制度，做到巩固经常。各区消毒专业队伍和清洁专业队伍，做好外环境灭蚊工作和街道垃圾清扫，垃圾粪便的收运工作。

3.各医疗单位要组织抢救小组，开展中西医结合，做好对危重病人的抢救。对患有发烧、头痛的病人，要高度警惕，做到早发现，早隔离，早治疗，就近就医。各医疗单位要及时、准确地报告疫情，做好疫点处理。

4.为了控制乙脑流行，各区要切实加强领导，卫生行政、防疫部门，要在抓革命促生产指挥部的领导下，集中一段时间，集中一定力量，充分发动群众，做好乙脑防治工作，对发病多的重点地区，要帮助落实乙脑防治措施。

十二、食品防疫

1967年，为落实预防为主的方针，保障职工身体健康，天津市爱国卫生指挥部制定《食堂工作人员卫生工作六项要点》，主要内容是：

1.食堂工作人员，必须高举毛泽东思想伟大红旗，活学活用主席著作，把“老三篇”作为座右铭来学，把主席思想印在脑子里，溶化在血液中，落实在行动上，认真改进食堂卫生工作，确保职工身体健康。

2.杜绝腐败变质食品，建立和巩固验收制度，坚决做到不买、不卖、不收、不做腐败变质食品。

3. 熟食加热、凉菜消毒购进的热食（熟肉、熟海蟹、茶鸡蛋、杂样、杂碎等动物性食品）和剩饭菜，必须充分加热后再供应。食用生凉拌菜应用沸水烫或用千分之三漂白粉溶液浸泡 5 分钟。

4. 生、熟分开厨房用具：刀、墩、案板、容器、抹布等应严格做到生、熟分开使用，并保持清洁，直接入口食品冷藏时应与天然冰隔离。

5. 食具消毒、工具售货，公用食具每次用前必须进行蒸煮消毒，售卖熟食品时要使用工具，做到钱（票）与食物分开，杜绝相互污染。

6. 环境卫生、个人卫生，工作人员搞好室内外环境卫生消灭蚊蝇。接触熟食品及摸过脏东西必须用肥皂将手洗净，严格执行不穿工作服进行厕所，勤洗澡，勤换衣，指甲、头发常剪常洗，发现吐泻病人立即报告。

十三、贯彻“预防为主”

1970 年天津市爱卫会组织恢复，5 月份召开了天津市爱国卫生工作会议，为贯彻会议精神，于 7 月 8 日和 7 月 17 日分别召开天津市冷食卫生现场会和天津市集体食堂卫生现场会，贯彻毛泽东“预防为主”的方针，进一步推动天津市冷食行业卫生和集体食堂卫生工作的深入开展，预防各种传染病，严防食物中毒，减少职业病适应形势发展。

1970 年冬天，全国爆发流行性感冒，特点是来势猛，发病突然，症状病程长，为“甲型病毒”，当时的卫生部军管会业务组对此相当重视，向全国发出“情况反映”。天津市爱卫会根据天津市流行情况，以〔1970〕爱字第 7 号文件形式发出《立即行动起来，防治流行性感冒》的通知，提出为防止疫情蔓延，要求：

1. 要切实加强领导，做好政治思想工作，抓早、抓紧、抓狠流感防治工作，就地扑灭，坚决控制蔓延。

2. 发动群众，立即行动，搞好流感的防治工作。各单位、各部门要认真贯彻毛泽东“预防为主”的方针，放手发动群众和组织广大医务人员，深入工厂、学校、街道、农村调查研究，迅速摸清疫情，广泛开展宣传活动，搞好室内外卫生，注意通风换气，保持空气新鲜。在防治病中，要充分发挥“群防站”“赤脚医生”“工作医生”的作用，把简易有效便于群众掌握的预防流感的土方、验方、中草药（如吃青萝卜，生吃大蒜，煎白菜头水，喝贯众、板蓝根汤、桑叶汤）等方法交给群众。要采取坚决有效措施，积极治疗，就地扑灭，控制流行。

3. 加强疫情报告。各工厂、企业、机关、学校、街道、公社、生产大队以及各级医疗部门，都要认真执行疫情报告制度，不漏报、不迟报，坚持经常。在当前流感流行期间，发生流感要立即报告所在地区的卫生部门，由各区卫生局汇总后于每天下午以电话上报天津市卫生防疫站。在抓紧防治流感的同时，做好预防煤气中毒。各单位接此通知后，要迅速研究，做出安排，立即行动。

十四、防治食物中毒

1971年针对天津市6月份以来连续发生食物中毒事故，如〔1971〕津爱卫办字3号、5号通报了食物中毒事故，要求要加强对卫生工作的领导，加强宣传教育，使“预防为主”的方针和预防疾病的方法家喻户晓，自觉搞好食品卫生，把住病从口入关。天津市二商局和天津市卫生局也做出了相应的《关于加强冷食卫生管理的意见》。针对冷食行业存在的问题，制订了《冷食卫生要求和化验标准》要加强对冷食的抽验工作，积极筹建化验室，加强化验工作，不断改进卫生操作，提高产品质量。冷食卫生要求和化验标准是：

1. 冷食生产和售卖人员有以下疾病者，不得参加工作：包括开放性或活动性肺结核、肠道传染病及其带菌者、传染性肝炎、皮肤化脓性传染性疾患者。

2. 设备和生产过程的要求

（1）各种冷食生产单位须有专用的制造室、更衣室、原料储存室，根据不同品种须有相应的熬料室、配料室、洗瓶消毒室、罐瓶室及天然冰处理场所等。

（2）冷食车间各室须布局合理，有上下水道，保证生产人员操作方便，制造室和更衣室必须有流水洗手设备。燃料室须有排气、防尘设备，防止原料污染和煤气中毒。制造室、配料室、包装室要做好空气消毒。不得使用含铅、锌及其他有毒物质的工具、容器制造冷食。

（3）生产冰棍应做倒热料灌管，迅速冷却，以提高卫生合格率。冰棍须一支一包装，批发的冰棍并应做好中包装，以保证冰棍在批转、零售过程中不受污染。

（4）食用冰必须包装严密，不露冰体，保证运输过程不受污染。

3. 原料要求

（1）不准使用变质、不洁、发霉、生虫、有毒等不卫生的原料。

（2）生产冷食原料用水必须合乎天津市饮用水水质标准。

（3）刨冰原料必须使用食用人造冰。

4. 售卖卫生要求

（1）盛装冷食的用具、容器及隔热棉垫等须专用并保持清洁。

（2）售卖冷食人员须穿戴清洁的工作服或围裙套袖。

（3）售卖刨冰、冰激凌、梅汤、汽水等公用食具使用后须坚持消毒。

5. 冷食检验标准

（1）细菌检验标准

瓶装汽水、果味水、果子露等：1毫升（克）内菌落总数不得超过100个，100毫升（克）内大肠菌数不得超过5个。

瓶装鲜果汁水、酸梅汤：1毫升（克）内菌落总数不得超过500个，100毫升（克）内大肠菌数不得超过5个。

不含豆、奶、蛋及果类的冷冻食品：1毫升（克）内，菌落总数不得超过1000个，100毫升

（克）内，大肠菌数不得超过 50 个。

含果类的冷冻食品：1 毫升（克）内菌落总数不得超过 5000 个，100 毫升（克）内大肠菌数不得超过 50 个。

含豆、奶、蛋的冷冻食品：1 毫升（克）内菌落总数不得超过 3000 个，100 毫升（克）内大肠菌数不得超过 100 个。

各种冷食中不得检出致病菌。

（2）化学检验标准

不得使用对人有害的色素和香料，必须使用国家规定的食用色素，用量不得超过万分之一。

一般不得使用防腐剂，必要时可使用苯甲酸纳，用量不得超过千分之一。

糖精含量不得超过万分之一。

6. 重金属含量不得超过下列标准

碘 1.4 毫克 / 公斤　铅 2.5 毫克 / 公斤　铜 60 毫克 / 公斤

由于及时制定了各项标准，食物中毒事故得到有效的控制。

十五、防治流行性急病

1971 年，全国流行性急性眼结膜炎病，在天津市也有局部流行，同时天津市卫生局做出了《关于天津市传染病情况和防治意见的报告》，天津市爱卫会根据疫情开办预防传染性急性眼结膜炎学习班，介绍讲解红眼病临床特点，诊断标准治疗方法，及流行特点和预防措施。要求：

1. 提高认识，加强领导。积极防治春季传染病，是贯彻落实毛主席“备战、备荒、为人民”伟大战略方针的一件大事，是贯彻“预防为主”方针的重要措施，各级领导要把防病工作提到两条路线斗争的高度来认识。从思想上重视起来，当作一项政治任务列入议事日程，在抓革命，促生产的同时，组织一定的力量，调查研究本地区、本单位的卫生疾病情况，制定防治措施，领导同志亲自挂帅，指定人员具体落实，抓紧，抓好防病工作。

2. 广泛地发动群众，开展防病工作。各级革委会要遵照毛泽东“动员起来，讲究卫生，减少疾病，提高健康水平”的教导，放手发动群众开展以除害灭病为中心的春季爱国卫生运动，搞好环境卫生，彻底消灭过冬蚊蝇，搞好饮食卫生。要认真做好工厂、学校、托幼单位和公共场所的室内外卫生。要加强对学生、儿童晨、午间的检查。各单位要组织“野营拉练”，战士学习《野营卫生参考材料》搞好行军卫生，宿营卫生和饮食卫生预防疾病。

3. 充分发挥医务人员的作用。各级医疗卫生部门，要巩固“预防为主”的思想，把防治春季传染病当作重要任务来完成，组织医务人员深入工厂、农村、学校、街道等广泛向群众宣传毛主席对卫生工作一系列指示，传授防病卫生知识，把简易有效便于群众掌握了防治方法交给群众，使得家喻户晓。在防治病中要充分发挥“群防站”“赤脚医生”“工人医生”的作用，做到群防群治。要加强调查随时掌握疫情，发现病人进行隔离，采取措施，积极治疗，就地扑灭，控制流行。

4. 继续做好疫情报告。各单位和各级医疗卫生部门要认真执行疫情报告制度，做到及时、准确。发现病人要立即报告所在地区的卫生部门，做到早发现、早报告、早诊断、早治疗。

十六、加强饮食卫生管理

1972 年 7 月为贯彻商业部、卫生部《关于加强饮食卫生管理的通知》。针对天津市食品卫生中存在的问题，搞好天津市食品卫生工作，召开了食品卫生工作会议，会议期间对部分单位和食品卫生情况进行了检查，检查的主要内容是：

1. 领导对食品卫生工作是否重视。

2. 广大职工对搞好食品卫生的重要意义是否正确。

3. 是否建立了各项食品卫生制度，执行情况如何。

4. 环境卫生是否整洁？有无各项卫生设备，四害处理情况。

5. 职工个人卫生如何，是否作了健康检查，有无传染病。

会议还出台了关于贯彻食品附加剂使用规定的意见，根据检查归纳起来主要有：

1. 使用进口有害色素加工糖果、果酒，有的还出口。

2. 使用的国产食色超过规定用量标准。

3. 有的单位使用糖精的量，超过规定标准六倍。

4. 有的单位使用对人有害的亚硫酸剂做食品漂白剂，和用硼酸钠等做防腐剂。

为了保证人民的身体健康，认真执行《食品卫生管理试行条例》第五、七条有关附加剂的使用规定，爱国卫生指挥部的意见是：

（1）对使用附加剂过量的食品要限期于 10 月 1 日前进行处理。

（2）对使用有害物质做附加剂的食品，要坚决停止销售和出口。

（3）结合天津市情况，对今后食品生产有关附加剂的使用量和使用范围，作如下规定，供各单位讨论，经修改后试行。

1972 年制定有关附加剂使用范围的规定表

表 3-1-4-2

品名	使用量	使用范围
苯甲酸及其盐类	0.5 克 / 公斤	酱油、醋等
	0.2 克 / 公斤	橘子汁、汽水
	0.4 克 / 地公斤	栗羊羹
叔丁基对羟基茄香醚	0.1 克 / 公斤	油脂
没食子酸丙酯	0.1 克 / 公斤	油脂

续表 3-1-4-2

品名	使用量	使用范围
山梨酸	0.5 克 / 公斤	果汁、果酱、熟肉等
硼酸钠	禁用	—
硝酸钾（硝酸钠）	0.1 克 / 公斤	肉制品
亚硝酸钠	0.2 克 / 公斤	肉制品
亚硫酸及其盐类	0.5 克 / 公斤	淀粉
	0.1 克 / 公斤	果脯、蜜枣等
	0.03–0.15 克 / 公斤	饼开、冰糖等
硫黄	禁用	—
保险粉	禁用	—
糖精	0.15 克 / 公斤	冰棍、汽水、果汁饼干等
三聚磷酸纳	3 克 / 公斤	油类、猪肉罐头等
碳酸氢钠	1 克 / 公斤	炸果子
碳酸氢铵	不限量	饼干等
柠檬酸	不限量	有关食品调味用
醋精	不限量	有关食品调味用

第五节　痢疾、伤寒、传染病急性眼结膜炎防控

一、传染病防治

1972 年夏季，痢疾、伤寒、传染病急性眼结膜炎等在天津市开始蔓延，甚至已经开始流行。天津市爱卫办及时以〔1972〕爱办字 14 号发出《关于当前天津市传染病情况和防治意见》要求立即行动，搞大规模的爱国卫生运动，开展群防群治，迅速控制传染病，保障群众健康。

1. 各级医疗卫生部门要加强对防治工作的领导，组织医务卫生人员深入基层，开展群防群治活动，要求已发生红眼病、痢疾的地区和单位，及时发现，就地治疗，采取有效防治措施，就地扑灭，严防蔓延、流行。未发生的地区和单位，要积极做好预防工作，并做好调查研究，认真总结防治经验，及时推广。

2. 要建立健全疫情报告制度。各单位发现疫情，要逐级上报，以便掌握商情动态，采取有效措施。各区卫生局每周三、六将本区疫情情况汇总报天津市卫生防疫站。疫情较重的区和单位，

每天一报。

3. 控制传染源，防止传染。对发病的人员应因地制宜地进行隔离。各旅店、浴池、理发等行业要加强卫生管理，坚持毛巾、浴巾、理发工具及浴池等消毒制度，劝阻“红眼病”人洗澡、理发，旅店发现有传染病人，要进行隔离，帮助治疗。各游泳池要加强卫生管理按时换水、消毒；游泳池对游泳者做好检查，发现“红眼病”人，禁止下水，并给予治疗宣传。加强饮食、饮水卫生管理，改善环境卫生，推广泥封堆肥，搞好农村的改水、改厕、改圈、改灶、改造环境卫生工作。

4. 工厂、机关、学校、托幼机构等集体单位，要积极预防各种传染病发生。要加强单位内公用脸盆、浴池的卫生管理，如发现红眼病人要积极治疗，采取隔离措施，防止病情扩散。要教育广大群众做好个人卫生和家庭卫生，洗脸时要每人一盆水，做到分巾，不要与红眼病人共用毛巾、脸盆。要注意手的卫生，要养成勤洗手的好习惯，不要用手揉眼睛，毛巾、手绢要经常用开水烫，保持清洁。

5. 动员全市人民在 8 月底、9 月中旬搞两次卫生突击战役，重点是消灭蚊蝇，搞好环境卫生；认真贯彻市食品卫生工作会议精神，搞好食品卫生，要落实工具售货、食具消毒，防蝇防尘措施，不断提高食品卫生质量。在两个战役之间、国庆节前，市、区有关部门要组织卫生大检查，让天津市人民以的成绩，干净整洁的卫生面貌，迎接国庆二十三周年。

二、加强食品卫生管理

1971 年底，为加强天津市食品卫生和环境卫生的管理，进一步推动天津市爱国卫生运动的深入开展，根据食品卫生和环境卫生存在的问题，拟定了《天津市食品卫生暂行规定》和《天津市环境卫生管理规定》，并征求意见反复修改，发至工厂、企业、机关、学校、医院、街道、公社，要求把执行规定作为一项重要任务，结合本单位情况制定具体措施，认真执行。

为加强食品卫生管理，把好“病从口入”关，预防传染病和食物中毒，保障人民群众身体健康，为社会主义革命和社会主义建设服务，制定天津市食品卫生暂行规定。

1. 各食品生产、加工、采购、储存、运输、销售部门和集体食堂，都要积极宣传和认真贯彻落实伟大领袖毛主席关于“除四害，讲卫生，预防为主”的方针指示，切实加强食品卫生管理工作。

2. 认真做好食品生产，加工过程中的卫生和出厂检验工作，严禁将不符合卫生要求和腐烂变质、有害人民身体健康的食品供应市场或出口。商店和食堂对隔夜的熟肉食物和剩余饭菜，要采取冷藏、加温等措施，防止食品感染细菌，腐烂变质。制作过晚食品或凉拌菜必须消毒。

3. 生产、加工、采购、运输、保管和出售食品的工具、容器，必须生熟分开，保持清洁。特别是盛熟食品的容器，要定时刷洗消毒，要加盖，并设置必要的防尘、防虫设备。饮食商店和集体食堂的公用食具要坚持每次用前消毒。出售熟食品必须使用工具，做到钱物分开。屠宰禽畜必须按照规定进行卫生检验，罐头、饮料、酒、奶制品、代乳粉、调味品成批生产的有包装食品必须有检验合格证明，并在包装上注明品名、厂名、日期、批号、保质期、食用方法。熟食品生产、加工、出售，不得露天作业。

4. 食品工厂、饮食商店和集体食堂等，要认真搞好室内和环境卫生，保持干净整洁。做到室内无蝇、鼠和其他妨碍食品卫生的生物。食品生产、加工、出售等人员要搞好个人卫生，做到工作前、大小便后洗手，消毒并勤剪指甲、勤洗澡、勤洗衣服，工作服要经常保持整洁。要定期进行体检，发现患传染病者，应立即调离。

5. 各单位要结合实际情况，建立必要的卫生制度，并定期进行检查评比。各区局、公司要加强对这一工作的具体领导，把食品卫生工作纳入议事日程，指定专人负责本单位食品卫生工作，加强对职工进行重视卫生的教育，提高对人民身体健康的政治责任感，自觉搞好食品卫生。

三、环境卫生管理

为加强城市卫生管理，预防疾病，保持市容整洁，以利于“反革命，促生产，促工作，保战备”，制定天津市环境卫生管理暂行规定。

1. 加强卫生宣传，教育群众，养成“以卫生为光荣，以不卫生为耻辱”的社会主义新风尚，自觉遵守公共卫生制度，维护好环境卫生，不随地吐痰，不随地大小便，不乱扔瓜皮果屑，不损坏公共卫生设备。各单位和居民院落，都要建立卫生制度，搞好室内和环境卫生，经常保持整洁。

2. 坚持街道清扫制度。主要街道和车站、码头等公共场所要夜间清扫，白天保持干净整洁。冬季要搞好扫运积雪，按地区负责，发动群众，划片包干，及时清扫，保证道路畅通。

3. 加强对城市垃圾、粪便的统一管理。市区垃圾、粪便的清除和公厕管理等，由各区卫生部门负责，任何单位和个人不得私自在市内掏粪便和拉运垃圾。搭建公共厕所须经所在区规划管理部门和卫生部门批准。市区严禁偷挖粪肥和私人拾粪。对偷挖和外运粪肥进行投机倒把的要坚决打击。公共厕所要及时清除、冲刷、消毒，做到无味、无蝇蛆。垃圾车运行时必须加盖苫布。垃圾车、粪车要定期刷洗、消毒，车箱要严密，不漏撒粪便。郊区生产队入市掏挖粪便和化粪井，一律持掏挖证，在路灯启闭时间出入市区。

各区、街、镇革委会要广泛发动群众，建立必要的街道卫生保洁制度。马路边道和单位门前，实行地段负责，分片包干。每日清扫维护，做到终日保持干净整洁。无专业队清扫的街道、胡同、里巷，由各街群众清扫队清扫保洁，或发动群众分段负责清扫。出售蔬菜、瓜果等商店要指定专人负责及时清除废弃物，冰棍要脱纸出售，保持环境卫生整洁。车站、码头、公园、停车场、商场、菜市场、影剧院等公共场所应设清洁人员，建立清扫制度，保持环境经常整洁。繁华街道和商业区要设立果皮箱，由专业清洁队负责管理。不准在街道、里巷、沿河两岸、铁路两侧乱倒垃圾。禁止在雨水井倒污水、粪便。消除下水道的污泥，随掏随运，不准在街道摆设污泥箱。工程废土要及时清运，做到工完场净，保持街道干净整洁。

4. 兽力车在市区必须按照指定路线行驶，并挂带合格的粪兜和携带清扫用具，不准沿途遗撒粪便。停车装卸货物时，做到车走地净。运输散装和流体货物的车辆，容器要严密，做到沿途不漏撒。运输的物资，凡影响卫生的必须加盖苫布或网罩。

5. 市内、郊区公路和铁路两侧，不准设立积肥点。经卫生部门批准设立的积肥场和垃圾场，各区要加强管理，建立健全卫生消毒制度，认真搞好场地环境卫生。各郊区加强人、畜粪便管理，实行泥封堆肥或高温封肥。市内和郊区马车店及有牲畜棚圈的管理，每日消除牲畜粪便，定时消毒，做到无蝇无味。

6. 市内禁止饲养家禽家畜。

7. 排放有毒废气、废水、废渣，污染空气、水源影响环境卫生和人民健康的工厂，要积极设法，采取有效措施，搞好“三废”的综合利用，变害为利。在城市新建、扩建、改建工厂，必须在设计中安排好解决“三废”的危害问题，并经有关部门审查同意，方得兴建。

8. 各级革委会经常宣传毛泽东关于“动员起来，讲究卫生，减少疾病，提高健康水平”和“自己起来同自己的文盲、迷信和不讲卫生的习惯作斗争”的指示，加强对城市环境卫生的指导和督促检查，卫生、公安等有关部门积极配合，广大群众互相监督，共同把城市环境卫生搞好。对违犯规定、不服管理、态度蛮横的要分别情况给予处理。

第六节　食品卫生管理

1973 年 5 月天津市财贸组和爱卫会联合发出《关于贯彻熟肉制售卫生要求的通知》，主要是为加强熟肉制售的卫生管理，防止食物中毒和肠道传染病的发生，保障广大人民群众身体健康。

一、制定肉食管理办法

根据国务院〔1965〕国文办字第 304 号，批转卫生部、商业部、第一轻工业部、中央工商行政管理局、全国供销合作总社制定的《食品卫生管理试行条例》第五条规定：“卫生部门应当根据需要，逐步研究制定各种主要的食品、食品原料、食品附加剂、食品包装材料（包括容器）的卫生标准（包括检验方法）的精神，制定熟肉制售卫生要求如下。

1. 凡生产熟肉单位，应报经所在区卫生部门审查合格后方可生产。

2. 生产熟肉的单位，应具备生肉加工、熟肉加工、冷晾等专用室和防蝇、防尘、防鼠、洗涤、洗手、消毒、个人防护以及污水排放设备”做到生熟严格分开，熟肉要单层晾透，工具用前消毒，保证出锅成品不受污染。

3. 生产熟内的单位，要注意季节变化，在易腐季节，特别注意生产量和市场销售量的衔接，尽量做到当日生产当日销售。一定要保证食品质量。

4. 出售熟肉最好当日售完，如需隔夜必须采取有效措施妥善保管，次日出售前要严格检查质量，并视质量情况重新加热或改制，绝对不能出售变质商品。

5. 零售单位，要有专用容器、工具和防蝇、防尘设备，运输熟肉容器要严密加盖并保持清洁。售卖时必须使用工具持取，做到货款分开。

6. 批发与零售单位要互相进行卫生监督。零售单位取货要监督产品质量；批发单位对零售单位取货容器不合卫生要求的，应拒绝发货。

7. 加工、生产和零售熟肉的单位要搞好环境卫生，保持经常干净整洁。工作人员每年至少进行一次体格检查，并做好个人卫生。患有传染病的应调离工作。

二、把好病从口入

1973 年 8 月，为进一步落实卫生部、商业部《关于食品加工、销售、饮食卫生，把住“病从口入”关》，更好地为人民健康服务，召开了食品卫生经验交流会，对天津市饮食行业餐具消毒情况和天津市食品厂卫生条件情况进行了检查，在餐具消毒方面建议：

1. 加强组织领导。建议各区饮食公司要建立卫生科。负责管理本区饮食行业食品卫生工作。有的区已经建立了组织，要充实加强积极开展工作。

2. 提高认识。特别是要提高饮食行业各级领导对食品卫生工作的认识。提高贯彻执行毛泽东无产阶级卫生路线的自觉性，把卫生工作作列入议事日程。同做好供应工作结合起来，认真抓好。

3. 广泛进行卫生知识的宣传教育工作。市、区防疫站要配含饮食行业分期分批的举办学习班，培训从业人员。提高他们的卫生知识水平，把住“病从口入”关。

4. 建议财贸部门改变对饮食行业供煤方法，可否采取按不同经营品种实行供煤。

5. 饮食行业的消毒人员要配备体强力壮的人员担任，并且固定下来专人负责。建议财贸部门对消毒所需的物资本着节约原则，给予支持。

6. 二商局责成市饮食服务公司狠抓一下餐具消毒工作。凡是没有达到要求的，要抓紧在最短时间内达到要求，特别是尚未消毒的门市部必须迅速进行消毒。 今后要定期每季度进行一次抽查，表扬好的，批评差的。对问题严重的，限期整改。

三、把好食品加工行业

在食品厂卫生条件检查后，针对搞好天津市食品卫生，提高食品卫生质量，建议：

1. 提高认识。食品加工行业各级领导要提高对卫生工作的认识，把搞好食品卫生工作提高到执行毛泽东无产阶级卫生路线和外交路线的高度来认识，重视起来，列入议事日程，使卫生工作和生产紧密结合起来，认真搞好。

2. 建立卫生机构。根据国务院批转卫生部、商业部、第一轻工业部、中央工商行政管理局、全国供销合作总社制定的《食品卫生管理试行条例》第二条规定：“……并且指定适当的机构或者人员负责管理本系统、本单位的食品卫生工作”的要求，建议凡有食品加工、经营的局、公司都应建立卫生机构，配备一定人员负责管理本系统的食品卫生工作，加强日常卫生工作的监督管理。

3. 卫生部门要加强食品卫生宣传管理。协助有关部门加强卫生知识的培训，要采取分期分批的方法，力争在1974年内使天津市所有的食品加工、经营人员都能受到卫生知识的培训，提高他们的卫生水平，并经常深入食品加工单位进行卫生检查和帮助。卫生、一轻、工商、外贸、商检等有关部门密切配含，分头把关，共同高好食品卫生。

4. 为改变天津市食品加工行业的落后面貌，建议天津市计委、天津市建委、天津市工业生产指挥部、天津市财贸组等部门在物资设备投资方面给予大力支持，列入计划。各食品主管局、公司对这次检查、化验出的问题，凡能马上改进的，要督促基层，发动群众，改革生产工艺，减少污染，认真改进和提高食品卫生质量。卫生部门也要积极指导。各食品加工厂要建立健全卫生制度和生产操作规程，严格执行国家对食品卫生的规定，并认真落实。

5. 天津市食品加工行业人员每天和肉、油、糖、蛋等类食品及血水打交道，工作服脏的快，但因每年每人供给棉布一点五米至一点七米，普遍不够用，由于供布不足，发帽不合格，也不能保证穿上清洁的工作服。此外，运输食品的车辆卫生设备也有很大困难。为保证食品卫生质量，建议市有关部门给予支持，解决生产中的困难。

四、把好水果卫生防范

1974年为认真贯彻落实国务院〔1974〕第76号文件“关于坚持开展爱国卫生运动大力加强防疫工作的通知”精神，推动天津市以除害防病为中心的爱国卫生运动深入开展，切实搞好食品卫生，保障人民群众身体健康，天津市爱卫会分别召开了《肉食品卫生经验交流会》《工地食堂卫生经验交流会》和《关于积极做好水果售卖卫生工作的通知》。通知要求：

1. 出售水果的门市部有条件的要设有流水冲洗设备，以备顾客洗涤水果；没有条件的，要积极创造，并严禁出售腐烂变质瓜果，凡腐烂的水果要认真进行削烂去残，洗净出售。

2. 出售打角西瓜，必须有防尘设备，西瓜切开前要洗净，擦干，抹布、刀具，必须干净，坚持消毒（使用漂白粉0.1%）。

出售打角西瓜必须设有盛瓜的设备，有专人负责随时打扫，及时清运到指定地点，不得乱倒，卫生部门要给予方便，经常保持环境卫生整洁。瓜果批发部门也应有专人负责，及时处理清除腐烂瓜果。

3. 市区、塘、汉沽区爱委会办公室要根据本区情况，指定倾倒废料瓜果的地方，做好消毒工作，各门市部不得随意乱倒。各区、公司、基层商店，各区、街卫生部门，要经常督促检查，表扬坚持好的，批评差的。

4. 各区、县要组织清洁队认真做好垃圾收运工作，主动结合各街消灭垃圾乱倒，做到日产日清，保持城市环境卫生干净整洁。

郊、县根据本通知精神，结合本地区情况加强管理。

五、搞好饮食行业餐具清毒

天津市爱卫办发出〔1974〕爱委字3号《关于认真搞好饮食行业餐具消毒的通知》，并对消毒工作进行抽检。抽样中根据卫生组织不健全，大多数饮食卫生基本无人管理，对餐具消毒工作的重要意义认识不足，重视不够；缺乏卫生知识，对餐具消毒工作嫌麻烦；消毒餐具用煤有困难等问题，要求：

1. 加强组织领导，建议各区饮食公司要建立卫生科，负责管理本区饮食行业食品卫生工作。有的区已经建立了组织，要充实加强，积极开展工作。

2. 提高认识，特别是要提高饮食行业各级领导对食品卫生工作的认识，提高贯彻执行毛泽东无产阶级卫生路线的自觉性，把卫生工作列入议事日程，同做好供应工作结合起来，认真抓好。

3. 广泛进行卫生知识的宣传教育工作，市、区防疫站要配合饮食分期分批的举办学习班。培训从业人员，提高他们的卫生知识水平。把住“病从口入”关。

4. 建议财贸部门改变对饮食行业供煤方法，可否采取按不同经营品种实行供煤。

5. 饮食行业的消毒人员要配备体强力壮的人员担任。并且固定专人负责。建议财贸部门对消毒所需的物资本着节约原则，给予支持。

6. 天津市二商局要责成天津市饮食服务公司狠抓一下餐具消毒工作，凡是没有达到要求的，要抓紧在最短时间内达到要求，特别是至今还未消毒的门市部必须迅速进行消毒。今后要定期每季度进行一次抽查，表扬好的，批评差的。对问题严重的，限期改进。

六、贯彻食品卫生法规

1982年6月，根据夏季是肠道传染病易发季节，特别是肝炎发病率有所上升，多与饮食、食品行业卫生状况的好坏有着直接关系，因此，天津市爱卫会组织市人大代表视察全市的食品卫生，使代表们掌握天津市食品行业的卫生状况，对制定食品卫生法规有一定依据，同时推进天津市食品卫生工作更上一层楼。

同年6月还举办了食品卫生知识学习班，目的是认真贯彻国务院颁发的《食品卫生管理条例》和各项卫生标准，提高饮食、食品行业领导人员的食品卫生知识水平，增强搞好食品卫生工作的自觉性，进一步推动天津市食品卫生工作的开展。

1984年5月天津市人大常委会组织视察《中华人民共和国食品卫生法》在天津市试行情况时，发现有些门市部违法出售腐烂霉变水果，代表们提出迅速改进的建议。天津市爱卫会组织市内六区、塘、汉、大爱卫会会同食品卫生领导小组办公室、区卫生防疫站，对本区水果食品经营部门、摊点及个体摊贩进行了卫生检查，为保障人民群众身体健康，并保证做好水果的供应工作，提出：

1. 水果批发部门在进货时要加强检查和管理，避免购进烂残量大或积压造成水果霉料；并注意研究改进水果供、产、销的途径，尽量减少水果的腐烂。

2. 各水果经营主管部门和基层门市部，要加强对职工的思想教育，认真组织职工学习食品卫生法和有关规定，做好自身的监督检查。

3. 卫生防疫部门要加强对出售水果的监督检查，并做好技术培训工作。

为进一步贯彻落实食品卫生法要求，搞好大肉、副食品卫生，4 月份对副食门市部进行了一次卫生检查，检查内容是：

1. 抽测有关食品卫生法的内容，测试对象基层领导和部分营业人员。（抽查 5 人）

2. 门市部卫生现状的检查：

（1）有健全的卫生组织和制度。

（2）室内卫生：室内的天棚、墙壁、货架货垛、悬挂物无灰尘，无蜘蛛网，地面无废纸残食，无油泥，无苍蝇，无鼠害，窗明几净地面光。

（3）环境卫生：门前卫生责任制落实，门前干净无垃圾，杂物；院内的货箱，物料码放整齐，地面滑洁。

（4）酱制品、豆食品、调料等有严格要求防尘、防蝇设备，坚持使用工具售货，货款分开，不用印刷或书写过的纸包装直接入口的食物。

（5）大肉卫生：大肉不准落地，有卸肉车、架、大肉池无油垢，解冻水和冰箱保持清洁；大肉修割精细，做到四不上案，肉案特见本色；绞肉清洁新鲜，无异味杂物，绞肉机及时洗刷保持清洁。

（6）容器卫生：盛装酱制品、豆食品、干咸菜、调料等容器经常清洁、无油泥，存放有架，不得落地。

（7）个人卫生：从业人员做到四勤，即勤洗手、剪指甲，勤洗澡理发，勤洗衣服被褥，勤洗工作服，工作服做到“三不穿”（回家、外出、去厕所不穿工作服），职工的更衣室或休息室整齐清洁。检查结果，天津市爱卫会、天津市卫生局、天津市二商局、天津市工商局的〔1984〕爱卫字第 21 号文形式向天津市人民政府做了《关于当前食品卫生内个问题的意见》的报告。

1984 年 8 月 25 日，根据天津市领导的指示，对在津外国人集中住宿的宾馆等处食品卫生进行了检查，并写出报告。检查中发现的问题是：

1. 操作间有蝇。经检查，除第一饭店、和平宾馆、海员俱乐部外，其他单位操作间均有蝇，少则几只，多则十几只。有的单位没有防蝇窗，有的单位消毒灭蝇不彻底。还有的单位鼠多，有蟑螂。

2. 餐具消毒不够严格。这些单位消毒设备较好，由于缺乏消毒知识，有的单位没有严格按一洗、二刷、三冲、四消毒的程序处理，有的用蒸气消毒时间不够；有的消毒与未消毒的碗碟混放；有的消毒后的用具，仍用抹布擦，造成污染。

3. 生熟食品和用具没有严格分开。有的单位冰箱内生熟食品没有严格分放，有的单位刀具不定位，放在个人用品柜内，或插放在案板和墙壁的缝隙间，有的生熟菜墩混放，还发现开生案板缝内有小虫、蚂蚁。

4. 操作间内环境一般较好，但有的单位配膳间有塌灰，尘土较多，有的单位窗框有积尘，有的单位布门帘油垢粘污变黑，还有的单位地面瓷砖脱落、藏污纳垢。

5. 个人卫生。一般均作了体检，发现有腹泻者，已调离岗位。有的单位炊事人员头发较长，发帽不能戴严，有的单位缺乏炊事人员更衣室，个人衣物在操作间柜橱内存放较混乱。

处理意见如下：

1. 建议机关行政管理局、旅游局、总工会进一步加强对涉外单位食品卫生的领导，勤检查，严要求，建立健全各项卫生制度，以保障这些外国人集中住宿的单位的饮食安全，杜绝肠道传染病的发生和流行。

2. 要严格按食品卫生法办事，这些较高级的宾馆餐厅，操作间彻底做到无蝇，严格食品用具的消毒，生熟分开，搞好室内卫生和个人卫生。

3. 对以上单位存在的问题，均当面提出意见，限期改进，并定于 9 月份，由和平区、河西区爱卫会、防疫站进行两次复查，直到完全合格为止。

鉴于中华人民共和国食品卫生法于 1983 年 7 月 1 日开始试行，并要求过去颁布的食品卫生法规与之抵触的，以食品卫生法为准，因此 1973 年由天津市革委财贸组、市爱卫会联合发出的《天津市熟肉制售卫生要求》于 1986 年 5 月 2 日即行废止。

七、春季爱国卫生工作

1988 年 3 月，为落实天津市委、天津市政府防病会议的要求，开展以预防甲型肝炎为重点的春季爱国卫生工作，天津市爱卫会组织以预防甲型肝炎为重点的春季爱国卫生检查活动，检查的主要内容是：

1. 食品产、储、销各环节的卫生管理度的落实情况；

2. 农村及城市饮水水源的保护情况及卫生管理；

3. 污水、垃圾、粪便、公厕的管理及环境卫生状况。

4. 宾馆、饭店、饮食店、食品店、农贸市场、摊群市场、单位食堂的工具制售和餐具、饮具消毒等卫生制度的执行情况；

5. 大、中、小学及幼儿园卫生制度的执行情况；

6. 对《关于预防甲型肝炎的紧急通知》中提出的八项措施落实情况。

主要标准是：食品产、储、销行业的食品卫生法和天津市卫生局 1987 年提出的《十项卫生要求》为准；企事业单位以容貌卫生先进单位的条件为准；街道以市容卫生达标街竞赛条件为准；环境卫生及公厕以环境卫生质量标准为准。检查主要采取多方面人员、多层次、多形式的方式，以达到搞好卫生防病工作，切断疾病传染途径，防止甲型肝炎等传染病在天津市流行，保障人民群众身体健康的目的。

为对麻疹、百日咳、痢疾、结膜炎等常见疾病的识别和预防护理，天津市爱卫会以〔1959〕爱卫字17号文，要求抓紧当前时机，训练保育员、保健员，提高保育人员的业务水平，建立托儿机构的卫生保健制度，彻底改变托儿机构卫生面貌，如托儿所、幼儿园做好经常性的防病工作，打下良好的基础。筛选有一定文化程度的保育员骨干，进行儿童保健专业训练，学会麻疹、百日咳、猩红热、水痘、痢疾、结膜炎、砂眼、脓痂病等常见病的防治办法，逐步把保健员培养成能防、能诊、能护理的多面手。

为在托儿机构中控制疾病的流行，进一步做好防病工作，在当前天津市除害灭病活动中，按照各级医疗机构分片包干的范围，突击建立托儿机构卫生保健制度，并在医务人员经常的、具体的指导帮助下，认真执行。卫生保健制度应包括如下主要内容：

1. 作好托儿机构室内外环境卫生，个人卫生，托儿实行一人一巾，流水冲洗。

2. 建立晨间检查制度，每日坚持查体温、查嗓子、查皮肤，早期发现病儿，早期隔离，早期治疗。

3. 入所检查，新入所儿童及工作人员，必须经过健康检查，发现传染病不宜入所和参加保育工作。

4. 严密隔离消毒，发现病儿立即隔离，发现儿童有异常现象亦应早期隔离观察。儿童饮食用具，用毕消毒，消毒后应注意不被污染。

5. 根据儿童年龄，实行分班分组，建立适合儿童年龄的生活日程。

6. 有条件的托儿机构建立疾病统计制度，逐月做出分析比较，条件不具备的托儿机构，亦应尽量做到疾病有记载、定期作比较。

第二章 改善饮水卫生

第一节 改变水质，防止传染病传播

20世纪60年代，天津市郊广大地区长期以来饮用河坑水，少数距河较远的村庄饮用浅水井或深水井，均无现代化的给水设施。极易造成肠道传染病的介水传播，成为农村卫生的重大问题。根据市领导的要求，天津市爱国卫生指挥部成立给水组，抽调技术人员、工人、学生共58人用1个月时间完成农村浅水井调查并写出《天津市郊区农村给水规划方案（初稿）》。方案提出改善饮水卫生状况是保护人民身体健康，提高生活水平的重要措施，在防止肠道等传染病流行问题上，解决治水问题是十分紧迫的一件大事。方案要求，在满足生活饮用水卫生，杜绝肠道传染病借饮用水传播的前提下，给水设施以小型简易为主，便于运转管理，尽可能利用现有设备，就地取材，节约投资，便于上马；在水源选择上根据天津市特点优先考虑河水。在无适宜河水条件下，浅层水符合居民饮水习惯时，考虑选用浅水井。在二者均不适合条件下，考虑深水井；供水对象包括农业和非农业人口生活用水及公共用水。

一、饮用水源管理

在考虑选用浅水井的同时，对浅水井的水质进行了初步的调查，并写出调查报告，初步论证，浅水井水质、水量随季节性变化较大，井河的距离对水质影响较大；土壤盐分及井深对水质有密切关系；浅水井易污染，主要是浅水井靠近居民区，主要污染源是厕所、粪坑、畜圈等，粪便通过土壤渗透污染地下水，井周的自留地施用粪肥也易造成污染。井的结构，下面多未铺设人工滤层，上面未用黏土封闭，未设公用桶和提水工具也易造成污染。在郊区浅水井利用问题的探讨中：

1. 河水和浅井水的比较，饮用水源一般应满足下列条件

化学组成上，溶解固体（总矿化度）＜ 1000 毫克 / 升，总硬度＜ 25°（最大不大于 40°），氯化物含量＜ 250 毫克 / 升；污染指标上，大肠菌指数＜ 1000（最大不大于 10000），耗氧量＜ 5 毫克 / 升。从此项调查结果看，大部分浅井水的总矿化度、氯化物，和硬度不符合饮用水源的要求，尤以青泊和葛沽等地为甚，只有 14%—19% 的井符合要求（南运河地区水质较好）。这次调查正随丰水期、潜水补给充足，淡化能力大，若在枯水期水质会更坏。河水的含盐量很低，能满足饮用要求。在卫生要求上，二者无显著区别，均有严重污染，所以在实际使用中浅井水，河水都应严格进行消毒。在污染范围上，河水污染影响沿河村庄，井水污染仅影响饮用该井用户，所以在消毒没有保证时，防止“02”传播，应该饮用井水，以便于管理和进行消毒。

2. 郊区浅井利用的条件

（1）无河水地区，历史上一直饮用浅井水，虽然水质较差，便缺少其他水源，仍将继续使用，但从长远发展看，应考虑更好地水源。

（2）有河水地区，①已挖成浅井，其水质较淡，水量较充足者，可长期使用。②浅井水质矿化度大者，可作备用水源，当河水干涸或受到排污河污染时，可临时使用。③在“02”流行地区或河水受“02”污染时，改用井水，但应进行消毒。

建议指定专门部门进行深浅层地下水的水文地质勘查，进一步摸清地下水情况，使之更好地为工农业生产和市郊人民生活服务。

天津市深浅水井虽已开凿不少，但只限于开挖作用，尚未正式进行过正规的水文地质勘查工作，虽做过一些短期调查，找到了一些规律，但对于地下水资源还有不少问题需要明确，建议进行系统的水文地质的研究。

二、农村饮水消毒工作

1966年天津市爱国卫生指挥部根据“02”防治工作计划要求和疫情情况，提出做好饮水消毒和大搞环境卫生是十分重要的防疫措施，并拟定了《农村饮水消毒的工作意见》。具体安排是：

1.组织力量层层安排。要求各区卫生指挥部负责组织饮水消毒工作，通过公社、生产大队、生产队逐层落实任务安排，有关配药、保管余氯检查等具体工作可由红十字会医士负责。卫生工作队负责检查饮水消毒工作的落实及技术指导，在蹲点地方要做好这项工作的总结。农村水厂的消毒由管理员负责，红十字医士定时检查余氯。浅井和缸水消毒，生产队最少一名卫生员负责消毒。红医、卫生员和卫生工作队员要建立检查和汇报制度。

2.消毒方法。要因地制宜讲求实效，余氯稳定、群众欢迎。深井一般不消毒，在疫情需要时可作为紧急防疫措施进行消毒。水厂用漂粉上清液或大塑料袋持续消毒。缸水用上清液或直接投粉；往年使用小塑料袋消毒习惯的村庄可继续使用小塑料袋消毒。对于使用的漂白粉要做好含氯量鉴定工作以保证消毒效果，根据情况做好水质细菌检验工作以检查质量。

3.药械供应和保管。天津市指挥部供应分装好的漂白粉。区指挥部根据需要分批发给使用。要厉行节约，反对浪费，要注意保管防止失效。饮水消毒的零星开支即由指挥部业务费中开支。

4.检查、评比、交流。各区要经常组织社与社，队与队之间的检查评比，通过经验交流和现场参观，促进饮水消毒深入开展，各区要树立典型及时交流经验。

三、“三废”水源管理

1971年中央卫生部要求对工业“三废”（废水、废气、废渣）、对水源、大气污染程度进行调查，提出处理“三废”是贯彻“预防为主”保护人民健康的一项政治任务，一定要抓紧抓好。天津市爱协根据要求拟定“关于开展冬季三废对水源、大气污染程度调查的通知”，要求要查清危害程度，变“三废”为“三利”，认真解决“公害”问题。要求：

1.各区在十月底前开展对深层地下水枯水期污染状况的调查，进行水质分析。市区做15—20口井，郊区做10—15口井，原则是重复上半年已进行化验过的井。11月初召开一次专业人员会议。

2.冬季大气二氧化硫的测定，在11月底进行。各区采样点在原有基础上略有增减和变更。有关具体安排在十一月份召开专业人员会议上另定。

3.各区对本区内“三废”危害大的单位，要认真进行调查研究，摸清情况，配合各部门重点突破。

4.抓好典型，总结经验。要抓紧抓好典型，对消除“公害”、变害为利好的单位，要总结经验，加以推广。

1973年天津市卫生防疫站对天津市自来水水质下降情况进行调查，并提出改进意见，存在的问题如下。

1. 供水部门水质管理机构不健全，各区自来水部门有水质科统管水质，而近几年来没有专管水质的机构。

2. 因河水水源不足，调深井水补充水量，由于管网中没有余氯，打入管网中井水被污染。

3. 由于工业废水污染河水，水源水质下降，给自来水水质处理也带来一定困难。建议：

（1）立即建立健全自来水水质管理机构，加强水质管理，采取措施，保证不合格水不流出。

（2）供水部门要健全规章制度，积极研究除氯办法，出厂水中余氯、细菌总数、大肠菌总数、三项卫生指标，有一项不合格，应当做水质事故处理，立即向主管单位和卫生部门报告，并采取措施，防止再次发生。

（3）积极进行“三废”治理工作，保护水源。

天津市卫生部门也提出了《建议提高自来水水质的意见、建议》。

1. 迅速建立健全供水部门水质管理机构，配备必要的人员，把水质管理工作认真抓起来，采取有效措施，保证水质合格。

2. 供水部门要健全各项制度。深水井必须坚持消毒，未经消毒的深水井不得打入管网内，同时要做好除氯的工作。要严格执行两部《生活饮用水卫生》的规定，出厂水中的余氯、细菌、大肠菌三项指标必须达到规定要求，凡一项指标不合格的不得出厂，应做水质事故处理，除向主管领导部门汇报，采取措施，防止再次发生外，还应及时向天津市卫生防疫站做出报告。

3. 搞好“三废”治理，对于保护水源。提高水质有着重要作用，建议有关工业部门要积极制订规划，分期分批进行治理，狠抓落实，做出成效。

1973 年天津市爱卫会发〔1973〕爱办字 3 号文，布置 1973 年“三废”卫生调查任务。要求加强领导，依靠群众，广泛宣传，深入开展调查研究，建立监测机制，弄清污染情况，掌握科学数据，配合工业部门搞好治理，为预防和消除“三废”危害做出成绩。

1. 要大力开展宣传活动。发动医疗卫生防疫人员，大张旗鼓地宣传中央对综合利用的有关指标，宣传治理“三废”的工作方针，使之家喻户晓，人人皆知，了解消除“三废”危害的重大意义。

2. 继续做好调查研究，扩大毒物调查指标，随着工农业发展，对外贸易不断扩大，调查工作也必须相适应。调查要在原有五种毒物指标的基础上，增加农药污染卫生调查和大气中致癌物质的测定方法及污染情况的研究，弄清污染状况和对人体、农、林、牧、付、渔的危害。

3. 建立监测系统。要树立长期监测思想，搞好经常性的监测工作，为治理“三废”提供科学依据，为科学研究积累数据，当好哨兵、参谋。基本查清“三废”污染情况的，要建立市、区、重点工厂三级监测点，实行定期、定点、定时采样，1972 年调查任务没有完成的区，要继续努力完成。

4. 搞好“三废”的治理工作。已基本查清污染源的要及时向工业部门提供情况，各工业部门要制订治理方案，分期分批的进行治理。在治理时，首先要抓好污染范围大，对人民健康有严重危害的地区和单位，并做好成效。

5. 开展“三废”卫生调查要和群防群治、人体健康普查工作紧密联合起来。各区在进行重点污染源调查的同时，对周围群众的健康状况进行体检，弄清发病情况和原因，为预防“三废”危害提供科学依据。

第二节　加强大气监测，防止水源污染

为更好落实〔1973〕爱办字3号文件精神，天津市爱卫办要求如下。

一、大气监测

1. 在天津市工业、商业、住宅、交通等不同类型地区设置三十多个有代表性的固定观测点，长期观测天津市大气受工业废气、烟尘等污染动向。观测点的位置在统一要求下，由各区选择并负责检测。

2. 观测项目及观测方法

（1）二氧化硫日平均浓度：每月定期进行一次，每次连续五天（13—17日），每天采样三次（3、13、18时）计算日平均浓度。

（2）飘尘日平均浓度：采样日期（13—17日）每天采样两次（3—10时，16—18时）计算日平均浓度。

（3）灰尘自然沉降量，逐月观测。每月收集样品一次，以每月每平方公里面积上沉降灰尘的号吨数表示。

二、水源监测

水源监测分地面水、地下水、污水三部分。市、区站统一安排、统一项目、统一方法，形成全市水源监测网。

1. 地面水监测任务：对海河水系有关河道及北大港水库，做全面系统的监测，以掌握天津市水源污染状况。分工：对海河及海河水系上游省、市联合观测。在互相协商的基础上，统一布点，统一观测时间，密切协作，查明情况，提出治理依据。

2. 地下水监测任务：对本区内新开凿的井和去年未完成水质化验的井进行水质化验。以掌握地下水水型和污染状况，为合理开发地下水提供依据。

3. 污水监测任务：观测目的在于了解污水含毒成分，自净能力和对渤海的影响。

4. 自来水管网水质抽查每区选管网及末梢，对10个点进行抽验。

1974年中央三部委统发《工业“三废”排放试行标准》，国务院转发了全国环境保护会议情

况的报告，国家计划委员会制定了《关于保护和改善环境的若干规定》，天津市爱卫会遵照国务院发〔1973〕158 号文件精神和市革委会第 36 次办公会议《关于建立“天津市环境保护监测站”的决定》。天津市爱卫办负责筹建工作，并提出筹建的意见和建议。

“天津市环境保护监测站”的建立，在充分利用现有条件的基础上，拟设在市卫生防疫站内，作为防疫站的一个组成部分。对外用“天津市环境保护监测站”的名义开展工作。

根据国家有关规定环境保护监测站的任务是：(1）对水源、大气、土壤的污染情况进行动态观测。调查有害物质在农作物、水产品及外界环境中残留、转移、蓄积情况，以及对人体健康的影响。(2）掌握工矿企业、交通、科研、医疗部门的有害物质排放情况及其影响。对新建、扩建、改建、迁建的工矿企业的厂址选择“三废”治理进行设计审查。(3）组织天津市环境监测网。汇总分析监测资料。进行天津市环境质量卫生学评价和“三废”治理设施的效果评价，从实际需要出发，开展科学研究，不断提高环境监测水平。

建议分两个阶段筹建。第一阶段于 1979 年内建成，能承担经常性的监测工作。第二阶段于“五五”期间完成，在不断提高监测能力的基础上，逐步开展科学研究、深入研究环境质量与人体健康的关系。

筹建中的问题和意见如下。

1. 从事环境监测的专业人员 23 名（水源监测 11 人，大气监测 10 人，设计审查 2 人）于 1974 年内增至 60 人（分设水资源、大气、土壤三个专业组和一个综合组）共需要补充的专业人员包括分析化学、微生物、水生物、仪器仪表、给水供水、采暖通风、卫生学、测绘、计算、汽车司机等。其来源请市有关部门从毕业分配及逐步调整解决。“五五”期间再增至 40 人。其专业包括无线电、自动控制、实验生物、毒理学等专业，由历届毕业生中补充。

2. 经天津市计委批准，兴建 2800 平方米监测楼一幢，设计已经完成，但施工力量尚未落实。请天津建委给予大力支持，请天津市建工局组织力量抓紧施工，力争 1974 年内建成。

3. 监测仪器设备仅可进行一般性工作，项目较少，效率较低，占用人力较多。为提高监测能力，需从自动监测方面发展。使其能扩大监测项目及提高灵敏度。除在国内试制一些设备外，还需进口一些必要的设备（项目另报）。

4. 交通工具缺乏，影响工作的开展。请天津市计委在年度内分配中型车一辆，吉普车一辆。

5. “环境保护监测站”所要的经费应纳入地方环境保护计划，天津由市财政另拨专款支出，基建费用列入天津市基建项目。经常费用按年度编制预算，现按 60 人编制，每年需用 50 万元。由天津市财政另行拨款。

6. 为便于对外开展工作，向天津市申请核发公章印鉴，全称为“天津市环境保护监督站”。

第三节 城市自来水建设

为解决天津市长远饮水问题，保证天津市市民饮用卫生水，1981年开始动工建设“引滦济津”工程，预计1983年底结束，以解决天津市饮用水的水源问题。为了贯彻中央爱卫会“国际饮水供应和环境卫生十年活动”安排，天津市爱卫办不仅推动农村饮水工作的开展，同时对解决天津市市区自来水入户问题提出具体意见。

一、自来水供水状况

天津市市内六个区有3999个水站，约有12万户60余万人自来水没有入院入户，约占市区人口的19%。群众饮水卫生、环境卫生、节约用水和方便生活都有许多问题，同建设和管理现代化城市很不适应。

1. 自来水没有入院入户的地方，供水龙头分布在大街小巷，群众用桶担水饮用，造成路途尘土污染，并使用公用供水处脏乱，有的洗菜洗衣，有的刷碗，有的冲尿桶，垃圾污物成堆，夏季污水成河，冬季冻冰湿滑，这些地方一般成为卫生死角，不利饮水卫生和环境卫生。

2. 国务院召开的京、津用水紧急会议上，研究了当前用水情况，提出的节约用水工作意见中明确指出:“取消生活用水的‘包费制’，彻底解决喝‘大锅水’的问题，要求在一、二年内全部实现水表到户。”天津市自来水入户，必须节约对滦河水的引用，这是为争取天津市用水情况好转的一项根本措施。

3. 群众担水，很大不便。双职工白天上班，家里只有老人和小孩，有的工作劳累一天，晚上还得担水做饭，有的没有办法只好出钱雇人担水。孤寡老人，退休的老职工吃水更感困难。

二、解决自来水入户

红桥区西于庄街、河北区粮店街、河东区李公楼街，以民办公助的形式，发动受益群众出工，区城建部门提供物质和技术，解决居民自来水站取水难和污染环境卫生的问题，深受广大人民群众的欢迎和称赞。居民普遍反映:“政府为我们解决了一个生活中的大困难，这是对我们的关心。”但是，自来水入户入院，自付金额，少者12元，多者25元，一般为16.17元。群众感到有些负担过重。

爱卫办总的要求是由区街办事处负责组织，城建房管部门协助，采取民办公助办法，分期分批在1985年底以前，基本完成自来水入户任务。

分工：天津市自来水公司负责，自来水表以外的管道铺设，由城建和房管部门免费破路和维修；街道负责组织群众劳力挖埋管道。

经费：天津市自来水管道铺设等所需物资、经费，列入两年计划，由地方财政开支。胡同里巷支管道按公私产所需经费，分别由房管部门和住户分担，但考虑到住户自来水入户经费负担过大，由天津市政府从市财政每年补助一半经费，约计每年100万元。

组织：区街办事处根据本地情况，协同自来水公司管理站和房管站一起，制定两年自来水入户规划，近期完成。自来水入户问题，应列入1984年、1985年天津市政府解决群众生活问题的几件大事之一，以引起各部门的足够重视。

长期以来，天津市饮水水质基础情况不清，缺乏水对人的健康影响的卫生学调查和水致地方病、传染病等资料，因此影响天津市改善饮水工作进行。1984年，根据中央饮水工作会议精神，做出饮水工作心中有数，对市区居民饮水工作做了一次深入的调查，调查的主要内容是，所辖区的总户数，总人口数，自来水入户入险数以及饮水未入户的户数和人口数等等，以调查的结果安排两年内的饮水工作。在普查饮水水质中，天津市爱卫办在经费问题上争取市财政的支持。

第四节　农村集中式供水水质管理

1984年天津市政府将加快农村自来水建设，做好改善农村人民生活十项工作决定之一，天津市爱卫办和农业食品委员会联合做好“集体操办，群众集资加快农村自来水建设工作”。

针对1800多个占70%的村庄没有饮用安全、卫生自来水的情况，天津市委、市人民政府非常关心天津市农村的饮水状况，为贯彻国务院1981年61号文件要求，以及中国开展《国际饮水供应和环境卫生十年》活动精神，统筹改善农村饮水条件，天津市人民政府做出了《关于1984年改善农村人民生活十项工作的决定》。其中一项提到加快农村自来水建设，今年再扩大25万户，累计使天津市50%以上的村实现自来水入户。

天津市农村自来水建设，是由农村饮水除氯，解决山区水源结合进行的，物资部门解决饮水建设所需原材料；卫生部门解决做好饮水除氯工作。本年度完成139个村的饮水除氯工作；水利部门在山区打井41眼，解决山区18700多人的饮水困难。中国市政工程华北设计院，讲解有关自来水建设的专业知识，以及使用压力罐的构造原理、技术性能和维修管理方法。

1988年中央爱卫会下发《关于加强农村集中式供水水质管理的通知》。要求一是要采取措施，确保集中式供水水源不受污染。由于各地农村集中式供水设施大多数是以地表水或浅层地下水为水源，为此，每个集中供水设施都必须按照国家《生活饮用水卫生标准》的有关规定，清除水源卫生防护带内的一切污染源。各区县爱卫会办公室、卫生局要组织防疫站于近期，对当地的农村集中式供水设施的水源地进行一次认真检查。对不符合国家《生活饮用水卫生标准》规定的水源地，要限期加以改造。二是严格集中供水的消毒管理。每个集中式供水设施都应制定集中式供水的消毒制度。没有消毒装置的农村集中式供水设施，特别是以地表水为水源的压力罐系统，要尽快根据水源情况，安装适宜的消毒装置。三是加强集中供水的水质监测工作。村级的农村集中式供水设施每日应对水源和管网水进行浊度、pH 值、细菌和余氯的检验，并认真进行检验记录。在一时不能装备水质检验仪器的地方，应由所在地的乡卫生院负责定期检验。乡级以上的集中式供水设施每日的水质检验项目不得少于村一级的，具体的检验项目由当地卫生部门根据实际情况确定。县防疫站要根据国家《生活饮用水卫生标准》的规定，负责定期对集中供水的水质进行全分析。同时，装备水质速测箱，负责指导乡、村级开展细菌检测工作。四是要认真执行对直接从事供水工作的人员进行定期体检的制度，如发现有传染病患者或健康带菌者，应立即调离工作岗位。五是在加强对集中供水的卫生管理的同时，各级卫生部门也要采取措施，加强对分散式供水的水源防护和消毒的宣传管理和指导。

根据中央爱卫会的要求，天津市爱卫办、天津卫生局、天津市农村工作委员会联合发文，要求各区县结合本区县实际情况，从运行、操作、水质检验、信息收集与分析，经济核算等方面逐步建立起一整套切实可行的管理制度，以巩固饮水成果。

第五节　高层楼房二次饮水系统管理

随着城市建设的发展，天津市的高层楼房逐渐增多，城市居民入住高层楼房的人口也在增加，因此高层楼房二次供水的卫生管理问题也突显出来。初步调查发现，天津市大部分高层楼房的蓄水装置，没有清洗制度，也未进行过清洗，为做好城市居民饮用水的管理，保障人民群众的饮水卫生，减少水致疾病的发生，落实全国城市卫生检查标准要求，天津市爱卫会、天津市卫生局联合发文，对天津市高层楼房二次饮水系统进行登记，并对蓄水装置进行清洗。

一、二次供水检查

1. 凡具有高层楼房二次供水系统（系指高位水箱、地下储水池、压力水泵等）的楼房产权单位于 8 月 31 日前至楼房所在区卫生防疫站进行登记，并于 9 月 10 日前将供水装置进行一次彻底清洗。

2. 各区卫生防病站负责清洗工作的技术指导，并对水质进行监测。

3. 各高层楼房产权单位要建立二次供水装置的清洗制度（每年至少一次），再次清洗后报所在区卫生防病站进行水质测定。

4. 全市于 9 月 20 日前二次供水系统的登记和清洗情况进行一次全面检查。

二、二次供水卫生管理

1992 年天津市爱卫会、天津市卫生局联合以津爱卫会〔1992〕第 12 号向市政府请示，为更好加强天津市二次供水卫生管理，制定《关于加强二次供水卫生管理的通知》，经天津市政府批复后，对天津市的二次供水卫生要求是：

1. 二次供水等高层建筑的有备供水系统包括新压位水箱、水泵、管道、压力缸等。

2. 现有的二次供水单位必须向所在区卫生防病机构进行申报，经验收合格后发给卫生检验合格报告，方可向居民供水。

3. 新建高层建筑二次供水系统施工后，由建设单位负责清洗，然后向当地防病站申报检查，二次供水系统符合卫生要求，水质检验符合《生活饮水卫生标准》后，防病站发给卫生检验合格报告，自来水公司凭卫生检验合格报告开始供水。

4. 二次供水系统中的设施设计，应符合卫生要求并便于清洗和消毒。

5. 二次供水系统所有材料需无毒、无害。

6. 二次供水系统管理单位须设必要的消毒设备，要有专人进行管理。管水人员每年进行一次体检，合格才由区防病站发给健康合格证。

7. 水池、水箱间应干净、整洁、不得堆放杂物。

8. 水池、水箱应有盖加锁，水池、水箱间应有防止无关人员进入的措施。

9. 水池、水箱每年应进行 1—2 次的清洗、消毒工作。

10. 各级防病站对所辖区域的二次供水系统的水质定期进行监测，并按有关规定收取检验费。

第三章　环境卫生治理

第一节　治理垃圾污水

中华人民共和国成立前，天津城乡卫生状况除少数高楼和几条大马路较为清洁外，劳动人民聚集区垃圾成堆，污水成河。赤龙河、金钟河、墙子河、卫津河、南开蓄水池等几条臭河，贯穿于天津市。自 1952 年开始全面开展了环境卫生治理的群众性爱国卫生运动，先后掀起了治理环境卫生的高潮，市、区人民政府组织人民群众填平赤龙河，南开蓄水池，新建金钟河下水道，截流墙子河，疏缓卫津河，在海河西岸建绿化公园，在街道、里巷大搞环境卫生，改变了垃圾成堆，污水成河现象。仅 1956 年春季大搞环境卫生中就消除垃圾 9400 多卡车。许多居民养成了黎明即起，打扫庭除的好习惯。出现了许多卫生模范地区、里巷、大院和家庭。如河东区姚家台街、和平区东兴市场街、河北区东六经路街、塘沽区新港街北一处居民区等，连续几年被评为天津市级卫生先进地区。

1953年贯彻中央人民政府“预防为主”的方针，加强行业卫生管理，重点改进行业中存在的问题，为行业卫生打下一个良好的基础，开展了各有关行业的爱国卫生运动。这次爱国卫生运动主要包括了：文娱场所、旅店业、澡堂业、理发业、牧场业、屠宰业、酱园、酱料、杂发业、中西餐、面食业、豆食业、摊贩、粮果业、猪肉、牛羊业、渔业，干鲜果发栈业，水业等十八个行业，并根据不同行业制定了不同的卫生标准，并进行公布。要求各区人民政府根据本区的具体情况，健全本区的行业爱国卫生组织，并且要宣传和发动群众，组织，做到家喻户晓，使各行业在自觉的原则下，改进卫生设备及环境卫生。

各区街卫生委员会，随时收集各行业和群众进行工作的情况，向本区人民政府及时汇报，并向天津市爱国卫生运动委员会汇报。

农村爱国卫生工作在不影响农业生产和河工任务的情况下，在发动群众中，特别是发动妇女、儿童及老年人，真正做到家喻户晓，没有空白。在个人卫生方面要做到“三不三勤”（不随地便溺，不随地吐痰，不随地抛果皮、废纸、污物，勤洗、勤换、勤打扫）。

对不适合做卫生积粪场所和厕所的或地点适宜缺乏管理的，下决心说明教育和动员，使粪主、厕主尽量做到自动迁移，确有困难的也可加强管理。

在重点区完成填垫污水沟坑4个，捕鼠1万8千只，挖蛹6亿只。并结合清洁、扫除，发动群众在村边挖积肥坑，将垃圾倒入坑内，浇上污水，隔一时期发酸后做肥料，做到清洁积肥，并有专人负责。

将三镇（咸水沽、小站、葛沽）所有摊贩完全分类排序集中一处，并按照合格卫生条件，加以整顿，选出摊贩组长，订出规划并负责管理日常有关摊贩次序，遵守交通规则。

1956年在大搞环境卫生中主要是三项重点工作：一是填垫污水坑、沟及修建下水道工程；二是垃圾、粪便、公厕的管理工作；三是迁移乱葬坟墓。

在填垫水坑水沟修建下水道中，区市共有污水坑146个，清水坑497个，污水沟34条，清水沟82条。为了解决生蝇生蚊问题，年内集中全市垃圾填垫居民区附近及东站到北站铁路两侧之污水坑77个，清水坑2个，污水沟11条，修建半永久性下水道37条，总长度17628公尺，公共污水池521个，污水簸箕56个。

发动居民建立污水池、污水簸箕保洁与养护制度，做到夏天不生蚊蝇，冬天不凉，永远通畅。

在垃圾、粪便、公厕方面，天津市边缘地区有些地方还没有开展垃圾收集运除工作，因而造成乱倒垃圾现象。同时，各工厂、企业、机关、学校及饭馆、澡堂等行业，每户日产100公斤以上的生产土和垃圾，过去均由各单位自行雇车运除。由于各单位雇不到车，因而运输困难，造成马路上倾倒垃圾的不良现象。要求垃圾适当远运，填垫水坑，有机垃圾供给农村，无机垃圾用作垫坑。既可支援农业生产，也可防止生蝇。

区市日产人畜粪940吨，其中由郊区供销合作社肥料经理部清除750吨，由农民清除182吨，由老弱捡粪户清除8吨。解决粪便生蝇问题，试行粪便封闭处理方法（以泥封粪，以粪封粪等），并取得成效。同时加强了粪车、粪船减蝇消毒，根据船运粪便需要，修建船坞一处，在下河图码头修粪池一个。

区市共有公管公厕829座，大部分建筑简陋或地点不适宜使用，量不大，有些人口稠密地区还缺乏厕所。因此，在区市区新建公厕13座，修缮公厕646座，拆除140座。迁移乱葬坟墓，区市有乱葬坟墓约20万个（市内123084个，郊区5—6万个）。年内，根据抬埋、运输力量，迁移居民区附近及东站到北站铁路两侧的乱葬坟墓60000个。其中河北区12000个，河东区12000个，河西区10000个，红桥区6000个，南开区20000个。

第二节 培训卫生骨干，提倡讲究卫生

1963年根据中央指示，爱国卫生工作要切实做好对霍乱和其他传染病的防治工作，主要抓好四项工作：一是有计划培训一批群众卫生骨干；成为开展群众卫生运动的基本力量；二是深入开展卫生宣传，造成一定声势，并逐步培养群众讲卫生、爱清洁的习惯；三是结合农村积肥支援农业，突出运除积存的垃圾粪便，改善环境卫生；四是消灭蝇蛹，过冬蚊蝇和第一代蚊蝇。

培训工作的主要对象是：1.街道群众卫生组织的主要成员、居委会红十字卫生站站长，委员、小组长及骨干卫生员；2.集体食堂炒管人员，饮食行业从业人员、冷食、糕点制售人员，肉食、水产经管人员及饮水消毒员；3.粪便垃圾清除运输、清扫工人、群众保洁队骨干分子，消毒队员及郊区清洁积肥员。

训练内容主要是开展卫生运动的意义，开展卫生运动的做法：几种主要传染病的预防知识，并针对不同对象提出不同的任务要求，各种人员还要分别学习与本身业务有关的卫生管理办法。另外还组织医务人员学习肠道传染病防治工作手册和《天津市传染病管理办法实施细则》。

在宣传中主要是：一是着重教育群众讲究卫生，拆洗被褥、棉衣、勤洒扫，勤换洗，爱护公共卫生，自觉维护环境卫生及公共场所的整洁。二是结合农村积肥、支援农业，突击清除入冬以来积存的垃圾、粪便、污物，改善环境卫生。三是各郊区要整顿积肥队伍，提倡经常积肥，泥土堆肥，提高肥效。四是消灭蝇蛹及过冬蚊蝇。在惊蛰前后，各区要组织力量将蛹地调查清楚，然后有计划地适当地组织群众开展灭蛹活动，专业消毒队要做好技术指导工作。在发动群众大扫除的同时，要教育群众认真消灭过冬蚊蝇和第一代蚊蝇。

1970年天津市革委会文教组的津革文〔1970〕23号发文《关于当前开展春季爱国卫生运动的安排意见》，要求要大搞卫生，消灭越冬蚊蝇和第一代蚊蝇。要翻盆倒罐，清理厂院、车间、仓库、消除街道、里巷垃圾、污物，防空废土，消灭卫生“死角”。冲洗门面，刷洗语录牌，拆

除违章建筑物，拆迁积肥点和附属建筑物，并填垫积水坑洼，疏通沟渠，处理好雨水口、污水井和水表井。农村要结合春耕生产，加强粪便管理，实行高温封肥，因地制宜地搞好饮水消毒。加强街道、里巷的清扫保洁和厕所消毒工作，进一步搞好环境卫生，消灭过冬蚊蝇，处理蚊蝇滋生地，歼灭第一代蚊蝇，预防各种传染病。

搞好饮副食行业、集体食堂卫生。坚持卫生制度，做到“一坚持”（坚持卫生工作突击与经常相结合），“二分开”（生熟分开、货款分开）、“三消毒”（食具、酒具、凉拌菜）、“四把关”（不买、不卖、不做、不吃腐烂变质的食品）、“五样好”（食品质量好、服务态度好、环境卫生好、个人卫生好、执行卫生制度好）。

搞好预防传染疾病。主要是预防猩红热、麻疹、流脑、呼吸道传染病和肠道传染病等。各级医疗部门要广泛开展宣传工作，做到早预防、早发现、早报告、早治疗、降低发病率。

通过这次活动全市进行了四次卫生突出活动，各机关、部队、学校、街道、工厂企业、郊区共出动250多万人次。据统计，清除垃圾、防空废土5万余吨；清整马路、胡同1880多条；消灭死角6300多处；积集大量肥料运往郊区，支援农业生产。同时，填垫了坑洼地1200多处，疏通沟渠1800多处，对2700多处水坑污水井、下水道等进行了全面消毒；处理鸡鸭4440多只，拆除鸡窝，盖了防空洞，清除一批政治垃圾，以及赌具、刺刀等，回收废旧钢铁980多吨，使天津市卫生面貌进一步改善。

为使环境治理工作保持延续性，对这次活动搞了一次初评活动，制订了初评条件和方法，通过评比要求继续大搞室内外环境卫生，彻底消灭卫生死角，清除蚊蝇滋生地和消灭臭虫的工作；狠抓饮食、副食、冷食行业和集体食堂的卫生以及工作人员的个人卫生，普遍实行食品验收，食具消毒，工具售货等制度；狠抓农村的粪便、饮水管理。普遍实行粪便灭害化处理，增加肥效，控制传染病后，要抓好车站、码头、商场、公园、影剧院等公共场所的卫生。

第三节　加强粪便、垃圾管理

1970年天津市革命委员会农业生产指挥组、文教组、供给服务组联合发文《关于加强对市区的粪便、垃圾、污泥的管理工作的通知》，通知对粪便的管理、垃圾土的管理、污泥的管理都做了具体的要求。

一、关于对粪便的管理

天津市内各工厂、企业、机关、学校、街道、居民区等单位的粪便，统一由天津市区革委会卫生组管理。天津市区革委会卫生组与对口郊区革委会农业部门共同协商，有计划地分配给郊区生产大队、生产队、国营农场掏挖，各单位一律不得私自挂钩处理。各单位与郊区生产队已经签订的掏挖粪便合同，需按上述规定进行审议。

天津市内各单位和居民，不准向掏挖粪肥的生产大队、生产队、国营农场索取代价（包括人力、物资、费用等），如遇供故索取代价者，生产大队、生产队、国营农场应坚决拒绝。严禁私人掏挖粪肥，对偷运粪肥，搞资本主义经营进行投机倒把的分子，要坚决打击，依法惩处。

从 4 月份开始，郊区粪车进入市区，必须持有市区革委会卫生组统一签发的证件，在路灯起闭的时间内，到指定的厕所、粪道掏挖，否则不准进入。持有以前天津市市内有关部门签发的掏挖证明者，要在 3 月底以前到有关市区革委会卫生组登记，经市区革委会卫生组与对口郊区革委会农业部门共同审定，换发给证件，否则一律无效。

郊区粪车进入市区，要做到整洁、严密、不洒、不漏，牲口需带粪兜；每次掏挖粪便以后，必须打扫干净，保持厕所卫生。市区不准建立积肥点，现有积肥点及附属违章建筑物，要在 3 月底以前拆除。市区清洁队负责淘挖的粪便，要做到日产日清，并加强对公共厕所的消毒。

二、关于垃圾土的管理

凡天津市市区的垃圾土，均由各区的清洁队负责收集，作为农业用肥，运送到与对口郊区农业部门商定的垃圾场，再由郊区农业部门分配给生产大队。没有对口供应关系的社队和单位，不要跨区或到非指定的垃圾场取运。郊区生产大队、生产队、国营农场等单位的车辆，一律不准到市区内取运垃圾土。在市区内私设的垃圾转运点，一律取消。

为维护市区环境卫生和交通顺畅，天津市内各单位和居民要听铃倒土，或按指定地点堆放垃圾；市区清洁队要做到及时运除，保持场地整洁。

设在郊区垃圾场，由有关郊区农业部门负责组织管理，及时清除，保持整洁。市区清洁队可无代价地拨给部分消毒药品，供垃圾场地消毒使用。

三、关于对污泥的管理

市内地下管道沟渠的污泥，由有关区、局市政部门负责掏挖运出，送到所在区与对口郊区农业部门商定的地点，并由郊区农业部门分配给缺乏肥料的生产大队、生产队使用。

1971 年，天津市爱卫办针对在市区售卖、饲养鸡鸭的问题，发出《关于严禁在市区出售、饲养家禽、家畜的通知》，要求认真贯彻天津市革发会 1969 年 9 月 9 日发出的《关于进一步整顿市容，改善环境卫生的通知》，做好市内严禁饲养家禽家畜的宣传工作，自觉搞好环境卫生，预防传染病的发生；加强市场管理，严禁鸡鸭等家禽、家畜的贩运者入市；对由外地托运到津的家禽幼雏，需持有效的革委会和农业部门证明，直接运往郊区，一律不得向市内发运。并要求各街道、各民警中队予以协助，加强监督，共同搞好市区环境卫生和市场管理。同时，为了维护城市的环境卫生，加强城市粪肥的统一管理，天津市爱卫会重申了严禁天津市粪肥外流的问题，要求认真贯彻市委关于“三整顿”（整顿交通秩序、整顿市容、整顿环境卫生）的指示精神，严禁粪肥外流。

在1972年的爱国卫生运动中，从宣传入手，利用各种宣传工具和宣传形式，调动群众除害灭病积极性。红桥区桥南街、西沽街为了彻底消除西沽后坡的垃圾污物，发动群众突击半个月，解决长期以来乱泼乱倒、垃圾成堆的现象，并建立制度，使这一带地区环境卫生大变样，天津市共搞了六次大规模的卫生突击活动，清除垃圾、工程废土68000多吨，修建厕所90多座，消除粪便、猪圈140多个，修筑胡同、里巷路面2000多平方米，对47300多处污水口，540000多平方米的污水坑和170多处下水道，2800多座公厕进行了药物消毒，疏通修理了下水道15900多平方米。对1万多处地下室、通道、防空洞、菜窖、花室和280000多间居住房屋进行烟熏灭蚊，控制了滋生地。

1972年底，天津市爱卫办针对马车入市，影响市容环境的问题进调研，并给天津市革委会写出《关于加强马粪兜管理的报告》，并根据报告内容提出《关于兽力车违章问题的处理规定》。

1. 车辆必须装置有效的车闸和轮卡。随车携带入市兽力车通行证。未经驯服的牲畜，不准入市。

2. 凡通行在市内各街道及津塘公路（至三号桥）、张贵庄公路（至南大桥）、程林庄公路（至万新庄）、津芦公路（至赵沽里）、京津公路（至引河桥）、西青道（至杨柳青）、津盐公路（至李七庄）、复康路（至王顶堤）、津坝公路（至刘家房子）的兽力车牲畜（包括辕套、长套、帮套），不论日夜，必须一律挂带合格粪兜，每车携带笤帚、簸箕。在市内停车工作或喂养牲畜，造成对街道的污染，必须负责扫净。

3. 积肥粪车（包括掏化粪井的）进出市区以路灯起闭为准，并经常洗刷，保持干净，不洒不漏。

驾驶兽力车有下列违章行为之一的，除给予批评教育外，并在通告证上予以记录。

1. 粪兜不合格的；

2. 积肥粪中因故不按规定时间出入市区或粪车不洁、洒漏的；

3. 夜间私自在兽力车禁行路线行驶的；

4. 在市内停车污染街道，不清扫干净的。

驾驶兽力车有下列违章行为之一的情节严重的，由值勤人员扣留兽力车通行证或车辆。

1. 兽力车牲畜没有粪兜，私自通行或有粪兜故意不带的；

2. 积肥粪车故意不按规定时间入市区的；

3. 不携带兽力车通行证，私自入市行驶的；

4. 虽属第二项违章行为，但拒绝批评教育或经三次教育无效的。扣留兽力车通行证或车辆后，由违章所在区通知违章兽力车的领导单位，转知其兽力车单位负责人，持违章人员的局面检讨材料和单位处理意见领回。扣留车辆期间，由兽力车单位交付看管费每日夜五角。

驾驶兽力车有下列违章行为之一的，根据情节轻重，处以一至十元之罚款。

1. 故意把粪兜的马粪踢出扬洒街道和把粪兜口缝死及将粪兜割破的；

2. 不停车服从检查，竞驾车快行，企图闯走的；

3. 有第三次违章行为，蛮为讲理，无理取闹，不服从处理或轻给予扣留兽力车通行证、车辆处理教育后，仍不改正的。

罚款由兽力车违章所在区交通中队执行，统一上缴国库。凡属于兽力车单位不及时设置、修补粪兜、不修好粪车的，罚款由单位负责，其属于使用问题的，由驾驶兽力车本人负担。违章人不能立即交付的，由其单位负责垫付。

该规定自公布之日施行。兽力车单位对车工、社员必须经常进行教育，深入做好思想工作，自觉地维护市容和卫生。对违反规定的要认真贯彻教育为主，处罚为辅的方针。对蓄意破坏市容和卫生的阶级敌人要依法惩处。

1973 年天津市爱卫会制定《天津市环境卫生管理暂行规定》，作为搞好城市环境卫生、保持市容卫生整洁，预防疾病，保护人民群众身体健康，搞好城市建设管理的一项重要措施，要求要做好宣传工作，人人自觉地摒弃不卫生的习惯，使“以卫生为光荣，以不卫生为耻辱”的社会主义新风尚逐渐形成。

为加强城市环境卫生管理，预防疾病，保持市容整洁，以利于“抓革命，促生产，促工作，促战备”，制定《天津市环境卫生管理暂行规定》。

1. 加强卫生宣传，教育群众，养成“以卫生为光荣，以不卫生为耻辱”的社会主义新风尚，自觉遵守公共卫生制度，维护好环境卫生，不随地吐痰，不随地大小便，不乱扔瓜果皮屑，不损坏公共卫生设备。各单位和居民院落，都要建立卫生制度，搞好室内和环境卫生，经常保持整洁。

2. 坚持街道清扫制度。主要要街道和车站、码头等公共公共场所要夜间清扫，白天保持干净整洁。冬季要搞好扫运积雪，按地区负责，发动群众，划片包干，及时清扫，保证道路通畅。

3. 加强对城市垃圾、粪便的统一管理。市区垃圾、粪便的清除和公厕管理等，由各区卫生部门负责，任何单位和个人不得私自在市内掏挖粪便和拉运垃圾。搭建公共厕所须经所在区规划管理部门和卫生部门批准。市区严禁偷挖粪肥和私人拾粪。对偷挖和外运粪肥进行投机倒把的要坚决打击。公共厕所要及时清除、冲刷、消毒，做到无味、无蝇蛆。垃圾车运行时必须加盖苫布。垃圾车、粪车要定期刷洗、消毒，车箱要严密，不漏撒粪便。郊区生产队入市掏挖粪便和化粪井，一律持掏挖证，在路灯启闭时间出入市区。

各区、街、镇革委会广泛发动群众，建立必要的街道卫生保洁制度。马路边道和单位门前，实行地段负责，分片包干，每日清扫维护，做到终日保持干净整洁。无专业队清扫的街道、胡同、里巷，由各街群众清扫队清扫保洁，或发动群众分段负责清扫。出售蔬菜、瓜果等商店要指定专人负责及时清除废弃物，冰棍要脱纸出售，保持环境卫生整洁。车站、码头、公园、停车场、商场、菜市场、影剧院等公共场所应设清洁人员，建立清扫保洁制度，保持环境经常整洁。

繁华街道和商业区要设立果皮箱，由专业清洁队负责管理。不准在街道、里巷、沿河两岸、铁路两侧乱倒垃圾。禁止在雨水井倒污水、粪便。消除下水道的污泥，要随掏随运，不准在街道摆设污泥箱。工程废土要及时清运，做到工完场净，保持街道干净整洁。

4. 兽力车进市区必须按照指定路线行驶，并挂带合格的粪兜和携带清扫用具，不准沿途遗撒粪便。停车装卸货物时，做到车走地净。运输散装和流体货物的车辆。容器要严密，做到沿途不漏撒。运输的物资，凡影响卫生的必须加盖苫布或网罩。

5. 市内、郊区公路和铁路两侧，不准设立积肥点。经卫生部门批准设立的积肥场和垃圾场，各区要加强管理，建立健全卫生消毒制度，认真搞好场地环境卫生。各郊区要加强人、畜粪便管理，实行泥封堆肥或高温封肥。市内和郊区马车店及有牲畜单位，必须加强牲畜棚圈的管理，要每日清除牲畜粪便，定时消毒，做到无蝇无味。

6. 市内禁止饲养家禽家畜。

7. 排放有毒废气、废水、废渣，污染空气、水源影响环境卫生和人民健康的工厂，要积极设法采取有效措施，搞好“三废”的综合利用，变害为利。今后在城市新建、扩建、改建工厂，必须在设计中安排好解决“三废”的危害问题，并经有关部门审查同意，方得兴建。

8. 各级革委会要经常宣传毛泽东关于“动员起来，讲究卫生，减少疾病，提高健康水平”和“自己起来同自己的文盲、迷信和不卫生的习惯作斗争”的指示，加强对城市环境卫生工作的领导。各级爱国卫生运动委员会要加强对卫生工作的指导和督促检查，卫生、公安等有关部门积极配合，广大群众互相监督，共同把城市环境卫生搞好。对违犯规定、不服管理、态度蛮横的要分别情况给予处理。

为改变天津市环境卫生落后状况，1975 年 8 月由天津市委王淑珍书记亲自主持召开了全市各区、局有关部门负责人会议，分析了天津天津市环境卫生状况，提出大干 40 天，改变天津市环境卫生状况，以实际行动迎接建国 26 周年。天津市爱卫办对环境卫生状况做了一次调研，并报告指出：20 天天津市先后进行了四次卫生突击活动，清整了街道，清除垃圾，工程废土，初步整顿了堆物堆料，专业队伍群众运动相结合，加强了街道清扫保洁和垃圾收运，使一些多年未动的死角改变了面貌，许多街道、胡同的清扫质量有了提高，出现了一批“三无”（无堆垃圾、无苍蝇、无鸡鸭）街道和居民区。

据统计，共有 35 万人次参加卫生突击活动，清理垃圾、工程废土 7300 多万吨，清理死角 550 多处，还多次对蚊蝇滋生地消毒，另外还针对有些问题落实得不好，如天津市积肥点 71 处，应迁走的 35 处，只迁走 3 处；工程废土随清理，随堆积；商业部门的门市污染仍然严重，清洁队工作效率不高提出：要组织一次全市性的卫生检查验收活动。对街道、食品加工、销售行业和集体食堂、市政、房管、公用、电业、交通运输部门；清洁队、工业部门、效县提出了不同的验收标准。要求要教育、宣传群众，“自己起来，同自己的文盲、迷信和不卫生习惯做斗争”，要自觉行动，除四害，讲卫生，灭疾病，改变不卫生状况。

第四节 做好震后防疫，预防春季传染病流行

一、布置震后防疫检查

1976年唐山大地震涉及天津，由于地震影响，很大一部分群众住在临建里，许多街道受到房土、垃圾、污水以及粪便污染。为了干干净净过春节，预防春季传染病流行，保证人民群众身体健康，以天津市革命委员会的名义下发《关于开展春季卫生突击活动的通知》，要求春节前，从2月10日至15日开展全市性大搞环境卫生突击周活动。一是各区、县、局一把手亲自抓，2月11日天津市各级机关干部上街参加清扫环境卫生劳动一天，各级主要负责同志都要参加劳动，并督促检查。二是要发动和组织工厂、机关、部队、商店、学校和街道，按地段分片包干，做到街道里巷以及污水口、收水井的倒房土、垃圾、污物、积冰清除干净。对于重点地区，组织专业队伍和群众相结合，集中力量、时间和车辆，于15日前清除干净。三是在卫生突击活动中，各区、街认真检查落实情况，发现问题，及时解决。2月15日前后，组织全市大检查，天津市革委负责同志参加。四是在这次卫生突击活动的基础上，各区、街建立健全必要的卫生制度，加强管理，巩固成果，经常保持环境卫生整洁。五是各新闻宣传单位和有关部门，积极配合这次卫生突击活动，大搞宣传，大造声势，动员群众人人动手，搞好环境卫生，除害防病，夺取革命和生产的新胜利。

根据天津市革委会要求，天津市爱卫办制订了落实《春季爱国卫生运动突击周实施方案》有关卫生工作的要求。一是建立健全群众卫生组织和卫生制度。二是加强卫生管理和排险房土的管理，做到随产随清随运，彻底解决垃圾乱倒现象。三是建设和维修必要的卫生设施，临建公厕，维修和添置公共垃圾箱，由保洁队负责看管，及时维修。四是彻底清除蚊蝇滋生地，消灭蛹地，消灭过冬蚊蝇。要随房土的清除，把各处积存乱倒的垃圾彻底清除干净。对临建集中地区的雨水口、污水污进行灭菌消毒。五是充分发挥清洁队的作用，清洁队要认真做好本职工作，恢复马路清扫保洁，垃圾、粪便日产日清，垃圾、粪便一律实行高温积肥。六是做好下街卫生管理员工作，经常向居民、单位进行环境卫生维护宣传工作，对工厂、企业、机关、学校门前清扫保洁制度的执行情况进行监督、检查。

二、防疫检查宣传

1979年中央爱卫会、教育部、文化部、卫生部、中央广播事业局、全国总工会、共青团中央、全国妇联八部委联合发出《关于进一步加强爱国卫生运动宣传工作的通知》，要求把以除害灭病为中心的爱国卫生运动深入持久开展下去，进一步普及科学卫生知识，提高全民族的科学文

化水平。把被“四人帮”干扰破坏停顿了的爱国卫生运动逐步开展起来。天津市爱卫会等八部门根据中央通知，制定了《关于进一步加强爱国卫生运动宣传工作的通知》，宣传的重点如下。

1. 要大力宣传党中央、国务院对爱国卫生运动的一系列重要指示；

2. 宣传新形势下爱国卫生运动的新课题、新内容、新任务、新做法、新经验（包括“三废”、噪音对人体和环境的危害及防治办法等）；

3. 宣传爱国卫生运动对保证党的工作着重点的转移，贯彻国民经济“八字”方针和实现四个现代化，提高全民族科学文化水平的密切关系和移风易俗，树立共产主义道德风尚的重大深远意义，宣传卫生法制，提倡有法必依，有章必循，违法必究；

4. 宣传除害灭病，讲究卫生的具体要求和方法；

5. 宣传普及医药卫生科学知识和体育锻炼；

6. 宣传计划生育的重要性等。

另外根据天津市当前开展夏秋季爱国卫生运动情况，要结合宣传好：（1）大力消灭蚊蝇；（2）预防夏秋季传染病；（3）天津市革委《关于城市卫生管理的试行规定》和《食品卫生十项要求》；（4）搞好“两管五改”。

宣传的方法是利用报纸、电台、电视台在有关节目中加强卫生宣传，电影院要播放三至五分钟的卫生幻灯片，专业文艺团体和业余艺术团要积极编排演出专场；团市委、教育部门要在暑期组织学生进行卫生宣传；各个对外窗口要设立卫生宣传橱窗；医疗部门要编写卫生宣传材料，职业病院要编写有关“三废”宣传材料，医学情报站要翻译编发有关防治传染病的材料；工会、妇联组织要通过各级组织推动卫生宣传工作。

到 1979 年底，经过一年多的努力，爱国卫生工作开展的较为广泛，卫生状况有了较明显的改善，唐山大地震给天津市造成的脏乱现象有了明显改观，据不完全统计，大部分传染病的发病率都有所下降，疾病比去年同期下降 27.3%，伤寒下降 67.2%，肝类下降 35.9%。

三、实施防疫

1979 年天津市革委会以津革发〔1979〕22 号文批转了天津爱卫会《天津市 1979 年至 1984 年卫生工作〈纲要〉的规划》。要求按照国务院国发〔1978〕280 号文指出的“所有城市特别是大、中城市，都要在明年内，彻底改变脏、乱、臭的状况，成为整洁卫生的城市。”中央直辖市、各省省会和开放城市，至 1980 年，基本做到“四无”（无苍蝇、蚊子、臭虫、老鼠）、“五洁”（大街小巷、公共场所、室内室外、厕所、厨房清洁），在消灭疾病方面，基本达到纲要提出的要求。天津市在达到上述要求，任务艰巨，工作量大，各区县、单位要认真学习烟台经验，采取有效措施，扎扎实实把爱国卫生运动开展起来。

1. 街道战线：主要干线和重点地区，在 1979 年内做到“四洁”（马路、边道、道牙、树坑整洁）、“三无”（无垃圾、马粪、污物）、“三整齐”（临街墙壁、临街楼房阳台、临街设施无聊整齐）。一般街道，1979 年内要有 50% 以上做到“四洁”“三无”“三整齐”的要求，1980 年全部做到。胡同里巷、楼群地区、1979 年要有 50% 以上做到“三无”（无垃圾废土、粪杂物堆物）、“两通”（污水地、下水道通）、“一净”（处处干净）1980 年要力争全部做到。

2. 工厂战线：全市各个工厂、企业都要做到文明生产，清洁卫生。1979 年要由 50% 以上的企业单位实现“四洁”（厂内外环境、车间设备、公共生活场所、个人卫生整洁）、“二防”（防治环境污染、职业病）、“一消灭”（消灭食物中毒），1980 年力争全部实现。

3. 基建战线：各施工单位都要做到文明施工，物料堆放整齐，废土废料随时清理，施工场地整洁，工完场净。加强下水道的维修和疏通工作，1982 年以前分批完成居民区下水道的铺设工程。

4. 财贸战线：1979 年要有 70% 以上单位基本实现“四洁”（院落市内、店前便道、厨房厕所、仓库整洁）、“四消毒”（食具、面巾、浴巾、发具消毒），认真执行国家的《食品卫生管理试行条例》和食品加工、销售、饮食业卫生“五四制”要求，1980 年力争全部实现。

5. 各区县、各部门、各单位，都要在 1979 年基本消灭臭虫，1980 年基本实现无蚊、无蝇、无老鼠。

6. 市区到 1980 年基本消灭副霍乱、新生儿破伤风、脊髓灰质炎，发病率控制在 0.1/10 万人口以下，伤寒病发病率平均下降到 2/10 万人口以下,（塘、汉沽区平均下降到 3/10 人口以下），大幅度降低肺结核发病率，大力控制麻疹、痢疾流行，降低肝炎、流脑、乙脑、病毒性小儿肺炎、食物中毒的发病率，减少死亡率。

在农村，抓好以“两管五改”（管水、管粪，改水、改圈、改厕、改灶、改环境）为重点的爱国卫生运动。天津市各郊区、县要在 1984 年实现卫生上纲要。具体要求是：

1. “两管五改”卫生基本建设，天津市要在 1982 年前基本完成。蓟县、西郊区要在 1980 年基本完成。东郊区、北郊区、南郊区、塘沽区、静海县、武清县、宝坻县，要在 1981 年基本完成。汉沽区、宁河县要在 1982 年基本完成。各郊区、县都要积极试办沼气，逐步推广，变害为利。

2. 各郊区、县要在搞好卫生基本建设的基础上努力消灭“四害”（蚊、蝇、臭虫，老鼠）。蓟县、西郊区要在 1981 年基本实现。东郊区、北郊区、南郊区、塘沽区、汉沽区、静海县、武清县、宝坻县、宁河县，要在 1983 年基本实现。

3. 各郊区、县到 1980 年要基本消灭副霍乱、新生儿破伤风、脊髓灰质炎，发病率要在控制在 0.2/10 万人口以下，伤寒发病率下降到 6/10 万人口以下。大幅度降低肺结核、麻疹、痢疾、肺炎、乙脑、流脑、流感、病毒性小儿肺炎、食物中毒的发病率，减少死亡率。积极防治布氏杆菌病、钩端螺旋体病、肝吸虫病、出血热病、麻风病等。

基本措施是：

1. 切实加强领导，健全管理组织。各区县、各部门、各单位，要把卫生工作真正列入议事日程，天津市经委、天津市建委、天津市财委、天津市文教组、天津市国防工办，以及驻津部队，都应按照规划的要求，制订本系统的卫生工作上纲要的规划，并组织实施。

天津市计委要根据本规划要求，对区、县、局提出的实现卫生工作上纲要所需物资，列入计划。

2. 各工厂、企业、机关、学校、街道、胡同、居民院落，都要划定卫生责任区，把任务分别落实到各基层单位、居民片、居民户，落实到人。

3. 加强卫生队伍建设。在城市，首先要抓好专业清洁队伍。1979 年要把清洁大队的领导班子整顿好，建立健全各项规章制度，实行定额管理，建立岗位责任制和奖惩办法，到 1980 年力争基本实现扫道机械化。对街道保洁队统一领导，统一管理，建立岗位责任制和奖惩制度。各区、县要充实防疫站力量，加强技术指导。各街卫生院必须把本街管界内的卫生工作上纲要列为主要任务之一。每个居民委员会，要有群防员负责除害灭病工作。各工厂、企业的保洁站，要做好本单位的除害灭病工作。市区街道必须分片建立蚊蝇滋生地卡片管理制度，实行“三定一包”，即定人、定点、定时进行消毒处理，包干完成除害任务。在农村，要抓好“赤脚医生”队伍建设，根据队的大小配备“赤脚医生”，各大队不能少于二至三人。要吸收赤脚医生参加社、队爱卫会，使他们在搞好“两管五改”和除害灭病工作中发挥作用。

4. 严格执行卫生管理规定。要认真贯彻执行《天津市城市环境卫生管理试行规定》及国家颁发的各项卫生标准、制度、办法。市、区、街分级管理，分别由市、区、街爱卫会负责，公安、环境卫生、市政管理部门，要密切配合，共同抓好规定的落实。

5. 狠抓天津市区卫生基本建设。卫生基本建设是搞好城市卫生必要的物质基础。1979 年计划在市区新建公共厕所 100 座，1980 年在建公厕 150 座，由各区城建部门负责组织施工。建厕地址先由各区提出规划意见，由天津市规划局牵头与天津市环境卫生局、天津市市政工程局具体商定落实。建厕所需材料，分别由天津市计委、天津市建委拨给。

市区胡同、里巷道路、污水池、下水道的修建，采用民办公助的办法，由市计委、建委拨给材料，区、街发动群众义务劳动，市政部门，逐步修建起来。

6. 加强卫生宣传教育。采取各种有效形式，广泛深入地宣传除四害、讲卫生的重大意义，宣传卫生工作上纲要的奋斗目标，宣传卫生知识，宣传各项管理办法和制度，做到家喻户晓，人人皆知。各区、街要做好各单位的卫生群防员、除害员、各居民委员会卫生主任、各单位卫生工作人员的除害灭病的培训。抓好中、小学的卫生教育课。各级工会、妇联、共青团以及各行各业、各个单位，都要把除害灭病工作及有关卫生管理办法、规定、制度，列为对职工群众进行宣传教育的内容之一。各清洁队要大力开展“三员”（清洁员、宣传员、监督员）活动，做到边清扫，边宣传，边监督。农村要利用由线广播，经常进行卫生工作上《纲要》的宣传，及时表扬、报道先进典型。各区、县、局、街、公司、公社都要有组织、有计划地培养自己的典型，树立榜样。

7. 开展竞赛检查评比。在全国爱国卫生运动烟台会议上，北京、上海、天津三市已结成对口赛，各市区、郊县也要开展对口赛。从 1979 年春季开始，开展和平对河西，南开对红桥，河北对河东，南郊对北郊，东郊对西郊，塘沽对汉沽，蓟县对宝坻，宁河、武清、静海对口卫生竞赛活动。各委、办局也要组织所属单位开展卫生竞赛活动。各级爱卫会负责组织检查评比，区、县、局之间，每季度进行一次检查评比；市区各街、居民委员会及其管界内的各单位之间，每月进行一次检查评比。年终总评中，凡是没有完成卫生工作上纲要任务的单位和地区，不能评定为大庆式、大寨式和“双学”的先行单位。

1979 年为了彻底改变天津市的脏乱情况，尽快把天津市建成清洁卫生化城市，集中力量整顿市容卫生，组织了多次卫生突击活动，据不完全统计，1219 多万人次参加突击活动，出动各种车辆 116600 多辆，清理垃圾、废土 180 多万吨，清理不卫生死角 2950 多处，处理市内饲养的鸡鸭 337500 多只，清理马路堆物 590 多处，清理马路摆摊设点 2500 多处，拆除临建 17 万多间，对蚊蝇滋生处所普遍进行了消毒，还组织了 84000 多名小学生挖蛹、扑蝇，通过整顿，天津市容卫生状况有所改善，主要干线基本没有临建，食品卫生进一步改善。

1980 年，针对 1976 年地震以来，天津市仍存在一些不卫生死角，成为蚊蝇滋生地等问题，市爱卫会要求：要有计划有重点地开展卫生清理活动。一是要以区街为单位，把各条马路和胡同里巷积存的垃圾、废房土一律清除干净，各街不准再有地震后遗留的卫生死角。二是机关、工厂、商店、学校等单位，也要进行内部卫生清底活动。把多年不用的库房，偏僻角落清理干净，拆除破房破墙，美化院落。三是居民院落也要进行卫生清理底，要把堆在院内的临时留下来的破竹笆、席、油毡、木棍、砖头等杂物清理干净。在这次活动中全市共发动 60 多万人次，清除垃圾、废土近 5 万吨，清理堆物 4 千多吨，清理不卫生死角 1300 多个，在清洁专业队伍的配合下，主要干线基本做到无堆存垃圾，干净、整洁。

1981 年，针对一些单位对坚持文明施工注意不够，施工现场管理不严，杂物成堆，尘土飞扬，污水四溢，严惩影响环境卫生的状况，天津市爱卫办与天津市环卫局联合发出通知，要求加强土木工程现场管理和文明施工。一是各施工作业单位都要将文明施工，防止污染环境列入企业管理的重要内容，企业各部门协同抓，分管主要领导同志亲自抓，制定措施具体抓。二是各级施工作业单位都要对职工进行“五讲”“四美”教育，搞好环境美成为人人自觉的行动。要制定、完善各项文明施工的具体规章制度，建立岗位责任制。三是各施工现场必须按有关部门批准的占地范围，凡工期在三个月以上，施工现场都具有栅子。四是施工现场的工具、灰、砂、石等材料要整齐存放，不准乱堆乱放所产废土，废料要随时清除。运输散体、流体、易扬物料时要捆扎盖好，车厢严密，装载适量，不得洒漏，要防止车轮带泥，污染马路。五是竣工后要及时清理现场，做到工完场净。六是各级环卫部门和施工主管单位要每季组织对文明施工进行一次检查，对坚持较好地要给予表扬、奖励，对严重违章造成污染的要根据各级人民政府的有关规定给予处罚。

1981 年 10 月，天津市爱卫办联合市容办、天津市公安局、天津市卫生局、天津市环卫局发出《关于限期处理家禽、家畜的通知》。

1. 从 12 月 1 日起至年底，各区爱卫会、区公安、区市容、区卫生、区环卫等部门密切配合，以街办事处为单位，组织力量，立即开展处理家禽、家畜（鸡、鸭、鹅、狗、鸽子、猪、羊、兔）的宣传工作，讲清饲养家禽、家畜的危害，宣传禁止饲养家禽、家畜的有关规定，做到家喻户晓。同时要摸清底数，动员群众自行处理。

2. 在处理工作中应做好细致的思想教育工作，防止简单粗暴。要依靠各级组织，各部门开展工作，达到处理的目的。

3. 在处理家禽、家畜中，对拒不服从管理的，可下达限期处理通知书，逾期仍不处理的，根据规定予以没收。对阻挠执行管理工作，无理取闹，谩骂和殴打管理人员的，由公安机关根据《治安管理处罚条例》给予严肃处理。

4. 春节前，各区要组织一次有关部门参加的检查活动，力争春节前消除家禽、家畜。

5. 这次处理家禽、家畜活动结束后，各区、街在总结经验的基础上，制定具体措施，以保证禁止饲养家禽、家畜工作经常化。

1983 年，为解决和缓解群众上厕所难的问题，推动建厕工作，在天津市环卫局及各区区政府的努力下，新建公厕 344 座，接近 14 年来天津市新建公厕总和的 1.5 倍，消灭了群众使用户厕灰桶 3600 多个，结束了天津市人民使用不卫生灰桶的问题。同时疏浚和改造了污染环境的卫津河，废墙子河，使影响市区环境的臭水河变成清水河。另外，还组织了多次群众性卫生突击活动，有 1150 多万人次参加，投入各种车辆 96000 多车次，共清除垃圾污物 177 万多吨，清除不卫生死角 24000 多处，维护和改善了全市环境卫生面貌。

1985 年天津市的爱国卫生运动，根据天津市委、天津市政府关于改善城乡人民生活的两个十件大事的要求，以预防肠道传染病为主，突击抓好治“脏”，市区抓好“三治、三灭、三化”（治理垃圾粪便，治理污水污染、治理食品卫生、灭蚊、灭蝇、灭鼠，净化、绿化、美化）；农村抓好“三管、三灭、一改”（管水、管粪、管食品；灭蚊、灭蝇、灭鼠；改造环境）。主要做了以下十件工作。

一是清除五大垃圾，在京、津、沪三市爱国卫生检查推动下，清除大量垃圾和不卫生死角，通过治“脏”活动，共清除垃圾 16 万多吨，清除脏乱死角 9400 多处，清除蚊蝇滋生地 29626 处，使大街小巷、农贸市场，城乡结合部卫生大改善。

二是把住病从口入，控制肠道传染病。天津市开展了食品卫生检查挂牌制，食品卫生好红牌，食品卫生合格粉牌，食品卫生不合格蓝牌。起到了促进后进单位改进食品卫生状况的作用。

三是天津市普遍建立一支以居委会主任、退休老干部、老工人、街道卫生骨干为主体的食品卫生监督队伍，监督检查饮食食品行业的卫生状况，同专业人员合作进行每月检查挂牌，起到很好作用。

四是会同有关单位分别对各大宾馆进行食品卫生检查，坚持检查挂牌评比，对卫生管理好的单位进行经验推广。

五是天津市普遍建立爱国卫生除害消毒管理站，组建一支稳定的消毒专业队伍，降低蚊蝇密度，预防肠道传染病的发生。

六是控制鼠害，建立灭鼠工作办事机构，推动灭鼠工作经常化开展。

七是进行爱国卫生除害调研，不断分析蚊蝇滋生地情况，加强管理、消毒，建立蚊蝇监测点五个，鼠密度监测点 21 个，定期进行监测分析。

八是从市级机关抓起，组织 25 个委办局进行互查评比，使机关卫生面貌逐步发生变化。

九是区与区之间进行区域检查，促进各区环境卫生工作的开展，许多郊县涌现一批“洁、文、美”的文明卫生村镇。

十是预防肠道传染病，制定卫生治本，综合治理方案，市区低洼地区的排水工程中新建泵站 10 个，改造旧泵站 10 个，疏通水沟 10 条，中山门污水管道铺设完成；旱厕改水厕 1354 座，市区农村粪肥点 28 处，已迁出 19 处。

1988 年，爱国卫生的重点以开展预防甲肝为重点，以清脏治乱和严格食品卫生管理为突破口，以创建市容卫生达标街为中心内容，专群结合，治管结合，标本兼治进行环境卫生综合治理。重点清除遗存的垃圾渣土，清理杂物，消灭脏乱死角，与平整土地，植树绿化和硬质铺装结合起来，保持大街小巷、楼群院落干净整齐。

广泛发动居民住户，家家打扫卫生，户户翻箱倒柜，清污除臭，做到窗明几净，生活杂物码放整齐，教育居民群众讲究个人卫生，勤晾晒被褥、勤洗衣服、勤洗澡、理发、剪指甲，养成讲卫生的良好习惯。学校学生要使用各自的专用餐具、水具、毛巾，并定期消毒，饭前便后洗手，不歇生水、不买不吃不洁食物，要严禁随地吐痰和乱扔弃物，努力提高全体居民的文明素质和公共道德水平。

1989 年经天津市政府批准，天津市爱卫会发出通知，恢复周末卫生劳动制度，要从各单位的实际情况出发，一是有针对性地搞好室内外卫生，注重实效，避免形式；二是各级领导机关，领导干部带头参加做出表率。通过活动有利于经常性开展谈心服务，密切干群关系，增强在群众中的凝聚力；三是各级爱卫会要做好组织协调，督促检查工作，认真搞好宣传教育工作，提高广大干部、群众的卫生意识；四是卫生月活动时间，每周六安排半天，各单位可根据本单位具体情况，自行安排。

第五节　集贸摊群市场卫生综合管理

一、组织机构

由市场的主办单位全面负责市场的卫生管理，要有专职卫生管理人员，健全卫生保洁制度，配备清扫保洁人员。

二、环境卫生

1. 市场保洁人员每日要做到两清两保，保持市场范围内整洁，无垃圾堆放，无积水。

2. 市场内要设置适用的垃圾容器和果皮箱，所产垃圾、废弃物应做到日产日清，不得积存。

3. 各个摊点从业者，要保持摊位、棚、屋内及周围（含摊位背面的环境）清洁卫生，不准乱扔、乱倒废弃物。

4. 市场内的道路、地面平整；有供水点，排水通畅，水产禽类、肉摊摊案要保证每日撤摊前，用清水将摊位冲洗干净，地面无积水。

5. 市场区域内要有公共厕所并负责清扫、保洁、消毒。如暂时未有公厕的一定要建标准临时厕。

三、食品卫生

1. 经营饮食和食品加工者，必须持有有效的卫生许可证和经营执照，定点亮证经营。

2. 食品生产从业人员，每年必须进行健康检查并取得健康合格证。必须穿戴洁净的工作衣、帽上岗，保持个人卫生。

3. 制售食品要生熟分开，货款分开，防止交叉污染。

4. 盛放食品的用具、容器和包装材料，要符合卫生标准，无包装的直接入口食品，应当有清洁外罩或覆盖物；出售时，必须使用专用工具取货，并附带清洁无毒的包装材料，防止食品污染。

5. 餐具、茶具用前要洗净、消毒。

6. 不得出售腐烂变质食品。

四、除害、消毒

1. 应配备专兼职除害员，负责灭鼠、灭蝇、灭蟑螂工作。

2. 要有除害管理制度，备有除害药物和器械。

3. 根据不同售货摊位采取相应的防蝇、防鼠、防蟑螂及灭蝇、灭鼠、灭蟑螂的措施，水产品、肉类和食品摊位要有粘蝇条灭蝇，蝇密度要降低到最低水平。并根据不同季节对三害有重点的杀灭措施，达到国家规定的“三灭”标准。

1995 年第三次全国城市卫生检查后，为进一步巩固迎检成果，提高城市卫生总体水平，根据天津市委、市政府要求，一是深入开展一次以“巩固迎检成果，干干净净迎国庆”活动；二是制止滑坡，搞好卫生清整活动，加强环境卫生清扫保洁，提高清扫保洁质量，加强对沿街垃圾桶管理，杜绝外溢，严格控制工地渣土运输洒漏，要拆除居民小区私搭乱盖，清理楼道杂物，清除垃圾和不卫生死角；三是加强摊群市场治理，严格控制里产外卖和内脏外溢现象；四是加强食品管理，对不具备条件的餐饮业，立即停业整顿，取缔马路餐桌；五是对道路乱摆乱卖，乱停乱放等“十乱”问题，加大执法力度，出现违章立即清理。六是要认真落实“门前三包”，引导广大市民提高卫生保洁意识，自觉保持环境卫生。

1996年5月22日，为进一步推动全市单位和居民区卫生工作的开展，制定并印发了《天津市单位和居民区卫生标准（试行）》，把此标准既作为工作标准，也作为检查评比的标准，标准包括：1. 机关卫生标准；2. 学校卫生标准；3. 企业卫生标准；4. 宾馆卫生标准；5. 医院卫生标准；6. 旅游景点卫生标准；7. 公共场所，窗口单位卫生标准；8. 居民区卫生标准。

同时要求，把执行好标准作为一项长期的任务坚持下去，使各项卫生工作达到制度化、规范化的要求。

第六节　预防“非典”，减少春季传染病发生

2003年4月24日，全国爱卫会召开“开展爱国卫生运动，推动卫生防病工作”电视电话会议。中共中央政治局委员、国务院副总理、全国爱卫会主任吴仪主要针对做好当前防治“非典”工作做了重要讲话。电话会议后，天津市爱卫办对防控工作进行部署。预防和控制非典的攻坚战在全市展开，为了进一步做好预防“非典”工作和减少春季传染病的发生，4月27日在全市18个区县开展了爱国卫生大清整活动。

各区政府非常重视此项活动，把开展春季爱国卫生运动，防治“非典”作为当前工作重中之重来抓。市内六区五大机关的领导参与了清整和除害消毒活动。各区爱卫办作了充分的准备，采取多种方式，深入各街对市民进行了广泛的宣传。并组织辖区内的机关、部队、学校、社会团体、企事业单位、商业、服务、娱乐、健身等各类公共场所，各类餐饮、食品制售和公交等单位的干部、职工对单位内部室内外环境进行了彻底的大扫除，同时，组织各街道保洁人员，并动员广大居民群众积极参与，对居民区的环境进行了清整，清除了花坛绿地、楼群通道的垃圾杂物，清理了楼道堆物和不卫生死角。各街除害消毒站还对居民区楼道、垃圾通道及院落进行了灭蝇、灭菌消毒。

据统计，天津市共有4243个单位和居民区的20余万人次参加了爱国卫生大清整活动，共清理不卫生死角13418处；清理垃圾杂土4766吨。同时，各区出动卫生除害消杀人员5886人次；已投入消杀药品17202公斤，消杀点位涉及10余万处。

随着疫情的发展变化，要求各区县将居民区的清整和消毒作为爱国卫生深入进行的一项重要内容，天津市共增加消毒人员近2000名，为防止“非典”的传播和蔓延，承担了对居民区和部分单位的灭菌消毒工作。和平区、河西区和河东区爱卫办在全面进行消毒的同时，重点对经营食品、餐饮的商店进行重点消杀。其中河东区除害消毒站对武警医院周边的6个居委会和14个单

位进行了逐门逐户的消毒。南开区共下发了利宝、洁利等除害消毒药物3.5吨，对全区12个街234个居委会提出明确的除害消毒要求。红桥区对全区1.8万余个楼门，每天安排进行逐层的除害消杀和消毒。河北区结合对居民区进行消毒，发放了16万份宣传材料，在全区开展了为期一周的“楼道革命”，57个区属委、办、局、公司承包任务，已经对辖区内的132个楼门进行了彻底清整。

2003年7月份，天津市爱卫办开展“预防非典卫生知识传播”活动，并向全国爱卫办上交执行报告。这次活动的主旨是要求有关区县利用活动契机，通过新闻媒介促进农民强化卫生意识，养成良好的卫生习惯，预防“非典”的再次流行，防止传染病的传播和蔓延。宣传的主要内容是：“开展个人卫生教育，普及卫生防病知识”“养成勤洗手，保持双手清洁的好习惯”“预防非典，不随地吐痰”。

2005、2006年，天津市爱卫办分别下发了在天津市开展爱国卫生运动的通知。通知要求：要充分发挥社会力量，广泛宣传爱国卫生和卫生防病知识，教育和引导广大市民养成良好的卫生习惯，提倡文明健康的生活方式，不断提高人民群众的卫生识和自我保健能力；要采取有力措施，组织动员各单位、街道、居委会和广大人民群众，认真搞好室内外卫生和个人卫生，集中力量清除卫生死角和“四害”滋生地，进一步加大对老旧居民区、小街巷、城中村和城乡结合部等地区的环境整治力度，消除脏、乱、差现象；要充分发挥环卫专业部门及街道保洁队的作用，按照标准清扫保洁道路，定时清运生活垃圾，切实做到日产日清，坚持每日对各类公厕、果皮箱和垃圾转运站等环卫设施进行清刷保洁，提高环境卫生质量；要加大行政执法力度，加强对施工工地的管理，减少车辆撒漏现象，强化农贸市场内外环境的管理，对各种占路摆卖、乱搭乱建、乱贴乱画、乱泼乱倒等现象进行治理。

以预防“非典”和“禽流感”工作为重点，加强对食品制售行业的卫生管理，保障广大市民的食品安全。同时要按照《公共场所卫生管理条例》的要求，加强监管，对“五小”行业进行全面检查，对存在卫生隐患的要清理整顿，进一步提高公共场所的卫生水平。要加大农村环境卫生治理力度，清理垃圾堆物，做到垃圾定点掩埋，柴草定点堆放，并逐步对污水坑塘进行治理改善广大农民群众的生活环境，要通过多种形式引导广大农民进一步提高防病意识和文明卫生意识，自觉摒弃陋习，建立健康的生活方式，为广大农民创造良好的生活环境。

2010年4月，国务院副总理、全国爱卫会主任李克强主持召开了全国爱卫会全体委员会，会议决定在全国开展城乡环境卫生整治行动。自活动开展以来，天津市将整治行动作为改善城乡环境卫生，提高群众生活质量的重要平台，围绕“行动”目标，结合创建工作，采取措施进行落实。

特别是2008年以来，以协办北京奥运会、举办达沃斯论坛、迎接新中国成立60周年为契机，连续4年开展了大规模市容环境整治工作。

各区县以解决城乡环境脏、乱、差为突破口，清理卫生死角，清除积存垃圾。据统计，全市城乡共有218个街镇、乡开展了城乡环境卫生整治行动，涉及至3904个居民区或行政村。中心城区99个农贸市场达到规范化管理，700余个居民区改造里巷道路426平方米，城市生活垃圾无害化处理率达到93.02%，生活污水处理率达90%，农村生活垃圾处理率达到58.08%，治理坑塘、柴堆脏乱点位10万余处，清除各类垃圾近180万吨，疏通沟渠85万延米，平整乡村道路2600余条4400余公里，天津市“卫生村”数量累计达到682个。从2010年开始，每年以开展“爱国卫生月”活动为中心，组织以“同在一方热土，共建美好家园”为主题的环境卫生清整活动，仅2012年各区县对400个脏乱点位和社区进行了清理，清理垃圾、渣土、堆物、堆料6000余吨，各部门也加大了环境卫生整治力度。

第四章　爱国卫生月

1989年，根据全国爱国卫生运动委员会关于开展“爱国卫生月”活动的通知精神，天津市政府决定于每年四月份在天津市开展“爱国卫生月”活动。经市政府领导同意，于3月16日召开了全市开展“爱国卫生月”活动动员大会，各区县主管区、县长，爱卫办主任，天津市市容委、天津市爱卫会委员，各委、局及有关直属单位分管同志参加了会议。

会议布置了开展“爱国卫生月”活动的安排意见。要求1989年的“爱国卫生月”活动以治理改善环境卫生为重要，认真抓好除害防病工作，动员全社会力量和广大群众共同努力，搞好卫生，预防疾病工作，要集中时间，集中力量为人民健康办好实事，主要任务如下：

第一节　彻底治理城乡环境卫生

一、环境卫生治理

要把外环线以内、三环十四射等主要干线、河坡、结合部地区入冬以来，积存的垃圾、杂土和污物彻底清理，干干净净迎“五一”。

全市大街小巷、楼群彻底清扫干净，做到无纸屑脏物、无乱堆乱放。

公共场所、繁华地区、车站、码头、机场、公园、旅游区等要全面清理，做到无痰迹、无纸屑脏物、无乱贴乱画，卫生设施齐备，厕所无味。

工厂、企业、机关、学校、商店，要进行大扫除，做到环境干净整洁，室内窗明几净，居

(村)民住户要做到楼道内、院落无乱堆乱放，阳台物品码放有序，不超高。

所有施工工地、民工工橱，要清理现场，清运工程杂土，建筑材料堆放有序，民工工棚要清理环境卫生，不用的工棚、临建厕所要拆除。

农村结合春耕生产，搞一次卫生大突击，把村内、户内一冬堆存的垃圾粪便及牲畜棚圈彻底清理，送肥下地。加强饮用水源的管理，清除污染源。

二、认真做好除害防病工作

要竭尽全力巩固无鼠害成果，结合大清理，清死鼠，堵鼠洞，放毒饵盒。重点单位要普遍进行一次鼠密度监测；一般单位要有选择地抽测 5%—10%；每个街抽测五个居委会，每个居委会抽测 20 户。鼠密度高的地方要进行投药。

各街除害消毒站把蚊蝇滋生地和特殊行业进一步调查清楚，建档管理，对重点部位采取药物和工具相结合的方法，消灭第一代蚊蝇。

三、改善食品卫生状况

1. 食品产、供、销部门按照食品安全法的要求，要洗刷门脸，打扫车间、店堂，清洗容器，不见油泥，工具售货、餐具消毒合格率要求达到 95% 以上。

2. 各企事业单位的食堂，按照“五四”制要求逐条逐项进行检查，凡不符合要求要期限改进，杜绝食物中毒事故发生，并严格落实有关消毒制度，防止传染疾病。

3. 结合天津市市场整顿工作，清理摊位，摊位上下要干净，货品摆放要整齐，不乱扔废弃物。无论是农贸市场或摊群，出售的食品一定要新鲜，不腐烂变质，出售直接入口食品的货亭、摊点，有照经营者一定要有防尘设备，容器干净，消除大把抓现象。坚决取缔无照经营食品的商贩和露天制售的摊点。生熟食品摊要严格分清不得杂设摊位。

四、要改善公共场所的卫生状况，严格执行“卫生标准”

4 月 10 日，天津市爱卫办发出通知，报送本系统开展“爱国卫生月”活动的情况：

1. 本系统开展了卫生劳动突击活动的次数、出勤人次，公司及以上机关干部带头参加卫生劳动情况。

2. 本系统基层单位卫生状况的变化情况，是否有清理不卫生死角，杂土、垃圾情况。

3. 灭蚊蝇工作情况，有机垃圾的苍蝇滋生地有无专人管理，能否做到日产日清，设置多少捕蝇笼，有无专人进行药物消除或承包接到药物消毒。

4. 天津市政府办〔1989〕133 号文件，有关巩固灭鼠成果的措施落实情况，基层单位有无专(兼)职人员坚持自测鼠密度，放置灭鼠毒饵盒有多少，有无人员管理，鼠密度回降情况。

5. 企业基建工地进行清整次数，有多少达到文明施工工地雇佣民工队的卫生有无专人管理。

6. 主动配合区、街卫生劳动次数、有机动车数量。

4 月 24 日天津市爱卫办又发出通知，对“爱国卫生月”的情况进行一次检查，检查的标准分为街镇标准和机关、学校、工厂，商店等单位标准。

街镇标准：

（1）街镇管界内的居民院落（楼内）、一般单位脏乱死角和垃圾杂土清理彻底。

（2）饮、副、糖、粮、奶等生产和销售单位（和个体户）环境干净、有机废弃物无积存。

（3）灭蝇措施落实好，除害消毒服务站组建好，滋生地建档管理好。鼠密度检测制度、灭鼠措施落实好。

（4）街镇管界内的外环境基本无垃圾、杂土，楼群垃圾桶到底净，无陈旧垃圾，公厕、户厕基本无蝇。

（5）农贸市场、摊群市场环境清洁，出售食品符合食品卫生法的要求。

机关、学校、工厂，商店等单位标准：

（1）环境卫生干净整洁，没有垃圾、杂土、纸屑等杂物，地面平整，物品码放整齐规范化。

（2）机关科室窗明桌净，办公用品整齐，地面无烟头，无痰迹。

（3）食堂内外干净，餐具用后要清洗消毒，防蝇设备完备，无食物中毒。

（4）灭蚊蝇措施落实得好，鼠密度要达标。

（5）车间生产设备无油腻，窗明地洁，职工休息室（更衣间）要干净整洁。

（6）食品生产和销售要符合食品卫生法的要求。

1990 年第二个“爱国卫生月”到来之前全国爱卫会召开全国城市卫生检查评比及“爱国卫生月”活动电话会议。根据电话会议通知精神，天津市爱卫办组织单位 70 人左右收听电话会议，天津市市主管领导部署“爱国卫生月”活动安排。根据全国爱卫会的通知要求，结合天津市的实际情况，第二个“爱国卫生月”的活动安排意见如下。

第二节　改善环境卫生

1. 要发动社会、群众，清除入冬以来各处堆积的垃圾杂土，铲除不卫生死角，清除蚊蝇滋生地。

2. 大搞室内外卫生。各单位、居民住宅要做到窗明几净，环境整洁；清整院内脏乱杂物，处理家禽家畜，治理污水跑冒。

3. 开展公共卫生活动。组织青少年学生、机关干部、单位职工和军警战士搞好街头卫生。积极参加天津市政府组织的清整污水河道劳动。

4. 搞好公共厕所卫生、垃圾收运消纳和车站、机场、码头及游览区、公共场所等窗口单位卫生。

一、抓紧除害消毒

1. 消灭越冬苍蝇，根除滋生。发动群众见蝇就打，组织青少年学生参加的“爱国卫生小卫士”活动，从灭蝇抓起，逐步铺开。各街、镇、除害消毒站，及早动手，抓紧灭蝇活动。易招蝇生蛆的重点单位，要以灭蝇为主，治理环境。环卫专业队伍，要重点抓好公厕、垃圾转运站的灭蝇消毒和垃圾粪便无害化处理，杜绝乱倒垃圾

2. 按照天津市爱卫会制定的灭鼠方案，开展灭鼠活动。凡发现鼠迹的单位和地区，都要开展一次灭鼠投药活动，控制鼠密度升高。

3. 认真贯彻执行天津市政第 18 号令《天津市犬类管理办法》，在杀灭违章养犬的基础上，办理准养、免疫手续，实现正常化的法制管理。

4. 有针对性地开展灭蟑螂活动。

5. 市、区、县要公布群众监督电话，认真处理群众来信来访。

二、搞好食品卫生

1. 各饮食、食品单位，要彻里彻外，搞一次卫生扫除，强化自身食品卫生管理。

2. 食品卫生监督部门，对区、县的饮食、食品行业，要普遍进行一次食品卫生检查。对个体摊、点、店检查要从严，堵塞引起食物中毒的一切漏洞。

3. 各区、县公安、工商、卫生、市容等联合执法队伍，对无照经营食品摊点，昼夜连续进行几次突击清理。严格检查学校附近小食品门市部的卫生，坚决取缔学校门前食品小贩。

4. 各街、镇，聘请一批离退休干部、职工，建立群众性的义务食品卫生监督员队伍，在食品卫生专业监督人员的带领下，开展监督检查活动。

5. 公布区、县食品卫生监管部门电话，建立群众举报制度。

第三节　开展健康教育

一、健康教育宣传

1. 以多发性的传染病为重点，进行防病知识宣传教育和食品卫生法、传染病防治法、《犬类管理办法》等法规宣传教育，宣传要有声势，内容要集中，重点要突出，深入浅出，便于群众掌握。

2. 健康教育方法，采取多方位，形象化。以展牌为主，流动展出，边讲边看，讲求效果，由天津市健康教育所开展展牌评比竞赛。有针对性地进行群众卫生知识答卷活动，排演一批宣传卫

生的文艺节目。组织推动各单位的黑板报、壁报卫生宣传。医院。卫生院要普遍开展候诊卫生宣传和防病咨询。

1991 年第三个爱国卫生月期间，就爱国卫生月这个主题召开了几次招待会，天津市副市长、爱卫会主任钱其璈在会上答记者问。1991 年“爱国卫生月”活动的宣传口号是：

1. 积极行动起来，巩固“十佳卫生城市”成果，创建国家卫生城市！
2. 搞好爱国卫生工作，服务于经济发展，为民造福！
3. 大力开展爱国卫生运动，保持天津市卫生领先水平！
4. 人人参加爱国卫生月活动，掀起爱国卫生运动新高潮！
5. 除四害，讲卫生，全民行动，减少疾病！
6. 人人动手，消灭苍蝇！
7. 大搞环境卫生，清除脏乱死角，彻底清除蚊蝇滋生地！
8. 哪有鼠，哪投药，消灭老鼠，为民造福！
9. 认真贯彻《天津市犬类管理办法》，搞好犬类管理，消灭狂犬病！
10. 认真执行《食品卫生法》，把住病从口入关！
11. 搞好食品卫生，讲究个人卫生，预防传染疾病！
12. 认真贯彻执行《传染病防治法》，控制传染病的发生和流行！
13. 爱护公共设施，美化净化环境！
14. 讲文明，讲卫生，不要随地吐痰！
15. 请您不要乱扔杂物，遵守公共道德！
16. 人人树立讲卫生、爱清洁的良好习惯，提高自我保健能力！
17. 为了您和他人的健康，请您戒烟！

二、爱国卫生月活动

1992 年的“爱国卫生月”特点：一是“爱国卫生月”活动与创建工作相结合，形成了全社会大卫生的好势头。各区县委局根据政府的部署，都把 1992 年的爱国卫生月作为落实天津市委市政府对创建工作要求的起点，与创建工作一同研究，一同安排，一同部署，一同落实。二是从除四害入手，清除不卫生死角，健康教育，搞硬件建设，都突出了一个实字。因地制宜，发挥优势不走形式。三是“爱国卫生月”的内容和形式有了新的扩展，突出治脏和除害的重点，同时把城市卫生检查的 10 项内容，150 分都作为活动内容，全面铺开，推动工作。

4 月份天津市控制管理苍蝇滋生地 24 万余处，组织灭蝇药 57 吨，100 个消毒站，597 名专业消毒员上岗，有效控制了蝇蛆滋生，从检测看蝇密度比 1991 年同期下降 41%。灭蟑药块投放 30 万块，出现了积极开展创建基本无蟑害街达标活动好势头。市内各区投放鼠药 58 吨，乡镇投药 15.2 吨，有效控制了鼠密度的回升，组织多层次的清脏治乱活动 1000 余次，共有 36 万人次次参加，消灭不卫生死角 9095 处，清除垃圾、污物、杂土共计 20 万吨。

门前三包工作有新进展，有效推行了门前三包代包代方法，执行这种方法的道路和单位不断增加，扫保质量有了新提高。组织力量对市内2183座公厕，187座垃圾转运站、892个垃圾集装箱和果皮箱，进行扫除，粉刷和油饰；改建增加了收费厕所，坚强管理。

在“爱国卫生月”期间天津市有8万人次参加卫生选出活动；电台、电视台宣传183次；发放宣传材料42万份；设广播站、咨询站314处；悬挂标语1272幅，受益群众227万多人次。

1993年的“爱国卫生月”的特点是以除害达标为突破口，清理不卫生死角。据市内六区统计，组织了7万多人的治脏队伍，共清理不卫生死角960多处，共出动车辆2900车次，清运杂土7000吨，投入外环境控制消毒药3.5吨，投放鼠药6.5吨，投放蟑螂药2.8万吨，除害防病的效果很好。另外，突击重点，广泛开展“门内达标”活动，广泛开展“门内达标”活动室。这次“爱国卫生月”的重点工作，各区、县、单位将创建国家卫生城市“门内达标”工作摆上位，列入重要议事日程，并提出具体要求，在此基础上，立足真抓实干，扎扎实实。在普遍发动的同时，重点抓了宾馆、饭店、医院、大专院校和食品加工厂等重点窗口单位的内部卫生，据自查结果重点单位已经达标和重点达标的占85%以上。为创建国家卫生城市，迎接43届世乒赛打下了良好基础。

1994年“爱国卫生月”紧紧围绕“创建国家卫生城市迎接第43届世乒赛”这个主题，重点抓好创建国家卫生城市各项工作达标的落实，大力开展了治理环境卫生、除害防病和城市净化、绿化、美化，提高城市整体卫生水平，委创建赶集网上城市和迎接第12届亚乒赛在天津市举办创造良好的环境。

首先，各区县、委、局都组织力量大搞室内外卫生，清理脏乱死角，清除淤泥垃圾，在狠抓了机关卫生和单位内部卫生达标工作的同时，大搞治理，清除环境工作，天津市共出动各种车辆10127辆次，治理脏乱死角8628处，清除垃圾92807吨；清整沟渠97811米；改造、改建厕所712座；清理违章建筑及违章棚亭1000余间，环境卫生有了明显的改善。

在“爱国卫生月”中对市内六区和滨海三区及重要窗口进行了灭鼠工作考核验收，均达到国家规定标准；灭蟑工作在1993年初已达标的基础上，抓好巩固和复验，并制定了《天津市1994年灭蟑工作实施意见》，总之，除四害工作做到了消毒人员到位，药品器械齐备，为全年的除害工作打下了良好基础。

1995年的“爱国卫生月”活动，以迎接世乒赛为契机，以改善卫生环境为重点，大造声势，搞好城市卫生宣传活动，以建文明城市，做文明市民为主题，向天津市人民广泛进行卫生宣传教育，充分利用会议、广播、板报、橱窗、标语等多种形式进行宣传。使之做到了家喻户晓，老幼皆知，形成一个人人爱护卫生，讲究卫生和搞好卫生的局面。1995年的“爱国卫生月”活动中，除做好日常的清脏治乱和除四害等重要工作外，主要特点是配合第43届世乒赛的召开，做好食品卫生，防治食物中毒，把住病从口入关的工作。严密抓好世乒赛各有关宾馆、饭店、驻地的食品卫生，确保不出现食品卫生纰漏。加强小餐馆、食品店的食品卫生监督，认真落实天津市卫生局提出的十项要求，并根据食品卫生法和《公共场所条例》对食品和饮水进行了严格执法，委防治春季肠道传染病的发生和流行打下了良好的基础。

爱国卫生月的宣传口号是：

1. 建文明城市，做文明市民。

2. 深入开展爱国卫生运动，为世乒赛创造良好的卫生环境。

3. 动员起来，讲究卫生，减少疾病，提高健康水平。

4. 迎世乒赛，开展爱国卫生运动，创建国家卫生城市。

5. 开展爱国卫生运动，提高全民族的卫生素质，促进两个文明建设。

6. 搞好除害防病，保障人民身体健康。

7. 不随地吐痰，不乱扔杂物，遵守公共道德。

8. 创建国家卫生城市，为天津改革开放服务。

9. 人人动手搞好卫生，干干净净迎世乒。

10. 白天绿起来，晚上亮起来，处处干净整齐，让天津更美丽。

1996 年的“爱国卫生月”围绕“世界卫生日”关于“创建卫生城市——为了美好生活”的主题，结合天津市人民关注的热点问题，根据天津市人大代表政协委员的提案和建议，重点对居民区楼道进行了清整。这是多年来存在的老大难问题。首先从双气楼房开始清整，规定凡是双气楼房楼道不准堆放煤、劈材和杂物，楼道内彻底清理干净；其余无双气的居民楼，则允许堆放煤及少量的物品；但是一定要码放整齐，周围要清扫干净，不能成为鼠、蝇滋生场所。第三平房区院内一定要干净整齐，经过清整后很多楼群面貌大改观，并出现了一批干净、整齐、美化的楼道典型。经统计，市区清整楼道 2 万于栋，占需清理的楼道总数约 16%，说明这项工作任重道远。

1997 年的“爱国卫生月”的清整活动，在天津市开展了以“人人参与，做一天光荣的城市清洁工”为主题的卫生清整任务。在天津市委宣传部的支持下，天津市两报两台播发了以天津市爱卫会名义发出的倡议书，并得到了天津市各界群众的积极响应。天津市有 20 余万人参加了外环境、居民区、单位内部的卫生清整活动，共清除脏乱死角 342 处；清理居民小区 23 各，楼道万余个；清整各类公共卫生设施（垃圾楼、公厕等）100 余座；清理绿地 640 余处，并清除了市区的乱贴乱画和广告，使城市的整体卫生面貌有了一定的改观。

1998 年的“爱国卫生月”活动重点是以把天津建成北方经济中心和现代化国际窗口大都市为契机，切实解决一些群众生活和身体健康密切相关的实际问题。一是针对广大群众普遍关注的鼠害问题，采取有效措施，4 月上旬为综合治理阶段，全市组织了集中灭鼠投药，并进行灭后的鼠密度监测。仍坚持用药、时间、方法三统一的原则。认真做好夏季除害防病的各项准备工作，做到人员、经费、药品、药械四落实。最大限度地消灭了第一代成蝇（蚊），降低了高水平期的蚊蝇基数。

强化了食品卫生工作，坚持了饮用水卫生监督，积极配合卫生行政部门贯彻执行食品卫生法和《公共场所管理条列》，加大检查执法力度，有效地预防、控制各类传染病的流行。

1999年进入4月份后，天津市爱卫办利用“爱国卫生月”宣传月活动，组织天津市十几万人上街参加宣传活动，副市长俞海潮参加了河东区的爱国卫生宣传日活动。天津市爱卫办调整宣传重点，在天津日报理论部的帮助下在《天津日报》跨世纪版用半个版面，采用图文并茂的形式宣传爱国卫生的历史和各项主要工作，全国知名专家、教授潘其顺在蓟县开办农村改厕培训讲座期间，天津市爱卫办在天津日报刊发了《盘山巧遇潘教授》的文章，采用生动活泼的方式，宣传了农村改厕培训工作的重要意义和改厕的知识方法。在宣传月期间，还利用大街小巷的报刊宣传栏宣传爱国卫生工作及除害防病的知识；在电台早间新闻直播间节目，现场解答群众关心的问题，了解有关卫生知识。天津市爱卫办印刷了5万册《爱国卫生管理办法》和《除四害管理办法》下发全市。

2000年天津市爱卫办确定4月8—15日为天津市爱国卫生宣传周，宣传的重点内容是：1.宣传《天津市爱国卫生工作管理办法》和《天津市除四害管理办法》；2.宣传开展群众性爱国卫生运动，积极参与天津市综合治理环境秩序；3.宣传创建国家卫生城区、卫生镇（县城）；4.宣传除害防病，搞好食品卫生，开展居民区卫生清整；5.宣传农村爱国卫生运动，搞好农村改厕工作。2000年的宣传活动形式多样，宣传面广。天津市爱卫办加强了利用宣传媒体的宣传，特别是加强了与报纸、电台、电视台的合作，各区县充分利用了区有线电视台和区报纸的宣传活动，使爱国卫生工作的主要内容和任务，如除害防病、食品卫生、单位卫生和居民区环境卫生等做到家喻户晓，人人皆知。

2001—2007年第13—19个“爱国卫生月”期间，主要任务是大力开展爱国卫生宣传活动，宣传的内容以《天津爱国工作管理办法》和《天津市除四害管理办法》；宣传动员群众开展爱国卫生运动，积极参与天津市性综合治理城市环境秩序活动；宣传开展创建国家卫生城市、国家卫生区、国家卫生镇活动；宣传爱国卫生知识和除害防病知识等，特别是2003、2004年广泛开展关于“非典”、禽流感的传播途径，典型症状和预防方法以及除害防病，农村公厕改造和卫生知识的名号方面内容的爱国卫生宣传工作活动，通过宣传提高广大群众的卫生知识水平和自我保护常识，自我保健能力。

同时配合春季爱国卫生运动在“爱国卫生月”期间，本着属地管理的原则，认真查找群众反映强烈最脏、最乱、最差的点位，进行集中治理，重点清理了背街小巷、居民区、集贸市场、城中村和城乡结合部的卫生死角，使市容环境有了明显的变化。

2008年第20个“爱国卫生月”根据天津市委、市政府提出的大干150天，以崭新的城市面貌迎接奥运会的总体部署，开展了以“清洁家园，健康奥运”为主题的爱国卫生月活动。加强病媒生物防制，认真做好迎奥运的病媒防制工作是“爱国卫生月”的重要工作。要求各区县要在落实灭鼠投药的基础上做好密度检测，清除鼠点，完善防鼠措施。发现鼠情及时投药。清除蚊蝇滋生地，每周对居民区和重点单位，重点部位进行2—3次消毒。最大限度消灭第一代蚊蝇。同时全面开展了迎奥运的病媒生物防制。进行专业培训，明确部门责任，落实专项资金，完善杀虫药械，要求对有接待任务的运动场馆，旅游购物、娱乐场所，宾馆饭店等单位努力做好密度检测和药物消杀等工作。

在“爱国卫生清整日”活动中，组织各部门单位、街道、社区广大市民对周边脏乱死角进行彻底清理，组织中小学生捡拾绿地中的垃圾杂物以及塑料袋，软包装等白色垃圾污染，组织各商业部门门脸、农副产品市场，建筑工地等各行各业，按照责任制的划分，做好门前和周边的卫生清理工作。同时还进行了单位内部卫生整治。

附：

记者问：钱市长您好“爱国卫生月”已经搞了两年了，我们请您就今年的爱国卫生月活动有什么特点，向天津听众讲几句话。

钱其璈：前两年，天津市的爱国卫生月活动，主要是围绕天津市政府1986年提出的用五年时间把天津建成全国最漂亮城市之一的目标，从治脏治乱入手，开展了卓有成效的健康教育，1996年在全国组织的455个城市卫生检查评比中，天津市荣获“全国十佳卫生城”。全市各行各业的广大干部群众，委天津市区的这一荣誉称号，付出了艰苦的努力和辛勤的汗水，但是我们要保持这个称号更难。因此今年的“爱国卫生月”就要围绕新形势新特点造声势扎扎实实地搞好爱国卫生各项工作。

记者问：这样看来，今后的爱国卫生任务还十分的繁重和艰巨，那么今年的“爱国卫生月”活动着重从哪几个方面入手呢？

钱其璈：今年天津市的“爱国卫生月”活动，一是要搞好公共厕所的装修粉刷，提高公厕的卫生管理水平，同时大力推动村镇厕所的改造。二是要组织好健康教育宣传，提高群众的文明卫生意识和自我保健能力。今年的宣传内容要活，形式要多样，增强广大群众的文明卫生观念。三是要落实“门前三包”暂行办法，特别是繁华地段和窗口行业，要与贯彻禁止随地吐痰的“双禁”通告相结合，搞好门前街道的卫生和秩序。四是搞好消毒除害工作。五是搞好食品卫生管理，把住病从口入关。六是要抓好重点“窗口”行业，发挥典型示范引路作用。

记者问：请您向听众讲一下今年“爱国卫生月”准备怎样开展活动。

钱其璈：今年“爱国卫生月”大体分为三步骤，宣传发动，组织实施和检查验收三个阶段，三个阶段要互相穿插交替进行。宣传的内容的健康教育，除害防病和增强文明卫生意识为主要内容，在宣传的基础上搞好突击周，5月上旬进行检查验收。

第五章 犬类管理

狂犬病是一种急性传染病，病死率高达100%，危害极大。切实控制和杜绝狂犬病在天津市的发生和流行，以保证人民群众的生命安全。

第一节 颁布管理规定

自1979年6月，天津市颁发《城市卫生管理试行规定》以来，共处理家禽家畜4万余只。由于管理不善，豢养家禽家畜问题大量回升，养狗问题也有回升，咬伤人事件不断发生，天津市被够咬伤1121人，19人发生狂犬病死亡。

1981年天津市爱卫办会同市市容管理委员会、天津市公安局、天津市卫生局、天津市环卫局联合发文《关于市区限制处理家禽家畜的通知》。为认真落实市内禁止饲养家禽家畜的规定，要求：从12月1日起至年底，天津市爱卫会、天津市公安局、天津市市容委、天津市卫生局、天津市环卫局等部门密切配合，以街办事处为单位，组织力量，立即开展处理家禽、家畜（鸡、鸭、鹅、狗、鸽子、猪、羊、兔）的宣传工作，讲清饲养家禽、家畜的危害，宣传禁止饲养家禽、家畜的有关规定，做到家喻户晓。同时要摸清底数，动员群众自行处理。自行处理工作中应做好细致的思想跟教育工作，防止简单粗暴。要依靠各级组织，各部门开展工作，达到处理的目的。

在处理家禽、家畜中对拒不服从管理的，可下达限期处理通知书，逾期应不处理的根据规定予以没收。对阻扰执行管理工作，无理取闹、谩骂和殴打管理人员的，有公安机关根据治安管理条例给予严肃处理。

春节前各区要组织一次有关部门参加的检查活动，力争春节前消灭家禽、家畜。

1986年天津市政府下发109号文件内容为《天津市犬类管理暂行办法》，对犬类管理提出具体办法。9月15日组成天津市犬类管理办公室，并于1987年2月21日正式启用“天津市犬类管理办公室”公章。1987年3月5日天津市犬类管理办公室制定《天津市犬类管理暂行办法实施细则》。

9月20日，召开部署天津市灭犬和家犬免疫工作会议，会议后各区县推动工作的力度较大，直至 1986 年 12 月底，天津市进行统计登记的家犬共有 200804 只，家犬免疫共 76893 只，占家犬总数的 52.53%，已发证的 23634 只，占现有家犬总数的 16.14%。

为了搞好天津市犬类管理工作，天津市人民政府津政发〔1986〕109 号文件，批转天津市市容委等 7 部门制定的《天津市犬类管理暂行办法》，天津市市容委〔1986〕第 88 号文件《关于加强犬类管理和当前开展灭犬和家犬免疫工作的安排意见》第 4 条第 1 款规定，登记注册的家犬上缴犬类管理费，另外各区县所收的管理费，按百分比上缴市财政，天津市犬类办公室将上缴的管理费坚持专款专用的原则，取之于犬，用之于犬。

关于征收养犬管理费问题，天津医学院根据教学、医疗、科研中每年使用大量的犬进行试验的问题，向天津市政府提出请示，申请将教学、医疗、科研的犬按照特殊情况处理，给予免交管理费的待遇。天津市犬类办公室收到天津市政府转来的天津医学院的请示后，立即向西郊区及小南河镇犬类办公室了解情况，根据了解情况提出意见。1. 根据天津市政府津政发〔1986〕109 号文件的有关规定，该单位应缴纳犬类管理费，但考虑科研单位饲养好多试验用犬，流动周转量大，可与当地犬类管理部门具体协商，依据限养犬总数，按比例适当少缴纳管理费，但不能免缴管理费。2. 根据《犬类管理暂行办法》的规定，经批准的准养单位的犬，应由当地犬类管理部门给予免疫注射。

天津市人民政府办公厅四处回函，拟同意犬类办公室的意见。1986 年 5 月 6 日，为解决灭犬工作人员免疫用狂犬疫苗问题，向天津市政府办公厅四处提出申请，依据灭犬工作的特殊性，从 5 月上旬以来，每天都有被犬咬伤的灭犬工作人员，要求注射狂犬疫苗。由于犬管办没有疫苗，无法解决免疫问题，直接影响了犬类管理工作顺利进行，建议对狂犬疫苗由有关部门加强管理，严格发放制度，确保灭犬工作人员的狂犬疫苗注射免疫，避免发生意外事故。

1987 年 8 月 1 日，天津市市容委和天津市农村工作委员会联合发出《关于切实控制狂犬病的紧急通知》，鉴于天津市目前犬咬伤人及狂犬病发病死亡情况日趋严重，要求各区县按市统一行动，对全面开展围剿歼灭家犬的情况和效果，要层层进行检查，凡灭犬率和免疫率未达到百分之百的，如果今后再发生恶犬咬伤，致使造成狂犬病死亡事故的，对犬主从重处罚，并追究领导责任。卫生部门要积极组织狂犬疫苗的供应，搞好使用和管理。要确保灭犬工作人员的免疫用狂犬疫苗，要严格管理办法和出售疫苗手续，严防倒卖狂犬疫苗和外流的现象，如发生犬咬人，犬主应负担伤者的全部医疗费用和由此造成的一切损失，要大力宣传狂犬病的危害，交给群众预防狂犬病的办法，消除群众的恐惧心理，同时教育群众不要违章养犬。

1987 年 8 月 31 日，天津市市容委和天津市农村工作委员会联合发文《关于抓紧落实企事业单位灭犬工作的紧急通知》要求：各企事业单位要主动服从区、县、街、镇的领导，听从指挥，积极配合天津市的灭犬突击任务；任何单位和个人，不准以任何借口和理由抵制地方政府的决定和自窝藏犬，对养犬者给予从重处罚并追究单位领导责任，给予经济处罚。各单位要认真做好本单位养犬职工思想、宣传工作，做到职工不养犬，单位不窝藏犬。

第二节 颁布管理办法

1989年12月16日天津市人民政府发布政府第18号令，批准实施《天津市犬类管理办法》。

为了有效落实天津市政府〔1986〕18号政令颁布的《天津市犬类管理办法》，天津市爱卫办1990年7月18日向天津市编办请示，在天津市爱卫办增设犬类管理机构及增加人员编制。在天津市爱卫办下增设犬类管理站，增加事业编制5人，管理机构为事业单位，经费由天津市爱卫办卫生事业经费列支。天津市编办于1990年7月24日批复，同意天津市爱卫会办公室下设犬类管理站，列为事业单位，规格分别定为正科级，劳动工资计划天津市编委管理，至此改变了天津市的犬类管理有临时机构负责的情况，有专门的机构负责此项工作。

1991年12月19日，天津市犬类管理办公室向市物价局提出《关于对饲养观赏犬主收取管理费的申请》。主要依据是：天津市政府18号政令中对豢养观赏犬未作任何规定，近年来随着改革开放的进一步发展，人民生活水平不断提高，有少数人如外商、归国侨胞、文艺界等知名人士、个体经营者等出现了养观赏犬的问题，且观赏犬价格提高。如果这些少数观赏犬列为捕杀之列，则会伤害部分人的情绪，不利于团结。基于中国国情和城市人口密集，观赏犬不易发展，据此，8月21日天津市政府召开的灭犬工作会议上，天津市政府主管领导指示对观赏犬的饲养可以开个口，但一定要高收费、严管理、限发展。经研究每只观赏犬每年收取管理费300—500元。观赏犬管理费用于各区、县对犬类管理和开展灭犬活动。

1992年3月19日，天津市犬管办发出《关于陆续开展捕杀违章灭犬及强化犬类管理工作的通知》。通知要求：1. 按照有关规定，从4月1日起办理本年度的准养犬的年批手续，以及对已准养犬的验证工作，同时收取成本费和注射费；2. 对观赏犬的问题，按照天津市领导根据情况和条件有的可以采取暂缓处理的指示精神，准予暂缓处理。收取1992年押金，金额由区、县暂定。1992年底前如没有新精神，押金一律不予退还，暂留作犬类管理使用；3. 在办理准养犬手续的同时，对未经批准，私自豢养的违章犬一律进行捕杀。各区县立即组织公安、环卫和街、乡（镇）政府等部门开展灭犬工作。4. 认真做好取缔集市或其他场所进行犬类交易的工作，经销犬肉及其犬类产品，必须经兽医部门检验，凭检疫合格证明出售；凡未经检查、检疫的一律不准出售。如发现私自经销者，由兽医部门会同工商、供销等部门，除责令其销毁经营品外，按照有关规定予以罚款。5. 以上工作各区、县要统一安排，搞好部门间的协调，要确定专人负责，抓紧抓好，请将工作进展情况，随时向天津市灭犬办汇报，工作结束后，写出书面总结上报市灭犬办，5月份市组织有关部门对区、县进行检查。

1992年9月18日，中国医学科学院生物工程研究所与市、区有关部门联合成立犬类饲养管理中心，并向天津市犬办提出《关于成立“津美养犬管理中心”的请示》，中心具有独立法人资格，自负盈亏，主要从事配合完成市、区有关部门的灭犬指令性工作。同时承担饲养繁殖和销售中外名犬，如向科研单位提供实验用犬，为有关部门提供护卫犬及特种需要用犬，如杂技团、专家、文艺工作者、外事活动等提供健康各类犬只。

9月23日，对请示进行批复，拟同意成立“津美养犬管理中心”。该中心必须遵循的原则是：1.所养犬只立足于发展外向型经济出口贸易；2.在天津市范围内可向用犬单位提供警犬，医用犬、试验犬以及由天津市犬类管理办公室批准豢养的特殊用犬；3.不向天津市市区、县居民销售任何犬只，向其他省市和个人提供犬只不限；4.服从有关部门的监督和管理，定期注射免疫。

1993年9月11日发出关于饲养严格审批观赏犬的通知，通知要求：为了控制天津市饲养观赏犬的数量，必须严格限制饲养审批的措施。1.天津市临时批准的准养观赏犬必须是体型小（指成年犬）适于市内饲养的狮子狗、小叭狗等有观赏价值的各类犬种。2.是饲养观赏犬者，必须是独居户，不得扰民，不影响周围群众正常生活。凡杂居楼、院和伙单元住宅一律不准养观赏犬。符合条件者经批准可饲养一条。3.临时准养的观赏犬，必须健康，并按规定到指定地点进行检疫和免疫注射。未经免疫注射的，不予审批准养。4.严禁携犬出游，不准影响环境卫生。凡携犬出游者，不论是否批准饲养，均按18号政令规定由公安部门处以200元以下罚款，并将犬没收或捕杀。

1993年又提出《关于对犬类饲养场加强管理的意见》。1.单位和个人创办饲养场，应由天津市爱卫会、天津市公安局、天津市工商局、天津市畜牧局等组成的天津市犬类管理联合办公室直接统筹管理；2.犬类饲养场的犬只，原则上只能出口创汇或销往外省市，对销售（或赠送）给天津市居民的必经由市犬类管理联合办公室，给予完善饲养条件的年审手续和批准手续，凡不符合饲养条件的如杂居楼、院或伙单元，居民拥挤，严重扰民的一律不准售予；3.犬类饲养场的犬只，要登记建本，对出生、购进、死亡、销售的犬只建立检查手续，以掌握和控制犬只数量；4.犬类饲养场的犬只也要收取管理费，目前各区对暂养观赏犬本着高收费、限制饲养的原则，每只犬每年收费500元。鉴于饲养场属经营性质，初步拟收每只犬每年300元，管理费由天津市犬类管理联合办公室收取，此款用于全市犬类管理。

1993年11月30日天津市公安局提出《关于对犬类饲养场加强管理的意见》。1.对于天津市一些单位或个人开办的犬类饲养场，交易市场、犬物商店，宠物门诊等经营部门的日常管理，联合办公室与所属地区、县如何协调工作，需要明确；2.具体管理形式如开办备案许可，内销审批管理等均应作出具体明确规定；3.联合办公室的建制需要请示天津市市政府批准，收缴管理费应立项。4.居民饲养条件有哪些部门审查、批准应明确。

1994年9月，津犬管办发出了《关于统一发放观赏犬临时的通知》。通知要求：1.凡符合18号政令规定的准养范围的犬只，在使用后《犬类准养证》，办理准养手续及收费标准，按18号政令规定执行；2.临时准养观赏犬的审批，必须严格掌握规定的犬只类型标准和饲养条件标准，由街道办事处（或乡镇政府），驻地公安派出所、区、县犬类管理联合办公室按规定办理审批手续，并经指定部门免疫注射，方可领取“证”和“牌”；3. 天津市统一发放的“证”“牌”及一式三份的“表”，每只犬一套，由养犬人认真填写“表”，逐级审批后由街道办事处（或乡镇政府）、驻地公安派出所、区（县）犬类管理联合办公室，各存一份，便于建党管理。“证”和“牌”要编号相符，发至养犬人手中，“牌”要戴在犬颈上，以备检查；4. “证”“牌”“表”以天津市犬类管理联合办公室的名义，由区（县）犬类管理联合办公室负责发放。各区（县）犬类管理联合办公室，应由爱卫会、公安、环卫、工商、畜牧、卫生等部门组成，具体执行部门有各区（县）自行安排；5. 各区（县）在办理观赏犬临时准养手续时，应向养犬人说明即使领取了“证”“牌”，对犬只也必须拴养，不准上街，不准买卖；由犬引起伤人或纠纷事件，一律由养犬人负责；犬只需外出免疫注射或就医，必须携“证”挂“牌”；此项管理措施属临时措施，待有关法规颁布，按法规执行；6. 天津市统一发放的“证”“牌”“表”，由区（县）犬类管理联合办公室向养犬人收取管理费之外几十元工本费，此款项全部上缴市犬类管理联合办公室；7. 自 1995 年 1 月 1 日起，原由各区、县发放的“观赏犬临时准养证”等，一律停止使用。

1994 年 12 月，为了遏制天津市养犬风进一步发展，天津市犬管办发出《关于严格管理经营性犬类饲养场的通知》，并出台了《天津市犬类饲养场管理暂行办法》，办法规定：1. 任何单位和个人未经批准不得开办犬类饲养场，凡未经批准开办的，要自行停办，并将所有犬只处理掉。2. 凡单位和个人开办犬类饲养场，必须经天津市犬类管理联合办公室审批，核发“准营证”，工商部门凭此证办理登记注册。3. 经过批准的各种犬类饲养场，必须有适当场址，具备饲养条件，不得扰民，如有群众反映扰民问题，应立即停办。4. 犬类饲养场所饲养的各种犬只，未经天津市犬类管理联合办公室审核，一律不准在本天津市范围内向单位合格个人出售；出口外销者，必须持有关证明。5. 犬类饲养场所饲养的犬只，必须登记造册，上报天津市犬类管理联合办公室，并随犬只生育、死亡、出售，按季度变更增减填写登记表。6. 各类饲养场，必须严格按照畜牧部门规定的声场经营、防疫、兽医合格审定等有关条例执行，接受畜牧部门的监督检查和指导。7. 犬类饲养场必须向天津市犬类管理联合办公室缴纳管理费，管理费标准另定。8. 犬类饲养场内不准隐藏、代养场外任何单位和个人的逃避灭犬和管理的犬只，一经发现，立即将其捕杀，并对场主进行严厉处罚。9. 犬类饲养场不得举办（包括与外单位、外省市联办）犬类展览、表演、比赛、咨询、培训业务等一切可能在社会上造成不良影响的活动。

1995 年 9 月，天津市委、市政府以津党〔1995〕23 号下发文件，批准天津市爱国卫生运动委员会办公室，挂靠在天津市卫生局规格为副局级，天津市爱卫办下属的犬类管理站加挂卫生除害管理站的牌子、规格为正处级。至此关于犬类管理工作由天津市公安局负责。

第四篇

病媒生物防治

从 1952 年爱国卫生运动开始，大搞环境卫生和预防传染病，其中包括扑灭蚊蝇、扑鼠、消灭蚊蝇滋生地、赌鼠洞。在除害活动中，群众采取了户户包干，人人动手的办法，扑打蚊蝇，消灭老鼠和臭虫。在冬季发动群众消灭越冬蚊蝇，开春组织力量挖蛹。在蚊蝇较多的夏秋季，进行全市性的烟熏灭蚊蝇，飞机撒药灭蚊蝇等。

1956 年《全国农业发展纲要》中，将苍蝇、蚊子、老鼠、麻雀列为“四害”。市爱卫会组织了几十万群众，开展了几次声势浩大的“扑打麻雀”大战，当时，房上、树上、地下皆是人群，一起鸣锣击鼓，惊的麻雀满天乱飞，无停息之地，直至疲累坠地被扑杀。据当时不完全统计，扑杀麻雀 31 万只，宣传扑雀的目的是消除小雀与人争粮，毁粮之害。

同年在大搞环境卫生、除四害活动中，掀起了扑灭蚊蝇的高潮。发动中小学生和广大职工群众开展挖蛹活动，以“灭小、灭早”来消灭蚊蝇滋生地。据统计当年挖蛹地 177 亩，在蚊蝇生长期实行“人手一拍”进行捕杀。

1958 年 1 月 8 日中共中央发布了《关于开展以除四害为中心的爱国卫生运动的通知》，同年 2 月 12 日中共中央和国务院发出了《关于开展除四害，讲卫生的指标》，提出除四害为苍蝇、蚊子、老鼠、臭虫。自此“四害”不包括麻雀。1958 年再次掀起灭蚊、灭蝇高潮，当年 7 月 27 日全市出动百万群众，开展“烟熏灭蚊”大战，蚊蝇大减。

1963 年天津市遭受了历史罕见的洪水，为了预防、控制传染病的流行，在大搞环境卫生、食品卫生、医疗卫生的同时，进行了药物消毒、灭蚊、蝇、鼠、虱。当时，曾一度把“灭虱”列入“除四害”的内容。在开展春季爱国卫生运动中，要求：消灭蝇蛹及过冬蚊蝇。在惊蛰前后把蛹地调查清楚，适当组织群众开展灭蛹活动，专业消毒队要做好技术指导工作，在做好大扫除的同时指导群众认真消灭过冬蚊蝇和第一代蚊蝇。

1976 年春季爱国卫生动员大会上提出，趁势以灭蚊蝇为重点搞好环境卫生。

1979 年在市革委会批转市爱卫会《关于天津市 1979—1984 年卫生工作上纲要》的规划中提出，各区县、各部门、各单位都要在 1979 年消灭臭虫，1980 年基本实现无蚊、无蝇、无鼠。1980 年市爱卫会提出大搞环境卫生，做到“四无”“五洁”的奋斗目标。其中“四无”即无蝇、无蚊、无鼠、无臭虫。

1980 年 3 月 6 日市爱卫会、团市委、卫生局、红十字会、教育局联合发出《关于组织中小学生开展卫生宣传和扑灭蚊蝇活动的通知》。1980 年 3 月 8 日，召开市爱卫会全委扩大会议，要求把全市蚊、蝇、鼠密度降下来控制和消灭几种传染病，坚决防止副霍乱病暴发流行。

1985 年，天津市爱卫办征集并制作了“天津灭蚊蝇集锦”和“天津灭鼠集锦”。

1986 年 6 月，国务院召开了《全国流行性出血热防制工作会议》，全国爱卫会制定了《爱国卫生运动“七五”计划实施措施》。天津市政府决定遵照中央的指示精神，在全市范围内开展灭鼠达标活动。首先在天津港、天津机场、塘沽地区作为达标试点单位，开展了灭鼠达标战役。1987 年春季在市区、郊区，秋季在五县开展了灭鼠达标活动，经过对 17 个区县的考核，灭效 99.99%。

1988年11月1日至7日，全国爱卫会对天津市创建无鼠害城市进行了考核鉴定，达到了国家规定的无鼠害标准。1990年，全国卫生城市检查，检查团通过随机抽查居民住宅、粮食仓库、车站、港口、机场等单位，鼠密度为0.06%，在控制下水道鼠害方面，采取的方法简便，效果可靠，居全国领先地位。

1988年10月6日中央爱卫会办公室印发《灭蚊、蝇、臭虫、蟑螂考核标准及办法》的通知，1989年8月2日全国爱卫会办公室印发《除“四害”管理暂行规定（征求意见稿）》的通知中提到，“四害”为鼠、蝇、蚊、臭虫或蟑螂。此时，蟑螂也属于“四害”之列。随之，天津市开展了以街为单位的群众性的灭蟑达标活动。

第一章 培训、讲座和经验交流会

第一节 培训与讲座

1969年天津市爱卫办发文，介绍除四害的具体方法。主要讲解灭蚊、灭蝇、灭鼠、灭臭虫的用药和方法。如蚊蝇滋生的地方是：蚊子卵和幼虫生在较浅的死水、脏水里，铲除滋生地是消灭蚊子的根本办法。家家户户翻盆倒灌，防止积水，雨后注意倒掉积水，防火水缸每周换水，防空洞、地下室、自来水表井积水要掏干，坑洼垫平，沟渠疏通，杂草清除；垃圾、粪便滋生苍蝇，垃圾箱要加盖。厕所、马棚、猪圈要日产日清。有机生产废料要放固定的地方，定期消毒、定期运走。农村要坚持高温封肥，做好粪便无害化处理。消灭老鼠必须采取毁窝、扑鼠、毒鼠、防鼠等多种形式相结合的方法；臭虫主要寄居在家具和被褥中，要用暴晒和滚水烫为主，要反复几次效果更好。同时，还讲解了药物的计量和如何用药等问题，在消杀灭中取得了良好的效果。

1972年天津市开展以除害灭病为中心的爱国卫生运动，为配合工作的开展，5月15日召开除四害讲座会，参加的人员有：各区、局、街爱卫会工作人员；市、区、局各医院、防治院、防治所（卫生院）负责群众卫生工作的人员；市、区饮食服务公司、市招待处负责卫生的工作人员。同年，在开展讲座的基础上，在市卫生局新楼会议室举办了灭鼠培训班，各有关单位的专职人员参加培训。

1979年3月，为加强专业知识的学习，天津市爱卫办和天津市教育局共同举办培训班，培训的内容为：消灭第一代蚊蝇，消灭越冬蚊蝇。针对春分季节正是蝇蛹滋生，如何抓住有利时机，大力消灭蝇蛹，控制苍蝇滋生。广泛发动群众，特别是组织中、小学校学生利用课余参加挖蛹、扑蝇活动。区、县防疫组织要做好技术培训和指导，传授挖蛹灭蝇的方法和卫生知识。对挖出的蛹、蛆如何集中销毁和做好消毒、投放除害药物的工作。

1980 年 11 月，天津市爱卫办组织郊区、县爱国卫生专职干部专业培训班。时间为一周，参加培训的干部具备一定的文化水平，能够做好记录，经过短期的培训后，作为师资为基层讲授爱国卫生专业知识。

1980 年 11 月专业培训班课程表

表 4-1-1-3

日期	时间	内容	主讲人
11 月 24 日	上午	开学典礼：爱国卫生运动的意义	石世砚
	下午	灭鼠	郭全宝
11 月 25 日	上午	消毒杀虫药介绍	王云峰
	下午	灭蚊、灭蝇、灭臭虫	杨致和
11 月 26 日	上午	讨论	—
	下午	饮水卫生和粪便管理	付玉治
11 月 27 日	上午	农村积肥和卫生、沼气	曲自新、戴既
11 月 28 日	上午	讨论	—
	下午	几种主要肠道传染病	于长水
11 月 29 日		市农委领导讲话	—

1981 年，为普及除害消毒基础理论和实际工作应用方法，天津市爱卫办举办为期两周的郊、县除害消毒专业人员学习班。郊、县爱卫办专职干部，郊、县卫生防疫站除害消毒专业人员参加。

1984 年 12 月，根据国务院〔1983〕35 号文件精神，统一灭鼠测定方法，提高灭鼠科普知识，于 12 月 6 日至 8 日举办灭鼠知识培训班。要求各区县爱卫办分管灭鼠工作的人员、防病站分管灭鼠工作人员参加培训。

1984 年 12 月灭鼠培训班日程表

表 4-1-1-4

日期	时间	课程	时间	课程
12 月 6 日	上午	开幕式	下午	老鼠的生态
12 月 7 日	上午	药物性能、中毒急救	下午	调查方法
12 月 8 日	上午	数理统计学	下午	结业

课程均由天津市防病中心主管医师郭全宝主讲。

1985 年 11 月 30 日天津市爱卫办在天津市人民礼堂举办灭鼠骨干培训班。要求各区县爱卫办负责灭鼠工作人员、区县除害消毒管理总站站长、各街、镇除害消毒管理站站长参加。

1996年10月14日至17日天津市爱卫办举办除四害专业人员培训班。培训内容是：除四害技术及管理。重点是四害控制方法、密度监测及各种药物的使用等。主要以1994年全国爱卫办编辑、科学出版社出版的《除四害指南》一书为基础教材，聘请全国爱卫会除四害专家委员会成员讲授。区县爱卫办主任、专职干部、区县防病站、开发区保税区爱卫办、防病站等单位派人员参加。

这次培训班主要宗旨是培训除四害师资队伍，授课结束后，进行严格的考试，合格后发结业证书，回所在区县担任培训的师资。培训班结束后，各区县立即举办培训班，到1997年3月底前培训到街道一级的除四害队伍，要求使用统一教材，并将考试成绩报天津市爱卫办卫生除害管理站，合格后报全国爱卫办，发放全国统一的“全国除四害专业培训证书”。要求从培训班后，凡从事四害消杀和密度监测人员，必须经过专业技术培训，达到要求的技术水平，持证上岗；未经培训的无证人员所做的调查、监测、统计报表等一律无效。

1999年天津市爱卫办在天津市市政府的指导和区县爱卫办的配合下，制定了《天津市爱国卫生管理行政处罚程序规定》《天津市爱国卫生管理行政处罚文书的说明》《行政处罚文书表样》和《天津市除四害行政处罚标准规定》。天津市爱卫办根据上述内容决定于12月15日至17日举办“除四害管理行政执法培训班”。培训的具体内容是：《行政处罚文书》的制作（填写）；行政执法案例经验介绍；具体行政行为合法的理论与实践；执法过程中专业检查技术的实施。

2002年3月20日天津市爱卫办举办“春季灭鼠工作业务培训班”。培训内容主要有鼠类的生活习性、灭鼠药物的分类、防治方法等。

第二节 经验交流、表彰、考核和竞赛

一、经验交流

1972年8月25日，天津市爱卫办召开灭蚊蝇工作经验交流会。地点在南开区东马路新华戏院，会期半天。参加人员有市、郊区、塘沽、汉沽、大港及各局爱卫会负责同志；市、区级医院及各局部分大厂负责爱国卫生运动的领导同志；各街爱卫会及防治所（卫生院）负责同志；市、区防疫站负责同志和具体工作人员。会上东南角街、邵公庄街、西营门外街做了重点发言，贝杰同志参加大会并讲话。

1982年9月15日上午天津市爱卫办、天津市红十字会联合召开边缘街消灭蚊蝇现场交流会。参加的主要人员有市内各区边缘街办事处分管卫生工作及红十字会工作的主管主任，市内各区爱卫办、红十字会、市、区防疫站负责人参加。宗旨在于推动天津市边缘街消灭蚊蝇工作，降低蚊蝇密度，预防传染病的发生和流行。河西区陈塘庄街、河北区新开河街、南开区兴业里街在交流

会上做了消灭蚊蝇的经验介绍。

1983 年 1 月 13 日，天津市爱卫办在天津市科学会堂，召开天津市灭鼠工作经验交流会，各区、县政府分管爱国卫生工作的负责同志、各区、各街道办事处分管爱国卫生工作的主任、各委办局、大专院校分管爱国卫生工作的负责同志、各郊县卫生局局长、爱卫办主任、市区卫生防疫站站长参加会议。

4 月份还召开了重点行业灭鼠工作经验交流会。

1984 年 8 月 17 日，为了交流除四害消毒站工作的经验，搞好除四害灭蚊蝇工作，预防传染病的发生，天津市爱卫办召开除四害消毒站现场经验交流会。各区爱卫办负责同志、市、区卫生局、防疫站负责同志、各街爱卫会负责人参加会议。天津市人大常委会委员、天津市爱卫会常务副主任李明同志到会并讲话。

1985 年 4 月，经天津市政府批准，天津市爱卫会召开灭鼠经验交流会。主要是贯彻市政府以津政办发〔1984〕178 号文件《关于今冬明春开展没结束活动的意见》，在灭鼠工作取得一定成绩的基础上，进一步推动灭鼠工作的开展。各区、县爱卫办主任，市区各街道办事处分管爱国卫生工作的主任、干部，郊、县所属镇分管爱国卫生工作的负责人，各区、县卫生局、卫生防疫站、植保站负责同志，市经委、市场委、市教委、市郊委、市农委、市外经贸委以及重点局、重点行业分管爱国卫生工作的负责同志，驻津各部队爱卫办负责同志参加会议。会上有和平区新兴街办事处爱卫办、武警部队天津总队卫生处等 8 个单位代表发言。天津市人大常委会委员、天津市爱卫会常务副主任李明同志做了重要讲话。

1986 年 7 月 18 日，经市政府办公厅同意，天津市爱卫办在塘沽区海员俱乐部召开灭鼠现场经验交流会。为进一步落实市政府灭鼠防病会议的要求，进一步掀起天津市灭鼠工作的高潮，会议邀请了《天津日报》、天津电台、电视台、新华社天津分社、《今晚报》等多家新闻媒体参加。

1987 年 8 月 5 日，天津市爱卫会、天津市卫生局、天津市环卫局联合召开“天津市街道灭蝇工作交流会”。通过交流达到互相学习，取长补短的目的，尽快把苍蝇密度降到最低，预防急性肠道传染病的发生。会上南开区东北角街办事处、红桥区大伙巷街办事处、河北区江都路街办事处、和平区体育馆街办事处、河东区李公楼街办事处河西区陈塘庄街办事处代表发言。

1988 年 1 月 13 日，天津市爱卫办为了落实市政府 133 号文件精神，巩固农村灭鼠成果，坚持长期灭鼠的思想，召开“农村巩固灭鼠成果经验交流会”。会期一天，请各郊区、县政府办公室主任、爱卫办主任、防病站站长、各镇分管爱卫工作的镇长参加，请新闻单位做好宣传。

1991 年，为巩固全国十佳卫生城市成果，搞好重点行业的灭蝇工作，降低高峰期的苍蝇密度，天津市爱卫办决定在 7 月 12 日召开重点行业灭蝇工作现场经验交流会。交流会后，市爱卫办为检验灭蝇工作效果，决定在市内进行一次蝇密度增减情况的民意测验。

参测单位为市区各街办事处所属居委会。测验方法：由居委会征求部分居民群众意见，集体讨论后认真填写民意测验表，由居委会主任、卫生主任签字或盖章生效。各区爱卫办对群众反映苍蝇密度增加的居委会，要逐个调查分析苍蝇密度增加的原因，进而为下一步创建国家卫生城市，开展灭蝇达标奠定基础。各区爱卫办于10月5日前，将民意测验小节、民意测验汇总表及调查苍蝇密度增加原因的情况分析报市爱卫办。

二、表彰与考核

1985年8月，经天津市政府批准，天津市爱卫办筹备召开天津市灭鼠工作表彰大会。同时公布评选条件。

灭鼠先进单位

1. 领导重视，把灭鼠工作列入议事日程，有人抓，有一支灭鼠骨干队伍；

2. 超额完成分配的灭鼠任务。使鼠密度降到3%以下；

3. 有灭鼠的具体措施，有行之有效的灭鼠方法。

灭鼠能手

1. 一年灭鼠1000只以上名单；

2. 一年灭鼠500只以上名单；

3. 一年灭鼠100只以上名单；

4. 有发明创造，收到明显效果名单。

表彰大会于9月4日下午正式召开。会上天津一商局储运公司唐家口仓库和天津碱厂工人代表发言。

1996年10月，根据全国爱卫会关于开展创建国家卫生城市的有关要求，把天津市的鼠密度控制在国家的标准范围之内，天津市爱卫办组织实施了夏季大规模的群众性灭鼠活动，并圆满完成了夏季灭鼠任务。天津市爱卫会研究决定，对在灭鼠的组织工作中表现突出，成绩显著的81个先进单位进行表彰。

先进单位名单

和平区：市容办、商委、环卫局、市政园林局、防病站、解放桥街办事处、小白楼街办事处、体育馆街办事处、华旭公司；

河西区：政府机关、教委、文化局、环卫局、粮食局、大营门街办事处、天塔街办事处、越秀路街办事处、友谊路街办事处、马场街办事处、糖业果品公司；

河东区：市容办、商委、卫生局、环卫局、粮食局、唐家口街办事处、大王庄街办事处、李公楼街办事处、昆仑路街办事处、大桥道街办事处；

河北区：市容办、商委、环卫局、市政园林局、文化局、防病站、小关街办事处、中山路街办事处、东六街办事处、鸿顺里街办事处；

南开区：政府办公室、卫生局、工商局、环卫局、天津大学、南开大学、金都宾馆、学府街办事处、长江医院、南开第一幼儿园；

红桥区：工商局、环卫局、卫生局执法队、园林局、咸阳北路街办事处、丁字沽街办事处、西沽街办事处、邵公庄街办事处、河北街办事处；

塘沽区：杭州道街办事处、渤海石油公司、大良子街办事处、长芦海晶集团公司、北塘街办事处、天津碱厂、工人新村街办事处；

汉沽区：河西三经路街办事处、河西二经路办事处、汉沽街办事处、汉沽盐场街办事处、长芦汉沽盐场有限责任公司、天津化工厂；

大港区：发电厂、中国石化总公司第四建设公司、粮食局、天津石化公司、大港油田集团有限公司、胜利街办事处；

1997 年秋季，天津市爱卫会在全市范围内组织了一次近十年内规模最大的一次灭鼠活动。在这次灭鼠活动中，各区县及有关部门、单位积极配合，成绩显著，鼠密度达到了国家规定的标准，为全国爱卫会对天津市进行灭鼠达标验收奠定了基础。经考核评定、各区县及有关单位推荐，天津市爱卫会按有关要求和标准进行了复查后决定，对在 1997 年秋季灭鼠工作中成绩显著、表现突出的进行表彰。

1997 年秋季灭鼠活动表彰单位、个人一览表

表 4-1-2-5

市区	第一名河东区、第二名河北区、第三名和平区
新四区五县	第一名津南区、第二名东丽区、第三名武清县
先进集体	开发区爱卫会、天津港务局爱卫会、天津铁路分局爱卫会
先进单位	天津雀巢有限公司、天津市河东区香山道街办事处等 100 个单位
先进个人	刘建奎、梁晓英等 100 名

1996 年 3 月，经过冬春季灭鼠工作的开展，委办达到预期效果天津市爱卫办决定从 3 月 18 日开始对各区县进行考核。要求在各区县自验达标后，电话报市爱卫办业务处，对抽验单位具体考核时间业务处电话通知被考核的区县。抽验办法：考核的前一天，按各区、县的行政区划图抽 3 个街（乡、镇），共 15 个特殊单位、60 户居民（30 户村民），单位布粉不少于 30 快，住户只访问和目测，不做粉测。每个区县的考核分 3 组进行，区县自布块，次日是考核，时间一天。

1998 年，天津市宝坻县提出创建国家卫生镇，（县城），按照全国爱卫会的创建要求，除四害达标是基本条件。经市爱卫办研究，于 7 月中、上旬组织有关人员对宝坻县的灭鼠和灭蟑工作进行考核。考核按照全爱卫发〔1997〕第 5 号和全爱卫发〔1997〕第 28 号文件规定的标准考核办法进行，主要分为资料和现场检查两部分。其中现场检查采取在县城建成区范围内随机抽查的方式进行。

2000年6月15日天津市爱卫办发出对夏季灭蚊蝇进行检查的通知。检查的基本原则是：1.检查重点为市内六区和滨海三区，对新四区（城乡结合部）和五县（县政府所在地）进行抽查；2.检查内容分为资料和现场两部分，被检区县不做汇报；3.由天津市爱卫办人员组成检查组，不进行区县联查。检查的有关资料，主要是根据天津爱卫办下发的〔2000〕第14号文件，各区县制定出的2000年夏季灭蚊蝇工作安排或实施方案（被检时上交）。

检查现场：1.检查标准按照全国爱卫会（1997）年5号文件《灭鼠、蚊、蝇蟑螂标准》中的规定执行；2.检查类型及数量，居民区两个居委会的垃圾甬道，垃圾转运站1个、农贸市场1个、中小型餐馆1个、公厕2个；检查的重点主要是目测成蝇，检查垃圾容器和重点单位中的防蝇设施，包括纱窗、纱门、风帘及灭蝇等。

此次灭蝇活动现场检查中，共检查农贸市场9个98个点位；居民区18个178个点位；垃圾转运站，9个27个点位；公厕18个46个点位；中、小型餐馆44个，387个点位，共计98个单位736个点位。在736个点位中，阳性点位99个，成蝇337只，每阳性点位平均3.40只，有赢点位（房间）为13.45%，重点单位防蝇措施不合格点位为4.39%。

从检查的数据分析，按照国家的灭蝇标准，这次检查天津市灭蝇工作在平均蝇密度和防蝇设施上，均达到国家标准，取得显著成绩。蝇密度较高的为农贸市场，其次为垃圾转运站、公厕、居民区、中小型餐馆。

三、竞赛活动

为抓好夏季灭蝇，预防传染病，保持天津市十佳卫生城市水平，迎接全国爱卫会的复查天津市爱卫办、创建办决定从6月20日至9月28日开展“夏季百日积分灭蝇竞赛活动”。竞赛的活动范围主要在市区进行。市内六区为一组；塘沽、汉沽、大港为一组。四郊五县参照意见安排活动。

此次竞赛制定了9条标准，提出了竞赛活动的方法，措施和要求。

第二章　除害消毒、用药与灭蚊、蝇、蟑

第一节　安　　排

关于除害消毒与用药天津市爱卫办每年每年都有具体安排，各区县、各委办局根据要求开展除害工作。2000年是天津市市容委、天津市环卫局和天津市爱卫办合并开展工作的第一年，2001年也是天津市开展综合治理城市环境秩序工作的第三年，天津市市容委、爱卫办以

清整环境卫生，清除蚊、蝇、蟑滋生地为切入点，以治理居民区、和农贸摊群市场及特殊行业等为重点，以市容委（爱）〔2001〕第108号文，做出《天津市2001年灭蚊、灭蝇、灭蟑工作安排意见》，要求大幅度降低高峰期蚊、蝇、蟑密度，有效控制夏季传染病夏季传染病的发生与流行。主要任务是：

1. 做好居民区及特殊行业的灭蚊、灭蝇、灭蟑工作。各区、县政府主管部门和各级爱卫会组织，要进一步加大对环境卫生的管理监督、检查力度及时清除居民区垃圾死角，防止蚊、蝇、蟑的滋生。要根据季节变化随时调整每周消杀次数，定期组织开展环境卫生综合治理和灭蚊、灭蝇、灭蟑"百日竞赛"活动。

2. 加强农贸、摊群市场及特殊行业的规范管理，各类市场、企业的管理部门要承担蚊蝇蟑滋生地的清除和消杀。设置专兼职的除害消毒员，建立和完善消毒制度，增设有效防护措施，垃圾日产日销，防止蚊蝇滋生。

3. 加强繁华地区、窗口单位、公共场所及垃圾转运站、处理厂、公厕的灭蚊蝇工作，做到专人负责消杀。窗口单位、繁华地区及各类公共场所，要及时清除垃圾堆物，定期进行消杀。

4. 要加大对城乡结合部无柏油路面新建住宅楼及建筑工地垃圾堆积物的清理力度，加强卫生消毒，防止传染病的流行。

5. 各区、县防病部门要根据天津市卫生防病中心的总体安排和要求，做好蚊、蝇、蟑密度监测和城区内水体投药工作，以及消杀工作的技术指导。各区、县爱卫办要积极配合卫生防病部门做好工作。

第二节　除害消毒

1974年4月，天津市爱卫办与天津市卫生局联合发出《关于开展除四害消毒工作的通知》。要求各区、县要根据本地的情况，有条件的地区把工厂、企业单位等部门组织起来，建立卫生联防组或协作组，无条件的地区根据需要与可能，由区组织季节性消毒员，时间是4月份起到11月份止，消毒人员集中在区或分散各街使用。组织季节性消毒员均按各区、县给予经费补助，由区、县卫生局负责从卫生事业费中开支。外环境除害消毒所需药品由市、区、县防疫站负责供给。除害消毒工作的组织推动、技术指导，由市、区、县防疫站具体负责。

一、具体管理办法

1984年，市爱卫会对消毒除害工作进行了改革，使这项工作向经常化、制度化、科学化转变。全市159个街、镇建立了除害消毒管理站，招聘季节性专业消毒员和管理人员800余人，组成了全市消毒网，以民办公助、承包收费的办法进行灭蚊蝇消毒工作。每年3 ~ 10月为集中消毒和灭蚊蝇时间，控制蚊蝇滋生地，突出重点行业和地区，加强社会管理，采取扑打、器械和药物消毒综合方法，使全市大部分地区苍蝇、蚊子的密度大幅度下降。

二、实施措施

1986年5月14日，天津市爱卫办、天津市环卫局、天津市防病中心联合发出，关于加强除害消毒管理工作的通知，通知要求各区各有关部门要做好除害消毒工作，要有明确的分工，认真负责地完成各项消毒任务，要密切配合工作，确保各区降低蚊蝇密度。同时要求：

各区、县防病站：一是负责对各街、镇除害消毒站的技术培训和技术指导。能够准确应用各项有效灭害措施和科学使用药物（包括用药方法、配药浓度、除害范围、效果考核方法、使用扑蝇笼和电子捕鼠器等）。二是负责本区各街、镇消毒站承担的第二条工作任务所需要的消毒药品和器械的应用。三是负责本区外环境水体和临时性的消毒任务。

区、县环卫局（科）所属专业队伍负责：一是负责各街、镇的垃圾桶、卫生箱、垃圾转运站、垃圾粪便处置场、公共厕所的消毒工作。二是负责对上述处所的监督检查工作，使之做到少蝇，不滋生蝇蛆。

街、镇除害消毒管理站负责：一是负责本街（镇）范围内蚊蝇滋生地的调查、登记、建档，掌握蚊蝇滋生规律。二是负责本街（镇）外环境的垃圾甬道、积水自来水表井及雨后积水、雨水口的消毒工作。三是负责本街（镇）范围内各行业除害消毒的监督管理和检查工作。四是负责有偿承包各单位的除四害消毒工作。五是负责本管界的除害消毒的效果考核和宣传工作。

1986年5月19日至24日，天津市爱卫办对二商局、一轻局、二轻局、农场局、水产局、外贸局、市供销所、烟酒公司、防病中心等特殊行业消毒灭蝇工作落实情况进行检查。检查的内容和方法是：1.消毒灭蝇组织落实情况，有无消毒人员，是否经过培训，由哪个部门和领导负责；2.措施落实情况：下脚料有无密封容器，能否日产日清，室内有无防蝇设备，室外是否使用扑蝇笼，药品、器械是否落实，消毒效果好坏等。参加检查的人员有市爱卫会办公室、市防病中心、有关区爱卫办负责人、有关局、公司分管爱卫工作的负责同志。

1986年消毒管理的基本情况统计表

表4-2-2-6

项目 区县	承包单位（个）	消毒站		器械车辆		
		站数（个）	消毒员（人）	喷雾器（个）	三轮车（辆）	手推车（辆）
和平区	610	12	60	77	14	—
河北区	258	19	98	155	—	—
河西区	—	20	107	150	—	—
河东区	300	18	105	297	33	—
南开区	269	18	71	106	13	3

续表 4-2-2-6

项目 区县	承包单位（个）	消毒站		器械车辆		
		站数（个）	消毒员（人）	喷雾器（个）	三轮车（辆）	手推车（辆）
红桥区	92	15	78	80	—	—
塘沽区	—	15	109	118	—	—
汉沽区	—	5	14	—	—	—
大港区	—	7	60	—	—	—
东郊	—	11	40	—	—	—
西郊	—	2	9	—	—	—
南郊	—	3	16	—	—	—
北郊	—	4	25	—	—	—
武清	—	1	6	—	—	—
宝坻	—	1	5	—	—	—
静海	—	3	17	—	—	—
蓟县	—	1	4	—	—	—
宁河	—	4	20	—	—	—
合计	1529	159	837	983	60	3

1993年6月，天津市爱卫办和天津市卫生局联合发出《关于对公共场所及办公场所的电话机进行灭菌消毒的通知》。随着电话普及率的提高，在给人们工作和生活带来方便的同时，也为某些传染病的传播提供了途径。据调查，仅一部电话机的键盘上就有细菌约50万个，附着在听筒上的细菌和病毒多达480种。为此，电话的消毒灭菌成为当务之急，所以要求在全市范围内对公共场所及公共场所的电话机进行灭菌消毒。一是全市公共场所（宾馆、饭店、医院、舞厅、车站码头、公共电话）及机关、学校企事业等办公单位使用的各类电话机及内部分机要提倡定期或不定期的灭菌消毒。二是单位要结合实际，安排好消毒工作。特别是群众轮流使用、次数频繁的电话机要加强消毒，坚持不懈，形成制度。三是为保证消毒灭菌效果和使用安全，严防假冒，请各单位使用天津市卫生防病中心监制的电话专用消毒杀菌剂。

第三节 用　　药

一、制定除四害药品使用意见

1972年，在除四害工作中，要求广泛发动群众，以扑打、捕捉为主，药物为辅，为使有限的药品发挥更大的作用，制定了《关于1972年除四害消毒药品使用意见》。

一是除四害药品使用范围：重点是控制居民区的环境及附近的蚊蝇滋生场所，消灭蚊蝇幼虫，以及乙型脑炎疫区消毒。消灭冬季越冬蚊蝇。单位和居民住户的院子、室内的除虫用药，原则上自己负责；公共厕所、垃圾场和粪场的灭蝇消毒用药，应按过去规定，由区清洁队负责。

二是除四害消毒工作是经常性的工作，应本着“节约闹革命”的精神，各区应恢复颁发、保管和使用、检查等制度，并指定专人负责，经常深入基层掌握药物使用情况，做好技术指导，及时总结经验。

三是消毒药品应有重点、有计划的使用。1. 可湿性六六六粉，主要用于水坑消毒。积水坑洼可采取检查、消毒的方法，即每周检查1—2次，发现孑孓及时进行喷药消毒。2. 敌百虫应用于喷洒污物、消灭蝇蛆；配成敌百虫诱饵毒蝇；喷洒苍蝇喜欢停落的地方消灭成蝇；以及水体灭蚊。3. 敌敌畏要在蚊蝇繁殖高峰时期—气温较高时使用，以充分发挥药效。用以喷洒、熏杀成蚊、成蝇，或用木块浸药方法控制水表井、积水地下室等小型虫蚊处所。4. 乳剂二二三做滞留喷洒消灭蚊蝇，如喷牲畜棚圈及厕所内的墙面。5. 六六六烟雾剂在冬季消灭越冬蚊蝇时，用于地堰、坑道等藏蚊场所。

二、发放药品

1978年8月，天津市爱卫办为做好夏季灭蚊蝇，预防肠道传染病工作，经与二商局研究，由所属农业生产资料公司拨出15吨敌敌畏，作为供应工厂、企业等单位灭蚊蝇用药，分配数量如下。

1978年8月敌敌畏分配数量一览表

表4–2–3–7

区域	数量	区域	数量	区域	数量	区域	数量
和平区	1吨	河东区	1.5吨	河北区	1.5吨	汉沽区	1吨
河西区	1.5吨	南开区	1.5吨	红桥区	1.5吨	塘沽区	1.5吨
东郊区	0.5吨	北郊区	0.5吨	南郊区	0.5吨	西郊区	0.5吨

留机动2吨由市爱卫办掌握。各区接通知后，与农业生产资料公司联系购买。各区根据分配数量，结合本地区蚊蝇滋生地的情况，在保证重点的情况下，具体安排进行分配，由所在区医药总店指定供应。

1985年2月，天津市爱卫办、天津市卫生局针对灭鼠用药毒饵加工、经销方面存在混乱现象，有的部门任意加工、销售具有二次中毒的灭鼠药毒饵的情况，根据中央爱卫会、化工部、商业部、农牧渔业部、林业部、铁道部、卫生部、国家行政管理局、国家医药管理局，联合发出的〔1984〕中爱卫第25号文件《关于灭鼠药的生产、加工、收购、经销问题的通知》精神，做出《关于禁止乱加工、经销灭鼠药的紧急通知》。

1. 除市爱卫会办公室、市卫生防病中心根据天津市灭鼠工作的需要，安排灭鼠毒饵加工厂外，其他部门或单位一律不得加工、销售灭鼠药及毒饵。

2. 其他部门和单位，在〔1984〕中爱卫第 25 号文件发出前，购置的张家口鼠药厂生产的“杀鼠灵”继续加工出售全部结束后，灭鼠药的经销一律由商业部门主管。

3. 农牧、林业、卫生、粮食等部门在灭鼠工作中，在保证人身安全的条件下，可以配置自己适用的毒饵，但不得投放市场销售。

4. 今后在天津市使用的灭鼠药品种、数量、经销途径，须经市爱卫办、市卫生防病中心同天津市供销社、天津市医药管理局统一研究确定，经其他部门自行确定进市使用的灭鼠药，如出现人身中毒，根据情节追究肇事者法律责任。

34 吨鼠药分配计划统计表

表 4-2-3-8

区别	分配量（吨）	单价	金额	区别	分配量（吨）	单价	金额
和平区	1.5	2303	3045	塘沽区	1.9	2303	3857
河西区	1.5	2303	3045	大港区	1.7	2303	3451
河北区	1.5	2303	3045	汉沽区	1.7	2303	3451
河东区	1.5	2303	3045	蓟　县	2.3	2303	4669
南开区	1.5	2303	3045	宝坻县	2.3	2303	4669
红桥区	1.5	2303	3045	武清县	2.3	2303	4669
东郊区	1.9	2303	3857	静海县	2.3	2303	4669
西郊区	1.9	2303	3857	科研室	0.5	2303	1051
南郊区	1.9	2303	3857	机　动	0.25	2303	
北郊区	1.9	2303	3857	总　计	33.75		69020
宁河县	1.9	2303	3857				

1987 年 8 月天津市爱卫办〔1987〕津爱卫办字 15 号文，向天津市计委《关于报送天津市爱卫办 1987 年外汇订货计划的函》。按照〔1987〕津计商 531 号《关于下达 1987 年使用地方外汇留成计划的通知》，分配天津市爱卫办 3 万美金指标，现将进口品种、数量、金额列下。

1987 年使用地方外汇订货

表 4-2-3-9

品种	数量	金额
1. 溴氰菊酯	2400 公斤	22500 美金
2. 胺菊酯	100 公斤	7500 美金

1987 年 12 月，为了降低天津市蚊蝇密度，天津市爱卫办与天津计划委协调配置 1988 年消毒用药须用酒精的供给工作，共需 15 吨。主要用于明年的消毒工作，准备由农药厂加工菊酯杀虫剂，列入计划后，于 1988 年第一季度供应。

1989 年 2 月，天津市爱卫办向市政府请示，解决 1989 年除害防病的所用敌敌畏药品问题，请市政府下达指令性生产计划，以保证天津市除害消毒药品的落实。市政府领导批示："拟请市计委会同市化工局、市供销社研究解决。"药物问题协调解决后，于 7 月份市爱卫办下达《关于立即采取措施，降低蚊蝇密度的紧急通知》。通知要求：

1. 各区、街要切实加强灭蚊蝇工作的领导，深入发动群众，形成人人动手消灭蚊蝇之势，采取综合措施，药物和工具灭蚊蝇同时并举，保证把本区、街范围内的蚊蝇密度尽快降下来。

2. 环卫、二商、工商、一轻、水产等部门，要根据本部门的特点，组织力量搞好本部门、本单位的环境卫生，铲除蚊蝇滋生地，对垃圾站、厕所、垃圾箱、要做到彻底清理，定期药物消毒。食品、调料、酿酒、水产、养鸡等行业，要整治清除生活垃圾。生产出的招蝇、生蛆的下脚料，要随时处理，一时处理不了的，要加强管理消毒，农贸市场要加强卫生管理，并进行药物消毒和物理方法灭蝇。

3. 各街除害消毒管理站，要集中力量，降低本地区蚊蝇密度，居民区一楼楼道、垃圾甬道等，必须用溴氧菊酯喷洒一次，并主动协调农贸市场，搞好消灭蚊蝇工作。

1989 年菊酯杀虫剂分配数量统计表

表 4-2-3-10

区县名称	消毒站数（个）	药品数量			备注
		桶数	升数	公斤数	
和平区	12	24	480	444.456	含 1988 年 1 桶
河北区	19	38	760	703.722	含 1988 年 1 桶
河东区	18	36	720	666.684	含 1988 年 1 桶
河西区	20	40	800	740.76	含 1988 年 1 桶
南开区	19	38	760	703.722	含 1988 年 1 桶
红桥区	15	30	600	555.57	含 1988 年 1 桶
市区合计	103	206	4120	3814.914	
塘沽区	13	26	520	481.494	
汉沽区	6	12	240	222.228	
大港区	7	14	280	259.266	
东郊区	4	8	160	148.152	
西郊区	2	4	80	74.076	
南郊区	3	6	120	111.114	
北郊区	5	10	200	185.19	
武清县	1	2	40	37.038	
宝坻县	3	6	120	111.14	

续表 4-2-3-10

区县名称	消毒站数（个）	药品数量			备注
		桶数	升数	公斤数	
蓟　县	4	8	160	148.152	
宁河县	4	8	160	148.152	
静海县	3	6	120	111.14	
农村组合计	55	110	2200	2037.09	
机　动		14	280	259.266	
总　计		330	6600	6111.27	

注：1989 年加工 324 桶，去年余 6 桶，共 330 桶

第四节　灭蚊蝇

1981 年初，天津市爱卫办发出《关于抓紧时机，搞好春季除害工作的通知》。要求春季到来，气温回升，抓紧做好消灭越冬蚊蝇，改善环境卫生，处理蚊蝇滋生地，开展挖蛹、活动，为全年除害灭病打下良好基础。一是彻底清理环境卫生，做好清除苍蝇滋生地的工作；二是采取综合措施，做好春季灭蛹、挖蛹工作；三是组织力量，消灭越冬蚊蝇。

各区、县、局各单位要发动保健医生、除害员、红十字会员、保洁员、消毒员采取措施，扑杀越冬蚊蝇，并做好消灭第一代成蝇的准备。特别是边缘地区要列为重点，抓紧时间做好安排。

一、准备工作

1983 年天津市爱卫办针对蝇密度有逐年上升趋势问题进行了调研，经调查分析，有六大因素需及时解决。一是城市厕所管理混乱，部分厕所无人管理，粪便清除不及时，造成严重生蛆生蝇状况。二是市内六区部分边缘街的生活垃圾清运不及时，特别是联建片的新建楼群，一方面市政建设不配套，另一方面有 40 多万户，400 多吨垃圾清运不及时，大量滋生蚊蝇。三是市区边缘有 28 处积肥点，堆肥不封肥，大量滋生苍蝇。四是下水道堵塞污水外溢，市政、房管部门维修不及时也是招蝇生蛆的原因之一。五是在建成区边缘街农民户养猪、驻津部队养猪，猪圈管理不好，猪粪不能日产日清，大量滋生家蝇。六是消毒经费不足，蚊蝇滋生地得不到有效的控制。解决的具体办法是：

1. 除四害工作除发动群众参加外，还必须有一支除害工作的专业队伍。建议采取民办公助的方法，建立除害服务站，人员由待业知青或退休职工组成。经费由两方面组成：（1）承担管界内的单位消毒工作，从中提取适当管理费；（2）申请地方经费补助 40 万元，除用于补贴人头费外，增添除害药品和器械。

2. 改变天津市厕所管理较乱的状况，所有公厕应由环境卫生管理部门统一管理和清运。

3. 市郊结合部地区生产队的积肥场，能迁走的逐步迁走，不能迁出的一定要实行高温封肥，

达到基本无蝇的要求，积肥场在建成区内应在1983年底迁出。

4.建成区内饲养的家禽家畜，按照《天津市城市街道清洁卫生管理暂行办法》的要求，严加控制和取缔。

为了了解天津市1987年消毒效果，天津市爱卫办决定组织一次民意测验，以填表的形式测出天津市苍蝇密度的增减情况。要求各区县认真做好组织宣传和统计工作，并根据测出的结果分析原因，写出民意测验总结。

1984年，天津市爱卫会、天津市农业食品委员会、天津市环卫局、天津市卫生局联合发出通知，“关于检查苍蝇滋生地，垃圾粪便清除管理情况”。根据“城市街道清洁卫生管理暂行办法”精神，拟对各区新建楼群垃圾清除、农掏厕所卫生管理、边缘街积肥场的封肥情况进行一次普遍检查。检查的方法和内容是：1.新建楼群（规划片、联建片等）垃圾清除不落实的楼群、垃圾、堆存情况。2.农掏厕所的粪便清掏及卫生管理情况。3.边缘街积肥场封肥及管理情况。以上各项均有登记表，由环卫局登记。

检查中发现的问题，要积极采取措施，在五一节前组织一次卫生突击，防止滋生蝇蛆。检查后各区将检查的情况和解决的办法上报天津市爱卫办、天津市环卫局。

二、发出灭蚊蝇通知

1986年10月25日，天津市爱卫办以〔1986〕津爱卫办字第11号发出《关于认真总结除害消毒灭蝇工作的通知》，通知要求各区、县爱卫办、有关局爱卫办，由于各区、县和各部门的共同努力，本年度的消毒灭蝇工作取得了一定成绩，为预防急性腹泻病的发生起到了积极的作用。为做好第二年的除害消毒和灭蝇的工作，请各有关单位对1986年的工作进行认真的总结，从社会效果、经济效果的高度实事求是地总结几条具体的经验和做法，内容要生动具体。总结的主要内容是：1.灭蝇工作组织、人员、药械、制度和措施落实情况；2.发动群众开展消除滋生地的情况、滋生地经常性的管理情况、组织群众扑打成蝇的情况；3.承包单位消毒灭蝇和加强管理的情况，对招蝇生蛆的特殊行业如何进行管理；4.全年蚊蝇密度增减情况，并做出科学的分析；5.基本无蝇的地区和单位有多少；6.有哪些经验和体会，第二年灭蚊蝇的设想。

1987年天津市爱卫办将灭蝇工作情况向市政府主管领导进行汇报。天津市区从5月份开始至7月底，对18万余处蚊蝇滋生地普遍消毒30至40次，承包2069各单位的消毒任务，使用敌敌畏、菊酯杀虫剂等药物近50吨，摆放扑蝇笼1000多个，扑杀成蝇40公斤，有效地控制了苍蝇的繁殖，降低了苍蝇的密度。

经各防病站监测结果，6、7月份较1986年同期分别下降10.85%和15.06%，只有7月份上升。南开区、红桥区分别下降30.16%，38.74%，河北区、和平区、河西区、河东区分别上升3倍、1.49倍、8.77倍、9.8倍。经调查分析，一是局部地区环境脏，垃圾不能日产日清；二是有机物生产单位下脚料清除不及时；三是多数农贸市场及摊群市场扫一遍脏一天状况没有改变，造成苍蝇多；四是一些公厕不消毒；五是药品不足；六是消毒员待遇低，不稳定影响了消毒质量；七是市爱卫办对灭蝇工作领导不利，灭蝇有力时机抓得不狠、不到位。

为进一步降低蚊蝇密度，控制急性腹泻病的流行，拟采取积极措施，一是组织社会力量，在8、9两个月搞一次突击周，改善环境卫生，消灭蚊蝇滋生地，召开街道灭蝇工作交流会，典型引路。二是拟定天津市除四害管理规定。三是鉴于灭蝇药品调价，市区范围不断扩大，请市财政1988年度增拨除四害经费20万元。

三、制定办法

1988年8月，天津市爱卫会发出《关于贯彻落实1988年灭蝇工作意见的通知》。通知分责任范围、标准与要求、措施三部分。主要的标准、要求与措施是：

1. 环卫系统：应做到垃圾、粪便日产日清，公厕应有防蝇设备、垃圾粪便处置场、垃圾转运站及公共垃圾桶（箱），垃圾堆山工地应视面积及成蝇多少摆放一定数量的扑蝇笼。自4—10月随气温变化定期进行药物灭蝇，控制蝇蛆滋生，力争基本无蝇。

2. 各特殊行业要管理好易招蝇的原料及生产下脚料，如酱渣、酒糟、肉泥、皮核、畜类等日产日清，备有封闭的容器或有效措施，防止招蝇生蛆，各生产车间应有防蝇设备，有专人管理。厂院视面积摆放一定数量的扑蝇笼，定期进行药物灭蝇，做到基本无蝇或少蝇。

3. 各街爱卫会除害消毒管理站对本街管界内蚊蝇滋生地要认真进行调查，登记建卡底数清，在蝇多地区摆放50个扑蝇笼灭蝇，从4月底开始到10月底，对居民区内的垃圾甬道、化粪井及农掏旱厕（不含企业产）及脏乱死角定期药物消毒，还要监督管理管界内单位灭蝇工作，并开展承包灭蝇业务。

各街爱卫会和除害消毒管理站要积极宣传苍蝇危害和灭蝇方法，把力量放在滋生地的管理上，动员家家户户消灭苍蝇，号召人人见蝇就打。

4. 各工厂、机关、学校、商店、医院、部队等单位搞好环境卫生，采取扑打和重点对食堂、厕所的药物消毒，做到基本无蝇。

5. 市区卫生防病部门要搞好灭蝇监测工作，为天津市提供可靠的蝇密度信息，筛选使用药物配方，对消毒站进行技术培训和技术指导。

为实现苍蝇密度下降3%的目标，提出以下具体措施：

1. 在爱国卫生运动中加强环境治理，清除堆积在院落、里巷、楼群、村边、结合部地区的垃圾、污物、牲畜粪便，铲除苍蝇的滋生条件，特别在春季做好苍蝇滋生的清除工作。

2. 市、区、县、街（镇）爱卫会要抓好除害消毒站的工作，各街要恢复除害消毒管理站，做到：组织、人员、制度、措施、药械五落实。

3. 特殊行业各单位要把搞好灭蝇工作与企业管理结合起来，要有领导分管，有专职或兼职人员抓灭蝇工作，抓出成效。

4. 天津市化工局、供销社根据历年工作需要，安排好卫生消毒用药的生产和供应工作，保证1988年灭蝇指标的完成。

5. 市、区、县爱卫会应组织力量在夏季苍蝇繁殖季节加强对特殊行业的监督检查，对不重视灭蝇工作，蝇蛆滋生严重，成蝇密度高的单位则通报批评，责令限期降低苍蝇密度。

6. 灭蝇消毒经费，除市财政下拨补助经费外，不足部分由各区县筹资解决。

7. 灭蝇工作列为市容卫生达标街千分竞赛内容，如却因苍蝇密度高，造成传染病的流行，应取消评选资格。

天津市1987年苍蝇密度民意测验统计表

表4-2-4-11

项目 区县名称	街数（个）	居委会（个）	大增		增加		持平		减少		大减		名次
			数量	占比（%）	数量	占比（%）	数量	占比（%）	数量	占比（%）	数量	占比（%）	
和平区	12	260	1	0.38	36	13.85	50	19.23	140	53.85	33	12.69	3
河北区	19	314	4	1.27	63	20.06	54	17.20	158	50.32	35	11.15	5
河西区	20	350	4	1.14	63	18	55	15.72	180	51.43	48	13.71	4
河东区	18	280	18	6.43	78	27.86	43	15.35	112	40	29	10.36	6
南开区	19	347	8	2.31	13	3.75	39	11.24	223	64.26	64	18.44	1
红桥区	15	320	4	1.25	45	14.06	44	13.75	177	55.31	50	15.63	2
塘沽	14	173	4	2.31	19	10.98	20	11.56	88	50.87	42	24.28	②
汉沽	7	71	4	5.64	18	25.35	12	16.90	24	33.80	13	18.31	③
大港	7	55	—	—	1	1.82	5	9.1	30	54.54	19	34.54	①
东郊	2	35	1	2.86	8	22.86	11	31.43	11	31.42	4	11.43	（三）
西郊	2	17	0	—	1	5.88	1	5.88	13	76.47	2	11.76	（二）
南郊	3	30	0	—	1	3.33	2	6.67	17	56.67	10	33.33	（一）
北郊	5	42	2	4.76	6	14.29	3	7.14	25	59.52	6	14.29	?
武清	1	11	0		0		2	18.18	3	27.27	6	54.55	4
宁河	1	12	0		0		1	8.33	8	66.67	3	25	2
宝坻	1	16	—		—		—		16	100	—		?
蓟县	1	8	0		0		1	12.5	7	87.5	—		3
静海	1	2	—		—		—		2	100	—		1
合计	148	2343	50	2.13	352	15.02	343	14.64	1234	52.67	364	15.54	—

1989年，针对苍蝇密度逐月上升的情况，天津市爱卫办与天津市防病中心组成联合调研组，对市内部分重点地区和重点部位进行现状调查，了解苍蝇滋生根源，提出切实可行的杀灭方法。调查发现：

1. 居民区垃圾通道有的没门，直接暴露，苍蝇较多。垃圾通道每天清掏不彻底，滋生蝇蛆，河西区尖山街、和平区民园街都有此情况。

2. 市内六区农贸市场水产和家禽摊位苍蝇多，目测每个家禽摊位有苍蝇上百个。

3. 调料厂等单位只依靠药物消毒，但是由于下脚料长期堆放，苍蝇很多。

4. 垃圾处理场的生活垃圾不做处理长期堆放，有的经过筛选搅拌堆肥，市内六区园林部门都使用处置场的粪肥。

5. 公共厕所掏挖不及时，特别是农掏厕所，没有防蝇和消毒措施。

6. 抽查华津牧工商联合养鸡二分厂，场内没有任何灭蝇措施。

经过调查研究，措施的建议是：

1. 各街道办事处（保洁队）、环卫局要做到垃圾日产日清，不留残底。做好周围的环境卫生。对垃圾转运站、运输车辆进行彻底清刷，加强消毒。

2. 工商局和各街市场管理委员会加强市场监管，建立清扫保洁和消毒制度，垃圾及时清运。

3. 特殊行业要搞好环境卫生，对易孳蝇生蛆的原料日产日清，定期药物消毒。

4. 各街除害消毒站对没有承包的特殊行业，要有专人定期检查，发现问题及时指导。

5. 各级卫生防疫部门要做好各街除害消毒管理站的业务和技术指导，培训消毒人员，现场技术指导，提高消毒质量和技术水平。

6. 加强宣传教育和检查工作。

1993 年 7 月，根据天津市除害达标工作的安排意见，降低高峰期蝇密度，预防夏季传染病流行，为创建国家卫生城，迎接世乒赛创造一个良好的卫生环境。天津市爱卫会决定组织市工商局、市环卫局对市重点地区的灭蝇工作进行检查。检查的部位包括：市内六区的农贸市场、摊群市场、垃圾转运站、公厕、居民区一楼门栋、垃圾甬道和餐馆。检查采取提前指定和随机的方式进行。

这次检查，现场查看农贸市场、摊群市场各 1 个、垃圾转运站 2 个、公厕 3 个，以上检查由检查组指定，沿线随机抽查居民区 10 个一楼门栋、10 个垃圾甬道、两个餐馆。按达标要求的基本无蝇或少蝇标准检查。座谈的方式主要是由区简要汇报百日灭蝇和灭蝇突击周活动情况及下一步达标工作。

1995 年 6 月 22 日，天津市爱卫办根据市政府第 45 次常务会议精神，召开夏季灭蚊蝇、灭鼠动员大会。有关委、局分管除害工作的部门负责同志，驻津部队、武警总队、大专院校分管除害工作的部门负责同志，各区、县爱卫办主任、市卫生防病中心、各区、县防病站站长，市内六区各街办事处分管除害工作的主任、科长一人，滨海三区各街办事处分管除害主任参加会议。会上爱卫会常务副主任张桂馨同志做了动员讲话。讲话分四个部分：一是为什么要搞好灭蚊蝇、灭鼠工作；二是任务要求；三是方法步骤；四是措施保证。

会后，张立昌市长针对群众反映比较大的蚊蝇、老鼠较多和环境及市场脏乱严重的问题，做了几次重要批示，要求立即“采取坚决果断的措施，检查整治夏季卫生，要速见成效”。

天津市爱卫会发出紧急通知，要求：1. 各区、县和有关单位要立即采取一切可以采取的措施，发动群众，专群结合，使居民区、市容环境、市场、工地等处的卫生状况在近日内有明显的改观。2. 各区、县和有关单位的主要领导同志亲自挂帅，组织有关部门对问题较多，群众反映较大的区域进行检查，并研究切实可行的整治办法。3. 市政府领导同志开始组织有关部门和新闻单位到各区抽查，对问题严重和推脱不动的单位要公开曝光进行批评。

1995 年天津市夏季蚊蝇、灭鼠宣传口号

1. 积极行动起来，大力开展爱国卫生运动。

2. 全社会动员，全民动手，打一场除害防病歼灭战。

3. 综合治理，消灭苍蝇、蚊子和老鼠。

4. 积极贯彻《中华人民共和国食品卫生法》和《中华人民共和国传染病防治法》。

5. 讲究卫生，人人有责。

6. 把住病从口入关，预防肠道传染病。

7. 巩固“十佳卫生城市”成果，再创佳绩。

8. 努力创建国家卫生城市。

9. 以除害防病优异成绩，迎接全国第三次城市卫生检查。

10. 清除滋生源，控制蚊、蝇、鼠繁殖。

11. 保护环境，不乱泼、乱倒、乱扔。

12. 预防为主，控制蚊蝇老鼠密度。

2000 年 5 月，天津市爱卫办发出《关于开展 2000 年夏季灭蚊蝇活动的通知》通知要求：

1. 根据天气的特点，认真组织好夏季灭蚊蝇工作，广泛发动群众，彻底清除居民区内各类垃圾和不卫生死角增加消毒频率。

2. 各类市场的管理部门几个单位，要主动承担起蚊蝇滋生地的清除和消杀、消毒工作。

3. 加强繁华地区、窗口单位、公共场所及垃圾转运站、公厕的灭蝇工作。及时清除垃圾堆积物，定期进行消毒。

4. 要求市民积极参与灭蚊蝇活动，杜绝乱泼乱倒，乱扔乱放的现象发生。

5. 加大对城乡结合部、无柏油路面、新建住宅楼及建筑工地、垃圾堆积物的清整力度，做好建筑工地的食堂、民工宿舍的防蚊蝇工作，防制传染病流行。

6. 各区防病部门要做好蚊蝇密度的监测和市区内水体投药以及灭蚊蝇工作的指导。

2000 年天津市爱卫办对夏季灭蝇活动检查提出情况报告。此次检查共检查农贸市场 9 个，98 个点位；居民区 18 个 178 个点位；垃圾转运站 9 个 27 个点位；公厕 18 个 46 个点位；中、小型餐馆 44 个 387 个点位，共计 98 个单位 736 个点位。在 736 个点位中，阳性点位 99 个，成蝇 37 只，每阳性点位平均 3.40 只，有蝇点位（房间）为 13.45%，重点单位防蝇设施不合格点位为 4.39%。存在的问题：1. 大多数农贸市场蝇密度过高，主要是肉、蛋、水产等摊位有机下脚料不能及时清理和密封，缺少必要的垃圾容器和防蝇措施。2. 部分非小区居民楼垃圾甬道遗留物过多清理不彻底，无垃圾道门或损害严重有突击消杀现象。3.部分中、小型餐饮业防灭蝇措施（风帘、垃圾桶、排风口纱网窗、灭蝇灯、粘蝇条等）还需进一步完善。

第五节　灭　蟑

一、灭蟑工作考核

1994年11月，接全国爱卫会通知，根据天津市申请，于11月10日左右组织灭蟑专家组来到津，对天津市创建灭蟑先进城区工作进行全面检查和考核验收。根据有关规定，灭蟑达标是申报国家卫生城市的前提条件之一，所以这次灭蟑检查考核是对天津市创建国家卫生城市工作水平的一次专项考察，是关系到天津市1995年能否有资格向全国爱卫会正式申报国家卫生城市的大事。

天津市爱卫会要求，天津市的迎检工作要确保万无一失，一次通过。各区、委、局和各有关单位，要立即在下属单位中，根据以往工作中掌握的情况，逐一排队，确定工作重点，组织人力、物力进行最后突击。在迎检中要各司其职。层层把关，本着“谁丢分谁负责”的原则，严格要求，落实责任。要本着“条包块管”的原则，加强区与区之间，单位与单位之间，条口单位与区之间等相互主动的配合协作。

1994年11月13日至17日，全国爱卫会灭蟑专家组一行8人，对天津市的创建灭蟑先进城区工作进行全面检查和考核验收。要求：1.市内六区和重点委、局的主要领导同志亲自挂帅，抽调得力干部，下力气组织好迎检工作。要层层建立好值班制度，确保联络通畅。2.抽签定点后，涉及的委、局都要及时组织力量连夜到点上具体帮助指导。3.市爱卫办、市创建办要精心组织好迎检工作，市容委、市卫生局、市环卫局、市公安局、市工商局、市旅游局、市高教局、市机关事务管理局、市交管局、市卫生防病中心等要全力以赴，配合迎检工作顺利进行。4.检查组在津期间，以市政府名义，由机关事务管理局负责接待。

天津市爱卫会组织市内六区和有关委、局通力协作，接受并通过了全国爱卫会灭蟑专家组对天津市灭蟑达标工作的检查验收。

全国灭蟑专家检查组在津活动日程表一览表

表4-2-5-12

时间	上午	下午	备注
11月13日（星期日）	检查组到津报到		
11月14日 星期一	9:00检查组听取汇报查阅资料、看录像	2:00分赴市内六区同时检查	

续表 4-2-5-12

时间	上午	下午	备注
11 月 15 日 星期二	8:30 出发继续检查	2:00 继续检查	晚 6:00 市领导在住地会见并宴请检查组全体成员
11 月 16 日 星期三	8:30 检查组汇总检查情况	2:00 检查评估会	
11 月 17 日（星期四）	检查组离津		

2000 年天津市爱卫办组织对开发区灭蟑考核一览表

表 4-2-5-13

灭蟑考核	
（一）资料考核	1. 1997 至 2000 年 6 月底前总体灭蟑工作情况汇报及技术工作报告材料（各一份）； 2. 有完整的技术方案（合理性、科学性、可行性）和实施方案（内容包括任务、措施、进度考核检查、预期指标），计划及时上报并经主管部门批准； 3. 监测方案科学合理，监测数据确实可信，数据资料完整（检查方案、监测点、监测数据）； 4. 技术措施合理，用药科学规范，治本与治标相结合； 5. 检查各阶段工作总结、汇报，要求内容清楚，循序渐进，系统、经费使用合理； 6. 查方案中各项工作的落实情况。
（二）现场考核	1. 检查范围：共检查 200 个房间，其中重点单位宾馆、饭店、医院、饮食店、食品加工厂、酿造厂、窗口单位（火车站、长途汽车站）、市内农贸市场等占 60%（120 间），一般单位占 20%（40 间），不同类型居民住宅占 20%（40 间），必要时需检查下水道。上述检查的具体房间数与灭鼠检查同步进行。 2. 检查部门： （1）居民：以厨房、用餐处、厕所、公用部位、杂物堆放处为重点； （2）单位：饭店、宾馆的厨房、餐厅，医院的药房、病房，食品厂的成品库、原料库，与加工生产食品有关的车间，职工宿舍、办公室、值班室； （3）每自然间算一间，大于 15 平方米的每 15 平方米折算 1 间，以检查实际场所折算。下水道以 15 米或一个井口为 1 间

2000 年天津市爱卫办对开发区灭蟑达标现场检查结果一览表

表 4-2-5-14

单位类型	单位数量	检查间数	查见虫数	有蟑螂间数	蟑螂种类	查见卵鞘数	有卵鞘间数	侵害率（%）	平均密度指数
农贸市场	1	17							
宾馆、饭店、饮食店	7	91	9	2	小蠊	4	2	2.19	4.5 只
医院	1	18							
火车站、长途汽车站、港口	1	6							

续表 4-2-5-14

单位类型	单位数量	检查间数	查见虫数	有蟑螂间数	蟑螂种类	查见卵鞘数	有卵鞘间数	侵害率（%）	平均密度指数
食品厂、食品、副食品店、酿造厂	—	—							
机关、学校、工厂食堂	1	8							
一般单位	1	7							
居民区	1	41							
地下室、暖气沟	—	—							
合计	13	188	9	2		4	2	1.06	

2000 年天津市爱卫办对大港区灭蟑检查内容及范围一览表

表 4-2-5-15

灭蟑考核	
（一）资料考核	1. 1997 至 2000 年 6 月底前总体灭蟑工作情况汇报及技术工作报告材料。（各一份） 2. 有完整的技术方案（合理性、科学性、可行性）和实施方案（内容包括任务、措施、进度考核检查、预期指标），计划及时上报并经主管部门批准。 3. 监测方案科学合理，监测数据确实可信，数据资料完整（检查方案、监测点、监测数据） 4. 技术措施合理，用药科学规范，治本与治标相结合。 5. 检查各阶段工作总结、汇报，要求内容清楚，循序渐进，系统，经费使用合理。 6. 查方案中各项工作的落实情况；
（二）现场考核	1. 检查范围： 共检查 400 个房间，其中重点单位宾馆、饭店、医院、饮食店、食品加工厂、酿造厂、窗口单位（火车站、长途汽车站）、市内农贸市场等占 60%（240 间），一般单位占 20%（80 间），不同类型居民住宅占 20%（80 间），必要时需检查下水道。上述检查的具体房间数与灭鼠检查同步进行。 2. 检查部门： （1）居民：以厨房、用餐处、厕所、公用部位、杂物堆放处为重点 （2）单位：饭店、宾馆的厨房、餐厅，医院的药房、病房，食品厂的成品库、原料库，与加工生产食品有关的车间，职工宿舍、办公室、值班室。 （3）每自然间算一间，大于 15 平方米的每 15 平方米折算 1 间，以检查实际场所折算。下水道以 15 米或一个井口为 1 间

二、灭蟑组织工作

2008 年，天津市爱卫办以津爱卫办发〔2008〕18 号文件发出《关于在全市开展 2008 年灭蟑螂活动的通知》。灭蟑工作的主要目的是：围绕迎接奥运会和夏季达沃斯论坛全面展开。动员各行各业和广大人民群众，按照职责分工，从消灭蟑螂栖息地入手，加大对重点行业和部位的消杀力度，有效降低蟑螂密度，将媒介生物传播疾病突发与流行的危险性降至最低。要求全面动员，清整环境。监测密度，准备药械，精心组织，科学消杀，加强监督，严格检查。加强行业管理，推进市场化进程。

1. 以 2008 年奥运会涉及的宾馆饭店、旅游景点、商业服务行业等单位作为灭蟑活动的重中之重，采取联合防治的方法，认真做好灭蟑投药工作，达到全国爱卫会规定的标准。

2. 机场、火车站、汽车站和港口等窗口单位要将候机（车、船）室、餐厅、食品制售和库房等作为重点进行灭蟑。

3. 中小餐馆、宾馆饭店、旅馆、歌厅、浴池、农副产品市场、商店、超市等公共场所和食品加工制售企业等重点单位，要采取综合防治的方法，进行全面投药灭蟑。

4. 医院、学校、机关、企事业单位等以病房、诊室、宿舍楼、食堂为重点进行综合防治，发现蟑螂，随时投药。

5. 居民室内的灭蟑要以厨房、餐室、厕所、和杂物堆放处等为重点，加强居民区外环境的灭蟑工作，对有蟑情居民区的一楼至顶层全部楼道进行药物滞留喷洒或烟熏，对未封闭的垃圾道和上下水井及各种地下管线井要使用热烟熏机或烟熏剂熏杀。

6. 天津市爱卫办组织两次全市性灭蟑螂投药和一次补投药。第一次集中投药时间为 5 月 10 日—5 月 31 日；第二次集中投药时间为 6 月 20 日—7 月 20 日；8 月 1 日—8 月 31 日，对前两次投药情况进行自查，对漏投、覆盖率低、灭后密度仍较高的单位、部位和居民区进行补投药。

2009 年，天津市爱卫办为了有效控制虫媒传染病的发生和传播，迎接新中国成立 60 周年，在天津市开展灭蟑螂专项活动。主题为:“远离蟑螂侵扰，拥有健康环境”。控制的目标是：餐饮、超市、医院、学校和居民区。要求的效果是：1. 有蟑螂单位和有蟑户的投药率达到 100%；2. 灭效达到 90% 以上；3. 灭后蟑螂密度达到全国爱卫会的标准规定。

实施步骤分两步走：

（一）宣传准备阶段。主要做好组织发动、广泛宣传、培训骨干、环境治理、药械准备、螂情调查等六项工作。

（二）灭蟑实施阶段。在做好宾馆、饭店、旅馆、歌舞厅、浴池、商场、交通客运等公共场所和食品加工制售等单位普遍灭蟑的基础上，重点打好餐饮行业、各类超市、医院、大专院校以及各类寄宿制学校和居民区三个专项战役。第一战役：对各类餐饮、超市实施灭蟑；第二战役：对各级医院、大专院校以及寄宿学校实施灭蟑；第三战役：对居民区实施灭蟑。

（三）检查验收。主要做好三项工作。一是各区县和各责任单位爱卫办要认真做好灭后密度监测工作，如期上报；二是各级爱卫组织要制定灭蟑后的巩固措施，继续消除蟑螂栖息地，及时清除蟑尸、蟑迹；三是各区县和各责任单位对此次专项灭蟑活动进行自查自验，并组织专业人员对三个战役所涉及的单位进行跟踪检查，市爱卫办也组织检查验收。此次活动，有具体保障措施：加强领导，落实责任；落实经费，做好保障；严格检查，强化监督；抓好典型，加强交流。

第三章　灭　　鼠

第一节　有效灭鼠

一、灭鼠通知

1980 年全国爱卫会发出《关于秋冬季灭鼠活动的通知》，针对各地鼠害严重，影响生产和人民健康，要求各地采取有效措施消灭鼠害。天津市爱卫会根据全国爱卫会的通知精神，在 1980 年后在鼠密度逐月上升的情况下，要求进一步发动群众，搞好灭鼠活动，在年底以前，把鼠密度降到最低限度。

1982 年 12 月，天津市爱卫办根据群众反映个别地区鼠害严重的问题，发出《开展冬季灭鼠的通知》。通知要求：

1. 各区、县、各有关局应把灭鼠工作列为冬季爱国卫生运动的重点之一，特别是农业、粮食、卫生等部门，应重视当前鼠害情况，把灭鼠工作纳入议事日程。

2. 农业和植保部门要把灭鼠作为保种保粮的重要措施。卫生部门要充分发挥灭鼠的技术指导和参谋作用，深入基层做好技术培训，合理使用灭鼠药物和器械。商业、供销、农药等部门要积极提供足够的灭鼠药物、器械提高灭鼠效果。宣传部门要加强科学普及教育，介绍灭鼠知识，推广新技术，新方法。工商局要加强对集贸市场出售剧毒鼠药的管理，严禁出售剧毒鼠药。各区、县、镇、街要认真组织群众开展灭鼠，使鼠密度降到 5% 以下。

3. 灭鼠活动分为三个阶段，12 月底前，为宣传发动阶段，扑前做好鼠密度测定，药械准备、组织培训和宣传发动工作。明年 1 月中旬为投药扑鼠阶段，要统一时间，以药物为主，并结合打、夹、扣、灌、挖等多种有效方法。春节前为检查验收阶段，发动群众行动起来，灭鼠办法行之有效，鼠密度下降。

4. 认真总结灭鼠经验，及时推广，在突击的基础上，制定常年的灭鼠措施，持之以恒。各区、县爱卫会要把活动情况于春节前上报天津市爱卫会。

1983 年 3 月，根据国务院国发〔1983〕35 号《国务院关于开展春季灭鼠活动的通知》，天津市政府召开灭鼠活动动员大会，并转发了天津市爱卫会《关于开展春季灭鼠活动的意见》，根据市政府的统一部署，4 月份开展了一次灭鼠突击月活动，共计灭鼠 1605507 只，据市区、塘沽区、汉沽区防疫站监测，扑前最高密度为：22.7% 夹日，最低为：5% 夹日，平均为：10.39% 夹日。

通过一个月的活动，抽查市内六区、塘沽区，最高密度为7.89%夹日，最低密度为0.67%夹日，平均为2.9%夹日，取得了明显效果。

1984年7月，天津市爱卫办对本年度灭鼠工作做了小结。在开展群众性灭鼠活动中，各级领导重视，群众发动比较充分，取得较好的效果。共灭鼠8320000只，鼠密度由扑前的12%降到5%左右，取得了明显的效果，得到群众的好评。

1984年12月天津市人民政府办公厅津政办发〔1984〕178号，转发天津市爱卫会、教委、经委、农委、市场委、交委、卫生局《关于今冬明春开展灭鼠活动的意见》。“近年来，天津市灭鼠工作虽然取得一定成绩，但有些地方鼠害仍较严重。各级政府和各部门要广泛发动群众，有组织、有计划、有领导地把天津市灭鼠活动开展起来。今后几年要坚持不懈地抓下去，一定要把鼠害有效第控制住。”同时，经市政府批准，天津市爱卫会于12月1日召开天津市今冬明春灭鼠动员大会，各区、县人民政府、各委、办局、各直属单位、中央驻津单位、驻津部队、武警总队、大专院校、食品行业重点企业等单位参加会议。《天津日报》、今晚报、电台、电视台报道会议内容。

1985年，天津市爱卫办，根据各区、县灭鼠工作的开展情况，发出《关于落实灭鼠任务的通知》。要求：1.食品制售行业、宾馆、旅店等服务行业，港口、机场、火车站等交通行业、天津警备区、驻津部队和武警部队，每人义务灭鼠2只；乡村农户、每人义务灭鼠1只；机关干部、工厂职工、学校学生和其他行业职工，每人灭鼠1只。各区、县应把灭鼠计划任务数分别下达到各基层单位，以利推动基层单位灭鼠活动的开展。2.为了掌握灭鼠进展情况，各区县每周三、六上报一次灭鼠进度。

二、灭鼠工作的考核

1996年3月开始，天津市爱卫办对各区、县灭鼠工作进行考核，为了使市级考核真实地反映灭鼠情况，当年的考核本着成熟一个区、县，考核一个区、县的原则进行。8日开始，各区、县在自验达标后，报市爱卫办业务处，对抽烟单位具体考核时间业务处电话通知被考核的区、县。

抽样办法：考核的前一天，按各区、县的行政区划图抽3个街（乡、镇），共15个特殊单位，60户局民（30户村民），单位布粉不少于30块，住户只访问和目测，不做粉块，每个区、县的考核分3组进行，区、县自布块，次日市考核，时间1天。此次灭鼠工作在考核的同时，由有关专业人员一并进行鼠密度的调研，以便为今后灭鼠工作的开展和迎接全国爱卫会对灭鼠工作的复查奠定基础。调研情况不列入考核结果。

1996年5月，天津市爱卫会向各区县爱卫会，各有关委、局提出夏季重点地区、重点单位灭鼠工作安排。这次重点地区、重点单位灭鼠从5月初至9月底，分为两个阶段进行。

第一阶段为宣传发动、监测鼠密度阶段；第二阶段为综合治理，重点投药阶段。

1996 年夏季灭鼠工作投药前后鼠密度监测结果对比表

表 4–3–1–16

检测地点	投药前检测结果			投药后检测结果			投药前后鼠密度增长幅度（%）
	监测基数	阳性数	鼠密度（%）	监测基数	阳性数	鼠密度（%）	
垃圾道	3191	363	11.38	2741	61	2.23	-9.15
农贸市场	1458	90	6.17	1694	37	2.18	-3.99
公　厕	460	12	2.61	639	8	1.25	-1.36
绿　地	3882	167	4.30	6000	96	1.60	-2.70
河　坡	3720	253	6.80	5500	220	4.00	-2.80
下水道	3158	485	15.36	1984	39	1.97	-13.39
工　地	480	35	7.29	1376	20	1.45	-5.84
铁道两侧	500	31	6.20	800	12	1.50	-4.70
食品制售	4281	234	5.74	3825	36	0.94	-4.53
居民区	2330	48	2.06	2445	25	1.02	-1.04
合　计	23460	1718	7.32	27004	554	2.05	-5.27

1996 年 9 月 23 日至 26 日，市爱卫办和有关人员对市内六区及大港区的第二次灭鼠投药工作进行推动检查从检查的情况看，夏季第二次投药工作进展顺利，效果明显。全市第一次灭鼠投药 25 吨，第二次对问题比较突出的地区补投鼠药 5 吨。在补投活动中，突出综合治理，采取进一步发动群众，设防鼠网、制防鼠板、赌鼠洞等办法，使一些鼠密度居高不下的地区，如农贸市场、居民区的密度由 10% 以上降至不超过 5%。和平、河北、河东等区还发动群众堵鼠洞 20000 余处。这次活动的特点是：底数清，重点明确；综合治理，防治结合；广泛宣传，群众参与。

1997 年 1 月，发出津爱卫字〔1997〕1 号文，“关于在天津市开展冬春季灭鼠活动的安排意见”。活动从 1 月中旬开始到 3 月底结束。具体安排为三个阶段。

一是准备阶段，1 月 25 日前，各区、县要完成投药前的监测工作。

二是统一投药阶段，统一投药安排两次，第一次为 1 月 31 日，第二次为 2 月 15 日，投药覆盖率和到位率要达到 100%。

三是考核阶段，3 月中旬以后，各区县在开展自查的基础上，将考核情况报市爱卫办除害管理站，3 月中旬至 3 月底，市爱卫办将按照国家有关标准组织考核验收。

活动要加强组织领导，广泛宣传，加强药物统一管理，加强防鼠工作。灭鼠活动后，市爱卫会将对活动中表现突出、效果明显的地区、单位给予表彰奖励。

灭鼠活动开展后，天津市爱卫会在 2 月份分两次向庄公惠副市长、立昌市长书面汇报灭鼠情况。1 月 31 号投药活动开展后，经统计共投药 7 吨，摆放粘鼠板 3000 余块，张贴宣传标语 2000 余条，灭鼠效果明显。同时对第二次投药工作进行一次推动检查。

第二节 严格控制鼠传疾病

1997 年 8 月，天津市爱卫办向天津市市政府请示，鉴于最近天津市鼠密度有回升趋势，出血热等鼠传疾病发病率明显回升，为切实保障人民群众的身体健康，于 8 月 14 日召开“天津市 1997 年秋季灭鼠工作会议”，拟请周思纯副秘书长主持会议，市爱卫办主任吴春秋做秋季灭鼠动员；拟请副市长、市爱卫会主任庄公惠讲话。市政府及主管领导批准召开此次会议。

会议召开后，天津市爱卫办对秋季灭鼠工作做了工作情况报告。

灭鼠工作进展情况：进行了全方位的灭鼠技术培训，不留死角。进行了两次各区、县秋季灭鼠推动会，了解情况，协调问题；制定灭鼠监测要求及指标顺利完成投药前的鼠密度监测。做了 3 期宣传灭鼠工作录像，在电视台播放，做到家喻户晓。在秋季灭鼠工作新闻发布会上，将灭鼠投药向新闻单位进行通报。做好灭鼠药械准备工作（共计 35 吨）及误食鼠药抢救工作的准备，争取全国爱卫会无偿支持“杀它仗”4 吨，价值 21 万人民币。

灭鼠初效及特点

截至 9 月 24 日共投药 318 吨，鼠夹 2000 余把，粘鼠板 3500 余块；统一投药后，药效极佳，据不完全统计，全市市面共发现死鼠 103410 多只，根据抗凝血剂药物 1∶4 的实验结果进行测算，全市共杀死老鼠大约 41 万多只。

1997 年天津市秋季灭鼠工作会议后，天津市爱卫会同时发出加强秋季灭鼠活动中宣传信息工作的通知。要求：1. 市爱卫办印发《致全市人民公开信》；2. 9 月 10 日为全市灭鼠宣传日，要采取张挂条幅、发放宣传品、宣传栏、广播、录像等形式上街宣传；3. 利用各种形式介绍科学灭鼠知识及安全用药等内容；4. 要充分利用简报、信息等形式将工作动态、投药情况、灭鼠效果及时报天津市爱卫办。

1997 年 9 月，天津市卫生局、天津市爱卫办联合发出《关于在 1997 年秋季灭鼠活动中做好误食鼠药抢救工作的通知》，要求误食中毒及时抢救，一是用清水洗胃；二是肌肉注射维生素 K，成人每日量为 10—20 毫克；三是重症病人观察出、凝血时间的变化。各医院、卫生院要做好抢救的准备工作，一经发现要及时抢救，并把误食情况及时报天津市爱卫办。

2000 年天津市爱卫办组织对开发区灭鼠考核情况表

表 4-3-2-17

一、资料考核	
（一）工作方案和工作报告	1. 经费情况：专项经费、专款专用、人均经费 2. 阶段性总结：灭鼠从 1997 年至现在每个阶段的工作总结、简报、环境治理方案。 3. 每年灭鼠开展情况：政府有关文件、灭鼠工作的年工作计划，实施方案、宣传活动、组织措施等 4. 灭鼠工作人员的培训情况： （1）师资培训：授课老师须经市爱卫办培训； （2）培训教材：为全国爱卫办及市爱卫办规定教材； （3）考试成绩：培训人员考试成绩的原始记录
（二）技术方案和技术报告	1. 药械使用： 根据〔1984〕中爱卫字第 25 号、全爱卫发〔1995〕22 号和全国爱卫发〔1996〕第 24 号文件规定，1984 年 4 月后继续使用氟乙酰胺、1996 年 11 月后继续使用急性灭鼠药的城市不予考核验收；使用药械须经全国爱卫会除四害专家委员会评审（按比例给分；自制自用毒饵其原药或母液或母粉必须通过评审；商品毒饵必须通过评审） 2. 灭鼠方法： （1）每年选定的灭鼠药必须通过现场试验并提供相应的试验报告； （2）必须坚持综合防治原则，做好鼠情调查，搞好环境卫生和防鼠设施；灭鼠方法科学，药物的选用和改变必须有科学依据，毒饵投放合理。
二、现场考核	
（一）鼠迹法	1. 室内鼠迹： 检查 200 间房间（15 平方米折算为一间，以实际查到的面积计算件数）。其中：重点单位占 60%（120 间），具体为：农贸市场（＞1 个）10 间，饭店或宾馆或饮食店（＞4 个）50 间，副食店（＞2 个)10 间，食品厂或食品店（＞3 个)30 间，火车站或长途汽车站（＞1 个)5 间，医院（＞1 个)10 间，工地（＞1 个）5 间：一般单位占 30%(60 间），居民住宅占 10%(20 间），有鼠洞、鼠粪、鼠道、鼠咬痕、鼠尸、活鼠等鼠迹的房间不超过 2%（4 间）。 2. 环境鼠迹： 检查城区内累计 2000 延长米外环境中的鼠迹（包括鼠洞、鼠粪、鼠咬痕、鼠尸、活鼠等），其中建筑工地 200 米、垃圾收集站 100 米、公园 200 米、绿地 500 米、河流湖泊沿岸 200 米、医院病房周围 100 米、大单位院内 300 米、居民住宅小区间空地 400 米，距离 5 米内的鼠迹按 1 处计算，总计不超过 5 处、超过 5 处为超标
（二）防鼠设施	检查重点单位和一般单位存放食品和粮食的库房以及食品操作间防鼠设施，包括们、窗、通风口、下水道等。其中：库房 20 间、操作间 40 间，总计 60 间，不合格间数不超过 5%（3 间）

第三节 灭鼠安排

2000年5月，天津市爱卫办发出2000年春季灭鼠工作安排。安排要求：

1. 搞好宣传发动工作。在2000年“爱国卫生月”活动中，进一步宣传“除害防病”科学知识，下大力量对《天津市除四害管理办法》《天津市爱国卫生管理办法》进行广泛的宣传，使广大群众不断提高卫生意识和自我保健意识，主动参与灭鼠活动。

2. 搞好灭鼠前鼠密度监测工作。

3. 搞好环境卫生清整工作。在城市环境综合治理工作中，加大对卫生死角的清理力度，最大限度地消除鼠类生存栖息环境。

4. 投药时间为4月18日—21日，5月10日以前进行自查验收及灭后鼠密度监测工作。

5. 5月中旬进行全市灭鼠检查验收工作。

2001年天津市爱卫办以市爱卫办（爱）〔2001〕第2号文件发《天津市2001年春季灭鼠工作安排》，主要针对鼠密度不断提高，鼠传疾病时有发生，严重威胁人民群众的身体健康，给工农业生产带来损失的情况，决定3月至5月在全市范围内开展一次较大规模的群众性春季灭鼠活动，把天津市的鼠密度控制在国家规定的标准之内。

灭鼠的重点地区是市内六区、滨海三区的城区、开发区、保税区和新五区四县的政府所在地，城乡结合部以及镇、乡、行政村等。此次的灭鼠活动原则上分准备宣传、投药、考核验收三个阶段进行。

（一）3月1日—3月30日，准备宣传阶段。充分做好各方面的准备工作，制定实施方案和工作计划，层层动员，落实责任；采取不同方式，加强舆论宣传。层层做好技术骨干和投药人员的培训工作，做好灭鼠前后的密度监测工作。

（二）4月2日—4月6日，投药阶段。投药前要突出环境卫生的综合治理，注重生态灭鼠，彻底清除鼠迹隐蔽生存场所。完善防鼠措施，防鼠设施建设按国家统一标准进行。此次活动统一用药品种、统一用药方法、统一投药时间、统一进药渠道；在灭鼠过程中，做好灭鼠安全教育，建立严格的药物保管、发放回收制度。

（三）4月26日—5月31日，考核验收阶段。检查验收根据条块结合的原则，在4月25日前，各单位认真做好自查自验工作，并将情况上报市市容委爱卫处，爱卫处将会同天津市卫生除害管理站及有关部门进行检查验收。

2000 年天津市爱卫办对大港区灭鼠检查内容及范围

表 4-3-3-18

一、资料考核	
（一）工作方案和工作报告	1. 经费情况：专项经费、专款专用、人均经费 2. 阶段性总结：灭鼠从 1997 年至现在每个阶段的工作总结、简报、环境治理方案。 3. 每年灭鼠开展情况：政府有关文件、灭鼠工作的年工作计划，实施方案、宣传活动、组织措施等 4. 每年自查情况：自查结果、考核意见等 5. 灭鼠工作人员的培训情况： （1）师资培训：授课老师须经市爱卫办培训； （2）培训教材：为全国爱卫办及市爱卫办规定教材； （3）考试成绩：培训人员考试成绩的原始记录
（二）技术方案和技术报告	1. 药械使用： 根据（84）中爱卫字第 25 号、全爱卫发（1995）22 号和全国爱卫发（1996）第 24 号文件规定，1984 年四月后继续使用氟乙酰胺、1996 年 11 月后继续使用急性灭鼠药的城市不予考核验收；使用药械须经全国爱卫会除四害专家委员会评审（按比例给分；自制自用毒饵其原药或母液或母粉必须通过评审；商品毒饵必须通过评审） 2. 灭鼠方法： （1）每年选定的灭鼠药必须通过现场试验并提供相应的试验报告； （2）必须坚持综合防治原则，做好鼠情调查，搞好环境卫生和防鼠设施；灭鼠方法科学，药物的选用和改变必须有科学依据，毒饵投放合理
（三）鼠密度监测资料	1. 当地鼠种分布、优势种以及鼠传疾病的发生等资料； 2. 完整的自查原始资料； 3. 从 1997 年至现在历年的，由防疫站或爱卫会提供的鼠密度监测原始资料； 4. 每年的监测经费有保证
二、现场考核	
（一）鼠迹法	1. 室内鼠迹： 检查 400 间房间（15 平方米折算为一间，以实际查到的面积计算件数）。其中：重点单位占 60%（240 间），具体为：农贸市场（＞1 个）20 间，饭店或宾馆或饮食店（＞8 个）80 间，副食店（＞2 个）20 间，食品厂或食品店（＞3 个）60 间，火车站或长途汽车站（＞1 个）10 间，医院（＞1 个）30 间，工地（＞1 个）10 间：一般单位占 30%（120 间），居民住宅占 10%（40 间），有鼠洞、鼠粪、鼠道、鼠咬痕、鼠尸、活鼠等鼠迹的房间不超过 2%（8 间）。 2. 环境鼠迹： 检查城区内累计 2000 延长米外环境中的鼠迹（包括鼠洞、鼠粪、鼠咬痕、鼠尸、活鼠等），其中建筑工地 200 米、垃圾收集站 100 米、公园 200 米、绿地 500 米、河流湖泊沿岸 200 米、医院病房周围 100 米、大单位院内 200 米、居民住宅小区间空地 400 米，距离 5 米内的鼠迹按 1 处计算，总计不超过 5 处、超过 5 处为超标
（二）防鼠设施	检查重点单位和一般单位存放食品和粮食的库房以及食品操作间防鼠设施，包括们、窗、通风口、下水道等。其中：库房 20 间、操作间 40 间，总计 60 间，不合格间数不超过 5%（3 间）

第四节　天津民航创建无鼠害机场

1986年，民航天津机场在学习首都创建“无鼠害机场”的经验之后。认真开展创建“无鼠害机场”工作，组织驻机场有关单位积极开展了灭鼠工作。制定了无鼠害机场活动方案，要求“一役达标”，巩固半年，年内实现“无鼠害机场”的目标。首先成立“无鼠害机场”领导小组。领导小组下设办公室，并成立专业灭鼠队。各基层单位设立义务灭鼠员，负责鼠情报告，检查毒饵投放。请卫生防疫所、天津市防病中心给予技术指导，培训专业灭鼠队员和义务灭鼠员。

同时，对天津机场共建无鼠害机场做了认真的工作总结和技术总结。

1.健全灭鼠组织，把灭鼠工作纳入工作计划，制定适合当地灭鼠发的工作方案和具体措施，为创建“无鼠害机场”提供有力保障。

2.加强宣传，提高干部群众对灭鼠工作的认识，形成群众性的灭鼠围歼战，组成专群结合的灭鼠队伍。

3.突击灭鼠与经常性灭鼠相结合，依据每月监测结果，以突击性灭鼠压低数量，并佐以经常性灭鼠。

4.进行全面鼠情监测，掌握鼠种组成及数量变化，结合了解鼠的繁殖季节和生育能力等，为科学灭鼠提供依据。

1986年7月24日有天津市爱卫会、天津市卫生局、天津市交通委员会共同组织有关专业技术人员进行了技术鉴定。考核严肃认真。实地考核的结果是：室内外共布鼠夹2011把，捕鼠1只，捕鼠率0.05%；撒粉900块，踏1块，阳性率0.11%。野外检查15000米，未发现鼠洞、鼠迹；室内检查食堂、仓库、候机楼、宾馆、办公室、厕所等450处，发现鼠洞3个、鼠粪3处，未发现鼠迹和鼠害。经鉴定民航天津机场已经达到《中华人民共和国国境口岸卫生监督办法》规定的无鼠害标准，向中央申请验收民航天津机场为“无鼠害机场”。

鼠密度考核结果

表4-3-4-19

时间	地点	夹夜法			粉迹法		
		布夹数	捕鼠数	（%）	布块数	阳性数	（%）
86年 7月24–25日	民航学院	88	0	0	88	0	0
7月25–26日	候机楼	100	0	0	50	0	0
7月25	航管楼	98	1	1.02	99	0	0

续表 4-3-4-19

时间	地点	夹夜法			粉迹法		
		布夹数	捕鼠数	(%)	布块数	阳性数	(%)
7月25	宾　馆	100	0	0	100	0	0
7月25	分　库	181	0	0	181	0	0
7月25	贝尔办公楼	102	0	0	102	0	0
7月25	货运仓库	50	0	0	50	0	0
7月25	职工食堂	40	0	0	40	0	0
7月25	学院食堂	100	0	0	100	1	1.00
7月25	边　防	26	0	0	26	0	0
7月25	警　卫	25	0	0	25	0	0
7月25	餐　厅	39	0	0	39	0	0
	室内小计	949	1	0.11	900	1	0.11

附：

民航天津“无鼠害机场”鉴定委员会意见

民航天津机场在学习首都机场创建“无鼠害机场”经验的基础上，于1986年4月初开展了群众性大面积灭鼠运动，创建了“一役达标”的经验。经过全场职工及驻场单位的共同努力，已通过了技术鉴定。鉴定委员会，在认真审查资料和实地考核后认为：

民航天津机场，在创建“无鼠害机场”的工作上，组织健全，工作方案切实可行，灭鼠与考核方法科学，资料齐全，数据准确，已达到《中华人民共和国国境口岸卫生监督办法》规定的无鼠害标准。鉴定委员会同意上报中央有关部门审批为“无鼠害机场”。希望民航天津机场巩固成绩，加强鼠情监测及场外灭鼠，防止场外鼠窜入。

蔡公琪

1986年7月27日

第五节　港务局创建“无鼠害港”

1986年3月31日，天津市爱卫会为了贯彻国务院和市政府灭鼠的指示精神，进一步推动推动天津市灭鼠工作的深入开展，经有关部门协调，成立天津港验收“无鼠害港”领导小组，下设技术鉴定小组，开展对天津新港及驻港单位的“无鼠害港”的验收工作。

天津港务局近几年广泛发动群众，开展灭鼠活动，特别是1985年后，加强了港区灭鼠的工作领导，充实调整了灭鼠领导小组，设立了专门的办事机构，建立了专兼职的灭鼠队伍。连续开展了8次灭鼠战役，使港区的鼠密度大幅度下降。

天津港务局认真制定了创建“无鼠害港”工作方案。对创建“无鼠害港”进行技术总结。做法有：一是抓试点，学经验，派员到大连港学习取经，为指导灭鼠提供经验；二是业务培训，经验交流和技术指导；三是鼠情调查，同时采取防鼠灭鼠综合措施。

天津港鼠密度考核结果（外环境）

表4-3-5-20

时间	地点	夹夜法			粉迹法		
		布夹数	捕鼠数	（%）	布块数	阳性数	（%）
1986年7月24–25日	Ⅰ区	150	0	0	—		
7月24日	Ⅱ区	191	0	0	—		
7月24日	Ⅲ区	100	0	0	—		
7月24日	Ⅳ区	237	0	0	—		
7月24日	Ⅴ区	185	0	0	—		
7月24日	Ⅵ区	199	0	0	—		
野外小计		1062	0	0			
室内外合计		2011	1	0.05	900	1	0.11

经过一系列的工作，天津港务局对创建“无鼠害港”进行的认真的总结。

1. 领导重视，主管领导具体抓，专兼职扑鼠员不怕困难，知难而上，主管领导坚持参加扑鼠例会，使扑鼠措施和方案得到有力的贯彻执行。

2. 坚持技术指导及时总结及推广经验，发现问题及时解决。

3. 培养一支专业骨干队伍，同时实行专群结合是搞好灭鼠工作的重要保证。

4. 搞好环境卫生，清除老鼠生存和繁殖场所，为灭鼠防鼠创造有利条件。

天津港务局历次鼠密度测定调查表

表4-3-5-21

年月	夹日法			粉格法				附记
	布夹数	捕鼠数	密度（%）	块数	格数	踏格数	密度（%）	
1985年5月	1640	22	1.34	400	—	40	10	
1985年6月	1833	31	1.69	424	—	45	10.6	
1985年9月	5100	118	2.31	212	—	42	19.81	
1985年10月	3306	34	1.02	1044	—	101	9.67	
1985年11月	8019	35	0.43	2035	—	46	2.26	
1985年11月	1353	1	0.07	718	6462	121	1.87	市抽测4个单位

续表 4-3-5-21

年月	夹日法			粉格法				附记
	布夹数	捕鼠数	密度（%）	块数	格数	踏格数	密度（%）	
1985年12月	2859	0	0	1580	14220	91	0.64	市抽测
1986年1月	846	0	0	550	4950	17	0.34	市抽测
1986年2月	6290	0	0	2100	18900	33	0.17	
1986年3月	3828	0	0	15491	3941	17	0.12	
1986年4月	2112	0	0	1139	10251	1	0.0099	市验收鉴定

1986年4月15日，创建“无鼠害港”技术鉴定小组对天津港创建工作进行了技术鉴定，并撰写技术鉴定书。天津港在学习兄弟港创“无鼠害港”经验的基础上，结合该港鼠情和自然环境，制定了符合天津港实际情况的灭鼠方案，于1985年月1月至1986年4月开展了全港性的灭鼠工作，经过一年多的证实，鼠害得到控制，经济效益显著，已达到了《中华人民共和国国境口岸卫生监督办法》规定的无鼠害标准。

鼠害考核结果：

1. 委员会考核组于1986年4月11日至14日，对天津港进行了全面、认真的考核，布夹3420把，扑鼠零；撒粉1896块，阳性率0.06%; 检查157处，发现新鼠迹两处；查外环境34300米，未发现鼠洞、鼠迹。

2. 天津市爱卫会考核组于1985年2月和1986年1月进行了全面严格的考核，12月置放鼠夹2859夹夜，扑鼠零；撒粉1580块，阳性率0.64%，1月布放846夹夜，扑鼠零，撒粉550块，阳性率0.34%。

3. 天津港于1986年2月和3月两次考核，夹日扑鼠率均为零，撒粉阳性率分别为0.17%和0.12%，未发现任何鼠患。

在认真审查技术资料和工作报告后，鉴定委员会一致认为工作方案设计合理，措施得力，调查方法准确，数据可信。具体做法是：

1. 健全灭鼠组织机构，港务局设灭鼠委员会，在组织上实行了领导。有专群结合的灭鼠队伍，在技术上由港务局防疫站、卫生检疫所、天津市爱卫会、天津市卫生防疫站有关技术人员密切协作，制定了适合天津港条件的综合性灭鼠措施。

2. 灭鼠方法多样，采取了药物灭鼠和器械扑鼠相结合、经常与突击相结合；灭鼠与防鼠相结合，合理地发挥了各种方法的作用。做到了长期坚持，防灭结合。

鉴定委员会建议：

1. 加强毗邻地区街道与驻港单位的协作，以防港外鼠潜入。

2. 注意鼠数量的恢复速度，以及种群的交替变化。

3. 成立鼠害防治的常设机构，以便监测鼠情和灭鼠防鼠的技术指导工作。

1986年10月29日，中央爱国卫生运动委员会以〔1986〕爱卫办字第138号文发出《关于鉴定大连、丹东、吉林、呼和浩特、包头市、天津港无鼠害单位的通知》，并于11月15日至18日鉴定天津港为“无鼠害港”。

1986年10月30日，天津市爱卫办〔1986〕津爱卫办字第14号，向市政府主管领导提出建议《关于授予天津港务局轮驳公司船队为基本无鼠害船队的报告》。

根据天津港务局轮驳公司创建“无鼠害船队”的报告，天津市爱卫会、天津市交委、天津市卫生局邀请了有关教授、专家组成鉴定委员会，于1986年10月20日至22日对船队33艘船中的其中19艘船进行了考核，布粉391块，阳性率为零，未发现鼠洞、鼠粪、鼠害，审阅了船队的灭鼠方案，听取了灭鼠情况汇报。鉴定委员会认为，灭鼠方案合理，措施得力，经过一年的努力效果明显，已达到《中华人民共和国国境口岸卫生监督办法》规定的无鼠害标准。以天津市爱卫会、天津市交委、天津市卫生局联合命名为“基本无鼠害”船队，并颁发证书和奖牌。

第六节　创建“无鼠害市”

1986年6月，国务院专门召开了灭鼠防病工作会议，国务院副总理万里、全国人大常委会副委员长、中央爱卫会主任到会讲话。会议强调加强领导，紧急部署，认真抓好灭鼠工作，严防出血热病的发生和流行，为人民办件实事。为了进一步贯彻国务院会议要求，本着超前的精神，天津市爱卫会拟在天津市城乡广泛开展灭鼠活动，1987年实现无鼠害城市目标，同时制定了实现无鼠害城市实施方案，批示后发各区县局和各部门执行。

一、开展全市性灭鼠活动

天津市政府于2月6日批示，关于开展全市性灭鼠活动，其做法、规模、标准都高于往年，所需经费，经请示中央爱卫会，对京津沪等省市的灭鼠经费均自行解决。据了解北京市财政已拨出灭鼠补助经费154万元，河北省拨出200万元，河南省郑州市拨出40万元。天津市拟实现无鼠害城市总经费约需525万元。考虑到天津市财政紧张的状况，经多次与市容委和财政局研究，经重新核算，压减为市财政补助50万元，其不足部分由各区、县财政补助。鉴于上述情况，拟同意解决创建无鼠害城市经费的请示。主管副市长姚峻批示：“同意所拟意见。”

根据市政府的要求，天津市创建“无鼠害城市”实施方案下发到天津市各区、县和各委、办、局等单位。实施方案分为五个部分。

1.创建无鼠害城市的标准和范围。争取城镇鼠密度九格法测定0.50%以下；农村鼠密度为1.00%以下；重点行业鼠密度为0。环境检查100处，鼠粪、鼠洞、鼠迹、鼠患合计不超过5%处；新鼠粪、鼠洞、鼠迹、鼠患合计不超过2%处（不包括田间灭鼠）。

2. 具体措施。建立天津市灭鼠指挥部，指挥部下设临时办公室，临时办公室下设技术组、宣传组、物资供应组、检查推动组和秘书组。各组各司其职。实行逐级承包制，层层签订承包责任书，保证本单位灭鼠任务的完成。灭鼠的技术骨干由各区、县防病站、卫生院、各单位保健站、农村医生组成。

3. 步骤和方法：4 月份以前市内六区、塘汉大、四郊区达标，5 县 12 月底以前达标。灭鼠活动原则上分为准备、投药、考核三个阶段进行。

4. 技术措施上，一定要统一投药，由投药员亲自按房间大小和鼠活动路线，做到投饵到位。投饵覆盖率要达到 100%。投药员要经过严格培训，掌握测定鼠密度的技术和投饵方法。

5. 灭鼠工作是科学性很强的工作，要狠抓不放，直至达标。报纸、电台、电视台、影剧院、文化馆、广播站要积极配合做好宣传。做好灭鼠宣传教育，防止人、畜、禽误食毒饵中毒。要做好城乡结合部和三不管地区的灭鼠工作；达标后要采取有效措施，巩固灭鼠成果。

1987 年 4 月和 11 月天津市爱卫会向各区、县灭鼠指挥部发出《关于灭鼠效果考核工作具体安排的通知》。要求按照通知要求，事先做好本职工作，以保证考核工作的顺利进行。经过一年多的努力，灭鼠效果显著，通过考核鉴定，达到了“无鼠害城市”标准。

1988 年 3 月，天津市爱卫会向中央爱国卫生运动委员会、卫生部提出《关于申请考核“无鼠害城市”的报告》。天津市创建“无鼠害城市”活动，是由点到面逐步展开的。1986 年秋季，首先在塘沽区试点，开展灭鼠活动。1987 年 1 月通过考核，鼠密度由灭前的 13.29% 下降到 0.04%，灭效为 99.70%。随后在试点取得经验的基础上，1987 年 2 月开始，先后在 17 个区、县 205 万多户，128 个街，2379 个居委会 222 个乡、镇，3859 个村庄，大小 3 万个单位，共培训投药员 12 万多人，普遍进行了立体投药灭鼠（不包括农田）。全市共投药 1500 吨，经费本着“谁受益谁出钱”的原则，共投资 250 万元，其中市政府补贴 50 万元。通过以上灭鼠活动，全市在地面捡拾死鼠 1.155 万只，鼠密度由灭前的 14.90%，下降到 0.30%，灭效为 97.99%。

二、无鼠害考核

申请“无鼠害城市”考核后，天津市爱卫会、天津市灭鼠指挥部于 1988 年 8 月，发出《关于继续巩固灭鼠达标成果，实现无鼠害城市的实施方案》和《天津市巩固无鼠害城市技术实施方案》。

1988 年 9 月 19 日，中央爱卫会办公室〔1988〕中爱卫办字 172 号文件《关于考核鉴定天津、哈尔滨市无鼠害市的通知》。通知说根据天津市申请无鼠害市考核、鉴定报告，经研究决定，11 月上旬对天津市进行无鼠害市的考核鉴定。经过中央考核鉴定组 11 月 1 日至 5 日的检查，对天津市创建无鼠害市做了情况通报。

附：

中央爱卫办对天津市创建无鼠害市的情况通报

创建无鼠害城市，是市政府为改善城乡人民生活办的实事之一。1987 年以来，经天津市人民和方方面面的努力奋战，取得了可喜的成果。1988 年 11 月初，全国爱卫办派专家莅津，进行了为期一周的考核鉴定，先后对天津市16个区、县的21个街、乡、镇及225各单位做了检测。专家组按照中央爱卫会〔1987〕1号文件的规定和要求，共布检测粉格25325块，有效25246块，发现阳性114块，阳性率为0.54%；抽查地下室道井口106处，在公园、河堤等重点地段布鼠夹622个，均未发现鼠迹。至此，天津市的鼠密度由达标前的14.9%降至0.45%，达到了国家规定的无鼠害标准。

在考核鉴定的过程中，专家组的曲儒增、汪诚信和邓址同志等一行8人，认真听取了天津市的灭鼠工作汇报，查阅了有关资料，观看灭鼠录像纪实，采取多种方法进行了实地检测，对天津市创建无鼠害城市取得的显著成效给予了很高的评价，充分肯定了天津市灭鼠工作的做法。一是决策正确，领导重视，市委、市政府把灭鼠工作同改善城乡人民生活紧密联系起来，连续两年列入了“二十件大事”，难能可贵。而且各级都建立了灭鼠指挥系统，从组织上保证了工作落实。二是全民动员，发动广泛。天津这么面积，把工厂、机构、学校、商店、街道、乡镇和广大市民都动员起来，同步投药，仅去年就灭杀1155万只老鼠，很不简单。三是逐级承包，责任明确。实行以块为主，层层分解，把责任落实到居民区和界内单位，对于全方位同步灭鼠是个有效方法。四是培训骨干，技术指导比较得力。在灭鼠中培训了一支群众性技术骨干队伍，灭鼠技术知识较普及，在结合清整环境卫生、综合治鼠、清除老鼠栖身地、堵鼠洞、清鼠尸上，办法很好。

专家组在肯定天津市灭鼠成绩的同时，也诚恳指出了一些薄弱环节和不足之处。1. 灭鼠工作收效不平衡，个别单位存在“走过场”的现象，检测时鼠密度超标。有的行业卫生条件极差，存粮仓库无窗无门，鼠迹到处可见。2. 投药覆盖不均，有些地方投药过多，造成浪费；有的重点地方投药又少，效果不好，还存在有鼠迹而未投药的死角。3. 长期灭鼠制度不健全。有的单位推推动动，不推不动，没有经常性防鼠灭鼠措施。4. 发现弄虚作假现象。在这次检测中，极个别单位和住户自己欺骗自己，有的用纸盒将粉块盖上，有的涂抹粉块上的鼠迹，无异于放纵残鼠，对灭鼠工作其害无穷。

天津市创建无鼠害城市虽已告捷，但今后要巩固这一成果，任务更为艰巨。要辩证地认识这一问题，无鼠害城市，只是危害人类的老鼠达不到构成灾害的程度，漏网之鼠仍然存在，而且繁殖很快，一时麻痹松懈就会前功尽弃。因此，绝不能滋生松劲情绪，”刀枪入库，放马南山”。各区县、各部门和各单位，要对灭鼠工作认真进行一次总结，肯定成绩，找准问题，制定巩固成果、长期投药、杀灭残鼠的具体措施，确保本地区、本单位的鼠密度控制到国家规定的标准，迎接全国爱卫会的复验，把人民创建的无鼠害城市的成果长期巩固下去。

三、无鼠害考核

1988年天津市爱卫办以〔1988〕津爱卫办字2号文件，向市政府办公厅请示召开天津市灭鼠总结表彰大会”。会上对18个区、县及有关局授予奖旗一面，对天津市评选出的6000名灭鼠积极分子，会后颁发纪念品。会上请姚峻副市长做灭鼠总结报告。

1998年，天津市爱卫办以津爱卫办〔1998〕第14号文向全国爱卫会申请对天津市“无鼠害市”进行复查。自1988年全国爱卫会命名天津市为“无鼠害市”后，在天津市委、市政府的重视和领导下，积极巩固灭鼠成果，市政府每年都拨出灭鼠专项经费，保证每年春、冬两季开展巩固性大面积和特殊行业经常性的灭鼠达标活动，以及防鼠工作。灭后由市爱卫会组织专业力量进行自查，鼠密度均控制在国家标准之内。依据全爱卫办发〔1996〕第22号、〔1996〕第55号、〔1997〕第32号文件精神，天津市开展了大规模的灭鼠活动，效果比较明显。根据全国爱卫会关于印发《灭鼠、蚊、蝇、蟑螂标准》及《灭鼠、蚊、蝇、蟑螂考核鉴定办法》的通知，全爱卫办发〔1997〕第5号精神，向全国爱卫办提出申请，请择期派员对天津市进行“灭鼠单项达标”复查。

为迎接检查组的检查，天津市爱卫办认真做了《巩固灭鼠达标成果技术方案》《天津市城区灭鼠巩固工作技术报告》《天津市城区灭鼠工作情况汇报》。

1998年5月6日发出《全国爱卫办关于组织对天津等4个城市灭鼠工作进行复查的通知》全爱卫办发（1998）第24号，于6月1日至5日对天津市进行复查，复查分资料和现场两部分，其中现场考核采取在全市范围内随机抽查的方式。

经过5天的检查，全国爱卫会对天津市巩固灭鼠先进城区复查情况进行通报。

复查组认真听取了《天津市城区灭鼠工作情况汇报》《天津市城区灭鼠巩固工作技术报告》，查阅了天津市1992年至1997年巩固灭鼠先进城区的有关资料。对市内6区的重点单位、一般单位和居民区，随机选点进行随机考核。

一、资料考核情况

1. 经费情况：6年来有专项业务经费，使用情况的发票收据，年人均灭鼠经费0.45元。

2. 阶段性总结：1992年以来灭鼠工作均有阶段性总结，简报和环境治理措施等文件。

3. 灭鼠工作开展情况：1992—1997年均有市爱卫会（办）下发的灭鼠工作计划、实施方案、组织措施和宣传等资料。

4. 灭鼠自查情况：查阅到1992—1997年年度自查结果和考核意见及原始记录。

5. 灭鼠工作人员的培训情况：天津市有经全国爱卫会除四害专家委员会培训的师资，使用全国爱卫办规定的教材，对本地区灭鼠人员进行了培训，有考试成绩、原始资料。

技术方案和技术报告内容有：

1. 灭鼠药械使用情况：1992年以来，天津市政府组织的灭鼠用药以抗凝血灭鼠剂为主，未使用国家禁用的强毒急性鼠药。1996年以后，使用了经全国爱卫会专家委员会评审的合格鼠药。

2. 天津市卫生防病中心对选定的灭鼠药进行了实验室检测和现场灭鼠效果实验，每年均有现场实验报告。

3. 1992年以来，天津市每年灭鼠工作均有技术方案，不断改善投饵方法，配合使用粘鼠胶、鼠夹等，加强了鼠害的综合治理，灭鼠方法有科学依据。

天津市按照国家规定的方法开展鼠情监测，监测经费基本落实，监测资料齐全。

二、现场考核情况

1.粉迹法：抽查5个区的重点单位、一般单位共21个，实查437个粉块，未查见鼠迹阳性粉块。

2.室内鼠迹：在市内六区的重点单位、一般单位的重点场所、居民住户共抽查2003个房间，查得有鼠洞、鼠咬痕、鼠粪、鼠道、死鼠、活鼠的房163间，鼠迹阳性房间率为8.14%。其中：

（1）抽查各类重点单位164个，共1200间，查得鼠迹阳性房间120间，阳性率10%。

（2）抽查各类一般单位128个，共602间，查得鼠迹阳性房36间，阳性率为5.98%。

（3）抽查居民住房201间，查得鼠迹阳性房7间，阳性率为3.48%。

3.防鼠措施：查存放食品、粮食的库房和食品操作间200间，在门、窗、通风口、下水道等部位发现防鼠设施不合格房30间，不合格率为15.00%、

4.外环境鼠迹：在建筑工地、城市绿化带、火车站铁道两侧、医院病房外、大学食堂外、单位院内、居民区绿地、公园、河道两岸及垃圾站周围共抽查2000延米，发现鼠迹18处。

天津市灭鼠复查现场考核结果

表4-3-6-22

单位类型	粉迹法				室内鼠迹				防鼠设施				外环境	
	单位数	布粉块数	阳性块数	阳性率（%）	单位数	检查房间数	阳性房间数	阳性率（%）	单位数	检查房间数	不合格房间数	不合格率（%）	延长米	鼠迹处
农贸市场	1	21	0	0	5	50	6	12.00	5	10	3	30.00	–	–
宾馆、饭店、饮食店	4	47	0	0	58	300	50	16.67	36	52	14	26.92	15	2
建筑工地	–	–	–	–	9	52	4	7.69	4	5	2	40.00	100	3
医院	4	57	0	0	10	101	11	10.89	10	18	1	5.56	160	4
火车站、汽车站、码头	1	40	0	0	5	100	7	7.00	3	7	2	28.57	300	1
食品厂、食品、副食品店	1	45	0	0	44	323	23	7.12	31	55	4	7.27	25	1
粮店、粮库、粮食加工厂	1	40	0	0	19	138	4	2.90	14	21	1	4.76	–	–
机关、大学、工厂食堂	1	82	0	0	14	136	15	11.03	12	18	1	5.56	230	1
一般单位	8	105	0	0	128	602	36	5.98	8	14	2	14.29	200	1
居民区	–	–	–	–	25	201	7	3.48	–	–	–	–	290	2
公园、绿地、河岸等	–	–	–	–	–	–	–	–	–	–	–	–	680	3
合计	21	437	0	0	317	2003	163	8.14	123	200	30	15.00	2000	18

第四章　奥运会天津赛区病媒生物防制

第一节　组织推动

为了做好 2008 年北京奥运会天津赛区病媒生物防制工作，根据全国爱卫办和天津奥组委的要求，4 月中旬天津市爱卫办组织召开“2008 年北京奥运会天津赛区病媒生物防制工作会议”，会议的主要内容是：1. 部署 2008 年北京奥运会天津赛区病媒生物防制工作；2. 布置 2008 年夏季灭蚊、蝇工作；3. 布置 2008 年灭蟑工作；4. 邀请外地及天津市专家对病媒生物防制工作进行技术培训；5. 邀请部分药械生产、销售厂家进行药械展示。

参加会议的范围，主要是各区、县爱卫办主任、爱卫科长、街爱卫办主任；各委办局、开发区、保税区、新技术产业园区、社会团体、集团公司、天津警备区、武警天津总队、各大专院校、驻津单位爱卫办主任或分管爱卫工作的部门负责人。

天津爱卫办以津爱卫办发〔2008〕20 号文件形成印发《2008 年奥运会天津赛区病媒生物防制工作实施意见》。

实施意见的总体目标是：参照《健康奥运病媒生物控制行动计划》，本着条块结合，属地管理，专群结合、综合防治的原则，在动员全市深入开展环境治理的基础上，明确责任分工，全面实施对鼠、蚊、蝇、蟑螂等病媒生物的控制，使之达到世界卫生组织（WHO）和全国爱卫办的相关要求，确保奥运会成功举办。主要的工作任务是：

一、防治重点

一是一类保障地区（红区）。即：市奥足办签约场馆，范围包括参加奥运会的官员、运动员、记者使用的比赛、训练和食宿等场馆；二是二类保障地区（绿区）。范围包括：以“红区”为中心，周边两公里范围内的所有单位、居民区和外环境，市旅游局和各区县确定的用于接待国内外群众与各类场所及地区；三是三类保障地区（黄区）。范围包括以“红区”为中心，周边 5 公里范围内的所有单位、居民区和外环境。

二、控制标准

一是“红区”各单位室内和外环境不得检出鼠、蚊、蝇及其幼虫与蛹和蟑螂等病媒生物，防护设施完好率达到100%。二是“绿区”范围内所有单位内部和外环境的鼠、蚊、蝇和蟑螂等病媒生物密度，及其蚊、蝇幼虫及蛹的阳性率低于全国爱卫会规定标准的二分之一。三是“黄区”范围内所有单位内部和外环境的鼠、蚊、蝇和蟑螂等病媒生物密度，及其蚊、蝇幼虫及蛹的阳性率控制在全国爱卫会规定的标准范围之内。

三、实施过程

在实施意见中对病媒生物防治工作进行责任分工和提出了主要任务。要认真做好环境治理、密度监测、消杀投药、监督检查等项工作。

实施步骤分为三个阶段：

（一）准备阶段

1. 全面部署迎奥运病媒生物防治工作，并进行专业技术培训。

2. 各区县成立组织，制定方案，明确责任，落实人员、经费和消杀器械，于4月30日前将工作方案和落实情况上报天津市爱卫办。

3. 在全市开展迎奥运市容环境综合整治活动。

4. 广泛开展宣传活动，动员全社会积极参与。

5. 确定“红区”病媒生物防治专业公司，制定防治方案，进行密度监测。

6. 确定药品筛选原则，做好器械准备。

7. 各区县在开展密度监测的基础上，开始实施药物消杀。

（二）实施阶段

1. 继续对病媒生物进行密度监测。

2. 6月份开展全市集中灭鼠活动。

3. 全面实施对蚊、蝇、蟑螂的药物消杀，完善防护设施。

（三）验收阶段

1. 各区县组织全面验收，各部门对所属单位进行验收。

2. 天津市爱卫办对各区县和“红区”进行验收。

在做好以上工作的基础上，坚持“四个保障措施”，即技术保障、经费保障、药械保障、应急保障。

第二节　准入机制

病媒生物防治是确保奥运会成功举办的重要工作之一，为保障奥运会在天津市赛事的成功举办，天津市爱卫办在天津市奥足办的支持配合下，对奥运会病媒生物防治工作做出了安排，于3

月10日在奥体中心举办“迎奥运病媒生物防治工作启动仪式”。进入“红区”的奥运病媒生物防治作业队伍，在经行政许可并符合天津市爱卫办制定的《北京奥运会天津赛区病媒生物专业经营服务机构准入条件》的专业公司中选择。天津市奥足办协调有关部门批准符合《准入条件》公司的作业人员，按照安保规定进行审查后发放证件，进入天津市奥足办各签约场馆实施病媒生物防治作业。

附：

一、准入制度

（一）适用范围，适用于天津市行政区域内，在本市工商管理部门注册，经天津市爱卫办行政许可的病媒生物防治专业经营服务机构，即PCO企业。

（二）准入依据，以PCO企业的资金情况、病媒生物综合防治能力、办公及库房条件、设施设备、药械使用、人员素质、防治服务业绩、服务质量、管理及服务水平为准入条件。

（三）准入程序

1. 各PCO企业与4月7日前自愿报名，递交报名申请书，并加盖公章；

2. PCO企业报名后3日内，依据《准入条件》向天津市爱卫办提交全部资料，同时附5家以上不同行业的，服务期在半年以上合同单位的全部技术资料；

3. 由天津市爱卫办爱卫处审查资料，并随机抽查部分被服务合同单位的现场；

4. 经天津市爱卫办爱卫处依据《准入条件》全面审核后，提出准入意见，报天津市爱卫办领导批准；

5. 准入送达。

（四）防治任务

经天津市爱卫办批准的PCO企业，即为获得天津奥足委签约场馆（一类地区，也称红区），及其周边两公里范围内（二类地区，也称绿区）病媒生物防治准入资格的企业，同时也作为奥运会期间，天津市爱卫办应对病媒生物突发事件的应急队伍。

二、准入条件

第一条 注册资金不少于30万元人民币。

第二条 办公场所及库房

1. 有固定的办公场所和独立的药械库房，其中办公场所面积不小于60平方米，药械库房面积不小于60平方米；

2. 药械有专人负责保管，出入库制度健全，药械名称、出入库日期、来源、储存量、使用量、用途等内容记录完整。

第三条 防治服务经历

1. 从事病媒生物防治专业经营服务至少3年以上，并同时具备鼠、蟑、蚊、蝇防治经历；

2. 从事过三星级以上（含三星级）宾馆（饭店）、高档写字楼、大中型餐饮店、食品加工厂、医院、学校、商场、娱乐场所等不少于8类场所与环境的病媒生物防治服务，并有合同等相关资料证明；

3. 目前承接防治服务的单位或场所不少于20家。

第四条 设施设备

1. 配备的设备设施能满足不同环境和特殊场所的防治要求。其中，不少于10台手动喷雾器、6台超低容量喷雾器、1台背负式超低容量喷雾器、2台手提热烟雾机、1台手推式大功率喷雾机等，配备至少两辆服务用机动车；

2. 配有稀释量筒、搅拌器具、手电筒、工具箱等器具；

3. 配有粘鼠板、粘蟑纸、诱蚊蝇灯（器）、粘蝇条、诱蝇笼等密度监测用器具。

第五条 防治药品

1. 有适合不同场所和环境使用的杀虫灭鼠剂。其中，灭鼠剂不少于3种剂型，杀虫剂不少于6种剂型；

2. 使用的药品具有农药登记证吧、生产许可证、经营许可证、危险化学品使用批准证书等证件齐备的合格产品；

3. 在防治服务中，未使用过自行混配的药剂。

第六条 人员

管理和技术人员不少于4人，其中至少3人具有大专以上学历，防治操作人员中高中以上学历应占员工总数的85%、

第七条 防治服务

1. 实施防治前，对服务场所的鼠及害虫密度进行监测，根据监测结果、服务场所环境状况、客户需求，制定防治方案和作业计划，并提前告知客户，征得客户同意和配合；

2. 防治过程中，至少有1名经培训合格的防治技术人员在现场督导，并负责填写服务操作记录，内容包括施药环境、作业范围和区域、防治虫种、害虫密度状况、防治方法、所用药物及器械、使用浓度与计量、施药面积、防治效果及用户意见等；

3. 所有被服务单位和场所的鼠及害虫密度等指标达到全国爱卫会规定的标准；

4. 被服务单位对防治效果和服务质量的满意率达到95%以上。

第八条 本准入条件只作为2008年北京奥运会天津赛区病媒生物防治工作中，PCO企业的准入依据。

第九条 本准入条件有天津市爱卫办负责解释。

三、获准入资格企业

1. 天津市卫生防疫科技开发公司

2. 天津开发区德维纳科贸有限公司

3. 天津韬普卫生技术服务有限公司

4. 天津久洋科技发展有限公司

5. 马氏兄弟科技（北京）有限公司天津分公司

6. 天津市钰通消毒杀虫用品销售服务有限公司

7. 天津市洁康有害生物防治服务中心

8. 北京特灵生物技术有限公司天津分公司

9. 天津市强力克环境卫生设备商贸有限公司

10. 天津泰标管理服务有限公司

第五篇

创建国家卫生城

创建国家卫生城市的基础条件是除四害必须达标，因此，从1986年天津市爱国卫生运动以除害灭病为中心，开展消毒灭蝇、灭鼠和贯彻食品安全法，改善企事业单位容貌卫生等活动。一年共对38万余处蚊、蝇滋生地进行了反复消毒，使用菊酯杀虫剂、敌敌畏等药物77吨，消毒359万次处，消毒面积达1525万平方米，承包了2076个单位内部消毒灭蝇工作，实施室内消毒596万平方米，通过除害防治，1986年蝇密度比1985年下降6.76%。

灭鼠工作取得一定成效。天津港被评为无鼠害港、民航天津机场为无鼠害机场、塘沽区成为天津市第一个无鼠害区。同时，一商局塘口仓库、南开区的东北角、东南角、西南角、西北角街，红桥区西沽街、北郊区宜兴阜镇等都达到了无鼠害标准。

农村继续开展以“两管五改”为中心的爱国卫生运动。经过评比，全市涌现出2190个市级容貌卫生先进单位。

1987年，天津市已达到中央爱卫会规定的无鼠害城市的密度标准。为了巩固成果，1988年，各区、县继续保留灭鼠指挥组织和办事机构。形成了专群结合的“三条线”监测网络。根据鼠情变化，进行分类指导，采取不同方法灭鼠、防鼠，使灭鼠工作走向经常化、制度化的轨道。11月初，全国爱卫会派“无鼠害市考核鉴定专家组”在天津进行了为期一周的考核鉴定，先后对16个区、县的21个街、乡、镇，225个单位进行考核，确认天津市鼠害标准。12月17日，全国爱卫会正式命名天津市为“无鼠害市”。

1988年10月19日，全国爱卫办下发《关于开展创建国家卫生城市的通知及检查考核标准》。天津市政府成立了创建国家卫生城市领导小组。天津市爱卫会主任、市长钱其璈任组长，下设办公室负责具体工作。制定了《天津市创建国家卫生城市五年规划》，并将创建国家卫生城市标准中的各项任务，分别落实到各有关部门和单位，争取尽快达到国家卫生城市标准。

1990年全国第一次卫生城市检查，天津市取得了突出成绩，被全国爱卫会授予“十佳卫生城市”。1991年进行了复查。之后又有三次迎接全国卫生城市检查，均取得良好成绩。

第一章　创建国家卫生港

第一节　创建与获“国家卫生港”称号

1986年，天津港根据中央爱国卫生运动委员会、卫生部、交通部的文件精神，开展创建卫生港活动。经过创建工作，使港区在环境卫生、劳动卫生、食品卫生、病媒昆虫、啮齿动物的控制、传染病的预防管理等方面取得了显著成绩。

1988年天津港务局向全国爱卫会、卫生部、交通部申报“卫生港”检查。三部委于1988年8月10日—12日组织了“卫生港”技术考核鉴定委员会。对天津港务局创建“卫生港”的工作进行了全面检查。检查后，对天津港环境卫生技术做出鉴定意见；对天津港务局媒介生物防治工作做出考核意见；对天津港劳动工作考核做出鉴定意见；对天津港食品卫生工作做出考核意见；对天津港预防传染病做出考核意见。通过五个方面的考核，并进行了技术答辩，阐述了有关档案资料和数据。经认真讨论，专家组认为：

天津港港容良好，道路整洁，垃圾基本做到日产日清，并运往自建垃圾处理场，进行废品回收和填埋、焚烧等无害化处理。港内生活卫生设施齐全，公寓、托儿所和公共场所环境绿化、美化、净化、饮用水符合国家卫生标准，货场做到“三标六清”，堆放规范化。

在媒介生物防治中，场道无长期积水，下水道通畅，控制了蚊蝇滋生地，仓库、公寓、轮驳上和集装箱港池散货库等地，经实地检查基本无蚊蝇、蟑螂和无鼠害。

对有毒有害作业场所定期进行检测，年检测率为97.67%，合格率达90.48%，作业点有毒物质除少数点超标外，均符合卫生标准，防毒防尘与放射线防护设备完善。1986年以来未发现职业病患者。劳动卫生档案齐全，建档率100%，对作业一线工人每年进行体检，1987年体检率95%，1988年为93.36%。

认真贯彻执行食品卫生法和进行食品经常性卫生监督，对食品卫生从业人员每年进行体检，体检率、卫生许可证发放率和五病调离率均达到100%。各食堂卫生设施齐全，有完善的防蝇、防尘和防鼠设施。1985年以来，未发生食物中毒。

能严格执行传染病报告制度，未发现疫情漏报现象，近三年，“四苗”覆盖率分别达到95%和100%，医院中传染病科建立了完整的消毒、隔离制度与传染病控制措施，有专设的污物焚化炉与医院污水处理系统，符合卫生要求，港务局范围内传染病发病率自1986年以来逐年下降，并低于当地水平。

经过严格考核，达到交通部〔1986〕交劳字616号文件规定的标准和要求，于1988年9月5日中央爱国卫生运动委员会 、卫生部、交通部以〔1988〕交劳字540号文件，授予天津港“国家卫生港”称号。

第二节　巩固“国家卫生港”成果，迎接三部委国家卫生港现场交流会

1989年，全国爱卫会办公室、卫生部卫生检疫总所、交通部人事劳动司以〔1989〕人劳卫字159号文通知，召开“国家卫生港”现场经验交流会。交流创建卫生港的先进经验，参观学习天津港。

为巩固“国家卫生港”称号，天津市港务局颁发了《天津港区环境道路管理暂行办法》和《关于港区二号公路运输煤炭车辆禁止通行的通知》。

暂行办法规定：载运进出港散装物资必须按照市容委〔1987〕68号《关于严禁货运车辆污染道路的通知》的文件规定进行运输。运输废土、煤、焦炭、灰渣、沙石等散装物料的车辆要帮槽严密，锁销齐全有效。载运易动、易扬、易洒物料的车辆必须严格苫盖，牢固捆扎，装载要适中、均匀、拍实。不超载、不超长、不超宽、不超高。不准沿途撒漏、颠出、飞扬，污染道路环境。

港区环卫保洁人员，既是保洁清扫人员，又是监督检查人员。要佩戴统一标志，并有权按照《天津市城市街道清洁卫生管理暂行办法》的规定，对污染道路的违章行为，处以500元以下罚款。

在港承运煤、焦炭、沙石、废土的货主必须到港务局防病站和卫生监督队交纳代清代扫费，每吨0.20元，由卫生监督队和修建公司、劳动服务公司负责道路清扫保洁，做到及时撒漏及时清扫，避免二次污染环境和空气。上述办法既执行了市政府有关规定和法规，又保持了港区的环境卫生，有利于保持“国家卫生港”的荣誉称号。

1989年6月6日—8日，“国家卫生港”现场会在天津港召开。参加会议的有三部委的主管领导同志，各省、市爱卫会和全国各港航系统的主要领导共90余人。会上表彰了包括天津港在内的烟台港、大连港、青岛港、湛江港五个“国家卫生港”。天津港务局在会上做了“不断巩固提高卫生港成果，促进两个文明建设”的发言。主要从天津港的概况和现状、综合治理、全面创建卫生港、巩固提高再迈新台阶等方面和几点体会，全面汇报了创建卫生港的工作。最后表示，在创建的基础上，建设标准化垃圾处理场，形成分拣焚烧、填埋、消毒、废品加工一整套流水作业线；进一步修整港区道路、货场、增加厕所、洗漱间设施，改善港区环境条件；提高污水处理、防噪声系统的能力。会议期间卫生部、交通部主管领导做了重要讲话，勉励与会人员，完善国境口岸卫生法规，把巩固和创建卫生港工作纳入法制轨道；加强有关部门之间联系，共同做好创建和巩固卫生港工作；加强国境卫生检疫工作，改善国境口岸卫生面貌。天津市政府领导到会发言，希望各位领导和代表对天津港和天津市的港容、市容进行严格检查，提出批评和建议，把天津港、天津市建设得更好，为全国经济发展服务。

第二章　四次迎接全国城市卫生检查

1989年，全国爱卫会制订《国家卫生城市标准和考核命名办法（草案）》、《中华人民共和国爱国卫生运动条例（初稿）》和《全国“除四害”管理暂行办法（征求意见稿）》。天津爱卫办于9月12日以〔1989〕津爱卫办字第15号文进行转发。

国家卫生城市的标准是：组织、落实、管理、科学；健康教育效果明显；市容环境整洁、优美；生活饮用水符合国家卫生标准；公共场所、饮食行业符合卫生要求；除害防病成绩显著；通过访问、座谈、民意测验等方式调查，当地多数单位、领导、群众及外来人员对城市卫生状况反映良好。

考核命名的办法是：按照全国爱卫会办公室统一考核鉴定办法组织进行。根据卫生城市标准，各省、自治区、直辖市人民政府 1—2 年向全国爱卫办推荐一次，全国爱卫会每 2—3 年认定一次。被命名的国家卫生城市，在巩固提高的过程中，如水平明显下降，全国爱卫会可随时组织人员进行复查，确实不合格者，要限期改进，逾期的不达标者，撤销命名。同时下发的《中华人民共和国爱国卫生条例（初稿）》，共六章，并在总则中提出，是根据国家宪法第二十一条，适用于中华人民共和国国境内的所有单位和个人。国务院和各级人民政府负责领导和组织条例的实施，各级爱卫会组织、检查、监督、指导条例的执行。

为了切实搞好天津市环境卫生面貌，保障人民群众身体健康，防止传染病流行，建设文明、整洁、美丽的天津，争创“国家卫生城市”。天津市爱卫会根据市委、市政府的要求，以〔1989〕津爱卫字第 23 号文下发《关于恢复周末卫生月制度的通知》，通知要求每周六各单位安排半天作为卫生日活动时间，有针对性地做室内外卫生，注重实效，避免形式，认真搞好宣传教育工作，提高广大干部、群众的卫生意识。

1989 年 10 月为了贯彻国务院加强爱国卫生工作的决定，实现“国家卫生城市”目标，在市、区（县）领导机关开展卫生竞赛活动，竞赛参加对象为天津市委、天津市人大、天津市政府、天津市政协办公厅，部委办，各区、县委、人大、政府、政协机关。并且下发了竞赛标准，评比检查方法组织联合检查，为迎接全国城市卫生检查造声势、做准备。

1989 年度，全国爱卫办发出《关于开展创建国家卫生城市活动的通知》后，天津市爱卫会于 1990 年 6 月 21 日向天津市人民政府上报了《关于天津市创建国家卫生城市方案》。方案对建成区的市容环境卫生；除害防病；认真贯彻“食品卫生法”；公共场所，窗口单位卫生水平；城市绿化，建成区二级河道卫生达标；认真落实环境保护法，机关、企业、居民区等天津市爱卫办制订的卫生标准；市区健康教育都提出的具体要求，制订具体措施进行督促落实，以迎接全国城市卫生检查。

第一节　第一次全国城市卫生检查

1990 年 10 月 9—12 日，全国城市卫生检查团对天津市的城市卫生进行了检查。通过 4 天的检查，检查团对天津市的城市卫生做出客观的评价。检查团认为天津市人民政府认真贯彻执行了国务院《关于加强爱国卫生工作的决定》，坚持把爱国卫生工作纳入城市的规划、管理之中，坚持爱国卫生委员单位各司其职，发挥区、街的积极作用，强化区划管理，在美化市容、改变市貌方面，探索出一条天津特色的路。

在市容环境方面，有计划有重点地对市容环境开展了多方面的治理，拆除地震后搭建的临建棚5.1万间，整个道路300条，在城市的旧城区改造中，以整个建筑物为基础，初步形成以海河为轴线，以三环十四道路为骨架，绿化与美化结合的点、线连接贯通整体景观网络。集贸市场管理有序，干净整洁，“门前三包”责任落实，道路清扫保洁质量高，各方面清洁。在城市垃圾、粪便卫生管理和处理方面，自1985年在全国首创集装箱式垃圾转运站，取代街头垃圾箱，做到日产日清，市区垃圾处理率98%。有7个垃圾处理场对生活垃圾来用高温堆肥方法处理，具有良好的社会效益。城市粪便处理率为94.83%。城市公厕卫生方面，全部为水冲式，有专人管理和保洁制度，公厕基本达到了《全国城市卫生检查评比标准》。窗口单位卫生方面，在天津火车站、天津市港务局客运站和天津机场等单位检查的垃圾、厕所、空气质量、食品卫生和环境卫生，五项内容均达到了标准要求。城市灭鼠工作经随机抽查居民住宅、粮食和食品仓库，车站、机场、港口，密度为0.06%，在全国领先地位。公共场所饮水、食品卫生、防病工作成绩显著，末梢水合格率达99.57%，抽查合格率为86.8%，餐具消毒合格率为81.5%，中毒发病率为3.48/10万，这三项均达到《标准》的要求。防病工作，近两年未发生肠道传染病的暴发，城市居民传染病漏报率为17.39%。

在环境保护工作中，为保护引滦入津水质，建立了具有国际先进水平的水质监测系统，通过治理和保护措施，1989年全国32个城市环境综合整治查验中获总分第四名。地面水COD年平均值5.98毫克/升；工业废水处理率42%；城市污水处理率2.13%；燃烧设备，治理率99.3%，达标率81.5%；建成噪声控制区87平方公里；TSP日均值0.36毫克/立方米；SO_2年月均值0.13毫克/立方米；市区气化率85.84%；型煤普及率41.97%，城市热化率8.3%；汽车尾气达标率40%，固体废物利用率55.2%，搬迁污染扰民厂点144个。

检查团认为天津市的城市卫生工作，取得了突出成绩，达到先进水平，为创建“国家卫生城市”打下了很好的基础。1990年天津市荣获全国“十佳卫生城市”。

第二节 “十佳卫生城市”复查

根据全国家卫会〔1991〕31号文件规定，对1990年全国城市卫生检查评比中获“十佳卫生城市”的城市进行卫生复查。1991年10月14日至17日全国城市卫生检查团第二团对天津市进行卫生复查。

经过检查，检查团认为城市垃圾、粪便和无害化处理，在巩固1990年成果的基础上有了新的进展，其中粪便无害化处理率比去年增加了39.1个百分点，粪便处理中达93%，同时制定了进一步提高垃圾、粪便处理水平的规划。

公共厕所卫生在去年基础上维修了273座公厕，在车站地区新建了三座收费公厕。

市容环境卫生及管理工作，整修道路30条，修饰楼房329幢，平房2588间，新建重点3处。市区植树101.79万株，新增绿地54公顷，新建公园5处，绿化覆盖率比去年增长1.43个百分点。健全市、区、街三级鼠情监测网，鼠密度保持达标水平；蝇 密度比同期下降21.33%；在食品卫生工作中，天津市又制定了4个法规性文件。1991年上半年食品合格率比去年同期提高了4.3个百分点，消毒合格率提高8.4个百分点，食物中毒发生的起数和人数均低于1990年，食品卫生管理水平有明显提高；公共场所和饮水卫生。卫生知识培训率达99%，末梢水四项指标合格率达98%以上，对二次供水单位建立了管理档案。计划免疫提前达到了第二个85%的目标，传染病发病率逐年下降，没有烈性传染病的发生和突发疫情，进入了全国先进行列；城市区域环境噪声平均值比去年降低2分贝，汽车尾气达标率由40%提高到75.6%，工业废水处理率提高18.64%，工业固体废物综合利用率比去年提高7.04%，大气悬浮微粒大气SO_2年平均值都比上年有所降低，1990年有4个项目被评为国家第一批城市环境综合整治项目。

健康教育网经完善，在开展预防“四种病”，进行社区健康教育全普及卫生知识和行为干预等各项工作中均取得明显效果，有的区健康教育课开课率达到90%。窗口单位卫生管理各项指标全部达标，已经分别通过了全国爱卫会、铁道部、交通部、国家民航局的合格验收，爱卫办机构健全，充分发发挥了统一领导，统筹协调的作用，天津市爱卫办保持了“五落实”，在巩固“十佳卫生城市”成果中起到了参谋助手作用。

检查团给予的评价是：天津市在巩固“十佳卫生城市”成果和创建“国家卫生城市”工作中、城市卫生工作有了新进展，城市卫生面貌有了新的变化，卫生水平有了大幅度提高，保持了“十佳卫生城市”的荣誉称号，为创建“国家卫生城市”打下了坚实的基础。

第三节 第二次全国城市卫生检查

全国城市卫生检查定于1992年8月28日至31日进行。从年初开始，天津市创卫办做了大量的工作。首先根据国务院国发〔1989〕22号文件和全国爱卫会〔1989〕第52号文件精神《天津市创建国家卫生城市规划》，于1992年5月会签下发。根据钱其璈副市长关于搞好迎接第二次全国城市卫生检查评比，保持天津市“十佳卫生城市”荣誉地位，加强天津市卫生检查力度。做好迎检和创建宣传工作的指示，要紧紧围绕“创建”和“迎检”的主题，以加强软件建设，提高人民的卫生意识，保持天津市全国“十佳卫生城市”的荣誉为基本目的，采取大众传播媒介与布设半永久性标语相结合，正面宣传与批评，暴露问题相结合的方法，使天津市形成一个人人为迎检出力，积极支持创建的大气候。宣传内容主要是环境卫生、公厕卫生、食品卫生、除害防病、健康教育、环境保护等六项内容。

经过检查团第一团的 4 天检查，对天津市创建城市卫生的十个方面做了考核鉴定。

城市垃圾、粪便无害化处理和公共厕所卫生，市区生物垃圾洁运、处理率均为 100%，无害化处理率 42.9%，简易处理率为 57.1%，垃圾运输全部实现了机械化、密封化和集装箱化。

粪便全部无害化处理：市区水冲厕为 87.51%，三类标准厕为 17.5%，二类标准厕为 5.5%，管理水平基本达到检查标准要求；城市环境卫生面貌明显改善，新建改建集贸市场 42 处，做到管理有序。"门前三包"责任制落实，街道、广场、庭院、小区以及城乡结合部的清洁卫生工作大大加强。

在对张贵庄机场、天津港客运站、天津市火车站三个窗口单位的检查中，垃圾、厕所、空气质量、食品饮水卫生、环境卫生五个方面都达到了检查标准。

城区灭鼠检查中，对 3 个窗口单位、51 个行业单位、4 个居民区检查后的鼠密度为 0.29%，随机抽查了 13 个单位，5 户居民，检查房间 106 间，均符合检查标准要求，公共场所和饮水卫生方面，认真贯彻《公共场所卫生管理条例》和《生活饮用水管理规定》，做出了制度化、规范化、经常化，被检的旅馆、理发店、浴室均有卫生消毒间和卫生设施，有消毒记录，从业人员卫生知识培训率、体检率和传染病调离率均达到 100%。全市末梢水质合格率为 99.51%。

检查食品卫生，被查 18 个食品生产经营单位环境卫生面貌普遍校好，垃圾全部实现了容器存放和密闭化，采取了有效的防蝇措施。抽查 5 个单位库房或操作间，能做出分类分架和隔墙离地。工具窗口专用，没有发现生熟交叉现象。全市餐具消毒合格率 92.97%，食品卫生合格率为 91.6%，食物中毒查明率自 1990 年以来均为 100%。

在传染病防治工作中，急性传染病总发病率 1991 年比 1990 年下降 37.81%，1990 年到 1991 年两年来未发生甲乙类传染病暴发流行。多年漏报率一直保持在卫生部规定的 5% 以下。

环境保护工作，"七五"期间完成工业"三废"治理项目 4353 项，治理锅炉、窑炉、茶炉 31119 台（次），撤销电镀厂点 168 个，限期治理重金属污染项目 37 家，天津市在工业总产值每年递增 10% 的情况下，环境质量标准有亲的改善。大气环境质量是十年来最好的时期。烟尘控制区覆盖率达 100%，水质达标率已超过 98%。

爱国卫生组织管理和办事机构健全，中小学健康教育开课率达 100%，社区健康教育示范点成效显著。

市政公用设施建设发展快，道路铺装率达 95.2%；自来水普及率 100%；排水管道普及率达 83%；燃气气化率 82.5%；热化率也在逐年提高。

检查地检查结果的评价是：领导重视、规划明确具体、措施得力、工作扎实、进展迅速，成效显著。

第四节 第三次全国城市卫生检查

1995年4月27日全国爱卫会的全爱卫发〔1995〕13号下发《关于开展第三次全国城市检查评比活动的通知》。经国务院批准，第三次全国城市卫生检查评比活动于当年第三季度全面展开，检查时间定于1995年8月至10月，对每个城市检查时间为3天半。为迎接全国检查，天津市爱卫会制定《天津市迎接第三次全国卫生检查评比活动实施方案》和《关于成立迎接全国城市卫生检查领导小组的请示》，报天津市政府批准。经天津市政府的批准，天津市迎检办开始工作。以津迎检办〔1995〕1、2、3号连续发文，《关于拟请四大机关领导参加一次全市卫生大清整的请示》《关于下发迎接全国城市卫生检查评比宣传口号的通知》和《关于开展全市卫生清整活动的通知》，大造声势，为迎接检查做准备。天津市迎检办于8月23日，参照全国城市卫生检查标准，对天津市卫生做了一次全面的模拟检查。

8月3日至9月2日全国城市卫生检查团对天津市城市卫生工作进行了全面检查。在9个方面给予了评价。

爱卫会组织机构健全，形成了市、区、街道和基层单位四级组织网络，爱国卫生有长远规划和年度计划。积极开展农村改水改厕工作；开展单位、居民区卫生达标和卫生先进单位评比活动，环境面貌发生深刻变化。在检查中，对当地居民和过往旅客进行民间测验476人次，对天津市容环境卫生及绿化、美化、公共卫生、食品卫生等方面的满意率为97%。

健康教育网络齐全，社区健康教育突出，居民区卫生知识合格率为100%，知晓率95%，健康行为形成率83.6%。中小学健康教育开课率为100%，小学生知识及格率88%，中学生知识及格率95%，知晓率为93.1%，健康行为形成率为90%。

市容环境卫生，市区垃圾做出日产日清，密封率为100%。垃圾、粪便无害化处理率分别为55.6%和100%。公共厕所水冲率为87.1%。广大市民天津市区的市容环境卫生、公厕和垃圾转运站的卫生均表示满意。全市95%以上街道实现了市容达标升级，“门前三包”责任制落实，城市市容面貌整洁，优美、有序。城市道路亮灯率始终保持在95%以上。

天津市环保工作成绩优异。环保工作纳入法制化建设。16个环保规章和6个地方排放标准，为依法管理创造了有利的条件。6年来在全国环境综合整治定量考核中一直处于先进水平，1994年名列榜首。环境保护的12项指标，其中烟尘控制区覆盖率、城市气化率、工业废水处理率、固体废物综合利用率达到满分。

公共场所和饮用水卫生方面，公共场所从业人员卫生知识培训率、体检合格率都达到98%以上，认真落实公共用具的清洁消毒措施，公共用具卫生合格率大幅度提高。水源防护及生物饮用水卫生管理制度完善，水质量良好。建立了水源水、自来水管网末梢水、二次供水卫生监测体系，管网末梢水监测合格率达98%以上。

天津市火车站、港口客运站、天津机场高度重视卫生工作，将其纳入管理目标，并做到与个人经济收入挂钩，提高了社会效益和经济效益。各窗口单位在垃圾、厕所卫生管理、空气质量、食品、饮用水卫生及环境卫生等方面均达到了标准要求。

食品标准经营单位环境清洁，基本无蝇，库房、操作间整洁，做出生熟分开，分类分架隔墙离地。城区餐饮单位餐具消毒合格率逐年提高，1993、1994两年分别为86.4%和89.5%。城区食品抽检合格率1993、1994两年分别为89.3%和90.9%。从业人员体检、培训合格上岗，卫生知识知晓率程度较高，城区食物中毒率逐年呈下降趋势。

传染病防治措施有力。积极开展传染病、医院感染、消毒产品的检测工作。传染病漏报率大大低于50%。建立了肠道门诊，实行了计划免疫门诊，实行接种制度，计划免疫及新生儿乙肝疫苗接种率均达90%以上，通过对4岁以下儿童脊髓灰质炎强化免疫，未发生脊灰野毒株引起的显性病例。病毒肝炎发病率不断下降。

城区除四害工作，在巩固灭鼠先进城区成果的同时，1994年11月又被命名为“灭蟑螂先进城区”。在检查中，未发现鼠粪、鼠洞、鼠痕和鼠迹，大部分单位防鼠措施完善。蟑螂防治方面，未见卵鞘。“四害”防治工作均达到标准要求。

检查团认为天津市城市卫生整体水平显著提高，群众卫生意识、参与意识和文明素质明显提高。各项卫生工作达到历史最好水平。通过专家查评，第三次卫生城检查连续评为“十佳卫生城市”。

第五节　第四次全国城市卫生检查

1999年全国爱卫会发出《关于继续进行第四次全国城市卫生检查评比活动的通知》。天津市爱卫办接到通知后，立即拟定《天津市迎接第四次全国城市卫生检查评比工作方案》，报质枫并海潮同志。7月份，天津市迎检办专门做了《关于迎接第四次全国城市卫生检查工作情况及下一步工作安排》的汇报。主要对存在的8个方面问题进行了全面的分析。为了做好迎检的工作，在天津市迎检领导小组的领导下迎检办发1号文，成立迎检工作办公室，陈质枫任办公室主任，刘江升、张峻屹、吴春秋，马连勇、李金亮、刘风任副主任。办公室下设材料组、接待组、检查保障组、宣传报道组四个组。同时2号文制定了迎检工作人员守则。

1999年9月11日至14日检查团第七团对天津市作了为期4天的检查。检查团对天津市迎检的十一项工作进行了评价。

自天津市颁布实施了《爱国卫生管理办法》和《除四害管理办法》，爱国卫生工作开始走上了法制化管理轨道，天津市爱国卫生组织网络体系健全，有长远和年度计划，责任明确，实行目标管理，奖惩兑现。农村改水改厕工作不断发展，城市自来水普及率达100%，卫生厕所普及率达56.22%，改水改厕成效明显。

健康教育机构网络健全，控烟健康教育形式多样，无烟草广告，吸烟率呈下降趋势，市民吸烟率降至31.58%，学校健康教育开课率为100%，健康知识知晓率、健康行为形成率，中小学生分别为96.3%和95%，居民为98.5%和95%，机关干部为100%和95.5%，行业职工为97.2%和94%。

公共场所和饮水卫生，天津市将公共场所生活饮用水卫生作为卫生防病工作的重点常抓不懈。在加强饮水卫生管理的同时，长期坚持每月一次对水源水质进行监测。市区公共场所从业人员体检率、培训率、传染病患者调离率均达100%。自来水公司定期对出厂水、末梢水进行监测，点数、频率、项目均符合要求。二次供水档案基本齐全。公共场所和供水单位环境整洁，消毒设备完善。

能够开展多种形式的《食品卫生法》宣传普及工作，每年组织“百日”食品卫生大检查，专门设立“9988”投诉、举报电话。对食品生产经营单位监督覆盖率达100%。在全国率先对部分食品生产企业推广GMP（良好生产操作规范）和HACCP（危害因素关键控制环节）制度。

能够认真贯彻执行传染病防治法，制定了配套法规和规章，近三年无重大疫情发生。连续六年未发生野毒株脊灰病例。现场检查市、区地段医院6所，疫情报告制度健全，无漏报。一次性医疗卫生用品用后消毒毁形并统一回收处理。“四苗”和乙肝疫苗接种率均达96%以上。

城区除四害科学合理用药，资料整齐规范，密度监测资料齐全，灭鼠检查合格率91.13%;灭蟑检查，蟑螂阳性房间为2.99%；灭蝇检查合格率为87.28%；防蝇设施合格率91.67%。外环境1000延米合格率为91.54%。

天津滨海国际机场、天津站、天津港客运站等窗口单位，垃圾处理、厕所设施齐全，管理良好。认真执行“禁烟”规定，明确卫生保洁责任，为客人提供良好的服务和卫生整洁的环境。食品卫生符合食品卫生法的要求，服务人员卫生考核应知应会率达到100%。

单位和居民区卫生工作，垃圾实行定期清运，巩固地带专人保洁，环境整洁。居民区内外饮食、商业服务网点设置规范，符合卫生要求，社区医疗卫生保健服务工作取得一定成绩，部队营区、学校及单位食堂卫生证照齐全，各项设施符合卫生要求，从业人员个人卫生良好，战士及学生宿舍做到公寓化管理。城市环境综合治理工作，从治理脏乱差入手，重点治理了112条道路，15个窗口地区，6个入市口的环境，退出占路市场86处。市区共建密闭式垃圾收集站160座，道路机械化清扫面积比1996年增加73%，道路水洗率达到35.5%，市区生活垃圾处理率为56.6%，其中约50%无害化处理。市政基础设施建设，新建扩宽道路37条，桥梁8座；改造危陋平房700万平方米；新增排水干管324公里，泵站14座；全市污水处理率58.76%；道路装灯率和亮灯率均达到100%。园林绿化经现场检查，主次干道、街头绿地、庭院、居民区、公园等绿化水平高，养活良好，效果显著，古树名木保护措施落实。城市气化率93.61%，新增供热面积1000万平方米。城市自来水普及率100%，工业用水重复利用率达81.86 %。

环境保护工作，环境执法和管理在全国率先开展创建“环保模范区县”的活动。锅炉实施改燃清洁燃料，改燃率达89.9%；汽车尾气达标率达79.03%；空气中SO_2污染指数符合国家一级标准。通过实施全面综合治理水污染和保护水资源工程，天津市工业废水排放达标率达到89%，城市地面水水质达标率为95.84%。市区对工业固体废物综合利用率达到91.16%。环境噪声达标覆盖率达60.43%，对天津市2782个超标污染源下达了限期治理任务，1996年以来取缔、关停污染严重的“十五小”企业89家，从市区搬迁重污染型企业116个。天津市有总面积1217.8平方公里的9个自然保护区，共建生态示范村18个。总面积达6627.4公顷。在随机访问的100名居民和过往旅客，对总体卫生满意率为98.53%。评价后检查团希望要加大各项工作的力度，不断强化城市卫生综合管理，积极创建国家卫生城市，把天津建设成为现代化港口城市和中国北方重要的经济中心。这次检查，在全国排名第十二位，未进入全国十佳行列。

第六节　搞好第43届世乒赛迎检城市卫生工作

第43届世乒赛于1995年在天津市举办，本着把创建国家卫生城工作与第43届世乒赛的筹备工作紧密结合起来的工作思路，天津市爱卫会于1993年1月提出《关于结合第43届世乒赛搞好城市卫生工作的意见》。意见提出按照全国卫生城市规定的除害防病、市容环境卫生、环境保护、窗口单位卫生、公共场所卫生、食品卫生等方面的要求，作为城市卫生重要内容及世乒赛期间的重要保障，并对1993—1995年卫生防病除害消毒工作提出具体意见，以灭蟑、灭蝇、灭鼠为主要目的。

1993年灭蝇争取在中环线以内创建灭蝇达标区、街；灭蟑工作实现市区内达标。灭鼠工作在1987年达标后，继续巩固达标成果，再次组织市区统一投药活动。

1994年争取市区灭蝇达标，继续巩固灭蟑达标成果，向全国爱卫会申请报验并巩固灭鼠达标成果。1995年争取三害全面达标，为世乒赛提供防病除害及维护外宾和天津市人民身体健康的保障并提出保障措施。一是做好组织推动工作；二是健全充实害情密度监测工作；三是做好各类药械的试验、筛选研制工作；四是做好应急的除害防病处理工作。

1994年3月，天津市召开“创建国家卫生城，迎接43届世乒赛动员大会”，王德惠副市长宣读了《关于1993年度创建国家卫生城市达标区、街及灭蝇、灭蟑达标区、街的命名决定》。庄公惠副市长讲话从7个方面分析了天津市创建国家卫生城、迎世乒赛的现状和形势，提出了5点要求。要提高认识，加强领导，调动群众积极性，为世乒赛召开创造良好的环境。要把创建工作、爱国卫生月活动同解决群众实际困难，为群众办实事结合起来。要与干部的政绩考核结合起来，要实施目标管理，强化责任分工。坚持条包块管双达标的原则，要层层下达分解指标，保证按时按量完成任务。要下大力量抓好舆论宣传工作，一定要把创建过家卫生城市喊响，要与迎接43届世乒赛搞好1994年亚乒赛紧密结合，要掀起宣传热潮。要开展多层次、经常性的检查评比活动，检查要以暗查为主，发现问题限期整改。不改通报批评。对爱国卫生红旗单位、先进单位和达标街要求更要严格；要政通令行，上下一盘棋。以崭新的城市卫生面貌，迎接第43届世乒赛。

1995年2月再次召开迎世乒赛、开展爱国卫生运动，创建国家卫生城市大会。命名表彰创建国家卫生城市达标区和1994年度市级爱国卫生红旗单位、爱国卫生先进单位。河西区、红桥区、大港区三个区被命名为“创建国家卫城市初验达标区”。河东、河西、南开、和平、汉沽、塘沽区经验收达到标准，为此，命名九区为“创建国家卫生城市达标区”。会上庄公惠、钱其璈做了讲话，钱其璈在讲话中主要是围绕迎接43届世乒赛的角度谈创建卫生城。

一是抓住迎世乒赛这个契机，动员群众，发动群众，提高城市卫生水平。要把两项工作结合起来，做好43届世乒赛和创建国家卫生城市工作。二是通过办好第43届世乒赛，提高天津的知名度。三是由于财力有限，要因地制宜，靠软件、靠组织性，把各项工作搞上去。

1995年，为迎接第43届世乒赛，进一步做好爱国卫生工作，天津电台于3月1日起与天津市创建国家卫生城市领导小组、天津市爱卫会联合举办迎世乒爱国卫生专题节目。节目是融新闻、知识、教育和服务为一体的综合性专题节目。栏目主要设置了：爱国卫生短讯，介绍市容、环卫、环保、卫生等各系统、各单位进行综合治理、卫生清整、防病除害、门内达标等信息；健康教育漫谈，宣传控烟、开展中小学健康教育、社区健康教育，宣传《公共场所卫生管理条例》；通过食品卫生宣传，介绍食品生产、经营单位的卫生操作规程，报道各类集贸市场的卫生状况，引导市民认真执行食品卫生法；来自基层单位的报道，宣传卫生红旗单位、先进单位的经验和做法，介绍市级先进集体和先进个人的事迹，对较差单位给予曝光，督促解决问题；节目还针对防病除害，介绍卫生与保健知识，针对季节特点联系生活实际一事一议；有奖问答，每次节目中就有关卫生方面的内容提出问题，由听众解答，对回答正确问题的听众给予奖励。

第七节　全国城市卫生检查表彰活动

1990年全国卫生城市检查后，天津市取得了好的成绩，被评为全国十佳卫生城市，天津市政府于1991年3月1日在干部俱乐部大剧场召开“天津市巩固十佳卫生城市成果，创建国家卫生城市表彰动员大会”。会议主要内容是表彰在迎接全国城市卫生检查工作中的先进单位和先进个人；同时就深入开展爱国卫生运动，巩固十佳卫生成果，创建国家卫生城市工作进行大会动员。这次大会共表彰先进个人1950名。

1992年，全国第二次城市卫生检查评比中，天津市再次进入“十佳卫生城市”行列，在35个直辖市、省会城市和计划单列市中取得了名列第四的好成绩。为了表彰先进鼓舞士气，增强进取精神，服务于城市经济建设，迎接第43届世乒赛在天津召开，以天津市市政府名义表彰做出突出贡献的先进单位和先进个人。这次表彰大会共表彰先进单位150个，先进个人200名。

1995年第三次全国城市卫生检查中，天津市取得了较好的成绩，在直辖市、省会市、计划单列市中排名第二。天津市以市政府名义表彰先进集体80个，先进个人4000名。同时表彰了检查评比达标单位180个，并将表彰决定及名单刊登在《天津日报》。

第三章　卫生城市创建工作

第一节　卫生城市创建工作

1992年8月，天津市政府转发了《创建国家卫生城市五年规划》，要求在1995年完成创建国家卫生城的任务。同时，以津政人,〔1993〕22号文件调整天津市创建国家卫生城市领导小组成员。创建领导小组办公室颁发落实《创建国家卫生城市规划》实施方案。实施方案在创建工作中规定的基本目标是：爱卫会组织建设管理得到进一步加强；各项“硬件”建设指标基本兑现；环境卫生、饮水卫生、食品和公共场所卫生、窗口单位卫生、除害防病和健康教育等项工作的开展及管理符合规范要求；“三灭”（灭蝇、灭蟑、灭鼠）全部达标，并得到有效巩固。街道秩序井然，市容环境优美，提升天津市的城市卫生水平。同时按照规定对任务进行了责任分工，并制定了措施要求。

一是要把创建国家卫生城市的各项内容列为各级各部门的目标管理任务，做好考核干部政绩的内容之一。二是搞好宣传，增强全市居民的创建意识，发挥新闻媒介作用；发挥社会各单位、各级组织的作用；通过专业管理渠道宣传群众，增强群众的创建意识；在各主要干道适当布置张挂半永久性宣传标语；加强外界舆论宣传，充分利用人民卫生报定期发布专版或开辟专栏，增强天津市的知名度，为天津市跨入国家卫生城市打好舆论基础。三是实施目标管理，强化责任分工。四是采取有力措施，努力搞好硬件建设；五是开展多层次经常性的检查评比活动，建立明查、暗访档案材料，促进创建工作有声势、快节奏的发展。

1993年10月6日，天津市创建国家卫生城市领导小组提出《关于开展国家卫生城市达标区县评比竞赛的意见》，制定了指导思想、内容标准、实施步骤、检查评比的方法，措施要求五项标准。同时创建国家卫生城市领导小组提出，以天津市政府的名义转发《落实创建国家卫生城市规划实施方案》，并且进一步提出“五年创建，四年基本建成报验”的目标。为了如期兑现创建国家卫生城市规划，实现四年基本建成报验的目标，提出了实施意见，使天津市的城市整体卫生水平上升到一个崭新的阶段。并对各委办局、区县进行了责任分工，按照三个阶段实施本单位的具体工作。

第二节　对创建国家卫生城市达标区（街）考核检查

1993年11月17日，创建国家卫生城领导小组办公室发出通知，对城市达标区（街）进行考核检查，达标检查分为五个组，进行，即市容环境组、环卫组、食品和公共场所卫生组、防疫健康教育组、除害组，制定了检查考核方法和检查内容。

1994年，天津市创建国家卫生城市领导小组经请示主管市长，于10月10日开始，10月26日结束，共14天，对创建国家卫生城市达标区进行验收，检查验收的内容和方法是以天津市制定的《国家卫生城市达标区考核评比标准》为蓝本，适当加入全国爱卫会新修改的两个标准中的部分内容，检查方法采取随机抽样方式确定检查点，并且适当增加随意性检查，以增加考核验收工作的难度和真实性，体现出高标准，严要求。还根据检查的主要内容，制定考核检查和复查的实施方案。

市容环境方面：检查主干道、次干道各两条，支路和街坊道路各五条，城乡结合部一处（无城乡结合部的区，检查一个繁华区），集贸市场两个。环境卫生方面：检查垃圾转运站五个，公厕十座，并实地考察垃圾、粪便处理厂。公共场所、饮水卫生方面：检查宾馆、旅店两个，商场一个，影剧院或公共浴池一个，理发店、美容美发厅各一个，二次供水设施两个（无二次供水设施的区，检查一次水源）。食品卫生方面：检查国营、集体、个体饭店各一个，商店食品部或副食店、熟食店（柜）各一个，单位食堂一个，个体食品点两个，肉食和食品加工厂一个，冷饮厂一个。传染病防治方面：实地考察一个一级医院，一个二级医院的预防接种门诊，随机抽查五个传染病管理监督员。健康教育方面：需随机抽查一所中学、一所小学、一所医院、一个街办事处、一个社区教育示范点，并在街办事处和示范点分别考核、调查25名市民。门内达标方面：随机抽查区属的机关、团体、企业、事业单位和居民区各一个。

各区需按上述检查内容准备花名册，以备抽签使用。

通过听取汇报、查阅资料、随机抽样进行实地检查，现场打分的方法，对各区的市容环境卫生、公共场所、饮水卫生、食品卫生、传染病防治、健康教育、除四害和爱国卫生组织管理等方面的工作情况进行全面考核。命名：红桥区、大港区、河西区为“创建国家卫生城市复验达标区”。河东区、河北区、南开区、和平区、汉沽区、塘沽区为“创建国家卫生城市初验达标区”。

第四章　区、街（镇）和村的创建工作

第一节　创建卫生区、街（镇）

为了贯彻落实《全国爱卫会关于进一步开展创建国家卫生镇活动的通知》（全爱卫发〔2003〕3号）精神，大力推动天津市创建卫生镇活动的深入开展，提高农村卫生环境的整体水平，天津市爱卫办根据《国家卫生镇标准》，对2002年制定的《天津市市级卫生镇标准（试行）》和《天津市市级卫生镇考核命名及管理办法（试行）》，在广泛征求有关部门和区县意见的基础上进行了修订。

经过几年的反复实践和磨合，考核工作逐步进入规范、正规。通过区、县爱卫办组织对申报镇进行检查考核。经考核各项指标合格的，以文件形式向天津市爱卫办推荐，天津市爱卫办接到区、县爱卫办推荐申请后，组织有关专家对申报材料进行审核，并根据审核结果决定是否进行调研。天津市爱卫办适时采取暗访、明查相结合的方式组织进行可行性调研。天津市爱卫办对基本达到要求的申报镇，适时组织考核鉴定。

考核鉴定采取申报镇创建工作汇报；查阅有关文档、技术资料；随机抽查的方式进行现场检查。经过几年的创卫工作的开展，通过各种形式的检查和复验，通过命名的区（街）、县（镇）如下。

国家卫生区一览表

表5-4-1-23

区　名	命名时间	文　号
塘沽区	2004年12月	全爱卫发〔2004〕9号
大港区	2004年12月	全爱卫发〔2004〕9号
河西区	2008年10月	全爱卫发〔2008〕13号
和平区	2009年10月	全爱卫发〔2009〕8号

国家卫生镇一览表

表 5-4-1-24

区　名	命名时间	文　号
宝坻区城关镇	2004 年 12 月	全爱卫发〔2004〕8 号（已取消）
西青区张家窝镇	2006 年 12 月	全爱卫发〔2006〕12 号
西青区中北镇	2006 年 12 月	全爱卫发〔2006〕12 号
西青区大寺镇	2006 年 12 月	全爱卫发〔2006〕12 号
西青区杨柳青镇	2007 年 9 月	全爱卫发〔2007〕13 号
西青区辛口镇	2008 年 12 月	全爱卫发〔2008〕18 号
西青区李七庄街	2008 年 12 月	全爱卫发〔2008〕18 号

市级卫生区一览表

表 5-4-1-25

区　名	命名时间	文　号
大港区	2001 年 12 月	津爱卫会发〔2001〕1 号
塘沽区	2003 年 11 月	津爱卫会发〔2003〕13 号
河西区	2005 年 11 月	津爱卫会发〔2005〕13 号
西青区	2005 年 11 月	津爱卫会发〔2005〕14 号
南开区	2005 年 11 月	津爱卫会发〔2005〕15 号
和平区	2005 年 11 月	津爱卫会发〔2005〕16 号
河东区	2006 年 11 月	津爱卫会发〔2006〕2 号
河北区	2007 年 4 月	津爱卫会发〔2007〕2 号
汉沽区	2007 年 10 月	津爱卫会发〔2007〕7 号
红桥区	2007 年 11 月	津爱卫会发〔2007〕8 号

市级卫生镇一览表

表 5-4-1-26

镇　名	命名时间	文　号
※ 宝坻区城关镇	1998 年 12 月	津爱卫字〔1998〕2 号
※ 西青区杨柳青镇	2005 年 11 月	津爱卫会发〔2005〕9 号
※ 西青区张家窝镇	2005 年 11 月	津爱卫会发〔2005〕10 号
※ 西青区大寺镇	2005 年 11 月	津爱卫会发〔2005〕11 号
※ 西青区中北镇	2005 年 11 月	津爱卫会发〔2005〕12 号
※ 西青区辛口镇	2006 年 12 月	津爱卫会发〔2006〕3 号
宁河县板桥镇	2006 年 12 月	津爱卫会发〔2006〕4 号
西青区王稳庄镇	2007 年 10 月	津爱卫会发〔2007〕6 号

续表 5-4-1-26

镇　名	命名时间	文　号
西青区南河镇	2007 年 12 月	津爱卫会发〔2007〕9 号
※ 西青区李七庄街	2007 年 12 月	津爱卫会发〔2007〕10 号
西青区西营门街	2007 年 12 月	津爱卫会发〔2007〕11 号
宁河县大北涧沽镇	2008 年 9 月	津爱卫会发〔2008〕4 号
津南区双桥河镇	2008 年 10 月	津爱卫会发〔2008〕5 号
静海县大邱庄镇	2008 年 12 月	津爱卫会发〔2008〕8 号
宁河县苗庄镇	2009 年 9 月	津爱卫会发〔2009〕2 号
宝坻区周良庄镇	2009 年 12 月	津爱卫会发〔2009〕3 号
静海县双塘镇	2009 年 12 月	津爱卫会发〔2009〕3 号
津南区葛沽镇	2011 年 10 月	津爱卫会发〔2011〕1 号
静海县团泊镇	2012 年 4 月	津爱卫会发〔2012〕1 号
宁河县七里海镇	2012 年 4 月	津爱卫会发〔2012〕2 号
津南区北闸口镇	2012 年 6 月	津爱卫会发〔2012〕3 号
宁河县岳龙镇	2012 年 12 月	津爱卫会发〔2012〕5 号

第二节　创建市级卫生村

2003 年为认真贯彻落实《中共中央国务院关于进一步加强农村卫生工作的决定》和天津市委八届三次会议精神，大力推进农村卫生工作，提高天津市农村卫生整体水平，促进两个文明建设，天津市爱卫办决定在全市有农业的区县，开展创建市级卫生村活动。活动要求如下：

1. 充分认识创建市级卫生村的重要意义。农村的卫生状况，直接关系到农业的发展和农民的健康，关系到天津市全面建设小康社会和率先实现现代化目标的实现。开展创建市级卫生村活动，逐步改善农村的生活环境和工作环境，不仅能够保障广大农民群众的身体健康。同时对于促进农村经济的稳步发展，推进农村两个文明建设和农村现代化进程，都具有重要意义。各级爱卫组织要在区、县政府的领导下，本着实事求是、积极稳妥的原则，切实抓紧、抓好这项工作。

2. 积极开展创建市级卫生村活动。各区、县爱卫办认真制定本区、县的“创建”计划和实施方案，积极组织开展创建区、县级卫生村活动，并逐步积累经验，不断提高水平，在此基础上择优选择，申报市级卫生村。各乡、镇将此项工作纳入议事日程，按照要求认真组织实施，并选定有条件的村进行重点推动，各行政村要根据自身实际，本着自愿的原则，开展创建卫生村活动，并与农村改水改厕、创建文明村和建设小康村等项工作紧密结合进行。

3.标本兼治，确保质量。各区、县爱卫办要在这项活动中，加大对“创建”工作的宣传力度，加强农村爱国卫生组织和制度建设，逐步完善各行政村的卫生基础设施，强化健康教育，提高农民群众的文明卫生素质，推行长效管理，确保“创建”工作质量，在检查考核中要严格把关，做到宁缺毋滥。在开展这项活动过程中，严格贯彻有关政策，不准乱摊派、乱罚款、乱收费，坚决防止和杜绝坑农、损农、害农的现象发生。

为了促进天津市爱国卫生工作的深入开展，进一步提高创建市级卫生村的工作水平，天津市爱卫办结合近年来创建工作的实际，在征求各方面意见的基础上，对2005年印发的《天津市市级卫生村标准》和《天津市市级卫生村考核命名及管理办法》再次进行了调整、补充和修改。

各有关区、县爱卫办，在区、县党委和政府的领导下，按照《天津市市级卫生村标准》和《天津市市级卫生村考核命名及管理办法》的要求，本着实事求是、积极稳妥的原则，结合本区、县的工作实际，积极开展卫生村的创建活动，使农村卫生整体环境进一步得到改善，使更多的行政村进入市级卫生村的行列。

2003年天津市命名十二个区县47个市级卫生村名单

塘沽区（1个）：胡家园街五十间房村；

汉沽区（2个）：大田镇富民小区、营城镇五七村；

大港区（1个）：太平镇郭庄子村；

东丽区（1个）：无暇街新五村；

西青区（3个）：大寺镇王村、南河镇姚村、李七庄街王兰庄村；

津南区（3个）：小站镇东大站村、双港镇先锋村、双桥河镇王庄村；

北辰区（1个）：双街镇常庄村；

武清区（8个）：汉沽港镇一街村、石各庄镇李各庄村、河西务镇三街、黄花店镇四街、大孟庄镇后幼庄村、梅厂镇小雷庄村、城关镇柳林屯村、王庆坨镇大范口村；

宝坻区（9个）：新开口镇耿庄村、林亭口镇葫芦窝村、方家庄镇小杜庄村、大钟庄镇前鲁沽村、史各庄镇前何辛村、城关镇佟家沟村、大白庄镇大刘坡村、周良庄镇周良庄村、马营村；

蓟县（10个）：别山镇陈家寨村、下营镇常州村、孙各庄满族乡荣山村、穿芳峪乡毛家峪村、白涧镇吴四村、东二营乡东二村、出头岭镇北擂鼓台村、北汪家庄村，罗庄子镇桑园村、城关镇吴庄村；

宁河县（4个）：苗庄镇小沙窝村、宁河镇谷庄村、板桥镇东板桥村、西板桥村；

静海县（4个）：大丘庄镇万全村、独流镇友好街村、大丰堆镇史家庄村、双塘镇西双塘村。

2004年天津市爱卫办对创建市级卫生村工作提出新要求

1.市级卫生村的创建，不是年度评比，而是达标验收，因此不受年度和时间的限制，可随时申报，天津市爱卫办验收达标后即可命名。

2.创建市级卫生村的工作，是爱卫工作中一项长期而又艰巨的工作内容，是两个文明建设的重要载体，各区、县爱卫办一定要按照《市级卫生村标准》的要求，对卫生村进行全面的严格考核，并在已命名区、县级卫生村和卫生户厕普及率达70%的基础上进行筛选、申报。未经过区、县爱卫办现场考核而申报的卫生村，市爱卫办不予验收。

3. 申报市级卫生村资料的有关要求：

（1）天津市市级卫生村申报表；

（2）区、县爱卫办命名区、县级卫生村的正式文件；

（3）申报市级卫生村请示的正式文件；

（4）同批申报市级卫生村的总体验收情况。

4. 对于已经申报，但未通过市爱卫办考核验收的卫生村，区、县爱卫办要依照《标准》要求，进一步加大指导、检查和整改力度，确认达标后，并要天津市市爱卫办再次验收时，不再重新申报有关资料。

5. 市级卫生村资料的申报时间：为每年1月1日至10月31日前，10月31日以后申报的，天津市爱卫办不再安排当年验收。

6. 市级卫生村的申报，没有名额限制，要求各区、县爱卫办将其作为一项长期的重要任务来抓，结合本区、县的实际情况，认真做好计划，注意发现和培养，并按照《标准》要求，加强具体的帮助和指导，成熟一个申报一个，避免积累申报。

2004年命名十个区县54个市级卫生村名单

大港区（1个）：古林街工农村；

东丽区（1个）：军粮城镇大安村；

西青区（3个）：大寺镇贾庄子村，李七庄街王兰庄村、程村；

津南区（4个）：八里台镇小黄庄村、西小站村，辛庄镇继泰村，葛沽镇金龙村；

北辰区（4个）：双街镇沙庄子村、双街村，天穆镇柳滩村，北仓镇北仓村；

武清区（7个）：上马台镇东薛庄村，大碱厂镇南辛庄村，河西务镇索庄村，城关镇小桃园村，大黄堡镇四马营村，石各庄镇敖南村，白古屯乡黄辛庄村；

宝坻区（20个）：城关镇沙窝村、西台村、北台村、喻庄子村、娘娘庙村、岳家园村、小道口村、吴辛庄村、苏屯子村、芮家楼村、前五里村、郝庄村、东苑庄村、西方寺村、龙潭村、苑家楼村、龚庄村、王家庄村，林亭口镇帐房圈村，马家店镇闫各庄村；

静海县（6个）：静海镇下三里村，唐官屯镇长张屯村，西翟庄镇前尚码头村，蔡公庄镇刘祥庄村，沿庄镇东禅房村，子牙镇西高庄村；

宁河县（3个）：芦台镇小杨村，板桥镇盆罐村，苗庄镇前于飞村；

蓟县（5个）：官庄镇居官屯村，马伸桥镇大峪村，别山镇青池岭沟村，东二营乡黎明村，出头岭镇南擂鼓台村。

2005年命名12区县81个市级卫生村名单

塘沽区（1个）：胡家园街六道沟村；

汉沽区（2个）：茶淀镇孟鄺村、杨家泊镇东尹村；

大港区（4个）：港西街联盟村、太平镇红星村、中塘镇东河筒村、古林街上古林村；

东丽区（1个）：军粮城镇兴农村；

西青区（20个）：李七庄街杨楼村、凌口村、大寺镇大任庄村、辛口镇下辛口村、杨柳青镇一街村、四街村、六街村、八街村、十一街村、中北镇侯台村、李家园村、中北斜村、谢庄村、王庄村、西马村、西姜井村、东姜井村，张家窝镇薛庄子村、闫庄子村、董庄子村；

津南区（3个）：葛沽镇曾庄村、小站镇迎新村、辛庄镇邢庄子村；

北辰区（4个）：大张庄镇小孟庄村、小马庄村、张五庄村、小韩庄村；

武清区（6个）：上马台镇小康庄村、城关镇沙庄村、大黄堡乡赵庄村、石各庄镇石南村、白古屯乡东马房村、南蔡村镇大白场村；

宝坻区（15个）：城关镇大道口村、梁庄村、王卜庄镇后张司马村、谭家庄村、新开口镇卷子村、林亭口镇林三村、高家庄镇后莲花村、八门城镇曹家沽村、大口屯镇石辛庄村、史各庄镇扬辛庄村、牛家牌镇前普贤坨村、赵辛庄村、口东镇于古庄村、郝各庄镇西郝各村、霍各庄镇破留舟村；

蓟县（5个）：邦均镇李庄子村、双井村、上仓镇程家庄村、孙各庄乡建新村、城关镇东马房村；

宁河县（14个）：大北涧沽镇大北涧沽村、独立村、辛庄村、东棘坨镇新村、苗庄镇后瘸村、张凤村、造甲镇东小王台村、赵温村、芦台镇北田庄村、板桥镇北板桥村、赵学村、扬花村、东双庄村、廉庄子乡杨拨村；

静海县（6个）：蔡公庄镇蔡公庄村、双塘镇杨家园村、陈官屯镇西钓台村、中旺镇王官庄村、台头镇南二堡村、静海镇高楼村。

2006年命名9个区县60个市级卫生村名单

塘沽区（2个）：胡家园街头道沟村、中心桥村；

津南区（4个）：咸水沽镇同济村、辛庄镇柴辛庄村、双桥河镇西周庄村、北闸口镇光明村；

西青区（11个）：辛口镇郭庄子村、水高庄村、上辛口村、大寺镇石庄子村、南里八口村、杨柳青镇二街、七街、十六街、张家窝镇张家窝村、西琉城村、中北镇祁庄村；

北辰区（17个）：大张庄镇吕庄村、田庄村、芦庄村、下股庄村、双街镇小街村、杨堤村、天穆镇闫街村、勤俭村、小淀镇温家房子村、北仓镇董新房村、闫庄村、双口镇双口一村、赵圈村、郝堡村、青光镇青光村、西堤头镇刘快庄村、芦新河村；

武清区（1个）：石各庄镇定子务村；

宝坻区（4个）：林亭口镇牛蹄河村、八门城镇王建庄村、牛家 牌乡大宝庄村、新开口镇江石窝村；

蓟县（4个）：城关镇白庄子村、下仓镇王指挥村、洇溜镇苏庄子村、别山镇翠屏山村；

宁河县（10个）：板桥镇北珠村、田庄坨村、学郝铺村、老家庄村、丰台镇高稳村、苗庄镇小茄庄村、大北镇官庄子村、东棘坨镇高景村、潘庄镇杨建村、芦台镇薄后村；

静海县（7个）：大邱庄镇津海街村、津美街村、尧舜街村、独流镇北肖楼村、静海镇韩家口村、梁头镇小李庄村、双塘镇朴楼村。

2007年命名九个区县132个市级卫生村名单

塘沽区（4个）：北塘街宁车沽东村、西村、南村、北村；

东丽区（1个）：军粮城镇一村；

西青区（74个）：中北镇东北斜村、北四新村、东马庄村、李楼村、小蒋庄村、大蒋庄村、大梁庄村、汪庄子村，王稳庄镇二侯庄村、建新村、西兰坨村、小泊村、东台子村、小韩庄村、杨科庄村、小张庄村、大侯庄村、大泊村、东兰坨村、小年庄村、小孙庄村、王稳庄村、小金庄村，杨柳青镇三街村、前桑园村、东桑园村、五街村、九街村、十街村、十二街村、十三街村、十四街村、白滩寺村、东咀村，李七庄街蔡台村、邓店村、王姑娘村、梨园头村、王台村、武台村、辛院村、边村、高庄子村，南河镇马家寺村、宽河村、大南河村、付村、大卷子村、郭村、王庄子村、孙庄子村、吴庄子村、小卞庄村、闫庄子村、陈台子村、刘庄村、牛坨子村、小卷子村，张家窝镇房庄子村、康庄子村、东琉域村、南赵庄村、古佛寺村、老君堂村、宫庄子村、小甸子村，辛口镇大沙沃村、中辛口村、木厂村、冯高庄村、第六埠村，西营门街怡和村、小稍直口村，大寺镇张道口村；

津南区（13个）：辛庄镇建明村、葛沽镇大滩村、三合村、咸水沽镇赵北村、苑庄子村、秦庄子村、池稻地村、李庄子村、潘庄子村、双桥河镇孙庄子村、闫家圈村、南房子村、北闸口镇义和庄村；

北辰区（6个）：大张庄镇董连庄村、西堤头镇东堤头村、双口镇前堡村、平安庄村、徐堡村、天穆镇王庄村；

武清区（13个）：石各庄镇敖西村、敖东村、敖北村、石东村、石西村、石北村、西南庄村、梁各庄村、东马圈镇张标垡村、常庄村、黄花店镇解口村、王庆坨镇郑家楼村、城关镇杨庄村；

宝坻区（2个）：高家庄镇朝霞小庄子村、林亭口镇北清沟村；

蓟县（6个）：桑梓镇张辛庄村，罗庄子镇骆驼安村，邦均镇中兵马村，城关镇桃花寺村、张庄村、西井峪村；

宁河县（13个）：板桥镇大麦沽村，苗庄镇苗庄村、孟旧村，造甲镇西小王台村，丰台镇陆庄子村、小韩村，东棘坨镇大邓村、小邓村，大北镇爱华村、中心沽村、廉庄乡朝阳村、岳龙镇小闫村、芦台镇小尹村。

2008年命名九个区县79个市级卫生村名单

汉沽区（2个）：杨家泊镇桃园村，大田镇芦前村；

大港区（2个）：小王庄镇北抛庄村、小辛庄村；

东丽区（1个）：么六桥回族乡中心庄村；

西青区（15个）：张家窝镇高家村、炒米店村、周李庄村，中北镇西北斜村、大稍直口村、雷庄村，邢庄子村，西营门街赵庄子村，李七庄街于台村，杨柳青镇隐贤村、十五街村，辛口镇小杜庄村、岳家开村、王家村、郑庄子村；

津南区（15个）：双桥河镇小韩庄村、刘家圈村、韩家圈村、李家圈村，辛庄镇清河村、中辛庄村、高庄子村，咸水沽镇北洋村、头道沟村、五登房村、四里沽村、周辛庄村，八里台镇毛家沟村，葛沽镇邓岑子村，小站镇西花园村；

北辰区（7个）：大张庄镇李辛庄村、小诸庄村，西堤头镇姚庄子村，双口镇双河村、上河头村，北仓镇桃口村，双街镇上蒲口村；

蓟县（15个）：渔阳镇马家崖村、东果园村、南关村，罗庄子镇偏桥子村，穿芳峪乡半壁山村、英歌寨村、坝尺峪村，孙各庄乡永春庄村，下营镇黄崖关村、郭家沟村，罗庄子镇王庄村、旱店子村，杨津庄镇秦庄子村，官庄镇营房村、联合村；

宁河县（14个）：芦台镇张北村、大尹村，苗庄镇倒流村、塔慈村，七里海镇北移民村，岳龙镇小田村、曾庄子村，造甲镇冯台子村，丰台镇岳秀村、韩其村，大北涧沽镇小北村，宁河镇西关村，潘庄镇齐心庄村，表口镇兴家坨村；

静海县（8个）：蔡公庄镇惠丰西村，梁头镇孙庄子村，大丰堆镇齐庄子村，唐官屯镇尚庄子村、夏官屯村，独流镇王家营村、苟家营村、李家湾子村。

2009年命名11个区县83个市级卫生村名单

汉沽区（1个）：大田镇芦后村；

大港区（2个）：小王庄镇小苏庄村、渡口村；

东丽区（2个）：么六桥乡骆驼房子村、流芳台村；

西青区（3个）：杨柳青镇西咀村，大寺镇王庄子村、倪黄庄村；

津南区（10个）：咸水沽镇刘家码头村，辛庄镇生产圈村、上王庄村、张家咀村，北闸口镇高庄房村、后营村，八里台镇北中塘村，葛沽镇殷庄村、北元村、潘沽村；

北辰区（15个）：北仓镇周庄村、屈店村，双街镇庞咀村、胡园村、郎园村、下辛庄村，小淀镇贺庄村、赵庄村，大张庄镇张寺村、大吕庄村，双口镇杨河村、中河头村、下河头村、后丁庄村，西堤头镇赵庄子村；

武清区（11个）曹子里乡蔡阳庄村，大碱厂镇安楼村、田河村，上马台镇李凤庄村，下伍旗镇西王庄村，南蔡村镇郭官屯村、苏羊坊村，豆张庄乡西辛庄村，河西务镇五七村、木厂村，东马圈镇大谋屯村；

宝坻区（6个）周良庄镇孝庄子村、陈庄子村、凡庄子村、小庄子村、田邢庄村、赵聪庄村；

蓟县（10个）：渔阳镇东北隅村、崔店子村、小毛庄村、夏庄子村，邦均镇小孙各庄村，官庄镇砖瓦窑村，尤古庄镇大龙卧村，东赵乡北宋庄村，东施古镇嘴巴庄村，穿芳峪乡东水厂村；

宁河县（14个）：苗庄镇南朱村、麦穗村、东窝村，东棘坨镇西棘坨村，大北涧沽镇立新村，芦台镇王前村、王北村、西窑村、靳庄村，岳龙镇姜甸子村，丰台镇小李村，宁河镇任汉村、南沽村，廉庄乡木头窝村；

静海县（9个）：大丰堆镇岳家庄村、丰普村，蔡公庄镇惠丰中村、官坑村，团泊镇张家房子村、孟家房子村、邢家棲村、胡连庄村，大邱庄镇满井子村。

2010年命名8个区县46个市级卫生村名单

滨海新区（1个）：大港港西街远景三村；

西青区（2个）：杨柳青镇后桑园村、大柳滩村；

津南区（10个）：葛沽镇东埂村，小站镇前营村、坨子地村、黄营村、拐子沟村、南北河村、黄台村、操场河村，北闸口镇月桥村、前进村；

北辰区（8个）：北仓镇刘园村、赵虎庄村，双口镇前丁庄村、东堤村、岔房子村、线河二村，双街镇柴楼村，小淀镇小淀村；

武清区（3个）下伍旗镇马坊村、八间房村、王庆坨镇复兴村；

宁河县（8个）：苗庄镇杨庄村、潘庄镇纪庄村、七里海镇东移民村、岳龙镇大田村，大北涧沽镇船沽村、马鞍村，东棘坨镇东棘坨村、丰台镇东村；

静海县（5个）：台头镇三堡村、双塘镇杨学士村、静海镇范庄子村，蔡公庄镇顺小王村、四党口东村；

蓟县（9个）：渔阳镇杨园子村、西马坊村，白涧镇辛东村，穿芳峪镇小巨各庄村、刘庄户村，东二营乡西二营村、金唐庄村，邦均镇西沿河村、东沿河村。

第五章 单位卫生评比

第一节 爱国卫生先进单位评比

1972年，天津市爱国卫生运动蓬勃发展，取得了除害灭病的新成绩，并涌现出一大批卫生先进单位。为进一步推动以除害灭病为中心的爱国卫生运动深入发展，使卫生工作更好地保护广大人民健康，为巩固社会主义经济基础服务。

1973年2月，天津市爱卫会以〔1973〕爱卫字第2号文发出《关于评选1972年天津市爱国卫生运动先进单位的通知》。通知要求如下。

评选的条件是：党委重视，认真执行毛泽东“预防为主”的方针，把除害灭病的爱国卫生列入党委、革委会议事日程，做到有健全的卫生组织，有计划，有布置，有人抓，有检查，有评比，有总结；要依靠群众，放手发动群众，把突击和保持经常结合起来，在除四害，讲卫生，预防疾病，改变卫生面貌，提高群众健康水平，提高出勤率，降低发病率，完成生产、供应等各项任务方面，做出显著贡献；有健全的卫生制度。能认真贯彻执行上级颁发的有关卫生规定，并结合本系统、本行业的情况建立卫生分工责任制，落实到人，坚持经常。

评选的方法是自下而上层层评选验收产生。各区、局、大专院校根据条件评选出爱国卫生先进单位。

名额分配：市区和塘沽区、汉沽区各 13 名至 16 名；郊区 7 至 9 名；各市局及大专院校按所属单位的 3%—6% 幅度掌握评选；驻津部队 15 至 20 名。要求各单位要把评选想进单位的工作重视起来，加强领导，指定负责同志认真抓好，做好广泛宣传工作，保证评比工作正常开展。

1974 年，在 1973 年评选的基础上，在天津市开展了评选 1974 年度爱国卫生先进单位的活动。名额分配在参照 1973 年评选的基础上，增加 10%—20%。经过一个多月的评选，共评出市级卫生先进单位 550 个。天津市爱卫办对评选出的卫生先进单位重点进行抽查验收。从抽查验收的情况看，卫生水平总体来讲比以前有了提高，但也有少数单位的卫生水平不高，经过协商摘掉卫生先进单位牌子。

为了表彰先进，促进后进，推动天津市爱国卫生运动深入开展，准备在召开天津市春季爱国卫生运动动员大会上，对先进单位予以表扬，颁发奖状，以资鼓励。

1976 年 1 月，天津市爱卫办组织评选 1975 年爱国卫生先进单位，这次评选按照条块分头进行，分别上报。各区、县、局根据评选条件，结合本地区、本系统的实际情况，在发动基层总结经验的基础上，进行协商推荐。评选时既要按照条件，又要照顾到面。郊县要着重评选“两管五改”搞得好的生产队和公社。各局、大专院校评选出的市级卫生先进单位应征得所在地区爱卫会同意后上报。凡评选出的市级卫生先进单位在上报前，各区、县、局都要自行组织检查，天津市爱卫会将要进行抽查。通过这次卫生评比检查工作，推动爱国卫生工作进一步开展起来，激发群众除害灭病的积极性。

1976 年 3 月 29 日，天津市爱卫会在第一文化宫召开《天津市春季爱国卫生运动动员大会》。会议的主要内容是，总结成绩，交流经验，表彰 1975 年度爱国卫生运动先进单位。

1976 年 10 月，天津市爱卫办向天津市委请示，不再每年进行评选卫生先进单位。主要是从实践看，每年评选一次存在不足之处。1. 一年搞一次全市性的卫生先进单位评选工作，时间显得太近，而有些老卫生先进单位不能巩固和发展，就被淘汰。2. 卫生评选工作涉及天津市各行各业，工作量大，占用人力多，类似卫生评选工作还有计划生育、民兵等不少于十多项，都集中在区、街和基层单位，下边负担重、压力大，由于时间紧会流于形式，起不到推动工作的应有作用。3. 天津市正在深入贯彻落实市委第十九次扩大会议精神，特别是重灾区正抓紧恢复生产，重建家园，帮助群众安排生活，所以搞卫生先进评选工作也不适宜。

鉴于上述情况，天津市爱卫办考虑 1976 年度卫生先进单位评选工作不再进行。为使评选起到推动工作的效果，建议两至三年进行一次全市性卫生先进单位评选工作比较适宜。

第二节　爱国卫生红旗单位、先进单位评比

1978 年 12 月 12 日，天津市爱卫办以〔1978〕爱办字第 17 号文件《关于评选天津市 1978 年度爱国卫生红旗单位和先进单位的请示》，报请市领导。市领导批示，“可以办。”

爱卫办在全天津市开展了评选工作。评出爱国卫生红旗单位 10 个，市级先进单位 330 个。在“天津市爱国卫生运动总结、表彰、动员大会”上进行表彰。1979 年 3 月，以天津市市革命委员会办公厅津革办发〔1979〕号文件发出通知，召开表彰、总结、动员大会，会议在第一工人文化宫召开，会期半天。

1979 年 3 月，天津市爱国卫生运动在天津市委、市革委的领导下，在三市爱国卫生对口检查的推动下，城乡卫生面貌有了进一步的改善。经天津市领导同志批准，在天津市范围内评选 1979 年度卫生红旗单位、卫生先进单位和先进个人。经过 3 个多月的层层评选、检查、验收，已经评出市级卫生红旗单位 13 个，卫生先进单位 405 个，卫生先进个人 858 人。1980 年 3 月 13 日，天津市革委会召开“天津市 1979 年度爱国卫生运动总结表彰大会”。各系统、各区县、局主管领导，爱卫会的负责人及红旗单位、先进单位和个人代表 2300 多人参加会议。电视台播送大会录像新闻，《天津日报》发大会消息，陆续报道卫生红旗单位的经验或消息。

1980 年 10 月，在全市开展评选 1980 年度卫生红旗单位、先进单位活动。确定评选卫生红旗单位 15 个，市级卫生先进单位 400 个，评选工作本着厉行节约，注重实效的原则，分别颁发大、小锦旗一面。

1982 年，通过开展全民文明礼貌月以治脏为重点的“五讲四美”活动，经过多次卫生突击活动，建立干部周六劳动日、卫生责任地段制度和迎接三市卫生检查活动，天津市卫生面貌有了明显改善。经请示天津市人民政府领导同志同意，于 11 月在天津市开展评选 1982 年度卫生红旗和卫生先进单位的活动。确定评选红旗单位 30 个，卫生先进单位 420 个。经天津市人民政府批准，1983 年 3 月 2 日在天津市第一文化宫召开“天津市爱国卫生运动总结表彰动员大会”。会上总结 1982 年工作，部署 1983 年工作任务和开展文明礼貌月治脏活动意见；由卫生红旗单位介绍开展爱国卫生活动的经验；宣布卫生红旗单位、先进单位名单，颁发奖牌、奖旗。

根据国务院〔1983〕189 号文件和中央爱卫会廖汉生主任的指示精神，以及天津市政府办公

厅津政办发〔1984〕132号文件，在爱国卫生运动中，要大力开展创建文明卫生单位的活动。天津市爱卫办拟定《关于文明卫生单位的评选命名办法》，征求各区县爱卫办和各委员的意见，进行修改，报送姚俊副市长审批。审批后以市爱卫会名义发各区、县、局执行。

1984年11月，市爱卫会发出《关于评选文明卫生单位的通知》，要求评选要从实际出发，不追求数字，不搞形式主义，评选数量根据条件，自行掌握。各区县、各委办在评选上报市级文明卫生单位的同时，要从中推荐爱国卫生成绩显著的文明卫生红旗单位，由爱卫会选拔确定。各单位要把评选出的市级文明卫生单位和推荐的文明卫生红旗单位，于12月底以前归口上报，天津市爱卫办召开1984年命名表彰大会。

1985年1月，经请示天津市人民政府，于1985年2月7日下午在第一工人文化宫召开天津市1984年度爱国卫生运动总结、表彰、动员大会。会上由姚峻副市长总结工作，部署任务，由天津市委、天津市人大、天津市政府、天津市政协领导同志向文明卫生红旗单位、文明单位发奖，并进行慰问演出。

1985年度的评比表彰大会于1986年3月3日召开。全市共评出文明卫生红旗单位128个，较1984年度增加12个单位，其中由于卫生水平下降和其他原因未连续评上的有20各单位，1985年新增加的有36个单位；文明卫生单位1082个，较1984年度增加120个单位。

1987年1月天津市爱卫会以〔1987〕津爱卫字第1号发出《关于认真做好1986年度容貌卫生先进单位评选工作的通知》，通知要求：1.对先进单位的命名，为了减少挂牌的重复，将以往市政府颁发的“容貌整洁先进单位”和天津市爱卫会颁发的“卫生红旗单位”“文明卫生单位”，合并为“容貌卫生先进单位”，一年评选一次，不搞“终身制”。2.评选容貌卫生先进单位的标准，仍按天津市人民政府办公厅转发的《天津市各行业容貌标准（试行）》和天津市爱卫会的文明卫生单位标准，结合起来掌握。

1987年12月，天津市爱卫会以〔1987〕津爱卫字第19号发出《关于认真复查1986年度容貌卫生先进单位的通知》。主要内容是，经天津市政府领导批准，1987年不再评选新的容貌卫生先进单位，把工作的主要精力放在复查1986年度“容貌卫生先进单位”工作上。通过复查，巩固成果，做到坚持容貌卫生标准经常化、制度化。通过找差距，制定限期达标的措施，保持光荣称号。对名不符实，又没有改进的单位，摘掉牌子，取消光荣称号。

1988年9月23日，天津市爱卫会以〔1988〕津爱卫字第20号文发出《关于认真做好1988年度容貌卫生先进单位评选工作的通知》，定于11月起到12月25日，在天津市开展评选1988年度“容貌卫生先进单位”的活动。

1990年度天津市共评出109个爱国卫生红旗单位，2481个爱国卫生先进单位。1991年通过各种方式对32个爱国卫生红旗单位、125个先进单位进行了抽查和检查，特别是全国组团到津检查，天津市受检单位44个，其中有红旗单位5个，先进单位13个，占受检单位的40.9%，均受到好评，成为天津市卫生的窗口，为巩固天津十佳卫生城市成果做出了突出成绩，起到了典范作用。为了配合评选工作，还制订了《爱国卫生先进单位（试行）》和《爱国卫生先进单位标准（试行）》。

1990 年 8 月，天津市爱卫会以津爱卫字〔1990〕第 26 号文发出《关于表彰全国爱国卫生先进单位、先进工作者、从事爱国卫生工作 30 年工龄者的通知》。根据全国爱卫会全爱卫字〔1990〕第 29 号精神，为了鼓励多年来在各项爱卫生工作中取得显著成绩，为发展爱国卫生事业做出突出贡献的单位和个人，促进爱国卫生工作的深入发展，各单位进行了认真的评选。经全国爱卫会审核决定：命名天津自来水公司等 7 个单位为全国爱国卫生先进单位。刘清云等 24 位同志为全国爱国卫生先进工作者并发给先进单位奖牌、先进工作者荣誉证书和奖章。并经全国爱卫办审核，全国爱卫会批准，对首批全国从事爱国卫生工作30年工龄者25人予以表彰，并颁发荣誉证书和证章。

1992 天津市爱卫办在评选爱国卫生红旗单位和先进单位安排中提出，为完成天津市提出的五年把天津建设成国家卫生城市的目标，充分发挥先锋模范作用，在评选中要与国家卫生城市的标准相结合，在巩固原有卫生水平的基础上，提高内在质量，使爱国卫生红旗、先进单位成为天津市创建工作的基础，以点带面，推动各行各业的卫生工作，评选爱国卫生红旗单位 135 个，爱国卫生先进单位 2480 个。

1994 年，天津市创建国家卫生城市已进入关键阶段。单位内部卫生是创建达标的重要组成部分，为推动创建工作的深入开展，提高天津市城市卫生工作水平，为 43 届世乒赛和天津市的对外开放创造一个整齐、清洁、优美的环境，天津市爱卫办确定在全市范围内，认真开展 1994 年度爱国卫生红旗单位、先进单位的评选工作。这次年度评选工作是参照津爱卫字〔1994〕1 号文件《关于开展单位室内外卫生达标活动的通知》的要求，在各行各业单位门内达标活动的基础上进行的。

1996 年，天津市在全国城市卫生检查评比活动中，连续 3 届被评为“卫生城市”。为了巩固成果，提高城市卫生的整体水平，努力实现建设现代化国际港口大都市的目标，天津市爱卫会决定：在全市范围内继续开展“单位内部卫生达标活动”，并在此基础上认真进行 1996 年度爱国卫生红旗单位、先进单位的评选工作。

1999 年经研究决定，将过去使用的“爱国卫生红旗单位”和“爱国卫生先进单位”的名称，更改为“市级卫生红旗单位”和“市级卫生先进单位”。根据《天津市 1999 年爱国卫生工作要点》的有关要求，要在天津市广泛开展单位内部卫生达标活动的基础上，组织进行 1999 年度“市级卫生红旗单位”“市级卫生先进单位”的评选工作。评选出市级红旗单位 150 个，市级先进单位 1064 个。

2002 年度的评选工作，主要是向各区县、各系统分别下达评选名额计划。各区县、各系统应根据天津市爱卫办下达的名额指标，做好各自的名额分配工作。评选工作从年初开始，至十月底结束。各级爱卫组织要在对所属单位内部卫生进行全面检查的基础上，评选出 2002 年度申报的“市级卫生红旗单位”和“市级卫生先进单位”，并逐个进行检查验收，对符合标准要求的单位，按照分配名额指标，逐级上报。

申报“市级卫生红旗单位”的，应是1999年度“市级卫生红旗单位”或“市级卫生先进单位”，如在卫生管理工作中确实取得突出成绩的单位，也可破格直接申报“市级卫生红旗单位”。为了确保天津市评选工作质量，天津市爱卫办将对申报“市级卫生红旗单位”的进行检查验收，对申报“市级卫生先进单位”的进行抽查。经逐级评选和检查验收后上报，并符合标准要求的单位，由天津市爱卫会命名为2002年度“市级卫生红旗单位”或“市级卫生先进单位”，同时颁发奖牌。

2004年参加评选活动的范围包括，全市各机关、团体、企事业单位、高等院校、驻津单位、部队等各行各业的基层单位。评选标准要严格按照《天津市单位卫生标准》执行。依据《单位卫生达标考核实施细则》，经检查验收达到80分以上的单位为卫生达标单位；达到90分以上的单位可申报“市级卫生先进单位”；达到95分以上的单位可申报“市级卫生红旗单位”。经逐级评选和检查验收后上报，并符合标准要求的单位，由市爱卫会命名为2004年度“市级卫生红旗单位”或“市级卫生先进单位”，同时颁发奖牌。本年度命名的“市级卫生红旗单位”和“市级卫生先进单位”称号，有效期为下次评选之前。

各级爱卫组织要通过爱国卫生月和五一、十一等重大节日，对所属单位的内部卫生进行全面检查或抽查。在评选活动中，要严格把关，加大对申报“市级卫生红旗单位”和“市级卫生先进单位”的检查力度，对在检查中发现与《天津市单位卫生标准》要求差距较大，或不能保持其荣誉称号的单位，要视情节给予通报批评、限期整改或取消荣誉称号的处理，确保2004年度“市级卫生红旗单位”和“市级卫生先进单位”评选工作的顺利完成。

2004年为进一步提高天津市单位内部卫生管理水平，促进单位卫生达标活动，结合天津市卫生区、卫生镇的创建工作，天津市爱卫办决定，在天津市开展对2004年度“市级卫生红旗单位”和“市级卫生先进单位”的复查，各级爱卫组织要按照全国电视电话会议要求，高度重视此次复查工作，努力使各单位建设长效管理机制，坚持以人为本的原则，广泛开展健康教育，提高员工文明卫生素质。通过检查推动单位卫生工作上水平。

严格检查，确保质量。各级爱卫组织要通过相关活动，对所属单位的内部卫生进行全面检查。加大检查力度，对在检查中发现与《天津市单位卫生标准》要求差距较大，不能保持其荣誉称号的单位，要视情节给予通报批评限期整改，天津市爱卫办对整改不利的单位将取消其荣誉称号，确保“市级卫生红旗单位”和“市级卫生先进单位”的整体质量。加强除四害工作，对预防和控制疾病的发生和蔓延具有重要作用，降低媒介生物的密度是切断传播途径，减少病媒传播疾病的有效手段。此次检查，除四害工作是重点，天津市爱卫办对未达标单位将实施一票否决。

加大宣传力度。做好信息情况及经验的反馈交流工作。各级爱卫组织要在本区县、本系统范围内，利用各种新闻媒介，广泛宣传普及卫生知识，倡导健康文明生活方式，增强群众自我保健能力，结合本单位实际，积极探索新时期开展爱国卫生工作经验，并及时以简报、信息等形式上报天津市爱卫办。

2006天津市爱卫办要求各级爱卫组织在评选活动中，要坚持以人为本的理念，发扬为基层单位服务和为人民群众办实事、办好事的精神，充分发挥基层爱卫组织的作用，广泛发动干部职工，结合开展爱国卫生月、除害防病和迎五一、十一等项活动，在天津市范围内，大力开展单位内部卫生达标活动，力争使大部分单位达到《天津市单位卫生标准》要求，并在此基础上，认真组织好2006年度“市级卫生红旗单位”和“市级卫生先进单位”的评选工作，创造一个整洁、优美的工作、学习和生活环境。

2008年按照《天津市爱国卫生工作条例》和《天津市2008年度爱国卫生工作要点》要求，为了巩固爱国卫生工作成果，进一步提高天津市单位内部卫生管理水平，天津市爱卫办决定，在天津市开展2008年度“市级卫生红旗单位”和“市级卫生先进单位”评选活动。各级爱卫组织在这次评选活动中，要层层发动，落实责任，充分发挥各基层爱卫组织的作用，广泛开展单位内部卫生达标活动，要按照《天津市单位卫生标准》要求，大力清整单位内部卫生，完善卫生基础设施建设，加强日常卫生管理。各区县、各系统、各单位要在爱国卫生月和重大节日期间，对区域内中小餐馆和所属的企业闲置厂房或空地，以及坐落在居民区内的所有单位进行彻底清理，清除卫生死角，促进单位内部卫生全面上水平。同时，要建立健全各单位内部卫生工作档案和资料，使单位内部卫生管理达到规范化、制度化、经常化。

2010年的评选工作着重检查几个方面的工作：1. 领导重视，卫生管理组织和制度健全，责任制落实；2. 单位室内外环境卫生整洁，绿化美化好，有专（兼）职保洁人员，卫生保洁设施齐全，公用设施卫生清洁，“门前三包”责任落实。单位内部食品、饮用水、公共场所等符合卫生要求，无重大公共卫生事件发生；3. 坚持经常性的除四害工作，各类防杀设施能够正常使用。积极参与驻地组织的各项爱国卫生活动；4. 利用多种形式对单位职工开展健康教育，有固定健康教育宣传设施和健康期刊读物，会议室、办公室有禁烟标识，职工掌握基本的卫生知识，普遍形成良好的卫生行为；5. 职工定期体健，有健康档案，劳动保护设施完好。

第六篇

农村改水改厕

20世纪50年代初，在天津市区开展爱国卫生工作的同时，农村也大搞环境卫生、粪便和饮食卫生、饮水卫生。1962年中央爱卫会副主任、卫生部长钱信忠向毛泽东当面汇报爱国卫生工作，1994提出农村爱国卫生工作的中心是抓好管水管粪，当时毛泽东说："这个想法好，我赞成。"从那时起，两管工作一直成为农村爱国卫生的中心工作。

1964年，全国城乡爱国卫生运动有很大发展，在农村爱国卫生工作中，提出了管水管粪，改水、改厕、改畜圈、改炉灶、改造环境，搞卫生要结合生产、结合生活、结合防病治病工作。天津市各郊区、县农村开展了以"两管五改"为重点的爱国卫生工作，涌现出一批先进村。1974年6月24日—28日，天津市召开郊县"两管五改"学习班，学习班提出，农村"两管五改"是一场移风易俗、改造世界的革命，要把"两管五改"工作迅速开展起来，深入下去，开花结果。1974年12月17日在天津市农业学大寨经验交流会上，指出要进一步搞好防病灭病工作。搞好以"两管五改"为重点的爱国卫生运动。1978年天津市政府召开会议，推广全国爱卫会在烟台地区召开现场会的经验，1982年11月8日，天津市政府在武清县召开天津市农村爱国卫生工作会议，强调农村开展以改水、粪管、除害、防病为中心的爱国卫生工作。

1980年中国政府决定参加联合国第35届大会发起的《国际改水供应和环境卫生十年》活动，从1981年起，天津市政府每年把改水列入"市政府改善农村人民生活十项工作"中，1983年11月4日，在蓟县召开天津市改水工作会议，总结了几年改水工作的成绩，制定了天津市改水工作规划草案，提出了从1984年起，每年改水进度按人口10%～15%递增，到1990年达到农村人口95%改用安全卫生水。并成立了天津市改水领导小组。"六五"期末共计完成自来水供水到户2524个村，66万多农户，分别占总村数、总户数的65%和70.26%。

1986年中央在浙江省宁波市召开全国农村改水工作会议，天津市政府贯彻会议精神，安排部署了在"七五"期间农村改水任务，采用打机井、建水塔、修建压力罐等多种形式，还重点抓了自来水入户普及工作。截至1990年底，天津市农村改水受益率为98%，自来水普及率85.4%。针对蓟县山区还有96个自然村，3万余人饮水问题尚未解决，天津市市政府于1989年4月4日在蓟县召开了解决山区人畜饮水问题现场办公会，决定根据天津市水利局、天津市爱卫办调查材料提出的规划方案，确保三年力争两年解决蓟县山区人畜饮水问题，此项工作如期完成。

20世纪50年代初期，农村大搞环境卫生，其内容就有迁移粪场和拆除改建简陋厕所。60年代初期，农村拆除了大部分不合格厕所，改建和新建了合乎卫生要求的厕所，粪便统一管理，建立了常年清洁积肥队，实行高温堆肥和泥堆肥。

"文化大革命"后期至1981年，天津市农村新建、改建公厕6165万座，大队统一管理堆肥的有411个，占大队总数的33%，由小队统一管理的有2692个，占小队总数的26%；有积肥场9214处，积肥队6479个。截至1982年上半年，已有151个生产队建沼气池305个，受益人口2.8万多人。1982年底，天津市政府召开农村爱国卫生工作会议，决定各郊区、县要本着因地制宜、综合治理、以治为本为原则，搞好“两管五改”，把农村爱国卫生运动推向一个新水平。

80年代农村改厕工作中，根据具体情况，除改建、新建公厕，又重点抓了户厕改造，以蓟县为典型，搞了单格式，双格式，双缸式等各种形式的户厕改造，取得了一定成绩。1990年3月，卫生部等联合下发了关于《中国农村年暨2000年人人享有卫生保健的规划目标》的通知，对农村改厕的标准和进度有了进一步明确要求。天津市加快了农村改厕步伐，截至1990年底，天津市农村公厕改造2771座，占公厕总数的21.55%，户厕改造23560座，占全部户厕的4.08%，天津市政府提出要求，1991年农村改厕率要达到20%。

随着天津市小城镇建设的不断发展，农村改厕工作也有长足的进展，从1991年至1998年的8年间，农村公厕由10074座增至15196座，其中卫生公厕由2772座增至3163座，占总数的20.82%，农村户厕由577500增至670998户，卫生户厕由23560座增至140032座，占总数的20.87%。粪便无害化处理率达50%以上。

从2003年开始，为了大力改善农村卫生环境，解决农村群众最现实的生活问题，天津市实施了大规模的农村卫生户厕改造。2003年，完成了10.34万座户厕改造任务。2004年，完成了30万座。2005年完成了31.83万座。2006年完成了21.6万座。四年共计改造农村卫生户厕93.7万座，工作取得显著成绩，实现了天津市政府确定的普及率达到92.6%的目标。

在2007—2009年度中央补助地方农村改厕项目工作中，天津市按照财政部、卫生部、农村改水改厕项目管理方案的要求，3年间共改造农村卫生户厕5.44万座，截止到2010年9月底，天津市圆满完成了农村改厕项目任务，农村卫生户厕普及率达到96.14%。

第一章 农村两管五改

第一节 两管五改的内容及农村基础建设

20世纪50年代初，爱国卫生在农村的重点工作是大搞环境卫生、饮食、饮水卫生和粪便处理。到1964年全国爱卫办对农村爱国卫生工作提出“两管五改”的要求的内容，管水、管粪、改水井、改厕，改畜圈、改炉灶，改造环境，天津市各郊区、县、农村开展了以“两管五改”为重点的爱国卫生工作。

1975年，天津市农村工作委员会和天津市爱国卫生运动委员会联合提出“关于郊县自行安排两管五改经验交流会”，国务院国发〔1974〕76号《关于坚持开展爱国卫生运动，大力加强防疫工作的通知》，提出要认真贯彻“预防为主”的方针，依靠群众，发动群众，深入开展以除害灭病为中心的爱国卫生运动，在农村要结合生产把“两管五改”作为农业学大寨的一项重要内容，长期坚持下去。天津市郊县在贯彻执行国务院指示，加紧搞好“两管五改”工作中取得了一些成绩。实践证明，搞好“两管五改”是农业学大寨的需要，是农村卫生革命的重要内容，它有利于减少疾病，增强人民体质，同时还能多积肥，积好肥，为农业大上快上提供了物质条件。所以，各郊县要结合大搞积肥活动，抓紧除害灭病的有利时机，于惊蛰前自行安排召开本郊县“两管五改”经验交流会，以点带面，推动全局，使卫生工作更好地为农业生产服务。

1976年，为推动郊县“两管五改”工作深入开展，组织参观学习“两管五改”搞得比较好的生产队。主要参观蓟县、静海、宝坻和汉沽三县一区的“两管五改”典型生产队。通过经验介绍、参观和座谈达到学习和推广“两管五改”工作深入进行。

1976年，天津市爱卫会以〔1976〕爱卫办字第5号文请示市革委《关于天津市农村开展两管五改工作所需物资材料请列入计划的报告》。主要内容是：根据国务院批转卫生部关于全国卫生会议的报告精神，在郊县农村广泛开展以“两管五改”为重点的爱国卫生运动，许多社、队把“两管五改”纳入发展农业生产和建设社会主义新农村的规划。有1686个大队建立了积肥队，固定了积肥场，实行了四合一的高温封肥，改造了厕所65700多座，一些地区取消了连茅厕，猪圈、牲畜棚已迁出村外的有400260多个。很多社队饮用深水井和浅水井都得到改造，饮水卫生正在改善，卫生面貌也有很大改观。但是在改造厕所和改造水井工作中遇到物资短缺问题，主要是所需水泥、钢材、木材不能解决，影响了工作的开展。为了推动这项工作，在两三年内实现“两管五改”的要求，请将所需物资材料纳入计划指标内，按年分配给各郊县，以解决需要。

1976年7月，天津市爱卫办发出《关于开展两管五改工作检查的通知》。检查的内容是：1.贯彻天津市委关于夏季爱国卫生运动要求落实的情况；2.“两管五改”工作进度，重点是粪便统一管理，实行高温封肥的进度；3.在开展“两管五改”工作中，涌现出的新的典型单位。

检查的方法和时间：采取郊县对口检查的方法，蓟县—宝坻；静海—武清；东郊—北郊；西郊—南郊；汉沽—塘沽—宁河。

各对口郊县组成检查组，按照检查内容进行检查。各郊县要全面汇报，每个郊县至少检查一个公社范围内的各大队，和涌现出的典型单位。检查的时间和原则是从7月中旬到7月底。要求：积极做好检查的组织工作，通过检查，总结交流先进经验，找出差距，采取有效措施，尽快落实市委要求。

第二节　农村“两管五改”的标准

1982年中央爱卫办推广黑龙江省爱卫会八部门联合制定的农村“两管五改”标准，中央爱卫办提出，各地在“两管五改”方面做了大量的工作，涌现出不少好的典型，积累了很多好经验，关键是如何认真及时地总结推广，并要有一个全面的规划和科学的标准，使点上的经验在面上开花，以期逐步达到规范化。天津市爱卫办于5月3日及时进行了转发，并要求结合各县的具体情况和两管两改工作中的经验，制定切实可行的标准或办法，以进一步推动农村卫生工作的开展。

一、改良水井

集中式供水和分散式供水。要通过沉淀、过滤、消毒等措施，力争达到《生活饮用水卫生标准》的各项要求。

机井、压把井及室内小井管的井管周围必须严密封闭，以防污水污物流渗井内。

大口井要做到“五有”即：有井台、井裙、井房（或半墙、棚）、公用水桶、排水沟。井台夯实，高出地面半米；井裙要高出井台，积水不倒流井内；井壁用木板、水泥、砖石材料构成，保持坚固。

经济条件较好的村屯，要从实际出发，积极兴建自来水设施。

水源周围环境好，水井周围三十米内不得有厕所、积水坑、渗水井、垃圾堆、粪场等污染源。

二、改良厕所

1. 村屯的公共场所要有公共厕所，社员家要有厕所，位置适宜，方便群众。

2. 厕所要有棚、有门、防风、防雨，宽敞适用。

3. 粪坑不渗不漏，粪尿不流失。蹲位、出粪口有盖，保肥、防蝇。

4. 保持厕内厕外清洁卫生。

三、改良畜圈舍

1. 养猪有圈，猪圈要有墙、有棚、有台、有粪坑，粪尿不流失，做到猪圈养。

2. 马牛羊有棚，鸡鸭有架，能积肥，保持卫生。人畜禽粪便要统一管理，做到勤起勤垫，勤打扫。积肥场要设在村外下风向，做到粪便无害化处理。

四、改炉灶

1. 炉灶要省柴，好烧不倒烟。

五、改造环境

1. 路：村屯街道路面平整，有拱度，有条件的尽量取直，铺上砂石。

2. 沟、村内路旁要有边沟，宽窄深浅适宜，排水通畅，无积水。

3. 墙、家家有院墙（或杖子），规格尽量一致，做到整齐美观。

4. 林：村屯周围，村内道路两侧绿化，街道林每侧不少于两行，护村林不少于五行。

5. 院：庭院平整，物品堆放整齐，保持清洁卫生。

第二章　农村饮水改造和水质监测

第一节　农村饮水改造

1964 年 10 月，天津市爱国卫生指挥部组织对天津市郊区县浅水井进行初步调查，写出调查报告，为摸清郊区浅水井的现状、发展前途和今后挖掘浅水井，编制郊区饮水规划提供技术资料。在调查中采取点面结合的方法，以小站公社为重点作全面普查，其他郊区对 63 个公社作了抽查，共调查 264 口井。主要进行了现场调查，访问老农和水样化验，对典型井做了水文地质勘探。在这次调研的基础上，写出了郊区农村给水规划方案，方案提出：改善饮水卫生状况是保护人民身体健康，提高生活水平的重要措施，在防止肠道传染病流行上起了很大作用，特别是 1964 年，天津市“02”的流行，更说明解决郊区、农村饮水问题。任务十分迫切，必须彻底改变农村治水卫生状况。

一、治水方案

治水规划方案，主要分四个方面进行论述，一是概述，分析了治水现状、治水问题的提出及其意义，及规划编制的原则。二是一般居民区的规划。三是大村镇的治水规划。四是益于规划的实施。主要是根据实际情况，解决建设资金问题、分批实施问题、工程建设和管理问题、水原规划的问题等。

1966 年 6 月 7 日，天津市爱国卫生运动指挥部召开“农村饮水卫生工作会议”，会议主要讨论研究有关农村饮水建设及饮水消毒等事宜。于 1966 年 7 月 11 日印发了 1966 年农村饮水消毒工作意见。意见提出，根据“02”防治计划要求和当前疫情紧急情况做好饮水消毒是十分重要的防疫措施，希望结合本地区情况认真安排，全面落实饮水卫生工作。

1966年以来天津市旱情虽有缓和，但有些地区饮水还有困难，如南郊、西郊不少地方仍在掘临时土井或用的河沟水，很不卫生。加以本年疫情发病早，来势猛，疫点多，疫源分散，各河被污染严重，经水传染的可能性加大。因此，各郊区饮水消毒任务应该比往年加强，以杜绝借水传播的传染途径，坚决彻底消灭“02”。

二、郊区饮水卫生要求

各个郊区饮用水除深井细菌合乎卫生要求的以外，无论水厂，水井或分散使用河、坑水，临时土井的饮用水都必须进行饮水消毒。各区要突出政治，加强领导，依靠骨干，充分发动群众，把饮水消毒工作落实到每个水厂，每个水井和每个住户中，坚持经常，保证效果。消毒任务共约50多万人（水厂14万，浅井22万，缸水15万）。饮水消毒期到10月，视疫情情况，可做必要的延长，不得延误。同时，要求各区卫生指挥部负责组织饮水消毒工作，通过公社、生产大队、生产队逐层落实任务安排，有关配药、保管余氯检查等具体工作可由红十字医士负责。卫生工作队负责检查饮水消毒工作的落实及技术指导，在蹲点地方要做好这项工作的经验总结。农村水厂的消毒由管理员负责，红医定时检查余氯。浅井和缸水消毒，生产队最少有一名卫生员负责消毒。红医、卫生员和卫生工作队员要建立检查和汇报制度。

1. 消毒方法是：要因地制宜讲求实效，余氯稳定群众欢迎。深井一般不做消毒，在疫情需要时可作为紧急防疫措施进行消毒。水厂用漂粉上清液泵前加药消毒，也可采用氯胺消毒及窗纱塑料袋消毒。井水用漂粉上清液或大塑料袋持续消毒。缸水用上清液或直接投粉，往年使用小塑料袋消毒习惯的村庄可继续使用小塑料袋消毒。对于使用的漂白粉要做好含氮量鉴定工作以保证消毒效果，根据情况做好水质细菌检验工作以保证质量。

2. 药械供应和保管是由天津市指挥部供应分装好的漂白粉。区指挥部根据需要分批发给使用。要厉行节约，反对浪费，要注意保管防止失效。饮水消毒的零星开支即由区指挥部业务费中开支。

3. 检查、评比、交流：各区要经常组织社与社，队与队之间的检查评比，通过经验交流和现场参观，促进饮水消毒深入开展，各区要树立典型及时交流经验。

三、制定标准

制定人民公社卫生标准，基本要求是：搞好卫生，提高劳动出勤率，降低主要传染病，讲卫生，多积肥，肥多粮多，增施农家肥，减少化肥开支，降低粮食成本，增加集体收入有成绩。

1. 领导重视，组织健全。把卫生工作能纳入党委工作的议程，卫生宣传工作有人抓，深入经常，充当发动群众开展以“两管五改”为重点的爱国卫生运动，落实各项卫生制度和措施。

2. 认真搞好村镇的环境卫生，有常年积肥专业队和清扫保洁队，按日清扫，做到村镇街道里巷无垃圾、无粪堆，干净整齐。

3. 积极采取各种方法，消灭四害，对蚊、蝇、臭虫有消毒措施，定期开展灭鼠运动，使四害密度不超过规定的标准。

4.“两管五改”，全公社应有 60%—70% 的队做到改厕（有顶、有墙、有缸池、不渗不漏），集体牲畜棚圈迁出村外，改造浅水井有井台、井栏、井盖、公用水桶，排水沟，改造环境做到有人定期清扫保洁，绿化工作好。

5. 合作医疗：红医对贯彻“预防为主”的方针，开展爱国卫生运动中切实起到参谋作用，对各项预防接种、传染病疫情报告工作认真落实。

1980 年，天津市爱卫办根据当时农村卫生情况，制定了《天津市农村爱国卫生运动卫生标准》，把人民公社标准生产队卫生标准、社员家庭卫生标准，城镇街道居委会卫生标准、城镇居民住户卫生标准进行细化。

1980 年中国政府决定参加联合国第 35 届大会发起《国际饮水供应和环境卫生十年》活动。从 1981 年起，市政府每年把改水列入“市政府改善农村人民生活十项工作”中，在 1982 年的农村工作会议前，对天津市农村水改，粪管的基本情况做了一次调研。调研中统计：农村人口 425 万余人，四郊五县三个市外区（塘、汉、大）209 个公社，3839 个生产大队，15725 个生产队在改水工作中都有不同程度的进展，调研认为：“文化大革命”期间，天津市农村改水工作，基本属于停滞状况，“文化大革命”后，特别是三中全会以后，农村经济好转，广大农民对改水的要求和希望越来越高。随着天津市恢复 1976 年地震灾害带来的损失，重建农村新居民区的工作，有些农村发展土造自来水，实行管道化、把自来水引进院内，引进室内，天津市近郊已普遍实现自来水化，有些经济条件较好的边远农村，也创建了“土造自来水”。蓟县李庄子公社小富庄大队，是一个 41 户，210 人口的一层楼大队，新中国成立前这个村大部分人家给地主、富农扛活做工，饮水卫生条件很差，“文化大革命”前，为了有效地预防和控制肠道传染病的发生，把好“病从口入”关，他们对饮水井进行改造，加高井台，清除周围污染源，建立卫生防护带，坚持饮水消毒。在饮用深水井井水的基础上，又建立了自来水塔，积极接上水龙头，实现了饮水密封化。

经过调研，天津市饮水总的状况是，郊县有深水机井 3103 眼，供水人口 2586745 人，占郊县总人口的 70.5%。有浅水、压把井 22524 眼，大口井 12781 眼、供水人口 1074697 人，占郊县总人口的 28.1%。饮用河、坑、塘水的只有蓟县山区涉及 42 个大队的 4750 人和宝坻县的一个大队的 183 人，共计 4933 人，占郊县总人口的 1.4%。在农村的 12 个区县中，有 8 个区县全部饮用深井水，一个县饮用深井水占 90%，两个县饮用深浅井水各占一半，一个县饮用浅井水占 81.5%。

四、改水任务

天津市改水的主要任务，除继续保护好水源，增强井水的卫生防护措施外，就是加强农村地下饮用水的除氟。据天津市防疫站对 197 个公社，2387 个大队、饮用井 6216 眼的调查。其中含氟量符合国家规定指标的有3289眼，占52.91%。超过国家规定指标的有2927眼，占47.09%，天津市饮用地下水人群约310万，其中饮用符合国家含氟卫生标准的约145万人，占46.77%，饮用含氟量在3毫克/升以上水的人群约44万人，占14.18%。防疫站和有关部门正在设法研制和试行排氟的有效措施。

根据调研基础，在1982年农村工作会议中提出，1983年农村爱国卫生运动的任务是：重点围绕改水、管粪的中心，改造环境，进行卫生基础建设，降低四害密度，减少疾病，不断提高村镇卫生水平。首先，改水工作要有一个新的提高，人均收入在200元以上的社队，要基本实现自来水入户。人均收入不足200元的社队，群众有要求，又有条件的也可依靠群众力量兴办自来水。蓟县山区42个大队和宝坻县一个大队饮用河、坑、塘水问题，县社领导要以对群众负责精神，设法尽快解决，使社员群众吃上卫生水。饮用浅水和压把井水的社队，要加强改水消毒和管理工作，保证饮水卫生。饮用浅水井含氟量在2毫克/升以上地区的除氟工作。

1983年11月4日，在天津市召开改水工作会议，总结几年的改水成绩，制定了1984—1990年天津市改水工作规划草案，并成立了由姚峻副市长任组长，天津市爱卫会、天津市建委、天津市教委、天津市计委、天津市农委任副组长；天津市卫生局、天津市财政局、天津市物资局、天津市公用局、天津市水利局、天津市环保局、天津市地方病办公室为成员的改水领导小组。

第二节　改水规划

根据国务院1981年61号文件要求，在中国开展“国际饮水供应和环境卫生十年”活动，对于改善人民生活，改善城乡卫生面貌，保护环境，减少疾病，提高人民的健康水平，促进生产发展，具有重要意义。为此，根据天津市城乡饮水情况，制定了天津市1984年—1990年的改水规划。规划分三部分，即概况、改水规划的设想和大体安排、措施。

一、概　况

天津地处渤海之滨，全市面积11305平方公里，分九个市区、四个郊区、五个县，人口为776万人，水资源原依靠海河和地表水。鉴于全国的工农业的发展，水资源的规划利用，天津市水源受到一定的影响，因此海河水源和地表水日趋贫乏，已不适应天津市工农业发展需要。又加上近年来天气偏旱，雨量不多，单靠大自然是没有保障。几年来，天津市委、市政府对于城乡人民的饮用水十分重视，特别是在中央的关怀下，大力兴建引滦工程，引滦入津使滦河水已为天津市区饮水源，水质符合卫生要求，结束了市区人民喝苦咸水的状况，郊县农村饮用水源也发生了较大的变化，过去以地面水、浅层地下水为主。广泛开采深层地下水，东、西、南、北、郊区、塘沽、汉沽、大港区和宁河县已全部饮用深水井，静海达到 96.69%，武清、宝坻县饮用深井水者近半数，现天津市郊县有饮用深水井 3103 眼，供水人口 259 万，占郊县人口的 70.3%；浅水井 1278 眼，压把井 22524 眼，供水人口 107 万，占 29.3%（其中蓟县以浅层地下水为主，是该县主要饮水水源）。尚饮用坑塘水的还有 12 个乡，43 个村近万人口，占 0.16%，散在于蓟县、宝坻县内。虽然农村给水面貌有了显著改善，但还存在不少问题，主要表现为：农村自来水普及率低，市区尚有十几万户近百万人口，自来水没有入户。郊县饮用自来水的人口仅占农村人口的 20% 左右。水源卫生防护差，科学管理水平不高，在水质方面主要是含氟量高，据 12 个区县 215 个乡镇 3667 个村街 6945 眼饮用水井的调查，表明天津市为高氟区，饮水含氟量超过国家卫生标准的井占 46.05%，最高可达 7.8%—8.4%，已经带来健康上的危害。从地区来看，饮用浅井的地区卫生状况差容易受到地面污染，尤其是北部山区缺水，饮用坑、塘窖水的农村急需帮助，改善饮水卫生条件。

二、改水规划的设想和大体安排

从天津市的实际情况出发，因地制宜对不同水源类型提出不同的要求，总的设想是以安全卫生饮水为重点，普及农村自来水为主要形式，经过努力争取 1990 年市区自来水全部入户，郊县群众饮用安全卫生水的普及率达 95% 以上。

工作安排分为三个阶段：

1. 1984 ~ 1985 年两年内调查清楚饮水的现状，做到心中有数以利规划的贯彻执行。天津市统一搞 210 个饮水点的抽样调查，各区、县都要协助完成。

2. 每个郊、县的饮水改造工作，从 1984 年算起，每年改水要按饮用不安全水人口的 10%—15% 递增，争取到 1990 年达到各郊、县人口饮用安全卫生水的 95%。

3. 蓟县作为，市的试点县，一年调查，1985—1989 年完成全县改水工作的 90%，其余一年扫尾，达到全县人民都能饮用安全卫生水。

4. 有自来水的地区，要做好以防止有害物质为主的改水工作，如除氟等，尽快地达到安全饮水的目标，争取 1988 年全部完成。

5. 开展科学研究，包括不同净水构筑物效率、海水淡化、浅层咸水的利用以及饮水水质与健康关系的调查研究工作。（由科委列入规划，适当给予科研经费补助）

6. 市区没有入户的自来水，争取在 1988 年全部入户。

三、措　施

1. 成立天津市改水领导小组，各郊、县都要抽调农办、水利、卫生、地质、环保、物资、城建等部门成立办公室。由各区、县爱卫会办公室牵头，其任务是：研究制订规划，检查督促计划实施，技术指导，经济管理，物资调配，情况统计，交流经验。

2. 资金与物资：为了保证改水工作的顺利进行，请天津市政府把改水工作列入天津市国民经济计划，各郊、县要列入农村基本建设规划。经费来源：天津市政府每年从地方财政中筹集一定的资金作为乡镇改水投资，大队建造自来水要自力更生、自筹为主。各农户本着谁受益，谁拿钱的原则精神筹集资金。物资：每年改水工作所需的水泥、钢材、铸铁管、塑料管、电机等，请计委物资部门列入计划，由天津市爱卫办按照各郊、县改水任务和需要计划调配。

3. 市区自来水未入户的地区由区街办事处负责组织，城建房管部门协助，采取民办公助办法，即群众出力，城建房管部门出物资，自来水公司负责安装，解决自来水入户（私产引水自理）。

4. 组织和管理：凡建成的水站、水厂都要设专职管理人员，并制定规章制度，从长远考虑可设立农村供水服务公司，饮水收费制。

天津市饮水卫生基础较好，在改水方面有着较多的经验，只要提高认识，加强领导，深入发动群众，做好宣传教育，一定能够开创饮水供应工作的新局面，实现预期目标。

1986 年全国爱卫办在浙江宁波召开全国农村改水工作会议，天津市政府贯彻了会议精神，安排部署了天津市“七五”期间农村改水任务，采用打井机、建水塔、修压力罐等多种形式，还重点抓了自来水入户普及工作。1990 年底天津市农村改水受益率为 98%，自来水普及率达 85.4%。截止到 1993 年底，城市农村自来水普及率为 86.33%。当时对自来水普及率提高慢的原因进行了客观的分析。主要是天津市有 12 万台手压机井，使用人口近 45 万，占农村总人口的 11.8%，主要分布在蓟县、宝坻和武清县，这些地区地下浅水层水质较好，适用于手压机井，既经济又实惠，很受群众欢迎。如改为深井自来水，既需要投资，工作量也大。

第三节　水质除氟

1995 年底，在农村改水情况总结中提出：天津市“七五”期间，基本解决了农村改水问题，“八五”期间又继续做了大量的夯实工作。农村改水工作的方法和资金由各部门分工负责；改水除氟工作由地病办负责。解决山区缺水的资金，每年拨出 20 万—30 万。改水除氟由市财政每年拨款 30 万元。资金投入比例大约为：天津市财政投资与区县财政投资比例为 1∶1；市、区、县投资与集体个人投资比例为 1∶1，水厂（站）、水井、管网改造资金主要是集体和个人筹措。通过改水，解决了农村人口的饮水卫生，过去吃坑塘水、苦咸水、高氟水的情况明显改变，因水源引发的疾病明显减少。改水也带动了很多乡镇的经济发展。

为巩固天津市农村改水工作成果，天津市爱卫办 1996 年的津爱卫字〔1996〕7 号文件下发了《关于巩固天津市农村改水成果加强农村水厂管理的意见》，并附天津市农村水厂标准（试行稿）对农村水厂的标准进行了进一步的规范。意见要求，要抓住“爱国卫生月”的有利时机，对现有的农村自来水厂（站），按照修订后的《天津市农村水厂标准》开始进行一次普遍的逐级检查。凡不符合标准要求的，要组织力量进行整顿、治理。下半年，市爱卫会将组织有关部门，对农村水厂进行随机抽查。

结合农村改厕及环境卫生治理工作，尽快消除饮用水水源的污染。凡对饮用水水源造成污染的国有、乡镇、个体工业企业，要求有关部门立即予以有效的治理。凡使用手压机井和其他改水形式的饮用水，都要定期进行水质监测。有条件的地区，应尽快安排集中式管道供水工作，列入全国百强县的地区，应首先实现自来水普及率 100%。

各区、县还建立了农村饮水监测网，建立健全监测制度。按《农村实施 < 生活饮用水卫生标准 > 准则》，开展经常性长期地饮用水水质监测，保证饮用水水质始终保持安全卫生的标准。同时，把改善农村饮水卫生状况，纳入建设小康村、明星小康村规划中，并作为一项重要指标。凡因饮用水不符合国家规定，而导致肠道传染病暴发流行或其他疾病蔓延的，不能评为小康村、明星小康村。

为巩固农村改水成果，实现农村水厂（站）建设与管理的规范化、标准化，保证广大农村群众饮水卫生和身体健康。还制定《天津市农村水厂标准》，对建设、管理、水质提出具体要求。

一、水厂建设

1. 水厂（站）厂容厂貌整齐清洁，绿化美化，环境优美，物料码放整齐。有醒目的关于饮水卫生和节约用水等方面的宣传。30 米半径内没有生活污染源，1000 米半径内没有工业污染源。

2. 水厂（站）要保存原始设计图纸和资料。制水工艺流程设计、布局合理，技术参数符合设计规范，工程质量符合施工、安装要求，净水构筑物无渗漏，压力容器有产品合格证及厂家铭牌。

3. 配水管网满足最高点，最远点的水量与水压要求。水塔、水池满足调节水量要求。输水管材应符合卫生标准。

二、水厂管理

4. 有健全的岗位责任制度及安全操作规范。每个水厂（站）至少配备一名专职或兼职技术人员。从业人员要经过培训和健康检查，有相应有效说明。没有发生中级以上生产或人身伤亡事故。

5. 机电设备、压力容器、除氟装置等，外观整洁，运行良好，有检修保养制度，设备完好率达到 95% 以上。水塔、水池、压力容器、除氟装置等，定期清洗，无异物、无异味。

6. 有完善的运行记录，包括供水、水压、水量记录，“三耗”（电、药、氯）记录，配水管道冲洗、消毒记录，交接班记录。水漏损率低于 10%。

7. 实行制水成本核算，“三耗”定额核算。水费收取合理，开展综合经营，经济效益明显，财务账目清楚、齐全。

三、水质消毒

8. 水厂（站）应有水源水质卫生评价原始档案。水源防护符合卫生要求，无污染。地表水要根据水质情况合理投加净水剂、消毒剂，并有计量及完整记录；使用地下水源的农村水厂（站）应有消毒装置，没有消毒装置的必须定期投放消毒剂；除氟处理效果达到饮用水要求。使用的“净水剂”“消毒剂”“降氟药品”等应符合卫生标准，应由统一部门供货，避免假冒伪劣产品流通，危害群众身体健康。

9. 水厂（站）应设有水质化验室及专职或兼职检验人员，认真执行水质检验项目（浊度、pH 值、余氯、每季源水。出厂水：浊度、余氯、细菌总数、总大肠菌群、定期抽 3—5 个管网点检验四大指标），有完整检验记录。

10. 大、中型水厂供应饮用水的水质，必须符合《生活饮用水表卫生标准》（GB5749—85）；地下水应符合《农村实施〈生活饮用水卫生标准〉》一级（期望值）标准，其中除氟一项，要加快治理进度，争取短时间内全部达标。各类水厂（站）出厂水、管网水水质四项指标及除氟指标综合合格率应达到 98%，并有卫生防疫部门的检验证明。没有因供水水质造成肠道传染病暴发流行。

天津市农村改水工作在“六五”“七五”期间，天津市政府非常重视并将之列入农村十项实事之一，发展很快，“八五”期间又投资 3680 万元，进一步解决了几个改水项目，使全市农村改水受益率达 99.9%。在改水工作中也涉及了多个部门，其中水利局负责水源性改水，即寻找水流并修建水井；天津市爱卫办负责卫生性改水，主要是保证饮水卫生，天津市卫生局负责水质监测；天津市地病办主要负责除氟改水。经过多年努力，利用各种投资途径，兴建乡镇供水工程，到 1997 年共建成 25 个乡镇供水工程，全部投入运行，解决了一些手压机井的升级换代和部分厚深井改造及水源污染等问题。使 12.3 万人和一些乡镇企业用上了自来水。在蓟县山区，是人畜饮水困难地区，共有 22 个乡镇，397 个行政村，28.7 万人口，几年来投入大量人力、物力修建了多个饮水工程，解决了 26.2 万人的饮水问题。

在饮用水的除氟问题上，天津市做了大量的工作，经过多年努力，也取得了一定成绩。

四、地方病治理

地方性氟中毒是天津市主要地方病之一，在新四区、五县、滨海三区都有不同程度流行。据 80 代普查统计，天津市市有 2320 个村、3198 眼饮水井含氟量超标，其中含氟量在 1.1—2.0 毫克 / 升的轻病区 1197 个村；2.1—4.0 毫克 / 升中等病区 872 个村；4.1 毫克 / 升以上的重病区 251 个村，饮用高氟水人口约 310 万人。调查推算氟斑牙患者 120 万人，氟骨病患者 3 万人。

经过 8 年努力，共建成各类工程设施 843 处，其中药物除氟 621 处，改饮低氟水 121 处，打低氟井 94 处，为 120 多所中、小学安装了除氟装置。塘沽、津南、宝坻、西青、东丽、静海、武清区、县政府所在镇完成了引滦工程，使 160 万—170 万人饮上了低氟水，占受害人口的 52% 左右。截止到“八五”末，中等以上病区解决人口为 80 万人，其中利用水文地质手段打井除氟解决人口为 10.3 万人；物理手段除氟解决人口 69.7 万人。

（1）除氟改水一分为二，水利部门负责利用水文地质手段打井除氟，地病办负责物理手段除氟。有与地方衔接的问题，建与管的关系问题。

（2）饮水除氟装置使用年限问题，较早建成的设备多有损坏，村里无经济能力修复，此情况正在做详细调查。

（3）改水除氟站需加强管理，提高效益。

五、水源管理计划

因资金等条件所限，只能逐步进行，水利部门今后每年可解决4000人饮低氟水，地病部门视经济条件，每年最多解决20个村除氟,（建一个除氟站需资金20多万元）。

按照全国爱卫办的部署，市爱卫办于2000年7 ~ 8月份，对全市12个涉农区县的改水工作进行了调研。调查结果，天津市共有自来水厂、站2892个，手压机井18万台，用于进行两水收集的水管2343个，改水受益率达100%，自来水收益率达82.78%，仅次于上海、北京，位于全国第三。其中新四区、滨海三区、宁河县、静海县自来水收益率均达100%。

2004年，中央水利部、卫生部印发农村饮水安全卫生评价指标体系的通知，针对全国还有一些地区的农村饮水存在高氟、高坤、苦咸，污染及血吸虫等水质问题，严重影响着人民群众的身体健康。党中央国务院等领导同志多次指出：无论有多大困难都要想办法解决群众的饮水问题，绝不能让群众再喝氟水；要增强紧迫感、深入调研。科学论证，提出解决方案。认真加以落实，使群众能喝上“放心水”，还制订了《农村饮用水安全卫生评价指标体系》。同时要求各地对本地区农村饮用水安全现状进行调查摸底，为编制农村饮用水安全规划提供科学依据。

农村饮用水安全卫生评价指标体系分安全和基本安全两个档次，由水质、水量、方便程度和保证率四项指标组成，四项指标中只要有一项低于安全或基本安全最低值，就不能定为饮用水安全或基本安全。

水质：符合国家《生活饮用水卫生标准》要求的为安全；符合《农村实施〈生活饮用水卫生标准〉准则》要求的为基本安全。

水量：每人每天可获得的水量不低于40—60升为安全；不低于20—40升为基本安全、根据气候特点、地形、水资源条件和生活习惯，将全国分为5个类型区，不同地区的具体水量标准可参照附表确定。

方便程度：人力取水往返时间不超过10分钟为安全；取水往返时间不超过20分钟为基本安全。

保证率：供水保证率不低于95%为安全；不低于90%为基本安全。

第四节　水质监测

天津市农村饮用水水质监测是在“十一五”（2007）年纳入正常工作轨道的，为确保水质监测工作的顺利开展，在组织管理上，经天津市爱卫办和天津市卫生局的研究，共同成立了农村饮用水水质监测工作领导小组以及技术指导组。项目领导小组由天津市爱卫办、天津市卫生局的相关领导组成，技术指导组由市CDC和各区县防病站技术骨干组成。2007年水利局印发了天津市农村饮水安全及管网入户改造工程建设安排意见。根据调查供水管网未入户及已建管网志化，及失修等问题，涉及全部12个有农业的区县，320.33万人，其中有599万农村居民饮水水质不达标；有74.3万人自来水管网未入户；有95.78万人管网老化失修，按照建设社会主义新农村的总体要求，使农村居民可持续地获得安全饮用水，全面提高农村居民健康和生活水平，到2010年末，全面解决全市农村320.33万农村居民饮用水水质不达标、农村供水管网未入户或老化失修等问题，农村居民饮用水质国家农村居民饮用水卫生标准农村自来水管网入户率达100%。

对农村饮水安全及管网入户改造工程水质监测有关事项提出具体要求。

一、水质监测标准

按照天津市水利局、天津市卫生局《转发关于印发农村饮用水安全卫生评价指标体系的通知》（津水农〔2005〕1号）的有关规定，工程竣工后的验收水质要符合水利部、卫生部《关于印发农村饮用水安全卫生评价指标体系的通知》（水农〔2004〕547号）中《农村实施〈生活饮用水卫生标准〉准则》或《生活饮用水卫生标准》要求。

二、水质检测

1. 水样采集及送检。水样采集及送检工作按照有关规范规定执行。

2. 出水检测，出水为非直接饮用水，按照《农村实施〈生活饮用水卫生标准〉准则》，出水水质应达到二级以上标准。

三、检测单位

为顺利完成工程竣工项目水质检测工作，尽快发挥工程效益，按照国家发展和改革委员会、水利部有关规定和天津市发改委、天津市水利局《关于做好天津市农村饮水安全工程项目建设管理的通知》（津发改农经〔2005〕663号）的有关要求，工程竣工所需的水质检测由具有水质检测资质的区县级及以上卫生疾病防控部门承担。

四、检测费用

检测费用由区县水务（水利）局与水质检测单位协商确定。

2007 年为配合农村饮用水监测工作的顺利实施，规范 2007 年中央补助地方改水项目地区农村饮用水水质卫生检测培训和农村改水安全工程水质卫生监测工作，制订了天津市农村改水安全工程水质卫生监测与技术培训实施方案。

培训方案主要分为两个部分：第一部分为农村饮用水水质卫生检测培训；第二部分为农村饮用安全工程水质卫生监测。

天津市爱卫办全面负责本市的培训工作，设立培训专家组，为培训工作提供师资和技术支持。制定天津市详细的培训计划，建立考核机制，对培训效果进行评价，考核合格者发给证书。培训工作结束后，向全国爱卫办提交培训工作报告。

培训围绕农村饮用水水质卫生检测技术，采用讲授，实习操作和经验交流等方式进行，主要包括现场卫生学调查、水质分析等内容。天津市爱卫办组织天津市疾病预防控制中心等技术部门对区县技术人员进行培训，培训教材由中国疾病预防控制中心农村改水技术指导中心提供。

各级项目机构详尽记录项目内容和进度并建立档案，包括与培训项目有关的全部文件和技术资料。

2008 年 2 月底前上报全国爱卫办，第二季度完成天津市培训。6 月底前，向全国爱卫办提交培训总结报告。

第五节　农村饮水安全工程

一、项目目标

掌握天津市农村饮用水安全工程水质情况，掌握饮用水水质卫生状况及其变化，逐步规范、系统建立天津市农村饮用水卫生监测网。

二、项目范围和内容

（一）监测范围

覆盖天津市的已建成集中式供水工程。其中，优先对《全国农村饮水安全工程“十一五”规划》已建成的全部集中式供水工程进行监测，兼顾 2005—2006 年农村饮水安全应急工程规划和 2001—2004 年农村氟砷改水项目已建成的集中式供水工程。所开展监测的集中式供水工程以供水量达到 20 吨 / 日以上的工程为主。

天津市爱卫办将农村饮水安全工程水质卫生监测项目详细分配计划于2008年2月底以前报全国爱卫办。

（二）监测内容

1. 供水工程基本情况

建设和营运时间、投资情况、水源类型、供水方式、水处理方式、消毒情况、供水范围、覆盖人口等。

按调查表格中内容采取查阅资料、现场调查等方式填报。

2. 饮用水水质监测

（1）水样的采集、保存和运输要求：每个监测点一年分枯水期和丰水期各监测1次，每次采集出厂水、末梢水水样各1份。水样采集、保存、运输、检测分析按照《生活饮用水标准检验方法》（GB/T 5750–2006）进行。

（2）评价标准：饮用水水质分析结果按照《生活饮用水卫生标准》（GB/T5749–2006）进行评价。

（3）监测指标：

①感官性状和一般化学指标：色度（度）、浑浊度（NTU）、臭和味（描述）、肉眼可见物、PH、铁（毫克/升）、锰（毫克/升）、氯化物（毫克/升）、硫酸盐（毫克/升）、溶解性总固体、总硬度（毫克/升，以 $CaCO_3$ 计）、耗氧量（毫克/升）、氨氮（毫克/升）。

②毒理学指标：砷（毫克/升）/氟化物（毫克/升）、硝酸盐（以N计）（毫克/升）。

③细菌学指标：菌落总数（CFU/毫升）、总大肠菌群（MPN/100毫升）、耐热大肠菌群（MPN/100毫升）。

④与消毒有关的指标：应根据水消毒所用消毒剂的种类选择监测指标，如游离余氯（毫克/升）、臭氧（毫克/升）、二氧化氯（毫克/升）等。

高砷饮水：当监测发现高砷饮用水时，需要在15天之内重新抽样监测确认，经过观测后方能确认“高砷饮水”。

高氟饮水：当监测发现高氟饮用水时，需要在15天之内重新抽样监测确认，经过观测后方能确认“高氟饮水”。

三、项目组织实施

1. 监测信息报告实行统计报表逐级汇总报告制。

2. 天津市爱卫办组织天津市疾病预防控制中心等技术部门，按照方案切实做好天津市的监督检查、技术指导、质量控制、人员培训、监测资料收集、统计分析和编写总结报告。

3. 各区县爱卫办、卫生局组织本区县卫生防病站等技术部门开展本地区水质监测的采样、检测和现场调查等工作，并负责将监测结果按时上报天津市爱卫办和天津市疾病预防控制中心。

4. 工作报告由天津市爱卫办组织天津市疾病预防控制中心等技术力量完成，于 9 月底以前上报全国爱卫办。

5. 监测基础数据由区县卫生防病站上报给天津市疾病预防控制中心，经天津市爱卫办审核后，将枯水和丰水期的监测基础数据分别于 4 月初和 9 月初报中国疾病预防控制中心农村改水技术指导中心，监测的原始资料保存在天津市疾病预防控制中心备查。

四、质量控制

（一）实验室检测

为保证监测数据的可靠性和可比性，参加监测的实验室应采取从现场调查、采样和实验室分析的质量保证措施；建立严格的实验室管理制度；对实验室所用仪器、器械和标准进行定期校准；除定期的实验室间质量控制外，各监测实验室要进行实验室内的质量控制；建立监测数据的审核检查制度。具体质量控制操作严格按照《农村饮用水水质卫生监测质量控制手册》要求执行。

经过培训水质卫生监测、现场卫生学，水质分析等技术人员，保证技术人员掌握饮用水水质问题检测技术，顺利完成水质监测任务，使农村饮用水卫生监测经常化、制度化、技术化，保证农村居民的饮用水卫生，保障人民的身体健康。

2008 年为继续做好农村饮用水的监测工作，市爱卫办引发了《天津市农村饮用水安全工程卫生学评价技术细则（试行）》。细则要求：通过对农村饮水安全工程进行卫生学评价，确保工程建成后水质达标，长期发挥工程卫生防病效果，为广大人民群众健康服务。

对设计供水能力≥ 3000 立方米 / 日的新（改、扩）建的农村饮水安全工程开展卫生学评价；其他农村小型集中式供水工程及分散式供水工程，主要做好工程建设前水源及建成后验收性水质检测工作，保证防病改水工程能落实到病区。

要建立农村饮水安全工程建成前卫生学评价，主要是以参与专题论证会等形式，开展水源卫生学评价、工程设计评价、工程技术审查等，以书面形式提出意见和建议并存档。

（二）农村饮水安全工程建成后卫生学评价

1. 新（改、扩）建工程卫生学评价应在工程试运行后期、竣工验收之前开展。

2. 核查工程供水覆盖范围和病区类型；评价工程可行性研究报告和初步设计中卫生安全要求的落实情况。

3. 检测水源水、出厂水和管网末梢水水质。设计供水能力≥ 3000 立方米 / 日的新（改、扩）建农村饮水安全工程的水源水、出厂水和管网末梢水的水质卫生检测由市疾病预防控制中心按照《生活饮用水标准检验法》（GB/T5750–2006）执行。专家组依据《生活饮用水卫生标准》（GB5749–2006）进行评价，如出厂水类型为纯净水，按《瓶（桶）装饮用纯净水卫生标准》（GB17324–2003）进行评价。

4. 开展现场卫生学调查，收集有关卫生学资料。

5.评估水厂化验室的水质分析检测能力。

6.查验水厂涉水产品卫生许可批件、制水工作人员健康证等。

7.评估水厂工作人员的业务能力。

8.出具卫生学评估报告。报告内容包括评估依据、评价标准、评价方法、达标情况、存在问题、整改建议等。卫生学评价除对照有关标准进行单一因素评价外，还应结合现场调查、卫生监测、化验室检测、试验和健康检查等资料进行分析，作出综合评价。

《天津市农村饮用水安全工程卫生学评价技术细则（试行）》实施后，于2008年2月—9月对天津市《农村饮用水安全工程十一五规划》的工程及部分年份建成的工程开展卫生监测。

1.根据国家《方案》相关要求，天津市此次应监测10个涉农区县，天津市实际12个区、县全部参加此次监测，监测点120个。

2.天津市各区、县卫生防病站相继开始枯水期调查和水质检测工作，并完成调查、检测、数据录入等工作。在调查期间，各区县利用自身条件开展了形式多样的健康教育活动。天津市疾病预防控制中心（简称“CDC”）于5月13日前完成了对全部区、县数据的审核工作。“5·12”汶川发生特大地震后，天津市CDC相关工作人员全部赴灾区抗震救灾，因此天津市6月20日完成与改水中心的数据核对工作。

3.5月9日，天津市CDC和相关区县卫生防病站技术人员参加了国家组织的调查数据录入软件培训。各项目区县数据录入后，市CDC对数据进行了审核，确保纸质数据与电子数据完全一致。

4.7～8月，天津市CDC布置了丰水期监测工作，并于9月10日完成了调查、监测、数据录入等项工作。9月16日，天津市CDC完成了省级审核工作。

本次调查共涉及12个区县578.90万人，其中农村人口385.53万人，占66.60%。农村人口比例最高的为武清区，农村人口占全区人口的87.22%；最低的为塘沽区，农村人口占全区人口的10.81%。12个区县农村GDP2007年总和为2632.62亿元，农村人均纯收入为9238元。

天津市农村主要的供水方式是集中式供水，饮用人口数约为269万人，占68.96%，其中饮用完全处理的人口数约为32万人，占8.19%，饮用未处理的人口数约为237万人，占60.77%。分散式供水饮用人口数约为121万人，占31.04%，主要采用机器取水和手压泵的方式。结果显示，除武清区、宝坻区、蓟县部分农村存在分散式供水外，其余9个区县均为集中式供水。

通过枯水期、丰水期的监测发现，天津市农村饮用水的主要超标指标为氟化物、菌落总数和pH值。如氟化物枯水期出厂超标55份、末梢水超标水样均为60份，丰水期出厂水超标55份，末梢水超标58份，合格率仅分别为46.60%、50.00%、50.00%、51.67%。

另外，菌落总数超标也是监测发现的主要问题，枯水期出厂水超标19份，末梢水超标32份，丰水期出厂水超标24份，末梢水超标35份，合格率分别为81.55%、73.33%、78.76%、70.09%。

这说明天津市部分农村生活饮用水卫生状况仍不乐观，水氟超标和微生物超标仍是饮水不安全的主要问题，因此，天津市农村饮水仍要以解决高氟问题为主要目的，继续加强对农村生活饮用水的定期监测，及时发现问题，解决问题，保障天津市广大农民群众的用水安全。

五、问题、建议和对策

调查发现，天津市农村饮水卫生状况总体来说有了一定程度的提高。但近年来，随着农村部分工业经济的注入，带来了一些新的环境卫生问题，而农民的健康意识还比较淡薄，面临着很多新的问题和挑战。另外，项目区县水质监测工作人员频繁变动，导致工作不畅。个别区县疾病预防控制机构领导对该工作的重视程序不够，有待加强。这次调查促进了天津市农村饮水卫生工作，根据调查结果提出以下建议和对策。

1. 将农村饮水安全工程水质卫生监测纳入常规监测内容。天津市农村改水工作由水利部门完成，改水工程建成后，由于规模小，未对其进行竣工后水质卫生学评价，可能出现改水水质仍不达标的情况。

2. 改进工程设计，加强饮水消毒。调查结果发现天津市“农村饮水安全工程”十一五“规划”工程设计多未加入后消毒工序，造成末梢水超标率高，建议在反渗透净化设备出水后加入加氯工序，以保证末梢水微生物指标符合饮用水卫生标准。

3. 提高区县疾病预防控制机构水质监测能力。包括设备的更新和人员素质的加强，特别需要保持一支稳定的专业队伍。建议加强区县疾病预防控制机构能力建设，稳定专业队伍，提高水性传染病的预警能力，提升突发环境公共卫生时间的应对能力。

4. 将饮用水与环境卫生的健康教育和健康促进工作纳入全市健康教育内容，提高农民健康意识，保障广大农民的健康。

2010 年根据卫生部、发改委、水利部《关于加强农村饮水安全工程卫生学评价和水质监测工作的通知》和全国爱卫办《2009 年农村改水改厕项目技术方案的通知》要求，对农村饮用水水质和农村安全工程水质卫生进行了监测工作并写出报告。

通过监测，共监测 384 份农村饮用水水样，其中 184 份出厂水，200 份末梢水，出厂水全部指标合格水样 65 份，合格率为 35.32%。较 2009 年降低了 1.7 个百分点。末梢水全部指标合格水样 71 份，合格率为 35.50%，较 2009 年提高了 5 个百分点。2010 年农村饮用水总体合格率为 35.42%，较 2009 年提高了 1.7 个百分点。

天津市农村饮用水的主要超标指标为氟化物和氯化物。2010 年全年出厂水、末梢水氟化物合格率分别为 42.39% 和 43.00%。氯化物超标也较严重，出厂水、末梢水合格率分别为 78.80% 和 80.50%。微生物指标（菌落总数、总大肠菌群、耐热大肠菌群）超标情况大幅度减少，出厂水微生物指标合格率均在 95% 以上，末梢水微生物指标合格率略低于出厂水，但也均在 93% 以上，较 2009 年提高了近 10 个百分点。

在 2010 年农村饮水安全工程水质卫生监测中，其监测结果为：共监测工程出厂水、末梢水水样均为 490 份，出厂水全部合格水样 461 份，合格率为 94.08%；末梢水全部指标合格水样 462

份，合格率为94.28%。全年全部指标总体合格率为94.18%，比2009年工程监测结果（89.13%）提高了5个百分点。其中北辰区、武清区、静海县工程水质合格率为100%，大港区工程水质合格率最低，仅为79.61%。

建议：

1. 加强农村改水与消毒工作。通过降氟工程的建设可以解决农村饮水高氟问题。同时，在农村改水中必须重视饮水消毒，加强水质检测，保证水质符合饮用水卫生标准。

2. 加强监测和管理。加强饮水卫生管理，建立健全农村饮水水质监测网络，卫生部门积极筹资开展日常性水质监测，以了解农村饮水水质状况，污染物的动态变化及水性疾病的变化规律，为有关部门的决策提供准确的科学依据。在水环境治理上走生态学的道路，逐渐减少农药化肥的使用量，并加强农村的环境卫生管理，加大乡镇企业污染治理大家力度。

3. 加强对农村饮用水水源的防护。地下水水源，应充分考虑其水质，设立水源保护区域。在保护区域内禁止堆放垃圾、粪便和其他废弃物；禁止挖设渗坑、渗井、污水渠道，禁止其他一切污染地下水源的行为，采取有效措施保护地下水源。

4. 开展农村饮水健康教育。倡导良好的用水习惯和行为，提高卫生饮水意识，把卫生知识教育落实到每个农户，从而提高农户改水的自觉性，防止水性疾病的发生与流行。

第三章　农村户厕改造

第一节　粪便实行无害化处理

20世纪50年代初期，农村爱国卫生工作以大搞环境卫生为主导，其内容就是迁移粪场和拆除改建简陋厕所。60年代初，农村拆除大部分不合格厕所，改建和新建了合乎卫生要求的厕所，粪便统一管理，建立了常年清洁积肥队，实行高温堆肥和泥封堆肥。

1972年，根据毛泽东提出的“动员起来，讲究卫生，减少疾病，提高健康水平”的方针，爱卫办召开天津市肥经验交流会，主要是加强粪便管理，预防疾病，提高肥效，推动农村秋季爱国卫生运动的深入开展。

一、粪管改水

1974年召开粪管水改工作会议，会议主要研究如何搞好粪管水改的工作。进一步推动粪管水改工作，讲解农村粪管水改的意义和技术措施，促进天津市农业大干快上。

1976 年，为尽快完成《全国农业发展纲要》规定的卫生工作任务，郊县农村广泛开展了以“两管五改”为重点的农村爱国卫生运动，许多社队把“两管五改”纳入发展农业生产和建设社会主义新农村的规划。到 1976 年天津市有 1686 个大队建立了积肥队，固定了积肥场，实行了四合一高温堆肥。改造了厕所 65700 多座，一些地区还取消了连茅圈、猪圈、牲畜棚，已迁出村外的有 40260 多座，卫生面貌有很大改观，农村社员的健康水平有了很大提高。

1979 年，天津市农工委、天津市爱卫办、天津市环卫局联合对市郊结合部积肥场进行联合检查，检查内容为：1. 积肥场的积肥情况；2. 粪管组织是否落实，卫生公约的制定及落实情况；3. 粪肥坚持大队统一管理的执行情况，没有实行大队管理的今后如何安排。按照检查内容，逐个积肥场进行检查。对坚持积肥的进行表扬，不坚持积肥的批评帮助，对问题严重的限期改正。

为促进粪便无害化处理在严格检查的基础上，制订了粪便无害化卫生评价标准，一是高温堆肥卫生评价标准，二是稀粪发酵卫生评价标准（适用于沼气发酵法、三格粪池处理法和容器闭贮存法）。

粪便无害化卫生评价标准表

表 6–3–1–27

高温堆肥卫生评价标准		
编号	项目	卫生评价标准
1	堆肥温度	最高堆温达 50℃—55℃以上。持续 5—7 天
2	蛔虫卵死亡率	95%—100%
3	大肠菌值	大于 10–2
4	苍蝇	有效地控制苍蝇滋生

稀粪发酵卫生评价标准表
（适用于沼气发酵法、三格化粪池处理法和密闭贮存法）

表 6–3–1–28

编号	项目	卫生评价标准
1	密封储存期	30 天以上
2	寄生虫卵沉降率	98% 以上
3	血吸虫卵和钩虫卵	在使用粪液中不得检出活的血吸虫卵和钩虫卵
4	大肠菌值	大于 10–4
5	蚊、蝇	有效地控制蚊蝇滋生
6	粪皮、粪渣	需经杀卵灭菌处理后方可用作农肥

二、兴办沼气池

为进一步推动三结合工作（厕所、猪圈、沼气池）的开展，按照中央爱卫办提出的兴办沼气是农村一项重要的能源、肥料和卫生建设，它有利于农业生产、有利于群众生活、有利于除害灭病和改善环境卫生的要求。1980年，天津市爱卫办、天津市沼气建设领导小组办公室，转发了中央爱卫办和全国沼气建设领导小组办公室《办沼气卫生要求（试行稿）》，要求在抓好沼气建设中结合本地农村卫生工作的具体情况，做到产气、造肥、卫生无害三结合。

沼气的卫生要求

建池：要按社会主义新农村建设统一规划，合理布局。防止污染饮用水源。坚持“三联式”池型。即沼气池进料口应与卫生厕所，畜圈连通。沼气发酵池必须有活动盖、进、出料口一定要分开并加盖。出料后下端应开口于发酵池中部。可在进料口增建人粪尿预处理池。在出料口建发酵液再利用的沼气发酵池。沼气池建成，旧粪坑必须拆除。

管理：人畜粪尿及有机污物全部入池。使干物质浓度达6%—8%以上。并采取保温（或加温）措施尽可能提高发酵液温度。高温沼气的发酵温度以53℃为宜。

使用：沼气输送系统要严格。取运池渣和入池修补必须排出发酵池内毒气。严防中毒和失火。粪料入池后应密封储存30天以上才能取用。一般应少量多次。取用粪肥前12小时内不得搅动发酵液。严禁取用进料口未经发酵利用的粪肥。每年清除池渣一至二次（春种、秋播时），清除的池渣必须因地制宜采用曝晒。制颗粒肥、堆沤、加氨水、尿素、石灰氮等方法进行杀卵灭菌处理后方可使用。

卫生部门在办沼气搞好农村卫生工作中的职责是：各级卫生部门要大力宣传办沼气搞好农村卫生的好处和意义。配合有关部门开展办沼气搞好农村卫生的试点。总结经验，予以推广。对办沼气进行卫生监督和指导，对沼气池的卫生效果进行监测。

截止到1981年底，天津市共有农村公厕288355座，其中新建改造61653座，拆除不合格厕所7492座。有大队统一管理封肥的411个，占大队总数的33%；由小队统一管理封肥的2692个，占小队总数的26%。有固定积肥场9214处，积肥队6479个，积肥队员21889名。积肥工作有序进行。河西区南郊粪便处置场，他们运用人粪、垃圾堆成的高温粪排，摆放整齐，温度适宜，无蚊蛆无恶臭，场地清洁干净，场内绿化好，有亭台有花坛，8月份接受北京、上海、天津三市市容环境卫生，绿化检验团的检查，受到好评。坚持“五定”办法，即定人员、定粪场、定任务、定质量、定奖惩。进行粪肥管理，卫生效果较好。

1982年在召开农村工作会议前，对农村水改粪管工作向着两个方向发展，一是随着重建地震震损农民住宅，同时规划私厕和公厕，新建村大量兴建符合卫生要求的公共厕所。二是普遍采用高温堆肥，落实生产责任制，包产到组到户，一般实行了粪肥包干负责，由农田作业组或农户共同管理。

第二节　发展沼气

沼气在农村逐步发展，天津市郊 151 个生产队共建沼气池 3305 个，受益人数达到 28863 人，其中搞得比较好的大队有：东郊区新立村公社邢圈大队，西郊区王稳庄公社小年庄大队，付村公社孙庄子大队等。1981 年共举办两期沼气技术培训班，培训农民技术员和沼气干部 60 余名。他们在推广技术、发展沼气方面起了很好的作用。有的郊区政府对发展沼气很重视，他们健全和加强沼气办公室机构，采取有力措施，推动沼气的发展。如东郊政府组织有关人员对正常产气使用的沼气池进行逐个验收，并按政府的规定，每个沼气池下拨补助费 100 元，有 145 个沼气池达到正常产气的技术标准。西郊区一名副区长亲自抓发展沼气工作，共建沼气池 305 个，实现了家家有沼气、户户使沼气，每个池一年可产 850 余公斤肥既提高了肥效，又把人畜粪进行了无害化处理，环境卫生好了，传染病少了。

1991 年 9 月，由天津市爱卫办、天津市教卫委、天津市农委、天津市卫生局联合召开了《天津市农村改厕工作现场会》，会议组织参观蓟县桑梓乡，尤古庄乡改厕现场，由蓟县县、乡政府介绍改厕工作经验，会议还部署了今后一段时间的农村改厕工作，从而使天津市农村改厕工作有组织、有计划地健康发展。

第三节　推广农村公厕、户厕改造

自 1992 年，天津市政府把农村改厕工作作为农村人民办的 10 件好事之一，列入政府行为，天津市爱卫办按照市政府的要求，每年都要部署农村改厕工作，并进行检查指导。

一、农村改厕

由于改厕工作情况复杂，难度较大，各地区地理环境、经济水平、文化素质不同，工作发展也不平衡。天津市四个郊区的农村，自 50 ~ 60 年代即搞改厕，建造卫生合格的公厕，此做法一直延续至今。所以各郊区公厕改造成绩很大，卫生合格厕所达 80% 以上，粪便无害化处理率也达 80% 左右。随着村镇建设的发展，有条件的村修了下水道，随之出现了一大批水冲式厕所，并加强保洁管理，效果很好。

各县远离市区，村与村的经济条件差别较大，一些富裕村也使用室内抽水马桶，经济条件较差的村采用不同形式的户厕，如：三格式、双缸式、深坑式等，厕所改造率为 20% 多，粪便无害化处理率达30%左右。

针对长期以来农村厕所建筑和管理不规范的状况，参照全国爱卫会制定的有关标准，市爱卫办制定了《天津市农村卫生厕所及粪便无害化处理标准》，对农村厕所的建筑标准、建筑形式、卫生指标及粪便处理等有关事项，做了具体规定。在天津市范围内推行实施。要求各区、县政府、爱卫会及有关部门参与实施，并纳入小康村建设规划，同时加强了宣传发动工作，使之真正做到家喻户晓，人人皆知，为改厕工作健康发展，打下良好基础。

截止到1995年底，天津市农村公厕改造率达85%以上，户厕改造率达20%以上，由于有相当一部分农村以发展公厕为主，所以按人口统计，使用卫生厕所率达40%。

蓟县山区水源、沙石资源丰富，根据当地这一特点，研究、设计了双缸漏斗式厕所，用水泥筑件制成，成本每套只需40元左右，经防病部门检测，卫生指标合格，基本达到无害化处理。

1996年3月，天津市爱卫办以津爱卫字〔1996〕6号文件，下发《关于继续搞好天津市农村改厕工作的意见》。对天津市农村改厕工作提出了进一步的要求，并制订了《天津市农村卫生厕所及粪便无害化处理标准》。因此对继续搞好农村改厕工作提出意见。

（一）各区、县政府，爱卫会及有关部门，应当高度重视农村改厕工作，纳入创建小康村、明星小康村规划，加强领导，积极组织，搞好宣传。按照朱镕基副总理的“应该根据财务承受能力，在少花钱多办事的原则下，增加投入，加强农村初级卫生保健工作和疾病预防，社会卫生和妇幼保健工作”批示，对农村改厕工作给予财力、物力上的支持。

（二）各区、县爱卫会要会同有关部门，对本地区农村厕所现状做一次全面、详细的摸底调查，制定好每年的具体计划。并将调查摸底数据，按要求逐级上报。

（三）各区、县应选一个有代表性的乡作为示范试点，摸索总结经验，以点带面，全面推开，做到每年都有新的发展，新的面貌。

（四）各区、县和乡、村主管卫生工作的领导，要把改厕工作作为一项重要工作摆上议事日程，亲自调研、亲自抓落实。经济实力较强的区、县、乡、村要加大投入，使改厕工作与经济发展同步进行。

（五）天津市农村的改厕工作，都要因地制宜，分类指导，根据本地区地理、气候、经济的实际情况，实事求是地搞好卫生厕所的建设和粪便无害化处理工作。

（六）各区、县爱卫会要同有关部门，对农村改厕工作加强和监督指导，并定期对其规划及落实情况进行检查验收。市爱卫会也将组织有关人员，每年进行随机抽查，以加快农村改厕步伐。

二、无害处理

为推动农村改厕工作进一步发展，使之尽快进入全国先进行列，符合国内国际卫生要求，天津市爱卫办制定卫生厕所和粪便无害化处理标准。

厕所：指周围有墙，供大、小便使用的场所。居室内设马桶不列为厕所。

卫生厕所：指有完整的围墙和房顶，厕坑及储粪坑无渗漏；厕内清洁，无蝇蛆，基本无臭；粪池密封有盖，粪便及时清除。

水冲式厕所：必须具备给水和排水设施。用水盆、水壶等容器接水冲刷，下水排放在路边地头的，不能视为水冲式卫生厕所。

三格化粪池厕所、双瓮式厕所等，必须是结构符合卫生厕所要求，具有粪便无害化处理功能。

沼气池厕所：厕所的粪便进入沼气池进行发酵处理。厕所与沼气池不联通的，不列为沼气厕所。

厕所臭味：应为基本无臭（二级以下），三级以上为恶臭。

厕内无蝇：随时检查，目测蝇数 3 只以下，可视为无蝇。

厕内无蛆：任何季节，直观见不到蛆。

粪便无害化处理：指采用高温堆肥、密闭存储、三格化粪池、双翁式处理、三联式沼气池和其他经过科研鉴定的粪便处理方法，为粪便无害化处理。

高温堆肥法：堆肥温度达 50℃—55℃以上，持续 5—7 天。达不到此要求者，不能列为无害化处理。

一般处理：对粪便进行了处理，有卫生效果，但达不到无害化处理的要求，视为一般处理。

无处理：对粪便不采取任何方法处理，甚至任其滋生蝇蛆、散发臭气、污染环境，粪便无处理应予以禁止。

1998 年天津市爱卫办对农村改厕工作进行了一次深入的调研，采取的是本底式调查。截至 1998 年底，天津市农村有厕所 686194 座，其中户厕 670998 座，公厕 15196 座。按照卫生状况来看，卫生户厕 140032 座，占户厕总数的 20.874%，从厕所类别来看，公厕以旱厕为主，共有 14587 座，占公厕总数的 95.99%。户厕以浅坑式和深坑式类型为主，分别达到 322620 和 192902 座，占户厕总数的 48.04% 和 28.75%。卫生户厕类型的双瓮式、三格式粪式和沼气池式户厕分别为 5431 座、4170 座、10750 座。只占户厕总数的 0.8%，0.6% 和 1.6%。

从无害化处理情况来看，达到无害化处理标准的公厕共有 9129 座，占公厕总数的 60.08%，户厕共有 402027 座，占户厕总数的 59.91%，其中采取高温堆肥方式处理的公厕共有 8247 座，占无害化公厕总数的 90.34%。采取高温堆肥方式处理的户厕共有 328364 座，占无害化户厕总数的 81.68%。无处理措施的公厕 6199 座，占公厕总数的 40.79%，采取一般处理的户厕共有 194224 座，占户厕总数的 28.95%。无处理措施的户厕共有 975 座，占户厕总数的 0.15%。

从使用情况来看，天津市农村人口共计为 3960718 人，其中 65.39% 使用户厕，为 2589906 人，50% 使用公厕，为 1980164 人（使用人数有交叉）。从地区看，滨海三区和新四区享有公厕人数比例较高，达 65% 以上，其中汉沽区、西青区、北辰区达到 100%，五县的户厕享有人数比例较高，除静海县外，均达到 65% 以上，其中蓟县达 100%，宝坻县达 97%，与“八五”期间的 1991 年相比，天津市公厕由 10074 座，增加到 15196 座，卫生公厕由 2771 座增加到 3163 座；户厕由 577500 座，增加到 670998 座，卫生户厕由 23560 座，增加到 140032 座，同时无害化处理比例也有了大幅度提高，公厕和户厕的无害化处理率分别达到了 60.08% 和 59.91%。蓟县根据山地缺水的自身特点，结合兄弟省市的先进经验，自行研制了双缸式卫生户厕，通过了卫生防疫部门的鉴定，达到了全国爱卫会的好评，为推广天津市户厕改造创造了良好条件。

1999 年 1 月 27 日，天津市政府召开了“天津市农村改厕工作会议”，副市长孙海麟就农村改厕工作进行了部署，提出了要求，天津市政府决定农村改厕工作由天津市农办制定计划，与天津市爱卫办、天津市环卫局共同组织推动。各区县爱卫办要积极主动与有关部门配合，努力完成本区县的工作任务。为进一步明确任务，完成好天津市政府要求的改厕任务，天津市农办制定了《天津市农村改厕计划（1999—2002）》

第四节　改厕计划

根据天津市委七届二次全会通过的《中共天津市委关于贯彻党的十五届三中全会精神，率先基本实现农业现代化的意见》，为尽快整治农村环境，提高农民生活质量，培养农民讲卫生、讲文明的习惯，天津市农办制定《1999—2002 年天津市农村改厕计划》，并以此作为建设现代化新农村的起点。

一、改厕范围

1. 有农业区县的政府所在地和一般建制镇镇区的公共厕所。包括：广场和主要交通干路两侧；车站码头等公共建筑附近；风景名胜古迹游览区、公园、市场、大型停车场、体育场（馆）附近及其他公共场所；新建住宅区及老居民区的公共厕所（以下简称城镇公厕）。

2. 乡政府所在地和村庄公共厕所（以下简称乡村公厕）。

3. 农民户厕（以下简称乡村户厕）。

二、改厕任务

据区县统计，截止到1998年底，在天津市有农业的十二个区县中，有城镇公共厕所1652座，其中区县政府所在地有 893 座，一般建制镇镇区有 759 座。在城镇公共厕所中，符合建设部颁布的三类以上建筑标准的水冲式厕所有 667 座，占 40.4%。需要改造的旱厕有 985 座，占 59.6%。

据天津市爱委卫会初步统计，天津市乡村公厕有 15142 座，其中卫生公厕有 2494 座，占总数的 16.47%，尚未达到卫生标准的厕所有 12648 座，占 83.53%。全市有乡村户厕 670993 座，其中卫生厕所 140032 座，占 20.87%，尚未达到卫生标准的厕所有 530961 座，占 79.13%。

改厕目标。计划从 1999 年开始，集中四年时间改造公共厕所和户厕。到 2002 年，基本完成城镇旱厕的改造。一般乡村卫生公厕和户厕累计到达 60% 以上。具体计划是如下。

九个区县政府所在地（除已全部达标的大港、塘沽和宝坻外）应改造 314 座公厕，1999 年突击改造 209 座，完成总任务的 66.5%；2000 年全部完成。

一般建制镇应改造 671 座公厕，1999 年改造 123 座，完成总任务的 18.3%，到 2002 年全部完成。

到 2002 年乡村公厕和户厕的卫生厕所普及率达到 60% 以上，1999 年新增加乡村卫生公厕 1200 座、3 万余座户厕。

根据各区县上报的计划，1999 年天津市农村改厕的任务是如下。

1. 十二个区县政府所在地和建制镇共改造公厕 332 座，其中整改所在地改造 209 座，建制镇改造 123 座。各区县具体改造指标是见表。

1999 年天津市农村改厕指标

表 6-3-4-29

地　区	数　量	建　制	数　量
蓟县县城	23 座	建制镇	10 座
宝坻区城区	0 座	建制镇	20 座
武清区城区	5 座	建制镇	30 座
宁河县城	65 座	建制镇	0 座
静海县城	50 座	建制镇	4 座
东丽区城区	4 座	建制镇	12 座
津南区城区	20 座	建制镇	0 座
西青区城区	30 座	建制镇	7 座
北辰区城区	7 座	建制镇	19 座
塘沽区城区	0 座	建制镇	9 座
汉沽区城区	5 座	建制镇	2 座
大港区城区	0 座	建制镇	10 座

2. 乡村公厕和户厕的改造要比上年分别增加 10%。

三、改厕标准

改厕总的原则是经济适用，安全卫生。在区县政府所在地和建制镇镇区普及水冲式三类以上厕所。在农村普及卫生公厕和户厕。具体建筑和卫生标准为：

1. 建制镇以上工程建筑标准。参照建设部的建筑标准，天津市建制镇公共厕所的建筑标准是（1）有供水；（2）有排水；（3）有保暖措施；（4）有照明；（5）室内高度 4 米左右；（6）大便器独立或通槽面贴瓷砖；（7）有用水冲洗大便设备；（8）大便蹲位间距 1 米左右；（9）有瓷砖面小便池；（10）地面及蹲台面铺面砖或水泥砂浆抹面；（11）室内墙裙贴面砖 1–1.5 米高；（12）有地面排水；（13）有挂物钩；（14）大便蹲位隔断板高于 1.2 米；（15）内装修顶棚、墙面喷可赛银或其他材料;（16）外装修要与环境协调，原则上贴瓷砖;（17）有工具间;（18）有化粪池（三格式）。

2. 建制镇以上公厕卫生标准。要长期保持厕所的清洁卫生，即地面无积水、无纸屑、烟头、痰迹和杂物，大便器内无积粪，小便器（槽）内不积存尿液，无尿垢、杂物，墙壁顶棚整洁，化粪池做到密封、有盖、不渗漏，防止污染地下水，公共厕所的周围要适当绿化、美化。在厕室大小便器内外地面和储粪池周围30—50厘米以内观察不到蝇蛆。

3. 乡村户厕建设和卫生标准。厕所有墙、有顶，厕坑及贮粪池无渗漏，厕内清洁，无蝇蛆，通风良好，无异味。粪便定期清除并实行无害化处理。

四、主要措施

（一）突出重点，分类指导。两年内，要以区县政府所在地和建制镇镇区普及三类水冲式公厕为重点。与此同时，每个区县要抓1—2个乡村公厕和户厕改造的试点，以便在广大农村普及卫生公厕和户厕。

（二）多渠道筹措建设资金。本着自力更生为主，分级负责，多渠道投入的原则。区县政府所在地公厕改造经费，由区县政府安排专项资金，同时也要动员社会各部门承担部分任务。镇区公厕改造经费由镇政府负责。对完成任务好的先进单位，天津市适当给予奖励。乡村公厕和户厕所需经费，则由村、户自行承担。

（三）加强管理。各地要加强对农村公厕环境卫生日常管理，建立区县、乡、村三级管理网络，每个公厕都要有专人负责日常管理保洁工作。要区别不同情况制定管理细则，建立公厕维护巡回检查制度，出现问题，及时解决。

五、组织领导

天津市改厕要在市政府的统一领导下，分工负责，实行目标责任制。天津市农办负责农村改厕的计划制定，组织协调，推动检查。天津市爱卫会办公室负责对乡村公厕和户厕的技术指导，组织推动；天津市环卫局负责县城、建制镇镇区公厕改造的技术指导和推动。各区县政府为农村改厕的第一责任人，对农村改厕要负全责。鉴于农村改厕已列入天津市政府改善农村人民生活十项工作，农村改厕工作由区县政府改善农村人民生活十项工作办公室负责汇总、上报情况。

各区县、建制镇镇区公共厕所情况调查表（一）

表 6-3-4-30　　单位：座

区县	公共厕所				区县政府所在地厕所情况				一般建制镇镇区厕所情况			
	合计	水冲式厕所		旱厕	合计	水冲式厕所		旱厕	合计	水冲式厕所		旱厕
		个数	占比（%）			个数	占比（%）			个数	占比（%）	
蓟县	100	45	45	55	59	36	61	23	41	9	22	32
宝坻	163	121	74.2	42	106	106	100	—	57	15	26.3	42

续表 6-3-4-30

区县	公共厕所				区县政府所在地厕所情况				一般建制镇镇区厕所情况			
	合计	水冲式厕所		旱厕	合计	水冲式厕所		旱厕	合计	水冲式厕所		旱厕
		个数	占比（%）			个数	占比（%）			个数	占比（%）	
武清	211	67	31.8	144	56	46	82.1	10	155	21	13.5	134
宁河	185	40	21.6	145	112	40	35.7	72	73	—	—	73
静海	196	18	9.2	178	95	17	17.9	78	101	1	1	100
东丽	68	4	5.9	64	8	4	50	4	60	—	5.6	60
津南	93	12	13	81	39	9	23.1	30	54	3	54.3	51
西青	94	38	40.4	56	48	13	27.1	35	46	25	10.3	21
北辰	134	14	10.4	120	8	1	12.5	7	126	13	—	113
塘沽	273	255	93.4	18	255	255	100	—	18	—	—	18
汉沽	93	34	36.6	59	89	34	38.2	55	4	—	—	4
大港	42	19	45.2	23	18	18	100	—	24	1	4.2	23
合计	1652	667	40.4	985	893	579	68.4	314	759	88	11.6	671

天津市乡村公厕和户厕现状（二）

表 6-3-4-31　单位：座

区县	乡村公厕			乡村户厕		
	总数	卫生厕所	比例（%）	总数	卫生厕所	比例（%）
蓟县	1475	130	8.81	184503	34818	18.87
宝坻	1059	136	12.84	141400	9807	6.94
武清	1967	340	17.29	172018	23793	13.83
宁河	661	110	16.64	40914	7826	19.13
静海	2762	209	7.57	52046	8111	15.56
东丽	1516	16	1	23601	23162	98.14
津南	1954	833	42.63	16583	12007	72.41
西青	1228	132	10.75	10104	10104	100
北辰	955	49	5.13	3653	817	22.37
塘沽	414	261	63.04	2450	134	5.47
汉沽	312	51	16.35	7350	0	0
大港	839	227	27.06	16361	9453	57.78
合计	15142	2494	16.47	670993	140032	20.87

区县政府所在地公共厕所改造计划（三）

表 6-3-4-32

区县	城区面积（平方公里）	城区人口（万人）	公厕现状（座）			1999 年改造数量（座）	2000 年改造数量（座）
			合计	水冲式	旱厕		
蓟县	14.9	10	59	36	23	23	—
宝坻	12	6.4	106	106	—	—	—
武清	14	11	56	46	10	5	5
宁河	12	5.3	112	40	72	65	7
静海	12	9.4	95	17	78	50	28
东丽	5.4	1.8	8	4	4	4	—
津南	6	7	39	9	30	20	10
西青	14.6	8	48	13	35	30	5
北辰	4	4.2	8	1	7	7	—
塘沽	65.6	45	255	255	—	—	—
汉沽	20.2	12.1	89	34	55	5	—
大港	40.7	20.9	18	18	—	—	—
合计	221.4	141.1	893	579	314	209	55

一般建制镇镇区公厕改造计划（四）
（1999—2002）

表 6-3-4-33

区县	建制镇总数（个）	公厕现状（座）			计划改旱厕数量			
		合计	水冲式	旱厕	1999 年	2000 年	2001 年	2002 年
蓟县	12	41	9	32	10	10	6	6
宝坻	8	57	15	42	20	22	—	—
武清	15	155	21	134	30	31	37	36
宁河	6	73	—	73	—	36	19	18
静海	10	101	1	100	4	8	11	15
东丽	8	60	—	60	12	18	15	15
津南	9	54	3	51	—	27	20	4
西青	6	46	25	21	7	5	5	4
北辰	11	126	13	113	19	38	27	29
塘沽	3	18	—	18	9	9	—	—
汉沽	2	4	—	4	2	2	—	—
大港	3	24	1	23	10	10	3	—
合计	93	759	88	671	123	216	143	127

1999 年改造公厕、户厕计划（五）

表 6-3-4-34

区县	政府所在地、建制镇小计	政府所在地改厕	建制镇改厕	乡村公厕改造	户厕改造
蓟县	33	23	10	110	7500
宝坻	20	—	20	90	8500
武清	35	5	30	150	8000
宁河	65	65	—	50	2500
静海	54	50	4	220	3500
东丽	16	4	12	150	80
津南	20	20	—	60	400
西青	37	30	7	100	—
北辰	26	7	19	100	550
塘沽	9	—	9	25	450
汉沽	7	5	2	35	600
大港	10	—	10	100	700
合计	332	209	123	1190	32780

1999 年 12 月初为进一步推动天津市农村改厕工作提高乡村卫生公厕和卫生户厕的改造水平，做好本年度改厕统计工作，天津市爱卫办召开《乡村改厕工作现场交流培训会》，其主要内容是：传达贯彻全国农村改厕工作会议精神，总结天津市乡村改厕情况，部署下阶段工作，请有关专家进行改厕技术培训，区县进行改厕工作交流，现场参观有关县、乡、村的改厕情况等。

到 1999 年底天津市共有农户 112.51 万户，卫生户厕 21.49 万座，享有卫生户厕的农户仅为总户数比例的 19.1%，虽然比 1998 年的 11.47% 提高了近 8 个百分点，但在全国还处于倒数第二的位置。

“十五”期间，天津市农村人口 377.61 万人，109.55 万户。为了大力改善农村卫生环境，解决农民群众最现实的生活问题，从 2003 年开始，天津市实施了大规模的农村户厕改造，经过区县和有关部门的努力，改厕工作，取得了显著成绩，2003 年完成了 10.34 万座户厕改造任务，2004 年完成 30 万座的任务，2005 年完成了 31.83 万座的任务，2006 年完成了 21.6 万座的任务，四年共完成农村卫生户厕改造 93.37 万座，实现了天津市政府确定的普及率达 92.6% 的目标。

天津市的户厕改造工作引起了社会的广泛关注，中共中央办公厅于 2003 年 10 月 29 日在《督促检查情况》（第 34 期）印发了《天津从抓户厕改造入手努力改善农村卫生环境》一文。新华社每日电讯对天津市的改厕工作进行了整版报道。全国爱卫办专题印发了《天津市农村改厕工作大步前进》的简报。各种报刊、电视、电台、网站等媒体也多次对天津市的改厕工作进行专题报道。2005 年 3 月 6 日，国务院总理温家宝同志了解到天津市农村户厕改造的情况时，高兴地说：

“看来，你们不仅把中央的政策落实了，而且还见效了，做得更好了。你们能让村容村貌大变样，就立了一大功。”

2003年初，为搞好农村卫生户厕改造，保障广大农民群众的身体健康，提高农民的生活水平，实现到2005年天津市农村卫生户厕的普及率达到60%的工作目标，市市容委（爱卫办）、市财政局共同制定了《天津市农村户厕改造购买管理暂行办法》，以推动农村改厕工作顺利进行。

为贯彻落实天津市政府关于2003年改善农村人民生活十项工作中提出的“加大农村卫生户厕改造力度”的要求，天津市容委、天津市爱卫办、天津市财政局还共同研究制定了《天津市2003年农村改厕工作实施计划》，以推动完成农村户厕改造的任务。

第五节　农村改厕计划实施

为贯彻落实市政府关于2003年改善农村人民生活十项工作中提出的“加大农村卫生户厕改造力度”的要求，完成2003年改造农村卫生户厕的任务，提出2003年天津市农村改厕工作实施计划。

一、指导思想

改造农户的厕所（即农村改厕），是保障农民群众的身体健康，促进农村经济发展和两个文明建设的一项基础性工程，是爱国卫生工作的重要组成部分，也是实践天津市委、市政府提出的新“三件事”的具体行动。2003年天津天津市的农村改厕工作，要以贯彻党的十六大精神，落实“三个代表”重要思想为指导，按照天津市委八届三次全会和天津市政府的有关要求，为农民群众办好事、办实事。要广泛发动群众，动员社会各方面力量，严密组织，大力宣传，加大天津市农村卫生户厕的改造力度，促进天津市农村户厕改造的全面发展，从而进一步改善农村的生活、工作和投资环境，提高农民文明卫生素质和农村文明程度，为天津市率先实现现代化和农民全面实现小康生活的目标做出贡献。

二、指标分配

2003年天津市计划是：改造农村户厕74090座。指标分配蓟县23619座，武清区15019座，宝坻区11363座，宁河县5013座，静海县5019座，塘沽区、大港区、东丽区、西青区各2000座，汉沽区2001座，津南区2035座，北辰区2021座。

三、卫生厕所标准及类型

卫生厕所是指有顶、有墙、有门、有贮粪池，贮粪池上有盖，做到不渗漏，蹲位处有便器。厕所内清洁，基本无蝇蛆，基本无臭味，粪便进行无害化处理。

根据天津市的实际情况和全国爱卫办的有关标准要求，确定天津市的改厕类型为：自来水水冲三格化粪池式、污水冲三格化粪池式、完整下水道水冲式及三联沼气池式等（具体标准和式样见天津市爱卫办有关文件及《中国农村卫生厕所建设图集》)。

四、进度安排

2003年的农村改厕工作：分三个阶段进行。第一阶段，4月底前准备发动阶段。此阶段要完成好制定方案、分解任务、宣传发动、技术培训、进行试点建设等项工作。各区县一是要按照2003年的任务要求，制定出全年工作计划和到2005年工程规划，逐级落实任务，按照《天津市农村卫生户厕改造项目暂行管理办法》的规定，认真填写《天津市农村改厕项目申请表》和《天津市农村改厕登记明细表》，并将实施意见、到2005年改厕规划和“申请表”“明细表”，于4月15日前上报天津市爱卫办和天津市财政局。二是进行天津市农村改厕摸底调查。根据《天津市农村改厕摸底调查方案》的安排，各区、县从农户开始，按照农户、村、乡（镇）、区（县）的层次，在全国调查，摸清情况的基础上，于6月底前逐级建立农村厕所改造台账，报天津市爱卫办备案，并做好数据库输入的准备工作。三是各区县在天津市爱卫办培训的基础上，逐级进行改厕技术培训，组织统一的施工队伍。

第二阶段，5—10月为全面实施阶段。此阶段农村改厕工作全面展开，各区、县要全部完成改厕指标分解的任务，并逐级组织完成自查验收工作。

第三阶段，8—11月为天津市爱卫办对各区、县的检查验收阶段。在各区、县逐级自查的基础上，天津市爱卫办将会同天津市财政局等部门，随着工程进展，随时组织检查和验收。

第四阶段，12月为总结阶段。天津市将逐级进行年度改厕工作总结，为下一阶段的改厕工作开展奠定基础。

五、保证措施

1. 提高认识，加强领导。各级领导要充分认识农村改厕工作，对改厕工作给予高度重视，将之列入重要议事日程。加强领导，制定相关措施，从人力、物力和财力上给予必要的支持与投入。要进一步建立和完善改厕工作组织和管理网络，制定切实可行的实施计划，逐级分解任务，落实责任。要切实维护农民利益，严禁以各种形式借机乱摊派、乱收费。各级领导都必须从落实“三个代表”重要思想的高度，贯彻党的十六大和市委八届三次会议精神，将农村改厕抓好抓实。

2. 建立机制，形成合力。各部门都要将农村改厕工作，作为改善农村环境卫生，提高农民自身素质，促进农村精神文明建设的重要工作，将此列入工作日程，纳入村镇建设规划。除了对现有户厕进行改造外，对农户新建住宅的，要制定相应政策，要求其建筑符合标准的户厕。同时，将改厕工作作为评选文明村、小康村和文明家庭的重要指标，形成有力的推进机制和合力。

3. 广泛深入宣传，加强技术指导。要通过各种方式和渠道，进一步加强关于农村改厕的宣传。充分宣传改厕在提高农民自身生活质量和健康水平，改善经济发展条件中所起到的重要作用。要全面提高各级干部和农户对改厕工作的认识，改变原有的陈旧观念，引导农户自觉地参与到改厕工作中来。同时，要进一步强化对改厕工作的技术指导。一方面把培训向基层延伸，不但要对改厕工作人员进行培训，也应对具体进行改厕工作的技术人员进行培训。另一方面要加强现场指导，市区县及乡镇负责改厕的有关工作人员每年应抽出相当时间，深入改厕现场进行技术指导。在工作中要坚持高标准、严要求，做到改厕一户，合格一户，改厕一户，能够正确使用一户，把好事办好，实事办实。

4. 多渠道筹措资金。各区县要在市财政资金的引导下，充分调动区县、乡镇财政和村及农户自有资金的积极性，形成农户投资为主，村、乡镇、区县、市逐级适当补贴的改厕模式。并积极争取与改善农村环境的有关部门的资金支持，多方面，筹措资金，保证改厕工作的正常进行。

5. 结合地区实际推进改厕工作。各地区要参考天津市爱卫办推荐的改厕类型和全国爱卫办规定的卫生厕所类型，因地制宜地选择适宜的改厕类型，同时积极学习先进地、区的经验，不断完善改厕技术。并做好本地区的试点村、示范户建设，将改厕的好处亮在明处，让农户看得见，摸得着，变“要我改厕”为“我要改厕”。

6. 及时总结，加强交流。对于改厕工作中的各种经验和做法，要及时进行总结和沟通信息，为明后两年和今后的农村改厕工作奠定坚实的基础，要开展相应的交流学习活动，及时推广适合天津市实际的先进经验。同时，针对改厕技术发展较快的特点，应进一步加强与改厕先进地区的交流，采取走出去、请进来的方式，努力学习先进的改厕模式、经验。

为推动农村户厕改造工作的落实处，确保 2003 年农村户厕改造保质保量完成，天津市市容委和天津市财政局联合制定下发了《天津市 2003 年农村卫生户厕改造工作验收方法》。经验收合格的核拨其余 50% 的农村户厕改造补助资金。

第六节 新闻媒体采访

2003 年 11 月 20 日，天津市委宣传部、天津市爱卫办牵头，《天津日报》、《今晚报》、天津电台、天津市电视台、北方网和新华社驻津记者站、人民日报驻津记者站、中央电台驻津记者站新闻采访团，深入蓟县、宝坻区、西青区和武清区，对农村户厕改造采访报道。四区、县市容委、爱卫办详细介绍 2003 年农村户厕改造情况，就卫生厕所的有关技术和使用问题，回答了记者提问。采访团先后深入蓟县出头岭镇北王庄村和北擂鼓台村，宝坻区城关镇佟沟子村和周良镇周良村，西青区辛口镇水高庄和中北镇邢庄子村，武清区下朱庄街高庄村和南蔡村镇刘羊坊村，就农村户厕改造在改善农村环境、保障农民身体健康等方面对农户进行现场采访。被采访的农民说：“改造后的厕所没味儿了，干净了，看不到苍蝇飞了，农村厕所实现了水冲。”

第四章　卫生户厕改造验收

第一节　工厕验收

2003年的农村卫生户厕改造工作已进入全面实施阶段，为确保农村改厕任务保质保量完成，制定2003年农村卫生户厕改造工作验收方案。

一、总体原则

1. 验收工作将严格按照天津市市容委和天津市财政局联合印发的《天津市农村卫生户厕改造项目暂行管理办法》和《天津市2003年农村改厕工作实施计划》有关要求进行。

2. 验收工作将采取分级验收的方式进行，各区县要对2003年改造的卫生户厕进行全部验收，天津市市容委（市爱卫办）、天津市财政局将按照一定比例组织检查验收。

3. 为保证所改户厕质量，天津市市容委（天津市爱卫办）和各区县爱卫办在改厕工作过程中要加强技术指导力度，指定专人深入改厕现场，利用各种形式进行技术培训、指导和推动。

二、验收时间

验收工作自8月1日开始至10月31日结束，分为两个阶段进行。

第一阶段为8月1日至9月30日，市爱卫办会同市财政局根据各区县上报的完成情况和验收申请，结合现场推动改厕工作进行验收。

第二阶段为10月8日至31日，天津市爱卫办会同天津市财政局等有关部门按一定比例，对有关区县已盖章完成的农村户厕进行集中验收（具体日程安排另行通知）。

三、验收范围及数量

1.2003年1月1日以后盖章完成的农村卫生户厕；

2. 天津市爱卫办和天津市财政局将验收2003年所有承担改厕任务的乡、镇、街；随机抽取50%承担今年改厕任务的村；随机抽取10%已经盖章完成的农村卫生户厕；

3. 除大港区外，对各区县验收的集中下水道水冲式户厕数量不得大于20%。

四、验收步骤

1. 自8月1日起，凡完成今年改厕任务的村，按照《天津市农村卫生户厕改造项目暂行管理办法》和《天津市2003年农村改厕工作实施计划》，及时填报《天津市农村改厕竣工验收表》、

《天津市农村改厕工程决算表》(如完成情况与年初上报的《天津市农村改厕登记明细表》内容不符，应按照调整后内容重新报送《天津市农村改厕登记明细表》)等有关报表，申请验收。各乡、镇、街应按照要求对各村上报的报表进行核实，并填写相关内容后，及时上报区、县爱卫办。

2. 区、县爱卫办、财政局按照验收申请，依据《天津市农村卫生户厕改造项目暂行管理办法》的规定，组织对所辖地区的户厕进行验收。对验收合格的，按照有关要求填报以上报表并进行汇总后，将报表和各区县，乡镇汇总情况，及时上报天津市爱卫办和天津市财政局各一份，申请验收。其中塘沽区、汉沽区、大港区、东丽区的有关报表应于9月30日前全部报送完毕；津南区、西青区、北辰区、宁河县、静海县的有关报表于10月10日前报送完毕；武清区、宝坻区、蓟县的有关报表于10月15日前报送完毕。

3. 天津市爱卫办和天津市财政局接到区、县验收申请后，将根据验收时间安排，对各区、县进行验收，并将有关情况于10月31日后向各区、县进行通报。

4. 各区、县要督促各乡、镇、村在完成改厕任务后立即提出验收申请，并及时组织验收，自8月1日起应随时将完成区县验收的，以村为单位按上述要求上报，申请天津市爱卫办和天津市财政局进行验收。

五、验收方法

1. 第一阶段的验收将根据各区、县进度和申请情况进行安排。

2. 第二阶段的验收工作将全部采取随机抽查形式进行，即由天津市爱卫办和天津市财政局在各区县上报的实际完成名册(调整后的《天津市农村改厕登记明细表》)中以村为单位随机抽取验收对象。

3. 第一阶段中已经验收合格的，如在第二阶段集中验收随机抽取时被抽中，将视为合格，不再重复验收。

六、验收标准

对卫生户厕的认定将严格按照《中国农村卫生厕所厕所建设图集》和全国爱卫办的有关规定要求，以及天津市市容委和天津市财政局联合印发的《天津市2003年农村改厕工作实施计划》的有关标准进行。

存在下列任何一种情况的将认定为不合格卫生户厕；

1. 验收时尚未竣工的户厕；2. 未按照图纸标准施工，厕所达不到卫生标准或粪便不能做到无害化处理要求的；3. 不能正确使用，厕所达不到卫生标准或粪便不能做到无害化处理要求的；4. 便器因非使用原因损坏的，以及致使厕所达不到卫生标准或粪便不能做到无害化处理要求的。

七、完成情况计算

按照《天津市农村卫生户厕改造项目暂行管理办法》的规定，对各区、县实际完成的农村卫生产厕数量将根据抽查验收情况计算得出。计算公式如下：

各区县实际完成数 = 申报验收总数（验收合格数 / 验收总数 ×100%）

八、资金拨付

天津市财政局、天津市爱卫办将根据各区县农村卫生户厕实际改造完成的数量，核拨其余50% 的农村卫生户厕改造补助资金。

在 2003 年的户厕改造工作中，在天津市市容委、天津市财政局制定下发了《天津市 2003 年农村改厕工作实施计划》确定改造农厕 74090 座后，各有关区县提出《关于增加 2003 年户厕改造计划的请示》，经天津市市容委、天津市财政局研究决定，将 2003 年农村卫生户厕改造计划由原来的 74090 座调整为 103402 座，新增农村户厕改造计划 29312 座。

天津市 2003 年计划增加改造农村卫生户厕汇总表

表 6-4-1-35

地区	调整后改造总数	原计划改造数	各区县计划增加改造农村卫生户厕				
			小计	污水冲三格式	自来水冲三格式	集中下水道水冲式	增加比例（%）
塘沽区	2000	2000	—	—	—	—	—
汉沽区	2001	2001	—	—	—	—	—
大港区	2000	2000	—	—	—	—	—
东丽区	2000	2000	—	—	—	—	—
西青区	8029	2000	6029	—	6029	—	301
津南区	5000	2035	2965	415	1190	1360	146
北辰区	5721	2021	3700	3460	0	240	18
武清区	15019	15019	0	0	0	0	—
宝坻区	20000	11363	8637	8637	0	0	76
蓟县	23619	23619	0	0	0	0	—
宁河县	8013	5013	3000	3000	0	0	60
静海县	10000	5019	3462	3462	945	574	69
总计	103402	74090	18974	18974	8164	2174	39.56

第二节　工厕改造

为确保改厕工作落到实处，天津市爱卫办 2003 年制定下发了《天津市农村卫生户厕改造工作——三格化粪池厕所技术规范》，2005 年对技术规范进行了进一步修改。2006 年又制定了《天津市农村卫生户厕改造工作——大三格化粪池共用卫生户厕技术规范》，制做了卫生户厕规范施工多媒体光盘下发到各乡镇，并将每年2月份确定为技术培训月。

按照全国爱卫办2005年1月5日印发的《2004年农村改水改厕项目技术方案》（以下简称《技术方案》）中关于“城镇化程度较高、居民集中的地区宜选择完整下水道水冲式和三格化粪池厕所”的要求，经天津市爱卫办研究，选择完整下水道水冲式和三格化粪池厕所作为天津市农村卫生户厕改造的主要类型。

为做好天津市的农村卫生户厕改造工作，确保改厕质量，经请示全国爱卫办，并在征求有关专家和各区县意见，参照全国爱卫办和联合国儿基会编制印发的《中国农村卫生厕所技术指南》中有关三格化粪池厕所建筑要求的基础上，天津爱卫办结合天津市地理条件、经济发展、自来水普及、生活习惯及2003年、2004年农村卫生户厕改造工作实际等情况，决定对三格化粪池厕所的建筑技术进行规范。

一、选　址

共用卫生户厕建造的位置要明显、便民、便于粪液排入污水处理系统或清运。

二、建造材料的选择

按照全国爱卫办的有关要求，建造共用卫生户厕所应用的材料必须是正规生产厂家的合格产品，统一采购的原材料应有质量鉴定报告，采购者应保留其复印件。各区县对建造共用卫生户厕的材料应严格把关，选择的产品与材料应坚固耐用，有利于卫生清洁与环境保护，如：便器首选白色陶瓷制品，水泥选择425#以上（天津地区）标号等，生产厂家应保证应用原材料不造成对应用者与环境的损害。

三、三格化粪池的容积

1.三格化粪池比例

三格化粪池的第一格、第二格和第三格应按照2∶1∶3的比例建造。粪便在第一格至少贮存20天，在第二格至少贮存10天，在第三格至少贮存30天。

2.三格化粪池有效容积

按照每人每天的粪尿排泄量约为1.5公斤，采用节水型便器的冲洗水量可按每人每天1.0公斤计算。三格化粪池的有效容积计算如下：

三格化粪池总有效容积（立方米）= 人口数 ×2.5（公斤）×60（天）/1000（立方米换算）

如以50户，约120口计算，三格化粪池总有效容积为：

120（人）2.5（公斤）60（天）/1000 =18立方米。

如总户数和人口数发生变化，应严格按照上述公式计算。考虑部分人员的流动（工作、耕作）因素，上述容积可适当降低，但不应小于按上述公式计算的应建容积的20%。

3.三格化粪池的形状

三格化粪池的形状通常为“目”字形，也可建为“品”“丁”字形。一池可建在厕室外，也可直接建在便器下。

4. 格化粪池的高（深）度

三格化粪池的高（深）度要根据地形及周围建筑物、环境等因素确定，三个格（池）的深度可以不同。为便于粪液的清运，深不宜超过 2.7 米，浅不要少于 1.5 米。化粪池上沿应高出地面 2—5 厘米，四周必须夯实。

四、过粪管、进粪管的安装

（一）过粪管的安装

过粪管可用水泥预制，也可使用 PVC 塑料管（正式厂家生产）和陶管等其他材料，不得使用再生材料，要求内壁必须光滑，有一定的强度，与隔墙连接部分必须固定，内径一般为 10—15 厘米。过粪管两端切口应与过粪管本身成 90 度，不得再行切割。

过粪管的安装为三格化粪池建造的关键，关系到粪便流动方向，流程长短，是否有利于厌氧发酵和能否有效阻留粪皮、粪渣，以及保持一、二池的有效容积。过粪管的进粪口位置要置于寄生虫卵较少的中层粪液，其中第一格到第二格过粪管下端（即粪液进口）位置在第一池的下 1/3 处，上端在第三格距池顶 40 厘米。

如化粪池深度为 1.5 米，第一格与第二格之间的过粪管长度应不小于 70 厘米，深度每增加 3 厘米，过粪管长度增加 1 厘米；第二格与第三格之间的过粪管应不小于 60 厘米，深度每增加 2 厘米，过粪管长度增加 1 厘米。

过粪管安装时应采取斜插（//）式。

过粪管与隔墙的水平夹角必须呈 60 度。

过粪管与隔墙的连接部分必须密封。

为防止堵塞，考虑化粪池的大小与流量，可适当增加过粪管的数量。

（二）进粪管的安装

进粪口必须安装进粪管，进粪管可采用内径为 8—12 厘米的 PVC 塑料或其他管材，不得使用再生材料。进粪管应有一定强度，内壁必须光滑，经填土挤压后避免出现变形现象。进粪管出口上端，距化粪池上沿约 45 厘米，即低于第一池到第二池的过粪管出口下沿 5 厘米左右，要尽量远离第一池到第二池的过粪口，并紧贴池壁，以减少水冲力对池内的扰动。进粪管与地面形成的夹角必须大于 15 度。进粪管四周要填实，不得留有空隙。

采用在便器下直接修建化粪池方法的，进粪管的安装深度最好达到第一格化粪池的下三分之一处以下，即使用前第一次加水所能达到的液面深度以下。进粪管的长度可适当缩短，但应距第一池上沿 50 厘米以下，启用加水时液面必须超过进粪管口。采用在便器下直接修建化粪池方法时，可以再厕室内安装排气管。

五、三格化粪池的建造

参照《中国农村卫生厕所技术指南》中，对砖砌和钢筋混凝土浇筑建造三格化粪池的介绍，结合天津市实际情况规范如下。

（一）砖砌三格化粪池

1. 放样。选好位置后，根据化粪池的大小进行画线，化粪池规格参照“三、三格化粪池的容积”一节。

2. 量好尺寸后撒上石灰线，然后按线挖坑，土坑的深度应大于准备建造的化粪池深度 30 厘米。

3. 安装进粪管。砖砌法施工中，应首先安装进粪管。

4. 打底。挖好坑后，可用碎石或砖块铺在底层，然后浇上 20 厘米厚的 C20 混凝土层，以防止粪便渗漏污染周围的土壤。

5. 分格。用砖在打好的底上分隔成三个格，一、二、三格的大小比例为 2∶1∶3。

6. 砌砖。分好格后，按格的大小向上砌砖。外墙和各池之间的隔墙最小应为“24”墙。砖砌法应使用新砖，以增加水泥砂浆与砖的结合度。

7. 安装过粪管。当砖体砌到池高的 1/3 处时，开始安装过粪管。

8. 抹面。砌好砖体后，池内壁采用 1∶3 的水泥砂浆打底一次，再用掺有 5% 防渗粉的 1∶2 水泥砂浆抹面 2 次。抹面要求密实，光滑。砖体缝隙要用砂浆填实。抹面时要覆盖全部内壁和化粪池底部。

（二）钢筋混凝土法

采用钢筋混凝土法施工的三格化粪池，其放样、挖坑、进粪管安装等步骤与砖砌法相同，在此不再重复。

1. 水泥选择。应选用正式厂家生产烧制的 425# 以上的水泥。

2. 砂浆配比。钢筋混凝土法使用的混凝土应达到 C20 以上。碎石必须为净石屑，沙子为细河沙。

3. 钢筋使用。应选用正式厂家生产的 Φ10（毫米）以上冷拔筋或其他同等强度的钢筋。钢筋应制成网状排列，间距不得大于 15 厘米，交叉处必须进行固定。

4. 防渗处理。应在混凝土中掺入不少于水泥总量 5% 的防渗粉，也可采用在池壁表面使用防渗涂料等方式。

5. 钢筋混凝土厚度。化粪池侧壁和隔板不小于 8 厘米，底部应适当加厚。

6. 施工季节。采用钢筋混凝土法在冬季不得施工。

7. 养护要求。化粪池建成后必须进行 15 天以上的养护，否则不得使用。

8. 注意事项。在水泥选择上，应注意外地企业与天津市各水泥企业生产的产品，虽然标号相同但强度有所降低的问题。钢筋不得用铁丝网代替。使用前应检查过粪管是否固定。

（三）有关要求

1. 三格化粪池建成后，周边的回填土必须夯实。

2. 建成后的三格化粪池不得有渗水现象。

3. 采取非上述方法建的三格化粪池，三格化粪池的容积应按照上述的规范要求建造。有关化粪池的防冻、抗压（包括内、外压）、抗腐蚀等技术指标，应有技术监督等权威部门的鉴定，其安全性、功能是否符合要求，应经过技术鉴定或专家论证后使用。

六、便器、化粪池盖板、清渣口和出粪口

（一）便器

便器应选用节水型陶瓷便器，不得使用塑料材料。选择便器时应考虑到冬季便器自身及周围的结冰防滑问题，以减少地上暴露部分为宜。便器安装后四周及底部必须填实，必应留有空隙。

（二）化粪池盖板

化粪池顶部必须安装盖板，盖板应使用钢筋混凝土预制，应采用 C20 混凝土，并加入 Φ6（毫米）以上冷拔筋或其他同等强度的钢筋，钢筋应制成网状排列，间距不得大于 15 厘米，交叉处必须进行固定，盖板厚度不小于 6 厘米，保证盖板的结实耐用。

（三）清渣口和出粪口

为便于清运，每池的盖板应留有一块带拉手的活动板，作为清渣口和出粪口。

七、厕室建设

（一）内、外部装修

共用卫生户厕的建造，须安装厕室门、窗及防蝇设施。外部装修应与周围环境协调。内部装修可根据各自具体情况决定。最低标准为地面及蹲台面应采取水泥砂浆抹面，室内墙裙抹面高度不得低于 1 米。厕室内必须安装照明设施，地面必须设有排水地漏。

（二）高度及通风要求

厕室内高度以 3.2—4 米为宜，如设有天窗，可保持 3.2 米。建筑通风、采光面积与地面面积之比，不低于 1∶6。

（三）给水要求

1. 本规范提倡建筑节水型共用卫生户厕，如建造自来水直冲或水箱冲洗的，化粪池的容积必须较节水型增加三倍以上。

2. 必须保证全天 24 小时供水，如不能保证 24 小时供水，应使用节水冲厕装置。使用水箱冲洗的，应注意安装冬天保暖设施。

（四）蹲位面积及间距

蹲位之间的间距应为 0.85—1.20 米，厕室内设置蹲位计算面积（包括大便蹲位、小便站位，走道宽度等）约 4—5 平方米（蹲位的设置数量视实际情况酌定）。

（五）大便蹲位隔断板

大便蹲位间必须设置隔断板，隔断板高于 0.9 米（隔板高度自蹲位台面算起）。

八、使用维护

（一）渗漏实验

新的三格化粪池建成并进行两周养护后，应做渗漏实验。具体做法是：先在格内加水，水位加至离化粪池上沿 2–3 厘米，观察 24 小时（或 48 小时）水位增加或减少情况，水位下降或上升不超过 1 厘米（48 小时为 2 厘米）为合格，超过 1 厘米（或 2 厘米）时表明有渗漏。

（二）启用

新的化粪池建成养护两周，并确认无渗漏后正式启用，在第一池内注入河塘水或井水（不含化学制剂），水深应高出过粪管下端口上沿，并加入菌苗（牛、马粪）。

（三）清渣注意事项

化粪池第一、三格上的盖板平时要盖严，并要经常检查，防止意外。在清渣或吸粪液时，不得在池边点灯、吸烟等，以防粪便发酵产生的沼气遇火爆炸。

（四）保洁要求

共用卫生户厕，必须设专人负责清扫保洁，做到厕室内卫生清洁，便器要经常进行刷洗，不得有粪便残留，杂物不能扔入化粪池中。

（五）冲水要求

含有各类化学制剂的各种生活污水，不得排入化粪池中。在改厕工作中，为做到了心中有数。天津市爱卫办对 12 个涉农区县、153 个乡镇街、3830 个行政村、近 110 万农户进行了摸底调查，建立了“农村改厕台账”和“农村改厕数据库”。在摸底调查的基础上，制定出《2004—2006 年改厕工作安排意见》。到 2006 年底使天津市农村卫生户厕普及率达到 90% 以上，为实现“三步走”发展战略提供有力的保障。

2004—2006 年天津市计划改造农村卫生户厕 83.4 万座，使天津市农村卫生厕所普及率由目前的 14.39% 提高到 92.6%。其中 2004 年计划改造 30 万座，农村卫生厕所普及率达到 42.52%。2005 年计划改造 29 万座，农村卫生厕所普及率达到 69.72%；2006 年计划改造 24.4 万座，农村卫生厕所普及率达到 92.6%。

按照全国爱卫办与国内外有关机构编制的《中国农村卫生厕所建设图集》和《中国农村卫生厕所技术指南》等有关标准要求，确定天津市的农村户厕改造类型为：自来水水冲三格化粪池式、节水型三格化粪池式、完整下水道水冲式、三联沼气池式和全国爱卫办认可的其他卫生厕所类型。

根据天津市属于北方城市的特点，同时借鉴其他城市农村户厕改造的经验，目前天津市主要推行节水型三格化粪池式卫生厕所类型。

卫生厕所要求：卫生户厕提倡入户、入室，厕坑及贮粪池无渗漏，贮粪池上有盖，蹲位处有便器。厕室清洁，无蝇蛆，基本无臭味，粪便水冲并进行无害化处理。

农村户厕改造是一项改善农村卫生环境，提高农民生活水平的好事。农村户厕改造资金筹措和管理原则上采取政府引导资金、集体补贴资金和农户自筹资金相结合的方式解决。按照天津市市容委和天津市财政局制定的《天津市农村卫生户厕改造项目暂行管理办法》（津容爱〔2003〕66号）的规定，天津市财政对农户户厕改造每户补贴50元，各区、县财政对每户补贴不少于50元，各乡、镇和村也要按照一定比例对农户户厕改造进行补贴，具体补贴比例由各区、县政府制定。在合理有效地使用各级财政补贴资金，并保证日常工作经费的同时，各区、县要多渠道筹措资金，保证户厕改造资金的投入。保障措施是：

（一）提高认识，加强领导。各级政府和有关部门要从落实“三个代表”重要思想的高度，充分认识搞好农村户厕改造的重要性，切实加强组织领导，采取有力措施，在人力、物力、财力上给予必要的支持和投入。要进一步充实户厕改造工作队伍，制定切实可行的实施计划，分解户厕改造任务，落实责任和措施，把农村户厕改造工作落到实处。

（二）提高户厕改造的技术含量。在借鉴全国先进经验和技术的基础上，不断研究适合天津市实际情况的户厕改造模式和厕具类型，搞好试点和推广工作。要在天津市农村广泛开展较高标准户厕改造试点村、试点户建设，让农户看到户厕改造的好处，推动户厕改造工作的深入。天津市爱卫办和各区、县爱卫办要加大现场指导的力度，经常组织有关人员深入户厕改造现场进行技术指导和现场培训。

（三）合理安排进度，确保施工质量。今后三年天津市农村户厕改造的任务非常繁重，各区、县和乡、镇、村要根据农村特点，合理安排户厕改造施工进度，坚持高标准，严要求，严格做好建设的检查验收工作。要加强对农村户厕改造工作的监督，坚决杜绝乱收费、乱罚款、乱摊派的现象，不得出现坑农损农的事件，将农村户厕改造这项为农村群众办的实事办好。

（四）结合相关工作搞好农村户厕改造。要根据农村户厕改造涉及面广的特点，积极争取市有关部门和共青团，妇联等组织的支持，共同推进农村户厕改造工作的开展。要将农村户厕改造与旅游开发、小城镇建设、环境保护、创建卫生村镇等相关工作结合起来，采取整体推进的方式，在做好户厕改造工作的基础上，推进农村卫生整体水平的提高。

（五）加大宣传力度，增强农民户厕改造的自觉性。农村改厕是一项社会性、群众性很强的工作，要通过农村广播网和墙报、板报、宣传栏等具有农村特色的宣传媒体，广泛宣传农村户厕改造的重要意义，营造出浓厚的社会舆论氛围，动员广大农民积极参与户厕改造工作，不断增强农户户厕改造的自觉性。

（六）加强交流，鼓励先进。针对户厕改造技术发展较快的特点，要进一步加强与全国爱卫办及户厕改造先进地区的交流，借鉴先进的户厕改造模式和经验。同时，市市容委、市爱卫办要积极推动各区县的横向交流，宣传天津市户厕改造工作先进地区的典型经验，对不按期完成户厕改造任务的区县要通报批评。

第三节 农村户厕改造

针对2006年部分改厕困难乡镇、村遇到的资金困难，为确保改厕任务的全面完成，动员部分委、局拿出部分资金对有改厕任务的困难乡镇、村进行对口帮助，规建和农业系统的44个委办局共筹集了466万元改厕帮保资金，为全面完成改厕任务提供了有力的资金保证。同时，提出拟请天津市市级机关对口帮助推动农村卫生户厕改造工作的意见。

农村卫生户厕改造工作，是改善农村环境，保障农民群众身体健康的一项重要工作，天津市委、市政府非常重视，市领导多次视察农村改厕工作，并作出批示。10月27日在“天津市农村卫生户厕改造推动会议”上提出“市直各系统都要对口帮助涉农区县推动改厕工作”的要求，提出了市级机关对口帮助推动农村卫生户厕改造工作的意见，呈报天津市委报批。

一、户厕改造任务和目标

根据天津市农村卫生户厕改造工作的安排，2004—2006年计划完成改厕任务83.43万座。2004、2005年已完成改造户厕61.83万座，2006年还需改造21.6万座。三年任务完成后，再加上2003年以前完成的15.34万座，天津市改厕总量将达到98.77万座，普及率达到92.6%。鉴于2006年是天津市实施三年改厕工作的最后一年，也是完成改厕计划的关键一年，需改造的厕所大都在贫困和边远地区，经过调研分析，工作难度更大，困难更多，任务非常艰巨，必须全社会支持，需要艰苦的工作和努力方可完成目标任务。为此，建议采取对口帮助的方式，落实这项工作。

二、对口帮助的组织形式

1. 原则上安排市级机关部分系统分别对口帮助一个区县，鉴于塘沽和大港两区的农村卫生户厕改造任务已接近尾声，此次对口帮助只安排其余10个涉农区县。

2. 每个系统的牵头部门，负责与对口区县将涉及改厕任务的乡、镇、村，分解到该系统的部、委、办、局；每个参加对口帮助的部、委、办、局，都需确定一名主管领导、一个主管处室，并指定一名联络员。

3.10个涉农区县的政府办公室，负责对口帮助工作的落实。

4. 天津市市容委在负责对农村改厕工作进行全面推动和技术指导的同时，应建立相关联系制度，负责与各系统联络员的沟通。

三、对口帮助工作任务

各区县2006年的改厕任务，由天津市市容委和天津市财政局联合下达。提出的《市级机关对口帮助农村改厕的建议分工》由天津市委办公厅、市政府办公厅予以确定。

负责对口帮助的各市级机关，应定期安排专人深入对口区县推动工作，具体工作任务是：

1. 推动和督促区县完成全年改厕任务；

2. 帮助协调解决改厕工作中遇到的资金、材料等问题；

3. 帮助区县及时总结和推广经验、好的做法。

市委办公厅会同市政府办公厅先召开一次各系统牵头部门参加的协调会议，天津市市委提出具体意见，进行工作安排。有关工作基本落实后，召开天津市农村户厕改造对口帮助工作部署会议。

市级机关对口帮助农村卫生户厕改造建议分工表

表 6-4-3-36

市级系统	牵头部门	对口帮助区县	所辖乡镇街（个）	2006 年改厕任务（万座）
市委机关	市委办公厅	西青区	9	0.167
市政府机关	市政府办公厅	汉沽区	4	0.435
规建系统	市建委	武清区	29	6.214
交通系统	市交委	津南区	8	2.117
农业系统	市农委	静海县	18	1.508
政法系统	市政法委	宁河县	14	1.48
工业系统	市经委	北辰区	9	1.523
商业系统	市商务委	宝坻区	22	2.384
综合经济系统	市发改委	东丽区	7	1.128
教育系统	市教委	蓟县	26	4.204
10 个系统			146	21.16

通过卫生户厕改造，带动了农村环境卫生的改善。结合创建卫生村，加强了对道路硬化、乡村绿化、下水管网改造等方面的投资力度，加强了对垃圾、柴草及牲畜饲养的规范管理，有的村还建设了秸梗气化工程，促进了村镇卫生环境的整体提高。截至 2006 年已创建国家卫生镇 4 个，市级卫生村 242 个，区县级卫生村 520 余个。

2007—2009 年中央补助地方农村改厕项目计划中要求共改造农村卫生户厕 54404 座，确定天津市到 2010 年末农村户厕普及率要达到 96.14%。

2007 年在农村改厕项目的实施和管理上，继续依照 2003 年天津市市容委、天津市财政局印发的《农村卫生户厕改造项目管理办法》和《农村卫生户厕改造工作验收办法》执行。在实施过程中，一是对项目区实行了改厕进度月报表制度（每月 10 日）。二是市、区两级工作组队项目的组织、管理、项目招标等情况进行了监督。三是市、区两级技术指导组在项目区第一座户厕改造开工时，到达改厕现场，乡、镇在每个村第一座户厕改造开工时，到达改厕现场，技术指导组按照《技术方案》要求，对农村改厕质量进行了全过程监督检查，对未达到要求的提出了整改意见，限期整改。四是改厕项目完成后，12 月 9 日至 24 日，天津市爱卫办在项目区自查自验的基础上，按照《项目竣工验收表》和《项目登记明细表》，对改造的厕所进行了前面检查验收，目前，此项工作正在进行中。

为了保证2008年农村改厕项目数量达标、质量过关，根据2007年实施经验，在项目实施过程中，进一步规范项目管理，认真做好规范项目计划和考核验收两个环节，在严格执行项目计划的基础上，加强过程督导和考核验收。一是对项目县实行了改厕进度月报表制度（每月25日）。二是市、县两级工作组对项目的组织、管理、项目招标等情况进行了监督。三是市、县两级技术指导组在项目县第一座户厕改造开工时，到达改厕现场，乡、镇在每个村第一座户厕在开工时，到达改厕现场，技术指导组按照《技术方案》要求，对农村改厕质量进行了全过程监督检查，对未达到要求的提出了整改意见，限期整改。四是对项目建设质量较好的地区，组织召开改厕质量现场会，以点带面推广经验，强化技术指导和质量监督。五是改厕项目完成后，在各项目自查自验的基础上，天津市爱卫办根据全国爱卫办《农村改厕项目考核验收工作方案》精神，制定、印发《验收方案》，并会同有关部门对各项目县的改厕项目进行考核验收。

第七篇

爱国卫生法制建设

1970年4月16日天津市革命委员会发出通知，决定成立天津市爱国卫生运动委员会。根据市爱卫会第二次全体会议决定，爱卫会办公室于12月25日草拟《爱国卫生公约》讨论稿，并送委员单位征求意见。经过第一轮的征求意见，于1971年2月28日再一次印发经各区、局爱卫会，要求组织基层单位群众座谈讨论，提出补充及修改意见。经过两次征求意见，并进行修改，于1971年7月，正式制订下发《天津市爱国卫生公约（试行）》。

1971年8月，天津市革命委员会决定成立“天津市革命委员会三整顿领导小组办公室”下设三个组，即整顿交通秩序组、整顿市容组和整顿环境卫生组，并启用公章。

1972年，为进一步搞好城市管理工作，拟定了《关于加强市容管理的办法》。

1977年5月，天津市爱卫会为了加强城市环境卫生管理，进一步搞好环境卫生，对1973年6月天津市爱卫会颁发的《天津市环境卫生管理暂行规定》进行重新修改，并颁发了修改之后的《天津市环境卫生管理规定》。

1980年天津市爱卫办、天津市环卫局联合制订《城乡结合部积肥场的卫生管理试行办法》。并以〔1980〕爱卫办字第14号、〔1980〕环卫卫字第102号联合下发文件。

按照中央爱卫会第四次全委会议的意见，不断提高农村卫生工作水平，并做到经常化、制度化、标准化。如进一步加强党对卫生工作的领导，保证广大社员的身体健康，制订了《天津市农村爱国卫生运动卫生标准》，其中包括：人民公社卫生标准；生产队卫生标准；社员家庭卫生标准；城镇街道居民委员会卫生标准；城镇居民住户卫生标准。

1982年5月，为了巩固“全民文明礼貌月”活动成果，进一步动员天津市人民自觉的讲究卫生，美化环境，把清洁工作做到制度化、经常化、持之以恒，根据天津市委、市政府指示精神，天津市爱卫会拟定《天津市爱国卫生公约》，并与予公布执行。

1988年5月，为贯彻中央爱卫会、卫生部〔1986〕中爱卫字第37号文件精神，杜绝一些不符合卫生要求的劣质、掺假、冒牌蚊香充斥市场，威胁人民身体健康，天津市爱卫会、天津市卫生局联合制订《天津市蚊香卫生许可证签发办法及监督管理实施细则》，要求各区、县爱卫会、卫生局、天津市市防疫中心、有关局、公司遵照执行。

1989年11月，天津市爱卫会根据国务院《关于加强爱国卫生工作的决定》精神，结合天津市的具体情况，草拟了《关于加强爱国卫生工作的决定》。多次召开区、县爱卫会和委员部门负责人会议，反复讨论研究修改，并召开委员扩大会议征求意见，组织班子进行修订，报请天津市政府，以天津市政府名义下发《天津市人民政府关于加强爱国卫生工作的决定》。

1992年6月天津市爱卫办根据天津市市人大十一届六次会议21号议案，建议制定《天津市除四害工作管理有关规定》，钱其璈副市长对此作出的批示，草拟了《天津市消灭卫生害虫管理暂行规定》。

1997年下半年，天津市爱卫会与天津市法制办沟通，草拟《除四害管理办法（草案）》，并根据（草案）起草向市法制办做了三点说明：一是起草本办法（草案）的必要性；二是起草过程；三是关于执法主体的说明。

1998年，根据全国爱卫会的要求和第四次全国城市卫生检查的标准，为加强天津市爱国卫生工作的法制化管理，天津市爱卫办参考了有关省市爱国卫生法规，并结合天津市的实际情况，制定了《天津市爱国卫生工作管理办法（草案）》，并报请天津市政府以政府令的形式发布。

2005年5月为贯彻落实《全国爱卫会关于进一步开展创建国家卫生镇活动的通知》（全爱卫发〔2003〕3号）精神，推动天津市创建卫生镇，活动的深入开展，提高农村卫生环境的整体水平，根据《国家卫生镇标准》，结合天津的实际状况，制订《天津市市级卫生镇标准》和《市级卫生区标准》。2009年制定《市级卫生村标准》。2010年制定《天津市单位卫生标准》。

第一章　政策法规及条例

第一节　爱国卫生方面

1970年4月16日天津市革命委员会发出通知，决定成立天津市爱国卫生运动委员会。根据市爱卫会第二次全体会议决定：爱卫会办公室于12月25日草拟《爱国卫生公约》讨论稿，并送委员单位征求意见。经过第一轮的征求意见，于1971年2月28日再一次印发经各区、局爱卫会，要求组织基层单位群众座谈讨论，提出补充及修改意见。经过两次征求意见，并进行修改，于1971年7月，正式制订下发《天津市爱国卫生公约（试行）》。

一、天津市爱国卫生公约（试行）

（一）认真学习、宣传、贯彻、落实毛主席“预防为主”除害灭病的卫生工作方针。

（二）除四害（蚊、蝇、鼠、臭虫等），填平污水坑洼地，控制蚊、蝇滋生。

（三）维护公共卫生，普遍做出“八不”。①不随地吐痰；②不乱破乱刀；③不乱扔果皮、冰棍纸；④不随地大小便；⑤不在室内饲养家禽家畜；⑥白天垃圾不上街、做到夜扫日洁；⑦街道墙壁不乱写、乱画、乱贴；⑧不在室内乱堆肥。

（四）兽力车辆通行室内牲畜必须挂好粪兜，兽力粪车按规定时间进市，检查督促、人人有责。

（五）个人和家庭卫生做到六勤：①勤理发；②勤洗澡；③勤剪指甲；④勤洗衣服；⑤亲晒被褥；⑥勤打扫。

（六）把住“病从口入关”，做到饭前、便后洗手。瓜果等生食品洗洁后吃，不吃腐败、变质食品，坚持食具消毒，采用工具售食品。

（七）开展群防群治。自救互救活动，遇有传染病和危重病人，自动报告群防站或附近医院，及时防治。

（八）积极提倡晚婚，实行计划生育。

（九）发展体育运动，提高健康水平。

1980 年天津市爱卫办、环卫局联合制订《城乡结合部积肥场的卫生管理试行办法》。并以〔1980〕爱卫办字第 14 号、〔1980〕环卫卫字第 102 号联合下发文件。

二、城乡结合部积肥场的卫生管理试行办法

领导重视，公社、大队要有专职干部，负责积肥场的积肥和卫生工作。

各大队要建立常年专业积肥队，实行大队统一管理；健全制度，不断总结经验，改进工作，经常进行卫生检查和评比工作。

要做到无害化处理，实行高温封肥，日产日出，做到经常消毒，场地整洁，基本无蝇、无蛆、无积水。

统一泥封规格，一般的泥封排要私密款，1.5 米高，上端宽 1.6 米，长度可根据粪肥的日产量可长可短，泥封一寸半到 2 寸，面严密，无裂纹。

要做到三固定、三落实。固定场地、人员、工具；落实积肥队长的工分、奖惩及劳动保护用品。

按照中央爱卫会第四次全委会议的意见，不断提高农村卫生工作水平，并做到经常化、制度化、标准化。为进一步加强党对卫生工作的领导，保证广大社员的身体健康，制订了《天津市农村爱国卫生运动卫生标准》，其中包括：人民公社卫生标准；生产队卫生标准；社员家庭卫生标准；城镇街道居民委员会卫生标准；城镇居民住户卫生标准。

（一）人民公社卫生标准

搞好卫生，提高劳动出勤率，降低主要传染病，讲卫生，多积肥，肥多粮多，增施农家肥，减少化肥开支，降低粮食成本，增加集体收入，有成绩。

1. 领导重视。组织健全，把卫生工作能纳入党委工作的议程，卫生宣传工作有人抓，深入经常，充分发动群众开展以“两管五改”为重点的爱国卫生运动，落实各项卫生制度和措施。

2. 认真搞好村镇的环境卫生，有常年积肥专业队伍和清扫保洁队按日清扫，做到村镇街道里巷无垃圾、无粪堆、干净整齐。

3. 积极采取各种办法，消灭四害，对蚊、蝇、臭虫有消毒措施，定期开展灭鼠活动，使四害密度不超过规定标准。

4. “两管五改”：全公社应有 60%—70% 的队做到有顶、有墙、有缸池，不渗不漏、集体牲畜棚圈迁出村外。改造浅水井有井台、井栏、井盖。公用水桶、排水沟。改造环境做到有人定期

清扫保洁，绿化工作好。

5合作医疗：红医对贯彻“预防为主”的方针，开展爱国卫生运动中切实起到参谋作用，对各项预防接种，传染病疫情报告工作认真落实。

（二）生产队卫生标准

1.有固定的积肥场，实行泥封堆肥或高温封肥。不适用鲜粪浇灌蔬菜，粪便要无害化处理（温度能达到摄氏50—55度，保持五到七天），做到经常消毒、少蝇、无蛆。

2.积极办好沼气。厕所、猪圈、沼气池三合一，布局合理。

3.集体牲畜棚圈设在村外，不影响村内卫生、勤扫、勤垫、勤除粪，不滋生蝇蛆。

4.饮水井周围无厕所、垃圾、积肥堆。有保护水井的卫生制度。

5.村内街道、胡同、院内整洁，有划分区域分片包干清扫制度。

6.合作医疗制度健全，按时完成计划预防接种和疫情报告等。

（三）社员家庭卫生标准

1.室内清洁，物品陈列整齐，衣服被褥清洁卫生，消灭苍蝇、蚊子、臭虫、老鼠，降低密度。

2.厨房、锅台干净，锅盆碗筷等炊事用具经常洗刷干净。

3.房钱屋后院内整洁卫生，不乱倒垃圾、污水，基本无蚊蝇滋生地，周围环境清洁绿化好。

4.牲畜有圈栏，鸡鸭有窝，并经常打扫清除积粪不生蛆。

5.个人讲卫生。不随地大小便，吃合格的井水。

（四）城镇街道居民委员会卫生标准

1.卫生组织健全，有专人抓，卫生宣传工作深入经常，有清扫保洁制度，落实各项卫生制度和措施，定期检查评比，积极开展委与委、组与组、卫生院、卫生户的“四无、五洁”检查评比活动。

2.认真搞好环境卫生，街道胡同整齐干净，做到无垃圾堆，无积肥堆，无蚊蝇滋生地，不散养家禽家畜。

3.抓好居民住户和本地区所在单位的卫生工作。

4.开展消灭“四害”活动坚持经常，有具体措施，定期开展灭鼠活动。

5.公共厕所要有专人管理，定期消毒保洁，保持整洁干净，做到无蝇无蛆。

（五）城镇居民住户卫生标准

1.室内窗明几净，墙壁无尘土，家具整齐，被褥干净。

2.遵守公共卫生制度，不乱泼乱倒垃圾、污水，住宅周围坚持每天清扫，保持环境整洁。

3.消灭四害，室内无蚊蝇，臭虫、老鼠密度大幅度降低。

4.厨房、锅台整洁，炊事用具和饮食用具干净。

5.家禽圈养不外放，环境卫生经常化。

6. 院内、房前屋后有条件的地方，搞好绿化、美化环境。

1982 年 5 月，市爱卫会拟定《天津市爱国卫生公约》，并与予公布执行。要求各部门、各单位发动群众，广泛深入宣传公约，认真贯彻执行公约，使广大市民养成讲究清洁卫生的良好习惯。

三、天津市爱国卫生公约

（一）积极参加清洁卫生活动，人人讲究清洁卫生，认真遵守卫生公约。

（二）自觉维护公共卫生，做到不乱倒垃圾污物，不乱扔果皮、纸屑、烟头，不随地吐痰，不随地便溺，不乱堆乱放杂物；市区不饲养家禽家畜。

（三）室内卫生，做到地面墙壁净，门窗净，厨房净，厕所净；室内物品摆放整齐。

（四）室外卫生，做到无垃圾积土，无砖头瓦块，无粪便，无污水；庭院绿化美化。

（五）饮食卫生，做到不食用和买卖腐烂变质食品，不喝生水，不向河道倾倒垃圾和脏水；坚持饮食用具消毒和工具出售直接入口食品，坚持出售熟食要有防尘、防蝇、防腐设备。

（六）个人卫生、做到勤洗手剪指甲，勤洗澡理发，勤换洗衣服，勤晒被褥；积极锻炼身体。

（七）消除四害，做到有蝇就打，有鼠就捕，有蚊就杀，有臭虫、蟑螂就灭。

1985 年 5 月市爱卫办确定和同意天津市各行各业爱国卫生标准，拟定了《各行各业爱国卫生标准》共 22 个，并发至各部门征求意见。拟定的标准有：《市区干支线路面卫生标准》《居民区卫生标准》《车站、机场、港口、码头卫生标准》《基建工地卫生标准》《机关卫生标准》《学校卫生标准》《工厂卫生标准》《商店、商场卫生标准》《影院、礼堂、俱乐部、文化馆（站）、体育馆卫生标准》《宾馆、旅店、招待所卫生标准》《饭店、饭馆、饮食店、集体食堂卫生标准》《副食、糖业、糕点、商店卫生标准》《农贸市场、农村集市卫生标准》《食品加工厂卫生标准》《粮食行业卫生标准》《理发店卫生标准》《浴池卫生标准》《游泳池卫生标准》《医疗卫生单位卫生标准》《公园卫生标准》《托幼单位卫生标准》《农村卫生标准》。

1989 年 11 月，天津市爱卫会根据国务院《关于加强爱国卫生工作的决定》精神，结合天津市的具体情况，草拟了《关于加强爱国卫生工作的决定》，多次召开区、县爱卫会和委员部门负责人会议，反复讨论研究修改，并召开委员扩大会议征求意见，组织班子进行修订，报请市政府，以市政府名义下发《天津市人民政府关于加强爱国卫生工作的决定》。

四、天津市人民政府关于加强爱国卫生工作的决定

（一）爱国卫生工作，是具有中国特色的一种卫生工作方式，符合中国社会主义初级阶段的国情，它是社会主义建设事业的一个重要组成部分。实践证明，天津市通过开展群众性爱国卫生运动，有效地预防和控制了传染病的发生和流行，保障了人民群众的身体健康；提高了全市整体环境卫生质量和社会卫生水平，保证了天津市经济的发展和改革开放的须和进行；激发了人们热爱家乡、建设家乡的热情，维护了天津市安定团结的政治局面。认真办好这项事业，对建设社会

主义的物质文明和精神文明将起到重要的作用。全社会要重视和关心这项工作，把天津市的爱国卫生运动深入、持久、扎扎实实地开展下去。

（二）各级爱国卫生运动委员会是在各级政府直接领导下，负责统一领导、统筹协调爱国卫生和防治疾病工作的机构。它的主要任务是：组织贯彻国家和拟定本地区、本部门爱国卫生和防治疾病的方针、政策、规划、措施；统筹协调各级人民政府及其有关部门、社会团体、发动广大群众，开展社会卫生，除害防病活动；组织、推动创建“国家卫生城市”活动；广泛进行健康教育，普及卫生知识，提高人口卫生素质；开展群众性卫生监督，不断改善城乡生产生活环境和卫生质量；进行大卫生效果的检查评价，提高人民健康水平。

（三）创建“国家卫生城市”是天津市近二、三年开展爱国卫生运动的奋斗目标。按照全国爱卫会颁发的《国家卫生城市标准和考核命名办法》，制定天津市的远、近期目标规划和实施方案。实现“国家卫生城市”是由天津市的政治、经济地位所决定的，是符合人民群众利益的一件大事。各部门、各地区都要从全局出发，尽职尽责，通力合作，为使天津市成为全国第一批命名的国家卫生城市做出积极贡献。

各委员部门应按照任务分工，制定本系统的规划方案，各司其职，落实责任，保证实施；各区、县政府结合本地区的实际，拟定区域性创建“国家卫生城市”规划方案，组织社会力量，进行综合治理。

（四）爱国卫生工作，要继续坚持“一切为了人民，一切依靠人民”的指导思想，适应天津市的好形势开拓工作的新局面。

首先，各级领导要牢固树立大卫生观念，着眼于整体卫生环境的综合治理，同时，要通过宣传、教育，不断提高全民的社会卫生意识，努力改变人们不卫生的行为、习惯和生活方式，增强人民群众的自我保健能力。根据人民群众的愿望和要求，每年要有计划地办几件改善环境卫生、除害防病、健康宣传教育、地区和单位卫生建设等有利于群众的实事。

要把爱国卫生工作纳入法制管理轨道，拟定有关除害防病、卫生管理条例、法规，开展有偿服务，试行《天津市除害消毒管理站建设意见》在工作实践中逐步摸索出一条规范化、制度化、经常化的科学管理途径。

要制定有力措施，搞好今后“爱国卫生月”活动。活动既要轰轰烈烈，又要扎扎实实。各级领导机关，领导干部、党团员、专业部门带头，提倡劳动贡献，开展健康教育和治理社会卫生大环境活动，发动群众除害防病。

要认真执行市委、市政府关于建立周末清洁卫生日制度的决定，坚持干部参加机关及社会爱国卫生劳动，密切干群关系，把这项制度列为廉政建设、谈心服务的重要内容。

要继续采用评比竞赛的有效方法，推动爱国卫生运动的深入发展。各项评比竞赛都要有明确、具体的标准，有要求，有办法，讲求实效。竞赛一精神鼓励为主，适当给予必要的物质鼓励。使爱国卫生工作形成一个“比、学、赶、帮、超”的生动局面。今后凡授予国家二级企业以上的单位，必须获得市爱卫会授予的卫生先进称号，从而使单位的爱国卫生，列入单位管理考核的内容之一。

鉴于爱国卫生工作的社会性和群众性，必须坚持条块结合，专群结合的方法。以块为主，条条保证，齐抓共管，搞好配合协作。在充分发挥专业部门职能作用的同时，必须发动群众进行社会监督，应拟定必要监督手段和方法，采取多种有效形式进行群众参与，真正依靠群众落实社会卫生各项工作任务。

（五）加强各级爱卫会及其办事机构的组织建设。各区、县政府、各系统要尽快调整、充实爱卫会组织，街、乡（镇）和各大中型企事业单位，都要建立健全爱卫会。

要把爱国卫生工作纳入市、区、县社会发展规划，开展爱国卫生工作所需经费列入财政年度预算，区、县政府每年要研究 1—2 次爱国卫生工作。

爱卫会办公室承担着组织、协调各部门共同履行社会卫生工作的繁重任务，各级政府要采取有力措施，充实力量，加强爱卫会办公室建设。

要按市政府〔1989〕87 号《关于调整加强天津市各级爱卫会办事机构的通知》精神，根据其承担的组织、协调各部门共同履行社会卫生工作职责和赋予的任务，解决好各级爱卫会办公室的机构设置，各区、县的爱卫会办公室的设置，从实际和需要出发，原则上设在区、县人民政府。年底前，要配齐人员编制，街、乡（镇）调配好专、兼职人员，解决好爱卫会办公室工作人员的职称评定、职务晋升和生活福利。同时抓好他们的自身建设，加强调查研究，提高工作效率，树立艰苦奋斗、勤俭办一切事业的思想作风，清廉从政，奉公守法，使机构、人员适应新形势下爱国卫生工作发展的需要。

1994 年根据《国家卫生城市检查合格标准实施细则》，开展了单位室内外卫生达标活动，推动天津市创建国家卫生城市活动广泛深入开展，提高城市卫生整体水平。

五、单位室内外卫生标准

（一）卫生组织健全，制度落实

1. 爱国卫生组织健全，卫生制度和责任落实，有主管领导分管，有专兼职工作人员。管理工作制度化、经常化。

2. 将卫生工作纳入单位工作计划，有目标、有措施。

（二）健康教育

1. 经常对职工进行健康教育，有专门宣传栏并定期更换内容。对接触有毒作业工作进行系列教育。

2. 认真执行市政府的《市民守则》，有良好的卫生习惯和自我保健意识。

（三）室内外卫生

1. 门前三包卫生责任制落实。

2. 院内道路平坦、无坑洼破损，无污水外溢。

3. 各类车辆按区域分类停放，整齐有序，出入车辆不带泥。

4. 无卫生死角、暴露垃圾、工程杂土、无蚊、蝇滋生地。

5. 院区绿化、美化、花坛绿地无杂物。

6. 门窗、顶棚四壁整洁，无蛛网。

7. 各种物品清洁，放置有序。

8. 室内基本无蚊蝇，无蟑螂，无鼠。

9. 楼梯、走廊、洗涮间清洁卫生，无痰迹，无废弃物。

10. 厕所为水冲式，有专兼职人员管理。卫生设施齐全，坚持定期消毒。无异味，无蝇蛆，无尿碱。

（四）除害防病

1. 有专兼职消毒人员并定期进行消杀。

2. 蝇、蟑螂、鼠密度要有监测数据。

3. 无违章养犬和家禽家畜。

（五）食品卫生

1. 严格执行食品卫生法，有卫生许可证。

2. 食品加工、贮存、运输、销售符合卫生要求，无变质不洁食品。

3. 生、熟食品及刀案、容器分开，无交叉污染。

4. 有防灭鼠、蟑、蝇措施，防灭措施齐全有效。

5. 操作间、食品库整洁、通风，物品摆放符合要求，分类分架，隔墙离地。

6. 消毒设施齐全，布局合理。餐具消毒合格。

7. 从业人员个人卫生好，查体健康有证，熟悉岗位知识。

（六）公共场所卫生

1. 按各类公共场所卫生标准。

2. 环境卫生按室内外卫生标准。

（七）环境卫生

“三废”（废气、废水、废渣）的处理，达到环境保护法的规定。

集贸市场的卫生，关系整个城市的卫生面貌，影响创建国家卫生城市的工作，是城市居民关心的热点问题，为此，市爱卫办于1994年制定《集贸摊群市场卫生综合达标标准》，并征求修改意见，在全市范围内广泛开展集贸摊群市场卫生综合达标活动，采取区县为主，市有关部门联合抽查的方法和挂牌的形式，推动集贸群市场卫生的改进。

第二节　食品卫生方面

1967 年 3 月天津市爱国卫生运动指挥部办公室，针对食堂卫生工作与食物中毒预防工作，制定《食堂工作人员卫生工作六项要点》。

一、食堂工作人员卫生工作六项要点

（一）食堂工作人员，必须认真改进食堂卫生工作，确保职工身体健康；

（二）杜绝腐败变质食品，建立和巩固验收制度，坚决做到不买、不卖、不收、不做腐败变质食品；

（三）熟食加热、凉菜消毒。购买的熟食（熟肉、熟螃蟹、虾、茶鸡蛋、杂样、杂碎等动物食品）和剩饭菜，必须充分加热后再供应。食用生凉拌菜应用废水浸烫或用四分之三漂白溶液浸泡约 5 分钟；

（四）生熟分开。厨房用具、刀、墩、案板、容器、抹布等严格做到生、熟分开食用并保持清洁，直接入口食品冷藏时应与天然冰隔离；

（五）食具消毒，工具售货。公用食具每次用前必须进行蒸煮消毒，售卖熟食品是要使用工具，做到钱（票）与食物分开，杜绝相互污染。

（六）环境卫生，个人卫生：工作人员搞好室内外环境卫生，消灭蚊蝇。接触熟食品及摸过脏东西必须用肥皂将手洗净，严格执行不穿工作服进入厕所，勤洗澡、勤换衣，指甲、头发常剪常洗，发现吐泻病人立即报告。

1967 年 5 月，市爱国卫生运动指挥部，天津市供销合作社联合发出《关于进一步开展郊区食品行业卫生工作的意见》。

二、关于进一步开展郊区食品行业卫生工作的意见

（一）食品卫生工作，必须高举毛泽东思想伟大红旗，活学活用毛主席著作，用主席思想统帅一切、指导一切。食品行业部门对卫生工作搞得好坏，是直接关系到人民身体健康的大事情，是两种思想、两条道路斗争的大是大非问题。各郊区食品卫生工作必须是相信群众，依靠群众，尊重群众的首创精神。同时必须防止和客服麻痹思想，侥幸心理和畏难情绪。出售食品时刻注意人民身体健康，坚决反对资本主义经营思想。卫生管理部门应该采取帮管结合，以帮为主的方法，做好食品行业卫生工作。

（二）各郊区食品经营单位，应及时把卫生工作人员、具体卫生措施和检查卫生制度全部落实下来，指定具体人员抓好卫生工作。并且把卫生工作列入议事日程中去，定期检查。

（三）食品卫生工作，应以杜绝食物中毒，预防肠道传染病为中心。近期以来，郊区不断发生食物中毒事件，每与供销社出售不洁食品有关，因此，当前的重点是：要抓好冷食、水产、熟肉、茶鸡蛋、烂水果等项食品的卫生工作，这些商品都是直接入口的食品，搞好食品卫生把住病从口入关是防止食物中毒肠道传染病的主要关键，应加强食品在产、运、储、销中的卫生措施和经常做到：1. 不出售腐败变质的食品，坚持工具售货、食具消毒，防蝇防尘设备；生熟分开，熟菜、熟肉出售前要回锅加热等项工作。2. 搞好环境卫生，保持卫生工作 经常化。3. 个人卫生的好坏，直接影响着食品卫生，要勤洗衣、理发、洗澡、剪指甲。

（四）食品卫生工作，要与业务、生产密切结合起来，要把卫生工作纳入到生产业务中去。并应建立切实可行的卫生制度，防止脱离生产、脱离实际的工作作风。

（五）大力开展卫生宣传，首先要宣传毛主席对卫生工作的重要指示武装职工的头脑。经常帮助职工学习卫生业务知识，可采取多种多样的卫生宣传形式，进一步提高广大群众卫生知识水平。

（六）应继续实行以点带面的工作方法，注意抓好典型，总结和推广先进经验，必须突出政治，活学活用毛泽东思想，搞好卫生工作单位的先进经验，以不断提高广大行业卫生水平。

1971 年 9 月为加强天津市食品卫生管理，根据食品卫生存在的问题，天津市爱国卫生运动委员会办公室拟定《天津市食品卫生暂行规定》，多次召开各区和基层单位会议征求意见，反复修改，并以天津市爱卫会的名义颁发。

三、天津市食品卫生管理暂行规定（草案）

为加强食品卫生管理，把好“病从口入”关，预防传染病和食物中毒，保障人民群众身体健康，为社会主义革命和社会主义建设服务，特制定《天津市食品卫生暂行规定》。

（一）各食品生产、加工、采购、储存、运输、销售部门和集体食堂，都要验报宣传和认真贯彻落实伟大领袖毛主席关于“预防为主”的方针，切实加强食品卫生管理工作；

（二）认真做好食品生产、加工过程中的卫生和出厂检验工作，严禁将不符合卫生要求和腐烂变质有害人民身体健康的食品供应市场和出口，商店和食堂对隔夜的熟肉类食物和剩余饭菜，要采取冷藏、加温等措施，防止食品沾染细菌，腐烂变质。制作生吃食品和凉拌菜必须消毒。

（三）生产、加工、采购、运输、保管和出售食品的工具和容器，必须生熟分开，经常保持清洁，特别是盛熟食品的容器，要定时刷洗、消毒，要加盖，并设置必要的防尘、防蝇设备。饮食商店和集体食堂的公用食具要坚持每次消毒。出售熟食品、必须使用工具，做到钱物分开。屠宰畜禽必须按照规定进行卫生检验。罐头、饮料、酒类、面粉、奶制品、代乳粉、调味品等成批生产的有包装食品必须有检验合格证明，并在包装上注明品名、厂名、生产日期、批号、保质期和食用方法。

（四）食品工厂、饮食商店和集体食堂等，要认真搞好室内和环境卫生，保持干净整洁。做到室内无蝇、鼠和其他有碍食品卫生的生物。食品生产、加工、出售等人员要搞好个人卫生，做到工作前，大小便后洗手、消毒，勤剪指甲、勤洗澡、勤理发、勤洗衣服，工作服要经常保持整洁。要定期进行体检，发现患传染病者，应立即调离。

（五）各单位要结合实际情况，建立必要的卫生制度并定期进行检查评比。

1973年5月市爱国卫生运动委员会，针对饮食及集体食堂等单位广泛使用洗衣粉做食具消毒不能起到灭菌的目的，反而增加细菌传播的问题，提出“关于加强食具消毒的通知”，要求各饮食行业、集体食堂等单位，要认真执行中华人民共和国卫生部、商业部〔1960〕卫防字第113号、〔1960〕商卫联字第159号《关于食品加工、销售、饮食卫生“五四”制》第三条规定的使用蒸汽或煮沸方法进行食具消毒。冷食行业的食具不适宜煮沸的，应采用药物消毒，原使用洗衣粉消毒应予以停止。

1973年5月，天津市革命委员会财贸组、天津市爱国卫生运动委员会，为加强熟肉制售的卫生管理，贯彻执行毛主席“预防为主”的方针，防止食物中毒和肠道传染病的发生，制定《天津市熟肉制售卫生要求》。

四、天津市熟肉制售卫生要求

为加强熟肉制售卫生的管理，防止食物中毒和肠道传染病的发生，保障人民身体健康，根据国务院〔1965〕国文办字第304号，批转卫生部、商业部、第一轻工业部、中央工商行政管理局、全国供销合作总社制定的《食品卫生管理试行条例》第五条规定：“卫生部门应当根据需要，逐步研究制定各种主要的食品、食品原料、食品附加剂、食品包装材料（包括容器）的卫生标准（包括检验方法）。”的精神，制定熟肉制售卫生要求如下。

（一）凡生产熟肉单位，应报经所在区卫生部门审查合格后方可生产。

（二）生产熟肉的单位，应具备生肉加工、熟肉加工、冷晾等专用室和防蝇、防尘、防鼠、洗涤、消毒、个人防护以及污水排放设备，做到生熟严格分开，熟肉要单层晾透，工具用前消毒，保证出锅成品不受污染。

（三）生产熟肉的单位，要注意季节变化，在易腐季节，特别注意生产量和市场销售量的衔接，尽量做到当日生产当日销售。一定要保证食品质量。

（四）出售熟肉最好当日售完，如需隔夜必须采取有效措施妥善保管，次日出售前要严格检查质量，并视质量情况重新加热或改制，绝对不能出售变质商品。

（五）零售单位，要有专用容器、工具和防蝇、防尘设备，运输熟肉容器要严密加盖并保持清洁。售卖时必须使用工具持取，做到货款分开。

（六）批发与零售单位要互相进行卫生监督。零售单位取货要监督产品质量；批发单位对零售单位取货容器不合卫生要求的，应拒绝发货。

（七）加工、生产和零售熟肉的单位要搞好环境卫生，保持经常干净整洁。工作人员每年至少进行一次体格检查，并做好个人卫生。患有传染病的应调离工作。

1986 年 5 月 2 日，天津市爱卫办〔1986〕津爱卫办第 10 号文件，发出关于废止《天津市熟肉制品制售卫生要求》的通知。主要是鉴于《中华人民共和国食品卫生法》于 1983 年 7 月 1 日开始试行，并要求过去颁布的食品卫生法规与该法有抵触的，以该法为准。因此,《天津市熟肉制售卫生要求》即刻废止。

第三节 环境卫生方面

1971 年 8 月，市革命委员会决定成立“天津市革命委员会三整顿领导小组办公室”，下设三个组，即整顿交通秩序组、整顿市容组和整顿环境卫生组，并启用公章。

1972 年，为进一步搞好城市管理工作，拟定了《关于加强市容管理的办法》。

一、关于加强市容管理的办法

（一）在公共场所和街道两侧设置语录牌、大批判栏、宣传栏、张贴政治宣传品等。需经市、区有关部门审查批准，经常保持严肃整洁。道路两侧不准乱贴乱写标语口号等。

（二）道路、铁路、河岸两侧未经有关部门批准，不得搭建临时设施，不得进行街头作业或堆放物料、垃圾；工程废土要及时清运，下水道污泥要随挖随运。

（三）沿街设置的邮亭、报停、站房、临时售货点、修理服务点、废品收购站和存车处，均须经有关部门批准，主管部门要加强管理。道路、铁路两侧的残墙断壁和失修房屋，各主管部门要及时修整。沿街商店橱窗陈列，要经常保持整洁。

（四）沿街的牌匾、路名牌、电车汽车站牌、交通标志等，各主管部门要及时维修，经常保持完整清洁。

（五）加强公共场所的管理，特别是机场、港口、码头、火车站、公共汽车电车首末站、影剧院、公园和商业繁华地区等，各主管部门要指定专人负责搞好环境卫生。

（六）船只在停靠码头时要有秩序。不得往河道排放污水、倾倒垃圾、污物和吹尘吹灰等。河道管理部门要及时清除河道中的沉物、浮物。

（七）加强市政公用设施的维护。损坏的路面、桥面、人行道、道牙、雨水口、污水池、路灯、线杆、道树等，各主管部门要及时维修。不准在道路、空地、郊区公园的路肩、河沟及河堤取土、破路、积肥或种植、晾晒农作物。水泥、沥青路面严禁履带车行驶。

（八）加强市区垃圾站、公厕和果皮箱的管理，要设专人保洁。市区内不准设置积肥场，近郊的积肥场，由市有关部门指定，并经常保持场地卫生。

（九）加强对车辆的管理。散装和流体物的运输，容器要严密，防止沿途遗漏，兽力车要按规定的路线行驶，并需配带粪兜和清扫工具，沿途不得遗撒粪便；拉粪车要按规定的时间出入市区，烈性牲口禁止入市。

（十）各单位及居民群众要做好所在的街道、胡同、里巷的环境卫生。不准向雨水口泼倒粪便、污水和垃圾。市内不准饲养家禽家畜。

（十一）各单位对上述规定要广泛宣传。发动群众自觉遵守，有违反者应及时予以教育，对屡教不改、情节严重者要严肃处理。

1973 年 6 月，天津市爱国卫生运动委员会，为搞好天津市环境卫生工作，进一步加强对城市环境卫生管理，制定《天津市环境卫生管理暂行规定》，并发出通知，要求各工厂、企业、机关、学校、医院、街道、公共事业单位都要把贯彻执行规定作为一项任务，结合本单位情况，制定具体措施，认真执行。

二、天津市环境卫生管理暂行规定

（一）加强卫生宣传，教育群众，养成“以卫生为光荣，以不卫生为耻辱”的社会主义新风尚，自觉遵守公共卫生制度，维护好环境卫生，不随地吐痰，不随地大小便，不乱扔瓜皮果屑，不损坏公共卫生设备。各单位和居民院落，都要简历卫生制度，搞好室内和环境卫生，经常保持整洁。

（二）坚持街道清扫制度。主要街道和车站、码头等公共场所要夜间清扫，白天保持干净整洁。冬季要搞好扫运积雪，按地区负责，发动群众，划片包干，保证道路通畅。

（三）加强对城市垃圾、粪便的统一管理。市区垃圾、粪便的清除和公厕管理等，由各区卫生部门负责，任何单位和个人不得私自在市内挖粪便和拉运垃圾。搭建公共厕所须经所在区规划管理部门和卫生部门批准。市区严禁偷挖粪肥和私人拾粪。对偷挖和外运粪肥进行投机倒把的要坚决打击。公共厕所要及时清除、冲刷、消毒，做到无味、无蝇蛆。垃圾车运行时必须加盖苫布。垃圾车、粪车要定期刷洗、消毒，车厢要严密，不漏撒粪便。郊区生产队入市掏挖粪便和化粪井，一律持挖井证，在路灯启闭时间出入市区。

各区、街、镇革委会要广泛发动群众，建立必要的街道卫生保洁制度。马路边道和单位门前，实行地段负责，分片包干，每日清扫维护，做到冬日保持干净整洁。无专业队清扫的街道、胡同、里巷，由各街群众清扫队清扫保洁，或发动群众分段负责清扫。出售蔬菜、瓜果等商店要指定专人负责及时清除废弃物，冰棍要脱纸出售，保持环境卫生整洁。车站、码头、公园、停车场、商场、菜市场、影剧院等公共场所应设清洁人员，建立清扫保洁制度，保持环境经常整洁。繁华街道和商业区要设立果皮箱，由专业清洁队负责管理。不准在街道、里巷、沿河两岸、铁路两侧乱倒垃圾。禁止在雨水井倒污水、粪便。清除下水道的污泥，要随掏随运，不准在街道摆设污泥箱。工程废土要及时清运，做到工完场净，保持街道干净整洁。

（四）兽力车进市区必须按照指定路线行驶，并挂带合格的粪兜和携带清扫用具，不准沿途遗撒粪便。停车装卸货物时，做到车走地净。

运输散装和流体货物的车辆，容器要严密，做到沿途不漏撒。运输的物资，凡影响卫生的必须加盖 布和网罩。

（五）市区、郊区公路和铁路两侧，不准设立积肥点。经卫生部门批准设立的积肥场和垃圾场，各区要将强管理，建立健全卫生消毒制度，认真搞好场地环境卫生。各郊区要加强人、畜粪便管理，实行泥封堆肥或高温堆肥。

室内和郊区马车店及有牲畜单位，必须加强牲畜棚圈的管理，要每日清除牲畜粪便，定期消毒，做到无蝇无味。

（六）室内禁止饲养家禽家畜。

（七）排放有毒废气、废水、废渣、污染空气、水源影响生活卫生和人民健康的工厂，要积极设法，采取有效措施，搞好“三废”的综合利用，变害为利。今后在城市新建、扩建改建工厂，必须在设计中安排好解决“三废”的危害问题，并经有关部门审查同意方得兴建。

（八）各级革委会要经常宣传毛主席关于“运动起来，讲究卫生，减少疾病，提高健康水平”和“自己起来同自己的文盲、迷信和卫生的习惯作斗争”的指示。加强对城市环境卫生工作的领导。爱国卫生运动委员会要加强对卫生工作的指导和监督检查，卫生、公安等有关部门积极配合，广大群众互相监督，共同把城市环境卫生搞好。对违反规定、不服管理、态度蛮横的要分别情况予处理。

1977 年天津市爱卫办为了加强天津市环境卫生管理，根据天津市领导的指示，起草了《天津市城镇环境卫生管理规定》。针对饲养家禽家畜问题、废房土清除问题、市区边缘积肥点问题、垃圾、粪便等蚊蝇滋生地问题等进行认真反复的讨论，建立制度，加强管理，预防疾病，保证城市干净整洁。

三、天津市城镇环境卫生管理规定

（一）高举毛主席的伟大旗帜，深入进行卫生宣传教育，各级革委会和卫生、文化、宣传等部门要以阶级斗争为纲，认真贯彻执行“预防为主”的方针，把卫生宣传教育作为经常任务，教育群众从革命的全局出发，自觉地遵守公共卫生制度。维护好环境卫生，不乱泼乱倒污水、垃圾、粪便、不随地吐痰、不随地大小便、不乱扔瓜皮果屑，不损害公共卫生设备，各单位和社会主义大院都要制订爱国卫生公约，搞好室内外卫生，保持经常整洁，养成“以卫生为光荣，以不卫生为耻辱”的社会主义新风尚。

（二）坚持街道清扫保洁制度，主、次干线由清洁队负责实行夜间清扫，白天保洁，胡同、里巷由群众保洁队清扫保洁，市内各单位建立门前和周围清扫保洁制度，坚持清扫、维护整洁。冬季要搞好扫运积雪、各城镇革委会要发动群众，建立必要的清扫保洁制度，医院、车站、码头、公园、停车场、商场、菜市场、影剧院、体育馆（场）、游泳池等公共场所由本单位指定专人，经常搞好环境卫生，清除下水道的污泥，不准堆在马路上，主要街道不得摆设污泥箱、废房土、工程废土由施工单位和个人随产随清随运，做到工完场净，临时堆土点，群众保洁队要有专人管理，及时外运，存放物料要码放整齐。

（三）搞好垃圾站、厕所、泔水站的卫生和尸体管理。

各单位和居民的生活垃圾，由清洁队或群众保洁队负责收集运除，垃圾站由群众保洁队负责管理，做到日产日清，并运到指定地点，除部分由清洁队封肥外，其余由农业部门分配，工业垃圾由各单位自己负责，及时清理和运除。

公共厕所由掏挖单位负责保洁、消毒、做到日产日清，干净、无蝇蛆，各街革委会负责监督检查，任何单位不经卫生部门批准不得任意搭建和拆除公共厕所，郊区生产队经卫生部门批准进市掏挖粪便和化粪井，必须持有掏挖证，按市公安局规定夜间出入市区。

市区禁止偷挖粪肥和私人拾粪，对偷挖和外运粪肥进行投机倒把的要坚决打击。

设立泔水站要经卫生部门批准，粮食部门负责组织各区、街和有关人员搞好卫生，做到无蝇蛆。

停放在市内的尸体要及时处理，影响环境卫生的卫生、公安部门要强行火化。

（四）财贸部门要对职工加强教育，维护环境卫生，售卖蔬菜，瓜果要设置容器，指定专人负责及时清除废物，流动售货车必须携带扫具，做到车走地净，冰棍要脱纸零售。

（五）兽力车进市必须挂带合格的粪兜，不准沿途遗撒粪便，停车装卸货物时，做到车走地净。

（六）市内和城、镇马车店及有牲畜单位，必须加强牲畜棚圈的管理，每日清除牲畜粪便，定时消毒、保持整洁，做到无蝇蛆。

（七）市内禁止饲养鸡、鸭、鸽、猪、羊、狗等家禽家畜，因工作需要饲养者，应到区街申请登记，并搞好卫生管理，市边缘区限制饲养的范围，由各市区和有关郊区协商划定。

（八）各级革委会要加强对城市环境卫生的管理，街革委会吸收卫生、公安等有关部门参加组成环境卫生管理小组，坐落在各街范围内的机关、工厂、企业、学校等单位，要服从街道管理，市区卫生、公安等有关部门要密切配合，加强环境卫生管理，组织专业人员和群众监督检查，严格执行规定。

（九）凡违反本规定者，分别由区街革委会根据情节轻重，按照以下规定处理。

1. 给予批评教育，责令检讨。

2. 情节严重，屡教不改者，罚款二至五十元，十元以下（含十元）罚款由街革委会执行，十元以上罚款由区革委会执行。

3. 偷挖粪肥和私人拾粪户，扣车、撤销掏挖证，没收粪肥和工具，并赔偿损失。

4. 市区牲畜棚圈不服从卫生管理，饲养家禽家畜不服劝阻的没收和罚款。

5. 情节恶劣，无理取闹者，按危害社会治安由公安部门依法处理。

（十）本规定自公布之日起执行，过去颁发的有关环境卫生管理方面的规定、办法同时废止。

同时针对规定制定出处罚规定。

一、对乱堆乱倒垃圾、随地大小便者，应予说服教育，责令清除。对不听劝阻者，根据情节，处以二至五元罚款。

二、对占用马路施工作业，堆放材料，按交通、市容部门规定处理。对建筑施工、修建马路、修挖上下水道、电缆、植树、埋设电杆等。必须做到工完地净。经街革委会通知限期清理。仍不清理者，对施工负责人处以罚款三元至三十元。

三、对单位和个人在街道、里巷乱堆乱倒工程废土、修房土、废料、生产炉灰、污泥等要批评教育，限期清除，仍不清除者，处以二至二十元罚款。

四、对市区饲养家禽家畜者，经过宣传教育，超过限期，仍不处理者，由所在街居民委员会扑捉或交由商业部门收购。对无理取闹者，由街革委会、派出所予以没收。市边缘纯农业户饲养的鸡、鸭、猪、羊必须有圈，搞好卫生，如卫生不好，停止饲养。

五、对农业生产队和个人进市乱拉垃圾，偷掏公共厕所粪便，出售粪肥者，分别情节严重，给予批评教育，没收粪肥，扣留车辆（按规定收保管费）、赔偿损失二十元至五十元，无理取闹者，送公安机关依法处罚。

六、对包含、副食、糖业糕点等门市部及流动货车，占用马路、边道乱堆乱扔废弃物，不脱纸出售冰棍，污染街道整洁，经说服无效者，处以二元至十元罚款。

七、对不挂带合格粪兜的兽力车及沿街撒落流溢污染马路的运输车，经教育无效者，扣留车辆。

八、以上各条均由各区、街革委会执行，其责任在个人者罚个人责任属于单位者罚单位，所罚款项上交区财政部门，并开具罚款通知单（代收据）。凡属罚款如个人不交则通知单位负责扣除，受罚单位尖按罚款通知书主动交付其按期交纳者，通知其开户银行负责扣罚。

1980 年 7 月，天津市爱卫办，天津市环卫局联合制定《城乡结合部积肥场的卫生管理试行办法》。其宗旨是贯彻落实市革委〔1979〕40 号文件精神，进一步加强对城乡结合部积肥场的卫生管理，不断提高卫生水平，做到经常化、标准化、制度化、无害化、以保障城乡人民身体健康。

四、城乡结合部积肥场的卫生管理试行办法

（一）领导重视。公社、大队有专职领导干部负责积肥场的积肥和卫生工作，并将卫生工作列为公社、大队的议事日程，定期研究，妥善安排。不断分析情况解决问题，总结经验，找差距，改进积肥场的卫生工作。

（二）建立组织。各生产大队要有常年专业积肥队，队员要身强力壮，并选派有经验、责任心强的 1—2 名积肥队长。具体负责积肥场的管理工作，实行大队统一管理。

（三）健全制度。积肥队要定期召集积肥队员总结，研究改进工作，不断开展卫生检查和评比活动。要健全奖惩制度，对积肥和卫生工作搞得好的队员，要予以表扬和奖励，搞的不好的要

进行批评或处罚。

（四）无害化处理。各积肥场必须实行高温堆肥，做到日产日封。不晒粪干，不用鲜粪浇灌蔬菜，粪肥要达到无害化处理（温度达到55℃—60℃）。做到经常消毒，场地整洁，基本无蝇、无蛆、无积水。

（五）泥封规格。一般的泥封排子要四米宽，一米五高、上端宽一米六，长度可根据各队粪肥的日产量可长可短。做到搅拌均匀，温度适宜。泥封一寸半—二寸厚，封面严密，无裂纹，无空洞。地面好氧性（好气）封的通气孔处无蛹、无蝇。

（六）三固定、三落实。各积肥场要做到场地、人员、工具三固定。要落实积肥队员的工分（工分高于中等社员的收入）；奖惩制度、积肥队应与农业、工副业同样评奖。适当的增加一些必需的劳动保护用品。如：工作服、胶靴、口罩、手套、草帽等；落实肥源、按指定

本试行办法自1980年8月1日执行，对违反本试行办法者给予批评教育，限期改进，对给别屡教不封或造成严重后果的，根据市革委40号文件精神，处以没收其粪肥，停止掏挖粪肥，其所掏挖的厕所，交由封肥搞得好的积肥队掏挖。

1985年6月，天津市委、市政府召开“树新风，讲卫生，建设文明天津”的工作会议，会议的主要内容是：动员全市人民树新风，讲卫生，开展夏季爱国卫生运动，做好各项卫生防病工作，为社会的新风貌和创造好的卫生环境，迎接京、津、沪三市爱国卫生的大检查，市爱卫会起草《关于开展“树新风，讲卫生，建设文明新天津”活动的号召书》。同时天津市人民政府1985年6月10日发布《关于禁止随地吐痰乱扔乱倒的通告》。

五、关于禁止随地吐痰乱扔乱倒的通告

凡在市区和郊、县城镇的机关、团队、部队、学校、企事业单位内部及所有公共场所（包括公共电汽车）、街道里巷，一律禁止随地吐痰、乱扔乱倒。

一、对违反本通告的，除进行批评教育、责令改进外，并予以下列处罚：

（1）、对随地吐痰的，除令其擦净痰迹外，罚款三角。

（2）、对乱扔果皮、烟头、纸屑、包装物等杂物的，除令其立即清除外，罚款三角。

（3）、对任意倾倒污水、生活垃圾、粪便或随地便溺的，除令其清扫外，处罚一至两元。

二、对其执行上述三项规定不给力的单位负责人，罚款一元。

三、对违反本通告有拒不接受批评教育和罚款的，或辱骂、殴打执法人员的，由公安机关依法惩处。

四、本通告由各级市容、环境卫生管理部门组织实施，各单位和街道设立的市容环境卫生监督员负责监督执行。市容环境卫生监督员执行任务时，应佩戴统一标志。

五、本通告自1985年6月20日起实施。

1983年3月，市人民政府办公厅以津政办〔1983〕34号文件形式转发天津市市容管理办公

室拟定的《天津市各行各业容貌标准（试行）》，文件发至各区、县人民政府，各委办局，各直属各单位。内容有：工厂厂容标准、商店店容标准、学校校容标准、医院院容标准、施工现场场容标准、文化娱乐场所容貌标准、车站、机场、码头容貌标准、公园园容标准、农贸市场场容标准、机关容貌标准。

一、工厂厂容标准

1. 厂门美观大方，厂牌鲜明、围墙、围栏整齐、美观。无擅自占用马路、便道现象，经常保持卫生责任区整洁。

2. 厂区地面平整、洁净，道路畅通，管线架设整齐，无跑、冒、滴漏、私搭乱盖的现象，无残旧标语，无蚊蝇滋生地。

3. 各种物料、成品、半成品、机械、工具和车辆定点存放，摆列整齐。废旧物资，指定地点分类存放，及时处理。

4. 垃圾定点隐蔽堆积，及时清运。

5. 仓库物资码放整齐，条理有序，做到四号定位“五五化”。

6. 坚持文明生产，搞好车间卫生。门窗、设备、机器、工具箱、柜、脚踏板等要保持清洁。

7. 食品加工车间要做到封闭、无毒菌，设备、工具、容器保持清洁。食品原料和成品无污染、无变质、操作人员要做到勤洗手、剪指甲，勤换洗衣服，勤洗澡、理发，定期检查身体，发现患有传染病，要立即调换。运输食品要有专车或清洁车辆和容器。

8. 食堂、托儿所、幼儿园、保健站、宿舍、浴池、厕所等，要认真贯彻有关卫生管理规定，达到卫生标准，要有专人管理，经常保持清洁，做到无积垢、无蚊蝇、无老鼠、无蟑螂、无臭虫、无臭味。

9. 办公室、会议室做到五净（门窗净，桌椅净、地板净、灯具净、墙壁净）。

10. 各种宣传橱窗、宣传牌、标语牌、板报等设施，要整洁美观，内容新颖，定期更换，无乱涂、乱画、乱贴的现象。

11. 厂区内外，凡有条件的，要因地制宜种树、种花、修剪草坪、花坛、花池等，室内外摆放盆花，搞好绿化、美化，逐步达到花园化。

12. 树立“五讲四美”良好风尚，遵纪守法，维护社会公德，爱护公共财物，保护环境卫生，着装整洁大方，待人文明礼貌，人人遵守厂容、厂纪和卫生管理制度。

二、商店店容标准

1. 店门美观，标志鲜明，无擅自占用马路、便道的现象。保持卫生责任区的整洁。

2. 店门前不摆摊设点，不里空外卖，不乱堆乱放。

3. 橱窗商品陈列艺术新颖，保持清洁。

4. 店内商品丰满整洁，门窗、设备、用具、灯具经常保持整洁。

5. 仓库物品分类存放，摆设整齐保持清洁，无虫无鼠。

6. 食品、副食品商店，要保持食品清洁，坚持生熟分开，工具售货，不出售腐烂变质食品。认真执行《中华人民共和国食品卫生法（试行）》。

7. 饮食店、食堂、餐厅等就餐用具，要做到一洗、二刷、三冲、四消毒，保持清洁。

8. 旅店、宾馆、浴池等，要保持床上用品和洗漱用品的洁净。要做到无蚊蝇、无臭虫、无跳蚤、无蟑螂、无虱子。

9. 店内外，凡有条件的，要见缝插绿，摆放盆花，搞好绿化、美化。

10. 树立“五讲四美”良好风尚，搞好个人卫生，做到服务周到，态度和蔼，礼貌待客。

三、学校校容标准

1. 校门美观大方，校牌醒目，围墙、围栏整齐、美观。保持卫生责任区清洁。

2. 校内地面平整、洁净。体育设施完好。物料码放整齐。无私搭乱盖、跑、冒、滴、漏现象，无陈旧标语，无蚊蝇滋生地。

3. 校园内要植树、种花、栽草。大专院校，有条件的，要建造假山、喷泉、小花坛、小花池、小绿地、小花园，建筑艺术雕塑和建筑小品，搞好绿化、美化，逐步形成一个优美的校园环境。

4. 教室、实验室、图书馆、健身房、医务室、礼堂、办公室、会议室和宿舍等，要保持清洁，室内布置整洁有序。教室、图书馆、宿舍的采光、照明、通风要符合要求。

5. 食堂的操作间、设备、工具、容器等要经常保持清洁。不出售腐烂食品，生、熟食品分开。保持个人卫生，工作前和便后要洗手。定期检查身体，发现患有传染病，要立即调换。

6. 厕所要经常打扫，做到无积垢、无蚊蝇、无臭味。

7. 建立、健全校容卫生责任制和管理制度，坚持定期检查评比，经常保持清洁。

8. 树立“五讲四美”良好风尚，尊师爱生，遵纪守法，维护社会公德，爱护公共财物，保持环境卫生。

四、医院院容标准

1. 院门美观大方，院牌醒目。围墙、围栏整齐、美观。保持卫生责任区清洁。

2. 院内地面平整，环境整洁。无跑、冒、滴、漏、乱堆乱放现象，无蚊蝇滋生地，无痰迹，无纸屑，无瓜果皮核等物。

3. 各种车辆按指定地点存放，排列整齐。

4. 院区内要因地制宜见缝插绿，植树、种花、栽草，修建花坛、花池，栽培爬藤类植物。凡有条件的，要建造假山、喷泉、花园和艺术雕塑，室内外摆放盆花，创造一个优美安静的治疗场所。

5. 门诊、病房、医疗室等要窗明几净，通风良好，空气清新。室内整洁，无蚊蝇、无蟑螂、无臭虫、无潮虫、无老鼠。病患者的衣物、被褥要勤洗换、消毒。

6. 健全预防、消毒、隔离制度，防止交叉感染，严格实行污物焚烧和无害化处理。

7. 食堂的操作间、设备、工具、容器等，要经常消毒，保持洁净。不出售腐烂变质食品，生、熟分开。保持个人卫生，做到工作前和便后洗手。定期检查身体，发现患有传染病，要立即调换。

8. 厕所要经常打扫消毒，做到无积垢、无蚊蝇、无臭味。

9. 建立、健全卫生管理制度，坚持经常对病人进行卫生知识宣传教育。

10. 医护人员要树立“五讲四美”良好风尚，遵守医疗道德，提高医疗质量，做到服务周到，态度和蔼，礼貌待人。

五、施工现场场容标准

1. 施工场门设醒目标志牌（写明施工单位）。保持场外卫生责任区整洁。

2. 施工场区设置护栏，围圈作业，不得超过批准的占地面积，无擅自占用马路和便道的现象。现场设施、物料、机具要严格按照施工组织设计和总平面图分类、定点设置。

3. 场地道路平整、干净，无淤泥积水。物料码放整齐。工程余料、废料及时清运。竣工后做到工完料净场地清，地面平整。

4. 脚手架不准封挂破旧苇席、草帘之类物品，安全网内不准有杂物。工棚临建、脚手架等，要随着工程进展情况，及时拆除。

5. 破路工程，要设明显标志。断行时，要搭设便桥。挖沟槽时，必须设有路挡，夜晚燃灯，并采取有效防尘措施，不得污染周围环境，影响市容卫生。

6. 施工机械和运输车辆要经常保持清洁，按指定地点停放，排列整齐。运输材料时，防止撒漏、污染道路。

7. 厕所要有专人管理和打扫，经常保持清洁。

8. 树立“五讲四美”良好风尚，遵纪守法，维护社会公德，爱护国家财物，保持环境卫生。

六、文化娱乐场所容貌标准

1. 门面新颖，标志醒目。围墙、围栏整齐、美观。保持卫生责任区整洁。

2. 场内、室内设施完好、整齐，通风良好，窗明几净，保持整洁。做到无尘土、无蚊蝇、无痰迹、无烟头、无纸屑、无瓜果皮核。

3. 厕所要经常保持清洁，做到无积垢、无蚊蝇、无臭味。

4. 各种宣传橱窗、广告、板报等，要美观、新颖、整洁，无乱涂、乱花、乱贴等现象。要搞好市容、卫生知识和法令、法规的宣传。

5. 凡有条件的，要凡有条件的，要植树、种花、栽草，摆放盆花，建艺术雕塑，搞好环境绿化、美化。

6. 树立“五讲四美”良好风尚，遵纪守法，维护社会公德，爱护公物。做到服务周到，态度和蔼，保持环境卫生。

七、车站、机场、码头容貌标准

1. 机场、车站、码头标志醒目。围墙、护栏整齐、美观。卫生责任区整洁。

2. 场、站内外地面平整、洁净，道路畅通。物料码放整齐，无乱堆、乱放现象。

3. 候车室、候机室、候船室和站台等，要窗明几净，经常保持整洁。做到无灰尘、无痰迹、无烟头、无纸屑、无蚊蝇、无瓜果皮核。搞好公共秩序。

4. 公共交通车容站貌，要保持整洁，做到车身、车内、玻璃、轮胎、机器干净，顶牌、腰牌、尾牌、站牌齐全。维护乘车秩序。

5. 公共厕所要有专人管理和打扫，经常保持清洁，做到无积垢、无蚊蝇、无臭味。

6. 食品营业室、操作室、售货车等，要经常保持整洁，不出售腐烂变质食品。

7. 仓库物品分类存放，摆放整齐，保持清洁，无虫害、鼠害。

8. 各种宣传橱窗、宣传牌、标语牌、广告牌等，要美观整洁，内容新颖，定期更换，无乱涂、乱画、乱贴等现象。

9. 场、站内外，凡有条件的，要见缝插绿，植树、种花，修建草坪、花坛、花池、假山、喷泉以及艺术雕塑和建筑小品，摆放盆花。

10. 树立“五讲四美”良好风尚，遵纪守法，维护社会公德，爱护公共财物，保护环境卫生。讲求文明礼貌，谦虚、热情，服务周到。

八、公园园容标准

1. 园门装饰美观，标志醒目。围墙、围栏整齐、美观。保持卫生责任区整洁。

2. 园内道路畅通，地面洁净。树枝、树叶及时清运。做到无痰迹、无烟头、无纸屑。无果皮、无残旧标语、无死树枯枝，水面无漂浮杂物。

3. 园内各种设施要保持完好。休息室、工作室等要经常保持清洁。亭、廊、轩、榭、游艇、休息椅、乐园用具等要定期修饰，保持整洁。

4. 各种宣传橱窗、标语、板报等要保持整洁，内容新颖，定期更换，无乱涂、乱画、乱贴现象。

5. 园内树木、花草要培育的郁郁葱葱，四季常青。要结合各公园特点，建筑大型艺术雕塑、建筑小品和假山、喷泉等设施。

6. 园内餐厅、饭馆、小卖部、饰品店、饮食站等，要经常保持整洁，坚持工具售货，餐具消毒，便后洗手。

7. 建立、健全园容，卫生管理制度，严格执行，人人遵守。

8. 树立“五讲四美”良好风尚，遵纪守法，维护社会公德，爱护公共财物，保持环境卫生。做到服务周到，态度和蔼，礼貌待人。

九，农贸市场场容标准

1. 市场进出口场牌醒目，场内整齐、清洁，要有专人清理和打扫，做到无积水、无垃圾、无杂物。

2. 不准出售腐烂变质和有毒食品，不准出售病死禽兽，不准以次充好，不准掺杂使假。生、熟食品分开，出售熟食要用工具售货。

3. 市场要修建公共厕所，不准随便便溺。厕所要有指定专人管理和打扫，做到无积粪、无积垢、无臭味，保持清洁卫生。

4. 要加强车辆管理，设置存车处，为群众提供方便。送货车辆及时卸车，立即离开。

5. 农副摊点排列整齐，商品按指定地点码放，不得占用马路，影响交通。

6. 搞好宣传教育，严格市场管理制度。树立“五讲四美”良好风尚，遵纪守法，维护社会公德，爱护公共财物，保护环境卫生。

十、机关容貌标准

1. 大门庄重、整洁、围墙、围栏整齐。保持卫生责任区整洁。

2. 院内地面平整，道路畅通。物料码放整齐，无乱堆乱放、私搭乱盖现象，无炉灰堆积，无陈旧标语。

3. 各种车辆按指定地点存放，排列有序、整齐、清洁。

4. 院内要搞好绿化、美化，凡有条件的，要见缝插绿，植树、种花、建草坪、花坛、花池，栽培爬藤类植物，摆设花盆等。

5. 厕所要经常清洗消毒，做到无积垢、无蚊蝇、无臭味。

6. 办公室、会议室、礼堂等门窗和玻璃，要经常保持整洁和明亮。顶棚、地面、墙壁、桌椅、卷柜等要经常保持整洁。

7. 建立健全容貌、卫生管理制度，坚持卫生劳动日制度，人人遵守。

8. 树立“五讲四美”良好风尚，遵纪守法，维护社会公德，爱护公共财物，保持环境卫生。

1994 年 7 月，市爱卫办针对摊群市场的卫生问题，制定《集贸摊群市场卫生综合达标标准》，并在全市范围内广泛开展集贸摊群市场卫生综合达标活动。

六、集贸摊群市场卫生综合达标标准

一、组织机构

由市场的主办单位全面负责市场的卫生管理，要有专职卫生管理人员，健全卫生保洁制度，配备清扫保洁人员。

二、环境卫生

1. 市场保洁人员每日要做到两清两保，保持市场范围内整洁，无垃圾堆放，无积水。

2. 市场内要设置适用的垃圾容器和果皮箱，所产垃圾、废弃物应做到日产日清，不得积存。

3. 各个摊位从业者，要保持摊位、棚、屋内，及周围（含摊位背面的环境）清洁卫生，不准乱扔、乱倒废弃物。

4. 市场内的道路、地面平整；有供水点，排水通畅，水产禽类、肉摊摊案要保证每日撤摊前，用清水将摊位冲洗干净，地面无积水。

5. 市场区域内要有公共厕所并负责清扫、保洁、消毒。如暂时没有公厕的一定要建标准临时厕。

三、食品卫生

1. 经营饮食和食品加工者，必须持有有效的卫生许可证和《经营执照》，定点亮证经营。

2. 食品生产从业人员，每年必须进行健康检查并取得健康合格证。必须穿戴洁净的衣帽上岗，保持个人卫生。

3. 制售食品要生熟分开，货款分开，防止交叉感染。

4. 盛放食品的用具、容器和包装材料，要符合卫生标准，无包装的直接入口食品，应当有清洁外罩或覆盖物；出售时必须使用专用工具取货，并附带清洁无毒的包装材料，防止食品污染。

5. 餐具、茶具用前要洗净、消毒。

6. 不得出售腐烂变质食品。

四、除害、消毒

1. 应配备专兼职除害员负责灭鼠、灭蝇、灭蟑螂工作。

2. 要有除害管理制度，备有除害药物和器械。

3. 根据不同售货摊位采取相应的防蝇防鼠、防蟑螂及灭蝇、灭鼠、灭蟑螂的措施，水产品、肉类和食品摊位要有粘蝇条灭蝇，蝇密度要降到最低水平。并根据不同季节对三害有重点的灭杀措施，达到国家规定的“三灭”标准。

1996 年 5 月，天津市爱卫办以津爱卫办字〔1996〕第 12 号文件，印发《天津市单位和居民区卫生标准（试行）》，其中包括《机关卫生标准》《学校卫生标准》《企业卫生标准》《宾馆饭店卫生标准》《医院卫生标准》《旅游景点卫生标准》《公共场所窗口单位卫生标准》《居民区卫生标准》《村卫生标准》。在标准下发的同时，对有关问题提出要求。

1. 制定标准主旨是为了进一步推动全市单位和居民区卫生工作的开展，因此，应将此标准既作为工作标准，也作为检查评比活动的标准。

2. 要认真做好对标准的宣传、学习和贯彻落实，把执行好这个标准作为一项长期的任务坚持下去，使各项工作达到制度化、规范化的要求。

3. 该标准中未单独列出的有关行业，可参照相关行业标准执行。

第四节　除四害

为加强蚊蝇滋生场所的管理，控制蚊蝇的滋生和繁殖，使蚊蝇密度降到最低水平，天津市爱卫办拟定《天津市蚊蝇滋生场所管理暂行办法（草案）》。

天津市蚊蝇滋生场所管理暂行办法（草案）

第一条　蚊蝇是传播疟疾、大脑炎、丝虫病及霍乱、痢疾、伤寒、肝炎等肠道传染病的重要媒介。为了降低城市蚊蝇密度，预防传染病的发生和流行，保护人民的身体健康，保证四化建设，需加强蚊蝇滋生地的管理，特制定此办法。

第二条　本办法适用于市内各区、塘沽、汉沽、大港和郊、县城镇的机关、团体、部队、企事业单位、街道和居民。

第三条　消灭蚊蝇应该坚持“预防为主，综合防制”的方针，本着治本为主，标本兼治的原则。各地区和各单位要加强卫生基本建设，铲除和控制蚊蝇滋生场所。

第四条　各工厂、机关、学校、部队、商店、医院、公园、港口机场等单位，内部的厕所、化粪池、垃圾、积水坑塘、防空洞、水井表、雨水井、防火水缸等均由各单位严加管理，不得滋生蝇蛆。

第五条　市区内的公共厕所、农建厕所、单位新村厕所、农民代掏厕所，都必须建筑符合卫生要求，设有合格的卫生设备，粪便日产日清，坚持定期消毒，不得招蝇生蛆。

第六条　居民的生活垃圾，由环卫部门和街道保洁队负责及时收集清运，做到日产日清；垃圾场、垃圾楼、垃圾桶（箱），应有人专门管理，定期消毒，不得招蝇生蛆。

第七条　各类化粪池应由各主管部门管理，必须严密加盖，沟道经常疏通，并保证及时掏挖，不得外溢。

第八条　各类下水道污泥应由各主管部门及时清运干净，不得任意露天堆存，应及时修复断裂、堵塞的下水道，凡污水外溢问题，必须在当日解决。

第九条　本市建成区和市郊结合地区，不准晾晒堆积粪肥、垃圾，粪肥、垃圾要进行无害化处理。各区垃圾粪肥处置场，都应实行高温封肥，并定期消毒，不得滋生苍蝇。市内的积肥场、马车点应迁出郊外。

第十条　易于招蝇生蛆的单位，如酿酒、调料、豆制品、肉类、水产、皮革等，生产过程中的下脚料、废弃物，应有密封的储存设备，要做到及时清理，不得滋生蝇蛆。

第十一条　马路两侧的雨水井、检查井，由市政排水部门负责管理和消毒；居民区的水表井由自来水公司负责管理和消毒；防空洞由战备办公室和单位负责管理和消毒；积水地下室由产权单位负责消毒；这些地区不得隐藏和滋生蚊子。

第十二条　野外水坑、水沟、苇塘、积水池等，由市、区防疫站负责定期消毒，杀灭蚊幼虫。

第十三条　各单位和居民住户露天场院，凡易积水处，都必须清理，不得任意积水；雨后要翻盆扣罐，清除积水，消除蚊子生存条件。

第十四条　蚊蝇滋生场所的管理和消毒，居民区由街道办事处负责；单位内部由单位负责，采取自行控制和由街办消毒队收费承包，把各地区、各单位蚊蝇滋生控制住。

第十五条　市、区、街、居民区各级爱卫会和市、区防疫站均有监督、检查之权利，如发现违反本办法的，分别情况进行劝告、批评和处罚，责令消除蚊蝇滋生地。

为了进一步加强灭蝇工作，降低苍蝇密度，现印发“创建无蝇街标准”（试行）

为推动群众性灭蝇活动的开展，有效地降低苍蝇密度，减少传染疾病的发生，增强人民身体健康，积极创建基本无蝇街。

创建无蝇街标准（试行）

一、目测市内

1. 居民住户500—600间，中心街每百间房屋（12平方米标准间）计数，苍蝇不得超过3只，边缘街每百间房屋（标准间）不超过5只；

2. 单位3000—400间，中心街每百间房屋不超过5只，边缘街每百间房屋不超过10只；

3. 居民住宅院落100—150个（楼房为一楼楼道）中心街每百个院落计数苍蝇不得超过20只，边缘街每百个院落计数苍蝇不得超过30只。

二、室外用统一规格的扑蝇笼9个，以两块臭豆腐，二两红糖为诱饵，摆放时间8小时，中心街每个扑蝇笼不得超过2只，边缘街每个扑蝇笼不得超过5只。

三、目测公厕（含单位厕）15—20座，中心街每座厕所（男、女各一个），计数苍蝇不得超过一只，边缘街每座厕所（男、女各一个），计数苍蝇不得超过两只。

四、目测农贸（摊群）市场5个，每个市场内水产、肉类、禽蛋每个单位计数苍蝇不得超过5只。

五、目测特殊行业5个，有机下脚料日产日清，每单位有苍蝇数不得超过20只。

六、在7、8两个月进行考核，考核两次，间隔10天，晴天考核，气温30度左右。

第五节 蚊香卫生许可证签发

1988年5月，为贯彻中央爱卫会，卫生部〔1986〕中爱卫字第37号文件精神，杜绝一些不符合卫生要求的劣质、掺假、冒牌蚊香充斥市场，威胁人民身体健康，天津市爱卫会、卫生局联合制订《天津市蚊香卫生许可证签发办法及监督管理实施细则》，要求各区、县爱卫会、卫生局、市防疫中心、有关局、公司遵照执行。

为贯彻中央爱卫会，卫生部〔1986〕中爱卫字第37号《蚊香卫生监督暂行规定》，特制订天津市蚊香卫生许可证签发办法及监督管理实施细则。

一、市爱卫会、市卫生局委托天津市卫生防病中心负责办理“蚊香卫生许可证”签发工作。

二、蚊香生产厂首先向市防病中心提出签发“蚊香卫生许可证”的申请，并申报产品种类，使用原料、配方，供签证单位鉴定审核。申报单位要向签证单位无偿提供生产样品，交纳检验费。

三、各项产品符合下列标准方可签发“卫生许可证”。原料不含对人体有害的物质和禁用物品，所用杀虫剂以〔1986〕中爱卫字第37号文件规定的为准。杀灭成蚊效果：KT50值小于八分钟，DDT，六六六含量低于50毫克/公斤；砷化物不得超过5毫克/公斤。

四、蚊香生产企业，必须持“蚊香生产许可证”方可进行生产。

五、每种牌号产品，只签发当年卫生许可证，有效期一年，转年重新抽样检验，符合标准者另发新证。

六、为加强蚊香卫生管理，市防病中心实行不定期的抽样检验，适时公布检验结果，保护消费者利益。

七、各区卫生防病站负责蚊香卫生质量监督，对无证厂家有权停止其生产，销售。

八、领取蚊香生产证的厂家，产品连续三年抽检不合格者，立即吊销“蚊香生产许可证”。

九、严格执行蚊香卫生管理制度，防止掺假、冒牌等劣质产品投放市场，每个产品小包装上必须印有出厂日期、厂名、厂址及卫生许可证号，否则禁止出售。

十、由外省市进入天津市场的蚊香，除有当地省市防疫站的当年卫生许可证和检验报告单外，必须到天津市卫生防病中心办理销售许可证方可销售，没有销售许可证的产品，不准进货和销售。

十一、卫生防疫部门每年要对投放市场的外地蚊香进行不定期的抽样检测。对掺假、冒牌等伪劣蚊香，遵照〔1986〕中爱卫字第37号文件规定精神，视情节轻重给予停止销售、销毁或经济等处罚。造成中毒事故的应追究生产厂和销售者的法律责任。

十二、市爱卫会负责蚊香监督和协调，以保证监督监测工作的正常进行。

1992年6月市爱卫办根据本市人大十一届六次会议21号议案，建议制定《天津市除四害工作管理有关规定》，钱其璈副市长对此作出的批示。草拟了《天津市消灭卫生害虫管理暂行规定》，此暂行规定分为五章。第一章总则；第二章措施与要求；第三章管理与监督；第四章奖惩；第五章附则。

第二章　立法工作

第一节　立法项目调研起草

1997年下半年，天津市爱卫会与市法制办沟通，草拟《除四害管理办法（草案）》，并根据（草案）起草对市法制办做了三个说明：一是起草本《办法（草案）》的必要性；二是起草过程；三是关于执法主体的说明。

一、起草本《办法（草案）》的必要性

1. 老鼠、苍蝇、蚊子、蟑螂（以下简称四害）污染环境，传播疾病，危害人体健康。有关资料研究表明，四害传播的疾病达几十种，而且其对人体的危害程度是任何有害昆虫所无法比拟的。1989年颁布的《中华人民共和国传染病防治法》，将鼠、蝇传播的鼠疫和霍乱定为甲类传染病（即一号病和二号病）。另外，在乙类传染病中，流行性出血热、流行性乙脑炎、伤寒和副伤寒等都与四害的传播有直接或间接的关系，一旦上述传染病在某一地区或城市爆发流行，其后果将不堪设想。

2. 中国大部分省、市都根据各自的实际情况，制定了有关除四害的管理办法。自80年代末期以来，上海、吉林、广东、哈尔滨、苏州、杭州、厦门等20余个省、市都颁布了除四害工作的具体管理办法，通过几年来的实行，除四害工作取得了显著效果。

3. 制定除四害管理办法是加强天津市精神文明建设，促进改革开放、经济发展的需要。当前天津市的除四害工作主要靠每年下发文件，提出工作要求和具体措施，并采取发动群众搞突击的方式进行，尽管取得了一定成绩，却很难保证除四害工作长期、持续、稳定的发展，影响了除四害效果，因此天津市的四害密度至今未能从根本上得到有效的控制。由于无法可依，法制不健全，一些地区和单位鼠、蟑常年肆虐，一到夏季蚊蝇大量滋生，群众对此意见很大，反映强烈。因此，天津市急需以制定行政规章管理办法的形式，加大除四害工作的力度，保护公民的健康权益，提高天津市城市卫生水平，改善投资环境，加强精神文明建设。

二、起草过程

根据国发〔1989〕22号《国务院关于加强爱国卫生工作决定》中“把爱国卫生纳入法制化管理轨道”和国务委员、全国爱卫会主任李铁映同志多次强调的“各地要有自己的爱国卫生法制化、制度化、经常化的软件措施”的指示精神，天津市爱卫办自1990年以来开始准备《除四害管理办法（草案）》的起草工作。1992年在天津市人大有关代表对天津市的除四害工作提案和意见中也提出要加快天津市除四害立法工作。1989年以来，在天津市法制办的直接领导和大力支持下，天津市爱卫办加快了起草、调研立项等步伐，经过广泛、深入的调研，借鉴外地经验，先后征求了十八个区县和天津市人民政府所属位、办、局等部门意见，经过有关专家和技术人员的多次调研论证，广泛征求意见，反复协调七次修改，形成此办法（草案）。

三、关于执法主体问题说明

除四害主要考虑人们的身体健康和社会大卫生的问题。这项工作涉及千家万户，社会的各个方面，是一项艰巨、复杂、长期的社会系统工程，任何一个卫生管理部门都不具备爱国卫生的社会性、广泛性和群众性。因此在国务院发出的《关于加强爱国卫生工作的决定》和全国爱卫会关于《全国爱国卫生运动委员会工作规则》和《成员部门职责分工》的通知及中共天津市委、天津市人民政府关于《天津市爱国卫生运动委员会办公室职能配置、内设机构和人员编制方案》的通知中，均将组织领导、除四害活动列入天津市爱卫办的一项主要任务和职责。因此由天津市爱卫办主管除四害工作并作为执法主体，能够与国家、天津市的有关规定衔接，也符合国情、市情。从外省市情况看，上海、北京、厦门、广东等省市也都是由爱卫办作为执法主体，制定了各种规章制度。特别是《行政处罚法》1989年10月1日执行后，上海市法制办的根据行政处罚法的规定，经审核确认上海爱卫办具备行政处罚执法主体资格，并在上海市行政处罚实施机构公告第一号中予以公布。

因此,《除四害管理办法（草案）》中规定天津市爱卫办是市人民政府主管除四害工作的行政主管部门。由于民航、铁路、港口部门行业特殊，有相对的独立的管理系统，由其内部爱国卫生办事机构自行监督管理，有利于办法（草案）的实施。因此，办法（草案）参照有关卫生法律、行政法规、授权这些部门中的爱国卫生办事机构负责管辖区范围内的除四害监督管理。

经过几轮的征求意见和修改，于1998年6月，市法制办主任张秉银在市政府常务会议上对《天津市除四害管理办法》的法律审核从三个方面进行说明。

（一）拟定《办法》的必要性

第一，防治疾病传播要从源头抓起。防治疾病传播的重要措施是消除疾病传播源。老鼠、苍蝇、蚊子、蟑螂是疾病的主要传播源，其传播的疾病多达几十种，人们对四害的危害已是深恶痛绝。为消除四害，遏制传染病传播，保障人们身体健康，1989年制定了《中华人民共和国传染病防治法》，并将老鼠传播的鼠疫和霍乱定为甲类传染病予以防治，流行性乙脑、伤寒、副伤寒等乙类传染病，也与四害的病源传播有密切的关系。因此消灭四害已成为关系人民健康和现代化建设的关键。

第二，创建国家卫生城市，必须将除四害纳入法制轨道。四害不仅直接危害人们身体健康，而且直接污染环境，有损国际港口大城市的形象。为加强除四害工作，天津市自1986年开始，结合创建除四害达标市、争创十佳卫生城市、创建国家卫生城市等活动，开展除四害工作。已取得明显成效。但由于工作力度不够，缺乏依法管理，使天津市的四害密度至今未能从根本上得到有效控制。因此，为加大除四害工作的力度，提高天津市城市卫生水平，创造更良好的生存环境，有必要将其纳入法制化管理。

（二）《办法》的可行性

《办法》主要依据《中华人民共和国传染病防治法》《中华人民共和国食品卫生法》和《国务院关于加强爱国卫生工作的决定》（国发〔1989〕22号）等规定，总结天津市多年来的工作经验，并借鉴了其他省、市的做法，结合天津市现实情况制定的。办法共25条，主要规定了除四害工作的主管部门、管理措施、服务机构及法律责任等内容，符合国家法律法规规定和天津市实际，是可行的。

（三）需要说明的问题

1. 关于《办法》的适用范围

在天津市爱卫会办公室的“三定方案”中规定，“负责组织全市城乡除四害活动”，是其一项重要的职责。但按照全国城市卫生检查评比标准和全国爱卫会《关于开展创建国家卫生镇活动的通知》（全爱卫发〔1997〕第19号）的要求，国家卫生镇考核的标准是针对城区和县政府所在的镇及其他镇。同时考虑到在广大农村按照城镇标准除四害难度较大，在农村实施依法管理的条件尚不完全具备。因此，《办法》的适用范围确定为市城镇。同时规定，乡人民政府及其所辖的村民委员会的除四害工作，可参照本办法执行。因为除四害市普遍的社会活动和社会规范，城乡都有义务参加和履行。

2. 关于《办法》的执法主体

天津市爱委会办公室的“三定方案”中明确，市爱委会办公室是市爱委会的常设办事机构，在天津市爱委会的直接领导下，负责组织全市城乡除四害活动。由此说明，它具有一定的行政职能。因此，《办法》确定市爱委会办公室为执法主体，可以实施行政处罚权，也可委托各级爱国卫生机构实施行政处罚，但应以天津市爱委会的名义进行。

《办法》已按立法程序征求了天津市计委、天津经委、天津商委、天津市卫生局、天津市环卫局、天津市粮食局、天津市畜牧局、天津市公安局、天津市工商局、天津市财政局、天津市物价局等部门和各区县政府及法律顾问的意见，经修改完善后，认识已基本达成一致。

1998年，根据全国爱委会的要求和第四次全国城市卫生检查的标准，为加强天津市爱国卫生工作的法制化管理，天津市爱卫办参考了有关省市爱国卫生法规，并结合天津市的实际情况，制定了《天津市爱国卫生工作管理办法（草案）》，并报请天津市政府以政府令的形式发布。

第二节 立法草案的审议发布

1998 年 7 月日，天津市市长李盛霖签发天津市人民政府第 2 号令《天津市除四害管理办法》已经市人民政府批准，予以公布实施。

1998 年 8 月 31 日，天津市人民政府以津政发〔1998〕74 号文件形式下发关于发布《天津市爱国卫生工作管理办法》的通知。通知发至各区、县人民政府，各委、办、局、各直属单位。

2007 年 5 月 23 日，天津市人民代表大会常务委员会发布（第 93 号）公告。《天津市爱国卫生工作条例》已由天津市第十四届人民代表大会常务委员会第二十七次会议于 5 月 3 日通过，现予公布，兹 2007 年 9 月 1 日起实行。

天津市除四害管理办法

第一条 为消灭老鼠、苍蝇、蚊子、蟑螂（以下简称四害），防止疾病传播和流行，保障城乡人民身体健康，改善生活、和工作环境，建设现代化文明城市，根据国家有关规定，结合本市实际情况，制定本办法。

第二条 本办法适用于本市城镇范围内的除四害活动。

本办法所称除四害，是指通过各种有效方法消除四害，使其密度降低到不足为害的程度。

第三条 除四害是每个单位和公民的义务，是全市爱国卫生工作的重要内容，是全社会的共同责任。

新闻、文化、教育、卫生等有关部门，应当采取多种形式进行除四害的宣传教育工作。

第四条 除四害工作应坚持预防为主、专群结合的方针，采取净化环境、消除和控制四害滋生地及直接杀灭四害的综合防治措施，做到人人动手，消除四害。

第五条 市爱国卫生运动委员会是执行本办法的主管部门。

市爱国卫生运动委员会办公室在市爱国卫生运动委员会的领导下，负责组织本办法的实施，其主要职责是:

（一）贯彻执行国家爱国卫生工作的方针政策和法律、法规，拟定本市爱国卫生工作的规章制度；

（二）组织统一的除四害活动；

（三）制定除四害规划，督促、检查年度目标的落实，组织考核、评比、验收；

（四）进行除四害工作的监督检查和管理。

第六条 各区、县人民政府和天津经济技术开发区管理委员会、天津港保税区管理委员会、天津新技术产业园区管理委员会确定的爱国卫生运动主管部门，负责本辖区范围内的除四害管理工作。

天津港务局及民航、铁路、部队等部门负责本系统的除四害工作。

第七条　各级卫生防疫机构负责除四害工作的业务指导、人员和技术培训以及除四害密度的监测。

第八条　各街道办事处、镇人民政府及其所辖居民委员会、村委会负责组织实施本辖区内的除四害工作。辖区内的一切单位和个人，均须服从其管理。

第九条　各单位应建立健全除四害规章制度，其上级主管部门应当对本系统所属单位除四害工作进行监督、检查和管理。

第十条　食品加工、饮食、粮食、水产、酿造、畜牧、生物制药、旅游、环卫、市政、房管、园林、客运交通、集贸市场、建筑工地、废品收购等易招致或滋生四害的行业和场所，在生产、经营、储存、运输、养护及废弃物处理等过程中，应有完善的防范、杀灭四害措施，严格控制四害的滋生和繁殖。

第十一条　单位和住户应有防、灭鼠措施，并采取堵洞、毒杀、粘捕等防法消灭老鼠。

食品、饮食、食品加工、仓储等行业应设置严密的防鼠设施，加强防范，将鼠密度指标控制在国家规定的标准之内。

第十二条　单位和住户应妥善处理垃圾、粪便等一切易招蝇生蛆的滋生物，消灭成蝇，将蝇密度指标控制在国家规定的标准之内。

第十三条　单位和住户应严格控制和整治管理范围内的蚊虫滋生地，并运用化学、物理、生物等灭蚊方法，消灭幼虫和成蚊，将蚊密度指标控制在国家规定的标准之内。

第十四条　单位和住户发现蟑螂应及时用毒杀、粘捕和喷洒药物等方法杀灭蟑螂。将蟑螂的密度指标控制在国家规定的标准之内。

第十五条　在全市性的除四害活动中，各单位所需除四害药、械的品种和数量，向所在区（包括天津经济技术开发区、天津港保税区、天津新技术产业园区，下同）、县爱国卫生主管部门申报，并由区、县爱国卫生运动主管部门统一汇总后，报市爱国卫生运动委员会办公室组织落实供应。

各单位和住户在全市性的除四害活动中，应按照市爱国卫生运动委员会办公室规定的统一时间，积极行动，科学用药（械），实施有效杀灭。

第十六条　市爱国卫生运动委员会办公室应会同技术监督部门对本市范围内除四害专用药、械进行监督管理，并由法定机构进行检测。

在本市范围内禁止生产、配置、销售、使用伪劣的或国家禁用的除四害药械。

第十七条　各区、县及各街道办事处、镇人民政府应建立公益性除四害服务组织，负责辖区内公共场所的除四害工作，并报市爱国卫生运动委员会办公室备案。

设立盈利性除四害服务组织或增加盈利性除四害服务 项目，应当向工商行政管理部门办理工商登记，并报市爱国卫生委员会办公室备案。

第十八条 除四害服务组织可向无力落实出四害措施的单位和住户提供有偿服务，并按照统一规定收取费用。

第十九条 市和区、县爱国卫生运动委员会办公室对在除四害工作中做出显著成绩的单位和个人给予表彰和奖励。

第二十条 违反本办法第十一条、第十二条、第十三条、第十四条规定的，由市爱国卫生运动委员会办公室或委托各级爱国卫生机构给予警告、责令限期改正，对逾期仍不改正者，视情节轻重，处以1000元以下罚款。

第二十条 违反本办法第十六条第二款规定的，由市爱国卫生运动委员会办公室会同工商、技术监督等有关部门依法处理，构成犯罪的，由司法机关依法追究刑事责任。

第二十二条 除四害服务组织应当保证工作质量，凡未达到除四害效果的，应依照有关规定承担相应的行政或民事责任。

第二十三条 拒绝、阻碍除四害监督管理人员依法执行公务的，由公安机关依照《中华人民共和国治安管理处罚条例》的有关规定予以处罚；构成犯罪的，依法追究刑事责任。

第二十四条 本市乡人民政府及所辖村民委员会的除四害工作，可参照本办法执行。

第二十五条 本办法自发布之日起施行。

天津市爱国卫生管理办法

第一条 为加强爱国卫生工作的管理，保障人民身体健康，促进社会主义精神文明和物质文明建设，根据国家有关规定，结合本市实际情况，制定本办法。

第二条 爱国卫生工作是具有中国特色的一种卫生工作方式，是指以消除危害健康因素，提高环境质量、生活质量和人民健康水平为目的，由政府组织部、全面参与的群众性卫生活动。

第三条 本市范围内的单位和个人，均应遵守本办法。

第四条 爱国卫生工作的基本方针和方法是：政府组织、地方负责、部门协调、群众动手、科学治理、社会监督。

第五条 爱国卫生工作坚持条块结合、以块为主的原则，积极发挥社会所有组织和群众的作用，开展爱国卫生工作。

爱国卫生工作实行目标管理责任制，其目标要纳入各级人民政府的目标管理内容。

爱国卫生工作实行爱国卫生委员会成员单位分工负责制。各成员单位根据各自的工作职能，开展爱国卫生活动。

第六条 组织开展爱国卫生工作，是各级人民政府的职责。各级人民政府应当把爱国卫生工作纳入经济和社会发展规划，使本地区卫生状况的改善与社会进步和经济发展相协调。

第七条 市、区（县）、街道（乡镇）的爱国卫生运动委员会（以下简称爱卫会），是同级人民政府的议事协调机构，负责部署和协调本行政区域内的爱国卫生工作。

各级爱卫会下设办公室，为爱卫会的办事机构，负责爱卫会的日常工作。

第八条 各级爱卫会的 主要职责是：

（一）组织贯彻实施有关爱国卫生工作的法律、法规、规章和方针政策；

（二）统一规划部署和协调本行政区域内的爱国卫生工作；

（三）指导、检查、督促本行政区域内各单位履行其承担的爱国卫生工作；

（四）组织动员社会全体成员参加爱国卫生活动；

（五）进行社会卫生状况监督、检查和效果评价；

（六）表彰、奖励爱国卫生先进单位和个人；

（七）完成各级人民政府交办的其他卫生工作。

第九条 机关、团体、企事业单位、部队及其他组织，均应设立爱国卫生机构，根据本部门的实际情况配备专职或兼职工作人员，并在上级爱卫会的统一领导下，开展本系统、本单位的爱国卫生工作。

第十条 每年 4 月为本市爱国卫生月。爱国卫生月重点解决社会卫生的突出问题。

第十一条 各区（县）、街道（乡镇）应当按照国家卫生城市标准和卫生街道、乡镇标准，设置和完善卫生基础设施，健全、落实各项卫生管理制度，并逐步达到国家和本市规定的有关卫生指标。

第十二条 乡、镇和村应当结合乡、镇、村的建设规划，组织开展环境卫生治理、改水、改厕和创建国家卫生镇、卫生村活动。

第十三条 各单位应当将爱国卫生工作纳入日常工作计划，健全、落实卫生制度，开展单位内部卫生达标和创建卫生先进单位、卫生红旗单位活动。

第十四条 各单位和个人都应当积极参加消灭老鼠、苍蝇、蚊子和蟑螂等病媒生物及消除其滋生场所的活动，使病媒生物的密度控制在国家和本市规定的标准以内。

第十五条 各单位应积极开展健康教育工作，宣传科学卫生保健知识，教育和引导群众养成良好的卫生习惯，提倡文明健康的生活方式，不断提高全民健康素质。

第十六条 每个人都应当遵守下列社会卫生规范：

（一）不随地吐痰、便溺；

（二）不乱泼污水、乱扔废弃物；

（三）不在禁止吸烟的公共场所吸烟；

（四）不从事其他有碍社会卫生的行为。

第十七条 市和区、县爱卫会可以聘任爱国卫生监督员。爱国卫生监督员的主要职责是：

（一）对所管理范围内的爱国卫生工作进行监督、检查和指导；

（二）开展卫生知识宣传教育；

（三）参与社会卫生的监督、检查；

（四）建议有关单位对违反本规定的行为进行处罚。

第十八条 对拒绝、阻碍爱国卫生管理人员依法执行公务、违反《中华人民共和国治安处罚条例》的行为 和人员，由公安部门予以处罚。对构成犯罪的，应依法追究其刑事责任。

第十九条 本办法自颁布之日起施行。

天津市爱国卫生工作条例

2007年天津市人民代表大会常务委员会发布第93号公告，《天津是爱国卫生工作条例》于5月23日由天津市第十四届人民代表大会常务委员会第三十七次会议通过，现予以公布，2007年9月1日起实施。

第一章 总 则

第一条 为了加强爱国卫生工作，动员全社会广泛参与爱国卫生活动，预防和控制疾病，改善本市城乡卫生环境，提高人民健康水平，促进经济和社会协调发展，根据有关法律、法规规定，结合本市实际情况，制定本条例。

第二条 本市行政区域内的机关、团体、部队、学校、街道、乡镇、村庄、企业事业组织等单位和个人，应当按照本条例的规定做好爱国卫生工作。

第三条 爱国卫生工作实行政府组织、部门协调、属地管理、单位负责、全民参与、社会监督、科学治理、分类指导的原则。

第四条 市和区、县人民政府统一组织领导本行政区域内的爱国卫生工作。

市和区、县人民政府应当将爱国卫生工作纳入国民经济和社会发展计划，保证公共卫生基础设施的投入，鼓励和支持开展全民健康教育、健康促进和科学卫生知识普及以及爱国卫生科学研究，促进与境内外有关方面的交流与合作，提高社会卫生整体水平。

各级人民政府应当将爱国卫生工作纳入工作目标责任制，定期研究和解决爱国卫生工作中的重大问题。

第二章 组织与职责

第五条 市和区、县爱国卫生运动委员会（以下简称爱卫会）由同级人民政府主要负责人和相关部门、社会团体、有关单位的负责人组成，在同级人民政府领导下，履行下列职责：

（一）领导、协调本行政区内的爱国卫生工作；

（二）组织实施爱国卫生相关法律、法规和规章；

（三）制定爱国卫生工作的规划、规范和标准；

（四）组织开展爱国卫生宣传和全民健康教育、健康促进活动；

（五）组织动员全社会的爱国卫生活动；

（六）组织与境内外有关方面的交流与合作；

（七）决定有关爱国卫生方面的重大事项。

市和区、县爱卫会办公室是本级爱卫会的常设办事机构，负责本条例的组织实施和执法监督工作。

第六条　爱卫会实行成员单位分工负责制。各成员单位应当按照职责分工做好爱国卫生工作。

第七条　财政部门应当将全民健康教育和健康促进、病媒生物防治、卫生基础设施建设、农村改水改厕等爱国卫生工作所需经费纳入本级财政预算，实行专款专用。

第八条　教育、科学、文化、卫生、新闻、出版、广播电视等单位应当采取多种形式，开展爱国卫生宣传和科学卫生知识普及工作。

第九条　乡、镇人民政府和街道办事处负责本辖区的爱国卫生工作，并履行下列职责：

（一）按照爱国卫生工作的计划和标准，制定本辖区爱国卫生工作的实施方案，组织开展爱国卫生工作；

（二）宣传有关爱国卫生工作的规定和标准，开展健康教育和健康促进活动，普及科学卫生知识；

（三）建设卫生基础设施，综合治理卫生环境，改进卫生条件；

（四）组织辖区内的单位和居民、村民防治病媒生物，消除病媒生物的滋生和栖息环境；

（五）组织指导居民委员会、村民委员会和驻乡镇、街道的单位制定爱国卫生制度和措施，开展爱国卫生活动；

（六）组织病媒生物防治机构开展社区病媒生物防治工作。

第十条　机关、团体、部队、学校、企业事业组织等单位和居民委员会、村民委员会设立的爱国卫生组织，具体负责本单位的爱国卫生工作。

第三章　健康教育、健康促进与病媒生物防治

第十一条　各级人民政府应当建立、完善健康教育和健康促进工作网络，制定健康教育、健康促进的规划和计划，组织开展健康教育和健康促进活动。

各部门、各单位应当采取多种形式普及科学卫生知识，提高健康教育普及率，增强城乡居民的健康意识和自我保健能力，促进有益健康的行为和生活方式的形成。

中、小学校应当开设健康教育课程，托幼园所应当进行卫生常识教育。

第十二条　各部门、各单位应当进行吸烟危害健康的宣传教育，开展吸烟行为干预，降低吸烟率。

第十三条　卫生部门应当按照国家有关规定、规范和标准，组织进行预防性消毒，开展消毒效果检测工作。

第十四条　各级人民政府应当加强病媒生物防治工作，完善病媒生物防治组织网络和病媒生物密度监测体系。

疾病预防控制机构应当加强对病媒生物防治工作的技术指导，定期进行病媒生物密度监测，及时将监测结果向同级爱卫会办公室报告。

第十五条 卫生、劳动保障、财政等有关部门应当对公益性病媒生物防治工作给予扶植和支持，爱卫会办公室应当加强管理和工作指导。

乡镇、街道的病媒生物防治机构应当按照要求做好社区公共环境病媒生物的日常防治工作，消除病媒生物危害，及时将本辖区内发生的病媒生物危害情况向区、县爱卫会办公室报告。

第十六条 爱卫会办公室应当根据病媒生物密度监测结果和病媒生物危害情况，适时组织全社会的病媒生物防治活动。

单位和个人应当按照爱卫会办公室的要求，在规定的时间内使用科学的杀灭方法和合格的防治病媒生物药剂和器械，对病媒生物实施有效杀灭。

在爱卫会办公室组织的全社会病媒生物防治活动中，公共环境的病媒生物防治所需费用，由各级人民政府承担；非公共环境的病媒生物防治所需费用，由受益的单位或者个人承担。

第十七条 单位和居民、村民应当采取有效防治措施，进行病媒生物的防治，改善卫生环境，消除病媒生物滋生和栖息的环境。无能力自行进行病媒生物防治的，可以委托病媒生物防治专业经营服务机构进行防治。

第十八条 医院、宾馆、饭店、单位食堂、集体宿舍、商场、娱乐场所、机场、港口、车站、公园等人员集中的场所，食品生产经营单位、建筑工地、农贸市场、粮库、养殖场、废品收购站、垃圾转运站、垃圾处理场、公厕等容易滋生或者栖息病媒生物的场所，应当建立健全病媒生物预防控制制度，设置病媒生物防治设施，进行经常性病媒生物杀灭工作。

第十九条 质量监督、工商、食品药品监督和卫生部门在办理食品生产、食品流通、餐饮服务或者公共场所的行政许可时，应当按照规定的职责和方式审查其病媒生物预防控制设施。对没有病媒生物预防控制设施或者病媒生物预防控制设施不符合条件的，不予许可。

第二十条 病媒生物防治应当采用科学方法，使用安全、环保、高效低毒低残留的防治病媒生物药剂，减少对人体健康和自然环境的影响。

第二十一条 从事病媒生物防治专业经营服务的，应当向市爱卫会办公室办理许可手续。市爱卫会办公室应当在法定期限内，对符合下列条件的，作出行政许可：

（一）有固定的场所和库房；

（二）有专业技术人员；

（三）有符合规定要求的病媒生物防治器械；

（四）有健全的服务和管理制度。

第二十二条 从事病媒生物防治作业的专业人员，应当参加市爱卫会办公室认可的病媒生物防治培训机构的培训，经市爱卫会办公室审核合格后，方可上岗。

病媒生物防治专业经营服务机构不得聘用不合格的人员，从事病媒生物杀灭作业。

第二十三条　市爱卫会办公室应当加强对防治病媒生物药剂和器械经营、使用的监督管理，组织专家对防治病媒生物药剂的实际应用效果进行评估，委托具备相应资质的检测机构对病媒生物的抗药性进行检测。

市爱卫会办公室应当依据评估结果和检测报告，规范用药行为。

第二十四条　销售防治病媒生物药剂和器械，应当符合产品质量的有关规范和标准，具有国家批准的药剂批号和质量合格证明，附具安全使用说明书和安全标签。

第四章　社会义务

第二十五条　各级人民政府应当组织和推动卫生城市、卫生区、卫生镇、卫生村和卫生单位的创建活动，为创建活动提供保障。

第二十六条　本市提倡全民参加爱国卫生义务劳动。各单位应当定期组织本单位职工参加爱国卫生义务劳动。

市人民政府应当在每年四月的爱国卫生月活动中，统一组织全市性的爱国卫生活动，开展爱国卫生知识宣传和对落实爱国卫生有关规定的检查。

第二十七条　单位应当建立健全卫生管理制度，定期对职工进行健康教育和科学卫生知识宣传，加强对病媒生物滋生和栖息环境的检查，配备卫生保洁设施并保证完好和正常使用，保持室内外环境卫生。

第二十八条　市民应当积极参加本单位或者社区组织的爱国卫生活动，自觉维护公共环境卫生，爱护公共卫生设施，养成文明、卫生的生活习惯。

第二十九条　公共场所的经营管理单位，应当建立健全卫生管理制度、卫生操作制度、定期检查制度和卫生责任制，保证经营场所的空气、微小气候、水质、采光、通风、照明等卫生环境和提供的用具、卫生设施，符合国家和本市规定的标准。从业人员应当定期接受健康检查，取得健康合格证后方可上岗作业。

第三十条　风景名胜区和旅游景点的经营管理单位，应当完善景区和景点内的公共卫生设施，健全卫生管理制度，做好废弃物和污水的无害化处理，保持景区和景点的环境卫生。

第三十一条　各类市场的经营管理单位，应当设置符合卫生要求的公厕、废弃物收集和给排水等设施，配备保洁人员，建立健全卫生管理制度，保持良好的卫生环境。

第三十二条　施工单位应当在施工工地设置垃圾、粪便、污水的收集处理设施，施工人员使用的宿舍、食堂、厕所应当符合卫生要求，保持良好的卫生环境。

第三十三条　区、县和乡、镇人民政府应当推动和扶持农村的改水、改厕工作，改善农村生活饮用水的卫生条件，加强生活饮用水水质监测，加快农村卫生厕所的建设，建立农村生活废弃物定时定点清运和处理系统，推广粪便无害化处理技术。村民委员会应当建设和改造本村的公共卫生设施；村民在新建住宅时，应当同时建设卫生户厕。

第五章　监督与检查

第三十四条　本市的爱国卫生工作实行部门监督与社会监督相结合、定期检查与随机抽查相结合的制度。

第三十五条　各级爱卫会办公室应当加强爱国卫生监督检查，督促本辖区内的单位和个人落实爱国卫生措施，组织开展多种形式的爱国卫生检查评审活动，定期考核爱国卫生达标情况，并向社会公布。

市和区、县爱卫会办公室应当及时了解相关行政部门执行爱国卫生相关法律、法规的情况，并向爱卫会报告。

第三十六条　单位和个人应当接受爱国卫生监督检查，对存在的问题应当在规定的期限内进行整改。

第三十七条　各级爱卫会办公室聘任的爱国卫生协管员，协助履行下列职责：

（一）宣传有关爱国卫生的法律、法规、规章和政策；

（二）对违反有关爱国卫生的法律、法规、规章的行为进行劝导、制止或者举报；

（三）协助爱卫会办公室工作人员进行爱国卫生监督检查。

爱国卫生协管员在履行职责时，应当佩带标志。

第六章　奖励与处罚

第三十八条　各级人民政府对在爱国卫生工作中做出显著成绩的单位和个人，应当给予表彰或者奖励。

对达到爱国卫生标准的区县、乡镇、街道、村庄、居民区和单位，由市或者区、县人民政府授予集体荣誉称号；对在爱国卫生单项工作中做出突出成绩的单位和个人，由市或者区、县爱卫会授予单项荣誉称号。

第三十九条　被授予爱国卫生集体荣誉称号或者单项荣誉称号的单位或者个人，在爱国卫生检查评审中弄虚作假或者经复查不符合爱国卫生标准的，由授予单位撤销其荣誉称号。

第四十条　违反本条例规定有下列行为之一的，由市或者区、县爱卫会办公室责令限期改正；逾期不改正的，按照下列规定予以处罚：

（一）违反第十六条第二款规定，未按照要求使用杀灭方法或者使用质量不合格的防治病媒生物药剂、器械的，处以一千元以上五千元以下罚款；

（二）单位违反第十七条第一款规定，未采取有效防治措施或者未消除病媒生物滋生和栖息环境，致使病媒生物密度超标的，处以五千元以上三万元以下罚款，对主要负责人处以二百元以上二千元以下罚款；

（三）单位违反第十八条规定，未设置病媒生物防治设施或者未进行经常性病媒生物杀灭的，处以二千元以上二万元以下罚款，对主要负责人处以二百元以上二千元以下罚款；

（四）违反第二十一条规定，未取得病媒生物防治专业经营服务许可或者未按照许可内容从事病媒生物防治专业经营服务的，对单位处以三千元以上三万元以下罚款，对主要负责人处以二百元以上二千元以下罚款；对个人处以五百元以上五千元以下罚款；

（五）违反第二十二条第二款规定，聘用不合格的人员从事病媒生物防治作业的，对聘用单位处以一千元以上一万元以下罚款；

（六）违反第二十四条规定，销售质量不合格的防治病媒生物药剂或者器械的，没收违法物品，对单位处以三千元以上三万元以下罚款，对个人处以五百元以上五千元以下罚款。

第四十一条　违反有关爱国卫生法律、法规和本条例的行为，其他法律、法规已有相应处罚规定的，由有关行政机关依据其他法律、法规的相关规定处罚。

第四十二条　当事人对行政处罚决定不服的，可以依法申请行政复议，或者向人民法院起诉。逾期不申请复议、不起诉又不履行处罚决定的，由作出处罚决定的机关申请人民法院强制执行。

第四十三条　爱卫会办公室工作人员在爱国卫生工作中，玩忽职守、滥用职权、徇私舞弊、索贿受贿的，由其所在单位或者上级主管部门给予行政处分；构成犯罪的，依法追究刑事责任。

第七章　附　则

第四十四条　本条例所称爱国卫生工作，是指强化全社会卫生意识，普及卫生知识，养成文明卫生习惯，增强全民卫生素质，改善卫生环境，预防和控制疾病，消除危害人类健康因素，提高全民健康水平的社会性、群众性卫生活动。

本条例所称病媒生物，是指能够携带病原体、传播人类疾病、危害人体健康的老鼠、苍蝇、蚊子、蟑螂、蚤类等生物。

第四十五条　本条例自 2007 年 9 月 1 日起施行。

天津市农村户厕改造工作管理暂行办法

一、农村户厕改造的目的和范围

第一条　为进一步加大天津市农村卫生户厕改造（简称农村改厕）工作力度，不断改善农村环境状况，控制肠道传染病与寄生虫病的发生，保障广大人民群众的身体健康，实现市委、市政府提出的率先实现现代化的奋斗目标和到 2005 年天津市农村卫生厕所覆盖率达到 60% 的目标任务，特制定本办法。

第二条　农村改厕范围。全市 12 个有农业的区（县），农业户的卫生户厕改造，及农村户厕改造的试点建设工作，均属于本办法管理范围。

二、实施步骤

第三条　各区（县）要按照市爱卫办制定的《天津市农村改厕工作：十五“计划和到 2010 年规划纲要》（津爱卫办发 [2002] 第 6 号的要求，制定出“十五”期间 2003-2005 年的三年规划和分年度实施计划，上报市市容委（市爱卫办）、市财政局。

第四条　由市市容委（市爱卫办）、市财政局安排全市每年农村改厕和试点建设计划，下达各区（县）任务，分解指标和建议改厕类型。

第五条 各有关区（县）市容委（爱卫办）。财政局按照所承担的改厕任务，认真落实改厕年度实施计划。确定改厕乡（镇）。村，填写《天津市农村改厕项目申请表》和《天津市农村改厕登记明细表》，于每年4月底前，逐级上报至市市容委（市爱卫办）、市财政局，待市市容委（市爱卫办）、市财政局批准后施工。

三、改造类型

第六条 农村改厕是指以下几种类型：

（1）污水冲三格化粪池式。

（2）自来水水冲三格化粪池式。

（3）集中下水道水冲式。

（4）符合全国爱卫办规定的其它类型。

四、补贴标准和拨付程序

第七条 市财政对每个厕所改造拨付市补助资金50元。

第八条 对实行改厕的农产，除市财政给补贴相应的市补助资金外，各区（县）要积极筹措资金，确保改厕任务按期完成。具体办法由各区（县）自行制定。

第九条 市市容委（市爱卫办）、市财政局根据各区（县）改厕项目申请，安排各区（县）当年使用的市补助资金总额，于批复各区县年度计划后下达市补助资金的50%。

第十条 市市容委（市爱卫办）、市财政局将在各区（县）自查的基础上，按照项目申请，对当年改造的厕所按照一定比例进行检查验收。对全部验收合格的去（县），下达另50%的市补助资金；对验收中未达到改造标准的项目，停止下达市补助资金，并扣回已下达的部分。

五、检查监督

第十一条 各区（县）要在完成当年的改厕任务后，组织对全部改造户厕进行检查，并按照要求填写改厕竣工验收表和工程决算表，连同当年改厕工作总结上报市市容委（市爱卫办）、市财政局。

第十二条 各区（县）对于农村改厕市补助资金要做到专款专用，不得挪用它用。当年改厕任务完成后，市市容委（市爱卫办）、市财政局将对资金使用情况进行专项检查。

第十三条 对于违反本办法管理规定，未完成计划或截留、挪用市补助资金的区（县），市市容委（市爱卫办）、市财政局将根据情况停止拨付市补助资金。

六、附则

第十四条 本办法由市市容委（市爱卫办）、市财政局负责解释。

第十五条 本办法自公布之日起执行。

第三节　行政执法证的申领与行政处罚

1998 年 7 月，天津市爱卫会办公室向市政府法制办公室提出“关于申请领取行政执法证”的申请。主要依据的是《天津市除四害管理办法》第五条中“市爱国卫生运动委员会是执行本办法的主管部门。市爱国卫生运动委员会的领导下，负责组织本办法的实施”的有关规定，市爱卫办应对本办法实行行政执法工作。

领证与佩证执法是国家法律对国家行政执法人员的规定，执法证是国家行政人员执法资格的凭证，以便在执法过程中完善除四害工作的规划，督促，检查年度目标的落实；使除四害工作得到经常化、规范化、法制化；加大除四害力度，减少疾病的发生与传播，促进国民经济与社会的发展。

1999 年 12 月，天津市爱卫办为贯彻落实《天津市除四害管理办法》，规范天津市爱国卫生系统行政处罚的规定，加大除四害工作管理力度，使爱国卫生管理工作步入法制化轨道，制定了《天津市爱国卫生管理行政处罚程序规定》《天津市除四害行政处罚标准规定》，并以天津市爱卫办津爱卫办〔1999〕40 号文件形式下发。

天津市爱国卫生管理行政处罚程序规定

第一条　为了规范天津市爱国卫生管理行政处罚行为，保障和监督市及区、县爱国卫生运动委员会办公室（以下简称爱卫办）有效实施爱国卫生管理职责，维护公民、法人或者其他组织的合法权益，依据《中华人民共和国行政处罚法》(以下简称《行政处罚法》)，制定本规定。

第二条　公民、法人或者其他组织违反爱国卫生管理有关法律、法规和规章的行为，应当给予行政处罚的，必须依照《行政处罚法》和本规定的处罚程序执行。

第三条　天津市爱国卫生运动委员会办公室（以下简称市爱卫办）为执法主体，具体负责本规定的组织、监督、检查工作的实施。各区、县、天津经济技术开发区、天津港保税区、天津新技术产业园区爱卫办等受市爱卫办的委托，在其职权范围内负责本规定的实施工作。

第四条　违法事实确凿并有法定依据的，对公民处以 50 元以下、对法人或者其他组织处以 1000 元以下罚款或警告的行政处罚的，可以当场作出行政处罚决定。当事人应依照《行政处罚法》第四十六条、第四十七条、第四十八条的规定履行行政处罚决定。

第五条　当场作出行政处罚的适用简易程序，应按下列程序规范操作：

（一）执法人员例行调查、检查或者当场作出行政处罚决定的，应当向当事人出示执法身份证件；

（二）执法人员应对现场进行认真检查，对因违反爱国卫生管理的法律、法规、规章中有关规定的，在作出行政处罚决定之前，应当事先告知当事人违法的事实，进行行政处罚的理由、依据及其享有的权利，同时进行必要的教育及技术指导工作；

（三）充分听取当事人陈述和申辩，执法人员必须制作笔录，对其提出的事实、理由、证据经复核确与事实相符合的，应当采纳；

（四）执法人员当场作出行政处罚决定的，应当认真填写预定格式、编有号码的《行政处罚决定书》，由执法人员签名或盖章，并一式两份；

（五）对于符合《行政处罚法》第四十七条、四十八条规定的，执法人员可以当场收缴罚款，除此之外的由当事人自收到《行政处罚决定书》之日起 15 日内，到指定的银行缴纳罚款；

（六）执法人员当场收缴罚款的，必须向当事人出具市财政部门统一制发的罚款收据，不出具财政部门统一制发的罚款收据的，当事人有权拒绝缴纳罚款；

（七）执法人员当场收缴的罚款，应当自收缴罚款之日起 2 日内交至所属爱卫办，爱卫办应当在 2 日内将罚款缴付指定的银行。

第六条 除《行政处罚法》第三十三条规定的可以当场作出的行政处罚外，发现公民、法人或者其他组织有依法应当给予行政处罚的行为的，应当按照《行政处罚法》一般程序进行执法工作。

第七条 适用一般程序实施行政处罚的，应按下列程序规范操作：

（一）全面、客观、公正地调查、收集有关的证据，必要时依照法律、法规的规定，可以进行检查；

（二）爱卫办及其执法人员可以通过接受举报、例行检查或突击检查，对辖区内的单位或地区的爱国卫生工作实施检查，需领导批准后进行处理的，应首先填写《立案报告》；

（三）在调查或进行检查时，执法人员不得少于两人，并应向当事人或有关人员出示执法证件，当事人或有关人员应当如实回答询问，并协助调查或检查，不得阻挠；

（四）在调查或检查过程中，执法人员应当制作《现场检查笔录》和《询问调查笔录》，制作的笔录应交当事人或有关人员阅后签名或盖章，拒绝签名或盖章的由在现场的知情人员签名后，视为执法程序合法；

（五）在执法人员在收集证据时，根据爱国卫生工作的特点，采取抽样取证（包括录像、照相、摄像等）方法，并认真填写《抽样取证凭证》；

（六）在证据可能灭失或事后难以取得的情况下，经爱卫办负责人批准，可以先行登记保存，记录填写《现场证据登记保存清单》，并应在 7 日内及时作出处理决定，在此期间，当事人或有关人员不得销毁或转移证据；

（七）执法人员与当事人有直接利害关系的，应当回避；

（八）调查终结后，区爱卫办负责人应结合《现场检查笔录》和《询问调查笔录》进行审查，根据不同情况，分别作出：予以行政处罚，不予行政处罚或者移送司法机关处理的决定；

（九）爱卫办及其执法人员在作出行政处罚决定之前，应向当事 人发出《责令改正通知书》，限期在5日内改正违法行为，5日内仍未整改，应向当事人发出《行政处罚告知书》，告知给予行政处罚的事实、理由和依据、当事人陈述和申辩的权利，并作好陈述和申辩笔录，当事人提出的事实、理由或证据，经复核确与事实相符合的，应当采纳；

（十）依照《行政处罚法》第三十八条的规定给予行政处罚的，应制作《行政处罚决定书》；

（十一）《行政处罚决定书》应在宣告后当场交付当事人，当事人不在场的，应在7日内依照《民事诉讼法》的有关规定，将《行政处罚决定书》送达当事人，当事人应在《送达回证》上签收，拒绝签收的，送达人应注明情况，并有见证人签名或盖章后，方可视为送达生效；

（十二）行政处罚执行后，执法人员应当在2日内制作结案报告，并由爱卫办负责人签章；

（十三）行政执法案件结案后，各爱卫办要按一案一档的要求，做好登记及归档管理工作，并按每季（季末25日前）一报的要求填写备案报告，上报市爱卫办备案。

第八条　当事人对行政处罚决定不服，可以在接到《行政处罚决定书》之日起60日内依法申请行政复议或在3个月内向法院提起行政诉讼。申请行政复议或提起行政诉讼的，行政处罚不停止执行，法律另有规定的除外。

第九条　行政处罚决定依法作出后，当事人应当在行政处罚决定的期限（自接到《行政处罚决定书》之日起15日）内予以履行；当事人逾期不履行行政处罚决定的，作出行政处罚决定的行政机关可以采取下列措施：

（一）到期不缴纳罚款的，每日按罚款数额的3%加处罚款；

（二）申请人民法院强制执行。

第二条　当事人在行政处罚决定的期限之后拒不履行行政处罚决定，又不申请行政复议、不提起行政诉讼，须申请强制执行的，应填写《行政处罚强制执行申请书》，并附：

（一）《行政案件举报记录》；

（二）《询问调查笔录》；

（三）《立案报告》；

（四）《行政处罚告知书》；

（五）《相对人陈述和申辩笔录》；

（六）《行政处罚决定书》（复印件）；

（七）《送达回证》；

（八）《法定代表人身份证明书》，共九则文书同时递交人民法院（天津市第一中级人民法院）。

第十一条　须申请强制执行的案例，按以下程序操作：

（一）制作《行政处罚强制执行申请书》（须正本）；

（二）将《行政案件举报记录》、《询问调查笔录》、《立案报告》、《相对人陈述和申辩笔录》、《送达回正》的正本、《行政处罚告知书》、《行政处罚决定书》的复印件一并上报天津市爱卫会办公室；

（三）天津市爱卫会办公室经调查、审核、分析、研究并作出强制执行申请的决定，由天津市爱卫会办公室报送人民法院。

第十二条 当事人确有经济困难，需要延期或分期缴纳罚款的，经当事人申请和爱卫办批准，可以暂缓或者分期缴纳。

第十三条 爱卫办应当建立健全对行政处罚管理工作的监督制度；市爱卫办对各区、县爱卫办的行政执法工作实行监督、指导、检查。

第十四条 公民、法人或者其他组织对行政机关作出的行政处罚，有权申诉或检举；行政机关应当认真审查，发现行政处罚有错误的，应及时主动地加以纠正。

第十五条 本行政处罚程序规定由天津市爱国卫生运动委员会办公室负责解释。

第十六条 本规定自发布之日起施行。

关于天津市除四害管理行政处罚标准的规定

第一条 根据《天津市除四害管理办法》（以下简称《办法》）的有关规定，制定本标准。

第二条 本标准适用在本市行政区域内的一切除四害管理和监督检查工作。

第三条 依据《办法》中第十一条、第十二条、第十三条、第十四条规定，本市除四害管理按照全国爱卫会 1997 颁布的《灭鼠、蚊、蝇、蟑螂标准》（以下简称《标准》）执行。

第四条 《标准》规定如下：

（一）灭鼠标准

1.15 平方米标准房间布放 20×20 厘米滑石粉块两块，一夜后阳性粉块不超过 3%；有鼠洞、鼠粪、鼠咬痕等鼠迹的房间不超过 2%；重点单位防鼠设施不合格处不超过 5%。

2. 不同类型的外环境累计 2000 延米，鼠迹不超过 5 处。

（二）灭蚊标准

1. 居民住宅、单位内外环境各种存水容器和积水中，蚊幼及蛹的阳性率不超过 3%。

2. 用 500ml 收集勺采集城区内大中型水体中的蚊幼或蛹阳性率不超过 3%，阳性勺内的幼虫或蛹的平均数不超过 5 只。

3. 特殊场所白天人诱蚊 30 分钟，平均每人次诱获成蚊数不过超过 1 只。

（三）灭蝇标准

1. 重点单位有蝇房间不超过 1% ，其他单位不超过 3%，平均每阳性房间不超过 3 只；重点单位防蝇设施不合格房间不超过 5%；加工、销售直接入口食品的场所不得有蝇。

2. 蝇类滋生地得到有效治理，幼虫和蛹的检出率不超过 3%。

（四）灭蟑螂标准

1.室内有蟑螂成虫或若虫阳性房间不超过3%，平均每间房大蠊不超过5只，小蠊不超过10只。

2.有活蟑螂卵鞘房间不超过2%，平均每间房不超过4只。

3.有蟑螂粪便、蜕皮等蟑迹的房间不超过5%。

第五条　凡鼠、蚊、蝇、蟑螂中任何一种的密度超过《标准》规定，且在两倍以下的，应给予警告、责令限期改正，逾期不改正的视情节轻重程度，对公民处以20元以下，对法人或其他组织处以200元以下的罚款。

第六条　凡鼠、蚊、蝇、蟑螂中任何一种的密度或防鼠设施、防蝇设施超过《标准》的规定，在两倍以上，四倍以下的，应给予警告、责令限期改正，并对公民处以30以下，对法人或其他组织处以200元至500元的罚款。

第七条　凡鼠、蚊、蝇、蟑螂中任何一种的密度或防鼠设施、防蝇设施超过《标准》规定，在四倍以上的，应责令限期改正，并对公民处以50元以下，对法人或其他组织处以500元至1000元的罚款或警告的行政处罚。

第八条　重点单位是指,《办法》第十条和全国爱卫办1997年颁布的《灭鼠、蚊、蝇、蟑螂现场考核办法》中规定的范围。

第九条　本标准由天津市爱国卫生运动委员会办公室负责解释。

第十条　本标准自发布之日起施行。

第四节　卫生标准

2006年8月18日，依照全国爱卫会2005年8月重新修订颁布的《国家卫生城市标准》，结合天津市创卫工作实际，天津市爱卫办对原《天津市市级卫生区标准》进行重新修订。在两次征求有关单位意见的基础上，再次进行了修改，并上报主管副市长同意，正式印发。

天津市市级卫生区标准

本标准依据全国爱卫会颁布的《国家卫生城市标准》和《国家卫生区标准（试行）》的有关规定，结合天津市创卫工作实际制定，作为本市各行政区开展创建“市级卫生区”活动的依据。

一、爱国卫生组织管理

1.区政府认真贯彻落实《国务院关于加强爱国卫生工作的决定》和市政府发布的《天津市爱国卫生工作管理办法》，把爱国卫生工作纳入议事日程，列入社会经济发展规划。主要领导重视，亲自抓落实。

2. 区政府积极组织开展创建卫生区活动，有计划、有方案，任务落实到社区建设工作中。各部门、各单位和广大群众积极参与爱国卫生运动和创建卫生区活动。

3. 区爱卫会组织健全，各委员部门分工明确，在爱国卫生工作和创建卫生区活动中发挥了组织协调作用。全区爱国卫生工作网络健全，责任落实，齐抓共管。

4. 区爱卫会办事机构具备与所承担的工作任务相适应的编制、人员、经费和工作条件，各街道办事处配备专职爱国卫生工作人员，社区（居委会）和各单位有兼职爱国卫生工作人员。

5. 爱国卫生工作每年有计划、有部署、有总结，资料齐全，并纳入政府工作目标管理，经常组织开展多种形式及内容的爱国卫生检查评比活动。

6. 有关部门认真办理群众卫生投诉，居民群众对全区卫生状况的满意率≥ 85%。

二、健康教育

7. 区健康教育机构健全，人员、经费落实，能够承担起业务技术指导工作的职责。

8. 全区中、小学全部开设健康教育课，开课率达到 100%。依据《学校健康教育评价方案》，自评得分 85 分以上的学校大于 85%。注重培养学生养成良好的卫生行为，学生健康知识知晓率和健康行为形成率≥ 80%；14 岁以下儿童蛔虫感染率≤ 3%。中专、中等职业学校及高等院校开展多种形式健康教育。

9. 各级医院设有卫生知识宣传栏，采取多种形式，有针对性地向病人及其亲属开展健康教育，住院病人相关卫生知识知晓率≥ 70%。

10. 各街道、社区能紧密围绕群众健康需求和卫生防病工作重点积极开展多种形式健康教育活动，有宣传阵地，有宣传工具，把健康教育与市民的文明教育结合起来。社区向群众开展健康教育每年不少于 4 次。居民健康行为形成率≥ 60%。

11. 各行业能结合本单位特点开展有关职业卫生、疾病预防、卫生保健等方面健康教育活动，职工相关卫生知识知晓率≥ 70%。

12. 区属各新闻媒体设有健康教育栏目，能紧密结合卫生防病工作和广大群众普遍关心的卫生热点问题，开展多种形式的卫生防病宣传和健康教育，对创建卫生区活动进行正确的舆论引导。

13. 机场、车站、码头、广场、商场、影剧院、图书馆等大型公共场所设立的电子屏幕和公益广告有卫生防病宣传和健康教育内容。

14. 坚持开展控烟工作。公共场所有禁止吸烟标志，建成区无烟草广告。

三、市容环境卫生

15. 认真执行国家和本市有关市容环境卫生管理法规，各级市容环境卫生管理机构健全，职责明确，管理规范，经费落实。城市综合管理监督制度健全，责任明确。

16. 区政府把市容环境卫生事业纳入经济和社会发展计划；区市容环境卫生管理部门根据城市发展总体规划，结合当地发展需要，编制本区市容环境卫生专业规划，经区规划部门综合平衡，报区政府批准后实施。

17. 市容环境卫生达到《城市容貌标准》要求。主次干道和街巷路面平整，普遍硬化，无污水坑凹，下水道通畅，无垃圾堵塞现象；道路两侧车辆停放整齐，建筑物整洁美观，无残垣断壁、乱张贴涂写和破除门窗经营现象，广告、牌匾设置规范，居民楼房阳台、屋顶整洁，无乱堆乱放、乱挂衣物等现象，阳台封闭规范；沿街单位“门前卫生清扫责任制”落实；城区无卫生死角，无违章建筑、乱设废品收购摊点、垃圾渣土暴露、乱扔乱倒和违章饲养家禽等现象，基本无随地吐痰现象。河道、湖泊等水面和岸坡清洁，无垃圾杂物。积极推行灯光亮化和美化工程，路灯亮化率≥ 95%。沿街电讯线路暴露少。

18. 建成区清扫保洁制度落实，清扫保洁率达 100% ；主干道路和重点地区保洁时间不低于 12 小时，一般道路保洁时间不低于 8 小时，小街巷做到定时清扫、随时保洁；道路机械化清扫或高压冲水率≥ 15% 。

19. 环卫设施符合《城镇环境卫生设施设置标准》要求，设备完好率≥ 95%。生活垃圾转运站或中转站布局合理，数量足够，管理规范。果皮箱及垃圾容器配备齐全，封闭清洁，周围无蝇蛆。垃圾、粪便收集运输做到密闭化，定时定点收运，日产日清，清运率达 100%，运输车辆车容整洁，不污染道路。已开展垃圾分类收集和垃圾减量化、无害化、资源化等综合利用的试点工作。

20. 公共厕所的建设和管理符合《城市公共厕所规划和设计标准》、《城市公共厕所卫生标准》要求，布局合理，数量足够，管理规范。其中，主、次干路、行人交通量大的道路沿线、公共汽车首末站、长途客运站、火车站、机场、码头、旅游景点、繁华地区和大型公共场所周围设置的公厕不低于二类标准。全区二类以上公厕比例≥ 10%。基本消灭旱厕。

21. 农副产品市场管理规范，卫生制度落实，设有专兼职卫生管理和保洁人员；从业人员个人卫生良好。商品划行归市，摊位摆放整齐，给、排水和防蝇防鼠设施完善，环卫设施齐全，有符合卫生要求的公厕和垃圾容器。经营食品的摊位严格执行《食品卫生法》和《集贸市场食品卫生管理规范》的有关规定。严格控制活禽的销售，有活禽销售的市场设立相对独立的区域，污物（水）处置和消毒设施完善，实行隔离屠宰，保持环境清洁卫生。辖区内无违禁野生动物销售，无马路市场和无证照、占道经营。

22. 建筑工地管理符合《建筑工地现场环境与卫生标准》要求，施工场地设置的隔离护栏规范，高度不低于 1.8 米；施工现场清洁，物料堆放整齐，基本无积水；建筑垃圾管理规范，设置车辆冲洗设施，全面实施密闭运输，无遗洒、滴漏和乱倒现象。职工食堂、宿舍符合卫生要求，防蝇、防鼠设施齐全；厕所、洗浴间保持清洁，基本无蝇蛆。待建工地管理到位，无暴露垃圾和乱搭乱建现象。

23. 建成区绿化覆盖率≥ 34%，绿地率≥ 29%，人均绿地面积≥ 7 平方米；制定绿地系统规划，绿线管制制度基本得到落实。对于人口密度过大的中心区，其绿化指标可适当放宽，但应积极实行立体绿化，做到见缝插绿，以提高绿化覆盖率。所属街道、小区有花、有草、有行道树，基本消除裸露地面，主要街道有适量的街头绿化美化景点，有一定园艺水平，建成一批花园式单位。

24. 生活垃圾、粪便无害化处理场建设、管理和污染防治符合国家有关法律、法规及标准要求。城市生活垃圾及粪便无害化处理率≥ 80% 。

四、环境保护

25. 全年 API 指数＜ 100 天的天数占全年天数比例≥ 70%。

26. 集中式饮用水源地水质达标率≥ 95%。

27. 烟尘控制区覆盖率≥ 90%。工业固体废物综合利用率≥ 80%，并且无（工业）危险废物排放。

28. 城市生活污水集中处理率≥ 40%。工业废水排放达标率达 95%。建成区内无超五类的黑臭水体。

29. 区域环境噪声平均值≤ 58 分贝，汽车禁鸣达到市有关规定。

30. 近三年内全区未发生特大环境污染与破坏事故，基本上无严重污染源，个别污染严重的企业已有近期搬迁计划，并且经费落实。

五、公共场所和生活饮用水卫生

31. 认真贯彻国务院《公共场所卫生管理条例》，有计划、有检查，卫生监督、检测和技术指导规范，资料齐全。公共场所卫生监督合格率≥ 90%。

32. 经营单位有有效的卫生许可证，卫生管理制度健全，设有卫生管理人员；从业人员持有有效健康体检证明和卫生知识培训合格证明，“五病”调离率 100%。各类公共场所室内外环境整洁，清洗、消毒、通风等各项卫生措施落实，从业人员操作规范，卫生指标达到国家有关标准要求。

33. 小浴室、小美容美发、小歌舞厅、小旅馆、小网吧等基本符合卫生要求。

34. 自来水厂和二次供水设施管理规范，自身和卫生监督机构监督、检测资料齐全。自来水厂水源防护、出厂水水质、管网和二次供水的公共设施及水质符合《生活饮用水卫生规范》。二次供水设施产权单位或者其委托的管理单位，应当建有水质管理制度，配备专（兼）职人员，加强水质管理，定期进行水质检测，不能进行常规检测的，应当定期将水样送至市级疾病预防控制机构进行监测。每年对各类储水设施进行两次清洗、消毒。

六、食品卫生

35. 区政府重视食品卫生工作，食品卫生纳入政府工作规划，有工作目标和措施。食品生产经营企业食品安全责任落实。

36. 认真贯彻国家有关食品卫生法律、法规，有食品卫生管理的实施计划，各项工作任务落实，卫生监督、检测和技术指导规范，有关资料齐全。食品卫生监督合格率≥ 70%。

37. 有食品安全整治方案并得到落实。有重大食物中毒事故和食品安全事件应急预案，报告体系及制度健全。全区食物中毒呈下降趋势，食物中毒原因查明率逐年提高，近两年未发生重大食品安全事故。

38. 无农产品农药、兽药及畜产品、水产品违禁药物滥用，药物残留超标基本得到控制。

39. 食品生产经营单位的生产经营活动符合有关法律、法规及标准规定，食品卫生管理制度和采购索证、进货检查验收、台帐制度、过期食品退市等项制度基本健全；食品的卫生质量、生产经营设备及设施和从业人员健康状况符合相应的卫生要求。

40. 餐饮业全面贯彻《餐饮业和集体用餐配送单位卫生规范》，实施食品卫生量化分级管理≥ 85%。机关、学校等单位食堂和建筑工地食堂的管理责任制落实并制度化。

41. 辖区内无食品生产经营单位无证照生产加工食品的行为和无固定加工、就餐场所的食品摊点。直接入口食品不得露天制作，销售食品应有防尘、防蝇设施，餐具应严格按要求清洗、消毒。小饮食店符合卫生要求。严禁无证照、占道经营。

42. 实行生猪定点屠宰，无注水肉和病畜肉上市，已开展牛、羊、禽类定点屠宰。

七、传染病防治

43. 认真贯彻《中华人民共和国传染病防治法》，疾病预防机构建设达到规定要求。工作有计划，有检查，有关资料齐全。

44. 医疗机构设有负责传染病管理的专门部门和人员，有健全的控制院内感染、疫情登记和报告制度，门诊日志齐全。二级以上综合医院设立感染性疾病科，其它医院设立传染病预检分诊点，并设有预防传染病和健康教育的宣传栏。

45. 医疗废弃物、医源性污水的处理排放符合国家有关要求。依照有关法规对消毒药、械、一次性医疗卫生用品的生产、销售进行监督管理。

46. 一级以上医疗机构实行传染病及突发公共卫生事件网络直报，疫情报告及时，处理规范。医疗机构法定传染病漏报率＜ 3%。

47. 计划免疫实行按周门诊制度，接种规范，安全注射率 100% 。流动人口计划免疫管理措施落实，居住期限 3 个月以上流动人口儿童建卡、建证率≥ 90% 。儿童计划免疫单苗、四苗及乙肝疫苗全程接种率≥ 90% 。

48. 采供血（浆）机构的工作符合规范要求。临床用血 100%来自无偿献血，其中自愿无偿献血≥ 90%。无有偿献血。

49. 重大疾病控制按期完成国家规划要求，近两年无甲、乙类传染病爆发疫情，无脊髓灰质炎病例发生，无院内感染引起的重大疫情或导致的死亡事故。

八、病媒生物防制

50. 区、街道办事处有专（兼）职病媒生物防制工作人员，各部门分工明确，责任落实，工作经费有保证。

51. 在鼠、蚊、蝇、蟑螂等病媒生物防制工作中，坚持以环境治理为主的综合防制方针，各项环境治理措施完善，符合国家有关标准和规范要求，滋生地得到有效治理。在化学防治中，注重科学合理用药，不使用国家禁用的药物。

52. 病媒生物防制工作资料完整，能够充分反映日常工作开展情况。积极开展病媒生物监测工作，方法规范，数据可靠，能够基本反映病媒生物危害的现状，为开展防制工作提供科学依据。

53. 通过综合防制，鼠、蚊、蝇、蟑螂等病媒生物得到有效控制，有两项达到全国爱卫会规定的标准，另两项不超过国家标准的三倍。已通过市爱卫办组织的考核验收。

九、社区和单位卫生

54. 社区和单位有卫生管理组织和卫生管理制度，有专（兼）职的卫生干部，有适应工作需要的活动经费；认真落实市、区部署的爱国卫生和创建工作任务，认真组织广大居民和职工搞好环境卫生和绿化美化，积极开展专项综合整治、单位内部卫生达标和创建市容环境卫生先进街、卫生社区活动。工作有计划、有总结，资料齐全。

55. 社区和单位有专人负责清扫、保洁，卫生状况良好，道路硬化，路面平整，下水道通畅，无积存的污水，无违章建筑，无乱堆乱放乱贴乱画现象。环卫设施完善，生活垃圾收集基本做到密闭化，定时定点收运，日产日清；公共厕所达到三类以上标准，符合卫生要求。病媒生物防制措施落实，鼠、蚊、蝇、蟑螂密度基本控制在国家标准规定的范围内。

56. 社区市场、饮食摊点等商业服务设施设置合理，管理规范，无乱摆乱卖现象。食品生产经营单位认真按照《食品卫生法》要求，做好生产经营管理。饲养宠物和鸟类能够遵守有关规定，进行免疫接种，粪便不污染环境，无违章饲养家禽家畜。社区绿化美化好，可绿化面积绿化率＞50%。

57. 单位室内卫生整洁，会议室及公共活动室有禁烟标志，无烟具及吸烟迹象，公用茶具有消毒设施。职工食堂符合国家有关食品卫生法律、法规要求。单位绿化美化好，可绿化面积绿化率＞80%。驻区单位卫生工作纳入社区统一管理。

58. 社区卫生服务机构设置符合规范要求，并能充分发挥作用。

十、城中村及城乡结合部卫生

59. 有卫生保洁人员和制度。

60. 有卫生宣传栏，本村村民健康知识知晓率≥60%。

61. 环卫设施齐全、布局合理，生活垃圾基本做到密闭收集运输，日产日清，清运率100%。有污水排放设施。公厕数量达标，符合卫生要求。

62. 路面平整干净，无坑洼、积水及泥土裸露。村内无乱搭乱建、乱堆杂物、乱摆乱卖、乱拉乱挂、乱停乱放、乱贴乱画、乱扔乱倒等现象。无违规饲养畜禽。

63. 病媒生物防制措施落实，“四害”密度基本控制在国家标准规定的范围内。

64. 农产品交易市场、“五小行业”管理及环境保护符合有关规定。

65. 城乡结合部卫生整洁，无乱排污水、乱倒垃圾、乱堆物料、乱建棚屋、乱开店铺、占路摆卖等现象。废品回收点设置合理，管理规范。

2005 年 5 月为贯彻落实《全国爱卫会关于进一步开展创建国家卫生镇活动的通知》（全爱卫发〔2003〕3 号文件精神），推动天津市创建卫生镇，活动的深入开展，提高农村卫生环境的整体水平，根据《国家卫生镇标准》，结合天津的实际状况，制订《天津市市级卫生镇标准》和《天津市市级卫生镇考核命名及管理颁发》。

天津市市级卫生镇标准

本标准按照全国爱卫会 2003 年颁布的《国家卫生镇标准》，结合天津市实际情况制定，作为本市各建制镇开展创建“市级卫生镇”活动的依据。

一、爱国卫生组织管理

1. 镇爱卫组织健全，委员部门分工明确，责任落实。爱国卫生工作有计划，有检查、有总结、资料齐全。有日常工作办事机构，人员、经费、任务落实，并具备与工作任务相适应的工作条件，爱国卫生工作成效显著。

2. 创建卫生镇工作纳入镇发展规划，列入镇政府议事日程，创建工作有计划、有方案，建立长效管理机制，以镇带村，整体发展。

3. 爱国卫生基础组织和工作网络健全。经常组织开展多种形式的卫生检查评比活动。充分发动群众参与创建卫生镇活动。

二、健康教育

4. 按照《亿万农民健康教育促进行动规划》要求，开展多种形式的健康教育活动。

5. 中、小学健康教育开课率达到 100%。

6. 居民卫生知识知晓率达 80% 以上，卫生行为形成率达 50% 以上。

7. 医院、社区等设有固定的健康教育宣传栏或板报，定期举办卫生讲座，向社会、病人和家属以及社区群众开展健康教育。

8. 新闻媒体积极宣传普及卫生防病知识，定期播出健康教育节目，引导健康生活方式；对创建卫生镇活动进行宣传报道和舆论监督。

9. 依照《天津市公共场所禁止吸烟条例》积极开展控烟工作，主要公共场所设有禁烟标志，镇区无烟草广告。

10. 有各项健康教育工作的效果评估。

三、环境卫生

11. 镇区规划合理，环境整洁，路面平整，硬化率和人行道铺装率均达90%以上；镇容美观有序，无乱搭乱建、乱设摊点、乱堆乱放、乱泼乱倒、乱圈乱占现象，无污水外溢和垃圾暴露。

12. 沿街标语、广告、门牌、门匾灯箱设置规范完整，无乱贴乱画、乱吊乱挂现象。

13. 施工工地文明施工。施工场地设置高度不低于1.8米的隔离护栏；建筑工地出入口有防止车辆污染措施；宿舍、食堂符合卫生要求；临时厕所经常保持清洁，基本无蝇蛆。

14. 镇区有专业保洁队伍；环卫设施布局合理，街巷垃圾容器、果皮箱封闭、整洁，无垃圾暴露和蝇蛆；垃圾日产日清，清运率达100%，进行定点卫生处理；主干道路清扫保洁率达100%，一般道路和胡同里巷每日清扫，定时保洁；单位“门前卫生清扫责任制”落实，单位内部卫生达标。

15. 集贸市场卫生设施完善，管理规范。有上、下水及防蝇、防鼠设施；有符合卫生要求的公厕，垃圾容器数量足够；有专（兼）职卫生管理及保洁人员，垃圾日产日清；商品划行规市，摊位摆放整齐，环境整洁。

16. 镇有垃圾、粪便无害化处理总体规划；依照相关标准建设和管理公厕，公厕布局合理，数量足够，设有专人管理，清洁卫生，粪便基本做到无害化处理，水冲式公厕比例≥80%。

17. 镇区绿化覆盖率≥30%，人均绿地面积≥6平方米。积极实行立体绿化；基本消除裸露地面；主要道路绿化美化好。

18. 镇区内禁止放养家禽牲畜。

四、环境保护

19. 按照国家及市有关规定编制环境规划，并认真实施，建立相应的工作制度。

20. 环境质量。大气总悬浮颗粒物年平均值不超过0.20毫克/标准立方米；二氧化硫年平均值不超过0.06毫克/标准立方米；饮用水源水质达标率不低于95%，地面水水质达标率达100%。

21. 污染控制。建成区噪声达标区覆盖率不低于50%；烟尘控制区覆盖率达100%；工业废水排放达标率不低于90%；医源性污水集中处理、排放达到国家标准；工业固体废弃物综合利用率不低于80%，并无危险废物排放；医源性废弃物焚烧处理率达100%。

有条件的镇要建有集中生活污水处理场，暂时没有条件的要有规划目标和相应措施。

22. 认真贯彻执行环保政策和法律法规；近三年内未发生重大污染事故或重大生态破坏事故。

五、除四害工作

23. 有专（兼）职除四害工作人员；各部门分工明确，责任落实，经费有保证。

24. 在除四害工作中，坚持以环境治理为主的综合防制方针，各项措施完善，“四害”滋生地得到有效控制。在化学防治中，科学合理用药，不使用国家禁用的药物。

25. 除四害工作资料完整，工作有方案、有检查、有总结，“四害”密度监测资料齐全，能够充分反映日常工作开展情况。

26. 灭鼠工作达到全国爱卫会规定的标准，已通过市爱卫办组织的考核鉴定；蚊、蝇、蟑密度不超过标准的三倍。

六、食品卫生

27. 认真贯彻《中华人民共和国食品卫生法》，有计划、有检查，卫生监督、监测和技术指导规范，资料齐全。镇区连续三年无重大食物中毒事故发生。

28. 食品生产、加工、经营单位和食堂有有效的卫生许可证，有卫生管理制度，从业人员持有有效健康证，经培训上岗，“五病”调离率达 100%。

29. 食品生产、加工企业产品检验合格后出厂，定型包装产品的标识合格率达 100%。

30. 镇区内各类餐饮店、食堂，有专用餐具消毒、保洁设施，操作规范；防尘、防蝇、防鼠及上下水设施齐全，并达到标准。

31. 食品摊贩做到亮证（卫生许可证、健康证）经营，制作食品过程符合卫生要求，有防蝇、防尘设施，使用工具售货。

七、公共场所及生活饮用水卫生

（一）公共场所卫生

32. 认真贯彻国务院《公共场所卫生管理条例》，有计划、有检查，卫生监督、监测和技术指导规范，资料齐全。

33. 各类公共场所有卫生许可证，有卫生管理制度。直接为顾客服务的从业人员持有效健康合格证，并培训上岗，“五病”调离率达 100%。

34. 旅店、美容美发、歌舞厅、公共浴室消毒和通风设施完善；旅客床上用品做到一客一换；文化娱乐场所、美容美发、公共浴室的工具、用品、杯具做到一客一换一消毒；公共浴室、游泳池有禁止性病、皮肤病人进入标志。

（二）生活饮用水卫生

35. 镇区自来水普及率达 95% 以上；近三年未发生因饮水污染导致的疫情。

36. 镇区集中式供水单位应符合《生活饮用水集中式供水单位卫生规范》。厂容整洁卫生，绿化、美化；水源水符合《生活饮用水水源水质标准》（CJ3020—1993）；有健全的管理、消毒制度和操作规程；对出厂水进行检测，检测资料齐全，保证出厂水和末梢水水质合格率达 90% 以上。

37. 二次供水单位应加强水质和卫生管理，其供水设施应符合国家《二次供水设施卫生规范》要求，对各类储水设施定期进行清洗消毒，有记录；水箱水质定期进行检测，资料齐全。

38. 卫生部门按要求对自来水厂和二次供水设施进行卫生监督管理，有关资料及各种报表齐全，水质合格率在 95% 以上。

八、疾病预防与控制

39. 认真贯彻《中华人民共和国传染病防治法》，有制度，有措施，资料齐全。近两年无甲、乙类传染病爆发疫情，无医院内感染引起的传染病暴发疫情和死亡事故。

40. 医疗机构按规定配置传染病管理监督员，法定传染病无漏报、迟报。按要求开设肠道门诊，建立健全门诊日志，无缺漏项。有健全的控制院内感染、疫情登记和月自查、月核对以及培训制度。

41. 医疗机构配备专职网络直报录入人员。卡片录入时限在 24 小时内。

42. 计划免疫实行按周门诊制度；儿童计划免疫四苗及乙肝疫苗全程接种率达 85% 以上；免疫接种规范，安全注射率 100%。免疫接种门诊符合《天津市计划免疫规范化接种门诊建设实施细则》中要求的规范标准或示范标准。

43. 贯彻《职业病防治法》，企业劳动卫生符合国家规定要求。

九、社区卫生

44. 有健全的卫生管理制度，能够结合市、区（县）爱国卫生和创建工作任务，积极开展专项综合整治、卫生检查评比和创建卫生户活动。

45. 环境整治，道路硬化，路面平整，无污水积存；开展多种形式绿化，绿化、美化好；车辆摆放整齐，无违章搭建；楼道内、院落公共部位整齐，无乱堆乱放、乱贴乱画、乱设摊点现象；无违章饲养家禽家畜。

46. 社区卫生服务达到“六位一体”（即：医疗、预防、保健、康复、计划生育技术指导、健康教育）要求，工作成效明显。

47. 环卫设施完善，社区道路有专人清扫，生活垃圾日产日清；公共厕所基本达到三类以上标准，符合卫生要求。

十、镇辖村卫生

48. 镇辖村自来水普及率达 80% 以上；卫生户厕普及率达 60% 以上。

49. 市级卫生村达到镇辖村的 20% 以上。

50. 农村道路平整，环境整洁。

51. 庭院清洁，物品堆放整齐，村民有良好的卫生习惯。

52. 家禽牲畜实行圈养，村内无散放牲畜、家禽。

十一、民意测验

53. 随机访问足够量的当地居民和外来人员，听取群众意见，满意率达 80% 以上。

天津市市级卫生镇考核命名及管理办法

本办法按照全国爱卫会 2003 年颁布的《国家卫生镇考核命名办法》，结合天津市实际情况制定，作为本市各建制镇开展创建“市级卫生镇”活动考核鉴定的依据。

一、申报

1. 申报采取自下而上逐级推荐、逐级考核的办法进行。申报镇应严格按照《天津市市级卫生镇标准》的要求，积极开展创建工作，自查合格后向上一级爱卫办推出书面申请。

2. 区、县爱卫办负责组织对申报镇进行检查考核。经考核各项指标合格的，以文件形式向市爱卫办推荐，推荐时间为每年 8 月底以前，推荐资料包括区、县考核验收意见、申报镇创建工作方案、总结汇报材料等。

二、调研

3. 市爱卫办接到区、县爱卫办推荐申请后，组织有关专家对申报材料进行审核，并根据审核结果决定是否进行调研。

4. 市爱卫办适时采取暗访、明查相结合的方式组织进行可行性调研。凡实际情况与申报材料不符，基本条件不完备，日常卫生管理较差的申报镇，应继续开展创建活动。

5. 市爱卫办将根据申报镇的实际情况，适时组织全面调研帮助指导。全面调研视情况可能是一次或多次。

三、考核

6. 市爱卫办对基本达到要求的申报镇，将在最后一次全面调研帮助指导后，适时组织考核鉴定。

7. 考核鉴定将听取申报镇创建工作汇报；查阅有关文档、技术资料等；采取随机抽查的方式进行现场检查。

四、命名

8. 对达到《天津市市级卫生镇标准》基本要求的申报镇，由市爱卫会予以命名。

五、管理

9. 市级卫生镇不是终身制。区、县爱卫办应加强对“市级卫生镇”的管理，定期组织复查，每年底将有关情况报市爱卫办。

10. 市爱卫办采取明查或暗访的方式，不定期组织复查，并通报复查结果。对工作滑坡明显、群众反映强烈的，将给予通报批评。

11. 凡连续两次受到市爱卫办通报批评，工作仍无改进的“市级卫生镇”，将撤销其荣誉称号。

2009 年 12 月，为促进天津市农村爱国卫生工作的深入开展，进一步提高创建市级卫生村的工作水平，市爱卫办以津爱卫办发〔2009〕61 号文件印发《天津市级卫生村标准》和《天津市级卫生村考核命名及管理办法》。要求各有关区、县爱卫办在区县党委和政府领导下，按照标准和《考核命名及管理办法》，以实事求是、积极稳妥的原则，结合本区县的工作实际，积极开展卫生村的创建活动，使农村卫生整体环境进一步得到改善，使更多的行政村进入市级卫生村行列。

天津市级卫生村标准

一、组织管理

1. 村领导重视爱国卫生工作，爱国卫生组织健全，有专（兼）职人员负责，将爱国卫生工作纳入村委会议事日程。

2. 有健康教育、环境卫生、改水改厕、病媒生物防治（除四害）等工作管理制度，并得到较好落实。

3. 有专（兼）职卫生管理人员，清扫保洁人员能够满足需要，卫生检查措施落实。

4. 积极组织开展多种形式和内容的爱国卫生活动，成效显著，资料齐全。

二、健康教育

5. 有专（兼）职人员负责健康教育，有固定的健康教育宣传栏，内容定期更换。

6. 按照《亿万农民健康促进行动规划》，开展多种形式的健康教育与健康促进活动，积极向村民宣传普及自我保健和卫生防病知识，村民有良好的个人卫生习惯。

7. 积极开展控烟活动，村内无烟草广告。

三、环境卫生

8. 村容整洁，管理规范。无违章棚亭，无乱堆乱放；生活垃圾日产日清，集中处理，清运率达100%。

9. 村内及周边道路整洁，无积水，无露天粪堆，无暴露垃圾，无乱贴乱画。

10. 河塘、沟渠水面清洁、无异味，岸坡整洁、无垃圾杂物。

11. 农户居室内外整洁，物料码放整齐有序，庭院环境清洁，居室、厨房、厕所洁净。

12. 家禽家畜圈养，人畜分离，圈舍内外清洁，粪便及时清除，处理符合相关要求。

13. 村内无乱摆乱卖。农贸（集）市场管理有序，无外溢，环卫设施齐全，有专人清扫保洁，垃圾及时清运，环境整洁。

四、除害防病

14. 定期开展病媒生物防治活动，坚持综合防治措施，滋生地得到有效治理，“四害”密度得到有效控制，不使用国家禁用的药物。

15. 儿童计划免疫率达到95%以上，近两年未发生甲、乙类传染病暴发疫情。新型农村合作医疗参合率达100%。村社区卫生服务站（卫生室）达到《农村社区卫生服务站建设标准》，运行管理规范。

16. 餐饮、食品店和食品制售行业的卫生管理符合《食品安全法》规定，近两年未发生重大食品安全事故。美容美发、洗浴等公共场所的卫生管理，符合《公共场所卫生管理条例》要求。

17. 环境保护工作符合有关规定。近两年未发生特大环境污染与破坏事故。

五、基础设施

18. 村建设规划合理。有生活垃圾收集、清运设施，垃圾容器密闭有盖，布局合理，数量足够，周围清洁。

19. 水冲式公厕数量≥ 50%；公厕有专人管理，厕内地面硬化、设施完好，村幼儿园、小学公厕应设洗手设施，厕内及周边清洁，无蝇蛆，无臭味，粪便及时清掏，并进行无害化处理。

20. 自来水普及率或改水受益率达到100%；供水厂、站有健全的管理制度和操作规程，责任落实，供水正常，水质定期监测，符合国家《生活饮用水卫生标准》(GB5749–2006)。

21. 无害化卫生户厕普及率达90%以上，建设规范，管理使用符合要求。

22. 村内道路平整，主要道路硬化，排水等基础设施较为完善。主要道路两侧绿化、美化较好，有相对集中的绿化、美化景观。

天津市市级卫生村考核命名及管理办法

一、基本条件

1. 申报村应为行政村，须取得区、县卫生村称号一年以上。

2. 自来水普及率或改水受益率达到100%；无害化卫生户厕普及率达90%以上。

二、申报

市级卫生村采取自下而上逐级推荐、逐级申报的办法进行。

（一）材料

1. 区、县爱卫办申报市级卫生村的请示；

2. 区、县爱卫办命名区、县级卫生村文件；

3. 市级卫生村申报表。

（二）程序

1. 申报市级卫生村，要严格按照《天津市市级卫生村标准》自检合格后，向所属乡、镇、街提出申请，经乡、镇、街验收合格后，向区、县爱卫办提出书面推荐申请。

2. 区、县爱卫办对乡、镇、街推荐的申报村，检查验收合格后，向市爱卫办提出推荐申请。申报时间为每年10月31日前，10月31日以后申报的，视为下一年度申报。

3. 市爱卫办接到区、县推荐申报后，组织考核验收。

三、考核命名

1. 考核。市爱卫办对区、县爱卫办推荐的市级卫生村首先进行材料审核，并适时组织考核验收。考核验收包括资料检查和现场考核两部分。

2. 命名。市爱卫办对考核验收达到《天津市市级卫生村标准》基本要求的申报村，命名为天津市市级卫生村，并颁发荣誉奖牌。对在创建工作中成绩突出的村和个人由当地政府或区、县爱卫办给予表彰奖励。

四、监督管理

1. 已命名的市级卫生村，要积极做好巩固和提高工作。区、县爱卫办应经常采取明查暗访的方式进行监督检查，如发现长效管理明显下降，群众意见较大的村，要限期整改，逾期仍达不到要求的，应申请撤销其荣誉称号。区、县爱卫办每年 11 月底前，应向市爱卫办上报市级卫生村的管理情况报告。

2. "市级卫生村"不是终身制，市爱卫办每年将组织对命名满三年的市级卫生村进行复审。先由区、县爱卫办进行复查，对复查合格的市级卫生村，于每年 6 月底前向市爱卫办提出复审申请。市爱卫办将于每年下半年对区、县申报的市级卫生村进行复审，经复审合格的市级卫生村予以重新确认，对管理不善，卫生状况明显下降的村，给予一年的整改期限，再次进行复审，对仍不合格的，撤销其荣誉称号。

3. 被撤销市级卫生村荣誉称号的行政村，经整改达标并巩固一年后，方可重新按程序申报市级卫生村。

2010 年 7 月，为贯彻落实天津市颁布的《天津市爱国卫生工作条例》(津发〔2007〕18 号)，加强单位内部卫生管理，结合食品安全法等有关法律法规的颁布和天津市单位卫生工作的实际情况，市爱卫办对 2005 年颁发的《天津市单位卫生标准》，重新进行修订。以津爱卫办发〔2010〕12 号文印发，要求在加强单位日常卫生管理，创建卫生达标准单位，评选市级卫生红旗单位、先进单位中执行。

天津市单位卫生标准

一、爱国卫生组织管理

1. 认真贯彻市人大颁布的《天津市爱国卫生工作条例》，爱国卫生组织和各项卫生管理制度健全。

2. 积极开展单位内部卫生达标活动和创建卫生先进单位、卫生红旗单位活动。工作有计划、有检查、有总结，资料齐全。

3. 按照建设健康城市的标准，积极开展创建健康单位活动。

4. 按照《单位卫生达标考核实施细则》要求，达到 80 分以上的单位为卫生达标单位。

二、健康教育

1. 积极开展健康教育工作，广泛宣传科学的卫生保健知识。

2. 依法开展控烟活动，积极劝阻吸烟，有明显禁烟标志，设立禁烟区、无烟办公室或吸烟室。

3. 提倡文明健康的生活方式，教育和引导干部群众养成良好的卫生习惯，提高自我保健能力。

三、环境卫生

1. 门前环境卫生责任制落实。

2. 院内环境整洁，地面平整，无坑凹破损，下水道畅通，无积存污水。

3. 院内无违章建筑，无乱堆乱放、乱写乱画、乱贴乱挂随地吐痰现象。

4. 各类车辆分类停放，整齐有序。

5. 环卫设施齐全，绿化、美化好，单位花园、绿化小品有一定园林水平，可绿化面积绿化率 90%。

6. 厕所设施要达到三类以上标准，标志规范、明显。

7. 厕所有卫生保洁制度，设专人负责保洁，内外环境干净整洁，无异味、无杂物有防蝇设施。

8. 果皮箱设置充足，摆放地点适宜，完好无破损。

9. 垃圾容器整洁，无满冒外溢，垃圾储、运密闭化，定时定点收运，垃圾日产日清。

四、室内卫生

1. 室内卫生整洁，设施、物品摆放整齐有序，门窗玻璃干净无破损，屋顶、墙壁无塔灰，无尘网。

2. 地面清洁无尘、无痰迹、无烟蒂、无纸屑。

3. 楼梯、走廊、洗漱间、宿舍清洁卫生，无废弃物和卫生死角。

4. 会议室及公共活动室有禁烟标志，无烟具和吸烟迹象，公共茶具有消毒设施。

五、食品卫生

1. 严格执行《食品卫生法》，操作间、餐厅、食品专用间、食品库房环境整洁无尘，防尘、防蝇、防鼠设施齐全。

2. 直接入口的食品不得露天制作，食品应生熟分开，标志明显。

3. 有餐具消毒制度，餐具应严格按要求清洗、消毒。

4. 垃圾容器摆放位置合理，清洁无满溢，密闭收运。

5. 从业人员应定期进行岗位卫生知识培训，个人卫生符合标准。

6. 无集体性食物中毒。

六、病媒生物防治

1. 积极开展病媒生物防治活动，防治措施落实。

2.“四害”滋生地得到有效控制，不使用违禁灭鼠药品和高毒杀虫剂。

3. 鼠、蝇、蚊、蟑螂密度，应基本控制在国家标准规定的范围之内。

部队的单位卫生，按照中央均为的有关规定执行。

第五节　创建工作导则

天津市创建卫生镇工作导则

为统一规范卫生镇创建工作，依据全国爱卫办和天津市爱卫办印发的《国家卫生乡镇（县城）标准》和《天津市市级卫生镇标准》等文件精神，特制定卫生镇创建工作导则：

一、卫生镇创建工作标准和法规依据

1.《天津市市级卫生镇标准》和《天津市市级卫生镇考核命名及管理办法》；

2.《国家卫生乡镇（县城）标准》和《国家卫生乡镇（县城）考核命名和监督管理办法》；

3.《天津市爱国卫生工作条例》；

4.《天津市市容和环境卫生管理条例》；

5.《中华人民共和国环境保护法》；

6.《中华人民共和国食品安全法》；

7.《中华人民共和国传染病防治法》；

8.《生活饮用水卫生监督管理办法》；

9.《公共场所卫生管理条例》；

10.《文化娱乐场所卫生标准》（节选）；

11.《公共浴室卫生标准》（节选）；

12.《理发店、美容店卫生标准》（节选）；

13.《旅店业卫生标准》（节选）。

二、工作原则

1. 创建市级卫生镇或国家卫生乡镇（县城），创建的范围是指有农业、行使乡镇政府职能，并具有独立财政的乡、镇、街。

2. 创建市级或国家卫生镇的乡、镇、街，都必须经过申报、调研、考核、命名和管理五个环节。在调研环节中，需根据创建乡、镇、街实际情况，要进行多次调研和帮助指导，通过帮助指导、整改、提高和再指导、再整改、再提高的过程，使之能够达到创建标准的基本要求。

3. 按照创建市级卫生镇或国家卫生乡镇（县城）标准的内容，所涉及的职能部门较多，专业性较强，虽然以乡、镇、街为创建主体，但因其职能和执法权限所限，无法独立完成创建工作。因此，区、县党委和政府领导的重视程度，区、县爱卫办的协调能力和各相关职能部门的配合协作程度，以及创建乡、镇、街党委、政府的决心和工作力度，都将决定卫生镇、街创建的成败，缺一不可。

4. 要组织各单位、各部门、各层面人员认真学习，深刻理解标准和有关文件精神；加大宣传，达到家喻户晓，人人皆知；制定创卫计划和工作实施方案。

三、创建要点

一个中心：以民为本。

二个积极性：领导与群众。

三个基础：决策与政策、机构与机制、人员与经费；

四个重点：农贸市场、城中村、旧居民小区和流动人口聚集地、“五小”行业（食品安全）、窗口单位、铁、公路沿线（水系治理）与商业闹市区；

五个要素：政策、规范、投入、保障、宣传。

四、市级卫生镇创建工作步骤

（一）入门条件

市级卫生镇、街的入门条件：一是所辖20%的行政村为市级卫生村；二是病媒生物得到有效控制，其中鼠密度达标，且蚊、蝇、蟑密度不得超过国家标准的三倍；三是卫生户厕普及率达60%以上。

（二）申报

市级卫生镇、街的申报，采取自下而上逐级推荐、逐级考核的办法进行。

1. 决定创建市级卫生镇的乡、镇、街，要依照标准，结合本乡、镇、街的实际（硬件和软件），认真制定创建规划和实施方案，并报区、县爱卫办备案。

2. 各区、县爱卫办，要根据乡、镇、街的创建规划和实施方案，认真做好区、县创建计划和工作安排，确定工作重点，在加强对乡、镇、街创卫工作（含资料）指导，做好“五小”等行业本底调查的同时，积极争取区、县有关领导的大力支持，努力协调各相关职能部门，按照《标准》，全力以赴地帮助创建乡、镇、街做好各职能部门的创卫工作。

3. 在乡、镇、街开展创建卫生镇工作过程中，各区、县爱卫办，要积极做好病媒生物防制工作的帮助和指导，并可根据其开展创卫工作的实际情况，提前对病媒生物防制工作进行检查考核，并适时以文件形式向市爱卫办提出病媒生物单项达标验收申请。

4. 创建市级卫生镇的乡、镇、街，要在区、县爱卫办和各职能部门的帮助指导下，积极开展创建工作，广泛宣传，全面动员，加大投入和工作力度，严格按照《标准》要求，自里至外进行全方位的治理和规范，并举一反三地认真组织自查，自查合格后向区、县爱卫办提出书面申请。

5. 各区、县爱卫办接到申请后，要根据乡、镇、街创建工作的进展情况，负责组织有关部门，按照《标准》，对申报的乡、镇、街进行现场检查考核，提出考核意见，经考核各项指标合格的，以文件形式再向市爱卫办推荐。推荐资料包括区、县爱卫办推荐申报乡、镇、街的申请文件，考核验收综合评价意见、申报乡、镇、街的创建工作方案、总结汇报材料等。

（三）调研

1. 市爱卫办接到区、县爱卫办推荐申请后，组织有关专家对申报材料进行审核，并根据审核结果决定是否进行调研。

2. 对通过材料审核的申报乡、镇、街，适时采取暗访和明查相结合的方式进行可行性调研。凡实际情况与申报材料不符，基本条件不完备，日常卫生管理较差的申报乡、镇、街，应继续开展创建活动。

3. 对通过可行性调研的申报乡、镇、街，市爱卫办将根据其开展工作的实际情况，适时组织全面调研帮助指导，并提出问题和整改意见。全面调研可能是一次或多次，调研次数的多少，取决于申报乡、镇、街各项创卫工作的进展与标准要求的相差程度，以及对调研时提出问题的整改情况。

（四）考核

市爱卫办对达到标准基本要求的申报乡、镇、街，将在最后一次全面调研帮助指导后，适时组织考核鉴定。考核鉴定听取申报乡、镇、街创建工作汇报，查阅有关文档、技术资料等，采取随即抽查的方式进行现场考核。对通过市级卫生镇考核的乡、镇、街，作出综合评价意见，并建议市爱卫会予以命名。

（五）命名和管理

依照《天津市市级卫生镇考核命名及管理办法》（津爱卫办发〔2005〕16号文件）中的相关规定执行。

五、国家卫生乡镇（县城）创建工作步骤

（一）入门条件

国家卫生乡镇的入门条件：一是申报乡、镇、街必须是被省级爱卫会命名2年以上的市级卫生乡、镇、街（县城）；二是申报乡、镇、街所辖30%行政村为市级卫生村；三是病媒生物得到有效控制，其中鼠密度达标，蚊、蝇、蟑密度至少有一项达到国家规定的标准，其他项不超过标准的三倍；四是无害化卫生户厕普及率≥70%，其中学校无害化卫生户厕普及率≥80%。

（二）申报

国家卫生乡镇（县城）的申报，采取自下而上逐级推荐、逐级考核的办法进行。

1. 决定创建国家卫生乡镇（县城）的市级卫生乡、镇、街，要在巩固市级卫生镇、街成果的基础上，按照标准要求，对各项创卫指标中的硬件建设和软件管理进行深入细致的研究和分析，

认真制定出切实可行的创建规划和实施方案，报区、县爱卫办备案，并付诸实施。

2. 各区、县爱卫办，要根据创建乡、镇、街的创建规划和实施方案，努力协调各相关职能部门，按照标准要求，加强对创建乡、镇、街各项创卫工作（含资料）的指导和帮助，并在创建工作过程中，积极帮助做好病媒生物防制工作，加强指导和监督，根据开展创卫工作的实际，适时以文件形式向市爱卫办提出病媒生物单项达标复验和验收申请。

3. 创建乡、镇、街要在区、县爱卫办和各职能部门的大力帮助指导下，确定工作重点，积极主动地开展创建工作，在进一步加快基础设施建设的同时，要进一步加大管理工作力度，完善长效管理机制，按照标准要求进行自查，自查合格后向区、县爱卫办提出书面申请。

4. 各区、县爱卫办接到申请后，负责组织有关部门，按照标准，对申报乡、镇、街进行现场检查考核，并根据各相关部门对该乡、镇、街各项创卫工作作出的评估报告，提出综合评价意见。经考核各项指标合格的，以文件形式向市爱卫办推荐。

（三）调研、考核和命名

按照《国家卫生镇乡（县城）考核命名和监督管理办法（试行）》的规定，省、自治区、直辖市爱卫会负责组织对申报乡、镇（县城）、街进行调研、考核，全国爱卫办组织专家进行认定，全国爱卫会予以命名。

1. 省爱卫办接到区、县爱卫办推荐申请后，组织有关专家对申报材料进行审核，对通过材料审核的申报乡、镇（县城）、街，适时采取暗访和明查相结合的方式进行可行性调研。通过可行性调研后，市爱卫办将根据其工作开展的实际情况，适时组织一次或多次全面调研帮助指导，提出问题和整改意见。

2. 省爱卫办对基本达到标准要求的申报乡、镇（县城）、街，将在最后一次全面调研帮助指导后，适时组织考核验收，作出综合评价意见，并向全国爱卫会推荐。推荐时间为每年 6 月底以前。

3. 全国爱卫办接到各省、自治区、直辖市爱卫会推荐报告后：

一是，首先组织专家对推荐资料进行评审，视资料审核情况确定是否进行现场抽查；

二是，对通过资料审核的乡、镇（县城）、街，指定专家组采取暗访或明查的方式进行现场抽查。并对当地群众进行随访，听取意见；

三是，国家卫生乡镇（县城）考核命名每 3 年为 1 个周期。周期内每年进行申报、评审。对通过资料评审、现场抽查和专家组确定已达到《国家卫生乡镇（县城）标准》基本要求的乡、镇（县城）、街，全国爱卫办于第三年第四季度集中社会公示和命名。

（四）监督管理

依照《国家卫生镇乡（县城）考核命名和监督管理办法》中的相关规定执行。

（五）推荐资料

1. 乡、镇（县城）、街的申报资料包括：

（1）已获省级命名卫生乡镇（县城）的文件；

（2）申报乡镇（县城）的相关本底资料，包括区域、地理位置、人口、社区、乡镇辖村及经济、社会发展情况。建成区规划图和交通地图；

（3）申报乡镇（县城）的创建工作规划、计划、实施方案、工作汇报；

（4）爱国卫生卫生组织管理机构设置和人员组成情况；

（5）健康教育、环境卫生、环境保护、病媒生物防制、食品安全、生活饮用水及公共场所卫生、传染病防治、社区卫生、乡镇辖村卫生等各项工作完成情况及上一级主管部门出具的证明材料；

2. 区、县爱卫办向市爱卫办推荐资料包括：

（1）区、县爱卫办推荐申报乡镇（县城）、街的申请文件；

（2）区、县爱卫办对申报镇乡（县城）、街的考核综合评价意见；

3. 省爱卫办向全国爱卫办推荐资料包括：

（1）省爱卫会推荐报告；

（2）省爱卫会办公室基础评估意见；

（3）已获省级卫生乡镇（县城）、卫生村命名的有关文件；

（4）省爱卫会办公室组织的群众满意度测评情况；

（5）申报乡镇（县城）相关申报资料；

（6）考核验收通知和专家组签字表以及病媒生物防制单项达标文件。

天津市创建卫生村工作导则

为统一规范卫生村创建工作，依据天津市爱卫办2009年修订的《天津市市级卫生村标准》和《天津市市级卫生村考核命名及管理办法》等文件精神，特制定卫生村创建工作导则。

一、卫生村创建工作标准和法规依据

1.《天津市市级卫生村标准》及《天津市市级卫生村考核命名及管理办法》；

2.《天津市爱国卫生工作条例》；

3.《中华人民共和国食品卫生法》；

4.《公共场所卫生管理条例》；

5.《文化娱乐场所卫生标准》；

6.《公共浴室卫生标准》；

7.《理发店、美容店卫生标准》；

8.《旅店业卫生标准》。

二、申报条件

1. 卫生村的创建工作，包括区、县级卫生村和市级卫生村。各区、县爱卫办按照本区、县制

定的卫生村标准，对所辖乡、镇、街申报的区县级卫生村进行考核验收和命名。市爱卫办负责对各区、县申报的市级卫生村，依据市爱卫办 2009 年修订的《天津市市级卫生村标准》和《天津市市级卫生村考核命名及管理办法》进行考核验收和命名；

2. 区、县级卫生村申报条件，由各区、县自行制定；

3. 市级卫生村申报条件：一是行政村，二是卫生户厕普及率≥ 90%、卫生公厕≥ 50%，三是已被命名为区、县级卫生村满一年以上。

三、申报程序

1. 区、县级卫生村的申报，由所在乡镇街向区、县爱卫办提出书面申请，区、县爱卫办和申报村所属乡、镇、街，共同对其进行帮助指导。对达到《区、县级卫生村标准》基本要求的，由区、县爱卫办对其进行考核验收和命名。已被命名一年以上的“区、县级卫生村”，同时，卫生户厕普及率≥ 90%、卫生公厕≥ 50% 的，具备申报“市级卫生村”资格。

2. 对申报市级卫生村的行政村，采取逐级推荐，逐级考核的办法进行。各区、县爱卫办要严格按照《天津市市级卫生村标准》，对申报村进行指导和考核，经考核各项指标合格的，以文件形式向市爱卫办推荐。

3. 市级卫生村的申报，按照随时申报，随时验收的原则，市爱卫办在考核验收时，对未达到《标准》要求的申报村，提出整改意见令其整改，当年内可再次进行复验，无需再次提交申报资料。需在当年验收的申报村”，申报资料的截止日期为 10 月 31 日前。

4. 申报市级卫生村的资料包括：

（1）“区、县级卫生村”命名文件；

（2）区、县爱卫办推荐“市级卫生村”的请示文件，后附详细的乡镇街及行政村名称。对曾经申报，但需再次复验的行政村，应在行政村名称后注明；

（3）填报《天津市市级卫生村申报表》（对曾经申报，但需再次复验的行政村，不需再次进行填报）；

四、考核验收

1. 市爱卫办接到各区、县爱卫办申报资料后，适时组织考核验收，采取正式通知，随机抽查的方式进行。

2. 市级卫生村的考核验收，包括现场和资料两部分。现场检查，除外部整体环境卫生外，重点对生活垃圾收集运输、垃圾容器密闭、保洁队伍的建立、公厕保洁、违章棚亭、村内市场规范经营和管理、居民住宅及企业、单位（含村委会）内部卫生状况、家禽家畜圈养、设立健康教育宣传栏、合作医疗农民入保比率，以及餐饮店食品卫生等情况进行检查。资料检查，主要内容包括组织机构的建立、长效管理措施和各种管理制度的制定，以及是否真正落实等情况。

第三章　行政审批

《天津市爱国卫生工作条例》自2007年5月23日天津市第十四届人大代表常委会第37次会议通过后，于9月1日施行。其中第二十一条规定，对从事病媒生物防治经营服务的，应经天津市爱国卫生运动委员会办公室（简称爱卫办）办理行政许可手续，为此市爱卫办致函天津市政府法制办，请按照有关规定，对市爱卫办的行政许可资格予以明确，以便爱卫办与市行政许可服务中心商洽进驻事宜。经研究协商，市政府法制办同意市爱卫办的行政许可主体资格，进驻行政许可服务中心，并在市市容委窗口接件。

2007年8月，天津市爱卫办依据《天津市爱国卫生工作条例》有关规定，结合工作实际，制定《天津市病媒生物防治专业经营服务行政许可实施办法》，并（津）爱卫办发〔2007〕38号文，下发通知，要求各区县爱卫办，各委、办、局有关单位，市疾病预防控制中心，市卫生除害管理站，各病媒生物防治专业经营服务单位依照执行。

天津市从事病媒生物防治专业经营服务行政许可实施办法

第一条　为规范病媒生物防治专业经营服务行政许可证的申请与发放，保障有效实施病媒生物防治经营服务监督管理，维护正常的病媒生物防治经营服务秩序，依据《天津市爱国卫生工作条例》第二十一条规定，制定本办法。

第二条　单位和个人从事病媒生物防治专业经营服务活动的，应当向天津市爱国卫生运动委员会办公室（以下简称市爱卫办）提出申请，批准后方可从事病媒生物防治专业经营服务活动，并承担病媒生物防治责任。

第三条　凡申请从事病媒生物防治专业经营服务活动的，应当符合有关标准和规范，并具备下列条件：

（一）有固定的场所和库房；

（二）有专业技术人员；

（三）有符合规定要求的病媒生物防治器械；

（四）有健全的服务管理制度。

第四条　申请从事病媒生物防治专业经营服务需要提交下列相关资料：

（一）《营业执照》原件及复印件；

（二）经营场所产权证明（涉及租赁关系的，提供租赁合同）复印件；

（三）专业作业人员技术职称证明原件及复印件；

（四）各项管理制度、技术规范及防治措施或方案等；

（五）药剂和器械配备情况说明书。

第五条　提出病媒生物防治经营服务许可申请的，应当按照下列法定程序办理：

（一）收受许可申请人提交的申请材料，核对申请材料；

（二）发现材料不齐全或不符合法定形式的，5 日内一次性书面告知申请人需要补正材料的全部内容；

（三）送达许可申请受理书面凭证。送达不予受理书面凭证，并说明理由；

（四）对许可事项涉及到第三人重大利益的，书面告知申请人、利害关系人陈述和申辩权利。告知要求听证权利；

（五）按法定程序组织听证会；

（六）重大许可事项经批准延期办理的，书面告知申请人延长期限办理及延期理由；

（七）送达行政许可决定（许可证或核准文件），申请人签收，或送达不准予行政许可决定，告知理由和诉讼权利，申请人签收。

第六条　办理病媒生物防治经营服务许可手续内部工作流程，应当遵照下列规定：

（一）经办人员依照法定条件，审查许可项目申请材料，签署初审意见；

（二）需要征求其他部门或本单位相关处（科）意见的，征求意见；

（三）许可岗位（处、科）负责人签署审核意见；

（四）重大许可项目决定，应提交领导班子集体研究决定。需要延期审理时限的，依法报请有关领导报批；

（五）制作行政许可决定；

（六）主要领导批准许可决定书。许可决定（许可证或核准文件）加盖公章；

（七）整理行政许可项目卷宗，及时归档；

（八）按时进行行政许可项目的统计与分析。

第七条　市爱卫办自受理申请之日起 12 日内作出准予或不予许可的决定。凡作出准予许可决定的，市爱卫办应当在 10 个工作日内颁发《病媒生物防治专业经营服务许可证》。

第八条　从事病媒生物防治专业经营服务许可证有效期为两年。需要从事病媒生物防治专业经营服务的应当在期满前 30 日内重新申请办理行政许可手续。

第九条　获准从事病媒生物防治经营服务后遗失《从事病媒生物防治专业经营服务许可证》的，应当自遗失之日起 30 日内向市爱卫办申请补办。

第十条　作出准予行政许可决定后，市、区（县）爱卫办应当对从事病媒生物防治专业经营服务情况实施监督检查，并填写《监督检查记录》，由监督检查人员签字后归档备查。

第十一条　有下列情形之一的，应当依法注销从事病媒生物防治专业经营服务行政许可证：

（一）从事病媒生物防治专业经营服务行政许可证有效期届满未延续的；

（二）从事病媒生物防治专业经营服务单位依法终止的；

（三）从事病媒生物防治专业经营服务行政许可证依法被撤销、撤回或者依法被吊销的；

（四）依法应当注销从事病媒生物防治专业经营服务行政许可证的其他情形。

第十二条 本办法自公布之日起施行。

2007年《天津市从事病媒生物防治专业经营服务行政许可实施办法》发布后，市爱卫办制定《天津市病媒生物防治专业经营服务机构暂行管理办法》，强调该办法执行的具体问题，由市爱卫办尽责解释。天津市病媒生物防治专业经营服务机构暂行管理办法的内容是：

第一条 为加强天津市病媒生物防治专业经营的服务机构的管理，提高其防制水平，使本市内外环境的有害生物得到有效控制，保障人民身体健康，根据有关规定，结合本市实际情况，特制定本办法。

第二条 本办法所称病媒生物防治专业经营的服务机构是指在室内外环境对鼠、蚊、蝇、蚂蚁、跳蚤及其他危害人体健康、影响人们生活的有害生物进行预防和控制，并收取服务费用的单位。

第三条 本市对从事病媒生物防治专业经营的服务机构实行行政许可证制。凡在本市辖区内从事此类服务的机构（含外埠及国外进津从事服务的机构）均应遵守本办法。

第四条 市爱国卫生运动委员会办公室（以下简称爱卫办）负责本办法的具体实施。

第五条 凡在本市区（县）范围内从事病媒生物防治专业经营的服务机构（包括外埠及国外进津从事服务的），均应向天津市爱卫办办理病媒生物防治专业经营服务的行政许可证，并接受市爱卫办对其服务效果的监督和检查。

第六条 行政许可证不得租借或转上，如服务项目、服务范围、人员构成、营业地点等内容有变化，需要修改或补充，需向市爱卫办重新办理备案。

第七条 病媒生物防治专业经营服务机构应有固定的办公用房，有健全的管理规章和服务规范。制定有效防制方案，严格按技术要求操作，保证被服务单位有害生物密度等指符合国家控制标准。

第八条 病媒生物防治专业经营服务机构的管理人员和从业人员应当参加市爱卫办认可的病媒生物防治培训机构的培训，经市爱卫人审核合格后方可上岗。进行防治服务时，防治机构必须向被服务单位出示本市工商营业执照、病媒生物防治专业经营服务的行政许可证，从业人员必须佩戴本人培训合格证上岗。

第九条 病媒生物防治专业经营服务机构必须使用安全、环保、高效低毒低残留的、具有国家标准的药剂批号和质量合格证明，并具有安全使用说明书和安全标签的产品。在全市除害活动中，应按全市统一规定的方法，实施有效的控制措施。不得使用国家禁止使用的药、械或无证产品。各类药物的存储要有安全固定库房，有专人保管，并建立出入库等管理登记制度。

第十条 病媒生物防治专业经营服务机构应积极参与全市除四害活动，有义务完成市或区

（县）爱卫办下达的社会公益性除四害任务。自觉接受爱卫办和市疾病预防控制中心的监督监测管理。在服务中切实遵循质量至上、公平竞争的原则，禁止使用一切不正常竞争手段。服务期间应与被服务单位签定合同书，明确双方责任和义务。

第十一条 接受病媒生物防制服务的单位或个人应向服务机构索要工商营业执照、病媒生物防治专业经营服务的行政许可证、和从业人员培训合格证，并对服务质量和服务效果进行监督，对服务质量不满意的可向市爱卫办投诉。

第十二条 对违反本办法的下列行为，由市爱卫视情节分别予以通报批评、限期整改和处罚。

（一）有偿消杀后的场所有害生物密度未达到国家控制标准；

（二）不按规定使用药、械；

（三）逾期未办理病媒生物防治专业经营服务的行政许可证手续；

（四）拒绝接受监督、检查、监测、管理。

第十三条 本办法执行中的具体问题，由市爱卫办负责解释。

第十四条 本办法自 2007 年 9 月 1 日起执行。

2009 年 1 月市爱卫办根据市政府的有关要求，对“病媒生物防治专业经营服务”行政许可要件的容做以调整，将《天津市爱国卫生工作条例》第二十一条调整为“从事病媒生物防治专业经营服务的，应当向市爱卫会办公室办理许可手续。市爱卫会办公室应当在法定期限内，对符合下列条件的做出行政许可。

（一）有固定的场所和库房；

（二）有专业技术人员；

（三）有符合规定要求的病媒生物防治器械及管理制度。

截至 2009 年 11 月，对全市 74 个有关机构进行了行政许可。为了提高杀灭效果和消杀质量，保证病媒生物防治的安全性，建议：

1. 对从事病媒生物防治专业经营服务企业行政许可的现场勘察，由行政许可处和爱卫处共同参与，以行政许可处为主，爱卫处为辅。

2. 建议行政许可处设专人负责此项工作，并由爱卫处负责对该同志进行行政许可所涉及的病媒生物防治有关内容的培训。同时，该同志要经常参加爱卫处举办的各类病媒生物防治培训班，以不断提高病媒生物防治的专业知识水平，为行政许可工作奠定专业技术方面的基础。

3. 根据《关于重新申请病媒生物防治专业经营服务行政许可的通知》要求，对于重新办理行政许可的企业，按照全国爱卫会颁布的病媒生物控制标准，在签约的合同单位中随机抽查 2 至 3 个，对其作业现场进行检查。该项工作由爱卫处和行政许可处共同完成，以爱卫处为主，行政许可为辅。行政许可处应提前 2 个月将需要进行作业现场检查的企业名单报爱卫处，以便于适时组织有关人员进行检查，其检查结果报行政许可处，作为重新许可的依据之一。

第八篇

中心城区爱国卫生工作

天津市辖区分为中心城区，其中包括：和平区，河西区，南开区，河东区，河北区，红桥区。原塘沽区，汉沽区，大港区，现统称为滨海新区。环城四区包括：东丽区，西青区、津南区，北辰区。远郊区包括：武清区，宝坻区，蓟州区，静海区，宁河区。因此，在章节的划分中将中心城区和滨海新区列为第八章，将环城四区和远郊区列为第九篇。

第一章　和平区

第一节　机构设置

1952年3月，区卫生委员会由各有关部门领导组成，由区长任主任委员，各派出所管界普遍建立了卫生分会，并按行业系统，成立了各行业卫生委员会。在街道、行业卫生委员会以下，普遍建立了基层卫生小组。

1953年，为改变旧社会遗留下来的城市脏乱面貌和预防美帝国主义发动细菌战争，和平区爱国卫生运动委员会（简称爱卫会）成立。爱卫会下设爱卫办，设在区人民委员会卫生科，负责日常工作。

1958年，以和平区人民委员会卫生科为基础成立区卫生局，区爱卫办设在卫生局，人事关系由卫生局代管，日常工作受爱卫会主任领导。

1966年至1972年，“文化大革命”期间，区爱卫会及其办事机构瘫痪。

1972年3月，区爱卫会重新恢复工作，爱卫办仍设在区卫生局。

1980年，区爱卫办正式定编为区政府工作机构，始设爱卫会专职副主任兼爱卫办主任一名，办公地点在和平区政府。

1983年10月，区爱卫办与区市容办合署办公

1984年，区爱卫办与区市容管理委员会合署办公。

1989年7月，根据天津市人民政府《关于调整加强我市各级爱卫会办事机构的通知》精神，区爱卫办与区市容委分开办公，在区政府主管区长直接领导下开展工作。

1996年10月30日，和平区委、区政府印发《和平区党政机构改革实施意见》，在区政府机构设置变动的单位中，爱国卫生运动委员会办公室，规格为副处级，挂靠在市容管理委员会。

2001年，按照津和党〔2001〕82号《关于印发〈和平区市容管理委员会职能配置内设机构

和人员编制意见〉的通知》，区爱卫办与区市容委合并，区市容委加挂爱国卫生运动委员会办公室牌子，区市容委建立爱国卫生管理科。

2010年按照津和党〔2010〕93号《关于印发〈和平区市容和园林管理委员会主要职责内设机构和人员编制规定〉的通知》，区爱卫办与区市容园林委合并，区市容园林委加挂爱国卫生运动委员会办公室牌子，区市容园林委建立爱国卫生管理科。

第二节　编制与职责

一、和平区爱国卫生委员会

根据和平政〔2010〕55号文件《关于调整和平区爱国卫生运动委员会成员的通知》，决定对和平区爱国卫生运动委员会成员进行调整，设主任1名，常务副主任1名，副主任2名，成员20名。委员会下设办公室，办公室主任1名。

主要职责：

1. 贯彻执行国家和天津市爱国卫生工作方针、政策和法规；拟定落实全区爱国卫生工作的有关规章制度。

2. 拟定并组织实施全区爱国卫生事业的发展规划、目标及年度工作计划。

3. 负责组织全区“除四害”工作；督促全区各部门“除四害”年度工作目标的落实，组织实施考核、验收工作；组织全区除害业务培训，进行科学管理；做好全区消毒除害药械的统一管理。

4. 组织、推动全区各机关、团体和企事业单位的爱国卫生工作，开展单位卫生达标活动。

5. 组织开展全区爱国卫生宣传和健康教育活动，动员社会参与，开展群众性卫生监督。

6. 组织、协调有关部门落实区内有关疫情、中毒事故等突发事件的防范措施和治理方法。

7. 组织、协调开展创建国家卫生城区活动。

8. 承办区委、区政府和市、区爱卫会交办的其他事项。

二、各街爱国卫生运动委员会

根据津和编〔2009〕8号《关于规范设置各街道爱国卫生运动委员会及办事机构的通知》，各街道爱国卫生运动委员会及办事机构设主任1名、副主任1名。下设办公室，主任1名、专职干部1名。

主要职责：

1. 贯彻执行国家和天津市爱国卫生工作的方针、政策、法规，组织实施区爱国卫生工作的有关规章制度。

2. 根据区爱国卫生事业的发展规划、目标和年度工作计划，制定并组织实施本地区爱国卫生事业发展规划、目标和年度工作计划。

3. 按照职责分工，组织本地区各单位和广大群众积极开展创建国家卫生区活动。

4. 负责组织本地区开展多种形式和内容的爱国卫生活动。督促检查辖区内各单位爱国卫生年度工作目标的落实。组织搞好考核评比工作及业务培训。

5. 组织本地区各单位和广大群众积极开展病媒生物防制活动。

6. 完成区爱卫会交办的其他工作任务。

第三节　除害消杀队伍

1985 年 4 月，根据天津市政府津政发〔1985〕54 号文件，和平区成立了爱卫办除害消毒管理总站，简称“区消毒站”。消毒站是民办公助的群众性除害消毒组织，其中心任务就是贯彻落实市、区爱卫会的除害消毒工作安排，负责街道除害消毒和监督检查驻街单位并采取有偿服务办法，协助单位消毒，杀灭蚊蝇。

一、消毒站的组织

1. 消毒站分区站和街站。各街消毒站于 1985 年 5 月建立，街站成立后其人员、经费、业务受区站领导和管理。至 1994 年，街站与区站脱钩，人、财、物均由各街管理，区站对街站为工作指导关系。

区站设有长年的管理人员（均为社会招聘）2 名。2001 至 2008 年消毒站人员配置 4 人（合同工），2009 年至 2010 年人员增至 7 人（3 名为事业编，4 名合同工）。2007 年建立病媒生物监测站，同年与消杀管理站合署办公。

六个街道办事处消毒站各设有站长（社会招聘）1 名，消毒员是临时的季节工，每年从 4 月份至 10 月份招聘 10 名左右人员从事消毒工作。

2. 区、街消毒站经费由两部分组成。一是每年区政府拨付固定经费；二是由有偿服务的收入补贴消毒经费不足。

二、主要任务

1. 负责居民区外环境公益性的消毒，在完成居民区消毒的情况下，开展除害消毒有偿服务。

2. 负责调查蚊、蝇滋生地的处数、面积，并保留底册。

3. 负责对单位和居民区的“除四害”工作检查、监督、指导。

4. 负责鼠、蟑、蚊、蝇的密度监测工作。

5. 按时上报四害密度报表。

6. 除四害工作面向社会、面向企业、面向居民，以技术、信誉、质量赢得社会的认可，更好地服务于除四害工作。

三、消毒站的管理制度

区消毒站建立以来，制定了一系列规章制度，并于1998年在以往各项制度的基础上，归纳为《除害消毒工作考核达标评比标准》，以此对各街消毒站全年工作进行考核。

第四节 重大事件和活动

一、组织爱国卫生活动

1952年度和平区的卫生工作主要是配合抗美援朝，动员全区人民开展了爱国卫生运动，提出的口号是“消灭细菌战”。当年全区共清除废弃盆、罐、水缸4万余个，封树洞1700多个，灭蚊54万余只、蝇730万只、鼠15000余只，堵鼠洞36000余个。处理家禽家畜：猪1019头，鸡6829只，鸭204只，犬750只。

1959年开展以除害灭病为中心的群众性爱国卫生运动，共组织了以整顿市容、改善环境卫生、灭蚊灭蝇、劝阻随地吐痰为主要内容的八次战役，十三次全民突击活动，发动群众达350余万人次。全年共清除积存垃圾废土25万余吨，乱堆乱放物品9万4千余吨次，拆除违章建筑600余间，填垫坑洼1万2千余平方米。

1960年，人民体质受到三年经济困难时期影响，发生了一些疾病，如肝炎、浮肿、子宫脱垂等，需要营养、休养，以保持体质，以利恢复健康和生产。这时爱国卫生运动步入实质性防病工作中，将卫生预防、保健、休养有机结合。当年对一些传染性较大的烈性病，对外以代号称之，避免不良影响。“02”当时是副霍乱代称，一旦发现一例，立即隔离治疗。三年经济困难时期和平区在各部门的共同努力下，做到了大灾之后无大疫。

1976年唐山大地震波及天津市，和平区为重灾区，致使70%的房屋遭到不同程度的破坏，十万居民住在马路上，搭盖临建棚近万间，生活垃圾、污水严重影响了城市卫生。为此，区爱卫会发动群众大搞卫生，清理脏乱死角，坚持每天对外环境及房杂土和垃圾堆进行消毒，当年清运垃圾杂土10余万吨。控制了各种传染病的流行，做到了大灾之后无大疫。同年，开展以灭蚊蝇为重点的春季爱国卫生运动，搞好环境卫生。

1981年按全国统一规定，每年4月为“文明礼貌月”，主要活动内容是治理脏、乱、差，包括居民区、住户、各行各业的卫生，也有工业“三废”治理等内容，有任务，有检查，逐级落实。自此，每年的春季爱国卫生运动以此为开端，发动群众治理脏乱差。1989 年天津市将每年 4 月定为“爱国卫生月”，至 2010 年已开展了 22 个爱国卫生月活动。

1983 年，全区开展了评比卫生先进街、卫生先进胡同里巷、卫生之家“三评”活动，逐年按季评比检查。根据 1952 年 10 月 10 日，天津市卫生工作领导机构制订并颁布的《爱国卫生运动评奖模范办法》，和平区机关卫生检查活动开始于 1953 年。

1984 年开始，区直属机关划片分组按季由区爱卫办组织检查评比，此项活动一直延续到 2010 年，推动了机关卫生逐年上水平和创建文明机关活动的开展。

1999 年至 2001 年，区爱卫办全员投入区综治办，参与了三年综合治理城市环境秩序工作。并将爱国卫生工作纳入全区综治工作一项内容。

2002 年，和平区开展了除害灭蟑达标社区居委会工作，区爱卫办对创建灭蟑达标工作进行了考核验收，和平区六个街道办事处上报的三分之一社区居委会灭蟑工作全部达标。同年，区爱卫办在抗震纪念碑，组织开展了纪念爱国卫生运动五十周年，以春季灭鼠和除害防病为主要内容的爱国卫生宣传日活动，动员全社会共同参与爱国卫生运动。

2003 年，围绕防“非典”工作，以社区消毒队伍为基础，以专业消毒人员为骨干，每天对 93 个居民区环境卫生和居民区外环境 11222 个点位坚持全方位、多层次的消毒，消毒率达到 100%。

2004 年，组织开展了防治高致病性禽流感环境专项治理活动，重点对违章饲养家禽和集贸市场销售活禽的治理，并加强了市容环境管理。

2005 年，围绕创建市级卫生区，加强了爱国卫生组织管理，深入开展除四害达标活动。

2006 年至 2009 年，和平区爱卫办组织、推动创建国家卫生区工作，加强了爱国卫生组织管理，开展了灭鼠、灭蟑、灭蝇、灭蚊达标区工作。

2010 年，和平区爱卫办完成了全年鼠密度、蟑密度、蚊密度、蝇密度的各项监测工作，并实现网上直报。配合达沃斯论坛在天津市召开，对和平区定点的六家酒店、11 家特色餐饮及 2 家茶馆进行病媒生物防治跟踪检查，确保鼠、蚊、蝇、蟑密度符合要求。

二、除四害活动

群众性爱国卫生运动，其中除四害是一项重要任务。

1952 年爱国卫生运动开始，大搞环境卫生和预防传染病，开展了灭蚊、蝇，捕鼠，清除蚊蝇滋生地，堵鼠洞工作。

1953 年 7 月，区爱卫会成立后，主要任务是清理环境卫生，除四害，大搞消毒防疫。全区开展了夏季爱国卫生运动，通过大搞卫生，做到了全区苍蝇密度锐降。

1956 年 3 月 25 日至 4 月 20 日，在全区范围内开展了一次春季以灭苍蝇、老鼠、臭虫、麻雀为内容的除四害活动。9 月 10 日至 30 日，又开展了秋季爱国卫生突击活动，发动中小学生和广大职工群众开展挖蛹，以“灭小、灭早”来消灭蚊蝇滋生地。在蚊蝇生长期实行“人手一拍”，进行捕打。

1957年中国共产党八届三中全会对爱国卫生运动，明确指出其任务和目的是：除四害，讲卫生，消灭疾病，振奋精神，移风易俗，改造国家。当时四害包括蚊、蝇、鼠、麻雀。同年，和平区开展了以街和行业系统为单位的群众性的除四害达标活动。

1958年1月14日，天津市人民委员会向全市人民发出“行动起来，痛歼‘四害’（苍蝇、蚊子、麻雀、臭虫）”的号召。同年，天津全市190余万人由凌晨至深夜进行了一场大规模的捕雀歼灭战。宣传捕雀的目的是消除鸟与人争粮、毁粮之害。房上、树上、地下皆是人群，一齐鸣锣击鼓，惊的麻雀满天飞，无停息之地，直至疲累坠地被捕杀。和平区捕雀887只，新华区捕雀1604只。4月20日，天津市举行第二次捕雀战役。全市120余万人从凌晨开始围捕麻雀。和平、新华、城厢等区组织4万人到张贵庄、双林农场、津塘公路等处参加捕雀。

1959年7月8日，天津市委、市人委决定从当日起立即在全市范围开展一个大规模灭蝇灭蚊的突击运动。和平区按系统召开干部会议进行动员。同日，区委制定《关于开展1959年夏季灭蝇、灭蚊、防痢突击运动方案》，要求全区普遍行动起来，按各系统、各单位制定卫生制度，使卫生工作经常化。7月11日，和平区内设立多处宣传站，组织500多医务人员向广大群众宣传灭蝇灭蚊的重要意义，并进行技术指导。另一方面，组织业余戏剧团体演出文艺节目向群众做宣传。8月7日，和平区3万多人在中心广场举行灭蝇灭蚊誓师大会，提出大干56天，掀起消灭蚊蝇、讲究卫生、消灭疾病的新高潮。会上，区委书记李杰作了具体部署，全区各街、各系统、工厂、医务工作者及消毒队员代表纷纷向大会递交挑战书、保证书和决心书，表示消灭蚊蝇的决心。8月10日至12日，在连续3天的灭蝇灭蚊的战役中，和平区共出动34万人次，对和平区5700多处蝇蚊滋生地进行消毒、烟熏，面积达63万平方米，取得很大效果。通过春、冬两次捕鼠战役，共灭鼠4万余只，堵鼠洞9375个，出现了22个无鼠公社（1958年大兴人民公社，因此居委会都改为人民公社）和11个无鼠街。全年灭雀653只。

1980年3月和平区爱卫会、团区委、教育局联合发出通知，组织中、小学生开展挖蛹活动，进入夏季又组织中小学生开展卫生宣传和捕灭蚊蝇活动，要求把全区蚊、蝇、鼠密度降下来，控制和消灭几种传染病，坚决防止副霍乱病爆发流行。1980年8月，中央爱卫会发出《关于开展秋冬季灭鼠活动的通知》。

1985年，和平区爱卫会对消毒除害工作进行了改革，使之走向经常化、制度化、科学化，12个街道办事处统一建立了除害消毒管理站，招聘季节性专业消毒员和管理人员60余人，以民办公助、承包收费的办法进行灭蝇消毒工作，每年4—9月份为集中消毒灭蚊蝇时间，控制滋生地，突出重点行业和地区，加强社会管理，采取捕打、器械和药物消毒方法，使区内大部分地区苍蝇密度大幅度下降，并得到有效控制。这种模式一直延续到2000年，区内灭蚊蝇工作实现了网络化管理。

1987 年 2 月 23 日至 4 月 30 日和平区开展了灭鼠活动，历经组织培训、宣传、投药、复查、测定等各阶段的工作，最后测定区平均鼠密度由灭前的 8.74% 下降到 0.18%。这次活动历时 2 个多月，发动区、街、居委会和各个单位的指挥部办事人员、投药员及机关干部 1 万余人，投药 94 吨，收集和销毁死鼠 2 万只，“四无”（无鼠粪、鼠洞、鼠迹、鼠患）低于规定标准。并于 5 月 20 日经过天津市灭鼠指挥部技术鉴定委员会考核，专家组深入四个街道办事处 1200 户居民住户和 20 个重点行业户，以及机关、企业、学校等 8 个一般单位检查测定，其结果平均鼠密度为 0.0125%，环境和室内“四无”检查合格，确认和平区灭鼠达标。11 月 4 日和平区代表天津市接受国家爱卫会专家组的考核鉴定，考核组抽查南营门街和民园街及南市食品街，共计检查 4 个居委会 224 户、食品行业 64 户、一般单位 21 户，查看粉格 3202 块，踏格率为 0.031%。另在检查中也验看了环境，专家询问了群众有关灭鼠情况，结果满意，确认灭鼠达标。

1997 年，鉴于鼠密度较高，群众反映强烈，天津市政府发出在天津市开展集中灭鼠活动的通知。和平区于 8 月 14 日至 10 月 16 日开展了大规模群众性灭鼠活动，经市有关部门联合检查验收，鼠密度明显下降，达到国家爱卫会规定标准，各项指标均符合要求。此次灭鼠全区共投放鼠药 46 吨，清理鼠尸 1 万余只，投药覆盖率达 95%。

1999 年，认真组织开展了“爱国卫生月”活动。结合不同季节，针对不同时期的防治重点，组织了春季灭鼠、夏季灭蝇、除害防病、消毒除害活动，有效地控制了鼠、蚊、蝇、蟑螂的密度，减少了各类传染病的发生。

2000 年，围绕区综治工作，重点开展了春季灭鼠和第十二个“爱国卫生月”活动。4 月份开展投药灭鼠，区内共投药 8.9 吨，使鼠密度由 9.2% 降到 2%，有效地控制了鼠密度；夏季百日灭蝇用药 3 吨，使蝇密度得到控制。同时，动员驻区各企业、事业单位、部队、医院、学校，积极参与市容环境清整活动，以保持单位内、外环境，经常性的干净整洁。

2001 年，按照天津市爱卫办的统一部署，结合不同季节，针对不同时期的防治重点，组织了春季灭鼠、夏季灭蚊蝇等除害防病、消毒除害活动，组织了第十三个“爱国卫生月”活动，全区共投放灭鼠药 15 吨，粘鼠板 4000 块，外环境灭蚊蝇药 2 吨，有效地控制了全区鼠、蚊、蝇、蟑螂的密度，减少了各类传染病的发生。

2002 年，结合不同季节，针对不同时期的防治重点，组织开展了春季灭鼠、夏季灭蝇、秋季灭蟑、防害灭病、除害消毒和爱国卫生月等活动，全年共投放灭鼠药 26 吨、灭蚊蝇药 4 吨，有效地控制了鼠、蚊、蝇、蟑螂的密度，大大推动了全区各单位的卫生面貌改变。

2003 年，组织开展了冬春季灭鼠、夏季灭蚊蝇、秋冬季灭蟑螂活动，鼠密度下降 1 个百分点，达到国家规定标准；牵头组织居民区外环境防非典消毒和除四害消杀工作，有效阻断了疫情的传播。

2004年，组织开展了和平区冬春季大规模灭鼠活动，投放各类灭鼠药品8吨，通过天津市爱卫办检查表明，鼠密度由灭前的8.63%，下降至0.71%，灭效率达91.77%，达到了国家规定的鼠密度标准；组织开展了夏季灭蚊蝇活动，向各街消毒站发放灭蚊蝇药品2.5吨，对全区垃圾箱桶、垃圾通道、化粪井、防空洞、地下室等5313处13326平方米的重点地区、重点部位进行了消杀，有效地控制了蚊蝇密度，防止夏季传染病发生；组织开展了全区灭蟑螂活动，全区共投放灭蟑螂粒饵剂329公斤，喷洒滞留药物606公斤。

2005年，在冬春季灭鼠活动中，培训灭鼠骨干1500余人，发放宣传材料2万余份，出板报50块，共投放鼠药13吨，粘鼠板1300块。9月1日至7日和平区组织了新一轮的强化性全覆盖投药活动，共投放灭鼠药55吨，粘鼠板1000块，购置用于防鼠设施铁板1000余块、铁网3800余张，有效地控制了内外环境鼠情。在夏季灭蚊蝇活动中，调查核实了蚊蝇滋生地8555处，购灭蚊蝇杀虫剂2吨，配齐了消毒器械，对蚊蝇滋生地进行消杀。9月份，结合“创市卫”加大了蚊蝇消杀力度，又投放灭蚊蝇杀虫剂2.6吨，有效地控制了蚊蝇滋生。在灭蟑螂活动中，向各街发放灭蟑饵剂，按照天津市投药时间于6月下旬进行了第一次集中投放。9月份进行了第二次投药，全年共投放灭蟑饵剂800余公斤，烟雾剂2000余个，区内蟑螂密度得到有效控制。

2006年制定下发了《和平区2006年冬春季灭鼠活动安排》，先后两次召开各街和有关单位负责同志会议，对灭鼠工作进行了安排部署。先后购置了用于完善防鼠设施的铁板2600余块、铁网1000余平方米发放到各街，组织各街在居民区外环境统一制作了1400余个毒鼠屋。在大规模灭鼠活动中，和平区共投放鼠药25吨，粘鼠板1000余块。通过灭后密度检测，区内鼠密度大幅下降，由灭前的5.32%降到灭后的1.7%。制定了《和平区2006年创建国家卫生区灭蝇、灭蚊达标工作安排》和《和平区2006年创建国家卫生区灭蟑达标工作安排》两个文件，4月份对区各行业灭蚊蝇、灭蟑工作进行了分类指导。5～6月分别到各街、各专业单位进行检查推动。共购进灭蚊蝇、灭蟑内、外环境用药5.2吨，扑蝇笼3500个，粘蝇条1万条，蝇拍1000把，在9月份和10月份市爱卫办组织的对和平区技术考核兼验收中，分别通过了灭蚊、灭蝇、灭蟑达标验收，至此，区创国卫除四害入门条件全部通过。

2007年，制定了《和平区2007年创建国家卫生区病媒生物防制工作实施方案》。全年共投放鼠药17.4吨，粘鼠板10000余块，设置防鼠网300平方米；投放灭蚊蝇药物5吨；有效地控制了四害密度。

2008年，完成迎奥运病媒生物防制保障任务和创国卫病媒生物防制达标任务，对区内3015个单位卫生达标工作进行检查指导，达标率90%以上。全年共投放鼠药15吨，灭蚊蝇、灭蟑药5.5吨，有效控制了四害密度。

2009年，围绕创建国家卫生区，建立区爱卫办病媒生物密度监测站，定时定点对病媒生物密度实施监测。采用药物消杀与物理捕杀相结合的方法，对病媒生物进行全方位消杀，病媒生物得到有效控制，达到国家规定标准，被天津市爱卫办命名为灭鼠、灭蝇、灭蟑螂达标区，蚊密度控制在国家规定标准三倍以内。

2010年，开展了冬春季灭鼠工作。召开工作部署会，下发了《关于在全区开展冬春季灭鼠活动的通知》。重点对居民区外环境、河坡绿地、污水井、垃圾转运站、公厕等公共区域统一进行投药灭鼠。组织餐馆、农贸市场、学校、医院等重点行业的承包消杀企业一同进行了灭鼠消杀作业。共计投放鼠药10吨，粘鼠板8000块，经过监测鼠密度由灭前的2.9%下降至灭后的1.01%，达到国家规定标准。开展了夏季灭蚊蝇工作。下发了《关于开展夏秋季灭蝇灭蚊活动的工作安排》，围绕“巩固创国卫成果，建立长效管理机制”这个主题，创新病媒生物防制工作机制，尝试引入病媒生物防制专业消杀公司，在夏季蝇密度高峰到来以前，与句号科技发展商贸公司签约，在南京路、曲阜道、浙江路、海河西路等重点路段的绿化带中，以及中心文化广场、睦南公园、复兴公园和文化村、乐昌里、庆有西里、团结里等居民社区内安装钢制捕蝇器共计325套，有效的控制区内蝇密度，取得了良好的社会效益。开展夏秋季灭蟑工作。下发了《关于在全区开展2010年灭蟑螂活动的通知》，对区灭蟑工作进行了统一部署。分别在5月和11月份大规模开展灭蟑螂活动，投放各类灭蟑药剂近3吨，蟑螂密度由灭前的0.07降至灭后0.01。同时，配合达沃斯论坛在天津市召开，对区定点的六家酒店、11家特色餐饮及2家茶馆进行病媒生物防治跟踪检查，确保鼠、蚊、蝇、蟑密度符合要求。

第五节　犬类管理

和平区爱卫会成立之初，灭犬即是爱国卫生运动其中一项任务。1986年该项任务扩展为灭犬和管犬两项职能。1995年该职能移交给公安机关。

1986年，根据国务院《全国预防狂犬病会议纪要》精神，天津市政府下发了109号文件，批转天津市容委等七个部门制定的《天津市犬类管理暂行办法》。据此，和平区成立了由爱卫办牵头，公安、环卫局、卫生局等部门联合组成的“和平区犬类管理办公室”，制定了灭犬奖励措施，对灭犬工作常抓不懈。1986年灭犬116只，1987年灭犬161只，1988年灭犬120只，1989灭犬74只，使和平区保持了“基本无犬区”称号。

1991年，根据天津市政府第18号政令，和平区爱卫办协调组织公安、环卫、各街道办事处开展经常性灭犬活动，发动群众举报、捕杀违章养犬。由于实行加倍奖励政策，基本控制了违章养犬。

1993年，和平区进一步加强犬类管理工作，完善了各项管理制度和管理档案，区爱卫办协调公安、环卫、工商、卫生、街道办事处，开展灭犬活动。同时，继续加强准养犬、观赏犬的管理，严格执行登记、发证和定期免疫注射等管理手续，新发准养证509个。

1994年，随着社会上兴起饲养宠物热，和平区饲养小型观赏犬的人日益增多。针对这一情况，区犬类管理办公室采取有效措施，在全区展开摸底调查，执行登记、发证和定期免疫注射并管理程序，收到很好效果，在此基础上，为进一步强化区犬类管理工作，根据津灭犬〔1994〕3号《关于当前开展灭犬和强化犬类管理活动的意见》精神，结合实际情况，区爱卫会又研究制定下发了《关于和平区加强犬类管理工作的安排意见》文件，对全区犬类管理部门的责、权、利做出了具体规定，全面提出了犬类管理措施：对有饲养条件的观赏犬坚持高收费，严格控制，限制饲养，加强管理。极大调动了公安部门、环卫部门以及各街道办事处的积极性，强化了犬类日常管理，使犬类管理工作有章可循，有法可依，保证灭、管犬工作的顺利开展，从而进一步提高全区犬类管理水平，犬类管理纳入了规范化轨道。

1995年10月10日，天津市十二届人民代表大会常务委员会第19次会议通过了《天津市养犬管理条例》，条例第四条规定，由各级人民政府组织实施，公安部门是养犬的主管部门，公安、畜牧、环卫等部门按照部门职责分工，互相配合，进行养犬管理，居委会（村委会）配合做好养犬工作。条例自1996年3月1日实施。1989年12月16日天津市人民政府发布的《天津市养犬管理办法》同时废止。据此，并根据市爱卫会通知精神，区爱卫会分管的犬类管理职能全部移交给公安和平分局。

第六节　全国城市卫生检查

1990年，全国爱卫会决定组织各省、直辖市及计划单列市开展城市卫生检查评比，借以推动创建国家卫生城市活动的深入开展。从1990年至1999年，天津市进行了四次迎接全国城市卫生检查活动，和平区作为天津市的中心城区，均列为历次全国检查的受检区。四次迎检活动区委、区政府非常重视，每次都组成由区主要领导任组长的迎检领导小组，由区爱卫办和区市容委牵头，各责任部门参加的办公室。在各部门的鼎力配合下，在全区人民广泛的参与、支持下，圆满地完成了各次的迎检任务。

一、第一次全国城市卫生检查

1990年10月，天津市迎接了第一次全国城市卫生检查，检查团一行在和平区共对5个项目，4条道路，11座公厕，2个垃圾楼，5个公共场所，8个国营、3个个体饮食、副食商店，2个市场，2个施工工地进行了严格的检查，被检查的内容之全面，项目之繁多，无论是在总的工作量上，还是在工作的广度、难度方面，都是前所未有的。全区干部、职工以及广大群众不负重托，以高度的责任感，发扬吃苦耐劳的精神，严肃认真一丝不苟的工作作风为天津赢得了荣誉，获得了检查团较高的评价。

二、第二次全国城市卫生检查

1992年8月，天津市迎接第二次全国城市卫生检查。在这次检查中，尽管和平区没在被查区之列，但检查团在和平区的活动范围及随意检查也几乎包容了被查区的所有项目。8月28日，检查团检查新兴里小区。29日检查食品街，查看了三毛餐厅、狗不理餐厅、芝兰斋和十字街的两个柜台以及旅馆街，检查团食品卫生组随意检查了团结里副食店和粮店及体育馆街的友好里居委会；30日环保组登国际大厦瞭望；31日下午检查团成员到华联、劝业场；检查团在津期间往返途经和平区的道路就有15条，检查团所有途经的路线和检查点，均未出现问题，保证了没丢一分。

三、第三次全国城市卫生检查

1995年9月，在第三次全国城市卫生检查活动中，天津市被检点180个，和平区有53个，占全市被检点的30%。和平区经国家卫生检查团检查的53个受检点位和27条受检道路以一分没丢的成绩受到了检查团的赞誉。

四、第四次全国城市卫生检查

1999年，天津市迎接第四次全国城市卫生综合检查。检查团对全市城市卫生工作取得的成绩给予了充分的肯定，极高的评价。在9月11日至13日对和平区的检查中，国家检查团的六个专业检查组和秘书长检查组在三天的时间里，对全区的7个项目、53个点位、36条路线进行了全面的检查。检查单位居民区项目9个点位，公共场所二次供水项目11个点位，食品卫生项目5个点位，环境卫生项目7个点位，市容卫生和环境综合整治项目6个点位，环境保护项目的全部受检内容。尤其在9月12日下午至9月13日上午期间，由检查团秘书长周利带领的检查组对全区范围内，从东至西由南到北四个方位进行了随机查办，热线电话反映问题后的落实办理情况，共对和平区进行了15个点位的现场抽查。检查中秘书长走街串巷，进店入户走访查看，和平区向检查团做了汇报。秘书长和各检查组对和平区城区卫生工作给予了高度的评价和赞赏，对所取得成绩给予充分肯定。

第七节　创建市级卫生区

2005年，和平区举全区之力开展创建全国文明城区和创建市级卫生区，形成“双创”联动的工作态势，一同动员部署，一同签订目标，一同检查推动，一同总结验收，“双创”工作相互促进、整体推进。严格按照《天津市市级卫生区标准》和《天津市市级卫生区考核命名及管理办法》等规定，将目标分解成10个大项64个子项442个小项，全面开展创建活动，加强了社会卫生管理，加快了城市基础设施建设，治理了一批群众关心的热点、难点问题，进一步美化、序化了市容环境，创卫工作取得了显著成效。2005年11月24日至25日，天津市创建市级卫生区工作考核鉴定组分14个检查小组，通过听取汇报、观看录像、查阅资料和随机现场检查及通过问卷等方式对群众进行民意调查等，认为和平区的创卫工作目标明确，措施得力，责任落实，整体卫生水平达到了《天津市市级卫生区标准》的基本要求，天津市爱卫会于2005年12月1日命名和平区为“天津市市级卫生区”，同时和平区也首获“全国文明城区”的光荣称号。

第八节　创建国家卫生区

2005年和平区建成市级卫生区后，于2006年全面投入创建国家卫生区工作之中，在创建过程中，坚持把创卫工作作为营造发展环境、提升城区形象、造福人民群众的最大民心工程，持之以恒，常抓不懈。严格按照国家卫生区标准，紧紧围绕创卫工作涉及的9大项、56个子项、399个小项的目标任务，强化领导，落实责任。从2006年6月20日至2008年1月18日相继开展了五个“百日会战”，并围绕存在的重点难点问题，由分管区领导牵头，开展了六个方面重点问题专项治理。在创建国家卫生区工作进入迎接技术评估和考核鉴定的关键阶段，和平区针对重点地区和重点点位存在的问题，开展了创卫问题整改攻坚战，将六个街和繁华办划分为七个责任区，在各责任单位的积极配合下，加快了问题整改进度，进一步提升了创卫达标质量，使和平区创卫工作达到了《国家卫生区标准》的基本要求。通过4年的创国卫工作，和平区拆除了以南市为代表的危陋平房区，综合整治了全区主干道路和所有居民区，治理了一批脏乱点位，解决了一批群众反映强烈、多年未能解决的难点问题。食品卫生、健康教育、疾病防控工作提高到一个新水平，市容环境面貌和人居环境得到了显著改善。通过全区上下合力奋战，和平区创建国家卫生区工作于2008年8月实现了向全国爱卫办的申报，2008年11月7日通过了全国爱卫办的暗访调研，2009年7月27日通过了全国爱卫办的技术评估，2009年9月25日通过了全国爱卫办的考核鉴定，2009年9月27日至10月10日进入社会公示期。同年，10月27日全国爱卫会下发“全爱卫发〔2009〕8号”文件，正式命名天津市和平区为“国家卫生区”。

第二章　河西区

第一节　组织机构

1953年，河西区成立爱国卫生运动委员会（简称区爱卫会）。80年代以前，历届爱卫会主任由时任区领导担任。爱卫会下设爱卫会办公室，负责日常工作。1971年以后，爱卫会办公室设在卫生局，人事关系由卫生局代管，日常工作受爱卫会主任领导，管理区爱国卫生工作。

1966–1976年，“文化大革命”期间，区爱卫会及其办公机构处于瘫痪状态。十一届三中全会后，河西区爱国卫生事业逐步恢复，其隶属关系没有变化。

1980年，区爱卫会正式定编为政府工作机构，始设专职副主任一名。1984年4月起，区爱卫办与区市容办合署办公。

1989年，根据天津市人民政府《关于调整加强城市各级爱卫会办事机构的通知》精神，区爱卫办与市容委分属两个单位。

1997年，爱卫办升级为副处级单位在市容管理委员会中从事日常工作。

2000年，区市容办与区爱卫办合并组建河西区市容管理委员会，区市容委主任兼任区爱卫办主任一职，对外挂河西区市容管理委员会、河西区爱国卫生运动委员会办公室两块牌子，设爱国卫生管理科。

2007年，成立河西区除害消杀站（科级事业单位），并为每个街道增设1名爱卫科长（副科级），设病媒生物消杀站。

2010年，爱国卫生机构无变动。

第二节　病媒生物防治

一、蚊蝇防治

1956年，区内开展大规模的消灭苍蝇、蚊子活动。1958年，全体机关干部、职工、居民、学生、部队指战员等，开展10余次大扫除和9次灭蚊蝇突击周活动，全年先后发动了240余万人。1959 年区内掀起 3 次灭蚊蝇高潮，组织了十次专项战役。1965 年居民区、事业单位对房屋实施烟熏灭蝇。1966 年“文化大革命”开始后，灭蚊蝇活动被迫停止。1971 年投“烟雾剂”包，熏房灭蝇。1972 年熏房灭蝇。1974 年组织小学生灭蝇队，开展“人手一拍，见蝇就打”活动。1982 年在小学开展“捕蝇小能手”活动，约有 3 万人参加，涌现出市级捕蝇小能手，区级捕蝇小能手。1994 年灭蝇检查得分为 14.4 分（满分 15 分），再次实现了灭蝇达标。1995 年，全区各街道全部建立了“除害消毒服务站”，统一规范药物消毒管理，有效地控制了蚊蝇滋生繁殖。是年，继续保持了“天津市灭蝇达标区”的称号。2001 年，灭蚊蝇工作重点是消除蚊蝇滋生地，共使用灭杀蚊蝇药 12 吨，做到人员药械、消杀三落实，使蚊蝇密度控制在不足危害的标准范围内。2005 年河西区投入 1 千万元对全区实施垃圾袋装，改造封堵楼房垃圾窑门 18000 个，在封堵过程中，购买了消毒烟雾剂 28800 个用来消杀。减少了蝇、蚊滋生栖息场所，使蝇、蚊滋生地得到了有效治理。2006 年河西区购买了长效滞留喷洒药品迪克、奋斗钠 250 公斤，发至各街对居民区 11872 个楼栋一至二层楼道进行滞留喷洒消灭蝇蚊。在坚持定期消杀治理的同时，每月 5 日至 15 日为全区集中灭蝇活动时间。到目前为止，发放灭蝇消毒药品 2000 公斤，消杀器械 48 台，对居民区 35270 处蚊蝇滋生地进行消杀。2007 年河西区积极争取资金，购买了长效滞溜喷洒药品迪克、大功达可湿性粉剂 400 公斤，发至各街对居民区 12095 个楼栋一至二层、楼道及居民区公共区域分别于 4 月、7 月两次进行滞溜喷洒灭蝇、蚊。购买了储压式喷雾器 172 个、背负式机动喷雾器 37 台、热雾机 37 台、外环境消杀用药 3000 公斤发致各街。2008 年河西区购买了长效滞溜喷洒药品大功达可湿性粉剂 600 公斤；发放了外环境消杀用药 4000 公斤，发至各街对居民区 12095 个楼栋一至二层、楼道及居民区公共区域分别于 4 月、7 月两次进行滞溜喷洒灭蝇、蚊。2010 年河西区向有关街道配发了杀虫烟剂 900 个和喷雾器 30 个，在加强对居民区外环境滋生地消杀的同时，及时清理各种卫生死角，清除低洼地积水和各种容器积水，杜绝乱泼乱倒、乱堆乱放等现象的发生，最大限度地控制蚊蝇滋生，使灭蝇、蚊工作收到实效。

二、鼠类防治

1957 年 10 月，天津市爱国卫生运动委员会向全市发出了“每人捕一只老鼠”的号召，全区选定了捕打组织，广大参与市民积极开展捕鼠工作。1987 年，全区开展创建无鼠害区活动，成立灭鼠指挥部。区委书记、区长任指挥，副书记、副区长任副指挥。全区召开动员大会，下达任务指标，确定了灭鼠投药技术规定，签订了承包责任书，制定了考核验收意见和巩固成果的措施。投药前鼠密度测定居民区为 6.86%，单位为 10.96%，特殊行业为 22.31%。全区统一投药灭鼠用钠盐 180 吨、母粉 250 公斤、蜡块 2 吨，灭鼠达 459560 只，投药后鼠密度为 0.11%，灭效为 98.02%。经市灭鼠技术鉴定委员会进行灭鼠后考核，被命名为无鼠害城区。2005 年河西区共投放灭鼠毒饵 27 吨，经监测平均鼠密度由灭前 14.24%下降到灭后密度 1.19%，灭效达到 91.64%。2006 年河西区共投放灭鼠毒饵 18 吨，经监测平均鼠密度由灭前 3.26%下降到灭后密度 0.44%。2007 年河西区共投放灭鼠毒饵17.6吨，粘鼠板600片，“杀它仗”85公斤，经监测平均鼠密度由灭前2.82%下降到灭后1.24%。2008年河西区共投放灭鼠毒饵15.5吨，粘鼠板1100片，“杀它仗”90公斤，经监测平均鼠密度由灭前0.09%下降到灭后0%。2009年河西区共投放溴敌隆灭鼠毒饵10吨，杀它仗灭鼠毒饵1.2吨，摆放粘鼠板800片，经监测平均鼠密度由灭前0.21%下降到灭后密度0%。2010年河西区共投放溴敌隆灭鼠毒饵7吨，“杀它仗”灭鼠毒饵2吨，粘鼠板600片，投药到位率、覆盖率达到百分之百。

三、蟑螂防治

1993年，以争创灭蟑达标区为目标，在巩固上一年陈塘庄等11个街为灭蟑达标街的基础上，11月天津市爱卫会组织考核小组对河西区进行考核验收，达到了国家规定的标准，被命名为灭蟑达标区。1994年区灭蟑工作经市爱卫会复验，再次达到国家规定的标准。2006年河西区对驻区各类单位11300间和12个街办事处149个居委会53979户113017间房屋进行了蟑情询问调查和监测。通过监测，侵害率为14.6%，灭前平均密度为0.67%，为河西区搞好统一灭蟑活动采取针对性的杀灭防治打下良好基础。2007年河西区在统一灭蟑活动中，共使用熏杀乳油1200公斤，拜力坦200公斤，灭蟑粉、灭蟑毒饵及胶饵10000余瓶（袋）。通过有效的组织和科学的治理方法，蟑螂密度由灭前的0.65%下降为0.27%。2009年河西区对居民区9374个下水井、5012个化粪井及垃圾窑等部位使用热雾机分别于6月、8月进行两次药物熏杀，共使用熏杀乳油1300公斤，拜力坦100公斤，灭蟑粉、灭蟑毒饵及胶饵12000余瓶（袋）。2010年河西区组织了两次统一灭蟑投药消杀治理活动，共使用熏杀乳油1200公斤，拜力坦420公斤，粘蟑板1800片，灭蟑烟剂1500瓶，灭蟑毒饵、灭蟑粉及胶饵1.5万余瓶（袋）。经监测，密度由灭前0.02%降为灭后0.002%，有效控制了虫媒传染病的发生和传播。

四、麻雀防治

1958年，掀起除四害运动，除苍蝇、蚊子、老鼠外还将麻雀列为四害之一。1960年后，麻雀不再列入四害。

五、臭虫防治

1957年开展消灭臭虫会战，区内共有2.25万间房屋喷洒了灭臭虫药品。1962年和1965年先后采用烟熏的方法，有效地杀灭了臭虫。1971年，全区集中力量，集中时间，开展消灭臭虫活动，5万余户居民房间喷洒了灭臭虫药品。此后，随着居民居住条件的改善和卫生水平的提高，臭虫为害逐步减少。改革开放以来，城市建设加快发展，平房区和成片危房区全部建成景观小区，居民居住条件和卫生条件得到翻天覆地的变化。社会卫生保障体系得到全面发展，至2010年测定，臭虫已在区内灭绝。

六、犬类管理

1953年开始，对居民养犬处于时捕时停状态。自1986年起，每年均组织灭犬活动，河西区组成联合灭犬队。同年，天津市政府颁布《关于养犬暂行管理办法》，据此，对准养犬进行预防注射。没有注射预防的野犬继续捕杀。1990—1995年，共灭犬3000余条。此后，灭犬工作划归公安管理。

第三节 创建国家卫生城区

1989年，河西区按照全国爱卫会《关于开展创建国家卫生城市的通知》要求，推动创卫活动开展。

1990年，全国爱卫办进行第一次全国城市卫生大检查。河西区召开了4次迎检动员大会，成立了8个专项职能推动组。10月9日到12日，河西区代表天津市接受了全国城市卫生检查团的检查，实现了“全面整治、全面提高，全市检查拿第一，全国检查不丢分”的目标。

1992年，河西区在通过全国城市卫生检查团检查后得到高度评价。1993年，天津市创建国家卫生城市领导小组命名河西区为创建国家卫生城市初验达标区。

1995年，河西区再次代表天津市接受全国城市卫生检查团的检查，得到检查团的高度评价，为天津市获得全国第二名的好成绩做出贡献。

2003年，河西区在全市中心城区率先提出创建国家卫生区的目标。全区紧扣创卫10大项、65个子项、515小项指标，从创卫入门条件做起，向国家卫生区的目标冲刺。2005年，经天津市爱卫会考核鉴定，成为天津市中心城区首个市级卫生区，市爱卫办批准河西区申报创建国家卫生区。

2005年3月，河西区召开全区创建国家卫生区动员大会，4月至10月，在全区民意测评调查的基础上，连续掀起两个创卫百日高潮。各单位层层成立创卫工作领导小组，区政府坚持每周召开两次创卫协调会，沟通情况、研究措施，狠抓进度，一件一件抓落实。2006年5月、8月、10月接受天津市爱卫办的调研技术考核验收，灭蟑、灭蝇达标工作的调研及市级卫生区复验和创建国家卫生区工作考核验收。

2007年，河西区召开申报国家卫生区迎检动员会，社区达标推动会，暗查情况通报会等一系列的活动，并邀请辽宁省爱卫办、国家爱委办的专家明察暗访。

同年3月5日，河西召开创卫动员誓师大会，制定具体的确保达标的工作方案。5月份，天津市爱卫办对河西区进行考核验收。7月23日至26日，全国爱卫办对河西区进行了暗访。11月至12月，河西区按照全国爱卫办《关于对天津市河西区创建国家卫生区暗访调研工作的报告》

暗访反馈的意见，组织进行为期两个月的有针对性的整改。

2008年3月4日至7日，河西区通过全国爱卫办的技术评估。河西区针对技术评估指出的问题，及时制定下发了《河西区创建国家卫生区技术评估整改阶段安排意见》，深入推进技术评估整改。8月26日至29日，全国爱卫办专家组对河西区创卫工作进行考核鉴定，当场宣布通过考核鉴定，顺利进入社会公示期。10月30日，全国爱卫会正式命名河西区为“国家卫生区”，河西区成为市中心城区首个“国家卫生区”。

第三章　河东区

第一节　机构设置

1952年10月，河东区成立卫生委员会，其成员由各有关部门首长组成，区长担任主任委员。

1953年，为预防细菌战争危害，河东区爱国卫生运动委员会（简称爱卫会）成立，领导由时任区领导担任。“爱卫会”下设爱卫办，该办设在区人民委员会卫生科，负责日常工作。

1958年，区爱卫办设在卫生局，其人事关系由卫生局代管，日常工作受爱卫会主任领导。

1966—1976年，“文化大革命”期间，区爱卫会及其办事机构瘫痪。

1978年中共十一届三中全会后，河东区爱国卫生事业逐步恢复，其隶属关系没有变化。

1980年，区爱卫办正式定编为区政府工作机构，始设爱卫会专职副主任兼爱卫办主任

1984年，区爱卫办与区市容管理委员会合署办公，主任由容委主任兼任，下设办公室。

1989年，根据天津市人民政府《关于调整加强天津市各级爱卫会办事机构的通知》精神，区爱卫办与市容委分开办公，在区政府主管、区长直接领导下开展工作。

1997年，区政府机构设置变动，爱国卫生运动委员会办公室升格为副处级，挂靠在市容管理委员会中从事日常工作。

2002年，按照东党发〔2002〕18号文《关于印发〈天津市河东区市容管理委员会职能配置、内设机构和人员编制规定〉的通知》，设置天津市河东区市容管理委员会，加挂天津市河东区爱国卫生运动委员会办公室的牌子。区爱卫办与区市容委合并，区市容委建立爱国卫生管理科。

第二节 除害灭病

一、消灭蚊蝇

1956年，区内开展大规模的消灭苍蝇、蚊子活动。1958年发动机关干部、职工、居民、学生0.3万余人，在0.55万平方米的坟地、堆粪场所开展挖蛹活动，组织发动群众对垃圾、粪场、污水坑、水草地进行喷药灭蚊蝇。1959年区内掀起3次灭蚊蝇高潮，组织了十次专项战役，共挖蛹0.92万公斤、消灭苍蝇0.52万公斤、灭蚊550万只。1962年在102处计0.28万平方米堆粪场开展挖蛹活动，为2.9万户居民住房实施熏房灭蚊蝇。1965年有97个居民区和570余个企事业单位对8.9万余间房屋实施烟熏灭蝇。1966年"文化大革命"开始后，灭蚊蝇活动被迫停止。1971年投"烟雾剂"133.9万余包，熏房灭蝇8.1万余间。1972年熏房灭蝇17.33万间。1974年组织小学生灭蝇队200余个，21.18万余人开展"人手一拍，见蝇就打"活动。1982年在49所小学开展"捕蝇小能手"活动，约有4.12万人参加，捕蝇2380余万只，涌现出市级捕蝇小能手304人，区级捕蝇小能手2591人。1985年，所需经费由国家承担转变为"谁受益谁承担，谁除害谁花钱"。当年组建民办公助"除害灭病消毒站"13个。1987年在每个街道办事处全部组建"除害灭病消毒站"，经费采取"政府拨一点，街道办事处拿一点，居民奉献点，消毒站创收点"的办法解决。1993年，区内有8个街道被审定为"灭蝇达标街"。1994年，天津市爱卫办命名河东区为"天津市灭蝇达标区"。1995年，全区各街道全部建立了"除害消毒服务站"，有消毒员119人；对区内1.17万处计1.9万平方米的苍蝇滋生地和1.65万处计13.27万平方米蚊虫滋生地进行登记造册，统一规范药物消毒管理。是年，继续保持了"天津市灭蝇达标区"的称号。2001年，灭蚊蝇工作重点是消除蚊蝇滋生地，共使用灭杀蚊蝇药12吨，做到人员药械、消杀三落实，使蚊蝇密度控制在不足危害的标准范围内。2005年，组织全区开展夏秋季灭蚊蝇消杀工作，重点对居民区、集贸市场、车站、垃圾收集点、公共厕所等蚊蝇密度高的场所进行消杀，取得显著成效。至此，灭蚊蝇工作已作为爱卫办常项工作之一，坚持每年夏秋季掀起全年灭蚊蝇高潮，使灭蚊蝇工作高效开展。

二、消灭麻雀

1958年，掀起除四害运动，除苍蝇、蚊子、老鼠外还将麻雀列为四害之一。河东区组织了10次大突击，全民连续扑打麻雀，共灭雀3.33万只。1959年又组织了10次突击，掀起3次活动高潮，共灭雀14.31万只。1960年消灭麻雀0.65万只。此后，麻雀不再列入四害。

三、消灭老鼠

1957年，建立捕打组织，捕鼠达万只。1958年组织了10次大突击，灭鼠6.96万余只。

1959年组织了10次灭鼠战役，掀起3次高潮，灭鼠23.5万余只。1960年灭鼠20万余只，经鉴定全区无鼠户达94%。“文化大革命”期间，此项工作停滞。1971年在全区7万户居民房间投放灭鼠药。1972年根据测定在2852户居民房间中投放灭鼠药。1985年开展3—4次灭鼠战役，共动员单位2503个，发动群众24万余人（次），投药22吨，摆放鼠夹5万余个，鼠笼1756个，电子捕鼠器670台，灭鼠12.48万只。1987年，开展了春季灭鼠战役，投放鼠药灭鼠，其中居民16.8万余户，单位1948个，投药面积984.58万平方米。河坡5条计23.88万米；外环境下水道35.07万米，收水井5364座，外环境公厕264座；共用鼠药2000公斤，灭鼠3.11万余只。经监测鼠密度由投药前的16.35%降至0.28%，经市技术鉴定灭鼠效果列全市第一。1988年在1900个单位共投放灭鼠药40余吨，灭鼠1.3万余只。国家灭鼠考核专家组来河东区抽查2个街道、4个居民委员会，33个食品生产经营单位、20余家工厂，经监测鼠密度为0.15%，达到国家标准。进入90年代，灭鼠已成常项工作，年年组织灭鼠活动，确保常年达标。1994年，经抽检鼠密度为0.21%，确认达到国家卫生城市灭鼠标准。1995年继续保持“灭鼠”国家卫生城市达标区称号。2001年，全区开展全民性灭鼠活动，共投药20吨，投药后全区鼠密度为2.35%，控制在国家规定不足为害的3%以内。2002年春季灭鼠，投药42.68吨，堵鼠洞4846个，清理死鼠2407只，全区鼠密度下降到0.86%。2003年，培训街、机关、企事业单位灭鼠骨干2688名，投放鼠药19.45吨。2004年，全年投放鼠药22.34吨，堵鼠洞5089个，清理死鼠2711只，全区鼠密度由8.4%降到0.83%，达到国家规定不足为害的3%以内。2005年，开展冬春季灭鼠活动，利用黑板报，宣传栏等形式进行灭鼠知识宣传，共出宣传板报486块，发动居民62738人次，2868名灭鼠骨干参加了投药活动，共投药16.3吨，鼠密度由投药前的9.86%下降到2.53%，达到了国家规定的无鼠害标准。2006年，被市爱卫办命名为“灭鼠达标区”。2009年，投药16.5吨，摆放毒饵盒4000余个，布放粘鼠板300余个，堵鼠洞535处。鼠密度由投药前的9.65%下降到投药后的0.94%。2010年，按照天津市爱卫办部署，对十二个街道199个单位进行了鼠密度监测。通过监测，鼠密度由投药前的15%，下降到1%，均达到了全国爱卫会标准和市爱卫办的要求。

四、消灭臭虫

1957年开展消灭臭虫会战，区内共有2.25万间房屋喷洒了灭臭虫药品。1962年和1965年先后采用烟熏的方法，有效地杀灭了臭虫。1971年，全区集中力量，集中时间，开展消灭臭虫活动，5万余户居民房间喷洒了灭臭虫药品。至2010年测定，臭虫已在区内灭绝。

五、消灭蟑螂

1992年，蟑螂被定为四害之一，组织进行灭杀。全年在7个行业和6个街道中开展了灭蟑活动，经测定灭蟑率达到91.5%。同年，昆仑路、郭庄子、香山道、常州道、盘山道、沈庄子6个街道被评为“天津市灭蟑达标街”。1993年在区内333个居委会，1469个单位开展灭蟑活动，发动群众7.76万余人（次），组织灭蟑骨干2979人，投药灭蟑的居民2.28万余户，下水井7479处。总用药为：灭蟑粉块2.78万余块，灭蟑蚁药粒6556公斤、溴氰菊酯81.1公斤、奋斗钠100公斤。经检测蟑螂侵害率为0.18%，密度为1.6只/间，卵鞘密度为零，被天津市爱卫办命名为“天津市灭蟑达标区”。2000年到2010年，灭蟑工作进入日常管理。灭蟑药物发放到各街道，居民和企事业单位发现蟑螂侵害，随时申报到各街道办购药灭杀。

六、灭 犬

1953年开始，对居民养犬处于时捕时停状态。自1986年起，每年均组织灭犬活动，河东区组成联合灭犬队，全年捕杀716条。1980年捕杀319条。同年，天津市政府颁布《关于养犬暂行管理办法》，据此，对准养犬进行预防注射。没有注射预防的野犬继续捕杀。1990—1995年，共灭犬3577条。此后，灭犬工作划归公安管理。

第三节 创建国家卫生区活动

2005年，开展了创建国家卫生区活动（以下简称“创卫”）。7月27日，区委、区政府在河东区二宫礼堂召开创建国家卫生区动员大会。区委常委、副区长曹国安代表区委、区政府做“创卫”工作动员报告；29个责任部门向陈彦云区长递交了创卫工作责任状。当年11月至2006年1月全区开展了灭鼠达标工作。经天津市爱卫办专家组对河东区灭鼠达标工作进行检查验收，达到了国家爱卫会规定标准，被市爱卫办命名为“灭鼠达标区”。此项工作成为河东区“创卫”第一个申报验收成功项目。

2006年，在“创卫”活动中，1—4月份进行了“三开展、三达标”、“三推进、三达标”工作。“三开展、三达标”即：开展集中灭鼠活动，确保鼠密度达到国家规定标准；开展旧楼区拆违活动，确保旧楼区综合整修工作达标；开展市容环境卫生治理活动，确保城区市容环境卫生达标。“三推进，三达标”即：推进全区拆违工作，提高市容环境整体质量；推进五小单位达标率；推进环卫基础，提高环境卫生整体上水平。9月28日，通过天津市爱卫办检查验收，河东区被命名为市级卫生区。

2008年，开展了巩固市级卫生区成果和创建国家卫生区活动。一是提高环境卫生质量。二是道路环境秩序得到改善。三是加强对扬尘污染、运输撒漏专项治理。四是加强对“五小”行业和无照经营单位的治理，扩大监管覆盖面。五是认真做好病媒生物防治工作，有效控制媒介生物传播疾病突发与流行。六是继续开展社区卫生死角清整工作。2008年底通过了市爱卫办专家组对市级卫生区的复查验收。

2009年，对照创国家卫生区标准实施了三项工作。一是开展爱国卫生运动。开展冬春季灭鼠及夏季灭蚊蝇、灭蟑工作，顺利通过市爱卫办的检查验收。二是加强日常环境管理。加强日常环境卫生治理、秩序疏导工作。三是加强环境保障工作。

2010年，通过冬、春季灭鼠、夏季灭蚊蝇、全年不间断灭蟑活动的有效开展，消杀效果达到了国家爱卫会标准和市爱卫办的要求。推动全区单位内部卫生达标活动，评选出本年度“市级卫生红旗单位”6个、“市级卫生先进单位”80个。

第四章　河北区

第一节　组织机构

河北区爱国卫生运动委员会（以下简称区爱卫会）成立于1953年，是区政府非常设机构，负责统筹协调全区爱国卫生和防疫工作。下设办公室（以下简称区爱卫办）主持日常工作。历届区爱卫会由区长或副区长任主任，有关部门及部分驻区单位领导任委员，成员单位按职责分工做好爱国卫生工作。

1979—1984年河北区爱卫办与河北区环卫局合署办会。1980年河北区爱卫办正式定编为区政府工作机构。1984年11月区河北爱卫办与区市容委合署办公。1987年河北区爱卫会与河北区市容管理委员会合并，改为河北区市容卫生管理委员会，对外继续使用河北区爱卫会名称，河北区爱卫办对内是区市容卫生委的职能科（北政发〔1987〕7号）。1996年，河北区爱卫办由区市容委管理，规格为副处级。

第二节　病媒生物防治

一、工作机构

1984年成立河北区除害消毒管理站（现区病媒生物防治站），隶属河北区爱卫办领导，组织、推动、管理全区除消工作。建立街道除害消毒管理站（现街病媒生物防治消杀站）14个，占全市20个站的70%，1985年18个街全部建立，负责街道社区除害消毒工作。

河北区病媒生物密度监测站，河北区监测工作始于20世纪90年代中期，以街为单位负责鼠密度（灭前、灭后）监测，为灭鼠投药提供依据。

2007年建立河北区病媒生物防治监测站，负责区内病媒生物（鼠、蚊、蝇、蟑螂）密度监测、数据统计及上报工作。

二、病媒生物防治

灭鼠防鼠。1979年后灭鼠防鼠工作主要是在群众性爱国卫生运动中，清除脏乱卫生死角。对重点单位和行业做好经常性灭鼠工作，对灭鼠防鼠措施进行督促检查。1985年开展灭鼠活动。1987年2月创建无鼠害城市，河北区政府成立了创建无鼠害城市领导小组，拨款50万元用于灭鼠，投药106吨。经天津市爱卫办抽样考核，灭效率达99.49%。1998年全国无鼠达标复查，河北区成效居全市第一。1999年被命名为市级“灭鼠工作先进区”。2006年，河北区政府拨款1000万元对12986个楼房垃圾道实施封堵，配置垃圾转运封闭运输车，建封闭垃圾屋，实行垃圾袋装化，被命名为 市级“灭鼠达标区”。截至2010年，区鼠密度始终控制在国家规定范围之内。

灭蚊、蝇、蟑螂。1991年在全市夏季灭蝇竞赛中，河北区名列第一。1993年被命名为市级“灭蟑达标区”。1994年以来，蟑螂密度始终达标。2007年被命名为市级“灭蟑达标区”。

第三节 爱国卫生活动

一、爱国卫生义务劳动

1979年后，区每年组织群众开展爱国卫生义务劳动。1990年、1992年、1995年、1999年在全国城市卫生检查中，组织机关干部、部队官兵、群众利用公休日，开展环境卫生大清整，清除城乡结合部无主垃圾，包括“渔民村”近十年堆积的500吨垃圾山。2004年组织中小学生清除残标、捡拾垃圾、擦拭护栏。2005年组织万名党员进社区义务开展除四害活动，在386个社区投放鼠药、消毒灭蚊蝇，到10万户居民家调查蟑情活动。2006年9月组织义务劳动，对社区重点单位内下水井及外环境投放灭蟑药。2007年7月8日，市、区领导带领机关干部、青年学生、驻区官兵、劳动模范、社区志愿者参加月牙河畔清整活动。2010年为了巩固市级卫生区成果，多次组织干部群众义务清理社区，通过清整小区环境明显该善。

二、爱国卫生月活动

1989年，按照全国爱卫会部署，河北区首次组织开展“爱国卫生月”活动，22万人次参加。以后每年4月份组织开展“爱国卫生月”活动。

2000年以后，每年“爱国卫生月”围绕实施天津市《爱国卫生管理条例》《除四害管理办法》，纪念爱卫工作50周年，宣传除害灭病知识等，集中宣传日活动。

2003年，河北区教委、河北团区委联合发出致中小学生公开信，要求同学们向不文明行为告别，积极参与清整环境和美化家园活动。

2005年以后的“爱国卫生月”活动，每年按照天津市活动主题，在中山路阳光广场设立主会场，组织街和相关委办局参加宣传爱卫知识，发放病媒防制材料和灭鼠药，医务人员进行义诊咨询，开展“爱国卫生人人参与，健康生活人人享有”万人签字活动。各街在辖区内繁华地段设分会场，开展社会宣传，组织爱卫知识有奖答卷。

2008年后“爱国卫生月”活动，结合巩固市级卫生区成果。河北区爱卫办、创卫办、新闻中心及各职能部门，按各自职责通过多种形式宣传卫生知识和文明规范要求，增强群众环保、环卫意识和公共道德素质。采取会战和专项整治方法，对居民区脏乱集中整治，清理率达80%。

第四节 创建国家卫生城市

一、城市卫生检查

1990年全国爱卫会组织首次全国城市卫生检查，河北区垃圾处理场垃圾无害化处理各项指标均达到或超过建设部标准，处于全国领先水平，天津站获国家卫生先进单位称号。

1992年全国城市卫生检查，天津站、光复道地区、海门路煤气站、环保监测站、显像管厂、江都路绿化小区、新开河水厂和垃圾处置场8个受检单位获满分。

1995年全国城市卫生检查，河北区22个点、43条路线受检项目全部达标。

1999年第四次全国城市卫生检查。检查组认为，河北区市容管理工作有基础，领导工作有水平，许多经验值得借鉴。爱卫组织管理好、各种资料美观齐全，新开河小学、衡山里居委会、十月影院健康教育具有超前意识，普及范围大，宣传内容大众化，幸福道市场管理到位，小淀垃圾处置场管理先进。

二、创建市级卫生区

2005年，河北区开始开展创建市级卫生区活动。2007年5月16日，河北区被评为为市级卫生区。2009年10月，河北区巩固了市级卫生区成果，顺利通过市级卫生区复验。

主要成效：

1. 爱卫组织网络健全，分工明确、责任落实。

2. 河北区有健康教育机构，社区居民健康知识知晓率和健康行为形成率得到提高。河北区

66所中小学学生卫生知晓率达95%以上。

3.市容环境卫生水平全面提升。市容环卫管理趋于规范化、制度化。新建提升改造了13个2000平方米以上的农副产品市场，23个农副产品市场设施和经营秩序改善。新建绿地107万平方米，新植树木6万余株。区绿化覆盖率达36.15%、绿地率21.8%，人均绿地3.8平方米。

新增居民区垃圾屋5000套，保洁车600辆，垃圾箱10000个。门前卫生责任制推行率为92%。生活垃圾日产日清、密封运输，基本实现无害化处理。粪便、垃圾处理率分别达到80%和70%，159个公厕日常保洁基本达标。城建系统按照建筑工地施工管理规定，做到文明施工不扰民。

4.大气空气质量二级以上良好天数达78.6%，烟尘监控覆盖率达100%，环境噪声网络检测平均水平为54.9分贝，功能化水质达标率100%，工业废水排放达标率100%，实现无污染零排放。工业固体物综合利用率大于80%，无工业危险物排放，全区未发生特大环境污染与破坏事故。

5.公共场所卫生监督合格率100%，各经营单位卫生许可证率及从业人员健康持证率达98%以上，从业人员“五病”阳性调离率达100%。

6.对食品从业人员进行健康体检和卫生知识培训。对1400户食品行业进行预防性卫生监管检查，建立了采购索证，进货验收等管理制度。

7.区内儿童计划免疫全程接种率达95%以上，安全注射率和居住三个月以上流动人口儿童建卡、建证率达100%，河北区18年无脊髓灰质炎病例。

8.2006年病媒生物防治除害消毒经费投入120万元，成立10个街道消毒站，配备专兼职消毒员120人，鼠密度基本达到国家标准。蚊蝇蟑螂密度控制在国家规定范围内。

9.加强居民区环境综合整治，对五层楼以上旧楼实施全面改造和治理，大江里社区获全国宜居社区称号。对单位内部食堂和公共场所的卫生实施监管，对驻区6553个单位进行拉网式检查，各单位按照规定建立组织、完善制度、制定措施、加强管理，参与单位卫生达标活动。

10.加强对城中村及城乡结合部环境卫生综合整治：清理脏乱死角拆除各类违章、清除生活垃圾，城中村、城乡结合部卫生环境卫生面貌有较大改善。

第五节　卫生红旗、先进单位

1984年开始，河北区开展单位间、行业间、地区间卫生检查评比竞赛活动。1990年以后以《天津市单位卫生标准》为依据组织单位卫生达标活动。1993年、1999年天津市四大机关检查评比中，河北区获第一名。1997年河北区被天津市爱卫会评为市内卫生优胜机关。在驻区和区属企业中，组织争创市级爱国卫生先进企业单位活动。每两年一次评选市级卫生红旗单位、市级卫生先进单位。

第五章 红桥区

第一节 机构设置

1953年红桥区成立爱国卫生运动委员会。1970年5月，红桥区革委会研究决定，范宝谦任爱卫会主任，高连瑞任副主任。红桥区爱国卫生运动委员会下设办公室，办公室为爱卫会常设办事机构。红桥区爱国卫生运动委员会办公室规格为副处级，挂靠在红桥区市容管理委员会。

2002年4月，红桥区爱国运动委员会办公室并入红桥区市容管理委员会，在红桥区市容委加挂区爱国卫生运动委员会办公室牌子。红桥区市容委内设爱国卫生管理科。2010年6月，组建天津市红桥区市容和园林管理委员会，加挂天津市红桥区爱国卫生运动委员会办公室牌子。2008年4月成立红桥区病媒生物密度监测站。为红桥区爱国卫生运动委员会管理下的社会公益性检测机构。设站长1人、检测员3人，工作人员从社会招聘。2010年7月成立红桥区除害消杀服务管理站。核定为事业编制6名，除害消杀服务站为区爱卫办内设机构，在红桥区爱卫办领导下开展工作。

各街道办事处成立爱卫会。设主任1名，由街道办事处主任担任，副主任2名，由分管城管工作副主任和城管科长担任。委员从其他科室、驻街单位、学校、医院、居委会中产生，10人左右。各街爱卫会下设办公室。爱卫办主任由城管科长担任，城管科干部为爱卫办工作人员。街道办事处设有消毒服务站，消杀队伍由初期1至2人发展到4至11人。各居委会相应成立爱卫会，负责组织推动居民社区爱国卫生和除四害工作，居委会成立除四害组，组长由居委会主任担任，吸收楼门长、卫生监督员、社区积极分子、社区卫生保洁员等组成义务除四害投药队伍，实施投药活动。

第二节 病媒生物防治

一、灭 鼠

1987年，红桥区开展全民灭鼠活动，经天津市和国家连续九年考核验收，达到国家标准，被命名为“灭鼠达标区”。1997年，开展春季、夏季、秋季灭鼠活动，控制鼠密度回升。全年投药25.5吨，放鼠夹1500把，粘鼠板1800块，堵鼠洞2869个，地面见死鼠19947只，鼠密度降至1.05%。

1998年，红桥区组织灭鼠骨干队伍2165名，培训32班次，投药员达到“四会”，会宣传、会检测、会投药、会指导使用防鼠设施。

2002年，根据天津市统一部署，红桥区于3月至6月，9月至10月开展区域性大面积投药灭鼠活动，投药7.5吨，鼠密度由灭前17.08%降至到0.85%，灭效为95%，达到国家标准。

2004年，红桥区从天津市爱卫办领取“天津天庆”和“中外合资衢州特菱药业公司（浙江）”两种公司的鼠药，在丁字沽、双环邨两个街道办事处进行灭效实验。为科学灭鼠提供了可靠的依据。

2006年，红桥区发放灭鼠宣传材料5000份，受益人达20万人次。在3月7日至13日全市统一投药时间段，红桥区共投药6000公斤，粘鼠板358块，鼠密度由灭前10.17%降到灭后2.73%，灭效为73.16%，达到国家不高于3%的标准。2006年12月18日，天津市爱卫办考核鉴定，命名红桥区为“灭鼠达标区”。

2007年红桥区实施灭鼠投药，连续10天检查补药。投放各类鼠药、蜡块30吨，投药前监测鼠密度为12.9%，灭后监测1.7%。封堵鼠洞鼠道8152个，清理鼠咬痕370处，健全防鼠挡板760处，新建防鼠网348处，建毒鼠盒3万个，清理“四害”滋生地598处。

二、灭蚊蝇

1992年8月23日卫生突击日，出动干部2646人，动员群众46693人齐动手清理蝇滋生地11708处，清理污物441.8吨，全区消毒154353处，用药553公斤，摆放捕蝇笼3000个，捕蝇2万只，红桥区消杀灭蝇覆盖率达到95%以上。1993、1994年经天津市创建办和天津市爱卫办验收，红桥区灭蝇达标。

2003年7月29日，天津市爱卫处组织市内六区爱卫办主任、爱卫科长对红桥区4个居民区、1个农贸市场、2个垃圾转运站和50个商业门脸进行夏季灭蚊蝇工作联查，取得较好成绩，受到天津市爱卫会称赞。2008年根据迎奥运工作要求，在6月至8月密度高峰期坚持每周消杀3至4次，外环境消毒用药量4吨，降低蚊蝇密度70%以上。

三、灭　蟑

1992年全市在红桥区进行灭蟑试点，采用喷洒、药粉、涂封、扑打、水烫等方法，红桥区用药覆盖率95%以上，蟑螂侵害率由灭前40.52%下降到1.42%，密度指数由8.46只/间，降到2.7只/间，灭效97.2%，红桥区率先达到基本“无蟑害区”的标准。1993年采取巩固措施，经市爱卫会验收，命名红桥区为“灭蟑达标区”。1997年，红桥区开展户户普查，重点投药，清堵蟑螂藏身之处。全年普查44300户，堵缝隙3385处，投放药304公斤，经长期监测，密度达标。1999年，投放长效灭蟑药475公斤，灭蟑粉5800袋，有效控制了灭蟑密度。2005年，红桥区开展大规模灭蟑活动，有蟑单位及有蟑户投药覆盖率达到100%，灭效达到90%以上。2007年，红桥区爱卫办举办灭蟑工作技术培训会，灭蟑队伍更加专业化。2008年，组织单位职工和广大群众，清整室内外环境5000处，清除卫生死角500处，堵洞抹缝，清除蟑迹8000处，清除蟑螂栖息地7000处。用蟑螂药120公斤，饵剂800支，菊酯25公斤，最大限度地降低了蟑螂密度。

第三节 爱国卫生月

1989年4月第一个“爱国卫生月”，在大力开展宣传活动基础上，掀起大搞环境卫生高潮。1997年4月，是全国第九个“爱国卫生月”。重点开展“红桥是我家，创建文明城区靠大家”、“家家门前净起来”、“大搞爱国卫生运动，迎接香港回归”宣传活动，围绕市容卫生、除害防病、单位卫生、居民区卫生、食品卫生、控烟等内容进行重点宣传。

2001年开始，爱国卫生月宣传重点是《天津市爱国卫生管理办法》《天津市除四害管理办法》，宣传动员群众积极参加全市性综合治理城市环境秩序活动。

2003年爱国卫生月清整活动规模大，任务重。各街消毒站提前做好夏季灭蚊蝇准备工作，对单位内部卫生达标情况进行检查，推动单位“门内卫生达标”活动的开展。4月下旬，全国突发“非典”疫情，红桥区爱卫办立即组织发动群众抗“非典”，全方位消毒。红桥区有10000个居民住宅楼门，由楼门长承担打药任务。外环境有600条胡同里巷，8000个垃圾窑，由保洁员、消毒员、“4050”人员为主的900人消毒队伍负责消毒打药。截止到6月上旬，使用消毒药9106公斤，外环境用药3160公斤。对辖区内100个企事业单位、饭店、中小学、幼儿园单位卫生、清脏治乱、防“非典”消毒情况进行检查。对铁路西站、西站长途汽车站、中小餐馆、八十中学及大型商店、超市消毒情况进行抽查。对驻区百家窗口行业开展环境消毒检查和挂牌活动，受到企业的欢迎。防“非典”措施到位，最大限度地控制了疫情发展。

在2005年“爱国卫生月”活动中，红桥区教育局组织中小学生在先春路、复兴中学、佳春中学周边开展“弯弯腰拾捡白色垃圾”活动，清理绿地白色垃圾9万平方米。

2007年第十九个“爱国卫生月”，各街道、各单位从宣传内容、宣传形式上贴近群众，提高广大群众对创卫工作知晓率、参与率和支持率。

2008年第二十个“爱国卫生月”，以“清洁家园，健康奥运”活动为主题，4月13日，红桥区组织1万名群众走上街头，清洁城市喜迎奥运，分别在10个街道设立宣传站点，并参加环境卫生集中整治，清除大街小巷、城中村和城郊结合部卫生死角，治理“四害”滋生地等活动。

2009年第二十一个“爱国卫生月”，红桥区组织各部门，各街道、各单位全面展开“迎接建国60周年城郊清洁行动”为主题群众性爱国卫生运动。以市民学校为载体开展各类健康教育专题讲座，利用黑板报、标语等形式宣传卫生知识，印发预防甲型流感问答卷1500份、漫画2000套、设置健康教育宣传栏550块。组织中小学开展健康教育，以《学校健康教育评价方案》《红桥区中小学健康教育授课指导纲要》为依据，以健康教育课程为载体，组织形式多样的健康教育活动。

第四节　创建市级卫生区

1987年开始，按照天津市政府部署要求，红桥区开展了创建卫生城区活动。

1989至1991年，红桥区连续三年被评为天津市市容卫生先进区。1992至1993年被命名为天津市“灭鼠、灭蝇、灭蟑”三项达标区和创建国家卫生城市达标区。在1990年、1992年、1995年、1999年四次全国卫生城市检查、复查中取得好成绩，为天津进入全国十佳卫生城市做出了贡献。

2006年初，红桥区全面启动创建市级卫生区工作。2007年10月被命名为天津市“市级卫生区”。

2008年至2009年，奋战300天，开展市容环境综合整治活动，全区环境卫生面貌保持在最好水平，2009年红桥区通过了“市级卫生区”复验达标。

第六章　南开区

第一节　爱国卫生月

南开区爱卫会在区委、南开区政府领导下开展工作，办公室设在南开区市容委。20世纪70年代末期南开区爱卫会恢复工作，并着手开展群众性爱国卫生活动。每年根据市容治理重点，利用迎接五一、十一、元旦、春节等重大节日、全国性会议、商贸活动在津召开、重要迎宾任务和迎接国家城市卫生检查团等契机，开展群众性爱国卫生月活动。1982年起，每年在精神文明建设活动中，开展市容卫生清整，结合全市性的“市容杯”“达标区”等各类评比活动，发动群众大搞市容环境综合整治。1984年，组织9次突击活动，重点建设东马路文明一条街。南开区荣获锦旗，83 个单位评为市级精神文明建设先进单位，13 个单位，受到天津市表彰。

1985 年始，实行条块结合、专群结合办法、通过治理生活垃圾脏源、抓机关推动基层及区域内单位卫生、对重点清理地区检查等措施，专项治理渣土点、乱扔乱倒 、污水外溢 、超标高土、施工工地、脏乱死角、城郊结合部等 7 大脏源。组织开展群众性“治脏”活动 5 次，发动干部群众 38 万人参加，出动各种车辆 3160 部，清除垃圾废土及堆物 4980 吨、不卫生死角 2631 处。6 月份，开展禁止随地吐痰、乱扔乱倒垃圾治理活动，组织各街道和单位抽调近万人义务卫生监督员，配合专业部门巡回检查，集中力量重点抓东马路地区、西南角地区、四远香糕点店周边地区，各街确定 1—2 条主要干道进行宣传治理，乱吐乱扔（倒）现象减少。以后，由环卫专业部门负责日常监督管理。

1986 ~ 1987 年，集中治理地震后设在街道里巷楼群的房杂土和炉灰渣土点。通过动员和采取废土占地交押金等措施，撤销设在干支线渣土点 11 处，设在胡同楼群内 8 个渣土点实行晚倒夜运，专人管理。后因夜运噪声扰民，且污染居住环境，于 1987 年撤销，至此区内 19 处渣土点全部撤销，清理垃圾渣土 34000 余吨。以后渣土由环卫部门统一收运，白天不见积存。

1988 年，组织区及社会力量搞清除“超标高土”（危改、平改施工单位竣工后留下的“尾巴”渣土就地平铺，结果超出路面及楼房地面水平，路面凹凸起伏）大会战，清除超标高渣土 10 万余吨。

1989 年，南开区政府根据国务院《关于加强爱国卫生工作的决定》，把爱国卫生工作纳入社会发展规划，使卫生条件改善，卫生水平提高，与“四化”建设同步发展。对卫生死角进行全面清理，清理脏、乱死角 641 处，清理废弃物 3567.5 吨。环卫、园林、市政、卫生、教育、公安、交通等爱卫会委员单位发挥各自职能作用，垃圾日产日清，密封运输率 100%。

1990 年，把施工工地列为城市卫生考核检查验收重点，采取施工工地开工申请交支票，竣工验收。对大工地监察人员提前进驻管理，防止施工完留下后遗症。对施工地建筑物料及渣土乱堆乱放，运输车辆出入工地车轮带泥影响市容和环境卫生问题进行监督管理。区施工单位逐步实现文明施工。南开区委和炮台庄街办事处被命名为天津市爱国卫生红旗单位，104 个单位被授予天津市爱国卫生先进单位称号。

1991 ~ 1994 年，对机关、企事业单位内部卫生进行管理和指导，各个单位内部卫生程度提高。南开区委、区政府在 1992 年天津市卫生评比中，分别名列第二、三名。巩固两个爱国卫生红旗单位，评选出 107 个卫生先进单位。1994 年南开区爱卫会被命名为天津市爱国卫生工作先进集体。

1995 年，结合春季爱国卫生运动和第七个“爱国卫生月”活动，5 次组织区大规模清整外环境卫生义务劳动，发动区干部、职工、群众、中小学生近 10 万人参加。清运工程杂土 800 余吨，清理垃圾死角 300 余处，垃圾 40 余吨，清刷残旧标语、各类张贴 5000 余处。38 条主干线、迎宾线店堂、门脸、住户门前堆物全面清理。全面整顿农贸摊群市场 53 个。南开区市容委拨款 4

万元，在28条干支线上，建花坛式垃圾池80个，解决垃圾暴露街头污染环境问题。南开区在第三次全国城市卫生检查中获得满分，被市政府授予“迎接第三次全国城市卫生检查评比先进区”称号。南开区爱卫办被市爱卫会授予“先进办公室”荣誉称号。

1996～2000年，全国第8个至第12个爱国卫生月，组织环境卫生清整活动8次，机关干部、企业职工、街道居民、中小学生10万人参加；清理卫生死角千余处，垃圾杂土4000余吨。

2001年4月，南开区爱卫会以第13个全国爱国卫生月为起点，在全区范围内开展“达标、争先、创优”活动。发动群众大搞室内外环境卫生，人人动手清脏治乱。五一、国庆节前，组织各机关内部环境卫生大扫除，南开区在天津市爱卫办检查中受到好评。

2002年，街自为战，发动居民群众清理和整治居民区环境卫生，增强社区自管、自建能力。居委会以除害防病为主题，开展爱国卫生运动，对老居民区进行区、片式物业管理试点。区综治办、各街道办事处筹措资金，发动社会单位和群众对老居民区逐步实施半封闭管理。

2003年，结合“非典”疫情，推动爱国卫生，组织清脏治乱活动。区百万干部群众参加各项清脏治乱大型劳动日35次，调集各种机具车辆5000余辆次，清理建筑垃圾及杂物2300余处15万吨，拆除违章1600余间，拆除棚亭700余处，清理占路摆卖3000余起，清理马路餐桌280起，清理堆放1168处，封堵居民住宅首层私开门脸1320个，整顿建筑施工工地56个，整顿集贸市场5个。

2004～2006年，结合春季爱国卫生月活动清脏治乱组织专项治理，清理脏乱死角300余处，清理居民区装修房杂土和无主垃圾91.23万吨。开展“市级卫生红旗单位”和“市级卫生先进单位”评选活动。南开政务网将有关规定和评比条件公开。严格对红旗单位、先进单位管理，接受天津市爱卫办及其他区对南开区机关单位卫生检查。评选出“ 市级卫生红旗单位”和“市级卫生先进单位”6个。

2007～2010年，开展“同在一方热土，共建美好家园”、“迎奥运专项整治”、“迎接建国60周年，城乡清洁行动”等主题爱国卫生月环境卫生日清整活动，清理脏乱死角500余处，清除垃圾120余吨。区内4.5万余人参加

第二节　除害专项治理

一、建消毒站

1985年4月，南开区建立除害消毒总站，各街道办事处建立除害消毒管理站17个。1989年，区内20个街道全部建立消毒站，配备专职消毒人员156名。健全各种消毒制度，承包居民区和

驻街单位苍蝇孳生地消毒工作，控制“四害”密度。2009 年，成立南开区病媒生物防治消杀站。

二、宣传教育

1985 年 4 月始，南开区开展除害消毒宣传。至 1988 年，先后下发各种宣传除害知识小册子 1.5 万余册，预防肠道传染病挂图 17 套，组织各街入户宣传 3.4 万户、受益人数 13.6 万人次。

1989 ~ 1995 年，层层召开宣传动员大会 2180 次、受益 20 万人，悬挂横标 344 幅、各种宣传标语 54628 条、黑板报 1347 块、发宣传信 135906 封、展图 278 套，组织 28 所小学、4 所幼儿园学生、儿童上街宣传。南开区卫生局、南开区防病站、南开区红十字会与各街配合，设宣传咨询站 94 处，散发宣传材料 8570 份。其中 1992 年，南开区爱卫会组织灭鼠培训 3 期。

1996 ~ 2000 年，区设立各种形式宣传站点 80 次，悬挂横幅 100 幅；发放灭鼠、灭蟑、灭蝇、食品卫生等各方面宣传材料 10 万份。利用报纸、广播、电视台及小区黑板报等多种形式，宣传爱国卫生工作，组织各类爱国卫生及除四害培训 20 次、2000 人参加。

2001 ~ 2004 年，区组织 42 个单位和 12 个街专职干部及居委会主任进行 4 次专业培训 120 人参加。发放《除四害指南》和灭鼠专题片光盘。各街道设立宣传栏、板报 274 块，发挥楼门长作用，发放各类宣传材料 1.8 万份。其中，2002 年 4 月 6 日，在星光广场开展集中宣传咨询活动。区内 63 个部门 4000 人参加，设立宣传站点 286 个、展牌 262 块、标语 723 张、横幅 226 条、板报 592 块，发放宣传资料 11.5 万张。2003 年，南开区爱卫办与南开区防病站联合制作鼠传疾病“流行性出血热”多媒体教学片，进行灭鼠专业知识培训。发放宣传材料 2.8 万余份。

2005 ~ 2010 年，以“创卫”为契机，利用社区居委会、学校、公共场所等社会载体组织区各单位、各社区开展“维护市容，从我做起”系列教育活动。南开区教育局开展“小手拉大手，共建卫生城区”教育活动。其中，2006 年，南开区爱卫办举办灭蟑集中培训 12 次，培训灭蟑骨干 600 余人。2009 年，南开区爱卫办与南开新闻中心联合录制病媒生物防制专题片，邀请天津市疾控中心的专家介绍病媒生物防制知识，连续一周在晚八点时段播放，提高群众爱国卫生意识。

三、除　害

1. 灭鼠

1984 ~ 1985 年，开展群众性灭鼠试点，培训灭鼠骨干 7240 人，组织两个灭鼠突击周，投药 27221 斤，灭鼠 174561 只，上交鼠尾 54631 只，鼠密度由捕前 10 % 下降到 2.4 %，区内 12 个单位被评为市级灭鼠先进单位，涌现出捕鼠 100 只以上能手 56 人。1986 年，重点抓老城区东北角、东南角、西北角、西南角四个街灭鼠，集中 40 天时间，组织两次捕鼠活动，捕鼠 28254 只。鼠密度由捕前 11.26% 下降到 0.06%。经天津市技术考核小组检查验收，达到无鼠害标准。1987 年，灭鼠 5.7 万余只，鼠密度 0.016%。1988 年，中央爱卫会对南开区 100 个污水井口、服装街、随园酒家、天津电缆厂 2 家企业验收考核，未发现鼠迹。

1989～1990年，开展群众性“五灭一除”（灭鼠、灭蝇、灭蚊，灭蟑螂、灭犬和处理家禽家畜）。五食行业有492个门市部把636个门框按要求全部包上防鼠铁皮，区内摆放毒饵盒2200个，对9万余平房住户进行两次投药，共投药18.6吨，投药覆盖率95%以上，鼠密度控制在国家规定的5%以下。1991年，灭鼠实现经常化、制度化。通过全年监测，鼠密度控制在1.05%以下 。1992年，对1115个“五食行业”及350个一般单位进行鼠情监测抽查，对8个超标单位下发《限期达标通知书》，督促56个单位完善灭鼠措施。投鼠药5.1吨，给有关行业配灭鼠盒1378个。全区鼠密度1.67%。1993年，专职灭鼠人员月监测，季抽查，发动群众和各行各业配合，区鼠密度控制在国家规定5%标准以下。在天津市爱卫会考核验收中，鼠密度以0.13%成绩巩固灭鼠达标区成果。天津市爱卫会对区“封闭垃圾通道灭鼠经验”进行考察和现场录像，并在《今晚报》进行推广。1995年，保障世乒赛主赛场周边地区以及繁华地区、旅游购物点等部位不出现鼠害，区投资6.7万元、投灭鼠药2吨。经世乒赛组委会防病中心对大馆地区灭鼠效果监测，投药前鼠密度5.51%，投药后鼠密度为零。1996～2000年，组织开展3次春季灭鼠活动，投放灭鼠药3.3万公斤，鼠密度由灭前5.67%下降到2.29%。2001年，春季灭鼠中，各街道办事处、居委会入户发动群众参与，组织投药灭鼠、除害消毒，区全年投放各类鼠药21120公斤。同时进行清理鼠尸、封堵鼠洞、清除鼠迹、完善防鼠设施等收尾工作。对存在问题较多居民区进行检查推动落实。2002年，各街、各单位投放各类鼠药40余吨，鼠密度由灭前18.6%下降到2.4%。

2003年“非典”疫情期间，春季灭鼠投放各类鼠药31330公斤。鼠密度由灭前10.61%下降到2.59%，鼠传播性疾病“流行性出血热”发病人数由2002年50例下降到31例，同期相比下降42%。2004年，投放鼠药2.22万公斤，封堵鼠洞3115个，灭鼠6656只。鼠密度由8.44%下降到2.54%，区鼠传疾病“流行性出血热”发病人数较上年同期相比下降16.67%。除四害是“创卫”验收门槛性指标，2005年南开区市容委组织各相关部门和街道办事处在全区启动灭鼠工程。3次投药2.25吨。鼠传播疾病流行性出血热发病人数由上年同期27人下降为5人，降幅81%。经市爱卫会专家组3次检查，区灭鼠工作通过指标验收。2006年，投放鼠药2.96万公斤，组织各街投放鲜饵3000公斤，鼠密度由6.5%降到2.89%，无鼠传染疾病流行性出血热病例。2007年，投撒灭鼠药18.16吨，鼠密度由灭前6.04%下降到2.44%，鼠传疾病流行性出血热发病1人。2008年，投放各类鼠药16.43吨，放置鼠饵盒6600个，堵鼠洞810个，鼠密度控制在3%（百间房内鼠数量）以下。2009年，南开区爱卫会联合水上公园街道办事处和南开区食品卫生监督所，对水上公园北道地区餐饮企业进行食品卫生和病媒生物专项防治，投放各类鼠药10吨，放置鼠饵盒2.82万个，堵鼠洞1658个，达到国家爱卫会保证鼠密度低于2%标准。2010年，开展冬春季灭鼠活动，平均鼠密度由灭前1.99%下降到0.26%。

2. 灭蚊蝇

1985年4月始，采取综合治理灭蝇方法，提高灭蝇效果。各街在药物灭蝇同时采取因地制宜摆放捕蝇笼，人工扑打和清除控制滋生地综合灭蝇措施。12 个街对驻街 227 个企事业单位承包内外环境清毒，采取收费鉴订合同、承包消毒方法，消毒面积 46609 米，使单位食堂、托儿所等处做到基本无蝇。对区内 25822 处蚊蝇滋生地进行消毒控制，投药 3833 斤，消毒面积 115.745 米；组织小学生捕蝇队 3476 个，20856 人参加；摆放捕蝇笼 1558 个，灭蝇 386 斤。1986 年，在西郊区政府支持下，拆除向阳路、嘉陵道、兴业里、西营门外等街散居农业户搭盖猪圈 6 处，解决空气污染，蚊蝇乱飞问题。

1987 年，在东北角街进行基本无蝇街试点。是年 9 月，经天津市爱委会、天津市防病中心及各区爱委会、防病站两次在东北角街进行考核认定，基本上达到天津市规定基本无蝇街标准，成为天津市第一个基本无蝇街。1988 年，东南角、西南角、西北角三个街经天津市验收，达到天津市创建基本无蝇街标准。

1989 年，苍蝇密度高于往年，区投资 10 万元，购消毒药品 5 吨，推广使用扑蝇笼，抓重点行业和重点部位消毒。下发近万把蝇拍，组织 47 所小学，近万名学生参加扑蝇队，发动全民扑打苍蝇。苍蝇密度自 6 月份起逐月下降，9 月份蝇密度与 1988 年同期比较下降 44.44%。1990 年，灭蝇“抓早、抓小、抓了”，采取物理和化学两种灭蝇手段，区投资 40 万元整治占地百亩的大梁庄垃圾处置场，大剂量喷洒灭蝇药物，铲除苍蝇滋生地环境治理。蝇密度比 1989 年下降 61 %。全区基本无蝇街 8 个，占街道总数的 40%。评出 18 个灭蝇先进校，17 个灭蝇优秀班集体，350 名扑蝇小卫士，50 名爱国卫生小卫士。1990 年，在西南角街开展创建“灭蚊先进街”试点。1991 年，年蝇密度比上年下降 53%。创建东生里街灭蝇先进街，命名 8 个“基本无蝇害”街。涌现出 34 个灭蝇先进校，12 灭蝇优秀班集体，276 名捕蝇优秀小卫士和辅导老师。1992 年，组织 2700 名小学生参加捕蝇小分队，下发蝇拍 5000 把，在市郊结合部摆放捕蝇笼 1000 个，配小型消毒器械 500 个，下发药品 7 次，2994 公斤。建立健全灭蝇监督消毒抽查制度、消毒站管理制度、定期消毒制度等。对 6780 个楼道、垃圾道和 3570 个垃圾容器每周消毒两次。经监测 1992 年比 1991 年蝇密度下降 24.7%。1993 年，重点抓中环线以内 11 个街达标任务实施。天津市爱卫会两次检查验收，区 11 个街灭蝇达到天津市爱卫会规定的达标标准。1994 年区投高效灭蝇药 915 吨（稀释液），扑蝇笼 342 个；发放粘蝇带 15900 条，扑蝇拍近万把。8 月，在蝇密度高发季节，通过天津市“灭蝇达标区”验收。1995年，保障世乒赛主赛场周边地区以及繁华地区、旅游购物点等部位不出现蝇害，投放灭蚊蝇药 1.5 吨，南开区卫生局及爱卫办对区内有接待任务的 15 户宾馆、饭店以及大馆周边地区的中、小餐馆多次进行消毒灭害及食品卫生检查。在疫情监控、肠道门诊、食品卫生、公共场所饮水卫生等方面保障国内外宾客健康安全。南开区经天津市市级专业检查考核，实现灭蝇达标。

1996 ~ 2000 年，无偿发放灭蚊蝇药品 2000 余公斤，消灭第一代成蝇。2001 年，重新调整药品发放计划，加大灭蚊蝇药品发放量，延长消毒期。发放灭蚊、蝇药品 7039 公斤。为各街道统一配备消毒器械 190 付。并给消毒人员发放工资补贴。各街道做到药品、器械、人员、制度四落实。2002～2004年，发放灭蚊、蝇药品12705公斤。南开区爱卫办规范各街消毒、药品管理等制度，每年为各街消毒人员发放工资补贴44700元。其中，2003年，各街道办事处购置新型消毒热烟雾机确保除害消毒。2005～2010年，为南开区环卫局各保洁队重新配发消毒器械44付。无偿发放消毒药品19146公斤。其中2008年，采取专业和非专业人员相结合方法，对奥林匹克中心体育场周边地区喷洒防蚊蝇药品2000余公斤。采取春夏两季投药，蚊蝇密度普遍下降。2009年，依托环卫局福润公司建立由50人组成机动化专职消杀队伍。2010年，提高药品质量和档次。

3. 灭蟑螂

1988年始，在东北角街开展灭蟑螂工作，通过专家评审组考核鉴定，该街达到国家“双五”“双二”标准（“双五”即每15平方米公共场所用0.3%二氯甲醚菊酯药液喷洒蟑螂栖息处，观察15分钟内激出蟑螂的成若虫数，侵害不超过5%，平均查见数不超过5只/15平方米；“双二”即检查公共场所卵鞘，在未孵化卵鞘的房间不超过2%，卵鞘的平均查见数不超过2只/15平方米），授予东北角街为南开区“基本无蟑螂街”称号。至1991年，炮台庄、嘉陵道、南门西街等11个街，经天津市爱卫会和天津市防病中心联合考核验收，被授予“灭蟑螂害先进街”称号。

1992年，设立32个灭蟑咨询售药点，提供灭杀药物24万块，投药到位率、覆盖率95%以上。经天津市考核验收，南开区在天津市第一个获得“基本无蟑螂害区”称号。经对区20个街考核验收，居民住宅区由灭前侵害率22.52%下降到0.10%。行业单位由灭前31.46%下降到4.80%。检查井、自来水表井投药后密度为零，达到国家规定标准。1993年6月，市爱卫会对灭蟑成果复验，抽查向阳路．鼓楼南、西门南，嘉陵道4个街老平房及楼房839户，2996间。复验结果成虫阳性率为0.66%，间平均只数为1.6只，卵粪阳性率为1.03%，间平均只数为1.61只，达到国家“双五双二”规定标准。1994年，区在重点行业蟑螂栖息角落用开水烫、水泥白灰堵方法，有效地消灭幼虫，再次通过市考核抽验。

1995～2003年，南开区爱卫办组织各街及相关单位通过对蟑螂密度监测，有针对性进行杀灭，投放灭蟑药品231.56公斤，使蟑螂密度由灭前5.07%下降为4.26%。2003年，体育中心街道做为天津市两个灭蟑试点单位之一，灭蟑经验在全市推广。

2004年7月，组织开展蟑螂侵害率、密度检测和询问调查。发放检测用粘蟑纸6000张。672个单位1.17万间房侵害率为5.49%，202个居民区1.10万户侵害率为7.03%，各行业单位1438间房布防粘蟑纸密度1.62%，零利润发售灭蟑药品1772公斤，发放烟雾机专用杀虫剂660公斤，快康640袋。

2005～2009年，向区各街域困难居民无偿发放12万元灭蟑药，相关职能部门投放灭蟑药3.3万袋（盒），经过春夏两季投药，蟑螂密度普遍下降。其中，2009年，对低保、困难家庭有蟑螂侵害的，无偿提供灭蟑药品4000余袋；对高档餐饮聚集的水上北路开展集中整治活动，投放药物 2000 余袋。

2010 年，加大对重点行业、单位和部位蟑螂消杀力度，降低蟑螂密度。医院、商场、超市、食品加工、餐饮、歌厅、洗浴、学校等各类场所的 49147 间房屋侵害率 1.79%。对低保户、困难家庭有蟑螂侵害的，免费发放灭蟑药 12000 袋，居民住户 120343 户，侵害率 3.96%。监测各类单位 121 个，密度为 0.11 只 / 张・夜。

4. 灭犬

1986 年始，开展灭犬。区内有 667 户养犬 667 只，组织公安环卫等有关部门，两次集中 17 天时间进行扑杀灭犬 502 只，其余自行处理，立保不再养。以后各街和公安派出所发现犬后随时处理。1987 年 7 月，南开区发布第一号令，防止狂犬病发生，组织灭犬，3 天内灭犬 800 条，基本实现无犬区目标。至 1992 年，组织 15 次灭犬，捕杀违章犬 2060 条，对准养犬纳入正常管理。1993 ~ 1994 年，灭犬采取“打管结合”措施，每季度组织一次集中灭犬捕杀，捕杀违章犬 1134 条。通过宣传，犬主自行处理 492 条。1994 年，按照天津市要求，对符合养犬条件 300 户居民给予发证管理，养犬逐步纳入法制管理轨道。1995 年 3 月下旬，保障世乒赛主赛场周边地区不出现犬害，开展集中灭犬，公安、环卫等部门配合，对凌庄子、王顶堤街等边缘地区灭犬 124 条。2005 年以后灭犬工作由公安部门主要负责。

第七章　滨海新区

第一节　塘沽区

一、机构设置

1952 年，塘沽卫生委员会成立。1953 年，改称塘沽区爱国卫生运动委员会，为区政府直属机构。其成员由区政府及有关部门推荐选举组成，下设办公室负责日常工作。1984 年，成立市容管理委员会和爱卫办合署办公。1989 年，市容委设爱卫会办公室。是年，爱卫办在职干部 18 人，此后，每年作相应调整。2010 年，滨海新区环境保护和市容管理局成立，辖管塘沽市容环境爱卫会。

二、除害灭病

1952 年，组织医务人员深入基层，宣传卫生防疫知识，动员职工、居民捕蝇灭蚊，集中力量除草填坑、清理积水污物，消灭蚊蝇滋生地。1953 年，公共场所卫生管理，重点是服务行业用具消毒及从业人员体检。1956年，开展大规模除四害运动（始为老鼠、苍蝇、蚊子、麻雀，1963年改麻雀为臭虫）。1957年，实行传染病报告卡制度，并建立疫情报告网和报告制度。以除四害（蝇、蚊、鼠、麻雀）为中心，改善城乡环境。共组织12次会战，挖蛹灭蛆5千余公斤，灭鼠7万5千多只，灭麻雀5万多只，填坑3万多平方米，拆建厕所100多个；组成314个消毒队，为91865间居民房屋消毒。1959年，开展卫生大突击，灭鼠37912只，灭麻雀19620只，填坑41672平方米，喷洒灭蚊雾剂2380平方米。1964年，预防霍乱蔓延，开展3次大突击，每次参加万余人。填垫坑沟洼地1480处，总面积30万平方米。疏通沟渠220条，打土井928眼、竹管井98眼，延伸自来水管道5000余米，不再饮用河水3万人。拆除邻近水源厕所2980个，新改建840个。1974年，推行城肥下乡。1976年，抓紧地震后环境清理及公共场所环境监测。1979年，从上海引进柳条鱼，5年驯化，可食蚊蝇试验成功，测出每条鱼平均19小时吞食121.8只。1980年，使用电子捕鼠器，解决了粮食和食品仓库灭鼠难的问题。1986年，重点抓灭鼠，培训灭鼠员7700名，投药134吨。作捕鼠带毒监测，捕鼠43只，检出带毒鼠21只，带毒率48.7%。1986 ~ 1987年，重点抓灭犬，灭犬1.5万只。1988年，投放柳条鱼水体面积45万平方米，蚊虫密度平均指数从1982年的132.34降至47.32。1989年，鼠类监测3600夹次，捕鼠48只，密度为1.33%。公共场所增至295处，其中旅店113家，理发店136家，浴池8家，娱乐场所20家，游泳池1家，商场17家。监测从业人员VSR757人，体检率：1988年为97.1%。1989年为98.14%。无阳性发现，将传染病源携带者调离岗位。1992年，部分地区遭海潮侵袭，肠道病突增，故采取措施，动员群众开展防病救灾，控制疫情。1996 ~ 2000年，共投放鼠药39.5吨，消毒药48.9吨，粘蝇条11万条。1998 ~ 2009年，各街镇组织灭鼠、灭蟑活动，对11个街镇公共部位、居委会125个、行政村30个及宾馆、饭店、食品制售单位、大型商场、超市，农贸市场等进行灭蟑剂熏杀，投放蟑药18572袋、鼠药96.71吨。2001 ~ 2004年，共投放鼠药97.79吨，鼠密度为1.82%，达到了全国爱卫会规定标准。2002年，组建区爱卫会除害消毒管理总站。2002年，塘沽区被市爱卫办命名为“天津市春季灭鼠工作先进单位”。2003年，塘沽区通过天津市爱卫办灭鼠、灭蝇两项达标考核验收，被正式命名为“灭蝇达标区”和“灭鼠达标区”。2004年，塘沽区通过天津市爱卫办灭蟑达标考核验收，被正式命名为“灭蟑达标区”。2006年，投资40万元。除害站基础建设进行改造，购置除害设备90余台（件），对重点行业，单位等蝇鼠蟑密度进行检查监测、消杀防治。2010年，贯彻落实《天津市爱国卫生工作条例》，开展灭鼠、蝇、蚊、蟑等病媒生物，投放鼠药41吨。

三、卫生城区

（一）改造公厕

1950年，在解放市场、塘沽南站、新华街、幸福街建公厕4座，启用马车清运。1963年，区清洁大队负责公厕51座和马桶256个的清运保洁，日均清运粪便30.75吨。有清运汽车1部，马车 20 辆。1965 年，塘沽区被评为天津市卫生先进区。

1979 年，有保洁公厕 180 座，日均清运粪便 45.1 吨，年累计清运 16472 吨。1980 年，改建、新建公共厕所 171 座。1983 年，全区厕所 972 座。其中：农村社队用马车清运 689 座，日均清运粪便66.3吨。环卫局清运283座，日均清运粪便122.3吨。有吸粪车12部，基本实现粪便清除、清运机械化。

1985 年，改造全区污水排放设施投资 400 万，修建泵站 3 座，设临时泵站 4 座，疏通明沟 5050米，疏通管道32528米，掏挖收水井105254眼，维修改水口110处，厕所改为水冲式155个。

1989 ~ 1993 年，在“爱国卫生月”活动中，清整、清除脏乱死角。1989 年，全区公共厕所 263 座，其中水冲式 171 座，沟式 92 座。日均清运粪便 213.5 吨，年累计清运 77919 吨。

（二）创建卫生区

1994 年，获“创建国家卫生城市达标区”称号。2002 年，天津市爱卫办命名座落区内市级卫生红旗单位 15 个，市级卫生先进单位 85 个。2002 ~ 2003 年，塘沽区创建国家卫生区，开展以美化、亮化、绿化为主题市容环境建设工程。

2003 年，预防“非典”消毒检查。检查区内餐饮、美容美发、旅馆、洗浴业等 1597 户，涉从业者 7822 人，营业面积 26.57 万平方米。发放“非典”宣传材料 12450 份。落实公共场所日消毒不少于两次。是年，被命名为“天津市市级卫生区”。

2004 年，通过全国爱卫会检查验收，正式命名塘沽区“国家卫生区”的称号。是年，被授予“国家环保模范城”的称号。

2006 ~ 2010 年，全区单位参加两年一度市级卫生红旗单位和市级卫生先进单位评选，被市爱卫办命名塘沽地区市级卫生红旗单位 18 个，市级卫生先进单位 112 个。

2008 年，塘沽区被建设部正式命名为“国家园林城区”。是年，通过全国爱卫办国家卫生区三年一度的复审验收，再次确认“国家卫生区”称号。

2009 年，开展“迎接建国 60 周年城乡清洁行动”群众性爱国卫生运动。是年，推行公共场所卫生监督公示和量化分级管理。全地区实行量化分级管理住宿场所 156 家，其他公共场所量化分级管理 371 家。量化分级率 56.9%。

2010 年，组织“城市与健康”世界卫生日宣传活动，出动展台 9 个，宣传队 88 人，发放宣传材料（品）7300 份，接待群众咨询 600 人次。

四、卫生镇村

1974 年，推行城肥下乡。

1978 年，农村开发能源，推广应用沼气和太阳能新技术。

1989 年，农村修建沼气池 1230 个，安装太阳能热水器 2000 个。是年，农村自来水入户 23778 户，修建村级除氟站 11 个，采用除氟设施户的村 19 个。

1992年，区自来水37个村入户，自来水普及率100%，完成“七五”期间国家规定的改水指标。被全国爱卫会授予“全国农村自来水普及区”称号。

2003年，塘沽区创建胡家园五十间房村为市级卫生村。是年，卫生户厕改造2000座。

2004年，卫生户厕改造4700座。

2005年，创建胡家园街六道沟村为市级卫生村。是年，创建为国家环境卫生示范村。区卫生户厕改造5000座。

2006年，创建胡家园街头道沟村、中心桥村为市级卫生村和国家环境卫生示范村。是年，区卫生户厕改造5000座。

2007年，创建北塘街宁车沽东、西、南、北四个村为市级卫生村和国家环境卫生示范村。上述四村各户配备户用垃圾容器2512个，村公共活动场地配备大型垃圾箱40个。是年区卫生户厕改造600座。2008年，区卫生户厕改造100座。

第二节　汉沽区

一、机构设置

始于1949年，寨上街建立卫生委员会，下设街、村居委会26个，卫生小组278个。

1952年，成立汉沽区爱卫会，并建保健站（1966年并入区卫生防疫站）。

1953年，原汉沽区11个街、8个乡建立了卫生委员会。

1960年，建立公社、企业等爱卫会。下设分会，

1974年，调整爱卫会组织，成员由24人组成。

1975年，汉沽区建立汉沽区市容整顿办公室，由汉沽区交通安全委员会、汉沽区爱卫办、汉沽区城市建设委员会（简称建委）三部门组成。

1984年，撤销汉沽区市容整顿办公室，成立汉沽区市容管理委员会（简称市容委）汉沽区爱卫办与汉沽区建委合署办公。同年底汉沽区市容委单设，负责汉沽区市容委和汉沽区爱卫会办公室。

1997年，确定汉沽区爱卫会办公室编制，机构挂靠汉沽区卫生局。

2001年，汉沽区爱卫办与汉沽区市容委，汉沽区环卫局合并，对外挂汉沽区市容环境管理委员会和汉沽区爱国卫生运动委员会办公室两块牌子。

2002年，4个镇爱卫办重组。

2006年，建立创卫工作领导小组。

2007年，调整汉沽区市容委等20个爱卫会成员单位。下设办公室。增设专（兼）职人员；街道设置消毒站，配备专职消毒员60人。

2008 年，建立汉沽区除害消毒服务管理站。各街办事处分设管理机构，置于街服务中心。

2010 年，滨海新区环境保护和市容管理局成立，辖管汉沽市容环境爱卫会。

二、除害灭病

1953 年，疏通污水沟，清除垃圾 47000 立方米，修建公共厕所 44 座，在全区范围内开展消毒，使用消毒水 30 吨。

1955 年，开展除四害，讲卫生，消灭主要疾病为中心的爱国卫生运动。

1956 年，完成除四害活动。灭鼠 6263 只，麻雀 12606 只，挖蛹 22.25 公斤，灭蝇 100 公斤。

1957 年，制定《汉沽区 1958 ~ 1962 年除四害讲卫生规划（草案）》，提出“五无”（无蝇、蚊、鼠、麻雀、臭虫），“五洁”（院落、厨房洁、厕所、大街小巷、衣服被褥整洁）要求。

1960 年，组织灭鼠活动，共灭鼠 17800 只。

1961 年，连续 3 次开展灭病运动，宣传清洁知识。增强卫生意识。

1962 年，开展群众性卫生运动 7 次，出动 18036 人次，清除垃圾 22713 吨，疏通污水沟 4600 米，填水坑 14576 平方米，投施滴滴涕 863 瓶，六六粉 447.5 公斤，敌百虫 15 公斤，堵鼠洞 3793 个，捕鼠 2650 只。

1963 年，开展春、秋季多次群众爱国卫生运动。

1965 年，组织预防“02”病的爱国卫生运动。是年，天津市郊区卫生评比，汉沽区有 3 个单位被评为先进集体。

1973 年，组织工厂、企业和机关职工、干部，中小学生及居民 1300 余人，开展挖蛹灭蚊蝇运动，先后三次战役、六次突击活动。共填垫污水沟坑六处，土方量 2000 立方米；组织卫生消毒人员 75 人，开展全区积肥场，垃圾点，公共厕所污水和污水坑等定期消毒，总消毒面积达 185 万平方米；开展灭越冬蚊蝇和老鼠活动，发动卫生大扫除，出动 3 万人次，清除垃圾 25000 吨，填污水沟（坑）2000 平方米。城区处理鸡鸭 2400 余只。

1976 ~ 1979 年，开展爱国卫生运动。区出动 96000 人次，机动车 10300 辆次。

1976 年，开展震后防疫为重点的群众卫生活动，组织消毒队 98 个，消毒员 378 名，全区普遍洒药消毒。

1979 年，开展两次卫生突击活动：清除垃圾及占路物资，参加 17149 人，出动机动车 13 辆，马车 2 辆，小推车 255 辆，填坑 1975 平方米，平整马路 14439 平方米，清除垃圾，废墟 434 吨，垃圾日产日清。挖蛹，组织学生 981 人，按片包干，共挖 70708 只，对挖蛹积极骨干给予物质奖励。

1980 年起，以灭鼠灭犬为重点，共出动 30000 多人次，机动车辆 2300 多辆次。

1981 年，加强疫情监测和各种传染病的防治，传染病发病率较上一年下降 32.2%。

1982 年，改建旱厕为水冲式公厕 39 座。

1987 年，创建无鼠害城市活动，鼠密度由 10.6% 降至 0.23%。灭死鼠 12396 只，堵鼠洞 2572 个。

1988年，被天津市爱卫办命名为“无鼠害区”“灭犬一级达标城区”。

1991～2010年，针对病媒生物防治监测、投药、消杀器械使用等组织业务培训活动25次。

2001～2007年，喷洒消杀药物12吨，消杀面积90平方公里，消杀点位77472个。

2003年，制定“非典”时期防控措施，成立应急分队，对重点脏、乱地区进行专项治理，清整垃圾点位22个，出动车辆30台次，清理乱放杂物300余处，清运垃圾320余吨。成立消杀站，严把进区口。对蓟运河两岸、坑塘沟渠、城乡结合部进行消毒。加强了对垃圾转运站、垃圾运输车、垃圾处理场的监控，垃圾日生日清、公厕保洁及时、粪便吸排清运率达100%。出动投药灭鼠者500余人次，居民区鼠密度下降到2.86%；重点单位由10.98%下降到2.47%；外环境由26.4%下降到3.06%。对“五小行业”（指经营面积较小的五种行业：小食品经营及加工单位、小理发美容店、小旅店、小浴池、小歌舞厅。）的执法监督；对城区餐饮（280余户）、食品零售（230余户）、加工点（55个）、公共场所（134个）、集体食堂（27个）进行监督检查（200余次）。非典期间，消毒行政村48个，喷洒消毒药剂70.5吨（原液），对区防非定点医院消毒，出动消毒人员250人次。

2006年，为防控禽流感，对三个街区清理宰杀家禽276只。

2007年，开展创建市级卫生区活动：组织800多人次，清整垃圾死角，乱堆杂物400余吨，清除杂草8500平方米，组织消毒77472个点位，消杀面积114820平方米，用药量2410公斤。投放鼠药8吨，粘鼠板1500块，封堵鼠洞24处，协助五小行业安装防鼠设施38处。鼠密度由10.7%降至1.5%。汉沽区被天津市爱卫会命名为“灭鼠达标区”。

2008年，迎奥运卫生清整组织三次灭鼠活动。投放鼠药16吨（城区8吨，农渔村8吨），灭鼠者1000人次。加大拆迁地块的灭鼠力度，控制鼠类迁移。为中小餐馆及宾馆饭店百余家消杀灭蟑。

2008～2009年，投入消杀药物20吨。卫生监测数据：蚊内环境为2%、外环境9%；蝇内环境为0.88、外环境为1.49。

2010年，监测数据：蟑侵害率25%、密度0.25、外环境0；灭后下降侵害率8%、密度0.08、外环境0。

三、卫生城区

1994年，通过国家卫生城市达标区验收。

1996年，制定《1996年爱国卫生工作规划》及工作要点。是年，制定《汉沽区爱国卫生工作“九五”计划和2005年远景目标》。参加全国第八个爱国卫生月活动，举办大型宣传活动2次，参加者2万余人。市容环境改造工程相继实施、竣工。是年，居委会保洁员226人，负责街道小路981条，覆盖面积730508平方米。召开第三次全国城市卫生检查“迎检”工作动员大会。

1999年，迎接全国卫生城市第四次大检查，部署治本条理化，具体工作分解为组织建设、文档管理，任务目标、责任分工，硬件建设、软件着陆，条口责任、块包义务，纵横网络，上下贯通；切实达到全国卫生城市标准。整修完善牌坊街商业示范一条街。并通过天津市迎检办开展的全国城市卫生综合检查。

2003年，制定2001～2005年爱国卫生工作发展规划及要点。

2006年，汉沽区爱卫办对20个爱卫会成员部门职责进行分工。成立创建市级卫生区工作领导小组，成员单位36个。下辖职能组11个。

2007～2010年，改造老旧社区14个。经天津市爱国卫生运动委员会办公室专家组验收，命名汉沽区为“天津市市级卫生区”。

2007年，《天津市爱国卫生工作条例》正式实施，区爱卫会组织宣传咨询活动。区内20个单位参加，出展牌46块，横幅19条，挂图10副，发放“条例”手册200本，发放宣传材料10000余份。是年，邀请天津市爱卫会专家作关于《天津市爱国卫生工作条例》的宣讲报告，邀请天津市灭鼠专家实地培训，参加学习60余人。天津市爱卫会授予汉沽区“灭鼠达标区”和“市级卫生区”称号。

2008～2010年，汉沽爱卫办爱国卫生工作资料齐全，现场考核“四害”密度低，全部保持在国家规定标准以下。同期，表彰爱国卫生先进个人10名。病媒生物防治达标单位24个。

2009年，邀请全国病媒生物控制学会副主任、天津疾控中心除害专家孙晨喜讲授病媒生物防治，参加学习70余人。

2010年，组织开展“城市与健康”为主题的世界卫生日宣传活动，参加爱卫成员单位62个，设立展台、咨询台24处、展牌103块、悬挂布标20幅、出动宣传人员440余人、发放宣传材料、宣传品和除害药品等2.2万份。评选市级卫生村8个、市级卫生红旗单位24个、市级卫生先进单位157个。

四、卫生镇村

1976～1979年，地震之后，在农村动员、发动群众治脏治乱，配备人力、车辆清理废墟、垃圾，进行填坑平沟，动员干部、群众自拆自清地震痕迹。

1982年，出动22000人次，车辆700车次，清除垃圾25210余吨，整治卫生死角30余处，垫平污水坑5处，消杀面积35000余平方米。灭鼠4.5万只，投放鼠药900公斤。

1984～1985年，创市、区文明单位253个（其中市级28个，区级225个）。

1986年，评选市级卫生红旗单位2个，市级文明卫生单位23个，区级文明卫生单位76个。

1988年，灭鼠发放宣传材料4万余份，坚持月监测鼠密度制度，开展灭鼠培训。投放鼠药15吨，年底，抽查全区鼠密度为0.05%，重点行业0.13%，一般行业0.17%，居民区0.02%。消毒除害投放药物7.5吨。评选出市级卫生先进单位75个。

1989年，开展群众卫生突击活动，清除脏乱死角104处，参加劳动8000余人次。是年，灭鼠921只，评选村容村貌先进村13个，样板村5个。评选出席市级的容貌卫生先进单位75个，区级102个。

1991年，对汉沽区爱国卫生工作安排部署：清理垃圾渣土162处、13744吨，清理花坛草坪38379平方米，清乱堆杂物612处，乱贴广告1024处，拆除违章阳台15个，灭犬1382条（其中城区224条），投放鼠药1000公斤，卫生突击14次，参加劳动6000多人次。

1993年，开展群众卫生突击活动，参加劳动7500人次。清整垃圾1200余吨、坑洼5000余平方米。投放鼠药5吨。消杀面积84350平方米。

1995年，开展两次灭鼠活动，投放鼠药8吨，投放除害消杀药物2吨。评选市级卫生红旗单位5个，市级卫生先进单位35个。

1997年，组织评选汉沽区渔、农村开展治理环境（改水、改厕等）、爱国卫生宣传、健康教育及群众性卫生监督工作；组织社队制定重大疫情，中毒事件、突发事件的防范措施和应急对策，开展创建国家卫生村镇活动，改变“汉沽三宗宝：臭鱼、烂虾、泥粘脚”的旧面貌。

1998年，汉沽区爱卫办对16个爱卫会成员部门职责进行了分工。1999年，整顿农贸市场和摊群市场、清理街居环境、专项治理城乡结合部，高标准搞好环境卫生。

2003年，制定《汉沽区爱国卫生工作规划》。在农村防控非典，实现非典零病例。在6个进区口设立防控点，对过往人员检测和车辆消毒，同时组织各街消杀分站进行监测。向各镇发放消毒香皂40多标箱（每箱72块）。

2003～2006年，户厕改造。完成改厕任务（大公厕53座）14967户，占总户数的91.6%，总投资1574万元。

2005年，农村卫生户厕率达95%以上。

2005～2006年，年均创建2个市级卫生村。

2006年，汉沽留庄村118人出现发热症状，确诊副伤寒病例。其中确诊病人46例（现患14例，痊愈11例，恢复期21例），疑似病例51例（现患21例，痊愈17例，恢复期13例），另有观察病例21人。是年7月1～10日，发热病例29例，其中确诊1例、复发1例；现患病人56例，市传染病院1例，发热门诊住院25例，汉沽传染病院1例，家庭内隔离观察29例。截至7月中旬，疫情基本控制。

2007年，开展农村卫生清整活动，以杨家泊村为清整试点，配备保洁员（月工资500元），由村、镇、区按1∶1∶3比例支付。农村消杀除害由专业队伍执行，担负范围4个镇，52个自然村。清整长效管理全区47个村。是年，天津市市容委在蔡家堡、芦前等村参观农村卫生清整现场。

2007～2009年，年均创建1个市级卫生村，汉沽区农村达5个市级卫生村。整体卫生水平基本达到了《天津市市级卫生标准》。

2008年，农村环境卫生整治，44个村和1个小区建立农村环境卫生责任管理网络制度，配备保洁人员202人，配备垃圾收运设施设备。

截至2010年，农村消杀使用各类药物16吨，灭鼠药物32吨。

第三节 大港区

一、机构设置

1980 年，原大港区卫生局成立爱卫会，下设爱卫会办公室。

1984 年，大港区爱卫办同“五讲四美三热爱”活动委员会、城市建设管理监察中队、市容委合署办公。

1992 年，大港区爱卫会委员单位分别由驻区企业、部门的领导兼任，大港区区爱卫会办公室设在大港区市容委，管理者 5 人。各街及单位均建有爱卫会组织。

1993 年，大港区爱卫办辖属成立除害消毒服务中心。单位性质为事业编制，主要从事除四害监测和有偿消毒工作。

1996 ~ 2010 年，大港区爱卫会办公室依旧由市容管理委员会辖管。

2000 年，大港区召开爱卫会第一次全委会。大港区组建街道爱卫会组织机构。

2002 年，调整大港区爱卫会办公室，与大港区市容委合署办公。机构设置均以区爱卫办为核心，以办公室为牵头单位，以街道办、农委、驻区企事业单位为二级单位，再分属到具体村镇和单位。形成网络式管理。

2007 年，成立病媒生物密度监测站。

2010 年，滨海新区环境保护和市容管理局成立，辖管大港市容环境爱卫会。

二、除害灭病

1986 年，发动群众 47000 人次，清理垃圾 8400 余吨。清除蚊蝇滋生地 4323 处，外环境消毒面积 1587760 平方米，室内消毒面积 233620 平方米。表彰大港油田管理局团泊洼农场、大港区东河筒中学等先进灭鼠单位 19 个，举办除害消毒技术培训班，培训消毒员 61 人。

1987 年，狠抓除害灭病，具体落实到灭鼠、灭犬、消毒、食品卫生等工作，发布了《关于动员全区人民彻底灭犬的命令》，区乡、镇、街道、驻港企业成立灭犬办公室。全区发放宣传材料 24 万份，出动宣传车 6 辆，设广播站 70 个，横标千余幅，上街宣传 2200 人次，签订区级承包责任书 220 份，培训投药人员 2643 人，投放鼠药 75 吨，投蜡块毒饵 1205 公斤。

1988 年，开展以除害防病为中心和实现无鼠害区的爱国卫生运动。年底，通过全国爱卫会专家组“无鼠害城市工作”验收，成为全国无鼠害城市之一。

1989 年，组织开展第一次爱国卫生月活动，集中人、财、物力，进行“社区环境大清整”和“整治城市十乱”工作。

1991 ~ 2010 年，制定冬春季、夏秋季灭鼠工作文件 23 个，制定病媒生物防治安排 50 份，开展爱卫卫生运动安排部署文件 55 个，重大事件及节假日安排文件 30 余个。

1992年，开展全国第四个爱国卫生月活动。大港区环境卫生大清整，参加5万余人次，出动车辆2074台次，清理卫生死角647处，清理垃圾杂土3234吨，疏通沟渠38679延米，平整地面109350平方米。

是年，由公安、卫生、环卫、工商等有关部门组成灭犬联合办公室，推行免疫登记制度，上古林乡养犬现场登记31户。凡不符合养犬条件的，不予办理准养证。

1993年，处理违犬409条。

1994年，出台《大港区犬类管理规定》，对准养犬、观赏犬注射疫苗、办证，犬类管理纳入法制化管理轨道。

1998年，制定《关于集中处理家禽家畜的通知》，街道办事处、物业公司对辖区内家禽家畜集中清理并搞好宣传。

2002～2003年，创建市级卫生区灭鼠达标工作考核验收，命名大港区为“灭鼠达标区”和“灭蟑达标区”。

2003年，创建国家卫生区灭蝇达标工作考核验收，命名大港区为“灭蝇达标区”。

2007年，成立大港区病媒生物密度监测站。日常做好鼠、蚊、蝇、蟑螂密度监测。

2008年，天津市爱卫办对各区县爱国卫生工作进行专项考核监测：第一季度考核爱国卫生组织建设，第二季度考核灭鼠工作，第三季度考核灭蚊、蝇、蟑螂工作；第四季度考核单位卫生。是年，卫生区复审工作和迎奥运期间，以各街、镇为主。投放灭鼠药20吨，鼠情密度由2.92%降至为1.93%。投放灭蟑药1吨、投放灭蚊蝇药7吨。出动灭鼠、灭蟑、灭蚊蝇工作人员5000人次。

2009年，加强疫情监测，对重点时期、重点地区（场所）、重点人群和重点环节布控。

2010年，滨海新区开展灭鼠、灭蝇、灭蚊、灭蟑等病媒生物防治工作，共投放鼠药41吨。大港区域投放灭鼠药13吨，参与者1000多人，鼠情密度由2.21%降至1.97%。投放灭蟑药1吨、投放灭蚊蝇药5吨。全年用于消杀的经费为40.71万元。

三、卫生城区

1985年，调整各级爱卫会班子，成立基层爱卫会组织60个。宣传执行食品卫生法，加强食品卫生管理工作。积极开展灭鼠技术培训，培养业务骨干30名。建立消毒站，培训消毒员。

1986年，举办除害消毒技术培训班，培训消毒员61人。

1989年，开展了第一次“爱国卫生月”活动。

1992年，参加全国第四个爱国卫生月活动，参与者5万余人次，出动车辆2074台次，清理卫生死角647处，清理垃圾杂土3234吨，疏通沟渠38679米，平整地面109350平方米。

2000～2003年，大港区创建卫生城区经费投入222705.37万元。

2001年，成立大港区创建国家卫生区领导小组，开展创建卫生城区环境治理义务劳动。天津市爱卫会命名大港区为“市级卫生区”。

2003年，成立创建国家卫生区指挥部，印发了《国家卫生区标准（试行）》以及《大港区创建国家卫生区工作安排意见》。

2003年，大港爱卫会办公室组织“爱卫月”宣传活动。全地区单位和居民开展宣传和清整工作，参加1500余人次，印发宣传材料万余份。是年，改善农民户厕使用条件，爱卫办制订《大港区2003～2005年农村改厕工作计划》，当年完成改厕2000座。

2004年，天津市爱卫办对大港区“市级卫生区”进行复验，国家爱卫办专家组对大港区创建“国家卫生区”指导检查。年底，获“国家卫生区”荣誉称号，实现了天津“国家卫生区”零突破。

2005年，组织街道及驻区的13个单位，宣传爱国卫生、除四害、健康教育、食品卫生等知识，制作标语13幅，板报20余个，发放宣传材料2万余份，入户宣传3万余户。

2006年，爱国卫生月活动。大港区发放宣传材料两万余份，参与宣传者5000人，入户宣传三万余户，悬挂标语13幅，制作板报20余个，发放宣传材料近万份。

2010年，迎接全国第22个爱国卫生月宣传活动，参加单位（机关、事业、街镇等）18个。宣传主题：爱国卫生知识、病媒生物防治、健康教育、食品卫生、环境保护法、节能减排等知识。宣传手段：悬挂标语10幅，制作板报20余块。参与者150余人，发放材料近5000份，电视台、报社均有报道。

四、卫生镇村

1986年，清理整顿农村环境卫生，治理乱泼污水、乱倒垃圾、乱堆粪便、乱放柴草等“四乱”。是年，创建文明村19个，占村庄总数的25%。是年，大港区获市级卫生红旗单位4个，先进消毒员称号17人。

1989年，上古林乡上古林村结合部被“天津市命名为村容村貌模范村”。

1999年，整顿农贸市场和摊群市场、清理村居环境、专项治理城乡结合部，高标准搞好环境卫生。

2003年，农村防控非典，实现非典零病例。是年，制定《2003—2005年农村户厕改造规划》，农村卫生户厕达95%以上。是年，郭庄子村被命名为市级卫生村。太平镇郭庄子村的命名，为大港实现市级卫生村零突破。村貌楼房化、改水改厕、环境卫生治理、除害防病。改造村容村貌，路面硬设，污排改造，河岸治理，清洁水质。制定管理条例，增设垃圾容器，安排专职保洁员，清洁定时定点、日产日清，责任者与经济利益挂钩。治理乱堆放、家禽散养，净化道路环境，定期清理村内杂草，维护村容习惯等。

2004～2005年，创建市级卫生村5个（工农村、上古林村、联盟村、红星村、东河筒村）。

2005～2008年，创建市卫生村工作列为涉农街、镇政府重要内容。年度期间创建市级卫生村2个。

2006～2010年，开展集中宣传和入村宣传，重在改善城乡居民生活环境，提高卫生意识和健康水平。

2007 年，普及农村环境卫生工作。

2008 年，创建市级卫生村 2 个（北抛村、小辛庄村）。是年，加大开展对农村环境卫生整治工作，在 44 个村和 1 个小区建立了农村环境卫生责任管理网络制度，配备保洁人员 202 人，配备垃圾收运设施设备。

2009 年，创建市级卫生村 2 个（渡口、小苏庄村）。是年，评选区级卫生红旗单位 58 个，区级卫生先进单位 92 个。

1986 ~ 2010 年，共创建市级卫生村 11 个，市级文明生态村 37 个，区级卫生村 32 个。

2010 年，创建市级卫生村 1 个（远景三村）。

第九篇

环城四区和远郊区爱国卫生工作

第一章　东丽区

第一节　机构设置

1953 年 5 月建区后，成立天津市东郊区爱国卫生运动委员会，副区长兼任主任，爱卫办由卫生部门代管。1974 年正式设办公室和常设人员，公社也建相应组织，卫生院代管，后设卫生助理员。

第二节　爱国卫生工作

1966 ~ 1976 年，开展以“两管五改”（管水、管粪，改井、改厕、改圈、改灶、改环境卫生）为中心的爱国卫生运动。区内突出抓了高温封肥，粪便无害化处理。1975 年实现普遍封肥。

1979 年全区粪便统一管理的大队占 96.4%，积肥队 496 个，积肥员 2516 人，新建和改建公厕 3223、迁村外牲畜棚 980、迁村外猪圈 4288、修街道 21040 米。21 个大队吃上市区自来水，20 个大队机井水入庭院、打深井 117 眼，全部吃井水。

第三节　灭　鼠

1986 年鼠密度超过 10% 以上，1987 年东丽区区政府把灭鼠达标列为农村十件大事之一。区乡镇街都成立灭鼠指挥部，层层签订了灭鼠承包责任书。组成 10 名长年鼠密度检测员，对住户、工厂、食品行业每月调查 500 户。区内培训师资 55 人，层层培训投药员 2120 人。经验收鼠密度为 0.0064%（九格粉迹法）获得达标。1988 年仍控制在规定之内。经过持续多年的环境卫生整治和大规模冬春季灭鼠工作，使东丽区鼠传疾病流行性出血热发病例数呈逐年下降态势，由先前的年发病例十位数降至个位，并保持每年不增长。

第四节 灭 犬

1987年区内统计有19718只犬，犬伤人出现3例。7月区成立灭犬委员会。区内灭犬18620只，占应灭犬总数的94.4%，91个村实现无犬村。1989年天津市政府颁布了《关于养犬暂行管理办法》，对准养犬进行预防注射。

第五节 单位卫生

1994年开展了“门内卫生达标”活动，有220个单位达标，评选出29个市级先进单位、2个红旗单位。东丽区爱国卫生运动委员会办公室被评为先进集体。1995年10月9日，通过了天津市对政府所在地区卫生达标检查验收。同时获天津市第三次全国城市卫生检查评比先进单位。

2008年奥运年，为迎接足球比赛项目在天津市举行。天津市爱卫系统开展了迎奥运病媒生物消杀保障工作。在东丽区爱卫办的推动下，对坐落于区内的天津滨海国际机场周边环境卫生及病媒生物防治开展了为期2个月的整治行动，从而为奥运会的顺利举办发挥了积极作用。达沃斯论坛期间，对达沃斯道路沿线两侧蚊蝇滋生地开展消杀工作，消杀面积达20万平方米，投入各类药品1.5吨，出动消杀人员170余人次，动用大型消杀设备4部、20余台班。

2009年以来，天津市连续开展了几个“大干300天”市容整治行动。东丽区爱卫办充分发挥动员全社会参与的积极作用，开展了诸如病媒生物防治、单位卫生评比检查、健康教育宣传等活动。有力推动了广大群众的环境卫生意识和防病保健能力。

第六节 改 厕

2003 ~ 2006年在天津市爱卫办的指导下，东丽区爱卫办开展了农村卫生户厕改造工作。经统计，四年来东丽区改厕总体情况如下。

2003 ~ 2006 年东丽区改厕总体情况表

表 9-1-6-37

年份	当年改厕数量（座）	合计改厕数量（座）	普及率（%）	资金投入
2003	0.2 万座	2.24 万座	34.67	200 万元
2004	0.97 万座	3.21 万座	49.69	1689.42 万元
2005	1.69 万座	4.9 万座	75.85	2016.92 万元
2006	1.13 万座	6.03 万座	93.34	959.79 万元
合计	3.99 万座	—	—	4866.13 万元

2004 年东丽区政府将市、东丽区财政每户补贴资金由 2003 年每户 200 元提高到 400 元。并要求街、村集体的改厕资金落到实处，这使得一些农户主动参与改厕的积极性有很大提高。

四年来东丽区爱卫办共进行各种形式的改厕培训 30 余次，累计培训改厕人员 440 余人，其中管理监督人员 100 余人，实际操作工人 340 余人，施工队伍十余支。

第二章　西青区

第一节　机构设置

20 世纪 50 年代，西郊区爱国卫生工作先后由西郊区医生联合会、西郊区卫生工作者协会及区防疫站分别负责。

1964 年，区内出现副霍乱疫情，随即成立了爱国卫生指挥部，由西郊区卫生科统筹办公，西郊区防疫站负责业务管理。

1971 年 7 月，西郊区成立爱国卫生运动委员会（以下简称爱卫会）。

1996 年 11 月 8 日，中共天津市西青区委员会津西党发〔1996〕75 号关于印发《西青区市容环境卫生管理局、西青区爱国卫生运动委员会办公室职能配置内设机构人员编制方案的通知》，西青区市容环境卫生管理局编制 11 人，其中局长 1 人、副局长 2 人、科长 3 人；内设 1 室、2 科，即办公室、监察科、业务科。西青区爱国卫生运动委员会办公室编制 5 人，办公室主任 1 人、副主任 1 人、科级干部 2 人、工勤人员 1 人

2001 年 6 月 21 日，西青区爱国卫生运动委员会和西青区市容环卫局由合署办公变为分开办公。6 月 30 日，津西政发〔2001〕50 号《关于高问友等同志任职的通知》。高问友任天津市西

青区爱国卫生运动委员会办公室主任。

2001年11月16日，津西党发〔2001〕32号，中共西青区委、西青区人民政府《关于印发〈西青区党政机构改革实施意见〉的通知》。西青市容环境卫生管理局、西青爱国卫生运动委员会办公室合并组建西青区市容环境卫生管理委员会，加挂西青区爱国卫生运动委员会办公室的牌子。

2002年4月1日，津西党发〔2002〕57号下发，根据津西党发〔2002〕32号设置西青区市容环境卫生管理委员会。将原西青市容环境卫生管理局，西青爱国卫生运动委员会办公室的行政管理职能划入西青区市容环境卫生管理委员会。

2005年8月4日，西青政人〔2005〕20号下发,《关于调整西青区爱国卫生运动委员会组成人员的通知》，周守杰任爱卫办主任。

2006年9月18日，津西编办字〔2006〕22号下发,《关于为西青区爱国卫生运动委员会办公室增加行政编制的通知》，为加强爱国卫生宣传教育和创建市和国家卫生区的组织推动工作，核定行政编制5名，其中新增行政编制2名。

2009年8月18日，津西编字〔2009〕12号下发,《关于成立西青区除害消毒服务管理站的批复》，同意成立天津市西青区除害消毒服务管理站。

2010年4月20日，津西党发〔2010〕9号下发,《关于印发〈西青区机构改革实施方案〉的通知》，组建西青区市容和园林管理委员会，为西青区政府工作部门，挂西青区爱国卫生运动委员会办公室牌子。

第二节　城乡环境卫生整治

20世纪50年代，爱国卫生工作先后由区内医生联合会、区内卫生工作者协会及区防疫站分别负责。主要是改善环境卫生，开展反细菌战。每年春季组织群众挖蛹，夏季开展喷药消毒，组织卫生清整，控制疾病蔓延。1958年后，各村镇相继建立公共厕所、污水池和垃圾箱，成立了积肥专业队。

1964年，境内出现副霍乱疫情，由区内卫生科统筹办公，西郊区防疫站负责业务管理开展爱国卫生工作。

1971年7月，西郊区爱卫会在各村恢复建立清洁队，推广高温封肥，组织群众开展季节性挖蛹灭蝇活动。1974年7月，在区范围内开展了以除害防病、消灭蚊蝇为重点的爱国卫生运动。区内共拆迁改建公厕337座，西营门乡赵庄子村还修建了境内第一座农村水冲式厕所。共改建迁移猪圈2843个，马棚迁出112处，共有86个村恢复实施封肥制度。1976年，开展了以抗震、防疫为重点的爱国卫生活动，保洁队伍达到2645人，封肥村达到93个，同时，开展消毒防疫活动，先后出动消毒人员1200余名，发放消毒药品13吨，在学校组织的灭蝇竞赛中，共扑灭蝇虫120多万只。

1980年起，村镇环境卫生实行目标管理，重大节日及每季度开展卫生突击，并实施检查评比和奖罚措施。1982年3月，西郊区政府公布《关于搞好环境卫生的若干规定》，卫生管理步入法制化。1983年，在郊县创文明竞赛中推荐14个文明卫生村，其中，杨柳青镇荣获第一名。1984年，区内共建污水池66处，垃圾箱276个，改建公厕273座。大力推广沼气池处理粪便无害化工程。共建沼气池985个。王稳庄小年庄村基本达到户户用沼气。是年，评选文明村63个，文明卫生单位42个，其中兴业里、赵金庄被评为天津市市级卫生文明单位。

进入90年代，农村环境卫生管理不断加强。村镇卫生实行综合治理，开展达标创优竞赛，卫生管理经常化、法制化。1990年，在市政府召开的迎接全国城市卫生检查表彰会上，西郊区荣获"为迎检做出贡献区"的光荣称号。1991年，全区村镇卫生设施建设投资954万元，改建公厕231座，修整道路39条，共计118000延米；铺设下水管道64538米；新接和更新自来水管道共24602米。在加速卫生设施建设的同时，各村普遍订立村容卫生管理制度，保洁队伍达到562人。

1992年，实施村容卫生工作责任承包制，定期组织考核评比。

1999年，利用4月份"爱国卫生月"和9月份"市容环境清整月"以及每季度一次的卫生清整日活动，发动全社会方方面面的力量，对全区道路、居民区和窗口地区周边环境进行了大规模的清整。据统计，共出动人员2.7万人次。车辆72部次，清理垃圾3.6万余吨。另外，以"爱国卫生月"为契机，开展宣传活动，发放各类宣传材料2000多份，在西青团区委、西青区教育局的大力支持下，组织中小学生和青年志愿者在全区范围内开展了数次捡脏活动，对促进全民卫生意识的提高产生了积极影响

2002年，围绕环境综合治理工作，以治理农村环境脏乱为重点，在全区广泛开展了爱国卫生运动。为了使爱国卫生运动取得实效，以卫生检查的方式进行了4次推动。平均每季度进行一次。对全区149个自然村的爱国卫生运动开展情况进行了联查、互查、由于各街镇高度重视，完善了规章制度，改变了管理办法，充实了保洁队伍，有的街镇还采取了竞标承包等措施，有力地推动了全区市容环境治理工作的开展，街镇村环境卫生水平有了明显的提高。在年中开展的爱国卫生工作评比活动中，4个单位被评为天津市卫生工作红旗单位，25个单位被评为天津市卫生工作先进单位。科长边兆明同志被评为全国爱国卫生工作先进个人。

第三节　改水改厕

1993年和1994年，区内新建改建公厕216座，其中，农村水冲式公厕54座。新修下水管道46840延米，新接或更新自来水管道116096米，村街道路绿化15万平方米，新修街口景门

69座，装修隔离花墙25670米，新辟花坛137个，有6个村修建了村街花园。杨柳青镇前桑园村、中北斜乡邢庄子村、王稳庄乡小孙庄村被命名为1994年度天津市爱国卫生红旗单位。另有67个村、街、单位被命名为市级爱国卫生先进单位。

1995年，区内自来水管网长36万米，自来水入户率达100%。共有80余个村完成了下水管道入户。全区1527座公厕，其中达到国家初级卫生保健水准的1421座，达标率93%。到年底，共建设农村花园8处，花坛花池423处，街道景门423处，是年，区内卫生容貌达标，并获得天津市“小康杯”。

1997年积极组织区内防病除害活动，组织实施区内改水、改厕、改善村镇容貌卫生。领导班子大胆尝试内部机构改革，采取“设置精干机构、公开竞争上岗、双向优化组合、任务承包到人”的方式，定任务、定经费、定人员、定责任，极大地调动了全员的积极性，增强事业心和责任感。促进了业务工作质量的提高和经济指标的实现。

2003年，将天津市政府下达的2000座户厕改造任务调整为8029座，区街两级共投资265.3万元，完成农村户厕改造9053座，为市政府下达任务的353%，投资160余万元改造公共旱厕96座，有效地提升了农村的卫生水平，倍受农民的欢迎，受到了中央办公厅的通报表扬，《人民日报》、新华社、中央人民广播电台、《天津日报》等多家新闻媒体争相采访报道了西青区的户厕改造工作。共完成了户厕改造22500座，共投资2424.73万元，农村整体环境质量得到了改善。

完成农村户厕改造1670座，使全区农村户厕改造累计67799座。其中，完整下水道50396座，三格化粪井式17403座，区农村户厕普及率92.5%。

在推动全区创卫工作的同时，积极改造农村户厕19700座，全区户厕改造完成率达到了90.3%，三年任务两年完成，走在了全市的前列。

第四节 除四害

1987年，开展了大规模灭鼠活动，共筹集资金25.6万元，投放灭鼠药饵126.5吨。区内平均鼠密度由灭鼠前的14.98%降至0.0149%。同时，灭蚊达99%。以后历年坚持鼠密度监测，并适时集中灭鼠。1988年，杨柳青镇、南河镇成立除害消毒服务站。随后其他乡亦陆续开办。除害消毒工作逐步实行了统一组织与管理。1989年起，将每年4月份定为“爱国卫生月”，定期开展环境卫生治理。

在西青区政府统一指挥下，各个有关乡镇及部门协同作战，对水上公园、周邓纪念馆、华苑小区及城郊结合部等周边地区进行了彻底清整，拆除违章建筑10000多平方米，清除垃圾20000

多吨。在开展了大规模的灭鼠防病消毒除害工作，共投放鼠药 15.8 吨，消毒粉 10 吨，杀虫粉 6 吨，敌敌畏 2 吨，取得了较好的防病除害效果。

1998 年．在西青区范围内开展了大规模的灭鼠防病、除害消杀活动。共投放鼠药 15.8 吨，消毒粉 10 吨，杀虫粉 6 吨，敌敌畏 2 吨，取得了较好的除害防病效果。同时在区内发动宣传活动，先后组织 1361 人次上街进行卫生宣传，发放宣传材料 10000 多份、悬挂布标 291 幅，开辟卫生宣传栏 590 块。同时，还加大了灭鼠除害工作力度。针对全区鼠密度增大的特点，增加了购药量，加大了投药力度。购进 23.5 吨鼠药，比 1997 年增加了 3.4 吨。并全部及时投放到位。经测定，全区平均鼠密度由年初的 15.8% 降到了 1.4%，达到了国家规定的标准。西青区也获得了 2002 年度灭鼠工作先进单位。1999 年初着手购置玉米，配置鼠药，并于 4 月底在区范围内投放完毕。共购房鼠药 25.2 吨。鼠密度由投药前的 3.2% 下降至 2.2%。在夏季开展灭蚊、灭蝇、灭蟑螂活动中，同投放各类杀虫剂 2 吨，有效地控制了流行性疾病的发生。针对全区大部分自然村食用深井水，含氟量高，且水井和储水塔周边环境卫生差，污染水源严重等状况，加大了对深井水周边地区环境的治理，并两次对井水水质林行了检查和消毒处理，杜绝因供水造成的疫情发生。

2003 年，全区 9 个街镇、149 个自然村都相继建立了抗击“非典”消毒站，对居民区、胡同里巷、农村水源、公厕、垃圾卸地等 1000 余个点位进行了检查、消毒。全年除害消杀用国家标准。

2008 年，西青区的付村训练基地成为一类保障地区（红区），杨柳青高尔夫俱乐部宾馆成为二类保障地区（绿区）。为确保赛事不受病媒生物危害影响，按照全国爱卫办和北京奥组委的相关要求，制定了专项方案，成立了西青区病媒生物防制应急分队。本着条块结合，属地管理，专群结合，综合防制的原则。一是在全区开展了迎奥运市容环境综合治理活动；二是广泛开展宣传活动，动员全社会积极参与；三是帮助街镇与取得市爱卫办行政许可的防制专业公司签订消杀协议，制定防制方案；四是在密度监测的基础上，严格督导药物消杀，使之达到全国爱卫办的相关要求，确保奥运会成功举办。据统计，西青区迎奥运病媒生物防制工作共全区购置鼠药 16.5 吨，设置毒饵盒 3622 个，投放鼠药 吨，使用杀蟑饵剂 19.395 公斤，拜力坦乳油 3.164 吨，大功达悬浮剂 1.07 吨，杀蛆粉剂 2.1 吨，双硫磷颗粒 11.9 吨，进行四害密度监测 69 次，拆除违章百余间，清运垃圾渣土 200 余吨。通过区爱卫办对经费的严格把关和积极协调，实际花费为 191.796 万元，为区财政节省 26.745 万元。另外，通过迎奥运病媒生物防制工作，市容秩序和环境卫生得到进一步改善，居民群众的文明意识、卫生意识进一步提高，创卫热情进一步高涨，有力地促进了各项工作的开展。全区的迎奥运病媒生物防制工作得到相关部门的认可，有 7 个单位被市爱卫会命名为第 29 届奥运会天津赛区病媒生物防治工作先进集体，12 名同志被评为先进个人。

开展了灭鼠工作，根据鼠密度分布和测定的实际，2004 年购进了鼠药 22.5 吨，并全部投放，覆盖率达到了 100%，灭效达到了 90% 以上，有效控制了流行病的发生。组织开展了“爱国卫生月”和“环境清整周”活动，特别是对杨柳青镇进行了全面清整，出动 30000 多人次、各种车辆

1056台次，清除垃圾堆物29000多吨，清除脏乱死角145处，清理乱贴乱画1200余处，清理胡同、街道185条。

在创卫工作中，积极开展病媒生物防治工作。投入200万元，购买高效无毒的消杀药品，聘请专业队伍开展灭鼠、灭蟑螂、灭蚊为重点的除害防病工作。以中小餐馆、宾馆饭店、旅店、歌厅等为重点，采取综合防治的方法，进行全面灭蟑，保证有蟑单位及有蟑户的投药覆盖率达到100%，灭效达到90%。为提高消杀工作质量和水平，筹备成立了消杀站，消杀工作不如专业化、规范化轨道；全区共购鼠药29吨，灭前密度监测，鼠密度为4.07%，投药后为2.38%，达到了国家规定的标准。

第五节　创建国家卫生镇

2005年，以创卫为指导方针，开展了一系列的卫生清整和专项治理活动，取得了显著成效。另外，加大了创卫活动的宣传，营造创卫舆论氛围，制作了宣传牌，印制了创卫宣传材料24000份，悬挂布标62条，设置宣传拱门，在杨柳青广场开展了创卫宣传日活动，组织了知识竞赛，扩大了创卫的声势。实现了一区（市级卫生区）带四镇（杨柳青镇、中北镇、张家窝镇、大寺镇四个市级卫生镇及十五村（市级卫生村）的创卫目标。开展了灭鼠和除四害活动，在全区共印发各类宣传材料10万分，出动一万余人次，利用4个月的时间分三个阶段开展了全区性的冬春季灭鼠行动。灭鼠专职人员于4月中旬开始对全区进行鼠药投放和鼠密度监测，共投放鼠药27.5吨，投药后分别两次布粉块检测鼠密度，平均鼠密度由第一次的7.13%下降为2.85%，达到了规定标准。在除四害活动中，及时将灭蚊蝇和灭蟑药具发放到九个街镇，并聘请专业人员集中力量消杀，有效降低了四害密度。

2006年，积极推进创卫工作，先后通过了天津市爱卫会对西青区及杨柳青镇、中北镇、张家窝镇、大寺镇创卫工作的考核验收，通过了灭鼠 、灭蟑螂、灭蚊蝇的达标验收。2006年8月，向天津市爱卫会提交了创建国家卫生区的申请报告及相关书面材料。年底，张家窝、中北、大寺三个镇被国家爱卫会命名为国家卫生镇，辛口镇通过了市级卫生镇验收。区内11个行政村成为市级卫生村。

2007年，积极推进创卫工作，聘请专家先后对区市容环境卫生系统的专职人员1200余人次开展创卫标准业务培训。在对张家窝、中北镇、大寺镇的脏乱反弹现象进行治理的同时，积极推动杨柳青、南河、王稳庄、李七庄、西营门创建卫生镇工作。通过不懈的努力，杨柳青镇被命名为国家卫生镇。南河镇、王稳庄镇、西营门街、李七庄街也通过了市级卫生镇的验收。74个村成为市级卫生村。全区已有4个镇被命名为“国家卫生镇”。全区149个行政村中有110个市级卫生村。

结合创卫工作，开展了形式多样的活动，一是加强健康教育宣传，提高了群众卫生意识。充分利用有线电视、报刊、板报、宣传栏及上街宣传等多种形式，广泛开展创卫工作、除害防病、农村户厕改造和卫生知识等方面内容的爱国卫生宣传活动。二是以除害防病为中心，大力开展综合整治。加强环境卫生的综合整治。集中治理居民生活区、城乡结合部、旧屋区等地的卫生死角。填平废弃不用的坑塘沟渠，清理各类蚊虫滋生地；清扫机关学校、企事业单位和居民家庭的室内外环境；清理乱堆乱放、乱贴乱画、乱挂乱摆；治理生活垃圾乱倒乱排等问题，清除卫生死角。三是以创卫工作为载体，开展爱国卫生清整。开展了大规模的环境卫生清整活动，积极组织各街镇广泛发动群众、集中开展了一次大规模的义务清蒸。配合爱国卫生条例的颁布和实施，组织爱国卫生条例大型宣传活动，发放各种宣传材料 2 万余份，环保袋等 500 余件。

2008 年，加强了对张家窝、大寺、中北、杨柳青 4 个国家卫生镇的监督管理，督促 4 个镇巩固创建成果。辛口镇、王稳庄镇、南河镇、李七庄街、西营门街都全面启动了创建国家卫生镇（街）活动。

辛口镇、李七庄街顺利通过了全国爱卫办的考核验收，被命名为“国家卫生镇（街）”。全区已有“国家卫生镇（街）”6 个，比例达到 66.7%，对全区的创卫工作提供了强有力的依托。15 个村被评为市级卫生村。

从加强爱国卫生组织建设、健全爱国卫生工作制度、深入开展单位爱国卫生工作入手，严格把关，认真做好“市级卫生红旗单位”和“市级卫生先进单位”的申报工作。2008 年有 8 个单位被市爱卫会命名为“市级卫生红旗单位”，36 个单位被命名为“市级卫生先进单位”。

2009 年，对大寺、张家窝、中北镇等三个国家卫生镇及其他六个街镇进行调研，提出整改措施，巩固创卫成果，为创建国家卫生区打下坚实的基础。与《天津日报聚焦西青》编辑部联合开办了“我喜爱创卫的 n 个理由”征文活动，与报社、电视台联合开办了“环境大家看”、“创卫视角”等栏目 30 余期，提升了群众了解创卫、参与创卫的自觉性。到 2009 年底，全区已有 6 个街镇被命名为国家卫生镇，9 个街镇全部被评为市级卫生镇，全区 149 个行政村中有 128 个市级卫生村，在全市名列前茅。

对 2008 年得卫生单位进行了全面复查，推动机关和社区爱国卫生工作深入开展，营造清洁、整齐、优美的生存和发展环境。

印制万份病媒生物防制指导手册，指导各街镇以及广大群众了解病媒生物的防治知识，为全区顺利实现国家卫生区的申报提供保障。

各街镇以“迎接建国 60 周年，城乡清洁行动”为主题，开展环境卫生综合整治活动，集中清理垃圾 30 余吨，捡拾白色污染万余个，打捞漂浮物 20 余吨。

2010 年，加强了对 9 个街镇的监督管理，督促 9 个街镇巩固创建成果。张家窝、大寺、中北通过了“国家卫生镇”复审。2个村被评为市级卫生村，市级卫生村总数达到130个。

从加强爱国卫生组织建设、健全爱国卫生工作制度、深入开展单位爱国卫生工作入手，严格把关，认真做好“市级卫生红旗单位”和“市级卫生先进单位”的申报工作。2010年区有7个单位被市爱卫会命名为“市级卫生红旗单位”，35个单位被命名为“市级卫生先进单位”。

第三章 津南区

第一节 创建市级卫生镇和卫生村工作

2003年，小站镇东大站村和双桥河镇王庄子被命名为市级卫生村。

2004年，全区有5个村达到了市级卫生村标准，被市爱卫办命名为市级卫生村，分别是辛庄镇继泰村、葛沽镇殷庄子村、双港镇先锋村、八里台镇小黄庄村和西小站村。

2005年，全区有3个村被市爱卫办命名为市级卫生村，分别是葛沽镇曾庄村、小站镇迎新村、辛庄镇邢庄子村。同年小站镇迎新村、东大站村和金龙社区被评为文明生态村。

2006年4月24日，津南区召开创建市级卫生区动员会。会上对创卫工作进行全面的部署，并向全区下发了《津南区创建市级卫生区（镇）工作实施方案》。会上，各镇及相关责任单位向区政府递交了创卫责任书。标志着津南区创建市级卫生区工作正式启动。

2006年，全区有4个村被评为市级卫生村，分别是咸水沽镇同济村、辛庄镇柴辛庄村、双桥河镇西周庄村以及北闸口镇光明村。同年，共有10个村被评为文明生态村，分别是咸水沽镇同济村、新兴村，葛沽镇大滩村、三合村、葛三村，北闸口镇光明村、三道沟村、建新村，小站镇营盘圈村以及八里台镇双闸村。

2007年，全区有13个村达到了市级卫生村标准，被市爱卫办命名为市级卫生村，分别是辛庄镇建明村，葛沽镇大滩村、三合村，咸水沽镇赵北村、苑庄子村、池稻地村、秦庄子村、李庄子村、潘庄子村，双桥河镇南房子村、闫家圈村、孙庄子村，北闸口镇义和庄村。同年，全区共有7个村被评为文明生态村，分别是咸水沽镇赵北村、韩城桥村，北闸口镇翟家甸村、大芦庄村，辛庄镇建明村，八里台镇刘家沟村以及双桥河镇南房子村。

2008年10月，双桥河镇通过了市爱卫办组织的考核鉴定，被命名为市级卫生镇。

2008年，全区有15个村被市爱卫办命名为市级卫生村，分别是咸水沽镇五登房村、四里沽村、周辛庄村、头道沟村、北洋村，辛庄镇中辛庄村、高庄子村、清河村，双桥河镇刘家圈村、韩家圈村、李家圈村、小韩庄村，八里台镇毛家沟村、葛沽镇邓岑子村，小站镇西花园村。同年，有辛庄镇清和村，北闸口镇义和庄村以及葛沽镇西关村被列为文明生态村。

2009年，结合农村环境卫生整治工作，努力推动卫生村的创建，同时对历年来创建的40多个市级卫生村进行了复审，加大了治理反弹的力度。全年创建市级卫生村10个，分别是咸水沽镇刘家码头村，葛沽镇殷庄子村、盘沽村和北园村，辛庄镇生产圈村、张家嘴村、上王庄村，北闸口镇高庄房村、后营村以及八里台镇北中塘村。同年辛庄镇上王庄村和张家嘴村，北闸口镇后营村和高庄房村，八里台镇北中塘村被列为文明生态村。

2010年，全区共创建市级卫生村10个，分别是葛沽镇东埂村，小站镇前营村、坨子地村、拐子沟村、黄营村、南北河村、黄河村、操场河村，北闸口镇月桥村和前进村。同年，八里台镇毛家沟村和小黄庄村被评为文明生态村。

第二节　病媒生物防治与消毒

除四害（老鼠、蚊子、苍蝇、蟑螂），讲卫生是爱国卫生工作的重要组成部分。津南区爱卫办每年都准备好消毒药品、器械，落实消毒队伍，发售药品。

1997年共发售“敌敌畏”2吨，“林丹粉”100箱。全年共组织了早春季节、春夏之交和秋季三次较大规模的灭鼠活动。5月上旬，全区共投放鼠药“杀它仗”56桶（1560公斤），大大降低了鼠的密度，控制了鼠传疾病——出血热的蔓延。秋季灭鼠活动从8月15—10月23日。9月8日为灭鼠宣传日，共散发灭鼠宣传材料千余份。活动期间，利用广播电台播放有关灭鼠知识30次、张贴标语11幅，在津南报社刊登有关灭鼠知识的文章6篇，咸水沽镇、双港镇在镇村主要干道张贴标语400多张，并发动了全镇中小学生参加灭鼠活动。同时，全面开展了投药前后的鼠密度监测、统一投药、卫生清整、检查验收等工作。共投放鼠药4.6吨，鼠密度为6.11%，比投药前下降了23个百分点。津南区荣获1997年四区五县秋季灭鼠工作评选第一名。

1998年共投放外环境用药DDV1.45吨，用于公厕、垃圾点等易滋生蚊蝇的地方。同时投放了8千多元的室内用药，主要解决餐饮业和单位内部环境。着重对结合部的食品行业进行大面积的消毒灭蝇工作，2个月共喷洒消毒药物100公斤。同时发动中小学生开展灭蝇活动，大搞卫生清整活动，消除蚊蝇滋生地。灭鼠工作主要搞了两次大规模的活动，第一次是在春天，根据天津市爱卫会的安排，在1997年冬季灭鼠的基础上，春季掀起了新的灭鼠高潮。分别对镇、村、企业干部进行了技术培训。4月中旬在辛庄镇白塘口村召开了春季灭鼠推动会，天津市爱卫会领导、津南区领导亲自到会，并进行投药示范，对灭鼠投药前后的有关事宜做了详细的讲解，有力地推动了全区灭鼠工作的开展。

以迎接第四次全国城市卫生检查为契机，再一次狠抓灭鼠工作，还特别对市郊结合部——双港镇的灭鼠工作进行了更细致的部署，并在何庄子市场、双港镇市场等地投放鼠药。据统计，共投放鼠药“溴敌隆”和“杀它仗”4吨多，鼠密度由投药前的13.7%下降到7.27%，降低了6.43%，而且鼠传疾病出血热发病率比去年同期减少5例，死亡率由去年的33%降到0。

1999年购买2吨DDV发售到各有关镇，进行大面积的外环境及公共场所的消毒灭蝇工作。另外，在团结路、公安津南分局、咸水沽医院、葛沽镇等地均发现了蟑螂，为了控制其蔓延，在几个地方用多种药物做实验，如：快康、灭蟑烟雾剂等，效果显著。灭鼠工作除常规灭鼠外，还突击进行了春、夏、秋、冬四次大规模的灭鼠活动，实行投药、用药、时间、方法四统一的原则，采取科学灭鼠方法，把投药工作落实到最基层。据统计，全年共投放鼠药“溴敌隆”、“大隆”、“杀它仗”5吨多，鼠密度由投药前的9.32%下降到5.21%，降低了3.09%。

2000年，由咸水沽镇保洁队负责成水沽镇区域内除四害投药、消毒工作，并带领有关技术人员到塘沽区进行学习。购买“蚊蝇敌乳油”2吨发售到各有关镇进行消毒。另外，共投放鼠药“溴敌隆”“大隆”“杀它仗”等3吨多，鼠密度由投药前的13.67%下降到8.96%，降低了4个百分点。

2001年共投放消毒药2.5吨，鼠药4吨多，鼠密度为9.33%。同年开展灭鼠工作调研，搜集了大量关于各镇及有关部门的灭鼠资料，认真总结近几年的灭鼠经验，分析原因，提出措施，完成了《津南区灭鼠工作调研报告》。

2002年，大力开展春季灭鼠活动。3月25日召开了全区“2002年爱国卫生暨春季灭鼠工作会议”，会议就2002年的爱国卫生工作和春季灭鼠活动进行了部署动员。以咸水沽镇为中心，辐射全区8个镇165个自然村，每300人设一名投药员。3月27日和4月18日分别对各镇、市管单位、驻区部队和较大单位的100余人进行了灭鼠技术培训。4月25日在武警学院进行投药示范，以此带动全区灭鼠工作的开展。同时搞好环境卫生清整，实行科学灭鼠。结合全区开展的环境秩序整治工程，在两次投药前组织了两次全区性的环境卫生清整活动，清除垃圾和不卫生死角，破坏鼠类的生存环境，灭鼠效果尤为明显。共投放鼠药11.8吨，比常年灭鼠投药增加了一倍多，还投放粘鼠板500余片。经过投药前后两次鼠密度监测，鼠密度由11.75%下降到6.71%，虽然仍未达到国家规定5%以下的标准，但这是近几年来鼠密度较低的一年。经过市爱卫办实地检查、综合考评，我区在2002年灭鼠活动中被评为市级先进单位，并颁发奖牌。

同时，做好夏秋季灭蚊蝇的准备工作，督促检查各镇做好消毒工作，除为老三镇（咸水沽镇、葛沽镇和小站镇）发放了三万余元的消毒药品外，还准备了1.8万元消毒药品，为今年夏季的除害消毒打下了基础。并向全区各单位下发了《关于在全区大力开展夏秋季灭蚊蝇活动的通知》，号召干部群众立即行动起来，开展灭蚊蝇活动，及早控制和减少传染病的发生和流行。

还对咸水沽镇津沽路、体育场路、咸歧路两侧的30多家中小餐馆、饭店、超市进行了除四害执法监督检查。针对存在的问题提出了整改意见，并进行了相关知识的培训和除四害管理办法的宣传，使人们知法、懂法、依法办事。

2003年，为有效切断非典的各种传播途径，加大了除害防病力度，除四害工作主要采取日常防治与突击消杀相结合，以日常防治为主；治本与治标相结合，以治本为主；块块与条条相结合，以块块为主，并充分利用现代化科学技术，全面展开了以环境综合治理为主、化学防治为辅的工作方法。

灭鼠工作：把农村作为此次灭鼠工作的重点，以点带面，保障全区灭鼠工作的顺利进行。共投放鼠药7吨。鼠密度由原来的11.34%下降到6.06%，基本达到了不足为害的程度，有效地控制了鼠传疾病——出血热的流行。

灭蚊蝇工作：为了预防蚊蝇传播非典，加大了除害消毒力度，不失时机地灭杀成蝇及幼虫；铲除蚊蝇滋生地，大搞卫生清整活动；组织实施灭蚊蝇活动，综合运用化学、物理、生物、环境等各种方法，形成对蚊蝇的立体式围歼，使其无处藏身。还及时下基层指导消毒，动员机关干部分路、包片指导商业门脸的消毒工作。全区共购置发放除害消毒药品9吨，对杀灭蚊、蝇，降低其密度发挥了重要作用。

灭蟑工作：采取以环境防治为基础，突击运用化学防治的方法，共购买灭蟑药物0.8吨，有效地防止了蟑螂的孳生和蔓延。

2004年2月，在津南区辛庄镇发生了禽流感疫情，为了及早控制禽流感疫情的传播和蔓延，对疫区进行了大面积的消毒工作。共投放鼠药15余吨，发放除害消毒药品7吨，投放灭蟑药物1.5吨。

2005年，把农村作为灭鼠工作的重点，共投放鼠药15吨，有效地降低了鼠密度，有力地预防了鼠传疾病的流行。向全区各单位印发了《关于开展2005年夏秋季灭蚊灭蝇活动的通知》，综合运用化学、物理、生物、环境等各种方法，及早控制和减少传染病的发生和流行。共购置发放除害消毒药品7吨，对杀灭蚊、蝇，降低其密度发挥了重要作用。开展了大规模的灭蟑活动，对全区蟑情进行监测，对于蟑情较严重的部位及时消杀，全区共投放灭蟑药物1.5吨，有效地防止了蟑螂的孳生和蔓延。

2006年，在全区范围内开展大规模灭鼠活动和迎新春爱国卫生运动，共投放鼠药17余吨，有效地降低了鼠密度。向全区各单位下发了《关于开展2006年夏秋季灭蚊灭蝇活动的通知》，共购置发放除害消毒药品5吨。采取以环境防治为基础，突击运用化学防治的方法，全区共使用灭蟑药物1吨，有效地防止了蟑螂的孳生和蔓延。

八里台村民反映局部地区跳蚤泛滥，村民自行灭杀没有效果，涉及面越来越大，严重威胁群众的身体健康。区爱卫办了解情况后，仔细研究，向专家咨询，当日傍晚立即组织消杀人员、药械进行消杀，使灾情得到了一定的控制，保障了群众的身体健康。

2007年，全区共投放鼠药15余吨，购置发放消毒药品近3吨，并对全区蟑螂密度进行监测，蟑螂密度为3.65。针对八里台村跳骚问题及光明楼社区的蚂蚁问题，根据实际情况，认真研究用药品种及用药量，对居民投药进行了技术培训，组织居民进行了统一投药，取得了良好的效果。

2008年，积极开展迎奥运病媒生物防治工作，建立了区、镇、村三级病媒生物防治应急队伍，负责全区病媒生物的消杀控制。5月16日对全区各镇及各重点单位的130人进行了病媒生物防治技术培训。对迎奥运的重点单位开展了监督检查，对发现的问题进行了现场的技术指导，并对违反《天津市爱国卫生工作条例的行为》进行了限期改正的处罚，建立了这些单位的病媒生物防治工作的档案。根据天津市爱卫办要求，成立了津南区病媒生物监测站，每月对四害密度进行监测，并如期上报相关报表，为全区病媒生物防治的有效开展提供了可靠数据。自2008年1月至4月，开展了一次全区性的冬春季灭鼠活动，共投放鼠药11吨，灭前全区鼠密度为7.87%，灭后鼠密度为2.72%，综合运用化学、物理、生物、环境等各种方法，发放除害消毒药品约11吨，对杀灭蚊、蝇，降低其密度发挥了重要作用。根据市爱卫办部署，开展了大规模的灭蟑活动。

2009年，按照天津市关于灭鼠工作要求，对灭鼠工作做了周密安排，向各镇、各单位下发相关灭鼠文件，详细布置了此次灭鼠工作要求。分期分批地召开了灭鼠技术培训，培训内容包括：要求使用与管理、密度监测、毒饵投放、防鼠设施的建立等。对灭前和灭后的鼠密度进行监测，掌握鼠情，科学投药；进行灭鼠综合防治，组织开展环境卫生治理，破坏鼠类孳生和栖息场所；开展集中灭鼠投药，全区共投放鼠药约9吨多，鼠密度由投药前的2.38%将到1.26%，下降了1.12%，达到了国家标准。

按照天津市爱卫办要求，在全区范围内普遍开展了灭蚊、蝇、蟑等活动，对100多家食品经营单位、开展了灭蟑培训。从4月份开始对蚊蝇滋生地开展了垃圾治理及消杀工作，全年共用消杀药品近3吨，使蚊蝇密度明显低于往年。9月—10月，对咸水沽镇的29个居民小区的10505眼污水井进行了全覆盖式的消杀。

结合大规模的灭蟑活动和市爱卫办对灭鼠、灭蟑工作的考核要求，先后4次会同相关部门对重点地区的300多个单位开展了病媒生物执法检查，对重点行业的病媒生物预防设施的设立和完善进行现场指导，对存在问题较为严重的单位进行了限期整改的处罚，并按要求实现复查，大部分企业都取得了明显效果，同时赢得了市爱卫办考核验收组的认可。

2010年，开展集中灭鼠投药，共投放鼠药8吨。在区范围内普遍开展了灭蚊、蝇、蟑等活动，对200多家食品经营单位、开展了灭蟑培训。从4月份开始对蚊蝇滋生地开展了垃圾治理及消杀工作，全年共用消杀药品近2吨，使蚊蝇密度明显低于往年。

结合灭蟑活动和天津市爱卫办对灭鼠工作的考核要求，会同各镇对全区八个镇进行了病媒生物的培训和执法检查。检查中，对700多家重点行业的病媒生物预防设施的设立和完善进行现场指导，大部分企业都取得了明显效果。

第三节　农村改水

近几年津南区加大了农村改水工作力度，认真做好调研工作。

1997 年在户户喝上卫生清洁水的基础上，到 9 月份有 57 个村实现了农民饮用除氟水，有 34 个村改用滦河水。八里台村水厂 1996 年被评为“全国百家水厂”。

2000 年 7 月上旬至 8 月中旬，对咸水沽、葛沽、小站、八里台等四个镇 14 个村的改水、改厕工作进行调研。结合津南区特点拟定了改水调研提纲，采取看资料、查现场、走访座谈的方式。除走访 14 个村外，还走访了区建委、区水利局、区房管局、区地病办、自来水公司、区防病站等多个部门，了解了大量与改水相关的情况和数据资料。调研结果表明，农民饮用自来水基本上全部入户，受益人口 100%；咸水沽、葛沽两镇高氟区为彻底解决氟危害，已引滦河水入户；小站和八里台镇 6 个村中，除东大站村每天用水罐车为农民供应滦河水外，其余均饮用地下水，均建有水厂（站），有专人管理。

2003 年，继续巩固改水工作成果，做好农村改水现状调查统计工作，加强了对水厂周边环境的治理，特别是全国百佳水厂之——八里台水厂，被申报为全国农村优秀水厂。

2006 年，根据市爱卫办津爱卫办发〔2006〕72 号文件及 10 月 25—26 日市爱卫办培训会议要求，于 10 月、11 月开展了农村引用水与环境卫生调查工作，根据全区农村供水方式，在 8 个镇抽取 10 个村、100 户做为调查对象，分别就农村饮用水做了如实的调查，摸清当前农村饮用水与环境卫生本底，及时上报到市爱卫办和市卫生局，为今后制定爱国卫生等相关规划和策略措施提供科学依据。

第四节　宣传教育

每年 4 月是全国“爱国卫生月”，按照市爱卫办工作部署，组织开展爱国卫生宣传日活动，通过展出展牌和发放宣传材料，宣传了《天津市爱国卫生工作条例》《天津市城市管理规定》，宣传预防春季易发生疾病的有关常识，宣传病媒生物防治的知识，宣传讲究科学卫生生活方式控制慢性病，以及积极开展控制吸烟活动等内容。通过宣传，提高了群众的大卫生意识和自我保健能力。

第五节　评选先进单位

在全区范围内，大力开展对单位内部卫生达标活动，力争使更多的单位达到《天津市单位卫生标准》要求，在此基础上，按照市爱卫办分配指标，深入开展“市级卫生红旗单位”“市级卫生先进单位”的创建活动，每两年评选一次。切实评选出一批高水平的卫生先进单位。

第四章　北辰区

第一节　机构设置

1979年北郊区爱国卫生运动委员会下设办公室，主要负责爱国卫生运动的组织、协调和检查推动工作。1986年5月，北郊区成立市容卫生管理委员会，与北郊区爱卫会“一套人马、两个牌子”。全面负责市容环境整治和爱国卫生运动。1991年5月，成立北辰区环境卫生管理局，与北辰区市容委合署办公。加挂北辰区区爱卫会办公室牌子。2009年组建北辰区容环病媒生物消杀服务中心。2010年，北辰区爱卫会办公室更名为爱国卫生管理科，为北辰区市容园林委内设科室，负责北辰区区爱国卫生运动的同时“北辰区市容环境卫生管理委员会”更名为“北辰区市容和园林管理委员会”，下设综合办公室、环卫管理监察科、市容管理监察科、废弃物管理监察科、爱国卫生管理科、园林绿化管理科、市政道路管理科。

第二节　除四害

20世纪80年代，鼠害严重。双口镇两个村因鼠害造成花生减产30%，渤海啤酒厂每年近万条麻袋被老鼠咬坏。1980年区内平均鼠密度为18.2%。北辰区爱卫会发动群众在春、秋两季开展灭鼠活动。1983年北辰区政府拨款1万元发展家庭养猫。南王平乡养猫户达75%。1984年鼠密度下降到12.4%。1985年在双街乡张湾村试点，两个多月灭鼠2000多只，成为天津市郊县第一个“基本无鼠村”。1986年在宜兴埠镇开展灭鼠达标活动，两个多月灭鼠21000多只，鼠密度由达标活动前的9.67%下降到0.2%，成为天津市第一个“无鼠害镇”。1987年区政府成立灭鼠指挥部，层层签订灭鼠协议。共投放杀鼠毒饵66.5吨，鲜饵680公斤，覆盖面达96.91%，共收回死鼠27万多只，使鼠密度由9.83%降到0.38%（达标指标为3%—5%），其中居民区为0.04%、一般单位为0.031%、重点行业为0.06%，获天津市“无鼠害区”称号。

1998年至2002年，北辰区爱卫会利用广播、电视及小区黑板报等多种形式，广泛宣传爱国卫生工作，设立宣传站点40余处（次），悬挂横幅标语近100幅，发放灭鼠、灭蟑螂、灭蚊蝇、食品卫生等宣传材料16万余份。5年间，共组织大规模的环境卫生清整活动14次，机关干部、企业职工、街道居民、中小学生约5万余人次参加，清理卫生死角1000余处，清运垃圾杂土303万余吨。在“爱国卫生月”期间，无偿发放灭蚊蝇、灭鼠药品几十吨，有效控制了鼠害发生。2003年不失时机地在全区开展春季灭鼠活动，投放药品8吨。为做好防治非典工作，结合夏季除害，投放药品13吨。

2004年至2005年适时开展春季灭鼠、夏季除害消毒活动，投放各类药品近60吨。2006年为落实全区灭鼠统一部署，出动投药员2000余人，投放鼠药23余吨，鼠密度由灭前的5.56%降至灭后的2.26%。2007年结合不同季节，开展灭鼠、灭蟑螂、灭蚊蝇工作。年内发放宣传材料2万多份，投放药品22吨，降低四害密度。2008年扎实开展冬春季灭鼠工作，投放鼠药21.6吨，投药覆盖率达到了100%，鼠密度由灭前的2.30%降至灭后的0.88%。向广大群众广泛宣传爱国卫生、除四害等科普知识，发放各种宣传材料3万余份，设置宣传栏200余块，培训人员1000多人次。

2009年组建北辰区容环病媒生物消杀服务中心，宣传病媒生物防治知识。投放鼠药21.6吨，投药覆盖率达到了100%。

第三节　户厕改造

1983年全区有公共厕所30座。1990年起，开展初级卫生保健工作，要求农村建立卫生厕所，其基本标准：厕所有墙、有顶、厕坑及贮粪池无渗漏，厕内清洁，无蝇蛆、基本无臭味。农村的粪肥管理工作转入建立卫生厕所阶段。是年，公共厕所有55座。1995年，全区共有符合卫生厕所标准的公厕871个。

进入90年代，按照创建国家卫生城市，实现达标卫生区的标准来推动全区爱国卫生工作。每年春、秋季组织两次大的卫生环境清理活动。在门前三包的基础上对京津公路沿线，采取机关、部门划分责任区的办法。1994年国庆节组织全体机关干部并配备装载车8部、翻斗车5辆，彻底清除延吉道上万吨的“垃圾山”。

1999年，累计建立水冲式公厕5座，新建及改造23座农村公厕。2000年，改造、新建水冲式厕所31座。2001年，新建或改建水冲式公厕12座。2002年，新建或改建水冲式公厕12座。2004年环内15座旱厕改造成水冲式公厕。2006年按照创卫的要求，从规划入手，完成环内30座二类公厕的规划任务，2007年新建、在建二类公厕9座，2008年新建二类公厕5座。

自2002年起，北辰区成立改厕领导小组，并建立镇村一把手亲自抓的领导组织网络，将改厕任务目标分解落实到位。印制4万份《致全区农民群众的一封公开信》发到农户手中，宣传改厕意义，把优惠政策向群众交底。为减轻农户负担，北辰区将区补贴从原先的每户50元提高到200元，一些有条件的镇、村抽调资金增加对改厕农户的资金补贴或免费提供砖、水泥等建筑材料。区机关干部还开展“践行‘三个代表’重要思想，为农民群众做贡献”捐资改厕活动，募集65万元捐款全部用于经济基础薄弱镇村的改厕工作。为确保改厕工程质量，北辰区先后组织4批观摩队伍到宝坻区学习取经，从抓试点入手，选择几个有代表性的镇村和基础条件较好的农户作为户厕改造试点，形成样板，确保建一户、合格一户、群众满意一户。2003年新建改建高档次水冲公厕52座、改造农村户厕6300余座，垃圾池890个。2004年超额完成1.45万座任务，改造农村户厕1.9万座。2005年全区改造农村户厕1.49万座，提前超额完成任务。

2006年召开北辰区改厕推动会，宣传改厕工作。完成户厕改造任务15230座。2007年做好农村户厕改造“回头看”工作，深入各单位推动内部卫生达标活动。2008年至2009年继续做好农村户厕改造的后续工作。

北辰区人民政府、北辰区市容委、北辰区爱卫办、北辰区财政局、北辰区妇联、双口镇政府、大张庄镇政府、西堤头镇政府、双街镇政府、小淀镇政府10个单位获得天津市2003—2006年农村卫生户厕改造工作先进集体。双口一村、岔房子村、下河头村、刘快庄村、芦新河村、常庄村、小诸庄村、赵庄村、韩家墅村、屈店村、仁合营村、王庄村、宜兴埠一街13个村获得市级先进村。

第四节 创建卫生区和卫生村

根据天津市爱卫办《关于开展创建市级卫生村活动的通知》，自2003年度始北辰区组织开展创建卫生村活动，每年制定创建计划和实施方案，加强农村爱国卫生运动组织建设，健全各项卫生制度，结合农村卫生户厕改造，从清除生活垃圾、乱堆乱放和卫生死角入手，逐步规范垃圾管理，进一步完善卫生基础设施，全面治理村容村貌，动员广大农民群众摒弃陋习，农村环境得到改观，群众文明卫生意识得到提高。

2003～2009年北辰区天津市市级卫生村创建表

表 9-4-4-38

年份	区级卫生村			市级卫生村		
	个数	镇	村名	个数	镇	村名
2003	1	双街镇	常庄	1	双街镇	常庄
2004	1	大张庄镇	小孟庄	1	北仓镇	北仓、
	1	北仓镇	北仓、	1	天穆镇	柳滩
	1	天穆镇	柳滩			
	4	双街镇	小街、双街、沙庄、西赵庄	4	双街镇	小街、双街、沙庄 常庄
	1	西堤头镇	芦新河			
	1	宜兴埠镇	一街			
2005	5	大张庄镇	张五庄、小韩庄、小马庄、下殷庄、大吕庄	4	大张庄镇	小孟庄、张五庄、小韩庄、小马庄
2006	6	大张庄镇	田庄、芦庄、吕庄、董连庄、张四庄、仁合营、	4	大张庄镇	田庄村、芦庄村、下殷庄村、吕庄村
	3	北仓镇	董新房、阎庄、赵虎庄	3	北仓镇	董新房、阎庄、赵虎庄
	5	天穆镇	阎街、勤俭、王庄、刘房子、马庄	2	天穆镇	阎街、勤俭
	2	小淀镇	温家房、小淀	1	小淀镇	温家房
	1	双街镇	杨堤	1	双街镇	杨堤
	6	双口镇	一村、赵圈、郝堡、徐堡、下河头、中河头	3	双口镇	一村、赵圈、郝堡
	2	西堤头镇	刘快庄、东堤头	2	西堤头镇	刘快庄、芦新河
	1	青光镇	青光	1	青光镇	青光
2007	1	大张庄镇	南王平、	1	大张庄镇	董连庄村
	1	小淀镇	小贺庄	1	天穆镇	王庄
	3	双口镇	平安庄、前堡、后丁庄	3	双口镇	平安庄、前堡、徐堡
	1	西堤头镇	韩盛庄	1	西堤头镇	东堤头
	1	青光镇	韩家墅			
2008	2	大张庄镇	小诸庄、李辛庄	2	大张庄镇	小诸庄、李辛庄
	1	北仓镇	桃口	1	西堤头镇	姚庄子
	2	双街镇	上蒲口、庞嘴	2	双口镇	双河、上河头
	2	双口镇	双河、上河头	1	北仓镇	桃口
	3	西堤头镇	西堤头、姚庄子、辛侯庄	1	双街镇	上蒲口
2009	1	西堤头镇	东赵庄	2	大张庄镇	张寺、大吕庄
	1	双口镇	杨河	4	双口镇	杨河、中河头、下河头、后丁庄
	4	双街镇	下辛庄、郎园、胡园、庞咀	4	双街镇	下辛庄、郎园、胡园、庞咀
	3	北仓镇	李咀、屈店、周庄	2	北仓镇	屈店、周庄
	2	小淀镇	小贺庄、赵庄	2	小淀镇	小贺庄、赵庄
				1	西堤头镇	东赵庄
合计	69			54		

第五章 武清区

第一节 机构设置

1972年7月25日，河北省武清县革命委员会《关于成立武清县爱国卫生运动委员会的通知》(〔1972〕43号)，机构成员由七名同志组成，武清县爱国卫生运动委员会办公室设专职副主任一名、一名专职工作干部，挂靠在武清县卫生局，由武清县卫生局局长兼任主任，主要负责爱国卫生运动的组织、协调和检查推动工作。1981年武清县人民政府批转天津市爱卫会关于建立县以下各级爱卫会及其办事机构的报告(〔1981〕220号文)。1986年5月，武清县爱卫办与武清县县市容管理委员会合署办公，全面负责市容环境整治和爱国卫生运动。1991年10月，县爱卫办与市容委分家，再次挂靠武清县卫生局，由武清县卫生局局长兼任主任。1992年1月28日武清县编制委员会下发《关于武清县爱卫办编制员额的批复》(武编发〔1992〕24号)，通知经县编委研究，原有的7名行政编制不再增加。2002年根据《天津市武清区区直机关机构改革实施意见》(津武党发〔2002〕9号)，武清区爱国卫生运动委员会办公室职能配置和人员编制规定，区爱卫会办公室总数为6名，其中行政编制5名，工勤事业编制1名，编制行政编中副主任1名。2009年组建武清区爱卫会监测除害管理站。

第二节 爱国卫生活动

1950年武清县城镇和农村广泛开展了爱国卫生宣传教育工作，清除和妥善处理了垃圾，改善了环境卫生及个人卫生。

1952年各乡、村以腰鼓、秧歌队、屋顶广播、黑板报等形式进行宣传，动员群众对房屋、院落清除污秽垃圾和厕所，水井扑蝇灭蚊。全县先后进行3次清洁大扫除，清除垃圾、改善厕所，并在运河两岸村镇做了重点饮水消毒。对一般城镇饮食业加强了管理，培训了炊事员，增设了防蝇、防尘等卫生设备。个人卫生一般做到不喝冷水，常洗衣晒被，清洁屋子，勤剪指甲等。1954年以来，痢疾、疟疾、麻疹、流行性乙型脑炎等传染病发病率逐年下降，人民群众的健康水平日益提高。

1956 年成立了清洁队，负责武清县城各个街道的卫生清扫工作。

1958 年 1 月 25 日，武清县委和武清县人民委员会召开了 3500 多人参加的除四害（苍蝇、蚊子、老鼠、麻雀）、讲卫生动员大会，发出实现“四无四洁”县的号召，发动了 32 万多人捉麻雀、捕老鼠、修厕所、挖蝇蛹，清除垃圾，全县 80% 的村普修了街道。

1961 年在武清县范围内开展了大抓生活、大灭疾病的群众性运动，市、县 93 个医疗队（组）深入农村开展了 5 次全县范围的普查普治工作。

1981 年起每年 3 月为“文明礼貌月”，突击环境卫生，杨村镇和武清县直各机关实行门前三包制度，各乡村也责成专人负责卫生工作，定期进行检查、评比改善了环境卫生面貌。

全国爱卫会第八次委员会扩大会议提出，从 1989 年起在开展群众性爱国卫生活动的同时，要建立爱国卫生月制度。1. 自此武清区每年充分利用“爱国卫生月”统一宣传日，大力开展爱国卫生宣传活动。汇同环卫局、卫生局、环保局等单位，大力宣传爱国卫生、城乡清洁行动、春季灭鼠、创卫卫生和春季防病常识，围绕创建卫生城、市容环境卫生、除害防病、食品卫生、健康教育、环境保护等内容进行广泛宣传。并在城区设置东西两个宣传点，发放宣传资料 5000 余份。2. 深入开展城乡清洁行动。每年的五一、十一、春节前都组织开展城乡清洁行动，全员发动，在农村组织动员乡镇、村街和广大农民群众，认真开展环境卫生清整活动。在城区组织动员广大人民群众清除背街小巷、居民社区、园林绿地、闲置空地、集贸市场周边、城中村和城乡结合部等地区的垃圾堆物和卫生死角。多年的努力取得明显成效，区卫生状况明显改善，居民卫生素质明显提高，武清的总体环境越来越好。

3. 全面开展单位内部卫生清整活动。每年组织动员广大干部职工，全面开展单位内部卫生大扫除活动，每年 4—7 月对区所有机关单位例行一次卫生全面检查，评选出 5 个“市级卫生红旗单位”和 35 个“市级卫生先进单位”，营造干净整洁的工作环境。

第三节 病媒生物防治

除四害是爱国卫生运动的一项重要内容。改革开放 30 年中，除四害一直是爱卫会一项重要工作。

1. 每年武清爱卫办都积极落实人员、经费和消杀药械，开展病媒生物防治工作，其宗旨是“以人为本，造福雍阳”，对区所有单位服务到位。

2. 环境治理。各部门、各单位大力开展以“夏秋季灭蝇蚊活动”“蟑螂专项整治”为主题的群众性爱国卫生运动和市容环境综合治理活动，彻底清除病媒生物滋生地和栖息地。认真做好单位内部卫生大扫除，彻底清除卫生死角。

3. 密度监测。区爱卫办严格按照市爱卫办印发的《天津市病媒生物密度监测实施方案（试行）》规定的监测数量、方法和时间等要求，每15天坚持对鼠、蚊、蝇和蟑螂等病媒生物进行密度监测，并及时上报监测结果。1988年，高村发生1例出血热病人（武清县首例病人，死亡病例）。1993年，在上马台乡、豆张庄乡、黄花店乡发生3例出血热病人，区内卫生防病站及时赶赴现场，处理疫情，与当地政府共同协商安排部署，进行广泛的卫生知识及有效的灭鼠，控制了疫情。1993年，在境内进行了鼠间带毒监测，阳性率高达14.04%，表明武清县是流行性出血热疫区。1998年，病例明显上升，全年发生11例病人，死亡1例。1998年，县卫生局组织召开了流行性出血热防治专题会议，并在全县开展接种流行性出血热疫苗工作，共接种疫苗15000人。近几年来，由区政府领导对此项工作的高度重视，区政府同时加大了对鼠害治理的投入力度，鼠密度逐年下降，鼠传流行性出血热患病病例呈稳中有降趋势：2006年仅2例，2007—2009三年连续实现了流行性出血热患病病例零记录。

4. 消杀投药。1985年之前，爱卫办根据市拨经费和药品，在区范围内进行大规模灭鼠，1986年至今通过政府扶持和自筹经费相结合方式采购鼠药，进行灭鼠投药。自1993年区政府批准在城内对各单位的厕所、垃圾池开展夏季除害消毒有偿服务，采取物理和化学的方式，每年从5月1日起全面实施对蚊、蝇和蟑螂的药物消杀，完善防护措施。切实加强蚊、蝇高峰期的消杀。自2003年至2010年，区每年投放鼠药30吨左右。其中2004年投药40吨，为历史最高。1990年至2010年，武清区爱卫会利用广播、电视及小区黑板报等多种形式，广泛宣传爱国卫生工作，设立宣传站点，根据每年主题悬挂横幅标语，发放灭鼠、灭蟑螂、灭蚊蝇、食品卫生等宣传材料。组织大规模的环境卫生清整活动，机关干部、企业职工、街道居民、中小学生参加清理卫生死角，清运垃圾。在“爱国卫生月”期间，无偿发放灭蚊蝇、灭鼠药品，有效控制了传染病的发生。

第四节　户厕改造

2003～2006年在天津市委、天津市政府的高度重视和领导下，天津市爱卫办的具体帮助和指导下，农村卫生户厕改造工作结合农村实际情况，实事求是，因地制宜，以改善农民生活环境，提高广大农民群众健康水平为内容，以创建卫生村、镇为载体，圆满完成了市下达的改厕任务。截止到2006年底卫生户厕改造总计完成174191户，其中三格式126491户，完整下水道式47700户。卫生户厕普及率达到全区总农户的90%。其中：

2003年以前共有卫生户厕1672户。2003年完成改厕：三格式10328户；完成下水道式4691户，合计完成15019户。卫生户厕普及率9%，资金投入4567.2827万元。2004年完成改厕：

三格式 30024 户；完成下水道式 9976 户，合计完成 40000 户。卫生户厕普及率 29%，资金投入 14942.2001 万元。2005 年完成改厕：三格式 41360 户；完成下水道式 14000 户，合计完成 55360 户。卫生户厕普及率 58%，资金投入 16309.6790 万元。2006 年完成改厕：三格式 43107 户；完成下水道式 19033 户，合计完成 62140 户。卫生户厕普及率 90%，资金投入 5131.24 万元。

4 年资金总投入 40949 万元。在 4 年的改厕实践过程中，不仅注重强化改厕质量的重要性，同时为了让改厕农户改好厕所，更要用好、维护好卫生厕所，真正体会到卫生厕所带来的好处，避免因使用不当造成的质量问题的发生，防止使用不当造成效果不好，进而对改厕产生误解。首先搞好改厕宣传，加强新闻舆论引导。区爱卫会会同区电视台制作专题节目，形象生动地宣传改厕效果，印制图片资料近 5 万份发放到农户手中，并组织村街干部、农户到典型村街学习，农户改厕“谁先改，谁先受益”，以点带面引导农户踊跃的投入到改厕的实践中来。其次，在验收的同时制订了《卫生厕所实际情况核实表》，使农户详细掌握其中的 10 条内容，充分理解卫生厕所各项指标要求、物理性能，使了解过程变成农户受培训的过程。2004 年 6 月又总结下发 6 万余份了《农户卫生厕所使用说明》，发放到每户改厕农民手中，对改厕原理、规格、启用、注意事项等做了详细说明，打消了农户使用和维护中的疑虑，使农户做到会使用、会维护，真正做到一朝使用，终生受益。

在做好改厕工作的同时，注意总结发现各乡镇之间一些教育农户使好、维护好卫生厕所的好的方法，并将好的方法相互交流。比如：崔黄口镇龚小庄农户用大缸套小缸，中间塞花秸、毯毛的方法；大良小河村民用废旧洗衣机储水，下水管直通冲水口，防冻效果好；有的在厕所前方地下一米以下，做一个储水池，加六分小泵冲水，既防冻又方便，每月电费平均 8 角至 1.2 元之间。还有的村发明了水管针眼漏水防冻法，在靠近地面部分软管处扎一个针眼，放完水后，留在水管里的水从针眼处流出，使水管防冻等等。

第五节 创建卫生区和卫生村

根据天津市爱卫办《关于开展创建市级卫生村活动的通知》，自 2003 年度始，武清区组织开展创建卫生村活动，每年制定创建计划和实施方案，把爱卫工作纳入议事日程，加强农村爱国卫生运动组织建设，开展卫生防病健康教育，健全各项卫生制度，结合街道路面硬化、农村卫生户厕改造，从清除生活垃圾、乱堆乱放和卫生死角入手，逐步规范垃圾管理，进一步完善卫生基础设施，全面治理村容村貌，动员广大农民群众摒弃陋习，农村环境得到改观，群众文明卫生意识得到提高，爱国卫生现状成绩显著。

2003～2010年武清区天津市市级卫生村创建表

表9-5-5-39

年份	区级卫生村			市级卫生村		
	个数	镇	村名	个数	镇	村名
2003	4	梅厂镇	张大庄村、周庄村、小雷庄村、灰锅口村	1	黄花店镇	四街村
	2	城关镇	柳林屯村、李庄村	1	王庆坨镇	大范口村
	1	白古屯乡	屈刘庄村	1	大孟庄镇	后幼庄村
	1	王庆坨镇	大范口村	1	梅厂镇	小雷庄村
	2	黄花店乡	四街、刘庄村	1	城关镇	柳林屯村
	1	高村乡	小周村	1	汊沽港镇	一街村
	2	上马台镇	东薛庄村、魏家堡村	1	石各庄镇	李各庄村
	1	大孟庄镇	后幼庄村	1	河西务镇	三街村
	3	汊沽港镇	一街村、西肖庄村、小王堡村			
	1	泗村店乡	后庄村			
	1	石各庄镇	李各庄			
	5	豆张庄乡	周立营村、龚家庄村、西辛庄村、豆张庄村、双河村			
	2	东蒲洼街	东南行村、小辛坊村			
	2	曹子里乡	蔡杨庄村、小高口村			
	2	河西务镇	索庄村村、三街			
2004	1	大黄堡乡	四马营村	1	上马台镇	东薛庄村
	3	白古屯乡	东马坊村、新房子村、黄辛庄村	1	大碱厂镇	南辛庄村
	2	高村乡	里老村、田户村	1	河西务镇	索庄村
	3	汊沽港镇	苑家堡村、二光村、西肖庄村	1	城关镇	小桃园村
	2	黄花店乡	鱼市庄村、刘庄村	1	大黄堡镇	四马营村
	1	大孟庄镇	杨店村	1	石各庄镇	敖南村
	2	河西务镇	宝石庄村、索庄村	1	白古屯乡	黄辛庄村
	2	上马台乡	小康庄村、东薛庄村			
	1	泗村店乡	太子务村			
	1	东蒲洼街	畦疃村			
	2	曹子里乡	西掘河村、汊百户村			
	2	王庆坨镇	四合庄村、道沟子村			
	2	石各庄镇	敖南村、敖东村			

续表 9-5-5-39

年份	区级卫生村			市级卫生村		
	个数	镇	村名	个数	镇	村名
2004	1	大良镇	向阳村村			
	1	大碱厂镇	南辛庄村			
	1	梅厂镇	杨恒庄村			
	2	黄庄街	黄庄村、北寺村			
	1	城关镇	小桃园村			
	1	东马圈	西刘庄村			
2005	1	城关镇	沙庄村	1	上马台镇	小康庄村
	1	大黄堡乡	东八里庄村	1	城关镇	沙庄村
	1	梅厂镇	蔡庄村	1	大黄堡乡	赵庄村
	1	上马台	李风庄村	1	石各庄镇	石南村
	1	黄庄	马家口村	1	白古屯镇	东马坊村
	3	白古屯	新房子、杨疙瘩、富村	1	南蔡村镇	大白厂村
	2	大王古	陈各庄、聂营			
	1	黄花店	解口村			
	1	南蔡村	大白厂			
2006	1	上马台	魏家堡	1	石各庄	定子务村
	1	东马圈	安标堡村	1	城关镇	杨庄村
	1	大碱厂	兰家庄村			
	1	城关镇	杨庄村			
	1	汊沽港	大刘堡村			
	1	石各庄	定子务村			
	1	白古屯	屈刘庄村			
2007	7	石各庄	敖西、石东、石西、石北、敖北、西南庄、梁各庄	8	石各庄	敖西、敖东、石东、石西、石北、敖北、西南庄、梁各庄
	4	东马圈	常庄、张标堡、大谋屯、小南旺村	2	东马圈	常庄、张标堡、
	2	白古屯	杨疙瘩、后屯	1	城关	杨庄村
	2	黄花店	崔胡营、解口	1	黄花店	解口
	3	河西务	木厂、五七、周羊庄	1	王庆坨	郑家楼
	1	王庆坨	郑家楼			
2009	1	曹子里	蔡杨庄村	1	曹子里	蔡杨庄村
	6	大碱厂	孙小屯、安楼、兰家巷、胡辛庄、田河、港北辛庄	2	大碱厂	安楼、田河
	2	上马台	魏家堡、李凤庄	1	上马台	李凤庄
	1	陈咀	大旺村	1	下伍旗	西王庄村
	2	王庆坨	尤张堡村、复兴庄村	2	南蔡村	郭官屯村、苏羊坊村

续表 9-5-5-39

年份	区级卫生村			市级卫生村		
	个数	镇	村名	个数	镇	村名
2009	2	南蔡村	郭官屯村、苏羊坊村	1	豆张庄	西辛庄村
	3	黄花店	杨营村、冀营村、西后庄村	2	河西务	木厂、五七
	10	下伍旗	下伍旗村、后段村、莲花池村、丁庄村、白庄村、马房村、八百户村、西王庄村、八间房村、辛庄子村	1	东马圈	大谋屯
	2	豆张庄	西辛庄村、来家庄村			
2010	1	陈咀	渔坝口三村			
	4	下伍旗	红寺村、柴庄村、良官屯村、李胡村			
	1	豆张庄	高场村			
	2	崔黄口	武安营村、修家庄村			
	1	大黄堡	东汪庄村			
	1	河北屯	小黄庄村			
	1	河西务	高庄村			
	3	大王古	利尚屯村、距城堡村、董家庄村			
	2	高村	中汉村、里老村			
	1	白古屯	和平庄村			

第六章　宝坻区

第一节　机构设置

1979 年宝坻县爱国卫生运动委员会下设办公室，主要负责爱国卫生运动的组织、协调和检查推动工作。1986 年 12 月，与县市容卫生管理委员会合并为两个机构一套人马，全面负责市容环境整治和爱国卫生运动设市容管理科、爱国卫生科、办公室。1996 年 10 月 27 日，宝坻区爱卫会办公室由于宝坻区市容委体制调整归并卫生局，成为宝坻区卫生局一个科室。编制人员 5 人，由当时县长助理担任宝坻区爱卫会主任，宝坻区卫生局副局长任办公室主任。办公室的主要职责是组织贯彻实施有关爱国卫生工作的法律、法规和方针、政策；统一规划、部署和协调本行政区域内的爱国卫生工作；指导检查、督促本行政区域内各单位履行其承担的爱国卫生工作；组织动员社会全体成员参加爱国卫生活动；进行社会卫生状况监督、检查和效果评价；表彰、奖励爱国卫生先进单位和个人；完成各级人民政府交办的其他卫生工作。2002年，由于体制改革，由宝坻区卫生局合并到宝坻区市容委，成为宝坻区市容委内设科室，负责区爱国卫生运动。

第二节　除四害

除四害是爱国卫生运动的一项重要内容。改革开放30年中，除四害一直是爱国卫生一项重要工作。20世纪80年代，鼠害严重，宝坻县爱卫会发动群众在春、秋两季开展灭鼠活动。

进入20世纪90年代，按照创建国家卫生城市，实现达标卫生区的标准来推动宝坻区爱国卫生工作。每年春、秋季组织两次大的卫生环境清理活动，采取机关、部门划分责任区的办法。90年代末期，宝坻区爱卫会把病媒防治工作作为重点内容。由于鼠密度增高，鼠传疾病上升，1997年宝坻区爱卫会于春秋两季进行了大规模灭鼠活动，包括（城区和农村）共投鼠药30吨，通过这次活动鼠密度由原来的13%下降到3%，同年宝坻区爱卫办被授予先进集体称号。

1998年至2002年，区爱卫会利用广播、电视及小区黑板报等多种形式，广泛宣传爱国卫生工作，设立宣传站点40余处（次），悬挂横幅标语近100幅，发放灭鼠、灭蟑螂、灭蚊蝇、食品卫生等宣传材料12万余份。5年间，共组织大规模的环境卫生清整活动20余次，机关干部、企业职工、街道居民、中小学生约6万余人次参加，清理卫生死角1500余处，清运垃圾杂土320万余吨。在"爱国卫生月"期间，无偿发放灭蚊蝇、灭鼠药品，有效控制了鼠害发生。2002年春季在全区范围内进行了大面积灭鼠工作，共投鼠药15吨，灭后鼠密度明显下降，鼠传疾病明显减少。2003年春节前后共进行2次大的灭鼠活动，共投放鼠药20吨，灭后鼠密度下降到2.4%。做好灭鼠工作的同时结合夏季除害，2002—2003年共投放灭蚊蝇药品4吨，灭后达到全国灭蝇标准，经社会调查群众满意率达90%以上。

2004年至2005年适时开展春季灭鼠、夏季除害消毒活动，投放各类药品近60吨。2006年为落实区灭鼠统一部署，出动投药员1000余人，投放鼠药30余吨，鼠密度由灭前的5.98%降至灭后的2.16%。2007年结合不同季节，开展灭鼠、灭蟑螂、灭蚊蝇工作。年内发放宣传材料3万多份，投放药品12吨，降低四害密度。

2008年天津是第29届奥运会协办单位，奥运会期间正值盛夏，是鼠、蚊、蝇、蟑螂等病媒生物活动繁殖的高峰季节，也是虫媒传染病的高发期。宝坻区按照市爱卫办制定的迎奥运病媒生物防治工作实施意见、技术指南和应急预案等要求，结合以"清洁家园、健康奥运"为主题的爱国卫生运动的开展和市容环境综合整治工程的实施，组织动员广大人民群众，加大了对公共环境和单位卫生的整治力度，清除堆物堆料和脏乱死角，全面治理鼠类栖息地和蚊蝇滋生地。扎实开展冬春季灭鼠工作以及迎奥运灭鼠活动，加强了灭蚊、灭蝇和灭蟑工作，宝坻区区市容委、宝坻区建委、宝坻区教育局、宝坻区卫生防疫站等四家单位被市爱卫会评为第29届奥运会天津赛区病媒生物防治工作先进集体。

2009年组建宝坻区病媒生物防制消杀站，宣传病媒生物防治知识。投放鼠药10吨，投药覆盖率达到了100%。

2010年投放鼠药8吨，投药覆盖率达到了100%。

第三节 户厕改造

宝坻区从1998年开始大力推动农村户厕改造工作。自1999年开展以城关镇佟家沟等10个村为试点村户厕改造工作，村户厕改造率达100%，在改善村卫生环境，提高村民健康水平方面收到了良好效果，也为大规模农村户厕改造工作奠定了基础。自2002年起，按照天津市为确保改厕工作扎实进行，成立改厕领导小组，并建立镇村一把手亲自抓的领导组织网络，将改厕任务目标分解落实到位。截止到2002年上半年，宝坻区共建成试点村35个，卫生户厕3800座。试点村户的建成对今后大面积改厕起到了带动作用。印制6万份改厕宣传材料发到农户手中，宣传改厕意义，把优惠政策向群众交底。2003年，集中开展农村户厕改造工作，进一步加大工作力度，认真落实天津市下达的各年度任务，改厕工作每年都有突破性进展。2003—2006年，已累计完成户厕改造149200座，农村户厕改造率达97.52%。区政府加大扶持力度，多渠道筹措资金，在正确利用市补资金的基础上，采取农户拿一部分，区、镇、村都补一点的多元投资体制。区里免费为改厕户提供便盆和过粪管。乡镇（街）为每个改厕户补贴50—100元。经济条件较好的村全部由村里投资，统一施工；有的村对改厕农户给予100—400元的补贴；还有的村实行“农户出料，村里出工”的方式，让农民在政策上看到优惠，在感觉实惠中自觉行动，从而充分调动了农户改厕的积极性。据统计，几年来在区、乡镇（街）、村累计投入户厕改造资金达4900万元。通过上下的共同努力，农厕改造工作取得了阶段性的成果，不仅多次得到天津市领导的肯定和表扬，也得到了区广大人民群众的认可，兄弟区县曾先后组织多批观摩队伍到宝坻区学习取经。

2007年为做好农村户厕改造“回头看”工作，宝坻区爱卫办印发了农村卫生户厕使用维护说明的宣传材料10余万份，下发到各乡镇（街），并分别利用广播、板报、标语等宣传媒体，到集市等地对广大群众进行宣传和指导使用户厕时的正确方法和注意事项以及这次“回头看”的重要性，使广大群众发现户厕改造后存在的问题并及时进行整改。区委、区政府不断加大检查力度成立了以宝坻区委督察室、区政府文卫科、区市容委、宝坻区爱卫办为成员的检查小组，对各乡镇（街）“回头看”这项工作进行不定期的检查、督促，并鼓励先进，鞭策后进。从而确保了全区“回头看”这项工作的圆满完成。

2002年宝坻区城关镇、牛家牌乡获天津市市级改厕先进乡镇称号，15个村获市级改厕先进村称号，34人获改厕先进个人。2003—2006年19个单位获得改厕先进集体称号，79个村获天津市市级改厕先进村称号，98人获改厕先进个人；2009—2010年获农村户厕改造先进集体共37个单位，先进个人48人。

第四节　创建卫生区和卫生村

按照天津市委、市政府关于在全市开展创建国家卫生城市的战略部署，依据《天津市创建国家卫生城市实施方案要求》，结合宝坻区实际，1998年重点开展了争创国家卫生县城和市级卫生镇及县级卫生村工作，当年宝坻县县城被天津市爱卫会命名为天津市市级卫生县城。自2003年度组织开展创建卫生村活动以来，宝坻区政府组织宝坻区爱卫会全体成员单位认真进行了研究，针对创卫工作方方面面的指标要求，对各项责任的落实都做了细致的分工和安排，制定了详细的实施方案，相互协调配合，总体推进。同时结合农村卫生户厕改造，开展环境综合治理工作，加大综合执法力度。重点对乱搭、乱建、乱堆乱放、乱扔乱倒、乱摆乱卖、乱贴乱画、乱停乱放等现象进行综合治理，达到净、美、优的要求。对几条主要街道的广告牌匾和夜景灯光进行整治，提高整体街容街貌。加大街道清扫保洁力度，各主要街道清扫保洁率达100%，不留卫生死角。加快环卫设施建设，增建垃圾无害化处理场和垃圾压缩中转站，城区内平房居民区垃圾做到日产日清，清运率达到100%，推行垃圾袋装，减少清运沿途垃圾污染，使区垃圾无害化处理率达到80%。城镇及农村的环境得到改观，群众文明卫生意识也得到了提高。

第七章　蓟　县

第一节　机构设置

1950年3月，蓟县开始建立各级卫生组织，县政府建防疫委员会，县长陈修政兼任。之后，中小学及各区村卫生组织相继建立。

1964年1月27日，蓟县防疫委员会成立，副县长陈志超兼主任。

1978年4月11日，蓟县革委调整充实县爱国卫生运动委员会（以下简称爱卫会），县委书记马树魁兼主任。同年，成立县爱国卫生运动委员会办公室（以下简称爱卫办），正科级，隶属县卫生局，事业编制7人，张士杰任主任。

1980年5月，蓟县政府调整蓟县爱卫会组成人员，副县长于祥云兼任爱卫会主任。

2001年6月，成立蓟县卫生消杀除害站，蓟县爱卫办下属事业单位，规格为正科级。

2002年10月，蓟县党政机构改革，蓟县爱卫办为县属副局级，由蓟县市容环境卫生管理委员会管理，下设行政科、督查科两个科室，规格为正科级，编制总数为7名，其中行政编制6名，工勤事业编制1名，曹万勇任主任，付明歧任副主任。

2010年4月，蓟县人民政府机构改革，蓟县市容环境卫生管理委员会更名为蓟县市容和园林管理委员会，挂蓟县爱国卫生运动委员会办公室牌子，县市容园林委主任陈景才兼任蓟县爱卫办主任。

第二节 开展城乡环境卫生整治

1980年，蓟县爱卫办积极推广“门前三包”（卫生、秩序、绿化）、“四自一联”（自修门前路、自通门前水、自搞门前卫生、自搞门前绿化、统一规划联合集资）等办法，积极推动县内爱国卫生运动开展。同年，组建城区消毒队，负责城区学校、医院、公厕、垃圾点除害消毒。

1983年7月10日，县“五讲四美三热爱”活动委员会成立，县爱卫办结合精神文明建设，深入开展爱国卫生运动。

1985年，农村爱国卫生由过去“两管五改”转化为“三管三灭一改”（管水、改粪、管食品卫生、灭蚊、灭蝇、灭老鼠、改造环境）。

1986年以元旦、春节、五一、七一、十一等重大节日为契机，蓟县爱卫办组织开展卫生知识宣传、竞赛和义务大扫除等群众性爱国卫生运动，组织有关部门，开展单位容貌卫生、食品卫生和农村环境卫生检查活动。年终评选出市级容貌卫生先进单位44个、县级180个。同年，为鼓励群众灭鼠，县爱卫办推行1条鼠尾3分钱政策。

1987年，爱国卫生工作以预防“鼠传出血热”“急性腹泻”为中心，动员全县人民，大力消灭蚊、蝇、鼠、蟑，将四害密度降到最低。治理“四乱”（乱吐、乱扔、乱洒、乱放），努力改善城乡环境质量。抓好改水改厕，杜绝肠道传染病发生。加强食品卫生管理，提高食品卫生管理水平。

1988年4月，蓟县爱卫办以预防甲型肝炎为重点，广泛宣传食品卫生知识，严格食品行业卫生管理，大力开展春季爱国卫生运动。7 月 19 日，蓟县爱卫办向全县各机关印发了天津市《机关卫生标准》。

1989 年 4 月，为全国第一个“爱国卫生月”。1—10 日为宣传阶段，蓟县爱卫办组织广电、教育等单位，开展了不同形式的宣传，并设立集中宣传站，面对面向广大群众宣传卫生健康知识；10-20 日，在全县范围内持续开展卫生突击活动；20—30 日，组织有关部门进行联合检查，发现问题，及时要求整改。4 月 10 日，蓟县爱卫办、城关市容卫生管理科联合下发《关于目前县城区域垃圾运往点的通知》，通知要求区域内垃圾、污物、废弃土等必须运往西北隅砖厂西侧大坑内。

1990 年 5 月 31 日，蓟县爱卫办以“青少年不要吸烟”为主题，深入学校和居民区，开展“世界无烟日”健康教育活动。7 月 31 日，蓟县政府召开相关委局负责同志会议，部署了蓟县“迎亚运”开展卫生工作的具体任务。6—8 月，由蓟县爱卫办牵头，有关部门参加，统一安排对蓟县食品行业 200 多家企业、店铺进行卫生大检查，对其中 90 分以上的有 31 个单位、60 分以下的有 22 个单位、受到警告和罚款的 15 个单位。12 月份，评选出天津市市级红旗单位 1 个、市级先进单位 52 个、县级红旗单位 24 个，县级先进单位 156 个。同年，在天津市爱卫办对四个郊区五个县四大机关卫生检查评比活动中，蓟县县委、县人大、县政协分别获得第一名，蓟县政府获得第三名。

1991 年 9 月 17 日，全国文明窗口检查团来蓟县检查窗口单位卫生工作。10 月 13 日，全国“十佳卫生城市”检查团到蓟县视察爱国卫生工作，均给予蓟县高度赞扬。

1992 年 4 月份“爱国卫生月”，组织县广大干部群众参与城乡义务劳动 2 次，清整街道 950 条，计 35 万米；清理不卫生死角 725 处，清除垃圾杂物、建筑废弃物等 1473 车，参加人数达 9.93 万人。结合“爱国卫生月”活动，蓟县爱卫办组织县广播、防病等部门，广泛开展健康知识宣传，采取定时广播、进课堂等形式，宣传除害防病和吸烟危害知识，不断提升全民健康水平。

1993 年 5 月 29 日，蓟县开展“卫生清整日”活动，8 月份，县政府为落实 8 月 1 日召开的第十次常务会议通过的蓟县为天津市首批创建卫生县城的决定，组织有关单位负责同志赴山东莱州等城市考察学习创建情况。8 月 26 日，蓟县爱卫办印发《关于进一步开展城区卫生检查、划分检查组的通知》。

1994 年，为迎接第 43 届世乒赛，蓟县爱卫办以创建卫生县城为契机，全年先后开展了四大机关爱卫卫生流动红旗评比、食品卫生和除害防病等 4 次联查活动，天津市有关领导 3 次来蓟县检查指导创建工作，给予较高评价。

1998 年 2 月 5 日，蓟县爱卫办对新投入使用的蓟县垃圾填埋场进行监测，并出具相关报告。8 月份，建设部检查团来蓟县检查城市环境卫生综合治理情况，检查团考核验收后给予充分肯定。同年，蓟县政府多次组织召开创建卫生县城会议，召集有关部门制定规划，确定发展目标，狠抓薄弱环节和卫生基础设施建设。

1999年，评选出天津市市级卫生红旗单位5个，先进单位40个；县级卫生红旗单位25个，先进单位82个。

2000年3月27日，蓟县政府召开开展第十二个“爱国卫生月”活动动员部署会议，安排具体活动任务，迅速掀起活动高潮。同年坚持“六个结合”（与“爱国卫生月”结合、与农村改水改厕结合、与宣传《天津市爱国卫生管理办法》结合、与宣传食品卫生法和传染病法结合、与中小学卫生健康课结合、与控烟宣传结合）原则，深入开展“九亿农民健康教育”活动。

2001年4月，结合爱国卫生月，开展综合治理环境秩序活动，城区各单位认真落实“门前三包”，严格执行周五“活动日”制度，县政府制作卫生流动红旗，县爱卫办每季开展一次卫生评比活动，推进了单位卫生水平的提升。

2002年4月7日，蓟县爱卫办在全县范围内组织开展“世界卫生日”活动，蓟县142个单位，1.85万人参加活动，清除垃圾废物50余吨。5—10月份，开展“迎接爱国卫生运动50周年，单位卫生评比”活动，评选出天津市市级卫生红旗单位6个，先进单位40个；县级卫生红旗单位40个，先进单位70个。同年，在完善2001年卫生县城参加工程的基础上，广泛宣传《天津市市级卫生镇标准》和《天津市市级卫生镇考核命名及管理办法》。

2003年4月份，县内发生“非典”疫情，蓟县爱卫办迅速组织消毒队伍，对城区内公厕、垃圾场点以及广场绿地等公共部位展开全面消毒杀虫，并指导城区各队伍、各居民区和各乡镇开展预防“非典”宣传、消毒杀虫工作。5月份，蓟县爱卫办印发《关于大力开展爱国卫生运动，加强消杀工作，预防控制传染性非典型肺炎的安排意见》，动员广大群众，深入开展春季爱国卫生运动，加大城乡环境卫生清整力度，充分做好消毒工作。7月23日，在城关镇大门口，蓟县政府开展预防“非典”知识传播项目活动。8月份，为进一步加强农村环境整治，蓟县爱卫办认真贯彻《天津市市级卫生村标准》，在县范围内组织开展市、县级卫生村创建工作。全年共创建市级卫生村10个，县级卫生村26个。同年，蓟县爱卫办组织相关部门，对全县机关单位卫生、食品卫生、驻蓟单位和旅游景点，开展了4次联合检查活动。

2005年，4月份“爱国卫生月”，蓟县爱卫办组织全县机关干部和部队官兵开展义务劳动。参加人数1.3万，出动车辆200部，清扫街道40余条，清除垃圾废物800多吨。6月25日，县爱卫办印发《关于深入开展2005年夏秋季爱国卫生运动的通知》。

2006年1月18日，县政府下发《蓟县创建卫生镇规划通知》及实施方案，重点是城关镇和上仓镇。同年，评选出市级卫生红旗单位5个，市级先进单位35个。

2007年1月9日，国家卫生部疾控局有关领导、天津市爱卫办有关负责人，到蓟县邦均镇、城关镇考察了农村卫生户厕改造和卫生村创建情况。4月份，结合纪念爱国卫生运动55周年，开展“人人参与创卫，倡导健康文明，美化净化环境”为主题的第19个“爱国卫生月”活动。5月25日，蓟县政府印发《蓟县创建国家卫生城市实施方案》，并召开专题会议，进行安排部署。6月25日，“津沽环保行”记者采访团对蓟县农村卫生户厕改造成果进行采访，副县长汪清生做了情况介绍，采访团先后到邦均镇李庄子村、别山镇翠屏山村和城关镇东马房村，观摩了三联沼气式无害化卫生户厕改造情况。7 月 31 日，蓟县爱卫办印发《关于城乡环境综合治理工作规划》，9 月 1—8 日，蓟县爱卫办组织有关部门开展“爱国卫生宣传周”活动，采取广播，移动和定点相结合的宣传形式，对《天津市爱国卫生工作条例》进行广泛的宣传。

2008 年 6 月 2 日，蓟县爱卫办转发国务院办公厅印发的《关于大力开展夏季爱国卫生运动，进一步加强传染病防治工作的通知》。20 日，蓟县爱卫办转发《李克强副总理在全国爱国卫生运动委员会全体会议上的讲话》。7 月 29 日至 9 月 20 日，蓟县爱卫办在全县范围内再次掀起“迎奥运，讲文明，树新风”、“同在一方热土，共建美好家园”活动高潮，组织开展“迎奥运”环境卫生评比活动。同年，在开展卫生村创建过程中，蓟县形成以创建带动农村环境整治，以环境整治促创建的格局。全年共创建 15 个市级卫生村，28 个县级卫生村。

2009 年 4 月份，蓟县爱卫办以“迎接建国 60 周年，城乡清洁活动”为主题，开展第 21 个“爱国卫生月”活动。4 月 23 日，蓟县政府转发县爱卫办《关于加强爱国卫生工作实施意见》，10 月 10 日至 11 月 10 日，蓟县爱卫办对全县命名满 3 年的 15 个市级卫生村逐一复验后，经天津市爱卫办验收合格。同年，天津市爱卫办对各区县爱国卫生工作（两区三县）进行 3 次考核，蓟县考核成绩位于前列。

2010 年 4 月份，开展“城市化与健康”为主题的爱国卫生月活动，动员全县人民大力开展春季爱国卫生运动。6 月 23 日，蓟县爱卫办与卫生局联合印发《关于大力开展以“预防夏季传染病”为主题的夏季爱国卫生运动的通知》。7 月份，重点指导渔阳镇等 5 个乡镇 11 个县级卫生村开展创建工作，共创建 9 个市级卫生村。蓟县已累计创建市级卫生村 64 个，县级卫生村 126 个。9 月中旬到 10 月底，蓟县爱卫办组织有关部门，依据《天津市单位卫生标准》，对县 160 多个单位进行内部环境卫生检查考核评比，评选出市级卫生红旗单位 5 个，市级先进单位 38 个。同年，县爱卫办结合“奋战 300 天”市容环境综合整治，在县范围内组织开展城乡环境卫生整洁行动，先后投入资金 5 亿元，整洁行动涉及整个城区和全县 26 个乡镇 910 个村，28 个居民区。

第三节　除四害和犬类管理

1962 年，县在 8 个集镇、24 个公社的 256 个大队使用 666 粉 3170 公斤、滴滴涕 10 公斤、敌百虫 200 公斤，喷洒消毒 31.7 万平方米。在 405 个大队进行鼠情调查的 25.9 万个房间，发现鼠洞 34.45 万个，平均每百间房有鼠洞 137 个。为消灭老鼠，培训灭鼠技术员 622 名，两次采用磷化锌毒饵普投灭鼠。

1980 年，县进行鼠类调查统计，县内共有鼠类 4 科 16 种，县里对 882 个大队的 11.45 万户进行灭鼠。投药封洞72.14万个，鼠密度由灭前每百间127个下降到13.3个。同年，为消灭蚊蝇投放4种杀虫药3641公斤，其中敌敌畏3075公斤，敌百虫166公斤，投放漂白粉200公斤，漂白粉精200公斤。

1981年，蓟县开展灭鼠运动。先在五百户公社三百号大队用玉米骨粘4%磷化锌毒糊进行灭鼠试点，然后在县内推广。连续堵鼠洞3次，共堵鼠洞107.7万个，投放磷化锌300公斤。事后，对邦均工委各乡进行调查，灭鼠率为92.2%。同年，为消灭蚊蝇，投放666粉1.97万公斤，敌敌畏990公斤，敌百虫500多公斤。

1983年1月26日，蓟县政府转发了蓟县爱卫会《关于开展“灭鼠”运动的意见》，确定2月份为开展灭鼠“突击月”。

1984年，县共灭鼠70.9万只。1985年，县建立城乡除害消毒网络。1986年，蓟县政府成立县灭鼠总指挥部，组织大规模灭鼠，各工委选择3—5个重点单位和1个村作为灭鼠试点。县爱卫办协助县食品厂、县委招待所等单位搞灭鼠试点，截止到3月底，全县灭鼠16.3万只，收缴鼠尾8.7万条。7–9月份，组织开展夏季灭鼠活动，全县共投放杀鼠迷、毒鼠灵40吨。

1987年9月10日，蓟县政府转发县爱卫会《关于蓟县创建无鼠害县的实施方案》，10月8–9日举办两期技术员培训班，11月9—10日实施饱和投药100吨，发现死鼠6.8万只，农村鼠密度由10.06%降至0.76%，县城由13.64%降至0.34%，重点行业由20.57%降至0.12%。12月份，由天津市灭鼠技术鉴定委员会对蓟县灭鼠工作考核鉴定，被授予“无鼠害县”的光荣称号。同年，开展3次灭蝇“突击周”活动。

1988年，县政府于1月28日转发了天津市政府办公厅的《关于继续深入搞好全民灭鼠工作的意见》，3月5日转发了蓟县灭鼠指挥部《关于巩固灭鼠成果，坚持常年灭鼠工作的意见》，县共投放杀鼠迷、敌鼠钠盐38吨。同年，为提升消毒效果，节省消毒经费，建立“定任务、定药量、定款项、有奖惩”的三定一惩制度，推行充分发挥城镇消毒网络功能的模式。清除蚊蝇滋生地114处，消毒12.4万平方米，消毒覆盖率95%，比1987年节省消毒药品500公斤。

1989年，蓟县爱卫办消毒队伍对城区公厕、垃圾点负责定期消毒，动员全县人民人手一拍，积极投入灭蝇行动。

1991年3月份，蓟县爱卫会下发《预防控制流行性出血热，控制灭鼠活动的安排意见》，在对重点行业控制鼠密度调查的基础上，进行投药灭鼠。同年，购置消毒车一辆，使用敌敌畏1500公斤，凯素灵200公斤，对城区45个公厕，328处滋生地进行消毒，消毒面积13.9万平方米。

1993年蓟县爱卫办通知禁止使用第一代抗凝血剂灭鼠。同年，6—9月份开展夏季百日灭蝇创达标活动，涌现出46个先进单位。9月27日,《人民日报》发表了天津市蓟县税务局百日灭蝇成绩显著的文章。

1994年，蓟县被天津市爱卫会命名为“灭鼠先进达标县”。同年，蓟县灭蝇工作实行双向量化考核标准，为120多个单位提供了有偿消杀服务。

1997年8月25日，蓟县政府转发了县爱卫办《蓟县1997年秋季灭鼠工作实施意见》，县共投放溴敌隆毒饵54吨，灭鼠领导小组成员对全县灭鼠情况进行督查，年终天津市爱卫办对四郊五县灭鼠工作进行考核，名列第一。同年，组织动员群众，从治本入手，做到药物和物理方法相结合，积极开展百日灭蝇达标活动。

1998年，以宣传《天津市除四害管理办法》为契机，开展各单位、各行业之间的灭蝇竞赛活动。县消毒队在保证城区公厕、垃圾点消毒灭蝇的基础上，为全县150多个单位提供有偿消杀服务，消毒面积2万多平方米。

2000年，蓟县爱卫办认真宣传贯彻两个办法，在服务中执法，在执法中服务，以检查代执法，以检查促进除四害工作。全年共计投放35吨溴敌隆毒饵进行灭鼠，对县内160多个单位3万平方米进行消杀，坚持城区公厕垃圾点每日消毒一遍。

2001年7月份，蓟县爱卫办与卫生局联合制定下发《蓟县鼠疫防控实施办法》，积极组织城区和12个建制镇进行鼠密度监测和投药，县共投药53吨，其中城区投药8吨，鼠密度由11.64%降至2.18%，有效率达94%。同年，蓟县卫生消杀服务站成立，对城区30多个公厕坚持“一清二刷三消毒”，控制粪便生蛆，减少蚊蝇滋生，工商局蓟县分局狠抓了市场灭蝇管理。5月份，蓟县工业局家属院发现蟑情，蓟县爱卫办及时指导投药灭蟑。

2002年3月份，蓟县财政拨付10万元专项灭鼠经费。县内共计投放溴敌隆鼠药46吨，许家台、罗庄子、上仓等6个乡镇投药覆盖率高达97%以上。

2003年1月17日，蓟县政府批转了县爱卫办《蓟县2003年冬春季灭鼠活动安排意见》。县爱卫办坚持“四个统一”的原则，积极组织县内灭鼠活动。同年4月份，县内发生“非典”疫情，蓟县爱卫办及时筹措资金6.7万元，组织基层消毒队伍65个，985名消毒员，使用奋斗呐150公斤，蝇必净500袋，过氧乙酸70箱，对城区公厕、垃圾池、居民区和广场绿地等公共点位进行全方位立体杀虫消毒。

2004年，蓟县爱卫办及早动手，筹措资金37万元，投放鼠药51.6吨，购置一辆箱式消杀车，奋斗呐200公斤、都灭30瓶，全力做好灭鼠除害购置。

2006年，蓟县政府将从这一年开始，每年纳入财政预算20万元，用于全县灭鼠、灭蚊蝇、灭蟑螂专项消杀经费。

2008年，蓟县爱卫会及时建立迎奥运病媒生物防制购置组织体系，制定蓟县病媒生物防制应急预案，1—4月份，冬春季灭鼠投放鼠药50.7吨，6月份进行灭鼠补投药3吨，使城区鼠密度控制在3%以下。4—7月份，先后3次在城区兴华市场、居民区等位置，集中宣传病媒生物防制知识，发放鼠药1800袋，杀虫饵剂1400袋，解答群众提问5079人次。7月份，成立蓟县病媒生物监测站，随时为病媒生物防制工作提供准确依据，全年使用奋斗呐120公斤，10%悬浮剂50瓶，灭蟑饵剂4000袋进行除害消毒。

2009年，城区投放溴敌隆鼠药12吨，4—10月份县爱卫办在城区分个阶段组织灭蟑专项战役，邀请蓟县卫生局防病站专家为灭蟑技术骨干，讲解灭蟑基本常识和技术规范。

2010年1月27日，蓟县爱卫办转发全国爱卫会、卫生部印发的《病媒生物预防控制管理规定》，1—4月份投放鼠药46吨进行灭鼠，4—9月份使用杀虫药剂100公斤，对城区35个公厕和598个垃圾点进行巡回消毒除害。从4月份开始，在对县蟑情调查和监测的基础上，使用灭蟑饵剂3800袋，进行科学灭蟑。

1989年7月13日，蓟县政府发出了《关于突击灭犬根除犬害的紧急通知》，随后，在别山镇召开主题会议。1990年8月31日，关庄镇南营村村民曹春被狗咬伤后患狂犬病死亡。11月，县政府在尤古乡召开灭犬工作会议，集中一个月时间，开展灭犬突击活动。

1991年，全县灭犬8291条，落实准养犬2609条。

1992年3月25日，县爱卫办转发天津市灭犬管理联合办公室《关于继续开展捕杀违章犬及强化犬类管理工作的通知》。

1993年，县政府成立灭犬和犬类管理联合办公室，设在蓟县爱卫办，各乡镇根据灭犬任务，分别成立了灭犬队。12月份统计，县共有犬7063条，原办理准养犬1236条，新审批889条，违章4547条。1994年犬类管理转交县公安局管理。

第四节　粪便管理及厕所改造

1951年，全县改造厕所238个，新建厕所18个。1952年，改造厕所2.33万个，取消712个。1958年，改造厕所3.50万个，县内各生产队开始确定专人管理粪便。1959年，新建厕所6489个，改造厕所7.04万个，垃圾箱290个，猪圈2.67万个，鸡鸭窝7.26万个，牲畜棚1907个。当年县内724个村建常年积肥卫生专业队985个，专业队员2442名，144个村建临时积肥卫生专业队153个，队员283人，868个村实行高温发酵积肥法。

1965年，蓟县爱卫会在南营生产大队（今属官庄镇）进行混合发酵沤肥的试点，同年，县内有651个生产大队、1953个生产队实行了粪便统一管理和“四合一”（人畜便、牲畜粪便、柴草、垃圾混合发酵粪肥）沤肥，有积肥专业队员4469人。

1966年，全县有801个大队、2362个生产队实行粪便统一管理和四合一沤肥，专业人员达6118人。

1972年，县内改造厕所3.91万个，

1973年，513个大队实行了粪便统一管理，219个大队杜绝了“连矛圈”，实行“四合一”沤肥，普遍推行农村浅坑加盖土厕。

1974年，1964个生产队实行粪便统一管理，同年新建、改造厕所1.02万个。

1978年，县内改造厕所2000多个，1560个生产队实行粪便统一管理，1204个生产队坚持“四合一”高温沤肥。443个大队将3108间畜棚、4157个集体猪圈迁出村外。

1980年，县内有1779个生产队坚持粪便统一管理。其中“四合一”高温沤肥的有852个生产队。李庄子、溵溜公社共7个大队，建立“三合一”（人畜尿、牲畜粪尿、柴草混合发酵）沼气池106个，其它沼气池673个。

1984年，县城内建公厕20个。1985年，县城内共有公厕26个。

1986年1月份开始，翠屏山乡养鸡场承包了城内29处公厕清掏任务，合同期3年。

1990年，县内进行农村厕所改造，改造户厕类型为“双封闭式”。截止11月底，县已改造厕所4056个，其中公厕297个，户厕3759个。桑梓乡自1988年开始，截止到目前已改厕2665户，占总任务52.6%。7月16日，全国农村爱国卫生现场会在大连召开，蓟县爱卫办刘静斋主任在会上做了经验交流发言，得到全国各省市、各地区的高度赞赏。11月13日，蓟县政府在尤古乡召开了农村改厕现场会。

1991年9月份，天津市农村改厕现场会在蓟县召开，与会人员参观了桑梓乡、尤古庄乡改厕试点村，副市长钱其璈给予充分肯定。截至1991年底，县内已累计改厕49688个，还剩134862个任务，计划5年内完成。1994年，县内改厕数量达到56740个。

1996年，县内改厕类型逐步向不渗不漏无害化厕所转化。县内改厕工作以乡镇房管部门为主导，审批房基地时要求建设卫生厕所。

1999年，全县改造公厕356座，其中城区改造23座，市县投资103.5万元。12个建制镇16座，市镇投资33.6万元。乡村改造317座，村级投资158.5万元。改造户厕33770座，农户投资1013.1万元。全年用于改厕资金1308.7万元。其中市投资金19.5万元，农户投资1013.1万元。

2000年，县内改造1200座脚踏式卫生户厕。

2002年，蓟县爱卫办将改造300座脚踏式厕所的任务分配到全县26个乡镇，由于乡镇资金紧张，实际完成160座。10月份，县爱卫办曹万勇同志被全国爱国卫生运动委员会授予“九五”期间“全国农村改水改厕先进工作者”称号。

2003～2006年，县内开展大规模农村卫生户厕改造活动，其中2003年完成23619座，2004年完成44000座，2005年完成50960座，2006年完成42040座，使县农村卫生户厕普及率达到90.26%。四年中，天津市政府拨付改厕补贴资金1013万元，蓟县政府拨付改厕补贴资金803万元，乡镇投资435万元，村级投资3091万元，农户投资5382万元，总计投资10724万元。在改厕过程中，蓟县爱卫办坚持改厕工作“八结合”原则，及早制定规划，细致分解任务，注重技术培训，狠抓质量管理，强化指导督查，确保改厕工程圆满完成。

2007～2008年，在县范围内开展2003—2006年农村卫生户厕改造“回头看”活动。县共改建卫生厕所2790座，补建卫生厕所2448座。

2009年，蓟县爱卫办根据天津市爱卫办要求，确定到2010年底农村户厕普及率达到94.62%目标。年内，县改造三联沼气式农村户厕1000座。当年用于农村改厕投资35135万元，其中国家投资60万元，集体投资180万元，个人投资111.35万元。同时，市、县共同投资171.5万元，为县26个乡镇配置49辆小型吸粪车，解决农村厕所粪便吸排问题。

2010年，蓟县爱卫办组织22个乡镇327个村，完成15000座三格化粪池式和完整下水道式卫生户厕改造任务。截至年底，蓟县农村卫生户厕总数达到18.70万座，卫生厕所普及率达到98.52%，无害化卫生户厕普及率也达到98.52%，其中三格化粪池式17.65万座，双瓮漏斗式0.02万座，三联沼气式0.38万座，粪尿分集式0.03万座，完整下水道水冲式0.62万座。当年用于农村改厕投资2626.99万元，其中国家投资936.10万元，个人投资1690.89万元。

第五节　改　水

历史上，蓟县北部山区人畜饮水非常困难，流传着“土如珍珍水如油，世代饮水都发愁”的民谣。大部分村户，夏秋靠积雨水，冬靠冰雪水。春靠背水、驮水。南部平原、洼区饮用河水和井水，水源充足，但不卫生。

新中国成立后，蓟县防疫部门重视改良水井。1950年，全县范围内对饮用水进行消毒，对水井进行改良。

1951年，进行井水消毒231眼、6.6万立方米。著名缺水村洪水庄兴建了全县第一个蓄水池，蓄水1万立方米，基本解决了全村500多人的饮水问题。

1952年，县内有饮水井3887眼，改建达到卫生标准的1170眼，停用168眼。

1956年，县内改良水井2656眼，停用水井6990眼，新建水井3769眼。使用漂白粉460公斤，消毒2.81万立方米，对灾区的水井、水缸全部做了消毒。1957年7月，3次使用漂白粉消毒饮水井1092眼。

20世纪60年代，群众建厕所远离饮水水源，凡以前靠近饮水水源的猪圈、厕所全部改建。1960年，城关公社杨各庄大队自筹资金1万元，首津水塔，从集中供水继而引水入户。相继有下仓公社前苏庄、李庄子公社夏各庄等队建起水塔供水。1960—1961年，县对饮水井水质进行普查。

1962年，许家台公社东窝铺大队开凿一眼直径9米、深3米的大口井。对13个低洼地区公社、116个大队的246眼水井进行改良，设有井台、井栏、井盖。同年6月，对马伸桥、孙各庄、候家营3个公社1034眼水井使用漂白粉1300公斤进行消毒。对40眼水井采样检验，氨、氮含量平均在0.273毫克以上，与上年相比为10.5∶1。

1965 年，改良水井 356 眼，其中手压机井 222 眼，水车密封井 134 眼，机井 9 眼。

1966 年，改良水井 498 眼，其中手压机井 263 眼，水车密封井 157 眼，机井 13 眼，其他井 63 眼。

1968 年，城关公社小龙扒村建家庭小水窖。

1972 年，县有 600 个大队改良水井 2547 眼，一般达到“三有”（有井台、井栏、公用水斗）的标准。沿河有 110 个大队打手压井 326 眼。有 27 个大队建造了简易自来水塔。

1973 年 4 月，国家投资 12 万元，在洪水庄公社代庄子大队钻成山区第一眼 245 米深的优质岩石深水井，解决了全村人畜饮水问题。

1974 年，有 12 个大队改良饮水井 27 眼，县新打手压井 133 眼；有 2 个大队建立水塔，有 43 个大队打饮水深井。从 1974 年开始，天津市陆续拨专款 460 万元，县、社、队自筹 690 万元解决山丘区饮水问题。

1975 年 6 月份，蓟县开始对全县 38 个公社的 941 个大队的饮水井进行含氟量的普查，属于低氟量的 435 个大队，饮水人口 28 万，属于正常含氟量的 200 个大队，饮水人口 14 万；属于高氟量的 306 个大队，饮水人口 23 万。

1978 年，农村建水塔 55 座，打手压井 11791 眼。

1979 年，县内修建水塔 48 座，打手压井 2420 眼。

1980 年，104 个大队打深水井，建饮用水塔。502 个大队打手压井 1.52 万眼。

1981 年 3 月，蓟县防疫部门对饮用水源普检建档。县有深水井（30 米以下）274 眼，手压机井 1.02 万眼，坑塘 69 个，水窖 263 个。同年，改良水井 2703 眼，建水塔 129 个。

1985 年底，山丘区钻成饮水深井 203 眼、中井 23 眼、浅井 27 眼、砖石大口井 2286 眼，修建蓄水池 236 个、水窖 39 座，解决 5.9 万户 23.2 万人的饮水困难，占山丘区总户数和总人数的 87.9% 和 88.3%。平原有完好手压机井 7826 眼，户用小泵机井 1245 眼，受益者 31.1 万人。

1989 年 4 月 4 日，副市长李长兴在蓟县召开了解决山区人畜饮水问题现场办公会议。会上听取了天津市水利局《关于山区饮水规划方案》及《技术审定意见》的汇报，并就有关问题进行研究。5 月 31 日，蓟县政府发出《蓟县人民政府关于 1989 年改善农村人民生活十项工作安排意见》，其中第六项是：解决山区、高氟区饮水问题。

1990 年，蓟县政府继续把解决山区。氟区饮水困难纳入改善人民生活十件事之一。

1991 年 3 月份，全国改水检查团对蓟县“七五”期间改水工作进行验收，实地检查了九百户乡、五百户乡、逯庄子乡的 3 个试点村改水情况，经验收全部合格。

1992 年 4 ~ 5 月份，蓟县爱卫办对全县农村改水情况调查结果：县有 678952 口人，其中饮用自来水 376 个村，240400 人；饮用不卫生水 26 个村，7707 人。

1995 年，乡村饮水由手压井井水不断向自来水转化，由浅水井向深水井转化，改水投资达 550万元，其中国家投资200万元，集体投资269万元，个人投资81万元，受益人数达到38万人。

淈溜乡水管站被评为全国“百家水管站”称号。蓟县政府在全县推广淈溜乡水管站改水经验。

1997年4月18日，天津市农委副主任赵万里及相关部门组成的天津市山丘人畜饮水验收小组，来蓟县考察了山丘区饮水工程建设情况，验收结果合格。

2000年，由于近几年降雨量较少，县内7.52万台手压机井已不适用，当年改造50%以上，均达到饮用安全卫生水，全县饮用安全卫生水合格率达到85%。

2003年，全县693165口人，累计改水受益646500人，受益率占93.27%。其中已有自来水厂、站534个，累计受益37万人，受益率占53.38%。手压井7.78万台，累计受益265200人，收益率占38.26%；水窖2014个，累计受益8700人，受益率占1.26%；其他2600人，受益率占0.37%。

2004年，县累计受益人口达到100%。其中自来水当年受益39883人，受益率达到59.29%；手压井当年受益3000人，受益率达到38.69%；雨水收集当年受益4336人，受益率达到2.02%。

2008年，县总人口68.67万人，受益率100%。其中自来水厂站达到700个，受益人口50.56万人，受益率达到73.63%；手压井5.22万台，受益人口18.11万人，受益率达到26.37%。当年用于改水投资总计1797万元，其中国家投资845万元，个人投资952万元。

2010年，县全县总人口68.67万人，受益率100%。其中自来水厂站达到847个，受益人口63.06万人，受益率达到91.83%；手压井减少到1.57万台，受益人口5.61万人，受益率达到8.17%。当年用于改水投资总计2587万元，其中国家投资2234万元，个人投资353万元。

第八章　静海县

第一节　机构设置

1955年8月15日静海县爱国卫生委员会成立，由一名副县长和13位部门人员组成。办公室设在卫生科。

1972年6月2日静海县革命委员会决定成立静海县爱卫会，由静海县级领导和部门领导共16人组成。办公室设在防疫站。

2002年6月静海县爱卫办及职能并入静海县市容环境卫生管理委员会，内设爱国卫生科，对外挂静海县爱国卫生运动委员会办公室的牌子。

2010年6月8日，静海县人民政府对爱国卫生运动委员会成员进行了调整，明确县长助理为静海县爱卫会主任，静海县市容委主任任静海县爱卫会副主任兼爱卫办主任，静海县县直 9 个部门的副职为委员。18 个乡镇设爱卫会主任各 1 人，由分管副乡镇长兼任，爱卫办主任各 1 人，其中，由静海县文工办主任兼任 2 人；静海县市容办主任兼任 2 人；静海县城建办主任兼任 14 人。静海县爱卫办主任由办公室主任兼任，静海县爱卫会主任由分管副职兼任，成员由各科室主任、科长兼任。

2011 年静海县市容和园林管理委员会立，加挂静海县爱国卫生运动委员会办公室的牌子，内设爱国卫生科。

第二节　改　厕

1950 ~ 1951 年在建立健全静海县防疫委员会的基础上发动群众建立了疫情报告制度，实行逐级负责制，疫情发生的村 2—4 小时内报区，区最迟 8 小时内报县。在此基础上发动群众开展改善环境卫生大扫除运动。清除粪堆、厕所、猪圈、污水坑等影响环境的源头。清除垃圾 1562 车。

1954年街道清洁活动，移粪9597吨，清除垃圾3237吨，整修街道24公里，取土填坑288吨，填平 3 处，改良 39 处。

1955 年开展的冬季卫生防疫工作主要内容是进行预防多发病、传染病的健康知识教育。建立健县、乡爱国卫生运动委员会。秋季爱国卫生运动的实施措施是加强机关、学校卫生，要求机关、学校树立正常卫生制度。定期开展卫生大扫除活动，彻底铲除院内杂草，消灭蚊蝇的孳生。办公室的痰盂经常用开水涮洗。宿舍保持干净并安装纱窗。尤其应加强对饮食人员的教育，食品要新鲜，餐具及时用开水消毒。要保证机关、学校所有人员喝到开水。教育干部、学生都洗澡、勤理发、勤换衣服、勤晒被褥。要利用澡堂、黑板报、大字报、广播等多种形式开展卫生知识宣传教育，尤其是对自己家庭的影响。机关、学校应成为群众讲卫生的榜样。驻在城镇的机关要挖修水井。

1956 ~ 1957 年县发动群众 59500 人大搞环境卫生清整活动，清除垃圾粪便 459778 车，修填污水坑 8142 个，消毒污水坑 2102800 平方米。共产生 15 个模范单位、35 个模范个人。利用多种形式进行宣传环境卫生知识，发动宣传材料 1000 份，写出黑板报 1072 块、大字板 1263 张、标语 1210 条，电影前广播及利用屋顶广播 314 次，学校及工厂上卫生课 20 余次约 25000 人次，召开不同会议 251 次，参加人员 25383 人。还重点对县内中小学保健教育 56 名，独流、静海、唐官屯 160 名炊事人员进行了 9 ~ 12 天的培训。对工业进行了两次大检查和一般重点检查，开展了安全卫生、防暑降温教育。

1959年在大规模环境清整的基础上开展了泥封堆肥发酵的改良农家肥活动。在封肥发酵的过程中，不但杀灭了粪肥、垃圾中的有害病菌、虫卵，还提高了肥效。静海县398个村建立了专业积极肥队，有队员3907人，共清除粪便、垃圾84880车，进行了泥封发酵，既改善了环境又支持了农业生产。

1963年开展了以防治肠道传染病为中心的爱国卫生运动，清除垃圾、粪便184750车，清扫房间5700间，清除牲畜棚1084个，新建垃圾箱25个，城关、唐官屯两个城镇还建立了卫生清洁队。全县有140个村建立了积肥组织，有力的支持了农业生产，改变了城乡卫生面貌。为了更好的开展以防治肠道传染病为中心的爱国卫生运动，静海县人民委员会还要求城关、独流、唐官屯、王口、子牙这五个公社，各个公社要指派两名政治可靠、熟悉卫生知识、群众拥护的人为卫生监督员。

1964年为了防治“02”，全县开展大清洁运动。共清除粪便垃圾29818车，拆除河两岸厕所1106个，取消粪堆、垃圾坑1003个，城镇建起清洁专业队3个共8人。农村387个村确定710名卫生积肥员，农村粪便23243车。

1966年继续推行“四合一”堆肥，压绿肥、猪圈肥。一切猪圈、牲畜棚、厕垃圾均由专业队清除，私人的粪便垃圾由户内清除按比例交队。从检查情况看，各地多积肥、促生产、带卫生的群众性运行推向了一个新的高潮。

1971年以防病为中心的爱国卫生运动进一步深入开展。“讲卫生为光荣，不讲卫生为耻辱”的新风尚正在形成。在夏秋节爱国卫生运动中发动群众13万多人，组织整顿了积肥专业队8700人，修建公厕1505个，修建猪圈12444个，填平污水泥洼6794个，清除垃圾积肥304884车，改变了城乡卫生面貌，支援了农业生产用肥。

1972～1973年，开展“两管五改”、(管水、管粪、改良水井、厕所、畜圈、炉灶、环境)为主要内容的爱国卫生运动。为了改变农村卫生面貌，突击抓了“三移”(村内粪堆、牲畜棚、集体猪圈)移至村外、“两固定”(固定粪场、固定积肥专业队)，全县382个大队全部实行粪便统一管理，有1140个生产队把牲畜棚移到村外。移出猪圈1947个，固定粪场929个，常年固定积肥专业队1969个，3540人。县“四合一”高温封肥专业队建起了1300多个，专业队员5000多人，建起粪场1311个，有330个大队搞“两管五改”，占大队总数的86.4%，有260个大队高温封肥的温度达到50度以上，占大队总数的68.5%。新建符合卫生重要条件的厕所1164个，迁走猪圈6434个，迁走畜棚1049个，修整街道212条。市爱委五号文件下达后，静海县委及时召开了电话会议传达部署，县各级负责同志带队，有900多人参加了大检查。通过各队自查、公社联查和县抽查，评出先进队73个，其中有20个大队基本灭蝇，一般队257个，较差52个大队。商业的饮食和食品加工厂等单位的卫生面貌大有改善，城镇已初步实现了工具售货，各机关、工厂、学校和企事业单位的食堂卫生水平不断提高，招待所、砖瓦厂、县革委机关和工农业食堂等已基本灭蝇。

1978 在粪便管理方面，结合农业生产的积肥活动，有 165 个大队实现了四合一高温封肥。良头、子牙、大庄子、双塘、大丰堆 5 个公社实行“四合一”高温封肥的大队达到了 90%。在“五改”建设的设备方面，也有了新的发展。县内公共厕所 6388 个，已达到不渗不漏和双缸化的厕所 2121 个，占现有公厕的 33%。县内已迁出的牲畜棚 1052 个，占牲畜棚总数的 55%，全县迁出、改良猪圈 7359 个，占猪圈总数的 14%。1978 ～ 1979 年农村卫生工作主要采取了培训骨干队伍的办法，先后培训了社镇、大小队干部、赤脚医生、积肥专业骨干 1050 人。

2005 年天津市爱卫办下达户厕改造任务 44920 座，由于 2004 年超额完成改厕任务，实际安排改厕任务 4 万座，涉及 18 个乡镇的 295 个村，共投入改厕资金 3551.3 万元。其中，市、县政政分别投入 224.6 万元，乡镇投入 210.3 万元，村投入 1117.2 万元，改厕户投入 1774.6 万元。

2006 年县完成改厕任务 15080 座，共投入改厕资金 1092.5 万元，全县 18 个乡镇 384 个行政村共完成农村户厕改造 11.43 万座，总投入改厕资金达 8779.4 万元。市、县、乡镇补助标准也提高到每户 100 元。

2007 年按照天津市爱卫办的统一安排，召开了农村户厕改造回头看会议，就核查与整改时间、范围、方法进行部署。并于 6 月份先后两次召开专门会议，听取各乡镇工作进展、存在问题、整改措施等情况汇报，本着数量不足的进行新建，质量有问题的进行维修的原则，对全县 384 个行政村公共厕所的现状进行了调查。全县公共厕所 1638 座，其中，卫生公厕 21 座，公共旱厕 1617 座。需改造 500 座，需新建 172 座。

2008 年农村户厕改造回头看工作圆满结束。在静海县爱卫办的统一安排下，各乡镇自 4 月份开始组织力量对 2003 ～ 2006 年改造的农村卫生户厕进行了核查，对 2007 年县核查存在数量与质量问题的 2366 座户厕已全部整改完毕并通过了天津市爱卫办的验收。

为进一步推动农户使用户厕，静海县爱卫办积极与市爱卫办联系以平价为乡镇村购置了 13 辆小型吸粪车，为户厕后期管理和使用将起到促进作用。

2009 年开展了公厕改造调查准备工作。对县内各乡镇农村公厕现状进行了摸底。县 14 个乡镇 95 个村申报公厕改造 226 座。完成了公厕改造的类型、工作方式、补助标准、基本要求等相关的准备工作，制作了准三类公厕建造图纸，为明年改厕做好了准备。另外，我们还主动接受了天津市爱卫办户厕改造任务 2000 座并圆满完成。

第三节　改　水

1950 ～ 1951 年填塞污水坑。改造不卫生的水井，井台筑高，加设防风墙、护井盖。新建厕所 5 座，改建不卫生的水井 70 眼。1954 年改水井 23 口。1960 年为了改善饮水卫生，预防肠道传染病的发生，要求饮用河水的村努力创造条件修建简易的自来水。饮用井水的村庄要加高井台，改进提水设备。建立管理制度，防止污染水源，要求一年内全部达到基本自来水化、饮水标准化。在农村的人们应大力提倡喝开水，下地带开水，食堂道开水。

1963 年防治肠道传染病，加强水源保护，县有 47 个生产大队对历年失修溃口的坑堤进行了修复并实行了分段取水，65 个生产大队加高了饮水井，台头、子牙、东滩头公社有 6 个村还设置了自流井，给饮水卫生创造了有利条件。据不完全统计有 349 个村 284000 多人吃上了消毒水，135 个生产队建起了临时水铺，运河两岸村庄在河滩内河堤外挖土井 252 口，河内建立了取水码头。

1965 年县新打井 138 眼，其中有天然渗透井 86 眼，沙沪井 52 眼，旧井改良 116 眼，现已密封水井 55 眼，其中手摇式 50 眼，手轮式 5 眼。饮用井水的由原来 54 个村增加到 195 个村，饮用井水的人由 49460 人增加到 152786 人，占全县总人口的 52%。饮水方面主要是采取密封的方式减少污染。通过检查 16 个公社的 240 眼砖井已密封的有 84 眼，土井 35 眼，密封 4 眼。

1976 年，县内饮机井水的有 254 个大队，占县各大队总数的 66.5%。在县 381 个生产大队，已经有 274 个大队饮用机井水，并且分别建了水楼子或水圈，有些大队还实行了管道送水进村，使 72% 的大队达到了饮水卫生标准。其中有管卜头、大丰堆、良头、良王庄、王口、台头、西翟庄、静海镇、唐官屯镇、独流镇等 11 个公社镇实现了全社饮用机井卫生水。还在饮用河水、坑水的大队也做到了饮水消毒。1980 年有 373 个大队吃上了机井水，占大队总数的 97.9%，实行管道化的有 75 个，密封供水的 222 个，有 38 个大队饮用浅水井，有 2 个大队 2741 人饮用河坑水。静海县防疫站将这部分饮用非机井水的大队列入了消毒的重点。

1981 年至 1985 年县政府投资 25 万元，为饮水困难的压打深层机井 22 眼，使县 27 个乡镇 381 个村全部饮上了机井水，安上自来水，入户率达 95.6%。

第四节 爱国卫生

1981 年至 1985 年爱国卫生运动同全民性的“文明礼貌月”活动相结合，把讲卫生、爱清洁作为开展“五讲四美三热爱”活动的主要内容，有利的推动了爱国卫生运动的开展。1985 年结合“文明礼貌月”活动，开展了以卫生为突破口，争创文明卫生单位活动，全县共组织了 6 次卫生突击活动，出动了 25000 多人，清除了卫生死角 4601 处，清运垃圾、污物 1200 余吨，县城主干道路两侧由 131 个单位划分了“门前三包”责任区，制定了标准，签定了门前三包责任协议书。86 年以来在农村结合新村建设，把卫生设施纳入总体规划，县有 24 个乡修建样板街 55 条，铺设了 120 公里柏油公路，有 271 个村通上了公路。在 7、8、9 月由静海县爱卫会牵头静海县卫生局及食品卫生监督人员，对县内 1955 户食品加工、销售、冷饮行业的个体摊贩等进行了检查，根据好、中、差，实行挂牌公示，让群众监督，对违反食品卫生法的单位进行罚款、停业整顿处理，使食品卫生状况进一步改善。

1995 年以来开展了第七个爱国卫生月活动。在“爱国卫生月”活动中，县内有 24 万人次参加了卫生突击活动，其中静海县县领导 877 人次，乡（镇）局领导 676 人次，静海县爱卫会部门领导 217 人次；分发宣传标语 2 万余份，张贴宣传标语 2 千余条，宣传咨询站 49 个；清运废土垃圾 4 千余吨，清除死角 600 余个。4 月 28 日协同组织部、市容委组织了“迎世乒县直党员义务清整环境”的活动。此项活动共有 84 个单位、2527 人参加了清除活动，其中党员 1713 人，团员 463 人，入党积极分子 325 人，出动车辆 36 部，清除废土垃圾 271 车。

2003 年静海县爱卫办以抗击“非典”为开展全民性的爱国卫生运动为契机。迅速组织了以整治环境除灭病为内容的爱国卫生运动。同时，积极利用县电视台、《文汇报》播出紧急通知，推动爱国卫生运动的开展。在宣传发动的基础上，多次召开全县各部门专题会议，对清整工作进行分解任务，落实责任，督办检查。先后进行了四次大规模清整活动，共有 1000 多个单位 3 万余人次参加，出动各种车辆 100 余部，清运垃圾 5000 多方，清扫面积 30 万多万平米。有力地改变了单位及环境卫生面貌。尤其是东五里村、十三排支、扬水站南五街新村的垃圾、污水渠的治理，受到了群众的好评和支持。为彻底做好清整工作，保持环境卫生的持久效果，对县城及重点乡镇进行检查。对清整不力的垃圾点位明确责任后，限期整改，并采取了公布监督电话，接受群众投诉，设专人值班接受群众上门投诉的方式强化工作力度。做到投诉有记录、有结果、有反馈，最大限度地满足群众的要求。

2005 年 4 月是全国第 17 个“爱国卫生月”，按照市、县政府统一安排，开展爱国卫生环境清整活动，清理道路、居民区、城乡结合部村庄、河道垃圾，清除杂草、垃圾。据不完全统计，仅 4 月 9 日就出动学校、单位 225 个 2.23 万人。车辆 58 部，清运垃圾杂物 720 吨，捡拾塑料袋 2.34 万个，粉刷、覆盖喷涂小广告及乱贴乱画 127 处。静海县爱卫办会同县直 10 个部门在县城健身广场开展了市容环境卫生、环境保护等相关法规的宣传咨询活动，发放宣传材料 7800 余份，解答群众咨询 500 人次。

2008 年 4 月份开展了“清洁家园，健康奥运”为主题的第 20 个爱国卫生月活动。活动以 12 日和 26 日两次集中清整为重点。4 月 12 日的环境卫生清整，全县参加 8200 人。 4 月 26 日为单位内部卫生清整，重点是清除单位院内垃圾杂物、食堂操作间、储藏室、休息室、职工宿舍、收发室、办公室、教育、会议室、库房、厕所、垃圾箱等部位。全县 300 个单位、130 所学校参加了卫生清整活动。共出动职工 8000 多人，学生 2 万余人。清理各种垃圾杂物 10 吨。

2009 年将农村市容环境卫生治理和创建卫生镇、卫生村、病媒生物防治等项工作列入县政府对乡镇工作年终百分考核，爱卫办加强了日常暗访抽查的力度，推动了农村环境卫生治理的开展。

2010年开展了世界卫生日活动，4月11日，在县健身广场。活动内容：发放健康教育、传染病防治、食品安全、环境保护、节通减排、交通安全、市容管理、病媒生物防治宣传资料，现场解答群众咨询。参加单位：卫生局、环保局、工商局、公安局、爱卫办。

第五节 病媒生物防治

1950～1951年发动群众熏蚊捕蝇、捞孑孓。

1952年，捕蝇7357907只，捕鼠12037只。

1953年，将群众灭虱列为重点，先在找出重点，做出成绩，总结出经验的基础上全面推广。此项工作由各乡文教卫生主管人员组成灭虱小组，各乡卫生所指派专人负责发动，由静海县县防疫站直接领导，全县灭虱5000人。

1954年捕鼠44400只，灭蝇3公斤，挖蛹53公斤。

1956年发动群众42855人，消灭麻雀331722只，捕蝇1112.5公斤，捕鼠191783只，挖蛹1561.5公斤，参加人员19766人，时间从3月10日到4月底。

1957年，在确定重点投药灭鼠的基础上（用药安妥毒饵）发动7次灭鼠活动。发动学生59500人次，灭蝇1162.5公斤，挖蛹74.3公斤，捕鼠201783只，灭雀346722只。用六六六453公斤，对679670平方米污水坑进行了除害消毒。灭虱工作以水灾为重点，由卫生所卫生协会会员负责组织宣传、调查、统计，受益人口5959人，衣服8306件，被褥3833条，灭头虱340人。

1958年发动群众消灭老鼠1179064只，堵鼠洞85万个，消灭麻雀3833714只，堵雀窝62万个，毁雀蛋3万个，挖蝇蛹17500公斤，扑灭成蝇14231公斤，消灭蚊子76公斤。对全县52万间房子、8000间畜棚、24000个厕所用消毒药进行了喷洒或烟熏。

1962年采用药物灭蝇的方法消灭成蝇，入夏以来用于灭蝇的敌百虫160公斤，六六六粉600公斤。全县19个公社建立了敌百虫免费供应站并在129处由医务人员组织配制和指示使用，这样一来使苍蝇密度大大下降。

1971年，在用物理方法堆肥消灭病虫害的同时，使用杀虫药物1100公斤，有效的提升了灭害效果。制定了《关于除四害，讲卫生的标准试行（草案）》。

1975年通过大搞环境卫生，高温封肥、改厕、迁走猪圈、畜棚等措施有20个大队达到基本灭蝇，机关、学校、企事业单位卫生面貌有很大改善，招待所、砖瓦厂、县革委机关和工农兵食堂等已基本灭蝇。

1977在“两管五改”、高温封肥、消灭滋生病虫害土壤的前提下，组织了县75741个中小学生，人手一拍积极投入这场运动。他们走村入户边宣传边灭蝇。

1980 年组织 25000 余名中、小学生走向社会挖蛹除害，共挖蛹 9177000 余只。仅静海第一小学就发动了二年级以上的 1286 名学生，划分了 418 个小组，做到了定人、定时、定地点、定任务，利用放学后和节假日共挖蛹 749700 余只。夏季组织了全县四次大规模的统一药物熏杀灭蚊蝇，效果很好。用敌敌畏 1100 余公斤，漂白粉 210 公斤，漂白精粉 780 公斤，敌百虫 64 公斤，六六六粉 10 袋。文教系统组织了 65000 余名中小学生利用暑假深入公共场所，人手一拍灭蝇，经统计共灭蝇 14280000 余只。冬季在全县开了大规模的的群众性灭鼠活动，全县共参加 45700 户，消灭老鼠 365600 余只。县防疫站在良头公社的孟庄子搞了密度调查，总密度 8%，其中小家鼠 4.3%，仓鼠 1.6%，褐家鼠 2%，经过 15 天的药物灭鼠后，密度为 5.3%，仓鼠 1.6%。

1983 年搞了灭鼠突击月活动和鼠蚊蝇的密度监测。灭鼠突击月从 4 月份开始至 5 月 14 日，共收交鼠尾 297192 条。在八里庄居民区每月连续 9 天进行一次褐家鼠鼠密度监测调查，此外，配合灭鼠月，在东五里村开展了灭鼠前后效果调查，灭鼠率为 47.2%。蝇密度监测从 9 月份每月 6 次监测（每隔 10 天一次）在县城选择 4 个监测点进行蝇密度监测，1983 年共监测 24 次，成蝇平均月密度为 22.82 只 /24 小时，以 7、8 月份密度最高。成蝇监测，从 5 月份，每月三次监测，按紫金山天文台统一开灯时间，定点、定时共监测 21 次，捕蚊 2784 只，以 6—9 月密度最高。越冬成蝇调查，采取百户的测法在城镇、农村各选 50 户，每月 5 天进行越冬成蝇监测，经四次监测，城镇和农村越冬成蝇平均密度分别为 0.15/15 平方米和 0.67/ 间。另外对静海镇污水坑分 6 片作了调查并绘制了分布图。

1981 年至 1987 年开展了除害消毒活动。静海镇、独流镇、唐官屯镇建立了卫生消毒站，3 个镇消毒公厕 302 个，垃圾点 80 处，死水坑 40 个，外环境 149 次，面积 732900 平方米，户内消杀 18 次，面积 732900 平米。爱卫会发放敌敌畏 210 公斤。溴氰菊酯 37 公斤。

从 1985 年以来，连续三年开展了灭鼠活动，1985 年灭鼠 446581 只，1986 年灭鼠 187736 只。

1987 年根据天津市政府统一布置，全县开展了“一律达标”的灭鼠活动，自上而下层层建立了组织。27 个乡镇长签定了一律达标承包合同书。在整个灭鼠活动中，培训灭鼠骨干 2203 人。投药员 3730 人，筹资 130472 元，购鼠药 70.5 吨。县内发现地面死鼠 199970 只，堵鼠洞 110829 个，鼠密度由灭前的平均 11.83% 降至灭后的 0.33%，灭鼠效率 97.21%，经中央验收，实现了全部一律达标的要求，中央爱卫会授予“无鼠害达标县”称号。

2002 年开展了春季灭鼠、灭蚊蝇活动。时间从 4 月份至 10 月份。范围以县城为重点，同时包括东五里、孙家场、曹官庄、下三里、韩家口村等城乡结合部位。本着谁受益谁负责的原则，各机关、企、事业单位负责本系统、本单位的灭鼠。外环境及居民区由静海镇及市容委的三个环卫所负责。为了保证灭鼠效果，爱卫办进行了鼠密度监测，并在 4 月 25 日请预防站有关人员对所有投药人员进行了一次灭鼠方法及注意事项的知识培训。此次灭鼠共投放溴敌隆毒饵 50 吨，平均密度由灭前 5.7% 下降到灭后 2.2%。中小餐馆最为显著，由灭前的 14.2% 降到 3.5%。

2003 年抗击“非典”，静海县爱卫办在 3 月底到 4 月底历时 1 个月组织了一次春季灭鼠活动，组织投药与检查验收4个阶段，出动投药员154名，投放溴敌隆鼠药50吨。鼠密度由灭前的平均6%降至灭后的2.5%，达到了全国爱卫办的标准。4月份开始开展了灭蚊、蝇，预防“非典”发生与传播的活动。在动员社会在各自负责的区域采取措施除害消毒以外，根据需要加大了对县城居民区、垃圾转运站、公厕及东西两个垃圾处置场等重点部位的统一消杀力度，坚持2至3天消杀一次，重点阶段每天消杀一次，对预防夏秋季传染病的发生提供了良好的环境保障。

2004年灭鼠活动从1月13日到3月15日，历时2个月在爱卫办、各乡镇和县直各单位的共同努力下，通过两次大规模集中投药，共投放溴敌隆鼠药14.5吨，投药范围涉及全县380多个行政村、100多个县直单位、2000多个饮食、副食等重点单位。鼠密度由灭前的平均5.8%降至灭后的2.3%，基本达到了投药覆盖率100%，灭后鼠密度大幅降低的工作目标。2004年的灭蚊蝇灭蟑螂的重点为县城，重点部位为居民区、垃圾转运站、公厕和东西两个垃圾处置场。两至三天消杀一次，重点阶段加大消杀次数。由于是第一次开展灭蟑螂活动，对蟑螂侵害情况还不掌握。因此，爱卫办重点抓了学校、医院、县社、粮食等重点行业的灭蟑螂工作，初步掌握了县城重点单位的蟑螂侵害程度，组织这些单位采取环境治理、药物、物理灭蟑的方法开展了灭蟑活动，对医院等蟑情较重的单位采取了请专业灭蟑公司灭蟑的办法，有效地降低了蟑螂密度。

2005年的灭鼠活动从1月13日开始到3月底结束，在爱卫办和县直各单位的共同努力下，通过集中和分期相结合的投药方式，圆满完成了预定任务。共投溴敌隆鼠药40吨，鼠密度由灭前的平均5.6%降至灭后的2.6%，达到了全国爱卫办的考核标准。2005年的灭蚊蝇工作，根据天津市除四害管理办法及相关要求，本着突出重点，兼顾一般的原则进行了布置。要求各乡镇和县直各单位4—5月份最少进行三次大规模的药物消杀，最大限度的杀灭第一代蚊蝇。对垃圾点、公厕等易滋生蚊蝇的场所实行定时清杀。对县城的公厕、垃圾屋、垃圾处置场等重点部位要求由爱卫办提供喷雾器、药物，由各环卫所实际消杀，要求4—9月份每周喷药1—2次，最大限度降低蚊蝇密度。通过抽查，除个别临近农贸市场、交通要道等人口密度大的公厕、垃圾屋蚊蝇密度超标外，其他地方基本达到了标准要求。2006年投入灭蚊、蝇、蟑药品1吨，投入消杀器械20台。投放灭鼠药近10吨。出动投药消杀人员5000多人次，投药范围涉及全县380多个行政村、100多个县直单位、200多个饮食、副食等重点单位。

2007年1～4月份的全县大规模灭鼠活动，共投放溴敌隆鼠药40吨，鼠密度由灭前的平均6.5%降至灭后的平均1.1%，通过了市爱卫办的检查验收。完成了蟑螂侵害率，密度监测表的监测填报工作，投资8500元购进灭蟑药品22箱。投资5000元购进除害药品130公斤，从4月份开始对县城居民区、垃圾转运站、公厕及东西两个垃圾处置场等重点部位进行消杀。

2008年4月份开始到6月20日，在全县范围组织开展了大规模春季灭鼠活动。4月11—13日，6月10～16日进行了两次大规模连续投药。全年连续两次大规模投药灭鼠，既是增强灭鼠效果也是为了保障奥运会的顺利开展。输县共投放溴敌隆鼠药42吨，鼠密度由灭前的平均5.2%降至灭后平均1.8%，达到了国家爱卫会的灭鼠标准。有4个单位被评为迎奥运病媒生物防治工作市级先进单位，6 人获得迎奥运病媒生物防治工作市级先进个人。

为了加强病媒生物监测与消杀工作，建成了静海县病媒生物密度监测站、消杀站，完善了监测与消杀的各项工作制度，为我县病媒生物监测与消杀工作制度化、规范化，保障病媒生物监测与消杀质量提供了保证。

2009 年的除四害活动本着“层层管理，条块结合，突出重点，兼顾一般”的原则，爱卫办进行了安排。灭鼠活动，全县各乡镇、县直各单位，按照统一时间、统一药品、统一投药的要求进行了全方位投药，出动投药人员 500 人，投放溴敌隆鼠药 50 吨，鼠密度得到有效控制，由灭前 7.3% 降至灭后 2.3%。组织对县城公厕、垃圾转运站进行了夏秋季灭蚊蝇工作，各乡镇、县直各单位按照属地管理的原则进行了环境治理和灭害活动。灭蟑螂活动由发现蟑情的单位和住户自行灭蟑与专业公司相结合的方法进行。爱卫办所属病媒生物消杀站 2009 年度与 11 家单位签订了消杀任务合同并开展消杀作业，取得了较好的社会和经济效益。双塘镇被市爱卫办命名为灭鼠先进镇。

2010 年的除四害活动以环境治理为前提，堵塞鼠洞，杜绝四害滋生地，投药消杀，经市爱卫办检查考核一一达标。

1986 年至 1987 年连续两年开展灭犬活动。根据天津市政府〔1986〕109 号文件精神，县、乡、村层层建立灭犬机构。1986 年灭犬及犬类管理工作由县公安局配合，抽调各乡镇派出所 90 名干警、兽医站、卫生院配合组成小分队，以乡镇为单位，逐村入户边登、记边打疫苗、边收管理费，随发准养证。在发证过程中，灭犬 2141 只，队村 11102 只作免疫 8686 只，发准养证 2406 只，禁区养犬 411 只，打死 242 只。

1987 年以来，由于犬咬伤人明显增多，5 月份县政府发出了“统一行动，全部消灭，一条不留”的命令。全县抽调了 834 名干部分片包干。组织了 2976 人的灭犬队伍，经过 5 天突击，灭犬 15673 只，基本达到了无犬县。

第六节　创卫工作

2002 年天津市爱卫办将创卫工作作为一项常态化的工作列入议事日程。下发了《关于开展单位卫生达标及市级卫生红旗、先进单位评选工作的通知》《天津市爱国卫生工作管理办法》和《天津市除四害管理办法》，做各单位在卫生管理方面有章有寻。在推动单位卫生达标的同时对申报市级红旗与先进的单位进行了检查验收，共评选出 21 名市级卫生红旗单位及先进单位。

2003 年积极开展创建市级卫生镇、市级卫生村的活动。制定了创建市级卫生镇方案，评选出 4 个市级卫生村并通过天津市爱卫办的初步验收。为了更好地开展爱国卫生运动及创卫活动，建立健全了18个乡镇及部分县直单位的爱卫基层组织。

2004年的创卫工作经过爱卫办和各单位的共同努力。有4个单位获得市级卫生红旗单位称号，10个单位获得市级卫生先进单位称号。市级卫生村有10个达标。20个村达到了环境卫生治理重点村的标准。2005年有6个村获得市级卫生村称号。

静海县2006年3月14日召开了创建国家卫生区动员大会，成立了以县长为组长，副县长为副组长，县直各职能部门为成员的创卫工作领导小组，制定了《静海县创建国家卫生区实施方案》和《创卫任务分解表》，将创卫10项考核指标，纵向分解到33个责任单位，明确了创建任务、标准及完成时限。并利用电台、电视台、文汇报、灯箱、标语等手段进行了宣传报道，使创卫工作家喻户晓，深入人心。同时，加大督查力度，及时将督查情况及时上报县主要领导。

在大力开展创建国家卫生区的同时，推进单位卫生达标评选活动。全县有35个单位获得天津市市级卫生单位称号，5个单位获得天津市市级卫生红旗单位称号。有11个村申报市级卫生村，有9个村经过市、县爱卫办验收获得称号。

2007年县爱卫办提出了《关于2007年创卫工作的建议》，就创建机构、目标、步骤、专项治理、档案管理等难点问题提出了合理化建议并报县政府。起草了《关于加强农村环境卫生治理的意见》和《农村环境卫生治理标准》用于指导全县农村环境卫生工作，起草了《关于加强静海县城区环境长效管理工作的意见》。

2008年有8个村达到了《天津市市级卫生村标准》并获得荣誉称号。有8个单位获得天津市《市级卫生红旗单位》称号，有41个单位获得天津市《市级卫生先进单位》称号。尤其是大邱庄镇创建市级卫生镇的成功，实现了县卫生镇创建工作的突破，为其他镇的创建积累了经验。

2009年的创卫有了新的突破。双塘镇成为第二个市级卫生镇。全县新增市级卫生村9个。

2010年创建市级卫生红旗单位5个，市级卫生先进单位40个，市级卫生村5个。

第九章　宁河县

第一节　机构设置

宁河县爱国卫生运动委员会由宁河县各委、办、局、乡、镇主要领导人员组成。宁河县爱国卫生运动委员会办公室是1989年从宁河县卫生局划归于宁河县市容和园林管理委员会，办公地点设在宁河县芦台镇建设路2号。其中编制与职责是：宁河县爱国卫生运动委员会主任由宁河县委常委、常务副县长担任，三名副主任由宁河县政府办公室主任，宁河县市容和园林管理委员会主任，宁河县财政局长担任，22名成员由各局、委、乡、镇主要领导担任。宁河县爱国卫生运动委员会办公室主任由宁河县市容和园林管理委员会主任担任。

宁河县爱国卫生运动委员会办公室职责为：组织协调宁河县创卫工作（包括卫生区、卫生镇、卫生村的创建）；协调督促宁河县爱国卫生工作（包括村容环境治理）；组织发动宁河县开展病媒生物防治工作，对宁河县各机关企、事业单位和商业门脸的除四害完成情况进行执法检查；检查督促宁河县各单位开展卫生达标工作；组织协调农村改水、改厕工作；组织协调相关部门开展农民健康教育行动。

宁河县各乡、镇爱国卫生运动工作职责由宁河县爱国卫生运动委员会统一安排部署。宁河县各乡、镇消杀工作由宁河县爱国卫生运动委员会统一安排部署，各乡、镇爱国卫生运动成员负责安排实施。

2008年宁河县市容和园林管理委员会以迎奥运为契机，认真落实天津市委、市政府提出的二十项民心工程。从解决群众最关心、最直接、最现实的环境入手，以完善城市环境设施为基础，以强化环境卫生管理为重点；以全面提升宁河县环境卫生为标准，实施开展了全力以赴迎盛会，打好环境卫生攻坚战活动。

进一步加大了道路清扫保洁、厕所清掏、城区垃圾清运的作业力度、强化作业质量、提高作业标准，达到管理、考核、奖惩三落实，使城区120万平方米清扫保洁到位，无空隙；日产垃圾200吨做到日产日清无遗漏；71座公厕做到内外干净整洁，冲、洗、掏及时到位。

加大环卫基础设施建设和投入，改善了环卫作业条件，全年投入资金300万元，其中65万元购置专用车辆5台，42万元购置装载机1台，60万元维修改造生活废弃物转运站、公厕。135万元用于建设达到国家二类标准公厕两座、活动公厕两座，增建水冲厕3座，提高了城区基础设施档次。

全面治理居民区、城中村、城乡结合部和入市道路，整体提高宁河县环境卫生质量，按照天津市“决战100天”环境综合整治安排部署，加大了清整力度共清理道路40条次，治理城乡结合部4个，清理卫生死角16处，清理垃圾杂草杂物1000吨。整体提升了城区环境质量，得到了各级领导的肯定，受到了广大群众的赞誉。

2008年农村公路两侧环境整治配合县交通局等单位，协调督促各乡（镇），开展“同在一方热土、共建美好家园”环境卫生大清整活动。重点治理205国道、宝芦公路、津芦公路、芦玉公路、卫星河路及潮白河、蓟运河等道路、河道两侧重点部位乱圈乱建、乱堆乱放、乱泼乱倒等现象。全力整治公路两侧废旧物品收购点，拆除裸露简易厕所。治理点位324处，其中：清理公路两侧废旧物品回收点22处、规范治理卖煤点13处、清理垃圾活堆75处、清除柴草64处、清理堆物堆料112处、拆除违章违建构筑物39处，清理垃圾杂草各种废弃物480余吨。

第二节 爱国卫生工作

开展春季灭鼠工作，到2008年10月底，全县投放鼠药6.5吨，鼠药密度达到国家爱卫办规定标准。购置消毒药品3吨，对城区内公厕、垃圾点、下水篦子、人员密集处、公共繁华场所、各种环卫设施进行全方位消毒。2010年，开展春季灭鼠工作，全县投放鼠药21吨，鼠药密度控制到国家爱卫办规定标准范围之内。购置清毒药品1.50吨，对城区内公厕、垃圾点等公共繁华场所、各种环卫设施进行全方位消毒。

在爱国卫生宣传月中，发放材料8000余份。年内评选出“市级卫生红旗单位”4家，“市级卫生先进单位”25家。

第三节 农村创卫达标

2009年，宁河县市容委完善创建措施，强化领导班子成员包片、科室包村工作机制，将创建任务落实到人。定期深入有关乡（镇）村抓质量，盯进度，农村创卫活动取得实效。年内，创建市级卫生镇1个，市级卫生村15个，县级卫生村30个，完成农村新型高标准户厕4000座。

2010年，县市容和园林委完善创建措施，强化领导班子成员包片、科室包村工作机制，将创建任务落实到人。定期深入有关乡（镇）村进行督促指导。年内，8个市级卫生村和30个县级卫生村的创建工作于11月底通过市联合检查组的验收。完成5400座新型农村卫生户厕改造任务。

第十篇

人　物

近60年来，天津市爱国卫生工作在天津市委、市政府的领导下，在全国爱卫办的指导下，取得了显著成绩。成绩的取得也同领导干部、技术人员、广大职工的辛勤工作、艰苦努力密切相关。历年历届的领导干部进入到爱国卫生系统之后，都以“动员全社会，治理环境，减少疾病，保障人民群众身体健康”为宗旨，把全身心投入到工作之中，长年累月，废寝忘食，为爱国卫生事业的发展鞠躬尽瘁、竭尽全力。他们以忘我的劳动和创造性的工作，为天津市爱国卫生事业的发展，做出了突出的贡献。

第一章 历任爱卫会领导干部

黄 敬 1953年至1957年任天津市爱卫会主任。时任天津市人民政府市长。

李耕涛 1957年至1962年任天津市爱卫会主任。时任天津市人民政府市长。

解学恭 1916年生人，汉族，山西隰县人，学生成分，1936年7月入党，任红军第一方面军政治部宣传员，红大三科营、团文化主任教员，陇东特委组织干事。1938年至1949年任中共山西隰县县委书记，洪赵特委书记，晋西南工委书记，八路军洪赵支队政委，吕梁区、晋中区党委副书记兼军区副政委。1950年至1966年任山西省委副书记，中央对外贸易部副部长，河北省委书记处书记，华北局书记处书记，天津市委第一书记。1967年至1978年任天津市革委会核心小组组长，天津市委第一书记，市革委会主任，天津警备区第一政委。1970年至1974年任天津市爱卫会主任。1992年5月离职休养。

黄志刚 1979年至1981年任天津市爱卫会主任。1981年调离天津市。

胡启立 1981年至1984年任天津市爱卫会主任。1984年调离天津市。

姚 峻 1925年12月出生，汉族，大学毕业，辽宁省丹东市人，1948年至1955年在天津私营沄西制药厂任药师，1955年在1958年在天津公私合营沄西制药厂任技术副厂长，1958年至1964年任天津河北制药厂药师、工程师，1964年至1981年任天津市东方化工厂副总工程师、总工程师、副厂长，1981年至1988年任天津市人民政府副市长。1956年在天津加入农工民主党，1984年任天津市农工民主党副主委，1987年任农工民主党中央副主席。1984年至1988年任天津市爱卫会主任。

钱其璈 1933年出生，上海嘉定人，大学文化，1950年4月加入中国共产党。1954年至1958年任南开大学物理系助教、讲师、副教授、教研室副主任、党支部书记、系副主任。1983年至1986年任天津市高教局局长、党组书记。1986年至1988年任中共天津市委教卫工委副书记，市教卫委主任。1989年至1993年任天津市副市长，市教卫委主任（兼）。1993年任天津市人大副主任、市教卫委主任（兼），1988年至1994年任天津市爱卫会主任。

庄公惠 1937年2月出生，汉族，上海市人，大学文化。1957年至1993年天津大学化工系助教、讲师，化工系副主任、副教授，天津大学副教务长、教务长、教授，天津大学副校长。1993年3月天津市副市长、市教卫委主任（兼）。1994年至1997年任天津市爱卫会主任。

俞海潮 1944年12月出生，汉族，浙江杭州人，大学文化。1968年至1983年任天津市咸阳路中学老师、教务处副主任、副校长。1983年至1984年任天津市南开区教育局副局长。1984年至1992年任南开区副区长。1992年至1995年任民盟天津市常委，天津市南开区副区长。1995年至1997年任民盟天津市委会常委、天津市委会副主委、主委，市教委副主任（正局级）。1998年任天津市副市长、民盟中央常委。1988年至2002年任天津市爱卫会主任。

陈质枫 1950年出生，汉族，天津市人，经济学硕士。1968年至1972年内蒙古自治区乌兰察布盟插队。1972年至1976年解放军11557部队战士、代理副排长。1976年至1977年天津市西郊区插队。1977年至1980年天津市自来水工程公司机修厂工人、办公室秘书、计划科副科长。1980年至1983年天津大学建筑管理专业学习。1983年至1991年天津市自来水工程公司副经理。代经理、经理，党委书记。1991年至1995年任天津市城乡建设委员会副主任。1995年至1998年任天津市城乡建设委员会副主任、天津市滨海新区办公室主任。1998年至2002年任天津市人民政府副秘书长、天津市规划设计管理局党委书记、局长。2003年任天津市副市长。2003年任天津市爱卫会主任。

第二章 历任爱卫办领导

蔡公琪 1915年出生，汉族，河北省博野县人，大专文化，1938年8月参加革命，1939年1月入党。1938年至1940年在抗日军政大学学习。1941年至1948年任冀东军区政治部组织干事、保健科长、行署卫生局长、医务科长。1949年至1953年任天津市军管会及天津市人民政府卫生局副局长。1953年至1972年任天津医学院副院长（期间1959年至1961年在苏联莫斯科医学科学院进修）。1972年至1983年任天津市卫生局副局长，后离休。自1953年至1971年任天津市爱卫办主任。

张兆铭，曾用名：张鸣山，河北省涞源人，高中文化，中共党员，天津市环境卫生管理局党组书记、局长。1937年10月参加工作。1937年10月至1945年9月晋察冀军区文书、团指导员。1945年9月至1949年2月四纵队野战医院政委、医大附属医院政委、华北军区卫生部、政治部副科长、白求恩和平医院政治处主任。1949年2月至1951年3月天津市卫生局秘书长。1951年4月至1953年1月天津市总医院副院长。1953年1月至1956年9月市卫生局医院管理处处长。

1956年9月至1958年1月卫生部进修学院学员。1958年2月至1970年8月天津市卫生局副局长、革委会副主任。1970年8月至1972年12月天津涉县铁厂领导小组成员、党委常委。1973年1月至1978年12月天津市卫生局副局长。1979年1月至1983年6月天津市环卫局局长、党组书记。1983年6月离休。1972年至1973年、1979年至1987年任天津市爱卫办主任。

姬化中 1914年5月出生，汉族，河北省威县人，1938年4月参加革命，1940年5月入党。1938年4月至1948年2月历任冀南军区第四军分区文书、武装干事。宣传干事、武委会常委等职。1948年3月至1952年6月任河北省委宣传部干事。1952年7月至1965年12月任天津市纺织局、天津医学院、天津市药政局副局长。1966年1月至1973年天津市环卫局副局长。1974年至1979年3月任天津市卫生局副局长。1989年6月逝世。1974年至1978年任天津市爱卫办主任。

赵宝安 1936年12月出生，汉族，河北省荣成县人，大学一年文化，1954年11月入党，1959年参加工作。1959年9月至1972年12月天津市公用局人事处。1972年12月至1975年10月任天津市公用局组织干部处副处长、组织部副主任、党委常委。1975年10月至1979年4月任天津市公用局副书记、副局长。1979年4月至1981年4月任天津市电车公司党委书记。1981年4月至1982年7月天津市公用局党委副书记。1982年7月至1983年10月任天津市纪委常委。1983年10月至1990年4由任天津市容委副主任。1990年4月至1993年4月任天津市教卫委副主任、天津市爱卫办主任。

张桂馨 1936年3月出生，汉族、河北省滦县人，业大肄业，1952年参加工作，1956年入党。1952年12月至1955年10月任天津市眼科医院技师。1955年至1964年9月任天津市眼科医院人事室干部。1964年10月至1968年8月任天津市卫生局人事处干部。1968年8月至1973年11月任天津市卫生局卫生干部组副组长。1973年11月至1978年任天津市卫生局农村卫生处副处长、处长。1978年4月至1979年10月任天津市第一中心医院党委副书记、副院长。1978年10月至1983年12月任天津市卫生局农村卫生处处长。1991年5月至1993年4月天津市卫生职工医学院党委书记。1993年4月至1996年任天津市教育卫生委员会副主任、爱卫办主任。

吴春秋 1944年2月出生，汉族，山东省鱼台人，大学文化，1966年8月参加工作，1984年入党。1968年7月至1982年7月任河北省南皮县五寺医院外科医生、外科主治医师。1982年7月至1982年10月天津市河东区沈庄子卫生院外科主治医师。1982年10月至1984年6月任天津市河东区中医医院主治医师。1984年6月至1987年2月任天津市河东区中医医院副院长。1987年12月至1989年10月任天津市河东区中医医院院长、副主任医师。1989年10月至1996年11月任天津市河东区卫生局党委书记、局长。1996年11月至2000年5月任天津市卫生局副局长、天津市爱卫办主任。2000年5月任天津市市容环境管理委员会副主任。2004年退休。

史晓成 生于1945年，江苏省武进人，大学毕业，中共党员，天津市市容环境管理委员会（市爱国卫生运动委员会办公室）主任、党组书记。1969年7月参加工作。1969年7月至1975年2月重庆国营429厂动力科技术员。1975年2月至1981年1月天津西郊区计委干部。1981年

12月至1984年2月天津西郊区城建房管局干部、副科长、局长、党组副书记。1984年2月至1987年3月天津市西郊区建委副主任。1987年3月至989年3月天津市西郊区副区长。1989年3月至1991年1月天津市城乡建设委员会副主任。1991年月至1992年12月天津市河北区副区长、区长、区委副书记。1992年12月至1997年10月天津市河北区委书记、区人大主任。1997年10月至2000年5月天津市城乡建设管理委员会副主任、天津市市容管理办公室主任。2000年5月至2002年12月天津市容环境管理委员会（市爱国卫生运动委员会办公室）主任、党组书记。调任天津市政协副秘书长。

李占东 生于1944年，天津市人，高中学历，中共党员，市市容环境管理委员会（市爱国卫生运动委员会办公室）主任、党组书记。1962年6月参加工作。1962年6月至1970年7月中央警卫团战士、干部。1970年7月至1984年3月江西省军区司令部办公室秘书、副主任、军务处副处长。1984年3月至1989年3月天津市容委调研处副处长、处长。1989年3月至1996年5月天津市市容卫生管理委员会（市爱国卫生运动委员会办公室）副主任。1996年5月至2002年12月任市园林局副局长、党组副书记、局长、党委书记［兼市市容环境管理委员会（市爱国卫生运动委员会办公室）副主任］。2002年12月至2005年12月任天津市市容环境管理委员会（市爱国卫生运动委员会办公室）主任、党组书记。2008年9月退休。

王敬威 生于1951年，天津市人，大专学历，中共党员，天津市市容环境管理委员会（天津市爱国卫生运动委员会办公室）主任、党组书记。1969年1月参加工作。1969年1月至1972年10月在天津市西青区小年庄乡插队务农。1972年10月至1977年12月天津市自来水公司、自来水工程公司工人、团委副书记。1977年12月至1997年7月任天津市城乡建设委城市建设处生产计划科副科长、综合计划处副处长、外经处处长兼主任助理。1997年7月至2003年12月任天津市机械设备成套局副局长、局长、党组成员、党组副书记。2002年12月至2009年5月天津市市容环境管理委员会（天津市爱国卫生运动委员会办公室）副主任、主任、党组副书记、书记。2009年5月调任天津市政府副秘书长。

李福海 生于1957年，天津市人，中专毕业，中共党员，天津市市容和园林管理委员会（天津市爱国卫生运动委员会办公室）主任、党组书记。1980年参加工作。1980年12月至1983年2月任天津市武清县河北屯乡中学教师、教育办公室总辅导员。1983年2月至1984年5月任天津市武清县团委学少部部长。1984年5月至1986年11月任天津市武清县团委副书记、书记。1986年11月至1990年8用天津市任武清县梅厂乡乡长、乡党委书记。1990年月8至1995年4月任天津市武清县大沙河乡党委书记，1995年4月至1998年7月赴西藏挂职，任西藏昌都县委书记。1998年7月至2000年10任天津市武清县委副书记。2000年10月至2006年12月任天津市武清区委副书记。2006年12月至2009年5月任天津市政府副秘书长（正局级）。2009年5月至2013年2月任天津市市容和园林管理委员会（市爱国卫生运动委员会办公室）主任、党组书记。2013年2月调任天津市政府副秘书长。

附 录

犬类管理办法规定

第一条 为了预防、控制和消灭狂犬病，保障城乡人民生命安全，维护正常的社会秩序，根据国家有关规定，结合本市实际情况，制度本办法。

第二条 本市行政区域内的机关、团体、企业、事业单位和个人，未经批准不得养犬。

军警、医疗、科研单位，地处野外的生产、仓库单位，远离村庄的独居户、专业户，经批准可以饲养警卫犬、医用犬、试验犬、护卫犬。

远离村庄的独居户、专业户饲养护卫犬只准养一条；地处野外的生产、仓储单位饲养护卫犬不得超过两条。

第三条 犬类管理工作有区、县人民政府负责统一组织领导各有管单位按下列分工负责日常工作。

公安部门负责准养犬的审批登记，发放《犬类准养证》，处理违章养犬及因灭犬引起的治安案件。

卫生部门负责对被狂犬咬伤者的疫苗注射抢救治疗，组织人用狂犬疫苗供应和使用，掌握狂犬病疫情，报告疫情信息，开展预防狂犬病的选传。

兽医部门负责对准养犬的检疫，预防注册登记，发放《犬类免疫证》，组织犬用狂犬病疫苗的供应，并会同工商行政管理部门监督、检查，处理违章出售犬肉，犬皮及其他犬类产品。

市区由环卫部门负责调配灭犬人力、工具盒犬尸处理；郊区、县由乡（镇）人民政府确定有关部门提供灭犬人力、工具盒负责犬尸处理。

第四条 符合本办法第二条规定的准养范围，单位或个人需要养犬的，须持上级主管部门或所在地的村民委员会同意证明，向所在地公安部门提出申请，经审查同意后携犬到区、县或乡、镇兽医部门进行检疫和免疫注射，取得《犬类免疫证》后再由公安部门发给《犬类准养证》。

第五条 外地籍境外携犬来津人员必须持原地区县级以上（含县级）兽医部门或口岸检疫部门签署的有效期内的检疫证明或免疫注射证明；无检疫和免疫注射证明的，犬主应当在入市后立即到所在兽医部门为犬类进行检疫和免疫注射，并有兽医部门发放《犬类免疫证》。

属于前款规定的犬类，犬主须持有效的《犬类免疫证明》或检疫证明到公安部门办理《犬类临时逗留证》。犬类在津临时逗留时间不得超过六个月。

第六条 犬主应对准养犬试行栓养和圈养。所养犬逃跑或失踪，犬主应及时寻找追回，不能追回的，应在三日内向街（镇）人民政府或街道办事处报告。

禁止携犬出游。

第七条 每年3月份对准养犬进行一次免疫注射，9月份对更新犬进行免疫注射。犬主应按时办理并按规定交纳免疫注射费。每次免疫注射后，犬主须到公安部门更换《犬类准养证》。

犬类在免疫注射后和出现反应或死亡，兽医部门不承担责任。

第八条 兽医部门在检疫中发现狂犬，应责令犬主立即自行捕杀。犬主应按兽医部门指定地点深埋犬尸。犬主不愿自行捕杀深埋的，由兽医部门委托他人代为处理，所需费用，有犬主负担。

严禁将狂犬及其咬伤的畜禽剥皮、出售、食用。严禁乱弃死犬。

第九条 经批准养犬的单位和个人，应在发证或换证时，向区、县爱国卫生运动委员会办公室缴纳管理费。管理费的标准为每条犬每年15元。

区、县爱国卫生运动委员会办公室应向物价管理部门申领《收费许可证》。

第十条 对未经批准私自豢养的犬类、未按规定免疫注射的犬类和在户外散游的犬类以及外地窜入本市的犬类，在市区街道办事处组织公安、环卫等部门捕杀。

第十一条 准养犬死亡、宰杀，犬主应在七日内持原《犬类准养证》或《犬类临时逗留之证》到原发证部门办理注销登记手续。

第十二条 经销犬肉、犬皮以及其他犬类产品，必须经兽医部门检疫检查，凭检疫合格证明出售。未经检疫检查的，不准出售，收购部门不得收购。

第十三条 《犬类准养证》、《犬类临时逗留证》和《犬类免疫证》，分别有市公安部门、兽医部门统一制发，并向犬主收取工本费。犬主对以上“三证”应妥善保管，不得转借、冒用、涂改、买卖，如有毁损或遗失，应在七日内向原发证部门申请换发或补发。

第十四条 军警、医疗、科研单位在本市行政区域内搬迁的，原《犬类准养证》、《犬类免疫证》继续有效。其他养犬单位和个人迁入符合养犬条件地点的，原《犬类准养证》、《犬类免疫证》继续有效；迁入不符合养犬条件地点的，犬主应按天津市爱卫办的规定处理所养犬类并到原发证部门注销《犬类准养证》和《犬类免疫证》。

第十五条 对违反办法第二条、第六条、第九条、第十二条以及第十四条中关于《犬类准养证》和《犬类临时逗留证》使用规定的，由公安部门批评教育或处二百元罚款。对违反本办法第七条、第九条以及第十四条关于《犬类免疫证》使用规定的，由兽医部门处二百元以下罚款。对违反本办法第十三条规定的，由兽医部门依照《天津市 < 家畜家禽防疫条列 > 实施办法》的有关规定处理。

对违反本办法第九条第一款规定的由工商行政管理部门处二百元以下罚款。

对违反本办法第八条第二款规定的，市区由环卫部门处二百元以下罚款；郊区、县（镇）由人民政府处二百元以下罚款。

第十六条 犬类造成他人伤害和损失的，由犬主承担民事责任，故意纵犬伤人的，由公安部门依法处理。

第十七条 本办法中所列罚款一律上缴财政。

灭犬和犬类管理所需经费，纳入各区、县爱国卫生运动委员会年度业务费预算，有各区、县财政部门负责解决。

第十八条 本办法由天津市爱国卫生委员会办公室负责解释病组织实施。

第十九条 本办法自 1989 年 12 月 25 日其实行。1986 年 8 月 15 日天津市人民政府《批转市容委等七部门制定的〈天津市犬类管理暂行办法〉》（津政发〔1986〕109 号）同时废止。

编　后　记

2010 年，按照天津市政府关于第二轮修志编修规划,《天津市志·爱国卫生运动志》在天津市地方志编修委员会指导下，开始启动。本志是《天津市志》中一部重要的行业分志，是天津市修志史上第一部全面记载天津地区 2010 年以前爱国卫生运动历史和现状的资料书。天津市地方志办公室指导处处长张月光对该志的编纂进行了全面指导。

天津市市容园林委历届领导高度重视志书编修工作，先后 4 次对编委会组成人员进行调整，组织制定了编修方案、编修流程以及规范编修工作的各项规章制度，旨在有计划、有步骤地推进编修工作，历经机构变革，克服资料收集巨大困难，励精图治，兢兢业业，取得较好成绩。

《天津市志·爱国卫生运动志》的编修工作，历经了业务培训、篇目设计、志稿撰写、征求行业专家意见、市级专家评审、审后修改和终审定稿等过程。《天津市志·爱国卫生运动志》编修小组的三位成员：梁丽君、刘拓、刘克清都是处级退休干部，是新手初涉编修工作。各区县的爱卫办的编修人员也没有编修经历。委地方志编修办公室根据编修进程，适时组织专业培训工作，多次邀请天津市地方志指导处的专家进行专业知识培训。编修小组成员积极参加市地志办市志指导处组织的志书编修业务培训，学习了专业知识，提高了业务水平，胜任了编修工作。

《天津市志·爱国卫生运动志》篇目初拟于 2010 年，编修小组根据编修方案，设计、起草了志书篇目框架。为使篇目即概括爱国卫生运动发展全貌，又突出各项工作特点，即切合志体规范要求，又体现爱国卫生运动性质，编修小组将志书篇目在系统内广泛征求意见，并将征求收集来的意见进行分类、整理、吸纳。经过认真论证、反复研讨，对篇目进行了多次补充。修正、调整后呈送编修委员会和专家评审，然后送市地志办审定，全书设计为10篇39章151节和大事记、序言、综述和编后记等，史料全面，填补空白。

《天津市志·爱国卫生运动志》真实翔实地反映爱国卫生运动的史实，因此资料收集工作是修志的基础。然而由于历史的原因，爱国卫生工作部门的隶属关系几经变动，再加上“文化大革命”期间，爱国卫生运动陷入停滞状态，一些文件惨遭人为毁坏，所以给资料收集工作带来了很大困难。编修小组按照拟定的篇目要求，不畏寒暑，不虑苦累，开展了广泛的资料收集、整理工作。一是天津市档案馆在档案查阅工作中提供全方位的支持，提供了300余份卷宗供编撰组查阅，所以说主要资料来源于天津市档案馆，为此表示深深的感谢。二是认真查阅系统内部档案、文件、资料，天津市市容委爱国卫生管理处不但提供了相应的资料，还提供了存放档案和写作的地方。三是各区县爱卫办积极提供了相应资料。

《天津市志·爱国卫生运动志》要将庞杂的资料用志书特有的体例、规范的语言、简洁的文风，编排有序第呈现出来，再现历史，让后来人了解过去，审视当下，以史为镜，借鉴资政，既费周折，也需匠心。编修小组在收集、掌握一定资料基础上，对资料去粗取精，去伪存真，由表及里，客观公正第进行再甄别、重认识、边整理、边撰写。经过编修小组反复研讨，不断充实，反复编纂，草成初稿，大体约为40万字左右。按照“初稿按照终稿来撰写”的原则，地方志办公室秉承“靠前指导，提前介入，主动服务”的要求，对初稿进行了仔细、认真的审修，把一些问题解决在初稿阶段，凸显了严谨的治学态度和执着的敬业精神。

《天津市志·爱国卫生运动志》编修过程中，得到了各有关单位、各级领导的热心关怀和大力支持，值此时机谨向各方面表示诚挚的感谢。修史之难，莫过于志，新手初涉，更觉其难。虽数易其稿，但疏忽遗漏之处在所难免，恳请指正，亦望于后人续修时给予补正。

编　者

2017 年 10 月